Zu diesem Buch

Sartre verkörperte den Typus des «großen Intellektuellen», der die Funktion des Gewissens seiner Zeit erfüllte: als Philosoph, Theoretiker, Dramatiker, Essayist und Redner. Die in diesem Band vereinten Texte – viele von ihnen schwer zugänglich, die meisten in neuer Übersetzung – umfassen vor allem den Zeitraum, der zur politischen Bewegung vom Mai 1968 führte. Sie zeigen Sartre in dieser Bewegung und in den folgenden Jahren bis zu seiner Erblindung 1973. Sartre radikalisiert frühere Positionen, korrigiert einige, bricht mit anderen. Sein Blick ist dabei nicht auf Frankreich beschränkt: Er umfaßt welthistorische Ereignisse wie das Ende der Kolonialzeit, revolutionäre Bewegungen in Asien, Afrika und Lateinamerika, die Spaltung der Welt in zwei feindliche Blöcke, den Kalten Krieg und die atomare Bedrohung, den Vietnamkrieg und den Nahostkonflikt.

Die Vielfalt der dokumentierten «Eingriffe» widerlegt das Klischee von einem Sartre, der – im Gegensatz zu Maurice Merleau-Ponty, Albert Camus oder Raymond Aron – immer auf der falschen politischen Seite gestanden habe. Gewiß verleiteten ihn mitunter seine Großzügigkeit und auch seine Ungeduld gegenüber den als unerträglich erkannten Verhältnissen, fragwürdige und auch unverantwortliche Positionen seiner linksradikalen oder maoistischen Freunde zu verteidigen, auch wenn er betonte, daß er sie nicht teilte. Angesichts des Dogmatismus und der Prinzipienlosigkeit kommunistischer Parteien und realsozialistischer Regierungen hatte Sartre jedoch spätestens seit der sowjetischen Intervention in Ungarn 1956 seine kritische Weggenossenschaft mit diesen aufgekündigt. Allerdings wußte er auch hierbei zu differenzieren, zum Beispiel zwischen der französischen und der italienischen KP, wie sein Nachruf auf Togliatti belegt.

Sartres Interventionen sind nicht nur Dokumente vergangener politischer Auseinandersetzungen: Der Virtuose vieler Gattungen hielt sich nicht an deren traditionelle strikte Trennung, so daß selbst politische Gelegenheitstexte, für den Tag geschrieben, durch die philosophischen Reflexionen weit über ihre Zeit hinausweisen. Wie seine Theorie gründet Sartres politisches Engagement auf einer intensiven Suche nach einer neuen, unserer Zeit und dem Freiheitsimperativ gerecht werdenden Moral.

Jean-Paul Sartre wurde am 21. Juni 1905 in Paris geboren. Mit seinem 1943 erschienenen philosophischen Hauptwerk *Das Sein und das Nichts* wurde er zum wichtigsten Vertreter des Existentialismus und zu einem der einflußreichsten Denker des 20. Jahrhunderts. Seine Theaterstücke, Romane, Erzählungen und Essays machten ihn weltbekannt. Durch sein bedingungsloses humanitäres Engagement, besonders im französischen Algerienkrieg und im amerikanischen Vietnamkrieg, wurde er zu einer Art Weltgewissen. 1964 lehnte er die Annahme des Nobelpreises für Literatur ab. Er starb am 15. April 1980 in Paris.

Jean-Paul Sartre

Gesammelte Werke
in Einzelausgaben

In Zusammenarbeit mit dem Autor
und Arlette Elkaïm-Sartre
begründet von Traugott König,
herausgegeben von Vincent von Wroblewsky

Politische Schriften
Band 6

Romane und Erzählungen
Theaterstücke und Drehbücher
Philosophische Schriften
Schriften zur Literatur
Schriften zu Theater und Film
Schriften zur bildenden Kunst und Musik
Politische Schriften
Autobiographische Schriften
Tagebücher
Briefe
Reisen

Jean-Paul Sartre

Plädoyer für die Intellektuellen

Interviews, Artikel, Reden
1950–1973

Deutsch von Hilda von Born-Pilsach,
Eva Groepler, Traugott König,
Irma Reblitz, Vincent von Wroblewsky

Rowohlt

Deutsche Erstausgabe
Veröffentlicht im Rowohlt Taschenbuch Verlag GmbH,
Reinbek bei Hamburg, Oktober 1995
Copyright © dieser Ausgabe 1995 by Rowohlt Verlag GmbH,
Reinbek bei Hamburg
Quellennachweise der einzelnen Beiträge siehe S. 491–495
Alle deutschen Rechte vorbehalten
Umschlaggestaltung Werner Rebhuhn
Gesetzt aus der Aldus (Linotronic 500)
Gesamtherstellung Clausen & Bosse, Leck
Printed in Germany
2290-ISBN 3 499 12738 5

Inhalt

Porträt des Abenteurers

(1950)

Mit Vergnügen bin ich bereit, dem bemerkenswerten Essay von Stéphane über den Abenteurer einige Zeilen hinzuzufügen. Nicht um ihn zu loben oder ihn zu empfehlen: er empfiehlt sich von selbst. Es ist ein kluger Einfall gewesen, diese drei Namen und diese drei Leben in einen Zusammenhang zu bringen; der Leser wird urteilen, ob dieses Zusammenbringen lohnend gewesen ist. Ich möchte ihn auch nicht kommentieren oder versuchen, ihn zu ergänzen: ich befürchtete, nur zu paraphrasieren, denn reichhaltig und klar sind dort die Gedanken. Mich reizt jedoch, eine Parallele herauszustellen, die in dieser Schrift fortwährend vorausgesetzt und von Stéphane tückischerweise nur einmal knapp angedeutet wird.

Während wir dieses Porträt des Abenteurers (ich hätte vorgezogen: des Tatmenschen) lesen, bezieht sich in Gedanken jeder von uns auf dessen Gegenteil: das Parteimitglied. Es scheint sogar, es genüge, das Gegenteil von dem zu sagen, was Stéphane anführt, um sich eine leidliche Vorstellung von einem durchschnittlichen Kommunisten zu machen. Trotzdem stehen sich Abenteurer und Parteimitglied nicht einfach als zwei abstrakte Konzepte gegenüber. Es sind lebendige Menschen, die sich gegenüberstehen, kennen und anerkennen, verbünden und gelegentlich bekämpfen. Ich möchte versuchen, einige der komplexen Beziehungen, die sie verbinden, zu entschlüsseln, also einige der Gedanken auszuführen, die mir durch Stéphane nahegelegt wurden.

Je zwingender der Eintritt in die Partei schien, desto größeres Vertrauen flößt das Parteimitglied ein. Und ich meine nicht diese innere, immer verdächtige Notwendigkeit, die aus den eigenen Konflikten, Komplexen, moralischen Sehnsüchten und allgemeiner aus dem, was man «persönliche Gründe» nennt, entsteht. Im Gegenteil wird sich lebhaft gewünscht, daß sein Beitritt von unpersönlichen

Gründen diktiert worden ist, wie beispielsweise vom Hunger, der jedermanns Sache ist, oder der Angst und der Wut, die die anonyme Menge heimsuchen: kurz, er soll noch Natur sein und von den großen elementaren Kräften getrieben werden, die die primitiven Lebewesen im Tierreich auszeichnen und die sie auf diese oder andere Weise in Gang setzen, ohne daß sie einen Nervenapparat benötigten. Die Wut, die Angst und der Hunger genügen nicht, um jemanden zum Menschen zu machen, und das ist es, was gebraucht wird. Denn es ist unwahr, daß man von einem fordert, sein Ich aufzugeben: es wäre noch zuviel, ein aufzugebendes Ich zu besitzen. Der Eintritt in die Partei muß genau dem Beitritt zum Menschenreich entsprechen; weit davon entfernt, es einem abzunehmen, schenkt sie einem sein Ich. Ich sage es ohne Ironie: sicher ist es süß, sich in dem brüderlichen Blick der anderen zu entdecken. Der neue Genosse wird weder Gegenstand einer prinzipiellen Antipathie noch einer unüberlegten Schwärmerei sein. Vor allem wird man ihn als seinesgleichen anerkennen, das heißt als ein Mitglied der Partei: das ist eine Weihe. Durch ihn wie durch alle anderen verändert sich die Partei in sich selbst. Als Geschöpf der Partei wird er, wohin er auch geht, auf die Partei stoßen. Zwischen ihm und seinen engsten Freunden wird die Partei notwendige Vermittlung sein. «*Such dir deine Frau in der Partei*», sagte man einem jungen Kommunisten, «*so gibt es keine Zeitverschwendung.*» Nie ist er einsam, denn ausgehend von allen kommt er zu sich selbst. Er besitzt weder Tiefe noch Geheimnis. Man verweigert ihm den schlichtesten Komplex: vor seinen eigenen Augen konstituiert man ihn durch streng objektive Gegebenheiten, man erklärt ihn aufgrund seiner Klasse, aufgrund der historischen Situation; er sieht sich von innen genauso, wie man ihn von außen sieht: weder Geheimfach noch Doppelboden; der Einfachheit halber spricht er nicht von sich in der dritten Person. Zudem ist seine Existenz nicht die einer reinen Abstraktion: er erkennt sich als ein Mitglied der Klasse und der Partei, die die Geschichte machen, er weiß, daß ihn genaue Aufgaben und eine große Hoffnung definieren, er kennt auch sein Herz, das sich von Haß und Freundschaft nährt. Ansonsten wird er sich durch seine Handlungen auszeichnen. Allerdings geht es nicht darum, «*aus sich ... den Unersetzlichsten aller Menschen zu machen*». Die Partei weiß mit unersetzbaren Menschen nichts anzufangen. Der Genosse bleibt auf halber Strecke zwischen dem nicht zu Ersetzenden und dem Austauschbaren: er dient, das ist alles. 1935 arbeitete Politzer an etwas, das niemand anders machen konnte: an konkreter Psychologie. Man brauchte aber Volkswirte. Er gab die Psychologie zugunsten der Volkswirtschaft auf. «Und Ihre Arbeiten?» fragte ich. *«Das drängt nicht»*, sagte er zu mir. *«Nach der Revolution werden andere Arbeiter kommen, die das besser tun werden, als ich es heute kann.»*

Der Wille macht nicht das Mitglied. Wenn das Ich als erstes kommt, ist man für immer getrennt. In der bürgerlichen Klasse entsteht es früh. Als Kleinkind warf sich Gide in die Arme seiner Mutter und schrie: *«Ich bin nicht wie die anderen.»* Man selbst zu sein, das bedeutet zunächst, nicht wie der Nachbar, sondern ein Original zu sein. «Die Form ist gebrochen», sagt man. Immer muß die Form gebrochen werden. Die bürgerliche Zivilisation ist eine *«Zivilisation der Einsamkeit»*. Und zweifellos müssen sich zunächst die Bürger untereinander als Menschen erkennen. Doch diese abstrakte Anerkennung meint nur das Universelle in jedem von uns und läßt uns in unserer Singularität allein. Im Grunde gibt man uns hinter der Wand des Privatlebens das Recht, für uns selbst alles zu sein, was uns beliebt. Schon der Begriff des *Privaten* zeigt deutlich, aufgrund der Assoziation des Mangels, die er heraufbeschwört, daß die Universalität der Anerkennung zugleich Universalität der Ablehnung des Anerkennens ist. Geschützt hinter diesen hohen kreisförmigen Einfriedungen ist der bürgerliche Mensch ein Wahnsinniger, ein verlassenes wildes Tier, ein Gestrüpp wuchernder Pflanzen. Man könnte meinen, sie gehörten unterschiedlichen Gattungen an, dieser im Geheimsten seines Herzens öffentliche Genosse, der sich selbst um so vertrauter ist, je transparenter er für den Blick aller wird, und dieser Bürger, der nur für sich, hinter zugeklappten Fensterläden und inmitten einer Finsternis, die niemand durchschauen kann, er selbst ist. Wenn irgendeinen Bessergestellten angesichts seiner Verlassenheit plötzlich die Angst ergreift, ist es zu spät: die Partei wird ihm keinerlei Hilfe sein. Läßt man ihn eintreten, hat er kaum Chancen, dort die Lösung seiner Konflikte zu finden: es sind *persönliche* Probleme; er will nicht, daß man ihm ein Ersatz-Ich schenkt, er möchte nur, daß man seines heilt. Und im übrigen könnte er lange beteuern, eine innere Notwendigkeit habe ihn zur Partei geführt, man würde ihm antworten, daß derlei Notwendigkeiten Luxus sind, er wäre verdächtig. Seine Ablehnung der Einsamkeit ist ein schlechter Anfang. Denn um sie abzulehnen, muß man sie spüren, und dies ist das Mittel, sie aufs äußerste existieren zu lassen. Vor ihr zu fliehen heißt, sie anzuerkennen, sie zum Beweggrund all unserer Handlungen zu machen. Wird er versuchen, vermöge der Liebe aus sich selbst hinauszugehen? «*Lieben bedeutet, vor sich selbst zu fliehen*», schreibt Malraux. Ja, wenn die Liebe nicht um ihrer selbst willen geschieht, sondern als Mittel, sich selbst zu verlassen. Und mehr ist nicht nötig, damit die Flucht unmöglich ist: Kafka, ein anderer Einsamer, hat über diese Art Liebe treffend gesprochen:

«*Es war so, als wäre sie von einem Kreis von Bewaffneten umgeben, welche die Lanzen nach auswärts hielten. Wann ich mich auch näherte, geriet ich in die Spitzen, wurde verwundet und mußte zurück ... auch ich war von Bewaffneten umgeben, welche ihre Lanzen nach innen, also gegen mich hielten. Wenn ich zu dem Mädchen drängte, verfing ich mich zuerst in den Lanzen meiner Bewaffneten und kam schon hier nicht vorwärts. Vielleicht bin ich zu den Bewaffneten des Mädchens niemals gekommen und wenn ich hingekommen sein sollte, dann schon blutend von meinen Lanzen und ohne Besinnung.*»[1]*

Die Chance des jungen Arbeiters, der in die Partei eintritt, ist, daß er, ehe er liebt, kein Ego hat: er entdeckt sich in dem Geschenk, das er dem anderen macht und das der andere *anerkennt*. Damit unsere jungen Bürger lieben können, müßten sie das Risiko eingehen, sich von einem anderen mitteilen zu lassen, wer sie selbst sind. Nun ist es bereits zu spät: sie wissen zu gut, wer sie sind. Immerhin bleibt ihnen die Möglichkeit, geliebt zu werden. Eine Frau wird vielleicht aufgrund ihrer Liebe jene Singularität *anerkennen*, die die bürgerliche Gesellschaft zu bestätigen sich weigert; vielleicht wird sie «*dieses unvergleichliche und allem vorzuziehende Monstrum, das jeder Mensch für sich selbst ist und in seinem Herzen hätschelt*», annehmen. Doch dieser Begriff des *Hätschelns* ist vielsagend: sie wollen vor sich selbst fliehen, und doch verhätscheln sie sich. Nicht ihr Ich hassen sie, sondern ihre Einsamkeit, ohne zu begreifen, daß sie, um das eine zu zerstören, das andere zerstören müßten.

Einige jedoch scheinen begriffen zu haben: das sind genau diejenigen, von denen Stéphane spricht. Und da die Handlung eine Verbindung zwischen den Menschen ist, werden sie versuchen, ihrer Einsamkeit durch Handeln zu entkommen. Durch die Handlung wird man

1 Franz Kafka, Fragmente aus Heften und losen Blättern, in: *Hochzeitsvorbereitungen auf dem Lande und andere Prosa aus dem Nachlaß*, Fischer, Frankfurt a. M. 1976, S. 183 f.

ein anderer, man entreißt sich seiner selbst, man verändert sich, indem man die Welt verändert.

Noch muß man sich ein Ziel setzen und es tief wollen. In diesem Fall aber ist es das Ziel, das wesentlich ist, und nicht die Handlung als bloßes Mittel, es zu erreichen. Dem Genossen zeigt sich zuerst und mit absoluter Notwendigkeit der Zweck: man wollte leben, sich satt essen, sich vor der Arbeitslosigkeit schützen, vor der Preissteigerung, der Ausbeutung, dem Krieg. Bei seinem Eintritt in die Partei hat sich das Ziel vor seinen eigenen Augen verwandelt: er begreift, daß sein Verlangen nur durch das Kommen einer sozialistischen Gesellschaft erfüllt werden kann. Und zugleich mit dem Ziel verwandelte er sich selbst: durch ihn und in ihm verfolgte die Partei die Verwirklichung dieses absoluten Zwecks. Die Singularität, die man ihm zuerkannte, war der singuläre Wille, dieser Verwirklichung zu dienen. Eine Ordnung wird eingeführt: zuerst existiert der Zweck, und der ist es, der die Partei als die Gesamtheit der verabredeten Handlungen definiert, die sein Erreichen ermöglichen. Ihrerseits sucht sich jede Handlung ihr Instrument und definiert dadurch eine Person. Das Parteimitglied erwartet von seiner Handlung nicht, durch sie gerechtfertigt zu werden: es existiert nicht *zuerst*, um sich anschließend rechtfertigen zu lassen. Sondern seine Persönlichkeit birgt ihre eigene Rechtfertigung, da sie durch den Zweck konstituiert wird. So bedingt ihn die Handlung, die der Zweck bedingt. Was die Handlung selbst betrifft, muß man sie eine Unternehmung nennen, denn sie ist eine lange und zähe Aufbauarbeit, die sich über eine unbestimmte Dauer erstreckt. Sicher beinhaltet diese Arbeit einen Aspekt von Negation, da man die alte Gesellschaft bekämpfen, untergraben, den Widerstand brechen und den Schutt wegräumen muß, insgesamt jedoch muß man darin einen positiven Aufbau und die allmähliche, systematische Produktion neuer gesellschaftlicher Formen sehen. Von diesem ihn überholenden Entwurf gestützt und fortwährend neu geschaffen, ist der Genosse vor dem Tod geschützt: das Vorhaben, das ihn definiert, übersteigt bei weitem die Dauer eines Lebens; er arbeitet also unermüdlich über seinen eigenen Tod hinaus, und sein Verschwinden wird den historischen Prozeß ebensowenig verändern, wie sein Auftauchen ihn verändert hat; sein Wille, den die Partei ihm für einen Augenblick geliehen hatte, wird ihn überleben, sie wird das Werk ohne ihn fortsetzen.

Doch für den jungen Bürger, der mit den Menschen zu kommunizieren versucht, ist die Handlung der Zweck, denn sie soll diese Kommunikation verwirklichen. Die Ordnung wird verkehrt: er handelt, um *sich* zu retten, und wählt einen Zweck, um zu handeln; jeder Zweck ist prinzipiell gut: es genügt, daß er die Handlung rechtfertigt, die ihn wiederum rechtfertigen wird. Allerdings ist sein grundlegender Entwurf negativ. Denn er erwägt nicht, von den Menschen eine neue Persönlichkeit zu erhalten: er wünscht das Heil derjenigen, die er hat. Das bedeutet, er will von den Menschen in seiner Singularität anerkannt werden. Dafür genügt es nicht, ihren Absichten zu dienen: sie würden allein seine Dienste anerkennen. Will er, daß sie seine singuläre Natur akzeptieren, muß er sie ihnen ausliefern. Und da sie damit nichts anzufangen wissen, wird er sie mit großem Pomp vernichten und sie zum Zeugen seines Opfers machen. Perken, einer von Malraux' Helden, will «*in einer Vielzahl von Menschen leben und vielleicht für lange Zeit*». Und er fügt diesen Scherz hinzu: «*Man bringt sich immer nur um, um zu existieren.*» In der Tat existiert der Tote nur noch durch die anderen; er sucht deren vielfältige Einsamkeit auf; wohl oder übel wird er übernommen, er ist nicht mehr einsam. Dieses öffentliche Hinscheiden ähnelt stark dem, was die Amerikaner als «*conspicuous consumption*» bezeichnen und was wir Luxus nennen. Die besitzende Klasse, der unsere Handlungsmenschen teilweise angehören, charakterisiert sich nur in einem Moment ihrer Geschichte durch Sparen. Sie konsumiert: das bedeutet, sie zerstört sich mit der Zerstörung ihrer Güter durch deren Verbrauch und meint damit eine köstliche Inbesitznahme ihrer selbst zu gewinnen. In diesem Stadium kann die systematische Verschwendung das einzige Mittel zur Kommunikation mit den anderen werden: sie führt Potlatchs aus – Vernichtung von Gütern zu Ehren anderer –, sie veranstaltet Feste – Vernichtung von Gütern in Anwesenheit anderer –, sie verteilt Gelder unter die Menge – Vernichtung von Gütern zugunsten anderer. Mit diesen Spielen hat sich die römische Aristokratie ruiniert, ruiniert hat sich auch der französische Adel: die höheren Söhne *wollten* genauso den Ruin, wie diese jungen Bürger den Tod wollen. Die Abenteurer werden das gewaltige Warenlager, das die bürgerliche Gesellschaft darstellt, anzünden und sich am Ende in die Flammen werfen. Potlatch, Fest, Freigebigkeit: das wird ihr Ende sein. Und ich komme nicht umhin, an diesen anderen Abenteurer zu denken, Jean Genet, der in *Pompes Funèbres* schreibt: «*Wir handeln zum Zweck eines schönen Begräbnisses, einer feierlichen Bestattung. Sie wird im* wortwörtlichen Sinn das Meisterstück, das Hauptwerk, geradewegs die Krönung unseres Lebens sein. Man muß in einer Apotheose sterben, und es ist unerheblich, ob ich den Ruhm vor oder nach meinem Tod erfahre, wenn ich WEISS, daß ich ihn haben werde.»

Der Ruhm: das ist das Wort. Nicht in der Solidarität, bei der man immer dem anderen ein wenig von sich selbst überläßt, suchen sie die Kommunikation, sondern im Ruhm, mit dem man für alle existiert, ohne etwas von sich zurückzunehmen. Der Augenblick ihres Todes wird der Höhepunkt ihres Lebens sein, sie erwarten ihn «mit Ekstase». In diesem verschwindend kurzen Moment werden sie, noch lebendig und schon tot, fühlen, wie sie für die anderen das werden, was sie für sich selbst waren. Bis zu diesem letzten Augenblick begnügen sie sich mit «vollkommenen Momenten», in denen das Universum dem Lebenden die große Gestalt des Verstorbenen, der er sein wird, widerspiegelt. «Wir glauben an das Glück eines raschen Entschlusses.» Wenn aber dieser Entschluß das ganze Leben bestimmt, wird sich das auf ihn folgende Leben von einem allmählich eintretenden Tod nicht unterscheiden. Sich so zu entscheiden bedeutet, auf dem schmalen Kamm zu hasten, der die äußerste Freiheit vom Abgang des Leichnams trennt, es bedeutet, seinen eigenen Tod zu mimen. Das Vorbild hat man erkannt: dieser ganz von seiner künftigen Begräbnisfeier eingenommene Mensch, ein Verhängnis für ihn und für die anderen, der allein in wenigen privilegierten Augenblicken Gefallen am Leben findet, das ist der Held. Anzumerken ist, daß das Parteimitglied kein Held ist. Nicht, weil es nicht zu sterben versteht, sondern weil es den Tod nicht sucht, wenn es ihm entkommen kann, und wenn er ihm begegnet, stirbt es bescheiden. Ich weiß, daß einige wohlmeinende Personen die Kommunisten «die permanenten Helden unserer Zeit» genannt haben. Das heißt sie beleidigen: diejenigen, die unter der Folter nicht geredet haben, sagten schlicht: «Ich konnte nicht anders.» Ihr Wille war die Verkörperung des Willens der Partei, und der Wille der Partei lautete, daß sie nicht reden sollten. Und da sie in ihren eigenen Augen keine Bedeutung haben, da ihr Entwurf aufbauen heißt und sich dieser Entwurf ohne sie vollenden wird, da ihre Weisheit eine Betrachtung über das Leben ist, scheint ihnen der Tod keine Erschütterung des gesamten Universums zu sein, sondern ein bedeutungsloser und bedauerlicher Vorfall.

Indessen sind die Helden die Parasiten der Parteimitglieder. Das Heldentum braucht einen Vorwand, sonst ist es lediglich Selbstmord.

Und die ganze Verzweiflung der Zerstörer wäre unwirksam, wenn sie nicht die unendliche Hoffnung der Massen trüge. Damit ihr Begräbnis pompös wird, damit sie lange im Gedächtnis der Menschen leben, müssen sie für das gekämpft haben, *«was zu ihrer Zeit mit der stärksten Bedeutung und der größten Hoffnung beladen war.»* Daher werden sie Bündnisse mit einer revolutionären Bewegung oder mit einer Partei des nationalen Widerstands eingehen. Diese Annäherungen werden jedoch nur provisorische sein, und der Abenteurer wird nur die negativen Beschäftigungen übernehmen: er wird Terrorist oder Offizier sein. Im übrigen bleibt er seinen Verbündeten verdächtig, und er liebt sie nicht: *«Ich liebe nicht einmal die armen Leute, diejenigen eigentlich, für die ich kämpfen gehe ... Ich ziehe sie allein deshalb vor, weil sie die Besiegten sind.»* Es ist auffallend, daß Lawrence und viele der Helden von Malraux in dem Land, in dem sie kämpfen, *Fremde* sind. Im 19. Jahrhundert schlief der reiche Schriftsteller mit Frauen und gab sein Geld außerhalb seines Landes aus: ihm gefiel es, als fremder Konsument in einer arbeitsamen Gemeinschaft das perfekte Bild des Parasitentums abzugeben. Heute riskiert der Abenteurer und Schriftsteller in denselben Ländern sein Leben: als heroischer Parasit verlangt er von jenen Kämpfern, die ihren Kampf nicht gewählt haben, einen Tod zu legitimieren, den er gewählt hat; der Unterschied der Sprachen und der Sitten ermöglicht es ihm, die Distanz zu wahren. Die Bedeutung der kollektiven Zwecke erhellt die Handlung des Abenteurers, das ist jedoch eine indirekte Beleuchtung.

Allerdings ist die Position unhaltbar: die Wirksamkeit unserer Abenteurer wird ihnen von leidenschaftlichen und hartnäckigen Menschen *geliehen*, die ihren Befehlen nur deshalb gehorchen, um sie besser benutzen zu können. Und die Gesellschaft, die die Genossen errichten wollen, schließt die *desperados* und deren herrliche Freigebigkeiten streng aus. In einer Produzentengesellschaft haben Terroristen keinen Platz. Tchen wußte genau, daß *«die Welt, die sie gemeinsam vorbereiteten, ihn genauso verurteilte wie die ihrer Feinde.»* In dieser Welt, in der sich die Menschen in und durch ihre Arbeit erkennen, gibt es keinerlei Chance, daß die Singularität dieser Menschen erkannt wird. Und, was schlimmer ist, man wird sie vergessen. Ihr Tod selbst scheint kompromittiert: man wird sie nicht mehr als eine zweckfreie Freigebigkeit begreifen, man wird sie mit der verborgenen Aufopferung der Parteimitglieder vermischen. Der

Augenblick des Sieges wird der Beginn ihres Scheiterns sein. Können sie den Triumph einer Partei wollen, der sie zweimal begraben wird? Doch wenn sie ihn nicht wollen, stürzt der Heroismus zusammen: es bleibt der Selbstmord. Das Handeln des Abenteurers schwankt pausenlos zwischen der wahnwitzigsten Großzügigkeit und dem egoistischsten Selbstmord. Es verlangt einen Glauben und zerstört jeden Glauben: ein Getäuschter, falls er an das glaubt, was er tut, ein Betrüger, falls er daran nicht glaubt. Er zieht sich zurück, er verkrampft sich in seinem zerstörerischen Willen, der Spanienkrieg, in dem er mitkämpft, scheint ihm eine «widerwärtige Komödie», er bestreitet den objektiven Zweck, der ihn in seinen Zwecken bestreitet: «*Der Gewinn, den euch die wirtschaftliche Befreiung bringen würde, wer sagt mir, daß er größer sein wird als die Verluste, die die neue Gesellschaft fordert?*», und da er sieht, daß er umsonst sterben wird, will er zugleich die Eitelkeit jeglichen Unternehmens behaupten: «*Die Menschen gehen nur für das in den Tod, was nicht existiert.*»[1] In der Handlung engagiert, um der Einsamkeit zu entkommen, findet er sich nunmehr einsamer denn je wieder. Wie soll man sich darüber wundern: dieser Verschwender, der sich aus Lust verausgabt, wird immer anders sein als seine Verbündeten; immer werden sie ihn als Verdächtigen betrachten: er war nicht *gezwungen*, zu kämpfen. Und außerdem, was will er von ihnen? Die Verbrüderung, die Solidarität, die Freundschaft? Ja, natürlich. Aber das bedeutet vor allem, daß er sie bittet, Zeugen seines Todes zu sein. Die Freunde eines Abenteurers sind seine künftigen Klageweiber, die Verwahrer seines Schicksals. «*Es gibt keine Helden ohne Zuschauer*»[2], sagt Malraux.

Ein weiteres Mal kehrt er zur Handlung zurück; doch diesmal, um sie auf das zu reduzieren, was sie ist. Er betrachtet sie luzide, außerhalb der Motive, die sie entstehen ließen, und der Zwecke, die sie rechtfertigen, in ihrer reinen Sterilität: «*Keine Kraft, nicht einmal WAHRES Leben, ohne die Gewißheit, ohne die Besessenheit der Eitelkeit der Handlung.*» Jetzt wird er sie um ihrer selbst willen wollen. Um ihrer selbst und um seiner selbst willen, ohne sich länger um Zeugen zu sorgen. Jetzt, für die kurze Zeit ihrer Dauer, rechtfer-

1 André Malraux, *Die Hoffnung (L'espoir)*, DVA, Stuttgart 1981, S. 204, Anm. d. Übers.
2 Ebda., S. 216, Anm. d. Übers.

tigt sie ihn. «*Wenn meine Handlung sich von mir zurückzieht, ... ist es auch Blut, das geht.*» Aber eben weil sie nur noch ein *subjektiver Zustand* ist. Er hatte sie unternommen, um aus sich selbst hinauszugehen, er setzt sie fort, um in sich selbst zurückzukehren. Er will sie in der Einsamkeit und im Ekel, ohne Hoffnung und ohne Glauben, zwecklos. Nunmehr rechtfertigt er diese Handlung, konzipiert, um ihn zu rechtfertigen. Kein einziger transzendierender Zweck kann sie legitimieren. Sie hängt allein von ihm ab, sie ist reine und vergebliche Revolte gegen den Lauf der Dinge und gegen die menschliche Natur. Das Wichtige ist nicht, mittels einer Handlung zu zerstören, sondern eine Handlung zu produzieren, die sich von selbst zerstört und deren Eitelkeit selbst den künstlichen Charakter unterstreicht. Da ihn nichts ruft, da ihn alles abweist, da alles Natur, Zufall und Unglück ist, *da niemals ein Wurf den Zufall aufheben wird,* eben deshalb bleibt dem Abenteurer wie dem Dichter Mallarmé das Reich des Nichtseins. Der Mensch ist ein Wesen, das für das, was nicht existiert, stirbt. So weist die in sich versinkende Handlung wie, Jaspers zufolge, die Chiffre des Scheiterns auf ein übernatürliches Reich des Seins, das sich stets nur in den Niederlagen, im Tod und im Verrat spiegelt. Im übrigen hat der Abenteurer ein weniger hohes Motiv, seinen Sieg als Scheitern zu setzen: sein Sieg wäre nämlich ein Scheitern. «*Die Verwirklichung, falls sie kommt, wird eine große Desillusionierung sein.*» Möge sie also nie kommen; möge es nie kommen, dieses künftige, für die reinen Abenteurer erbarmungslose Eden. «*Für den Hellsichtigen war das Scheitern das einzige Ziel. Wir mußten immer und trotz allem glauben, daß es keinen Sieg gäbe, außer kämpfend und die Niederlage verlangend in den Tod hinabzusteigen.*» In der Niederlage und in der Agonie erfahren das Parteimitglied und der Abenteurer erstmals eine tatsächliche Solidarität: genauer gesagt ist es das Parteimitglied, das sich verändert, nicht der Mensch der Tat. Jener hatte gewählt zu sterben; er wird also sterben, er hat beinah nichts verloren. Aber der andere wollte leben, er wollte ein Ziel erreichen, das sich entfernt und verschwindet; er war optimistisch, er hatte Vertrauen in seinen Chef, in eine gut durchgeführte Handlung: alles gerät durcheinander, er erfährt, daß man vielleicht nie gewinnt. Er war ein friedlicher Kämpfer mit begrenzten Initiativen, daran gewöhnt, sein gezähmtes Gesicht im Blick seiner Genossen zu entdecken, seiner sicher, sicher, in der Tiefe seines Selbst auf den felsenfesten Willen der Partei zu stoßen; nunmehr ist er in der irreversiblen Isolierung der Niederlage verlassen, die Partei ist besiegt, die Hoffnung zerschmettert, im Blick des triumphierenden Feindes entdeckt er ein wildes und unbekanntes Gesicht, das sein eigenes ist; sein von derart vielen Anweisungen, Reden und Botschaften gestütztes Ich stürzt, ein anderes Ich kommt auf, eine verzweifelte Singularität, die ihn sonderbar an die bürgerliche Einsamkeit erinnert; und sein Tod, den er sein ganzes Leben lang umgangen hat, indem er vorgab, für die Sache zu sterben, kehrt plötzlich zu ihm zurück, weil die Sache in tausend Scherben liegt und er umsonst stirbt. Hat er sein Leben verloren? Und der andere, hat er es gewonnen?

Ich sehe wohl, daß der eine wie der andere die Niederlage brauchen, um mich zu fesseln. Allerdings wünschte ich dem Abenteurer eine tatsächliche Niederlage, also den Sieg des Genossen: es ist moralisch, daß der Genosse siegt (und außerdem dem historischen Prozeß konform). Er hat in *jedem* Punkt recht: er hat sich rückhaltlos der Partei hingegeben, er hat seine Arbeit ohne Versagen fortgesetzt, er hat all seine Brüder geliebt, und wenn einer selbstverschuldet aus der Partei ausgeschlossen wurde, hörte er sofort auf, ihn zu lieben, weil er nicht mehr sein Bruder war; die Gesellschaft, die er errichten wollte, war die einzig richtige. Der Abenteurer hatte unrecht: Egoismus, Stolz, Unaufrichtigkeit, er hatte alle Laster der bürgerlichen Klasse. Dennoch werde ich, nachdem ich dem Sieg des Genossen Beifall gespendet habe, dem Abenteurer in dessen Einsamkeit folgen. Er hat bis zum Schluß eine *unmögliche* Situation gelebt: er flüchtete und suchte die Einsamkeit, er lebte, um zu sterben, und starb, um zu leben, er war von der Eitelkeit und von der Notwendigkeit der Handlung überzeugt, versuchte, sein Unternehmen durch die Zuweisung eines Zwecks zu rechtfertigen, an den er nicht glaubte, suchte die totale Objektivität des Ergebnisses, um sie in einer absoluten Subjektivität aufzulösen, wollte das Scheitern, das er ablehnte, lehnte den Sieg, den er wünschte, ab, wollte sein Leben als ein Schicksal gestalten und fand nur an den verschwindend kurzen Momenten Gefallen, die das Leben vom Tod trennten. Keinerlei Lösung dieser Antinomien, keinerlei Synthese dieser Widersprüche. Sich selbst überlassen, würde sich jedes Paar auflösen, weil beide Sätze jeweils stürzen oder sich vernichten würden, da sich beide Sätze einander annullieren. Doch um den Preis einer unerträglichen Spannung hat dieser Mensch sie alle zusammen und zugleich in ihrer Unversöhnlichkeit selbst aufrechterhalten; er ist das permanente Bewußtsein dieser Unversöhnlichkeit gewesen. Besser noch: er beweist, daß diese Unmöglichkeit zu sein die Situation seiner Existenz ist, und daß der Mensch existiert, weil er unmöglich ist. Und der Genosse? Was soll man ihm am Morgen seines neuen Tages wünschen? Daß er lernt, die nicht Verwendbaren zu verwenden. Ich weiß wohl, daß Lawrence seinen Platz nur in der geschichtlichen Situation von 1914 hat, daß er sich ausgehend vom Kolonialimperialismus der Engländer und später dem Kapitalismus erklären läßt. Ich weiß wohl, daß ein Lawrence nicht zurückkehren wird, vor allem nach der Liquidierung der bürgerlichen Klasse; ich weiß auch, daß die Kommunisten ihn wenig mögen, und im übrigen gestehe ich, daß er enge Verwandtschaften zum Bösen hat. Dennoch: eine sozialistische Gemeinschaft, in der künftige Lawrences radikal unmöglich wären, schiene mir steril zu sein. Und selbst wenn in den Augen der Sozialisten Lawrence das Böse selbst wäre, halte ich aufrecht, daß das Ziel nicht sein kann, das Böse aufzuheben, sondern es im Guten zu bewahren.

«Das sind die letzten Abenteurer», sagt mir Stéphane, *«nach ihnen wird es nur noch Parteimitglieder geben.»* Ich wünsche das, wenn die Genossen das Erbe der Abenteurertugenden antreten. Einige kenne ich bereits, die alles zugleich sind: dieses gegebene Ich, das sie von den anderen und für den Kampf erhalten haben, überholen sie im Kampf, und ihr tatsächliches Ich ist über das Ich hinaus; sie denken nur an das Mittel der kämpfenden Vernunft, die ihnen die Partei geliefert hat, da aber ihr Denken jede Schranke ablehnt, führen sie diese konstituierte Vernunft bis ans Ende ihrer selbst und verwandeln sie in konstituierende Vernunft; ganz dem Gehorsam hingegeben, halten sie nichts, absolut nichts, von sich zurück, außer dieser Freiheit, die sie rückhaltlos hingibt; bis auf das Knochenmark im täglichen Kampf engagiert, der der einzige Gegenstand ihrer Sorge ist, sind sie zugleich vollständig draußen, denn sie wissen gut, daß die unmittelbaren Zwecke sekundär sind, obwohl sie entschlossen sind, ihr Leben zu geben, um sie zu erreichen, und weil sie beschlossen haben, daß der Einsatz nicht das Glück des Menschen ist, sondern einfach der Mensch, der zu schaffen ist. Abenteurer oder Parteimitglied: ich glaube nicht an dieses Dilemma. Ich weiß zu gut, daß eine Handlung zwei Seiten hat: die Negativität, die abenteuerlich ist, und der Aufbau, der Disziplin fordert. Die Negativität muß

wiederhergestellt werden, die Sorge und die Selbstkritik in der Disziplin. Wir werden nur dann gewinnen, wenn wir alle Konsequenzen
aus diesem Teufelskreis gezogen haben: der Mensch ist zu schaffen,
und es ist allein der Mensch, der den Menschen schaffen kann.

Einführung zu *Portrait de l'aventurier* von Roger Stéphane,
Sagittaire, Paris 1950

Nach Budapest – Sartre spricht

Interview mit L'Express, November 1956

Frage: Wie erfuhren Sie von den Ereignissen in Ungarn, und welches war Ihre erste Reaktion?

Sartre: Meine erste Reaktion war die bange Frage: Wer hat diesen unglaublichen Fehler begangen, die Intervention der russischen Truppen zu verlangen? – denn man wußte noch nicht, ob der letzte Rákosist oder die neue ungarische Regierung diese Schuld auf sich geladen hatte. Nach einigen Tagen wich diese Beklemmung der Hoffnung, ja sogar der Freude: obwohl das russische Oberkommando – wie man erfuhr, auf Veranlassung von Gerő – die verbrecherische Stümperei begangen hatte, diesem Verlangen zu entsprechen, zog es in der Folge seine Truppen aus Budapest zurück.

Man sprach davon, daß sowjetische Regimenter es vorgezogen hätten, vor den Insurgenten zurückzuweichen, statt auf sie zu schießen, auch von Sowjetsoldaten, die desertiert seien. Der Kreml schien unentschlossen; es sah so aus, als neige sich der Sieg den Aufständischen zu. Vielleicht wollte die Sowjetunion doch, trotz dieses ersten, schrecklichen Blutbads, auf dem Verhandlungswege eine Lösung nach dem polnischen Muster erzielen.

Die Beklemmung war aber sofort wieder da, verstärkte sich von Tag zu Tag; sie hat mich nicht mehr verlassen, seit Kardinal Mindszenty, aus dem Gefängnis befreit, plötzlich eine Hauptrolle zu spielen begann, und ich dachte bei mir: und wann folgt Horthy und die Einbeziehung in den Westblock? Die Russen müssen entweder Ungarn verlassen oder aber ein neues Massaker einleiten. Die von Nagy verlangte Neutralisierung war offensichtlich nichts anderes als eine *Mindestforderung*, die er unter dem Druck der Aufständischen gestellt hatte und die ihnen bald nicht mehr genügen würde.

Der Rückgriff auf die alten Parteien, die Jagd auf die Beamten der Geheimpolizei und zweifelsohne auch auf kommunistische Funktionäre, der Beschluß über die Namensänderung der kommunistischen Partei, die Rückkehr der Emigranten, das Auftauchen von Mitgliedern der «inneren Emigration», die Möglichkeit einer reaktionären Konspiration innerhalb der ungarischen Armee, alles deutete darauf hin, daß sich der ungarische Aufstand der totalen Liquidierung der sogenannten sozialistischen Grundlagen des Regimes zuwandte.

Diese tragische Situation umriß damals einer der letzten kommunistischen Regierungskollegen Nagys in einer Sendung von Radio Budapest mit den Worten: «Uns droht einerseits die Gefahr einer Wiederkehr der Reaktion und andererseits diejenige einer fremden Okkupation. Deshalb ist es zu der russischen Intervention gekommen. Darin liegt die Erklärung.» Aber eine Erklärung ist kein Freispruch. Ungeachtet ihrer Ursachen war die Intervention in jedem Fall ein Verbrechen. Die Behauptung, daß die Arbeiter Schulter an Schulter mit den Sowjettruppen kämpften, ist eine erbärmliche Lüge.

Man braucht sich nur der Aufrufe Kádárs in der letzten Nacht zu erinnern:

«Arbeiter, helft uns! ... Arbeiter und Bauern, kämpft mit uns! Die Kommunistische Partei befindet sich in der tragischsten Phase ihrer Geschichte. Wir brechen mit der Vergangenheit, und im übrigen haben wir bereits den Namen der Partei geändert.»

Wären solche Aufrufe notwendig gewesen, wenn nicht das gesamte Volk die Aufständischen unterstützt hätte? Wenn die Arbeiter und Bauern nach «Bekundung ihrer berechtigten Unzufriedenheit» – um mit der *Prawda* zu sprechen – sich mit der Regierung Nagy verbündet hätten, um die Emigranten zurückzuschlagen, dann wäre es vielleicht zu einem Bürgerkrieg gekommen. Aber kein Kabel, keine Rundfunkmeldung, auch nicht aus den Volksdemokratien, sprach von einem Bürgerkrieg. Insgesamt herrschte nur Konfusion und Verwirrung, auch bei den Insurgenten-Gruppen, die sich überall im Lande gebildet hatten.

Innerhalb dieser Gruppen, die sich zum Kampf gegen die Sowjets oder zur Bekräftigung der Forderung nach deren Abzug zusammenschlossen, traten auch reaktionäre, zum Teil vom Ausland beeinflußte Elemente auf. Aber an einer Tatsache ist nicht zu rütteln: die Arbeiter und Bauern, das ganze Volk zog an der Seite dieser Leute in den Kampf. Fortschrittliche Kommunisten, von dem Willen beseelt, das Regime zu demokratisieren, koexistierten mit den Reaktionären in den gleichen Gruppen, die noch viele andere Tendenzen einschlos-

sen und unter dem Eindruck der Ereignisse, der Veränderungen in der
Zusammensetzung der Gruppen selbst und besonders in Abhängigkeit von der sowjetischen Intervention von einer Position zur anderen
schwankten.

Mit einem Wort: die Sowjetarmee hat nicht auf eine Handvoll bewaffneter Emigranten, sondern auf das ganze Volk geschossen. Das
Volk, das sind die Arbeiter und Bauern, die schon Horthys Opfer
waren, und man hat sie jetzt wiederum hingemetzelt. Und das Verbrechen besteht für mich nicht *nur* in dem Panzerangriff auf Budapest, sondern auch darin, daß er möglich und (vom sowjetischen
Standpunkt) vielleicht auch notwendig gemacht worden war durch
zwölf Jahre des Terrors und der Dummheit. Falls sich die Rechte tatsächlich unter den Insurgenten durchgesetzt hat, dann deshalb, weil
sie sämtlich von der allen gemeinsamen, ganz und gar negativen Leidenschaft des Hasses gegen die Sowjets und den Rákosismus beherrscht waren.

Die Menschenjagd in den Kanalisationsstollen war gewiß eine
grausige Episode, aber wie war es dazu gekommen, daß das Regime
sich solchen Haß zugezogen hatte? Von einer bewußten Minderheit
abgesehen – den Intellektuellen, dem Schriftstellerverband, die sofort
zu den Massen überschwenkten –, befanden sich die Arbeiter und
Bauern, nachdem sie die auswendig gelernten Lektionen repetiert
hatten, in völliger Verwirrung, ohne jede Spur politischer oder gesellschaftlicher Bildung.

Im allgemeinen werden die Volksrevolutionen von der Linken gemacht. Erstmals – aber an diesen tragischen Geschehnissen war alles
neu – waren wir Zeugen einer politischen Revolution, die sich nach
rechts wandte. Weshalb? Weil man dem Volke nichts gegeben hatte,
weder materielle Befriedigung noch den Glauben an den Sozialismus,
ja nicht einmal ein klares Bild der Situation. Sie haben sich getäuscht,
das ist sicher: aber zunächst, und zwar selbst in seinem Irrtum, hat
das Volk Anspruch auf Freiheit und Respekt. Die Arbeiter emanzipieren sich aus eigener Kraft auf dem Wege der Fehler, der praktischen
Erfahrungen. Man korrigiert die Fehler nicht mit Panzergranaten.
Und schließlich ist für diese selben Fehler *voll und ganz* der Stalinismus verantwortlich.

*Frage: Die Rechte behauptet, das ungarische Drama bezeichne den
endgültigen Zusammenbruch des Sozialismus. Wie denken Sie darüber?*

Sartre: Die Lektion, die uns das ungarische Volk mit seinem Blute erteilt hat, betrifft den völligen Bankrott des Sozialismus in der aus der Sowjetunion importierten Form. Man weiß, was der Aufbau des Sozialismus in der Sowjetunion gekostet hat: wieviel Schweiß, wieviel Blut, welche Verbrechen, aber auch welchen Mut und welche Beharrlichkeit, und das Land konnte sich immerhin in die erste Reihe der Industriemächte emporarbeiten. Das erlaubten ihm die historischen Gegebenheiten. Im Jahre 1917 lösten die Kommunisten eine noch wenig entwickelte Bourgeoisie ab, die jedoch bereits die Fundamente für eine mächtige Industrie geschaffen hatte.

Es war ganz und gar absurd, jedes einzelne Satellitenland zu einer servilen Imitation des stalinschen Aufbauschemas zu zwingen, um aus ihm eine Miniatur-UdSSR, eine Taschenausgabe zu machen, ohne den Unterschieden der Situation Rechnung zu tragen. Insbesondere Ungarn, das in seinem hauptsächlich bäuerlichen Bevölkerungsüberschuß erstickt und dessen Leitung vor dem Kriege in den Händen feudaler Großgrundbesitzer sowie einer schlaffen, führungsmüden Bourgeoisie lag, die halbkoloniale Zustände eigener Entwicklungsinitiative vorzog, war von einer sozialistischen Revolution denkbar weit entfernt.

Im Jahre 1939 ertrugen die Städte nur widerwillig die Horthy-Diktatur, während die Bauern sich trotz aller Übelstände damit abfanden. Ein Proletariat war nicht oder nur in Ansätzen vorhanden, die Bauernschaft war in jahrhundertealten Vorurteilen befangen: das war die Situation, die die Sowjets 1945 vorfanden. Und die ersten Wahlen brachten eine demokratische Front ans Ruder, in der die Kommunisten, obwohl sie insgeheim an den Schalthebeln der Macht saßen, offiziell nur eine Nebenrolle spielten. 57 Prozent der Stimmen waren der Partei der Kleinen Landwirte zugefallen.

Die furchtbare Aufgabe der neuen Regierung bestand darin, unter Überspringung von Entwicklungsetappen die großen Latifundien zu zerstückeln, das Land an die Bauern zu verteilen, dann aber wieder eine neue Konzentration durchzuführen (des Bodens in den Landwirtschaftsgenossenschaften, der Betriebe und der Bevölkerung in den Städten durch Absaugung des Bevölkerungsüberschusses), die *zugleich bürgerlichen und sozialistischen Charakter* trug. Das heißt, diese enormen Veränderungen sollten *stellvertretend* für die Bourgeoisie vorgenommen werden, die sich ihrer Verantwortung immer entzogen hatte, aber *zum Nutzen* des Sozialismus. Das ganze Programm kollidierte mit den jahrhundertealten Gepflogenheiten der Bauern; was die Arbeiter betrifft, so kamen sie vom Lande und blieben dem Dorfe stärker verbunden als der Fabrik.

Was man auch tat, man mußte mit Sicherheit Unpopularität in Kauf nehmen und einen gewissen Zwang ausüben. Die angewachsenen Städte, die von Tag zu Tag zunehmende Arbeiterschaft mußten mit Lebensmitteln versorgt werden, und die Bauern, die weniger zahlreich und dazu mit Gerätschaften schlecht ausgestattet waren, konnten diese Aufgabe ohne Abgabesoll und Übergang zur Kollektivierung nicht lösen.

Dieser Zwang hat auch in den kapitalistischen Ländern immer bestanden, nur erscheinen hier dem einzelnen die Konzentration und die verschiedenen sich daraus ergebenden Formen der Expropriation als Wirkungsfolgen eines anonymen Geschicks. In einem sozialistischen Land nimmt dieses Geschick schnell die Züge und den Namen des Regierungschefs an. Es wäre deshalb *zunächst* angebracht gewesen, eine möglichst wenig irritierende Form des Zwanges anzuwenden, das heißt, die Pläne hätten bescheiden bleiben, der Fortschritt zum Sozialismus hätte auf eine lange Periode bezogen werden müssen; eine sofortige Hebung des Lebensstandards war notwendig, damit jedermann mit dem Regime auch persönliche Interessen zu verteidigen gehabt hätte. Man erinnere sich daran, welche Kraft der Verkauf des Staatseigentums der Französischen Revolution verlieh. Und vor allem wäre in dieser Revolutionsphase das Überzeugen von entscheidender Bedeutung gewesen. Die Chinesen sagen: «Man muß immer *erklären*.» Aber «erklären» ist nicht gleichbedeutend mit Propaganda. Es heißt informieren, erziehen und auch – weil man nicht mit bloßen Worten zu überzeugen vermag – etwas geben. Von Menschen, die bereits überzeugt sind, daß der Sozialismus das ist, was ihrem Lande nottut, kann man Opfer fordern. Aber von Menschen, die wie die Mehrzahl der ungarischen Bauern sowohl die fremden Okkupanten als auch den Sozialismus ablehnen, kann man nichts fordern: man muß sie zuerst gewinnen, überzeugen. Verlangt man von ihnen dasselbe wie von denen, die bereits an den Sozialismus glauben, verursacht man eine sich unaufhörlich vertiefende Kluft innerhalb der Massen, man begünstigt die Entstehung einer Terrorstimmung und schafft selbst alle Voraussetzungen *für* eine Gegenrevolution.

Man hat überhaupt nichts erklärt, und außerdem bewirkte eine Reihe von Ereignissen alsbald einen durchgreifenden Situationswandel. Zunächst der Marshallplan, dessen erklärtes Ziel es war, den Aufbau des Sozialismus in den Satellitenstaaten zu verhindern: unleugbar trägt somit auch Amerika Mitverantwortung für die gegenwärtigen Vorkommnisse. Die Folge war seinerzeit eine brutale Straffung der Bindungen zwischen den Ländern des sozialistischen Lagers. Seit dem Marshallplan gab es auch einen «Eisernen Vorhang». Dann kam es zur ersten Rebellion der Nationalkommunisten – zum Titoismus.

Alles drängte zur *Stalinisierung*: Nach Verkündung des Marshallplans verschwand die Sozialdemokratische Partei und die Partei der kleinen Landwirte; nach der Sezession des Titoismus wurde die Bolschewisierung der KP Ungarns vollzogen, das heißt, die nationalkommunistischen Elemente, die sozusagen zufälligerweise als einzige eine gewisse Popularität genossen, wurden eliminiert und durch Kommunisten der Moskauer Schule ersetzt. Wer kann die Wirkung des Rajk-Prozesses (Rajk hatte in den Reihen der Partisanen- und Widerstandsbewegung gekämpft) und der Triumphe Rákosis (der viele Jahre in der Sowjetunion zugebracht hatte) in Ungarn ermessen?

Natürlich hatte diese Umformung zwei gewichtige Konsequenzen: die Sowjetunion versetzte ihrerseits Ungarn in einen halbkolonialen Zustand, und die Überindustrialisierung wirkte als Antrieb zu extremer Kollektivierung. Mehr als alle anderen Länder Mitteleuropas hat sich Ungarn diesem Zwangsregime widersetzt. Sämtliche Beobachter einschließlich der französischen Kommunisten sind sich in diesem Punkte einig. Es konnte nur mit Hilfe des Terrors im Sattel gehalten werden. Der *weiße* Terror, der sich stellenweise zeigte und in diesen Tagen scheinbar zur Rechtfertigung der sowjetischen Intervention diente, ist nichts anderes als eine Konsequenz des *roten* Terrors.

Man sieht den Fehler: die Sowjetunion hatte bei sich den «Sozialismus in einem Lande» aufgebaut; jetzt galt es, den «Sozialismus in mehreren Ländern» zu schaffen. Die Sowjets zogen es dabei vor, den «Sozialismus in einem Lande» zu vervielfältigen. Hinter dieser Fassade behielten sie das Monopol der Kommunikation der einzelnen Satelliten untereinander in der Hand und verwarfen die Lösung, die sich von selbst anbot: die Bildung eines sozialistischen Commonwealth mit komplementären Volkswirtschaften – aus Mißtrauen und weil ihnen mehr an Volkswirtschaften gelegen war, die die Wirtschaft ihres eigenen Landes ergänzten. Das hat dazu geführt, daß wir heute die totale Liquidierung eines Regimes erleben, das niemals und von niemandem in ganz Ungarn akzeptiert worden war.

Manche Leute sagen, man mußte die «Grundlagen des Sozialismus» in Ungarn retten. Wenn es in Ungarn Grundlagen des Sozialismus gegeben hätte, dann hätte sich der Sozialismus allein gerettet. Die Sowjetarmee griff ein, um in Ungarn die Grundlagen des Sozialismus der Sowjetunion zu retten, das heißt, die militärischen Positionen (was auch Courtade bezeugt) und die Uranbergwerke.

Frage: Sie haben von «Demokratisierung» gesprochen. Können Sie präzisieren, welche Bedeutung Sie diesem Wort im Rahmen eines sozialistischen Regimes beimessen?

Sartre: Für mich ist die Demokratisierung nicht zu trennen von einer vollständigen Revision der zwischen der Sowjetunion und ihren Satelliten bestehenden Beziehungen. Diese Demokratisierung kann nur in Gestalt einer Organisation der Satellitenstaaten verwirklicht werden, die deren eigenen Interessen mehr Rechnung trägt als denen der Sowjetunion. Sie erfordert infolgedessen eine wirkliche allgemeine Planung auf der Ebene sämtlicher einbezogener Staaten. Dabei würde herauskommen, daß Polen keine fahruntauglichen Automobile zu produzieren braucht, daß Budapest keine grundwassergefährdete Untergrundbahn benötigt, daß die polnische Kohle besser auf die mitteleuropäischen Länder verteilt werden könnte usw. Diese Union der Länder der sozialistischen Bewegung könnte sich unter Führung der UdSSR formieren, aber diese Führung dürfte tatsächlich nur bei der gemeinschaftlichen Festlegung der Außenpolitik in Erscheinung treten. Unter solchen Umständen läge eine Hebung des Lebensstandards im Bereich der Möglichkeiten, und damit könnte auch die Demokratisierung konkrete Formen annehmen.

Wenn man den Lebensstandard erhöht, dann kann man auch die Wahrheit sagen, ohne Unruhen befürchten zu müssen, und man kann auch andere Leute die Wahrheit sagen lassen, die anderer Ansicht sind. Man belügt Menschen, die vor Hunger und Erschöpfung krepieren, weil bei ihnen Leben oder Tod davon abhängen, ob die Regierung Fehler macht. Für mich bedeutet Demokratisierung nicht notwendigerweise die Rückkehr zum Mehrparteiensystem: das Wiederauftauchen der konservativen Parteien hat die Anwesenheit (nicht die brutale Intervention) der Russen in Ungarn nahezu notwendig gemacht. Aber man könnte zu einem innerparteilichen demokratischen Zentralismus übergehen, man könnte die Freiheit des Individuums und das Habeas-corpus-Recht wiederherstellen, man könnte die Zensur aufheben und Arbeiterräte bilden. Insgesamt ist es natürlich

Sache jeder einzelnen Regierung, je nach der Sachlage und den Bedürfnissen der Massen Entscheidungen zu treffen. Aber für mich beginnt die Demokratisierung vor allem damit, daß die abstrakten Parteien, die sich Kommunistische Partei Ungarns, Rumäniens, Bulgariens usw. nennen – wenn ihnen dazu noch Zeit bleibt –, den Kontakt mit den Massen wiederherstellen.

Frage: Glauben Sie, daß für den Stalinismus die Zubilligung eines absoluten Primats an die Außenpolitik kennzeichnend ist?

Sartre: Dessen bin ich keineswegs sicher. Es scheint mir, daß die Sowjetunion anfangs, und zwar ganz zu Recht, zwischen der Außenpolitik und dem Aufbau des Sozialismus keinen Unterschied machte. Von 1945 bis 1948 war sie bestrebt, die Volksrepubliken durch eine langsame Hebung des Lebensstandards und den fortschreitenden Aufbau der Grundlagen des Sozialismus an sich zu binden, was ihr gleichzeitig Sicherheit gewährt und sie vor der Einkreisung geschützt hätte. Erst der Marshallplan hat die Angstvorstellung aufkommen lassen, daß die sozialistische Front wieder auseinanderbrechen könnte. Meiner Ansicht nach haben jedoch in erster Linie Gesichtspunkte der militärischen Sicherheit zu der russischen Intervention in Ungarn geführt. Das ist jedenfalls auch die Meinung Pierre Courtades, der in der *Humanité* die Katze aus dem Sack läßt:

«War es wünschenswert, daß sich in Ungarn im Namen der «Freiheit» wieder das Gutsbesitzer-Regime etablierte? Konnte die Sowjetunion, die vertragsgemäß Truppen in Ungarn stationiert hatte, das Risiko einer «Umkehrung des Bündnisverhältnisses» eingehen, die aus Ungarn eine Bastion der Westmächte im Herzen des Systems der Volksdemokratien gemacht hätte?»

Frage: Wie können sich jetzt Personen wie Sie der Sowjetunion gegenüber verhalten, die bisher zu ihren Freunden zählten?

Sartre: Ich will Ihnen zunächst sagen, daß ein Verbrechen nicht ein ganzes Volk engagiert. Ich glaube nicht, daß das russische Volk jemals große Sympathie für die Ungarn gehabt hat, ebensowenig wie übrigens die Ungarn für die Russen. Ferner gibt es in der russischen Öffentlichkeit nur wenige Leute, die über die Vorgänge völlig im Bilde sind. Dazu müßte man die ungarischen und polnischen Blätter lesen können, sofern diese in Moskau noch zu haben sind. Das, was in Ungarn geschehen ist, wird deshalb nach meiner Ansicht das russische Volk nicht sehr bewegen oder in tiefere Schichten eindringen, um so mehr, als es bewußt belogen wird. Die *Prawda* schrieb zum Beispiel am Sonntag, wenige Stunden vor dem sowjetischen Angriff auf Budapest: «Das ungarische Volk, seine Arbeiterklasse, alle echten Patrioten Ungarns, werden *selbst* die erforderliche Kraft aufbringen, um die Reaktion zu zerschmettern.» Das werden die Leser der Sowjetpresse sicherlich auch glauben. Im übrigen wurden, wie Sie wissen, in Ungarn Truppen aus den Randgebieten eingesetzt, so daß nicht damit zu rechnen ist, daß heimkehrende Moskauer Arbeiter ihren Kollegen berichten: wir haben Arbeiter zusammengeschossen.

Nein, das russische Volk ist unschuldig, so wie es alle Völker sind, sofern sie sich nicht durch das Schweigen über ein im Inneren ihres Landes bestehendes Konzentrationslagersystem mitschuldig machen. In der Sowjetunion ergibt sich aus der Bestürzung der Bevölkerung angesichts der Heimkehr der Lagerhäftlinge recht deutlich, daß sie darüber nicht Bescheid wußte. An meiner persönlichen Sympathie für dieses große, arbeitsame und mutige Volk haben die Verbrechen seiner Regierung nichts geändert.

Ich las heute morgen im *Combat*: «Wie immer überaus diskret, lehnte es Raymond Aron ab, aus dem Geschehenen die geistige Befriedigung zu schöpfen, die einem die Bestätigung der eigenen Schriften durch solche Ereignisse verschafft.» Nun wohl, wenn es Raymond Aron befriedigt, daß seine Voraussagen durch die Ereignisse bestätigt wurden, dann muß er ein ziemlich verhärtetes Herz besitzen. Zweifellos glaubt er, daß die Entstalinisierung eine Maske, eine rein deklamatorische Angelegenheit war. Ich für meinen Teil glaube, daß das eine völlig verkehrte Auffassung ist. Die Entstalinisierung war bei bestimmten Mitgliedern der sowjetischen Regierung und Bürokratie Gegenstand wirklichen Wollens, und sie sind deswegen auch Risiken eingegangen. Kann es nicht sein, daß einige von ihnen bereits jetzt für dieses Vorhaben bezahlen müssen? Die Sache war ohne Zweifel wünschenswert, ja sogar notwendig, und ich persönlich möchte denjenigen, die damit den Anfang gemacht haben, meine Anerkennung und Hochachtung aussprechen.

Aber man hätte wissen müssen, wohin es ging, man hätte sich nicht von den Ereignissen überholen lassen und nicht mit dem törichten Spiel beginnen dürfen, das der sinistre Hermann in der *Libération* als «Wechselbad» bezeichnet. In Ungarn hätte man zum Beispiel nicht 1953 Nagy ans Ruder bringen und eine Erhöhung der Investitionen in der Konsumgüterindustrie versprechen dürfen, wenn man es nachher mit der Angst bekommt, den zuvor gerügten Rákosi wieder zurückholt und die These vom unbedingten Primat der Schwerindustrie erneut bekräftigt; man durfte nicht Rajk rehabilitieren und seinen Mörder an der Macht lassen, dann diesen plötzlich davonjagen, um ihn durch einen anderen, mittelmäßigeren Rákosi – nämlich Gerő – zu ersetzen und schließlich wieder Nagy zu berufen, zu spät, als bereits Blut geflossen war, und ihm dabei vom ersten Tage an jede Aussicht auf Rückgewinnung des Vertrauens seines Volkes nehmen.

Ja, man hätte wissen müssen, was man wollte, bis zu welchem Punkt man zu gehen beabsichtigte; Reformen hätte man einleiten müssen, ohne sie vorher auszuposaunen, die dann allmählich durchzuführen gewesen wären. Unter diesem Blickwinkel war vielleicht der Chruschtschow-Bericht der größte Mißgriff, weil nach meiner Meinung die öffentliche und feierliche Anklageerhebung, die detaillierte Schilderung aller Verbrechen einer geheiligten Persönlichkeit, die lange Zeit das Regime verkörperte, eine Dummheit ist, wenn man nicht vorher durch eine beträchtliche Erhöhung des Lebensniveaus der Bevölkerung die Voraussetzungen für eine solche Offenherzigkeit geschaffen hat.

Malenkow bewies in dieser Beziehung viel mehr Geschick. Er begann mit der Einleitung von Reformen, ohne das Geringste über Stalin zu sagen. Er war es auch, der beispielsweise Rákosi gegen Nagy ausgetauscht hatte.

Meiner Meinung nach war Stalin kein gebildeter oder besonders intelligenter Mensch. Aber uns weismachen zu wollen, er hätte zum Beispiel als Leiter aller strategischen Operationen des Krieges die Truppenbewegungen auf einem Schulglobus verfolgt, ist etwas ganz anderes. Selbst Hitler war imstande, eine Generalstabskarte zu lesen. Für mich war der Chruschtschow-Bericht keine freimütige und erschöpfende Klarstellung, sondern eine Art Anekdotensammlung. Dieser Bericht war ein furchtbarer Fehlschlag. Statt zur Milderung der Diktatur der Partei beizutragen, hat er sie bestätigt.

Ich weiß wohl, daß er nicht im stillen Kämmerlein verfaßt wurde, sondern daß es sich um eine Improvisation handelte, vielleicht auch um das Manöver einer Gruppe, die die Demokratisierung vorantreiben wollte, um die Zügel der Macht nicht zu verlieren oder wieder in die Hand zu bekommen. Aber im Ergebnis enthüllte man damit den Massen die Wahrheit, ohne daß diese für deren Aufnahme schon bereit gewesen wären. Wenn man sieht, in welchem Maße der Bericht hier bei uns, in Frankreich, die kommunistischen Intellektuellen und

Arbeiter erschüttert hat, dann kann man begreifen, wie wenig beispielsweise die Ungarn auf das Verständnis dieser fürchterlichen Liste von Verbrechen und Fehlern vorbereitet waren, die dazu noch ohne Erläuterungen, ohne historische Analyse, ohne Behutsamkeit vorgetragen wurde.

Sobald Chruschtschow die Zügel in der Hand hielt, erklärte er: «Wir werden die Konsequenzen der Entstalinisierung bis an die Grenzen unserer Möglichkeiten akzeptieren.» Nach der aufsehenerregenden Aussöhnung mit Tito und den Aufständen in Polen ist es dann zu den bekannten Geschehnissen gekommen, zu einer Mischung von bisweilen unerhörter Brutalität und zeitweisem Zurückweichen, die der alten russischen Manier nicht unähnlich ist.

Die Entstalinisierung war auch mit energischen Bemühungen um die Demokratisierung im Innern verbunden, die der sowjetischen Gesellschaft zugute kamen. Meiner Meinung nach sollte man diese Bestrebungen respektieren, selbst wenn sie mißlungen sind. Deshalb glaube ich daran, sofern sie nicht gegenwärtig kurzerhand unterbunden werden. Aber ich habe Angst vor diesem brutalen Abbruch: ich kann unmöglich auch nur ein einziges Wort des von János Kádár verkündeten Programms glauben, und insbesondere kann ich mir nicht vorstellen, daß er im Ernst den Abzug der Sowjettruppen aus Ungarn verlangt, weil dann die sowjetische Intervention jeglichen Sinn verlöre. Das ungarische Volk kocht vor wilder Wut, und angeblich sind noch immer Inseln des Widerstandes vorhanden. Wie kann man da an einen Abzug der Sowjetarmee denken! Einmal mehr wird einem Wort der gegenteilige Sinn unterschoben: Guy Mollet spricht vom «Befrieden» und meint damit militärische Operationen, Kádár spricht von «Demokratisierung» und meint Terror und Besatzung.

Meiner Ansicht nach ist die Demokratisierung in Ungarn somit unterbrochen worden, sofern sie überhaupt jemals wieder in Gang kommt. Höchstwahrscheinlich kam sie auch andernorts zum Stehen: es ist nicht vorstellbar, daß ein Land andere der Diktatur unterwirft, ohne die Diktatur auch bei sich selbst beizubehalten. Infolgedessen glaube ich zwar an die Demokratisierung, aber ich glaube auch an ihren zeitweiligen Abbruch, und es ist möglich, daß dieser Abbruch sich sogar in Form wichtiger Veränderungen innerhalb der sowjetischen Regierung manifestiert.

Frage: Wie beschreiben Sie unter diesen Umständen Ihre persönliche Einstellung gegenüber der UdSSR?

Sartre: Ich verurteile die sowjetische Aggression restlos und ohne Vorbehalt. Ohne die Verantwortung dafür dem russischen Volk zur Last zu legen, wiederhole ich, daß seine gegenwärtige Regierung ein Verbrechen begangen hat und daß die Fraktionskämpfe innerhalb des Führungskreises eine Gruppe an die Macht gebracht haben («harte» Militärs? alte Stalinisten?), die heute den Stalinismus übertrumpft, den sie zuerst angeprangert hat.

Alle Verbrechen der Geschichte werden einmal vergessen, wir haben die unsrigen vergessen, und andere Nationen werden sie auch nach und nach vergessen. So kann auch eine Zeit kommen, da man diejenigen der UdSSR vergißt, wenn die Regierung wechselt und die Neulinge sich ernsthaft um die Anwendung des Prinzips der Gleichberechtigung in den Beziehungen zwischen den Völkern, den sozialistischen wie den nichtsozialistischen, bemühen. Für den Augenblick gibt es nichts anderes zu tun als zu verdammen. Ich breche mit Bedauern, aber restlos alle meine Beziehungen zu den mir befreundeten Sowjetschriftstellern ab, die das Massaker in Ungarn nicht verurteilen (oder es nicht verurteilen können). Man kann keine Freundschaft mehr mit der führenden Fraktion der Sowjetbürokratie pflegen: das Grauen dominiert.

Hätte man Ungarn seine Unabhängigkeit zugestanden, dann wäre es auch möglich gewesen, die Eisenhower von Marschall Bulganin vorgeschlagene gemeinsame Intervention in der Ägypten-Frage ernst zu nehmen. Aber diese Idee einer energischen Demarche der Großen Zwei erweist sich, da sie unmittelbar nach der Überwältigung Ungarns lanciert wurde, als ein Hohn, als bloßes politisches Manöver. Damit ist nur erreicht, daß jede Möglichkeit eines Eingreifens der UNO vereitelt wird. Man stelle sich nur vor, in welcher Situation wir uns gegenwärtig befinden würden: Die Vereinigten Staaten intervenieren eventuell zusammen mit England und Frankreich in Ungarn gegen die Sowjetunion, und andererseits stellen sich die Vereinigten Staaten zusammen mit der Sowjetunion wegen der Suez-Frage zwischen Ägypten und Israel und gegen England und Frankreich. Ich weiß nicht, ob die UNO jemals etwas dargestellt hat, aber diese absurde Konfusion beweist jedenfalls, daß sie jetzt nichts mehr darstellt. Und wenn es zu einer Fünferkonferenz in der Schweiz kommen sollte, dann wird man wieder einmal außerhalb der UNO die Entspannung suchen – und vielleicht auch finden.

Frage: Welche Konsequenzen werden die Ereignisse in Ungarn Ihrer Ansicht nach für die französische Linke haben?

Sartre: Für mich ist heute traurige Realität, daß die französische Linke Gefahr läuft, an diesen Ereignissen zugrunde zu gehen, wenn sich nicht in den Parteien, aus denen sie sich zusammensetzt, ein Wandel vollzieht, wenn es den Minderheiten nicht gelingt, ihre Geschicke in die Hand zu nehmen.

Ich las heute morgen in der Presse, daß die Sozialistische Partei erneut einen Appell an die KP-Aktivisten gerichtet hat, in dem diese aufgefordert werden, aus der Kommunistischen Partei auszutreten und sich der SFIO anzuschließen. Das ist ein ziemlich kühner Streich. Es bedeutet doch etwa: Laßt diese unmögliche Kommunistische Partei im Stich, die mit dem Gemetzel von Budapest einverstanden ist, und kommt zu uns, um den Foltermeistern Algeriens zu applaudieren. Was bleibt angesichts eines solches Widerspruchs von der Linken übrig?

Ich will Ihnen auch ganz offen sagen, was ich von der Radikalen Partei denke. Ich glaube nicht, daß sie jemals links stand. Sie hat sogar seit einer Reihe von Jahren die Rechte repräsentiert. Die Veränderungen, die Mendès-France, in meinen Augen ein in seinem Trachten und Leben durchaus achtenswerter Mann, durchzusetzen vermochte, verursachten eine erste Parteispaltung. Und trotz dieser Spaltung hatte Mendès-France kürzlich bei einer entscheidenden Abstimmung nicht mehr als ein Fünftel von diesen zwei Dritteln der Radikalen Partei hinter sich.

Sie haben im *Express* einmal von mir gesagt: «Jean-Paul Sartre hat ausgespielt.» Ich kann Ihnen heute sagen: «Mendès-France hat immer mitspielen wollen, und jetzt hat er seinerseits ausgespielt.» Ich glaube also nicht, daß noch irgend etwas zu erwarten sei von dem Gebilde, das man seinerzeit zu den Wahlen als «Republikanische Front» bezeichnete.

Die Sozialistische Partei befindet sich in einer schrecklichen Lage. Sie hat ihre Wähler verraten. Sie hat ferner ihre sozialistische Mission verraten. Sie steht gegenwärtig – und etwas Unglaublicheres kann man sich kaum vorstellen – auf der Seite der englischen Konservativen gegen die Labour Party. Das schlechte Gewissen ihrer Führer hat jetzt einen geradezu abstoßenden Zynismus zur Folge.

Die Kommunistische Partei Frankreichs besteht aus ungefähr 180 000 Mitgliedern, glaube ich, von denen 170 000 ehrliche Aktivisten und 10 000 hauptamtliche Funktionäre mit 40 000 Francs Monatsgehalt sind, das heißt der Apparat. Soweit es sich um die französische Innenpolitik handelt, hat die Kommunistische Partei trotz ihrer Irrtümer bis in die letzten Jahre hinein eine gerade Linie eingehalten: sie befand sich im Kontakt mit den Massen, sie konnte sich von ihnen nicht trennen. Denn man kann sich vielleicht in einem autoritären Regime von den Massen trennen, wenn man die Macht hat, aber nicht in der Opposition.

Die Einstellung zum Indochinakrieg hat sie erst nach einigem Zögern gefunden, aber schließlich stimmte die Richtung wieder. Sie hat anfangs einige keineswegs üble Leute durch ihr Verhalten gegenüber der Algerienpolitik entmutigt und aus der Fassung gebracht, aber schließlich hat sie auch da wieder die Dinge geradegebogen. Ein paar Tage vor den Budapester Ereignissen konnte sie noch einmal Stimmengewinne bei Teilwahlen verbuchen.

Aber die Kommunistische Partei ist eine internationale Partei, das heißt eine Partei, die außenpolitische Beschlüsse fassen muß. Diese Beschlüsse werden ihr jedoch heute ausnahmslos von einem Apparat diktiert, der sich mit Haut und Haaren der unnachgiebigsten Tendenz innerhalb der Sowjetregierung verschrieben hat. Dabei kommen dann die widerlichsten Lügen heraus, so beispielsweise die Feststellung, die man heute morgen in der *Humanité* lesen konnte:

«Bevor sie ihr Heil in der Flucht suchten, steckten die Meuterer rasch noch zahlreiche Gebäude in Brand. Am Sonntagabend war Budapest ein Flammenmeer. Eine der wenigen Radiostationen, die sich am Sonntagabend noch in der Hand der Konterrevolutionäre befanden, brüstete sich damit, daß der Feuerschein mehrere Kilometer im Umkreis zu sehen sei.»

Ich kann mir die Insurgenten schlecht vorstellen, wie sie in der von den Russen umstellten und mit Phosphorgranaten bombardierten Stadt von Haus zu Haus eilen, um ihre eigenen Zufluchtstätten in Brand zu setzen. Das ist die gewohnte Methode: man redigiert die Tatsachenberichte mit Hilfe von Entstellungen und Verfälschungen zurecht. Es ist die grauenhafte Gepflogenheit der kommunistischen Parteiführer, diejenigen zunächst mit Schmutz zu bewerfen, die sie dann töten werden.

Frage: Welche Hoffnung bleibt der so schwer erschütterten Linken im Rahmen Ihrer Analyse?

Sartre: Es liegt auf der Hand, was uns betrifft – und viele Intellektuelle denken so wie ich –, daß unsere ganze Sympathie jenen Tausenden von aktiven Kommunisten gehört, von denen ich weiß, daß sie heute von vielen bangen Fragen gepeinigt werden, daß sie aber begreiflicherweise ihre Partei nicht ausgerechnet in dem Augenblick im Stich lassen wollen, da sie – und zwar aus eigener Schuld – von allen Seiten aufs Korn genommen wird. Zu diesen Leuten muß man Sympathie bewahren, denn sie sind ja nicht für die Metzeleien von Budapest verantwortlich. Es sind anständige, überzeugte, beunruhigte Leute, solche gibt es auch unter den 10 000 Funktionären und hauptamtlichen Kadern des Apparats. Aber die Führer tragen ausnahmslos und unwiderruflich Mitverantwortung.

Aber wenn ich sagte, daß es nach Jahren der Beunruhigung, des Grolls, der Bitterkeit vielleicht doch möglich sein wird, die Beziehungen zur Sowjetunion wiederaufzunehmen – es genügt ein klarer Wechsel ihrer politischen Linie –, ist es andererseits unmöglich und wird es niemals möglich sein, die Beziehungen zu den gegenwärtigen Führern der KPF wiederherzustellen. Jeder Satz, jede ihrer Gesten ist der Ausfluß dreißigjähriger Verlogenheit und Sklerose. Ihre Reaktionen sind Reaktionen völlig verantwortungsloser Subjekte.

Das eben verübte Verbrechen bedeutet nach meiner Ansicht keine Mitverantwortung derjenigen Kommunisten, die nicht sprechen können, die sich nicht zum Austritt aus der Partei entschließen können, weil sich die Partei in Gefahr befindet, weil diese allein im heutigen Frankreich die sozialistische Bewegung repräsentiert, weil sie heute nicht nur wegen ihrer Verbrechen, sondern auch als die einzige am Wege zum Sozialismus festhaltende Partei angeschwärzt wird. Diese Leute sind gegen die innerhalb der Partei gemachte diktatorische Politik.

Übrigens bin ich sicher, daß es zu einer Sammlung der gesamten Linken käme, wenn die Kommunistische Partei in Gefahr wäre, entsprechend der Forderung von Einzelpersonen wie Tixier-Vignancour verboten zu werden.

In der Sozialistischen Partei gibt es ebenfalls eine anständige und aufrechte Minderheit an der Spitze und eine Masse beunruhigter aktiver Mitglieder an der Basis. Gewiß, diese Minderheit hat keine sehr lauten Proteste gegen die Politik der Regierung Mollet erhoben, oder zumindest haben diese Proteste bisher noch kein lautes Echo hervorgerufen. Aber wenn die Kommunisten, die sich der Diktatur widersetzen, die Macht und Stärke fänden, eine Revision der Politik zu erzwingen, und wenn die sozialistische Minderheit aus sich heraus eine Prinzipienerneuerung zu entwickeln vermag, dann hätte man schon eine Art Volksfront neuen Typs, bei deren Entstehung die «neue Linke» die Mittlerrolle spielen könnte. Die christliche Linke, die wirklich existiert und auch tatsächlich links steht, ja selbst die dynamischsten Radikalen und dazu die Unorganisierten könnten sich dieser starken Strömung anschließen. Wenn es jedoch dazu nicht kommt, dann ist – das muß ich offen sagen – die Linke verloren.

Frage: Wie stellen Sie sich im Rahmen einer derartigen Perspektive die Beziehungen zwischen Sozialisten und Kommunisten vor?

Sartre: Die Kommunisten haben ihre Ehre verloren, die Sozialisten stürzen sich in den Dreck und geben sich dazu her, die Politik der Rechten zu machen; das war in der Regel der Untergang der Linksregierungen, die sich ins Schlepptau nehmen ließen. Denken Sie an das Beispiel der Weimarer Republik. Ja, die Rechte erfreut sich heute, dank Guy Mollet, einer Art Reinheit. Nicht sie ist es, die Algerien foltert, und die Landung am Suezkanal geht auf das Konto der Sozialisten. Wenn die Franzosen in diesem Punkt die Orientierung verlieren, wohin werden sie dann an jenem Tage gehen, da sie protestieren werden, zunächst wegen der Steuerlast, dann wegen der Benzinknappheit und schließlich wegen ihrer Söhne – denn das ist leider die Reihenfolge!? Sie werden dann versucht sein, ins Lager der Rechtsradikalen überzugehen. Poujade hat das wohl begriffen, er, der seinen Leuten untersagt hat, in der Abgeordnetenkammer «für die Königin von England» zu stimmen. Glücklicherweise ist Poujade gleichwohl ein Dummkopf.

Der Weg der Linken ist sehr dornig, vielleicht nahezu ungangbar, aber es gibt nur diese einzige Hoffnung. In der «neuen Linken» herrscht kein Mangel an sehr intelligenten Leuten, und neben den Intellektuellen gibt es in ihr auch Arbeiter und Kleinbürger. Aber falls ihr kein enormer Zuwachs zuteil wird, stellt sie tatsächlich im Lande nicht mehr dar als eine Gruppe von vielleicht 200 000 Personen. Das ist eine sehr nützliche Drehscheibe für die Herstellung von Bündnissen. Aber das eigentliche Problem liegt anderswo.

Das eigentliche Problem betrifft die Beziehungen zwischen Sozialisten und Kommunisten. Werden es die Kommunisten fertigbringen, ihre eigenen Diktatoren abzuschütteln, und werden es die Minderheitssozialisten fertigbringen, die Partei zu verlassen? Bisher haben die aktiven Mitglieder und einige Kaderfunktionäre der SFIO den Kampf im Inneren ihrer Partei geführt, jedoch ohne jedes Resultat. Andererseits ist eine bestimmte Anzahl von Kommunisten nach und nach einzeln aus der Partei ausgeschieden, die sie zu ersticken drohte. Diese Austritte blieben ebenfalls ohne Resultat.

Eine der Grundvoraussetzungen des Kampfes, den die Sozialisten in unseren Tagen gegeneinander führen, ist dabei gerade die Existenz dieser stabilen Parteiformationen. So wendet sich die KP-Führung immer «an die Sozialisten», ohne jemals einen Unterschied zwischen den Mitgliedern und der Parteileitung zu machen, was zur Stärkung der SFIO-Spitze beiträgt. Es bedarf beträchtlicher Courage und Kraft seitens aller Opponenten in beiden Parteien, wenn sie eine Änderung des gegenwärtigen Zustandes herbeiführen wollen.

Die andere Perspektive läuft darauf hinaus, daß die Volkseinheit im Zusammenhang mit der Entstehung einer Diktatur – unter Marschall Juin oder einem anderen – zustande kommt. Das böte der Linken eine einzigartige Gelegenheit, ihre Fehler vergessen zu machen. Die Sozialistische Partei könnte ihr Blut hingeben, um damit jenes andere zu sühnen, das sie selbst vergossen hat. Die KPF, die sich einst den wunderschönen Titel der «Partei der Füsilierten» zulegte, hat sich inzwischen noch denjenigen einer Partei der Füsileure hinzuverdient: erst ihre künftighin füsilierten Mitglieder werden ihre Ehre wiederherstellen können, und dann werden wir alle, wir von der Linken, für all das bezahlen müssen, was wir jetzt nicht haben verhindern können. Ich hoffe allerdings noch immer, daß uns dieses Großreinemachen erspart bleibt.

Frage: Worin besteht für die aktiven Kommunisten das Problem des Kampfes im Inneren der Partei?

Sartre: Wenn unter den anständigen und aufrichtigen aktiven Kommunisten der Basis Verwirrung herrscht, wie es nach allem den Anschein hat, sollten sie Rückhalt bei den Arbeitermassen suchen, z. B. innerhalb der CGT.

Was die Rechte betrifft, so hat sie nichts zu fordern. Die Leute, die nicht gegen die Folter in Algerien und das Suez-Unternehmen protestierten, haben auch jedes Recht zum Protest gegen die ungarischen Ereignisse verwirkt.

Frage: Wie wird die KP Frankreichs auf Ihre Stellungnahme reagieren?

Sartre: So unangenehm es mir ist, mit der Kommunistischen Partei zu brechen, ich kann es tun, weil ich beizeiten den Krieg in Algerien verurteilt habe. Ich befinde mich also nicht im Widerspruch zu den aufrichtigen und anständigen Menschen der Linken, auch nicht mit jenen, die in den Reihen der KP verbleiben. Unsere Solidarität bleibt bestehen, auch wenn sie mich morgen von sich weisen sollten.

Die Parteiführer werden sagen, daß sie schon immer recht gehabt hätten, als sie mich vor Jahren eine «Hyäne» und einen «Schakal» nannten, damals, als Fadejew – der inzwischen Selbstmord verübte – so sprach wie die *Humanité* heute; aber es ist mir vollkommen gleichgültig, was sie über mich sagen werden, angesichts dessen, was sie über die Ereignisse in Budapest sagen.

Palmiro Togliatti

(1964)

Ich bin Ausländer, und doch empfinde ich die Trauer Italiens als meine Trauer. Das zeigt zweifellos das internationale Ansehen, das Togliatti genoß. Es gibt aber etwas anderes: wer inmitten von Vertretern anderer KPs Verantwortliche der PCI außerhalb ihres Landes traf, dem sprang die Besonderheit eurer Partei in die Augen: man liebte sie. Und, schließlich habe ich es begriffen, was man zuerst an euch liebte – jenseits jedes persönlichen Anliegens –, das war Togliatti. Um nur von meiner eigenen Erfahrung zu sprechen, nicht ihn habe ich zuerst wahrgenommen. Doch meine ersten kommunistischen Freunde – die der italienischen Delegation in Wien angehörten – stachen gegenüber den anderen durch freimütiges Reden hervor, hellsichtiges Denken, durch eine leichte Ironie sich selbst gegenüber, die weder ihre Überzeugung noch ihre Treue verbargen. Um sie herum wurde viel Marx zitiert; sie zitierten ihn nicht: sie wandten seine Prinzipien und seine Methode an, nicht allein auf die Bourgeoisie, sondern rigoros auf die Geschichte ihrer Partei, auf die der sozialistischen Länder. Bei ihnen wurde der Marxismus das, was er sein muß: ein gewaltiges, geduldiges Anstrengen und Forschen, das Praxis und Theorie, eine fortwährende Selbstreflexion, miteinander verbindet. Stets haben sie es abgelehnt, die sozialistischen Gesellschaften und die kommunistischen Parteien – ihre Parteien – den marxistischen Interpretationen zu entziehen, und dadurch haben sie den allzu natürlichen, aber folgenschweren Fehler vermieden, der die Kinder von Freud dazu geführt hat, in ihren Kindheitserinnerungen jeden der Psychoanalyse zu unterziehen, nur ihren Vater nicht. Ich war bezaubert; ich dachte: so ist der italienische Geist. Ich schrieb ihre Freiheit des Denkens den Traditionen dieses Landes zu, das so viel Ruhm und Trauer erfahren hat und das, auf dem Höhepunkt seiner Aktivität, die Erinnerung an diesen vergangenen Ruhm wachhält. In einem gewissen Sinn täuschte ich mich nicht, doch die Erklärungen auf der Basis der Vergangenheit taugen nicht viel, ergänzt man sie nicht durch die der Gegenwart und der Zukunft. Die PCI, das war Italien. Aber als ich Togliatti begegnet bin, habe ich gedacht: Italien, das ist er. Er bewahrt es, er erhält und verändert es. Er, dieser Mensch seines ganzen Volkes und dieser Mensch seines Landes, der seine Partei vor jeglichem Dogmatismus bewahrt und sie geduldig und entschlossen zum Sozialismus führt.

Das erste Mal, als ich ihn sah – das war, wenn ich mich nicht irre, im Juli 1954 –, hat mich eines verblüfft: ich war die Abwehr und die – oft sehr gerechtfertigte – Vorsicht von Parteiführern und Staatschefs gewohnt. Er lud mich zum Abendessen in ein Restaurant in Trastevere ein und kam allein hin, mit meinen Freunden Alicata und Guttuso und zwei oder drei anderen Personen, die bei allem Respekt, den ich ihnen schulde, kaum für Leibwächter gehalten werden konnten. Obwohl beinah auf den Tag genau sechs Jahre zuvor ein junger Wahnsinniger aus der extremen Rechten, den das widerwärtige Geschrei der Presse zum Mord getrieben, aus nächster Nähe drei Kugeln auf ihn abgeschossen hatte, die ihn damals an den Rand des Todes brachten. Es war dieser Auferstandene, der langsam, geschmeidig und sehr entspannt auf mich zulief. Er setzte sich in diese von Ausländern und vermutlich feindseligen Italienern überlaufene *trattoria*. Santa Maria del Trastevere war damals ein seltsamer Ort: auf der Straße Arme, nahezu alles Jugendliche; in ein mittlerweile verschwundenes Café trugen Mütter ihre Kinder, stillten sie, kehrten nicht vor Mitternacht in ihre überhitzten Zimmer zurück, um ihnen die stickige Luft der römischen Wohnungen zu ersparen. Einige wenige Autos, teuer und riesig, mit dem Kennzeichen USA; auf den Terrassen der Restaurants: Reiche. Damals kamen Reiche und Arme nicht allzu schlecht miteinander aus. Man duldete diese Gefräßigen, die beim Schein kleiner Lampen, zum Klang serviler Musik, süßlicher Lieder, mit dem Gefühl speisten, etwas Laszives zu erleben. Das kann ich mir bei uns nicht vorstellen. Obwohl der Klassenkampf in Italien genauso hart, manchmal härter ist, hat er doch andere Züge. Und der Tourist, dieses unmittelbar faßbare Exportprodukt, wird belächelt, betrogen, aber respektiert. Togliatti ließ uns auf der Terrasse Platz nehmen, und zunächst erkannte niemand diesen kleinbürgerlich gekleideten Mann mit dem feingeschnittenen, freundlichen Gesicht, den ungezwungenen, aber von einer Art Scheu geprägten Bewegungen. Und plötzlich, als man uns die Pasta brachte, brach ein Sturm los. In derselben *trattoria* hatte mir Moravia im Juni 1952, als er Lollobrigida vorbeilaufen sah, gesagt: «Um diesen Ruhm zu haben, muß man ein Star sein»; eben nicht: Togliatti war kein Star; nur ein Mensch wie jeder andere, der auf die Sechzig zuging. Doch die Menge umlagerte das Restaurant: was für Blicke! Sie hatten ihre Härte verloren. Ich las Zärtlichkeit in ihnen. Erst begannen einige, dann alle zu rufen: «Togliatti! Es lebe Togliatti!» Die ausländischen Gäste fragten sich beunruhigt, welche Säule des Forums, welches Monument plötzlich mitten in Trastevere aufgetaucht sei. Die italienischen Speisenden wußten, worum es ging: sie redeten leise, fühlten sich unwohl. Falls Togliatti zufrieden war, ein weiteres Mal seine Popularität überprüft zu haben, ließ er sich nichts davon anmerken. Er redete, und vor allem befragte er mich mit seiner äußersten Höflichkeit, seiner immer gegenwärtigen Neugier über Frankreich und hörte mir zu. Über eine alte Schweizerin mit bläulichem Haar gebeugt, säuselte der Sänger des Restaurants ein neapolitanisches Lied. Er hörte das Rufen, drehte sich um und kam bleich vor Aufregung zu uns: «Genosse Togliatti», sagte er, «ich bin Parteimitglied.» Er zog seine Brieftasche hervor und zeigte stolz seinen Mitgliedsausweis. «Was soll ich für dich singen?» – «Sing uns alte römische Lieder», sagte Togliatti. Er tat es; ich werde mich immer an eines davon, zweifellos ein reaktionäres, erinnern:

> Alarm! Alarm!
> Die Mauren sind gelandet
> Garibaldi steht vor den Toren Roms.

Togliatti hörte lächelnd zu, für die Spontaneität dieser Lieder eher empfänglich als für ihren Inhalt. Das hatten Menschen zu den Zeiten erfunden, als der Papst Herr über Rom war. Menschen: dieser hier genügte ihm. Nie hat er jemanden verurteilt, ohne versucht zu haben, ihn zu verstehen. Die Menge begleitete den Sänger mit ihren ohrenbetäubenden, gleichwohl hoffnungsvollen Rufen. Die Touristen hatten schließlich begriffen. Was für eine seltsame Szene: dieser von einem Kreis des Hasses und etwas entfernter einem Halbkreis der Liebe umgebene gelassen lächelnde Speisende. An unserem Tisch machte man sich allmählich Sorgen: eine Provokation der Reichen hätte den Sturm auf das Restaurant, einen Krawall ausgelöst. Diesen Augenblick wählten zwei Amerikaner, um zu pfeifen. Zwei schwache, von Angst verschluckte Pfiffe. Draußen hörte man sie, es gab ein Gemurre. Alicata, Guttuso baten ihn dringend, den Platz zu verlassen: «Es kann gefährlich werden, wenn wir bleiben.» Er hörte sie an, erhob sich mißmutig, und im Auto, das uns wegfuhr, sprach er kaum noch. Vor mir sah ich einen Mann, der verärgert war, daß man ihm die Rechte nahm, die die anderen Menschen genießen. Seitdem habe ich ihn ziemlich häufig in römischen *trattorie* gesehen. Eines Tages kam seine Adoptivtochter, um Simone de Beauvoir zu begrüßen, die mit mir bei Da Pancrazio dinierte: sie hatte ihre Bücher gelesen. Ich hob den Kopf: zwei Meter weiter aß Togliatti ungestört, den Rücken zur Straße gekehrt, in Begleitung einer Frau und zweier Männer. Weshalb diese unaufdringliche, aber unerschütterliche Beharrlichkeit? Alle PCI-Verantwortlichen tun dasselbe, sie haben mir geholfen, Rom kennenzulernen. Aber er? Er riskierte sein Leben. Es war weder Herausforderung noch Schau: der Untergrundkampf und der Spanienkrieg hatten ihm ausreichend Gelegenheit geboten, seinen Mut zu beweisen, er brauchte ihn nicht zu beweisen. Nein: allmählich habe ich verstanden, daß er zugleich der Chef seiner Partei und ein Mensch unter Menschen sein wollte. Und, man glaube mir, das ist eine von tausend Arten (er beherrschte auch alle anderen), sich nicht von den Massen abzutrennen, die wirkungsloseste, dafür aber die spontanste. Als Generalsekretär der PCI, als Intellektueller war und wollte Togliatti ein Mann wie jeder andere sein. Ich entsinne mich jener Anekdote über Lenin, der zu Fuß zum Friseur ging und Zeitung lesend wartete, bis er an die Reihe kam: er war damals – seit kurzem – Vorsitzender der UdSSR; praktisch überall wollte man seinen Tod. Beweis dafür ist, daß man auf ihn schoß und er sich von seinen Verletzungen nie mehr erholte. Dieses exemplarische Verhalten ist meines Wissens nur von zwei Männern befolgt worden: Fidel Castro und Togliatti.

Zuerst deshalb habe ich ihn geliebt. Seitdem habe ich andere Vorsitzende gesehen; um sie in ihren Amtszimmern aufzusuchen, ging ich durch Spaliere von Bullen und Gorillas. Sie sprachen schön und waren einsam: niemals, bei keinem einzigen von ihnen, bin ich dieser einfachen und starken Liebe zu den menschenbelebten Straßen, zu den Massen begegnet. Sie sprachen zu ihnen von oben herab und von ferne und freuten sich daran, jenen endlosen schwarzen Kaviar, die Köpfe der Zuhörer, zu sehen. Sie drangen aber nicht in ihn ein, es widerte sie an, ein Körnchen des Kaviars zu werden. Togliatti jedoch liebte die Menschen bis hin zu diesem Punkt: auch er redete zu ihnen von einer Tribüne aus; das war sein Amt. Aber sobald er konnte, vermischte er sich mit der Menge. Sie riß ihn mit sich und trug ihn. Genauso wie die Einsamkeit seiner Berge liebte er das gemeinschaftliche Leben in den Städten. Er jedenfalls hat sich nie von den Massen abgeschnitten. Weit mehr als eine Taktik war diese Liebe – die ich verstehen kann, weil ich sie teile –, sie war ein Charakterzug. Ergebnis: zwei Millionen eingeschriebene Parteimitglieder, acht Millionen Wähler. Die Massen haben begriffen, stimmen sie für ihn, stimmen sie für sich selbst. Und als man '48 auf ihn schoß, trieb sie die Wut auf die Straße, gegen die Polizisten und die Soldaten; die Regierung glaubte sich verloren.

Seine Partei ist sein Ebenbild. Wenn ich auf den Mauern von San Gimignano – bis hin zu den Kirchenmauern – Plakate sah, die unterschiedslos jeden zum Fest der *Unità* einluden, wenn ich im Zentrum einer italienischen Kleinstadt zur Siestazeit einen alten dösenden Mann auf der Schwelle einer schweren, geöffneten Flügeltür vor einem leeren Saal sah und über seinem Kopf «Büro der KP» las, begriff ich die politische Tragweite dessen, was zunächst ein persönlicher Zug gewesen war. Die Partei bewachte sich nicht: sie stellte sich unter den Schutz des Volkes. Damit riskierte sie einige Bombenattentate: es hat welche gegeben, weniger als anderswo. Sie isolierte sich aber nicht von der Nation, sie verweigerte den Antikommunisten das Recht, sie «separatistisch» zu nennen. Zweifellos hat die PCI die leidvolle Chance gehabt, sich – aber um den Preis welcher Opfer! – im Untergrundkampf gegen Mussolini zu festigen und sich den übrigen Antifaschisten als eine Bewegung des nationalen Widerstands gegen den Faschismus darzustellen, der die Nation in den Ruin führte. Sie war damals weder antistalinistisch noch stalinistisch: die UdSSR war weit, alles wurde von der Situation Italiens bestimmt. Nach dem Krieg hieß es zaudern. Doch was für eine Erleichterung nach dem 20. Parteitag! Und wer, wenn nicht Togliatti, hat begriffen, daß die Partei des Volkes in Symbiose mit dem Volk leben muß, daß sie die Lehren der Guerilla nicht in dem Augenblick vergessen durfte, als sie beendet wurde? Mit dem Frieden ist ein Volkskrieg nicht beendet: er ist die privilegierte Form des Klassenkampfes, und der einzige Weg für eine KP, internationalistisch zu sein, ist, ihre Einheit mit dem Volk aufs äußerste zuzuspitzen. So gesehen kann man sagen – und Togliatti sagte es mir einmal –, daß der «italienische Weg zum Kommunismus» bereits im Kampf gegen den Faschismus im Keim vorhanden war. Von dieser Zeit an kämpfte die PCI allein, sie konnte weder die sowjetische Hilfe nutzen noch die Empfehlungen der Komintern befolgen: allein ihre Bündnisse mit den anderen Antifaschisten, das fluktuierende Kräfteverhältnis an Ort und Stelle zählten. «Man tut nicht, was man will, man tut, was man kann», hat Togliatti gesagt. Aber das, was man kann, bestimmt das, was man ist. Die Partei konnte und mußte die Nation von Mussolini befreien: aus diesem Grund ist sie eine nationale Partei geworden. National, aber nicht nationalistisch: Togliatti hat eindringlich erklärt, daß allein der Polyzentrismus der Weg zur Einheit ist. Befehle von außen anzunehmen – seien sie auch vom Verband aller kommunistischen Parteien beschlosssen –, bedeutet die Gefahr, sich von der konkreten Gesellschaft, in der man lebt, zu isolieren, denn sie sind schwer auf jede besondere Situation übertragbar. Ihre Universalität selbst verurteilt sie. Gemeinsame Prinzipien, ein universales Ziel sind nötig, und jeder möge ausgehend von diesen Prinzipien dieses Ziel erreichen, wie er kann. Dem Vorwurf, den man der UdSSR zu gewissen Zeiten machen konnte, ihr Volontarismus, entkam Togliatti ganz: «Man tut, was man kann.» Das bedeutete nicht, daß er Fatalist war; das Feld der Möglichkeiten ist begrenzt, sicher, man kann aber wählen, und die Wahl einmal getroffen, hielt Togliatti daran fest, *freiwillig*, ohne einen Fingerbreit davon abzuweichen oder etwas aufzugeben. Aber dieser wendige und großzügige Geist wollte, eher er etwas unternahm, *alle* Möglichkeiten erwägen und ruhig wählen. Es heißt, '48 habe er auf dem Bett, das man für sein Totenbett hielt, geflüstert: «Keine Abenteuer, Genossen, keine Abenteuer!» Damals strömten Menschenmengen auf Italien ein, schienen alles fortzureißen. Er wußte oder ahnte es. Er wußte aber auch, daß die Regierung nach der ersten Panik reagieren, die Armee einsetzen würde. Der Volksaufstand mußte scheitern, weil er nicht vorbereitet, weil er spontane Erregung war und kein Plan. Ein Scheitern bedeutete Schreckenszeit, die dezimierte Arbeiterbewegung wäre um zehn Jahre zurückgeworfen. Er ist es gewesen, der von seinem Bett aus einem stürmischen Zorn Einhalt gebot, den die Industriellen und Politiker nicht so schnell vergessen werden. Man erkannte seine Popularität, seine Umsicht. Man sah vor allem, daß er das Land nicht in Schutt und Asche legen wollte. Für diese Mäßigung sind ihm beinah alle – selbst die Antikommunisten – dankbar gewesen. Er wollte, daß Italien anders wird, mit einem anderen Regime und anderen Strukturen; er wollte Italien nicht – wie man oft genug behauptet hatte – in ein Abenteuer schicken, in dem es vielleicht untergehen würde. Von dem Tag an wurde die mächtige, starke und unerschütterliche KP unbeabsichtigt eine nationale Partei. Natürlich beschuldigte man sie – wie man es überall tut –, sich ihre Anweisungen aus Moskau zu holen, aber das Herz war nicht dabei, und niemand glaubte tatsächlich, daß die tiefe Solidarität der italienischen Kommunisten mit dem Land der Revolution bis zur Unterordnung ginge. Zweifellos hat es schwierige Zeiten gegeben: man hat schweigen müssen. Ich war jedoch im November 1956 in Rom, als die Aufständischen von Budapest andernorts als *Versaillais* und Faschisten beschimpft wurden. Ich traf Kommunisten. Ich las täglich die *Unità*: ich teilte nicht ihre Ansicht, und ich konnte nicht an die Notwendigkeit der russsischen Intervention glauben. Doch waren sie für mich Brüder: Guttuso war erschüttert, viel stärker als ich; Togliatti war es zweifellos auch. Nie hat die *Unità* die Besiegten beleidigt: sie gab den ungarischen Aufstand als ein nationales Unglück aus, und während sie die Intervention unterstützte, forderte sie zugleich die Sieger dazu auf, den Wiederaufbau so zu gestalten, daß die Rückkehr der Gewalttätigkeiten unmöglich werde. Später, als der Gemeinsame Markt gegründet wurde, ist es Togliatti gewesen, der den schlecht beratenen Sowjets die Augen öffnete und ihnen seine Stärke und seine tatsächlichen Gefahren aufzeigte. Er ist es schließlich auch gewesen, der sich, so gut er konnte, der Verurteilung der chinesischen Partei entgegensetzte, obwohl diese ihn zur Zielscheibe genommen hatte und er die Ansichten Moskaus zur Politik in Peking teilte: seine nationale und unabhängige Partei – unabhängig, weil national – tat also alles, um die internationale Freundschaft zu bewahren.

Die Einheit ist, glaube ich, ein Schlüsselwort, um ihn zu begreifen. Aber dieser gütige und menschliche Mann wollte nicht, daß sie von außen aufgedrängt würde: weder seiner Partei durch eine internationale Versammlung noch seinen Mitgliedern durch eine übergeordnete und von den Massen abgeschnittene Autorität. Sein Vorgehen war einzigartig und äußerst wirksam: ich habe ihn mit Mitgliedern reden sehen, die nicht immer untereinander einig waren. Er wurde allein dadurch ihr Chef, daß er die Widersprüche auf sich nahm, sie in der Einheit allein seiner Person aufhob und genau damit einen Ausbruch der Konflikte, eine Konfrontation der rivalisierenden Gruppen vermied. Ein Freund hat mir diese Geschichte erzählt: er stimmt mit einigen Leuten von der *Rinascita* nicht überein; er ißt mit Togliatti zu Mittag und teilt ihm das mit. Togliatti widerlegt nacheinander alle seine Argumente und verläßt ihn unbeeindruckt. Kurze Zeit später findet ein Treffen der *Rinascita*-Redakteure und der Kulturverantwortlichen statt. Die ersten Redner vertreten den gleichen Standpunkt wie Togliatti; mein Freund bittet um das Wort, um darauf zu antworten. Togliatti erhebt sich und sagt zu ihm: «Wenn du keinen Einwand hast, werde ich zuerst sprechen.» Und mein verdutzter Freund hört, wie Togliatti die Mehrzahl der Einwände übernimmt, die er eine Woche zuvor zurückgewiesen hatte. Kurz, jetzt ging es um Togliatti gegen Togliatti. Zum Schluß hielt er meinem Freund und einigen weiteren vor, ihn nicht eher informiert zu haben. Diese Geschichte beweist – aber war das notwendig? –, daß Togliatti zuzuhören und nachzudenken verstand. Er war ein Dickschädel, er gab sich selbst ungern unrecht: seine erste Reaktion gegenüber einem Widersacher war der Gegenangriff. Nach der Unterhaltung führte er sie bei sich selbst weiter, wog das Für und Wider objektiv ab und hatte – eine seltene Angelegenheit bei einem Verantwortlichen – in bestimmten Fällen keine Angst, sich selbst unrecht zu geben. Im Grunde gestattete er nur sich selbst, sich zu überzeugen, es kam aber vor, daß er sich gegen seine ursprünglichen Entschlüsse überzeugen ließ. Das ist mir lieber, als hätte er gleich nachgegeben: es heißt, Charakterstärke mit Unabhängigkeit des Denkens zu verbinden. Was mich aber vor allem beeindruckt, ist, daß er als erster gesprochen hat, sich anklagte, er, der Chef, die vorgebrachten Beschwerden übernahm und damit meinem Freund jeden Grund einzugreifen nahm, es sei denn, um zu erklären: «Ich schließe mich Togliattis Meinung an.» Hätte er es getan, hätte sich mein wohl allzu empörter Freund Feinde gemacht. Vermutlich auch Freunde; das Kulturressort wäre ein abgeschlossener Kampfplatz geworden, auf dem sich die Anhänger zweier Gruppen gegenübergestanden hätten. Und der Chef, selbst wenn er später gesprochen und einer der Gruppen recht gegeben hätte, hätte sie unversöhnt gelassen; bei der ersten Gelegenheit wäre der Kampf von neuem und heftiger ausgebrochen. Indem er selbst die Kritik vorbrachte, indem er sie in eine Selbstkritik umleitete, nahm er alles auf sich und konnte seine Mitarbeiter schelten, ohne jemanden zu demütigen, da seine Schläge zuerst ihn trafen. Und außerdem vereinte er alle Argumente in einer geschickten, provisorischen Synthese, die es ermöglichte, erst mal Zeit zu gewinnen, die Frage offenzulassen und zugleich die Debatte zu schließen. Die endgültigen Entscheidungen behielt er sich dann zu treffen vor, wenn der Konflikt gereift oder verschwunden wäre. In etlichen anderen Ländern spürt man, wie diejenigen, die die Partei verlassen oder aus ihr ausgeschlossen worden sind, zu Tode getroffen sind. Moralisch und manchmal physisch: ja, die Führung der Massen verträgt sich schlecht mit der Achtung vor dem Individuum. Togliatti wußte das eine mit dem anderen zu verbinden: die Ausgeschlossenen – es gibt sie natürlich, aber weniger als anderswo – verlieren nicht ihre Persönlichkeit an dem Tag, an dem die Partei von ihnen nichts mehr will; sie leben. Die Anekdote, die ich erzählt habe, verdeutlicht die Sorge, die dieser Verantwortliche einer Partei von zwei Millionen Menschen um jeden einzelnen behielt: nicht zerstören, niemals demütigen – das war seine Leitlinie. Ihm zum Dank kann sich ein italienischer Kommunist rühmen, ein ganzer Mensch zu sein. Was mich betrifft, so habe ich oft an der Höflichkeit gespürt, mit der er mich über ein Land befragte, das er genauso gut kannte wie ich, daß seine Aufmerksamkeit Ausdruck einer Achtung für den Menschen war, gleich wer er sei, der ihm aufrichtige und erlebte Gedanken darlegte. Und dazu gehört auch, daß seine eigenen Gedanken, obwohl sie feststanden, fast zurückgehalten wurden, als hegte er stets die Hoffnung, sein Gesprächspartner könnte, ohne es selbst überhaupt gewahr zu werden, ihm dabei helfen, sie aufzuarbeiten, sie notfalls zu revidieren. Am Tag seiner Beerdigung habe ich in der Nähe seines Parteisitzes auf einer Mauer das Wort «Monolith» gesehen, das sicher von der Hand eines jungen Faschisten geschrieben worden war. Ich hätte darüber lächeln können, wenn mir das Herz danach gestanden hätte: niemand war weniger monolithisch als er und – folglich – nichts weniger monolithisch als seine Partei. Er hatte es verstanden, zwei schwer miteinander zu vereinende Eigenschaften zu vereinbaren. Über die eine muß der verantwortliche Vorsitzende verfügen, die andere ist für den Intellektuellen unerläßlich: er, der in der Aktion unerschütterlich war, nie die Prinzipien, die Methode und das Ziel in Frage stellte, entwickelte keinen einzigen Gedanken, der nicht im Keim seine eigene Kritik enthalten hätte. Aus diesem Grund hat die große Mehrheit der Schriftsteller immer gute Beziehungen zur Partei unterhalten. Im Gegensatz zu Frankreich, wo die konservativen oder reaktionären Intellektuellen traditionell eine reale Kraft sind, zählt Italien auf der Rechten äußerst wenige Intellektuelle. Der Kommunismus hat alle anderen an sich gezogen. Die Mehrzahl ist nicht in die Partei eingetreten, unterstützt aber die meisten ihrer Kämpfe. So ist die Partei der Ausgebeuteten auch die Partei der Intellektuellen – wie es sein soll, wie es nicht immer der Fall ist. Deshalb habe ich einmal zu ihm gesagt: «Im Gegensatz zu Frankreich sind in Italien die besten Zeitungen linke und die schlimmsten rechte.» Auch das ist sein Werk. Als er nach dem Krieg *Rinascita* gründete, protestierten Kommunisten: es galt wiederaufzubauen und zu kämpfen, wozu brauchte man eine theoretisierende Zeitschrift? Gerade bei denen, die Mussolini am eifrigsten bekämpft hatten, hatten zwanzig Jahre Faschismus Spuren hinterlassen: sie glaubten an die Trennung von Denken und Handeln. Togliatti gab nicht nach: dieser Mann hatte seinen eigenen Widerspruch – den fruchtbarsten von allen: Italiener und Spanier hatten zur Zeit des Spanienkrieges seine Organisationstalente anerkannt. Aber dieser Mensch der Tat war bis zur Fingerspitze Intellektueller geblieben. Unbestritten stellte er seine Kultur und seine hohe Intelligenz vollständig in den Dienst der durstigen Massen. Doch bis zum Schluß behielt er seinen Haß auf Schematismus und Vereinfachungen. Den Marxschen Satz «Wir wollen die Welt nicht interpretieren, wir wollen sie verändern»[1], machte er sich zu eigen, fügte ihm jedoch hinzu – was Marx nicht mißbilligt hätte: «aber sie zu verändern ist die einzige Weise, sie zu begreifen, denn die Handlung erhellt das, was ist, durch das, was kommen wird.» Beim Lesen seiner Reden, seiner Schriften springt ein Wort hundertfach ins Auge: *neu*. Für ihn ist immer alles neu: in jeder Situation sieht er das Neue, das Unvorhergesehene. In der Zeit nach dem Ersten Weltkrieg entstand *L'Ordine Nuovo*, woran er zusammen mit Gramsci arbeitete, der Faschismus stellt neue Aufgaben, ist selbst eine präzedenzlose Reaktion der Bourgeoisie; neu ist der Zweite Weltkrieg, und neu sind die Probleme der zweiten Nachkriegszeit und schließlich diejenigen, die aus der Herrschaft der Monopole entstehen und aus dem, was man so falsch das «italienische Wunder» nennt. Jedesmal heißt es, sich darauf einzustellen, zu begreifen. Die marxistische Methode rückhaltlos anwenden: ja; denn sie ist die einzig richtige. Behaupten, Marx habe alles vorausgesehen, nichts habe sich seit dem *Kommunistischen Ma-*

1 Sartre gibt hier frei die 11. These über Feuerbach wieder: «Die Philosophen haben die Welt nur verschieden *interpretiert*, es kömmt darauf an, sie zu *verändern*.» in: Marx/Engels, Werke, Band 3, Berlin 1959, S. 7

nifest verändert, und sich mit Hilfe einiger Zitate aus der Affäre ziehen, nein. An irgendeiner Stelle hat er gesagt, man müsse die Analyse bis ins Detail vorantreiben, nichts außer acht lassen, man würde nie etwas erklären können, wenn man sich darauf beschränkt, in jeder Situation das berühmte Verteidigungsmanöver des bedrohten Kapitalismus zu sehen. Es gibt die Traditionen, die Vergangenheit, die Massen, das innere Kräfteverhältnis der Linken, die Fehlschaltungen, hundert weitere Faktoren, von denen kein einziger übersehen werden darf: auch der Kapitalismus tut, was er kann, und nicht, was er will; will man ihn begreifen, muß immer wieder das Feld seiner Möglichkeiten bestimmt werden. Und, auch das sagt er, die Formen, die aus der Geschichte entstehen, das heißt aus unseren Kämpfen, sind zu komplex, als daß wir sie voraussehen könnten. Deswegen, wegen dieses Geistes der Analyse und der Synthese, der von Gramsci und Togliatti herrührt, ist die PCI nicht nur die Partei der Arbeiter, nicht einmal die der Intelligenz: sie ist die intelligenteste aller Parteien. Nach einem Moment der Ratlosigkeit hat sie als erste ihren Kampf dieser aus der Politik der Monopole entstandenen «neuen und komplexen» Form angepaßt, die man zu Recht oder Unrecht «Neo-Kapitalismus» nennt. Dank des geistigen Weitblicks ihres Führers ist sie für ihre Anhänger nicht nur zum Versprechen einer künftigen Befreiung geworden, dank ihrer jetzigen Freiheit zu denken und zu handeln vermag sie es, die Welt zu verstehen und sich ihrer Entfremdungen zu entledigen. Aus genau diesen Gründen und nicht allein aus den bekannten taktischen – die bürgerlichen Freiheiten deshalb verteidigen, weil sie in den Händen der Massen zu hervorragenden Kampfinstrumenten werden – ist die PCI in Italien zum besten Verteidiger der Demokratie gegen die Bourgeoisie selbst geworden.

Wegen alldem liebte ich ihn: ich fand ihn in all meinen kommunistischen Freunden wieder, selbst wenn ich ihn nicht sah. Es gab einen Togliatti-Stil, der ihn, hoffe ich, überleben wird. Doch er mit seiner gelassenen Einfachheit, seinem Lächeln, seiner Ironie – die, wie man mir sagte, beißend sein konnte, die ich aber reizend fand –, mit seiner Kultiviertheit und der fühlbaren Stärke hinter seiner Ruhe, als sei durch Magie irgendein Riese in den Körper eines Gymnasiallehrers eingedrungen und habe sich dort zusammengedrängt, er war unnachahmlich. Der, den ich vermisse, ist daher nicht nur der Mann, der aus eigener Kraft eine Partei zäher und freier Menschen geformt hat: dieser Partei wird es gelingen, ihn zu überleben und seinem Weg zu folgen. Es ist vor allem der alte ruhige und kraftvolle Mann, den ich vergangenes Jahr zum letzten Mal gesehen habe. Einen Mann, den ich liebte. Meinen Freund Togliatti.

Les Temps Modernes, Nr. 221, Oktober 1964

Dieser Text wurde in *L'Unità* am 30. August 1964 veröffentlicht, einen Tag nach Togliattis Tod.

Das Alibi

Interview mit Le Nouvel Observateur,
November 1964

*Le Nouvel Observateur: Die Presse verkündet es, Untersuchungen
bestätigen es, die Regierenden beglückwünschen sich dazu: Frankreich «entpolitisiert» sich. Die französische Jugend wende sich nicht
allein von den Parteien und den Ideologien ab, sondern überhaupt
vom Denken. Sie habe nur einen Gott, die Technik, und träume allein
vom Wohlstand.*

Jean-Paul Sartre: Zunächst muß man wissen, wovon man spricht.
Handelt es sich um Vierzigjährige, ist das eine komplexe Angelegen-
heit. Meint man aber die jungen Leute, muß unterschieden werden.
Daß es eine bestimmte Entpolitisierung gibt, trifft sicher zu, man
muß aber sagen, im Vergleich zu welcher Zeit. In den fünfzehn Jahren, die der Befreiung gefolgt sind, hat die politische Spannung in
Frankreich praktisch nie nachgelassen. Es gab die Reaktion auf vier
Jahre Besetzung und Kollaboration, dann die beiden Kolonialkriege,
die wir geführt haben: in Indochina und in Algerien. Diese offenen
Konfliktsituationen zwangen die Menschen zu einer politischen Bewußtwerdung. Seit zwei Jahren, also seit der Unabhängigkeit Algeriens, gibt es keine nationale Krise mehr, die die Zukunft des Landes
unmittelbar aufs Spiel setzt, und man stellt tatsächlich eine Entpolitisierung der Jugend fest.

Es trifft aber nicht zu, wenn man die aktuelle Situation mit der
Situation der Vorkriegszeit vergleicht. Die meisten Jugendlichen, denen ich heute begegne, sind sich der politischen Realitäten unendlich
bewußter, auch wenn sie keiner Partei angehören, als es die Menschen meiner Generation waren. Für uns war Politik etwas ganz anderes. Es gab einerseits die Leute, die sich wie beispielsweise Simone de
Beauvoir und ich von fern dafür interessierten, ohne davon viel zu
verstehen; es gab andererseits die Parteimitglieder, Kommunisten,
die «patriotische Jugend» oder Royalisten und auch die braven Jungs,

die deshalb Sozialisten waren, weil ihre Väter es schon waren. Man gehörte Gruppen an, man diskutierte, aber niemand – von den Kommunisten vielleicht abgesehen – hatte ein klares Bewußtsein der tatsächlichen politischen Probleme. Was man ein politisches Engagement nannte, war meist nur ein moralisches Engagement.

Selbst auf der Ebene der Presse gibt es einen beachtlichen Wandel und Fortschritt. Die betrüblichsten Wochenzeitschriften von heute berühren mehr konkrete Probleme als die von früher. Sie erinnern sich an die Affäre Violette Nozière, die ihren Vater umgebracht hatte. Heute könnte man die Tatsache, daß ihr Vater sie mißbrauchte, nicht mehr stillschweigend übergehen. Vor wenigen Monaten hat das staatliche Fernsehen einem Psychiater gestattet, anläßlich der Affäre der Schwestern Papin[1] die Frage der sozialen Lage der Hausangestellten zu untersuchen.

Dasselbe gilt im politischen Bereich. Die Menschen sind weitaus besser informiert als früher. Selbst die Regierungspresse liefert ihnen ein Minimum an Erklärungen zu den großen politischen oder wirtschaftlichen Fragen. Beispielsweise weiß jeder ungefähr, was der Gemeinsame Markt ist und was er für die französische Wirtschaft bedeutet. So etwas gab es vor dem Krieg nicht. Die große Öffentlichkeit war von totaler Ignoranz in ökonomischen Fragen. Nach 1918 wiederholten wir jahrelang im Chor: «Deutschland wird zahlen», ohne uns jemals zu fragen, ob es zahlen konnte und ob unsere Forderungen nicht die Konstituierung der Nazipartei begünstigten.

N. O.: 1936, zur Zeit der Volksfront, sind die Fragen aber gestellt worden.

J.-P. S.: Sehr schlecht. An der Basis gab es darüber ein plötzliches Bewußtsein, was die Forderungen betrifft, die sich in einer überbordenden Volksbewegung äußerten. Sie ist aber von den Funktionären blockiert worden. Um den Mittelstand nicht zu verschrecken, hat man nicht gewagt, die Frage auf der richtigen Ebene zu stellen, der des Klassenkampfes. Die Generalstäbe und die Presse haben das Ganze erstickt. Für viele junge Leute, die dort eine Gelegenheit hätten finden können, ihre politische Lehre zu machen, ist die Volksfront mangels Analyse, mangels Informationen und mangels Richtlinien eine

---

1 Siehe Simone de Beauvoir, *Der Lauf der Dinge*, Rowohlt, Reinbek 1961, S. 114 ff, sowie Annie Cohen-Solal, *Sartre*, Rowohlt, Reinbek 1988, S. 191, Anm. d. Übers.

Art schönes Abenteuer gewesen: sie fanden die Forderungen der Massen «richtig», erfaßten aber nicht deren tiefe Verwurzelungen in den Strukturen der französischen Gesellschaft.

N. O.: Man war vielleicht weniger informiert, man war aber über-zeugter. Man ging auf die Straße.

J.-P. S.: Man ging dorthin oft aus emotionalen, moralischen Grün-den. Im Fall von Sacco und Vanzetti war es viel eher der Tod zweier Unschuldiger, der als Skandal wahrgenommen wurde, als die politi-sche Bedeutung ihrer Verurteilung, die vielen recht unklar war. Und dennoch haben Zehntausende von Menschen auf der Straße gegen ihre Hinrichtung demonstriert.

Zum Protest gegen die Hinrichtung der Rosenbergs 1952 kamen in Frankreich weniger zusammen. Das stimmt. Aber die Menschen, die sich für die Rosenbergs eingesetzt haben, waren sich dessen, was sie verteidigten, bewußter. Sie sorgten sich nicht nur darum, zwei Un-schuldige zu retten. Sie wußten, daß Julius und Ethel Rosenberg Kommunisten waren und daß man sie deshalb zum Tode verurteilt hatte. Sie stellten die Begründungen der Richter in Frage. Der Protest war nicht weniger leidenschaftlich bei den informierten Menschen, und die politische Bedeutung des Ereignisses wurde besser verstan-den, selbst bei denjenigen, die nicht auf die Straße gingen.

N. O.: Besser begreifen, sich aber weniger zum Handeln entschlos-sen zeigen, das ist doch schon eine Form von Entpolitisierung.

J.-P. S.: Das ist wahr, es ist aber wichtig, die Grenzen dieser Entpo-litisierung festzulegen und sie nicht mit der Entemotionalisierung zu verwechseln, die jeder konstatiert. Die jungen Leute, denen ich be-gegne, sind vielleicht weniger hitzköpfig als früher, was mich aber am stärksten beeindruckt, ist, daß sie politisch oft genau am selben Punkt stehen wie ich. Ihr Ausgangspunkt ist mein Ankunftspunkt. Sie kom-men nicht, um sich von mir Lehren zu holen, sondern um mit mir gleichberechtigt zu diskutieren. Sie kennen die ökonomischen Pro-bleme oder die der unterentwickelten Länder genauso gut wie ich. Und sie haben ein ganzes Leben vor sich, um etwas auf der Grundlage aufzubauen, die ich erst jetzt erreicht habe.

Nun informiert man sich nie völlig passiv. Es bedarf einer gewissen Leidenschaft, um alles zu lesen, wie sie es tun, und sich für die Pro-bleme Burundis oder Malaysias zu interessieren. Mit zwanzig, das versichere ich Ihnen, hätte ich mich niemals um das Geschehen in einem Land Asiens gesorgt. Mir wäre nicht in dem Sinn gekommen, daß dies uns alle betreffen könnte. Diejenigen, die sich dafür interessieren, sind natürlich eine Minderheit, aber es sind nicht wenige. Unendlich mehr jedenfalls als vor dreißig Jahren. Bei den Studenten beispielsweise stellt die UNEF einen Politisierungsherd dar, der an die hunderttausend Studenten erfaßt, die wissen, daß alles in Wechselbeziehung steht, daß das, was am anderen Ende der Welt geschieht, für ihr eigenes Leben von Bedeutung ist.

Wir hatten eine Entschuldigung: die Wechselbeziehung der historischen Fakten war für uns weitaus weniger ersichtlich. Heute wissen wir, daß überall Krisenherde entstehen können und jeder einzelne von ihnen – Zypern, Kuba, Kongo etc. – einen weltweiten Konflikt auslösen kann. Der seit dem letzten Weltkrieg objektiv engere Zusammenhang der weltweiten Verhältnisse hat also notwendig die Vertiefung unseres politischen Bewußtseins zur Konsequenz.

N. O.: Dieses Bewußtsein weltweiter Solidarität kann auch ein Gefühl der Ohnmacht hervorrufen. Wie sollte man auf das, was in China, Rußland, in der Dritten Welt geschieht, einwirken?

J.-P. S.: Das ist die Falle, und die Presse tut alles, damit wir hineingeraten. Man erdrückt uns mit dem Gewicht von internationalen Ereignissen, auf die wir nicht einwirken können. Man bringt die Jugendlichen dazu zu denken: «Nun ja, die Welt ist in zwei Blöcke geteilt und die Dritte Welt erwacht, aber wir sind nicht diejenigen, die Chruschtschow zum Rücktritt oder Bleiben veranlassen oder Johnson oder Goldwater wählen lassen können. Wo ist hier Raum für uns? Nirgendwo. Wir können nur aus der Ferne zuschauen.» Und vom Moment an, wo man die Menschen davon überzeugt, das Wissen habe keinerlei Wirksamkeit, wird es zum schlichten Surrogat für ein nicht mehr mögliches Handeln. Ich kenne Menschen, die so sind. Sie tun nichts, informieren sich aber gierig über alles. Sie sagen sich: «Wenigstens weiß ich, warum ich unter einer Atombombe verrecken werde!»

Hierin liegt unbestreitbar ein Entpolitisierungsfaktor. Aber Politik, was ist das? Für mich ist das keine *Haltung*, die das Individuum je nach Umständen annehmen oder aufgeben kann, sondern eine *Dimension* des Menschen. In unseren Gesellschaften kommt man politisiert zur Welt, ob man Politik «macht» oder nicht; es kann kein individuelles oder Familienleben geben, das nicht durch das gesellschaftliche Ensemble bedingt wäre, in das man hineingeboren wird, und demzufolge kann und muß jeder Mensch – und sei es, um sein

Privatleben zu verteidigen – auf die Gruppen einwirken, die ihn bedingen: ob er sich vom Lauf der Dinge treiben läßt oder versucht, ihn
zu lenken, er übt notwendig eine kollektive Wirkung aus, die eine
tatsächliche Erweiterung und eine Sozialisierung seiner Person nach
sich ziehen. Nun hat man aber der Jugend das Gefühl genommen, im
Weltmaßstab wirken zu können, ohne ihr zu erklären, wie sie es im
eigenen Land tun könnte.

Das ist kein Zufall. Von der Jugend zu sagen, sie sei entpolitisiert,
heißt zu wünschen, sie möge es sein, und daran zu arbeiten, daß dies
zunimmt. Die Tatsache, daß die jungen Leute sich weniger unmittelbar für den politischen Kampf interessieren, dient als *Alibi*, um sie
noch stärker davon abzubringen.

Es gibt dazu zwei Vorgehensweisen. Die erste beruht auf Propaganda: sie besteht darin, unermüdlich das Bild einer desillusionierten,
zynischen, politisch nutz- und wirkungslosen Jugend zu zeichnen
und zugleich vorzugeben, man wäre darüber betrübt. Der Jugendliche
meint schließlich, sich in diesem vorgehaltenen Spiegel selbst zu erkennen. Er denkt: «Wenn alle anderen so sind, bin ich vermutlich
genauso.» Das ist eine bemerkenswert geschickte Propaganda.

Die zweite Methode ist eine Mystifizierung, die sich auf ein wirt-
schaftliches Manöver stützt. Man versucht, mit der Jugend das anzu-
stellen, was in den Vereinigten Staaten mit den Frauen geschieht. Die
Amerikaner haben gemerkt, daß die Hausfrau eine weit bessere Kon-
sumentin ist als die Berufstätige. Man erlebt also eine Pressekam-
pagne, die die Frau zurück an den Herd bringen soll. Man überzeugt
die «Hausfrau» davon, sie sei «kreativ», um ihr Lust zu machen, «ihr
Heim zu gestalten», das heißt, im Glauben, originell zu sein, dieselben Gegenstände zu kaufen wie ihre Nachbarin, um sich oder ihre
Wohnung zu schmücken.

In Frankreich wollte man das Phänomen «*yé-yé*» dazu benutzen,
aus der Jugend eine Konsumentenklasse zu machen. Man machte sich
zunutze, daß die Heranwachsenden von ihren Eltern mehr Taschengeld als früher erhalten, um für sie spezifische Produkte herzustellen
– *Salut les copains, Chouchou*[1], Millionen von Schallplatten etc. –,
und ließ sie glauben, sie selbst würden sie herstellen. In Wirklichkeit
wird das, was man den Jugendlichen zu konsumieren gibt, sorgfältig
von der Regierung und den Papas kontrolliert. Beispielsweise die Lie-

1 Damalige Jugendzeitschriften, Anm. d. Übers.

der. Ich denke da an *Nous danserons jusqu'à minuit … oder an At-tends-moi, je n'ai pas l'âge …* («Wir tanzen bis Mitternacht» bzw. «Wart auf mich, ich bin noch zu jung …») Weshalb bis Mitternacht? Weshalb nicht bis vier Uhr morgens? Nicht die Heranwachsenden haben darüber entschieden: es ist das väterliche Verbot, das bis in ihre zaghafte Leidenschaft hineindringt. Und wer entscheidet, ob die kleine Verliebte «nicht das richtige Alter hat», wenn nicht die Mutter, die ihr verbietet, allein auszugehen? Warte auf mich: ich bin erst sechzehn. Wenn ich achtzehn bin, werden wir heiraten, und du wirst mir vier Kinder machen. Dieser artige Übermut, das ist die von Papa und Mama kontrollierte Revolte der Jugend. Die Schlagersänger sind zwar «*teenager*», aber in überwachter Freiheit.

Natürlich klappt das nicht immer: die reale Jugend ist viel emanzi-pierter. Sie merkt schließlich, daß ihre «Idole» sie zugunsten von Papa verraten. Die Illusion wird trotzdem erfolgreich aufrechterhal-ten, indem man den Jugendlichen erlaubt, einige Stühle zu zerschla-gen oder in den Konzertsälen zu brüllen. Sie haben den Eindruck, eine Revolution zu machen. Tatsächlich täuscht man sie.

N. O.: Ob infolge dieser Mystifizierung, der Propaganda oder einer tieferen Enttäuschung, Tatsache ist, daß ein sehr großer Teil der Jugend heute dem politischen Kampf desinteressiert gegenübersteht. Ist eine Umkehrung dieser Entwicklung vorstellbar?

J.-P. S.: Ich habe Ihnen gesagt, daß Politik eine permanente Di-mension ist. Ich bin überzeugt, daß die Entpolitisierung eines Jugend-lichen stets nur vordergründig stattfindet. Sie kann nur Ausdruck eines Mangels an Hellsichtigkeit sein. Dieser Jugendliche stößt zu einer alten Gesellschaft, in der die Plätze besetzt sind, und seine Lage ist zuerst notwendig ungünstig. Ich erinnere Sie an das Wort meines Freundes Nizan: «*Ich war zwanzig. Niemand soll sagen, das sei die schönste Zeit des Lebens.*»[1] Dieses Gefühl existiert unter jedem Re-gime. Es ist etwas, was der Jugendliche immer spürt, weil Jugend Kampf ist. Wie wird er reagieren? Früher ging er zur Linken, wenn Papa ihm auf die Nerven fiel. Es war bequem und romantisch. Die Linke hat aber an Charme verloren. Da die Rechte ebenfalls nicht sehr anziehend ist, schlittert der Jugendliche in den Zynismus. Er wird vielleicht Schaufenster einschlagen und mit Fahrradketten um sich

1 Siehe Paul Nizan, *Aden. Die Wachhunde*, Rowohlt, Reinbek 1969, Anm. d. Übers.

schlagen. Das wäre eine politische Tat, obwohl er es nicht weiß. Das bedeutete: «Ich will diese Gesellschaft zerschlagen, die mir meinen Platz verweigert, ich will ein Mensch sein.» Er kann sich auch in die Familie flüchten und sagen: «Alles, was mich interessiert, ist, eine Familie zu gründen und einen anständigen Beruf zu haben.»

Diese Entpolitisierung bedeutet nicht, daß dieser junge Mensch um seine politischen Forderungen gebracht worden ist, sondern daß es gelungen ist, sie ihm zu verbergen. In diesem Sinn bleibt die Jugend eine potentielle politische Kraft, der man helfen muß, sich ihrer Forderungen bewußt zu werden. Es geht nicht darum, den Jugendlichen zu sagen: «Das ist sehr übel, entpolitisiert zu sein», sondern: «Ihr seid euch selber zum Trotz politisch. Eure politische Haltung heute ist eben die Entpolitisierung, jener Rückzug, der einer Minderheit von ‹Erwachsenen› erlaubt, gegen euch die Politik zu machen, die sie wollen und die ihr nicht wollt. Es geht für euch nicht darum, ‹in die Arena zu treten› – dort seid ihr schon, was ihr auch tut –, sondern das zu sagen und zu tun, was ihr tatsächlich wollt.»

Die Entpolitisierung ist also keine gegebene Tatsache; sie ist das Ergebnis eines Kampfes, den der Staat, die Großindustrie und der Handel mit Hilfe ihrer Propaganda- und Vertriebsapparate führen. Und die Aufgabe der Linken heute ist es, die Gegenoffensive zu organisieren.

N. O.: Eine solche wird nicht erleichtert durch das, was man «den Tod der Ideologien» genannt hat, der der Linken einen ihrer wichtigsten Faktoren der Vereinheitlichung nimmt. Die dogmatischen Abweichungen, die wir erlebt haben, haben schon dem Wort «Ideologie» in den Augen vieler Menschen einen pejorativen Wert verliehen.

J.-P. S.: Damit können Sie nur die marxistische Ideologie meinen. Ich kenne heute keine andere: die bürgerliche Ideologie glänzt nicht durch Festigkeit, sondern durch Abwesenheit. Selbstverständlich haben die anthropologischen Wissenschaften in den Vereinigten Staaten wie in Europa ihre Methoden verfeinert und bedeutende Erkenntnisse gewonnen. Aber was ist eine *Ideologie*? Sie ist ein synthetisches Denken, das die gesellschaftlichen Fakten in uns erzeugen, und das versucht, sich ihnen zuzuwenden, um sie in der mehr oder weniger rigorosen Einheit einer einzigen Weltanschauung zu sammeln. Es kann sein, daß man heute behauptet, vom Marxismus angewidert zu sein, oder daß man uns glauben machen möchte, der Marxismus sei überholt, man habe längst das Beste von ihm übernommen und seine falschen Ansichten fallenlassen. Das ist eine Annahme, die soviel taugt, wie jede Annahme taugt. Wie mir Che Guevara einmal sagte: «Es ist nicht meine Schuld, wenn die Realität marxistisch ist.» Er meinte, daß man den Marxismus – und dessen Erklärung der Geschichte durch die Klassenkämpfe – so lange nicht überholen wird, solange man die wirtschaftlichen und gesellschaftlichen Strukturen nicht zerstört haben wird, die eben diesen Kampf auslösen und die Ideologie hervorgebracht haben, die dem Rechnung trägt.

N. O.: *Daß viele Menschen nicht mehr an den Wert des Marxismus glauben, kommt vielleicht daher, daß er lange im sowjetischen Versuch sich verkörpert zu haben schien. Die Schwierigkeiten und die Mißerfolge dieses Versuchs sind unvermeidlich auf den Marxismus selbst zurückgefallen.*

J.-P. S.: Die Menschen haben nicht begriffen, was Verkörperung meint. Obwohl man es früher wußte, wenn man sagte: «Wie schön war die Republik im Kaiserreich!» Der Sozialismus kann nur als *Gedanke* rein sein, oder vielleicht sehr viel später, falls er zum Regime jeder Gesellschaft wird. Bis dahin impliziert seine *Verkörperung* in einem besonderen Land, daß er sich selbst zu schaffen hat und daß er von unendlich zahlreichen Beziehungen zur übrigen Welt definiert wird. Deswegen trübt sich die Reinheit der Idee, wenn sie die Wirklichkeit gestaltet. Ein sehr einfacher Satz eines Malinesen erhellt diesen Gedanken: «Um die Schwierigkeiten des sozialistischen Mali zu ermessen, denken Sie daran, daß es ökonomische und soziale Beziehungen zu afrikanischen Ländern mit vollständig anderen Strukturen und Regierungen unterhalten muß. Unseren Sozialismus bestimmt die Tatsache, daß wir ein Binnenland ohne Zugang zum Meer sind.» Damit beginnen die Schwierigkeiten; sie zu umgehen bedeutet die Gefahr, die Bewegung entweder umzulenken oder sie erstarren zu lassen. Die Gefahr ist zwar real, charakterisiert aber nicht das Regime: sie kennzeichnet einfach das, wogegen der Bürger zu kämpfen hat, welche Zugeständnisse kurzzeitig möglich, welche definitiv unmöglich sind.

Der Marxismus als kritische und dialektische Methode ist genau das Instrument, das der Bewegung erlaubt, sich zu begreifen und sich zu kontrollieren. Leider geschieht – wenn die marxistische Ideologie offiziell wird – allzuoft das gleiche wie bei manchen Kindern von Freud, deren Erinnerungen ich gelesen habe. Liest man sie, so könnte man meinen, die Verhaltensweisen ihres Vaters hätten nie der Zuständigkeit der Psychoanalyse unterlegen. Auf ihn die psychoanalytische Methode anzuwenden schien ihnen undenkbar: wo er sie doch erfunden hatte.

Aus demselben Grund wurde innerhalb der sowjetischen Partei keine marxistische Theorie des Stalinismus entwickelt. Auf der individuellen Ebene begegnet man Sowjetbürgern, die sehr interessante Dinge darüber erzählen, wie sie die stalinistische Periode psychisch erlebt haben. Parteien im Westen – beispielsweise die italienische Partei – haben versucht, eine Interpretation des Stalinismus zu liefern. Aber im Osten ist bislang nichts dergleichen versucht worden: als habe der Marxismus mit der Vergesellschaftung der Produktionsmittel seinen theoretischen und praktischen Wert verloren.

Dann wäre da noch die Gefahr des Opportunismus. Man würde notwendig dazu neigen, wenn man – aus Furcht vor dem Revisionismus – einem erstarrten Dogmatismus huldigt, der dazu führte, auf gut Glück empirisch irgendwelche Lösungen innerhalb einer Gesellschaft zu finden, die sich nicht selbst reflektiert. Das ist die Gefahr: ich glaube, die Sowjetbürger von heute sind sich dessen bewußt.

N. O.: Es gibt einen Gedanken, der sich immer weiter verbreitet, und zwar, daß die Probleme – und demzufolge die Lösungen – schließlich dieselben in allen Industriegesellschaften sind, seien sie sozialistische oder kapitalistische.

J.-P. S.: Um ihn zu bestätigen, müßte bewiesen werden, daß in den sozialistischen Gesellschaften ein Klassenkampf stattfindet, daß also die einzelnen vergebenen Privilegien zur Bildung von Schichten führen. Das ist nicht der Fall: es gibt sehr reale Ungleichheiten, aber das Geld, das ein Fabrikdirektor in der UdSSR verdient, kann nirgendwo neu investiert werden: es wird *ausgegeben* und kann sich nicht rekonstituieren oder in seiner Hand vermehren, um zur Grundlage einer Klassenherrschaft zu werden.

Man frappiert die Sowjetbürger, wenn man den Eindruck macht zu glauben, Geld könne bei ihnen Macht verleihen. «Die gehört nicht den Reichen», sagen sie einem ohne jegliche Propagandaabsicht, «sondern den ‹hochgestellten Funktionären›.» Und gewiß genießen diese «hochgestellten Funktionäre» zahlreiche Privilegien; aber genau in dem Maße, wie ein Regime autoritär ist, gibt es auch gesellschaftliche Instabilität, Vermischungen, Entmachtungen, einen konstanten Luftsog, der Emporkömmlinge von der Basis an die Spitze treibt. Falls es in der UdSSR Konflikte geben sollte, würden sie *reformistischen*, nicht revolutionären Charakters sein. Es gäbe keine Klasse zu stürzen, sondern es könnten Verbesserungen gefordert werden, was etwas ganz anderes ist.

N. O.: Welche Form kann heute der revolutionäre Kampf in einem Land wie Frankreich annehmen?

J.-P. S.: Es gibt noch Menschen, die fürchten, die Kommunisten würden gewaltsam die Macht übernehmen. Sie sollen sich beruhigen; das wird nicht stattfinden. Der Kampf ist im Begriff, seinen Charakter zu verändern. Zunächst einmal, weil das revolutionäre Ferment des Mangels – wenn eine ökonomische Klasse faktisch in einem Elend lebt, das sie zur Revolte treibt – nicht dieselbe Rolle wie früher spielt. Die Franzosen werden nicht mehr auf die Straße gehen, um Brot zu fordern, denn Brot haben sie bereits.

Das heißt nicht, daß der Überfluß verwirklicht sei, wie die offizielle Propaganda uns einreden will. Die Hälfte der Franzosen, vergessen wir das nicht, lebt weiter rund um das Existenzminimum, und nur weil manche sich Gebrauchtwagen kaufen, kann man sie nicht als wohlhabend betrachten. Das war in Kuba vor der Revolution dasselbe: die Menschen hatten nichts zu essen, sie drängten sich aber zu zwölft in amerikanischen Autos. An die Armen Autos zu verkaufen fällt einem Regime immer leichter, als ihr Lebensniveau zu steigern, ihnen Arbeit, Schulen, Wohnungen zu geben.

Allerdings hat in Frankreich die Dringlichkeit der Not nachgelassen, so daß man annehmen konnte, das würde eine Entpolitisierung der Arbeiter nach sich ziehen. Im Gegensatz dazu gewinnt der Kampf eine neue, authentischere, menschlichere Dimension in dem Maße, wie man beginnt, für eine tatsächliche Kontrolle des Betriebs durch diejenigen, die dort arbeiten, zu kämpfen. Man kämpft nicht mehr allein für Lohnforderungen, sondern für eine Selbstverwaltung der Arbeiter. Dieser Kampf wird nur dann revolutionär bleiben, wenn die Forderungen in Ziele einmünden, die die Bourgeoisie nicht annehmen kann, ohne zusammenzubrechen.

Die bürgerliche Macht ist bereit, sich in gewissem Maß «anzupassen» – wie unsere Regierungen sagen –, das heißt, den Forderungen der Arbeiter etwas entgegenzukommen, falls sie sich das leisten kann, ohne ihre Profitspannen spürbar zu schmälern, und solange sich die wesentlichen Strukturen der kapitalistischen Produktion nicht verändern. Im Gegenzug verlangt sie, daß sich die Gewerkschaften in das System integrieren. Falls die Arbeiter diesen reformistischen Kompromiß ablehnen, falls sie ihre Forderungen bis aufs äußerste weitertreiben, indem sie sich jedes Zugeständnis zunutze machen, um ein weiteres zu erkämpfen mit der Perspektive einer vollständigen Kontrolle über die Produktion, dann führen sie den Kampf weiter als Klassenkampf, sie gestalten ihn zur Offensive, und die bürgerliche Macht wird begreifen, daß man von ihr keine Anpassung, sondern ihre *Abdankung* verlangt.

N. O.: Viele Menschen akzeptieren heute die Vorstellung, die Macht müsse personalisiert werden, im politischen Kampf müßten sich zwei Personen einander gegenüberstehen.

J.-P. S.: Seien wir deutlich: das bedeutet, Defferre de Gaulle gegenüberzustellen. Das ist absurd. De Gaulle ist ein Mythos, Defferre ist ein Mensch. Der erste hat Prestige, der zweite keines. Niemand kann Defferre vorhalten, kein Prestige zu haben. Das ist belanglos. Es heißt nur, daß er de Gaulle als Verkörperung einer Politik, eines genauen Programms entgegentreten könnte – was er gerade nicht tut.

Auf diesem Terrain könnte eine linke Presse eine wichtige Rolle spielen. Einer der Hauptfaktoren von Entpolitisierung ist das Gefühl von Ohnmacht und Isolierung. Es gibt in Frankreich Hunderttausende von Menschen, die sich verloren fühlen, weil sie in ihrem Milieu keinerlei Echo auf ihre Revolte gegen das Regime finden. Diese Menschen muß man sammeln, und ihnen muß man helfen, indem man ihnen die Erklärungen und die Argumente liefert, die sie allein nicht immer finden. Man muß den Menschen das Gefühl zurückgeben, daß Handeln möglich ist, sie begreifen lassen, daß sie in ihrem Bereich, in ihrer Stadt gegen das Verteilungssystem, gegen die übermäßigen Preissteigerungen, gegen die Vergiftung durch die offizielle Propaganda etc. kämpfen können. Das Wichtige ist nicht, ihnen eine Ideologie aufzudrängen, sondern sie zu mobilisieren.

Das wird man nicht erreichen, wenn man sich damit begnügt, sie zu «informieren». Die gefährlichste Falle ist die des Objektivismus. Ein Problem zu untersuchen, ohne die Richtung einer möglichen Lösung anzugeben, bedeutet genauso zur Entpolitisierung beizutragen. Die Information muß in das Handeln einmünden. Die Linke nannte sich früher «die Partei der Bewegung», nicht «die Partei der Analyse».

Ohne dem Manichäismus zu verfallen, muß die Unversöhnlichkeit überspitzt werden. Im Grunde ist jede linke Position in dem Maße skandalös, wie sie dem zuwiderläuft, was man der Gesamtgesellschaft einzurichtern versucht. Das heißt nicht, daß man den Skandal suchen soll, was unwirksam und absurd wäre, sondern daß man ihn nicht fürchten soll: wenn die eingenommene Position richtig ist, muß er als Zeichen dazukommen, als die natürliche Sanktionierung einer linken Haltung.

Das Unglück ist, daß viele Linke davon träumen, durch die Rechte anerkannt zu werden. Sie fühlen sich erst dann wirklich beruhigt, wenn ihnen ein Rechter gesagt hat: «Gut, Sie gehören zur Linken, aber Sie sind ein guter Kerl!» Man ist Sozialist – beispielsweise –, aber Patriot. So fühlt man sich richtig universal. Das ergibt eine Linke, die sich bemüht, die Positionen der Rechten zu «verstehen» in der Hoffnung, daß diese ihr gegenüber dasselbe tun wird. Meiner Ansicht nach ist das eine Täuschung.

Persönlich mache ich mir den Vorwurf, in meinen Artikeln de Gaulle gegenüber viel zu respektvoll gewesen zu sein. Man durfte keine Rücksicht auf die Tatsache nehmen, daß ihn zahlreiche Franzosen geschätzt haben, und dafür Achtung zeigen. Man hätte ihn offen als eine schädliche Figur angreifen müssen.

N. O.: Besteht nicht die Rolle des Journalisten darin, dem Leser begreiflich zu machen, was man ihm erklären will, ihn dort anzusprechen, wo er sich befindet?

J.-P. S.: Ich glaube, daß man oft, wenn man ihn dort aufsucht, wo er sich befindet, ihn dort auch läßt. Die gegenwärtige Presse jedenfalls hat offenbar viel Gefallen daran, ihn dort festzunageln.

Statt dessen kann man das politische Bewußtsein der Menschen ausgehend von einem beliebigen Ereignis wecken, wenn man es in seiner Totalität nimmt. Die alltäglichsten Vorfälle sind für eine gründliche Interpretation geeignet. Die Analyse eines Verbrechens beispielsweise kann weitaus aufschlußreicher für das Wesen einer Gesellschaft sein als ein Kommentar zu einem Regierungswechsel.

In der Linken gibt es einen Reflex von Prüderie, von Verlegenheit bei allem, was mit Sexualität und Verbrechen zu tun hat. Blut- und Bettgeschichten auszuschlachten überläßt man der Rechtspresse. Das ist ein Fehler. Man darf einen bestimmten Typus von Informationen nicht unter dem Vorwand verbannen, andere bedienten sich ihrer auf abstoßende Weise. Man muß die Möglichkeit finden, sich ihrer richtig zu bedienen, das heißt Alltagsvorfälle zum Ausgangspunkt einer soziologischen Analyse der Gesellschaft machen.

N. O.: Die Reaktionen der Presse auf Ihre Ablehnung des Nobelpreises waren unterschiedlich. Haben sie Sie erstaunt?

J.-P. S.: Einige haben mich amüsiert, derart unglaublich waren die Motive, die mir unterstellt wurden. Weshalb habe ich diesen Preis abgelehnt? Weil ich meine, daß er seit geraumer Zeit politisch gefärbt ist. Hätte ich den Nobelpreis angenommen – und selbst wenn ich eine freche Rede in Stockholm gehalten hätte, was absurd gewesen wäre –, hätte man mich vereinnahmt. Wäre ich Mitglied einer Partei gewesen, beispielsweise der kommunistischen Partei, wäre die Situation eine andere gewesen. Indirekt wäre der Preis meiner Partei verliehen worden; ihr jedenfalls hätte er nutzen können. Wenn es sich aber um eine Einzelperson handelt, wird sie, selbst wenn sie «extremistische» Ansichten hat, gewisserweise durch ihre Auszeichnung vereinnahmt. Auf diese Weise wird gesagt: «Eigentlich ist er einer von uns.» So etwas konnte ich nicht akzeptieren.

Die meisten Zeitungen haben mir persönliche Motive unterstellt: ich sei beleidigt, weil Camus ihn vor mir erhalten hat ... Ich hätte Angst, Simone de Beauvoir könnte eifersüchtig sein ... Bestenfalls war ich eine edle Seele, die aus Stolz jede Ehrung ablehne. Ich habe eine ganz schlichte Antwort: wenn wir eine Volksfrontregierung hätten – was ich wünsche –, und diese hätte mir die Ehre erwiesen, mir einen Preis zu verleihen, hätte ich ihn mit Freuden angenommen. Ich denke überhaupt nicht, daß die Schriftsteller sich als Einzelgänger betätigen sollen, im Gegenteil. Sie dürfen sich aber nicht in ein Wespennest hineinziehen lassen.

Was mich bei dieser Geschichte am meisten verlegen gemacht hat, das sind die Briefe der Armen. Die Armen sind für mich diejenigen Menschen, die kein Geld haben, aber ausreichend getäuscht sind, um die Welt so hinzunehmen, wie sie ist. Diese Menschen sind Legion. Sie haben mir trostlose Briefe geschrieben. Sie sagten alle: «Geben Sie mir das Geld, das Sie ablehnen.»

Was eigentlich schockiert, ist, daß dieses Geld nicht ausgegeben worden ist. Wenn Mauriac in seinen Notizen schreibt: «Ich habe es dafür verwendet, mein Badezimmer und die Umfriedung meines Parks instand setzen zu lassen», ist er schlau: er weiß, daß er keinen Anstoß erregen wird. Hätte er dieses Geld verteilt, hätte es die Menschen bereits stärker erregt. Es abzulehnen ist unzulässig. Ein Amerikaner hat geschrieben: «Wenn man mir hundert Dollar schenkt und ich weise sie zurück, bin ich kein Mann.»

Und außerdem gibt es die Vorstellung, wonach ein Schriftsteller dieses Geld nicht verdient. Der Schriftsteller ist eine verdächtige Person. Er arbeitet nicht, er verdient Geld, und er kann sogar, wenn er es will, vom schwedischen König empfangen werden. Das ist bereits schockierend. Wenn er dazu noch das Geld, das er nicht verdient, ablehnt, ist das der Gipfel. Man hält es für natürlich, daß ein Bankier Geld hat und es nicht verschenkt. Aber daß ein Schriftsteller es zurückweist, das geht nicht.

All das ist die Welt des Geldes, und die Beziehungen zum Geld sind immer gefälschte. Ich lehne sechsundzwanzig Millionen ab, und man hält mir das vor, doch zugleich erläutert man mir, daß sich meine Bücher besser verkaufen werden, weil die Menschen denken werden: «Wer ist dieser Luftikus, der auf eine solche Summe pfeift?» Meine Geste wird mir also Geld einbringen. Das ist absurd, aber ich kann nichts dafür.

Das Paradoxe ist, daß ich mit der Ablehnung des Preises nichts getan habe. Mit seiner Annahme hätte ich etwas getan, hätte ich mich vom System vereinnahmen lassen.

Le Nouvel Observateur, 19. November 1964

Weisen wir die Erpressung zurück

Interview mit Le Nouvel Observateur,
Juni 1969

Le Nouvel Observateur: Anderthalb Jahre lang – seit Beginn der Kampagne «Monsieur X» – konnte man sich fragen, ob es Gaston Defferre gelingen würde, sich als Kandidat der sozialistischen Partei für die Präsidentschaftswahlen durchzusetzen oder nicht. Jetzt steht es nicht nur fest, Defferre wird darüber hinaus als Kandidat einer «Föderation» aufgestellt, die die MRP¹, die Radikalen² sowie alle nichtkommunistischen oder zentristischen Gruppen, die sich daran anschließen möchten, um die SFIO³ sammeln soll. Und die Anhänger Defferres sagen: «Jetzt liegt die Wüste hinter uns. Wir träumen nicht mehr von der Machtübernahme, wir bereiten sie vor. Wir haben eine reale Chance, genügend Leute zusammenzubringen, um die Mehrheit zu erlangen – vorausgesetzt, die kommunistische Partei oder wenigstens ein Großteil der kommunistischen Wähler sehen sich gezwungen, uns zu folgen – und den Zugriff auf die Staatsmaschinerie zu bekommen. Danach werden wir unser Programm, das ein linkes Programm ist, umsetzen können. Unsere Lösung ist die einzig ‹wirksame›. Die ‹Föderation› abzulehnen heißt sich selbst für immer zum Verharren in einer Minderheitsopposition, also zur ewigen Machtlosigkeit zu verurteilen.»

1 MRP: Mouvement républicain populaire (Republikanische Volksbewegung), nach der Befreiung u. a. von Bidault gegründete katholische Partei, Anm. d. Übers.
2 Parti radical (Radikale Partei), Pierre Mendès-France gehörte ihr zeitweilig an, Jean-Jacques Servan-Schreiber war Ende der 60er ihr Vorsitzender, Anm. d. Übers.
3 SFIO: Section française de l'internationale ouvrière (Französische Sektion der Arbeiterinternationale, Vorläuferorganisation der heutigen PS), Anm. d. Übers.

Was halten Sie von dieser These?

Jean-Paul Sartre: Daß ihre Autoren sich einer typisch gaullistischen Erpressung ergeben. Bislang sagte man uns: «Wählt de Gaulle, weil ihr keine Alternative zu bieten habt.» Heute erliegt man innerhalb der Linken derselben Erpressung: «Wählt Defferre, weil es die einzige Möglichkeit ist, ‹nützlich› zu wählen.»

Ich frage schlicht: «Nützlich wozu?» Ein Programm hängt allein von den Kräften ab, die es unterstützen. Falls Defferre eines Tages an die Macht kommt (natürlich nicht 1965, er hat keinerlei Chance, aber nach de Gaulles Tod oder bei den Wahlen 1972), wird er die Politik der Menschen betreiben, die ihn gewählt haben. Welche werden das sein? Das kann man erfahren, wenn man sich ansieht, wo Defferre heute seine Wähler sucht. Nicht links, das Beispiel der Kommunalwahlen von Marseille im vergangenen Februar beweist das gut. Marseille ist eine solide sozialistische Bastion, trotzdem gibt es in den Arbeitervierteln achtzig Prozent Menschen, die kommunistisch wählen. Sämtliche Voraussetzungen für das, was man angeblich verwirklichen will – also eine «mehrheitsfähige» linke Sammlung –, waren hier gegeben. Nichts hinderte Defferre daran, auf diese Karte zu setzen. Er hat es aber vorgezogen, sich die fehlenden Stimmen, die er benötigte, rechts zu suchen, sie bei den Unabhängigen [1] und der UNR [2] zu holen.

Selbst wenn man annimmt, daß die Bündnisse, die er in Marseille eingegangen ist, weiter nach rechts gingen als diejenigen, die er uns nun mit der «Föderation» vorschlägt, so bleibt, daß die ganze Defferre-Kampagne gegen die Kommunisten gerichtet ist. 1965 ist das Ziel nicht, de Gaulle zu schlagen (das hat man aufgegeben), sondern die Kommunisten zu übertreffen. Dann kann man ihnen sagen: «Seht ihr, ihr existiert nicht mehr, zumindest seid ihr innerhalb der Linken eine Minderheit geworden. Euch bleibt nur eines übrig, euch uns anzuschließen.» Sollte sich die KP-Führung nicht fügen wollen, könnte man hoffen, daß die kommunistischen Wähler im Namen der

1 Centre national des indépendants et paysans (Nationales Zentrum der Unabhängigen und Bauern), 1948 gegründete rechte Organisation, Anm. d. Übers.
2 UNR: Union pour la nouvelle République (Union für die neue Republik), Bezeichnung der gaullistischen Partei zwischen 1958 und 1967, später UDF bzw. UDR, Anm. d. Übers.

Zweckmäßigkeit in Scharen der «Föderation» zuströmen. Das nennen sie die kommunistische Partei «aufbrechen» und sie in das politische Leben «reintegrieren».

Das ist ein Traum. Die kommunistische Partei – nach wie vor eine Klassenpartei – wird sich nie einer zentristischen Formation anschließen, deren Programm in keinem Punkt ihren Zielen entspricht. Im Gegenteil wird sie sich verhärten und ihre zentralistische Autorität über ihre Mitglieder verstärken.

Jede Politik, die den Ausschluß der kommunistischen Partei zur Voraussetzung hat, die ihr ihre Wähler und sogar ihre Mitglieder stehlen oder sie auf die Rolle einer Hilfstruppe beschränken will, bedeutet notwendig, sich seine Unterstützung bei der Rechten zu holen und unter anderem Namen die dritte Kraft wiederaufleben zu lassen.

N. O.: Die Anhänger Defferres werden Ihnen entgegnen: «Falls sich die KP auf die Opposition gegen ‹Föderation› versteift, wird sie das Spiel de Gaulles spielen. Das ist doch nicht das, was Sie wollen?»

J.-P. S.: Meiner Ansicht nach haben die Kommunisten recht, und ich sehe nicht, weshalb man zögern sollte, gemeinsam mit ihnen recht zu haben. Ich denke in der Tat, daß mit de Gaulle die Karten auf dem Tisch liegen. Wir wissen, wer auf der ökonomischen Ebene hinter ihm steht, wir wissen, welches seine Politik ist, wir wissen, daß man sie mit allen Mitteln bekämpfen muß. Der Feind tritt mit offenem Visier an. Er erzählt uns nichts von einer «Politik des Fortschritts», sondern von einem «Stabilisierungsplan». Und wir wissen sehr gut, wer die Kosten dieser Stabilisierungspolitik trägt.

Mit Defferre befinden wir uns in der Welt der Masken, der Tarnbegriffe. Man kündigt uns beispielsweise eine Politik des «Wachstums ohne Inflation» an. Was soll das heißen? Im gegenwärtigen System – und in Defferres «Plan» steht seine Ablösung nicht zur Debatte –, bei den Kapitalbewegungen, die uns bekannt sind, der Zunahme der amerikanischen Investitionen, bei unserer negativen Handelsbilanz, unseren technischen Mängeln, bedeutet Wachstum notwendigerweise eine gewisse Inflationsrate.

N. O.: Defferre zufolge ist ein Wachstum ohne Inflation im Rahmen eines «nationalen Fortschrittsvertrags» möglich, der eine «Einkommenspolitik» und eine von allen Wirtschaftssektoren akzeptierte Disziplin impliziert.

J.-P. S.: Eben nicht «akzeptierte». Aufgezwungene. Der Vertrag,

den man uns anbietet, ist keiner, da die Vertragsparteien nicht gleichberechtigt sind. Es wird auf der einen Seite die Mittelschichten und
das «fortschrittliche» Unternehmertum geben, die an der Macht sind,
und auf der anderen die Massen, die man bitten wird, den nationalen
Vertrag im Namen des «Realismus» zu ratifizieren.

Man muß dieses Verständnis von Realismus analysieren, das dem
ganzen Unternehmen Defferre zugrunde liegt. Es ist ein Sophismus,
der alt ist wie die Welt. In Wirklichkeit tauft man einen fundamen-
talen Pessimismus in Realismus um, und wenn es anschließend
darum geht, das System in Gang zu setzen – welches auch immer,
auch ein philosophisches System –, stülpt man dem Pessimismus
einen sinnlosen Optimismus über. Das hat Hume in der Philosophie
getan: er hat bei einem derartigen Erkenntnispessimismus ange-
setzt, daß er, um dem Denken und der Wissenschaft gerecht zu werden, gezwungen war, anschließend einen Naturoptimismus einzuführen, also «natürliche Konstanten», die bestimmte Verbindungen
begünstigen.

Bei den Anhängern Defferres ist es das gleiche. Man setzt beim
absoluten Pessimismus an: «Seien wir realistisch: die Linke ist hin-
über. Schwenken wir also nach rechts. Weil man etwas, irgend etwas,
unternehmen muß. Bilden wir also eine große Partei, zwar ohne
große Einheit, die soll sie sich dann aber schaffen. Diese Partei wird
zentristisch sein (also rechts, weil das Zentrum, wenn es regieren will,
sich rechts nach Bündnissen umsehen muß). Und sie wird ‹dyna-
misch› sein. Jetzt muß, damit das System funktioniert, der Optimismus wieder eingeführt werden: da die Linke tot ist, wird man die
klassenlose Gesellschaft realisieren. Alle edlen Menschen werden –
ungeachtet ihrer gesellschaftlichen Position – zusammenkommen
und untereinander über den Fortschritt des Wachstums ohne Inflation befinden. Kämpfe werden nicht mehr stattfinden. Liegt das nicht
im Interesse aller?»

Das Dumme ist, daß ein Kampf stattfindet. Man kann ihn mit Worten verschleiern, aber nicht aufheben. Und die Linke charakterisiert
genau, daß sie das Vorhandensein solcher tiefen Interessenkonflikte
anerkennt, so daß sie sich nur als permanenter Klassenkampf äußern
können. Man kann über die Struktur dieser Klassen debattieren.
Vielleicht müßte man sie neu definieren, zeigen, daß der Charakter
des Kampfes nicht mehr ganz derselbe ist, daß die Kampfbereitschaft
unter den kleinen Angestellten gelegentlich größer als bei manchen

Facharbeitern ist ... Das Ganze ist zu untersuchen. Fest steht, daß es einen permanenten Kampf gibt und daß die Konflikte zwischen Lohnabhängigen und Arbeitgebern stets lediglich mit einem Waffenstillstand enden. Ist der Waffenstillstand – zugunsten der einen oder der anderen Seite – erst mal unterzeichnet, beginnt der Krieg von neuem.

In der Vorstellung der Technokraten, die hinter Defferre stehen, verschwindet dieser Kampf. Jeder kollaboriert. Die Massen – so liest man in den Broschüren des Clubs Jean Moulin – haben es nicht mehr nötig, ihre Forderungen selber vorzutragen: man wird sich für sie einsetzen, man wird sie in das Ganze integrieren. Der Abstand zwischen Führungstätigkeit und Eigentumsverhältnis hat sich derart vergrößert, daß der Begriff von «kollektivem Eigentum» jeden Sinn verloren hat. Soll er dennoch beibehalten werden, wird man – jedenfalls tut das Jean-Jacques Servan-Schreiber[1] – von einer kollektiven Aneignung der Produktionsmittel durch die Mittelschichten reden können. (Eine Formulierung ohne jeglichen Sinn, es sei denn, sie meinte den Sieg einer dem Großkapital verbundenen Technokratengruppe, die in dem Maße von den Mittelschichten unterstützt wird, in dem sie von der Expansion profitieren.)

Die Gewerkschaften weist man darauf hin, daß sie nicht mehr allein eine Protestrolle, sondern «Verantwortungen» tragen. Sie sollen mitverwalten. Wie? Indem sie sich ruhig verhalten. Sie haben keine Entscheidungsgewalt, man konsultiert sie aber. Sie können die zuständigen Regierungsinstanzen aufsuchen, um ihnen mitzuteilen: «Sagt mal, das ist etwas störend, daß die Kaufkraft nicht steigt.» Man wird ihnen antworten: «Das stimmt, wir können aber nichts dafür. Nach den Vorstellungen von ‹Horizont 80› wird das noch zwei Jahre so andauern. Haltet stand.»

Was erwartet man gleichzeitig vom Unternehmer? «Redlich» zu sein. Was soll das bedeuten, die «Redlichkeit» eines Unternehmers gegenüber seinen Arbeitern? Inwiefern hat diese Tugend – selbst wenn er sie individuell und in seinem Privatleben besitzt – einen ökonomischen Einfluß auf die Beziehungen des Arbeitgebers, der seine Produktionskosten senken will, zu seinen Angestellten, die notwendigerweise höhere Löhne verlangen? Der Unternehmer ist in seinen

---

1 Jean-Jacques Servan-Schreiber, damals Herausgeber und Chefkolumnist der Wochenzeitschrift *L'Express*, Anm. d. Übers.

Beziehungen zum Lohnabhängigen dann aufrichtig, wenn sich durch seinen Mund die Interessen des Kapitals klar artikulieren. Wenn er den Defferre-Vertrag annimmt, ist er so unaufrichtig wie der Wolf, der in die Kleider der Großmutter schlüpft, um Rotkäppchen leichter fressen zu können.

Man wird drohend mit der Nationalisierung wedeln (denn man behält das Wort im Programm – das ist typisch –), weicht aber der Sache aus. Die Nationalisierung wird zur Abschreckungsmacht: sie dient dazu, widerspenstige Unternehmer dazu zu zwingen, sich dem Plan anzuschließen. Daran ist nichts besonders neu: Mussolini hat diese Drohung zu Hochzeiten des Faschismus häufig angewandt. Wenn die «Föderation» mit der MRP gebildet wird, ist doch klar, daß diese Waffe nie zur Anwendung kommen wird.

Wo wird in alldem Sozialismus sein? Die Inspiratoren Defferres, die Leute vom *Club Jean Moulin*, haben das Wort so sehr «modernisiert», daß es nichts mehr bedeutet. Es erschreckt noch die MRP, daher die Schwierigkeiten, auf die die Sozialisten bei der Bildung ihrer «Föderation» stoßen. Aber die Demagogen um Defferre haben keine Angst mehr vor Wörtern. Sie verstehen es, sie ihrer Substanz zu entledigen oder sie durch andere zu ersetzen. In ihrer Sprache hat der Sozialismus nicht länger die kollektive Aneignung der Produktionsmittel zum Ziel, er hat sich nunmehr «innerhalb des Kapitalismus» zu entwickeln, und sein Gegenstand ist die Herstellung der «sozialen Gerechtigkeit».

Was ist soziale Gerechtigkeit? Das macht keinen Sinn. Alles hängt von der Gruppe, der Klasse ab, die Gerechtigkeit walten läßt. Soziale Gerechtigkeit wird in jeder Gesellschaft – solange die benachteiligten Klassen nicht die Kraft haben, deren Strukturen zu zerschlagen – von Institutionen definiert, die selber eine bestimmte grundlegende – ökonomische und soziale – Realität ausdrücken. Diese «Gerechtigkeit» setzt also eine «unverfälschte» Handhabung jener Institutionen voraus, die Befreiung von einer – privaten Interessen geschuldeten – parasitären Wucherung, die sie entstellt und undurchsichtig macht, so daß sie zum unverfälschten Ausdruck der allgemeinen Interessen der herrschenden Klasse werden. Natürlich kann man innerhalb dieses sehr weit gesteckten Rahmens einige Verbesserungen einführen, ohne das Ganze anzutasten.

Wenige Menschen werden behaupten, de Gaulle ließe soziale Gerechtigkeit herrschen. Dagegen kann man sich sehr gut vorstellen, daß mit denselben Institutionen, denselben Unternehmern, mit derselben machthabenden Klasse eine Reihe bestimmter Reformmaßnahmen beschlossen werden können, die es beispielsweise erlaubten, das besonders schändliche Lebensniveau der Alten anzuheben. Ein Kapitalismus, der mit reformistischen Allüren auftreten möchte, könnte es sehr wohl einrichten, daß die Alten nicht länger mit zweihundert Francs im Monat leben und daß die Lebensbedingungen der Landarbeiter in den am meisten benachteiligten Regionen verbessert werden. Das ist innerhalb des kapitalistischen Systems durchaus machbar. Es ist eben genau das, was man Neokapitalismus nennt: ein Kapitalismus, der begriffen hat, daß man die schreiendsten Ungerechtigkeiten beseitigen muß, weil sie ein Potential für Rebellion, für Revolte sind.

Im Grunde bietet man der Arbeiterklasse an, das System, so wie es ist, zu akzeptieren. Als Gegenleistung wird eine begrenzte Verbesserung ihrer Lebensbedingungen versprochen. Eines der Verbrechen des internationalen Kommunismus ist es, wie der unsägliche Monnerot [1] geschrieben hat, die Bourgeoisie an der Integration ihrer Arbeiterklasse gehindert zu haben. Es ist nicht zu spät: das ist es, was Defferre der Bourgeoisie anbietet.

N. O.: Politik ist immerhin ein Kräfteverhältnis. Nun scheint die Arbeiterklasse heute weiter denn je von der Macht entfernt zu sein. Was kann man tun, damit sie ihr näher kommt und sie in die Lage versetzt wird, daran teilzuhaben? Wir sind wieder bei Defferres Argument der Nützlichkeit. Ein Leser schreibt uns diese Woche: «Im Grunde ziehen Sie es vor, den – von den Kommunisten verachteten – Rechtsaußenflügel einer prokommunistischen Sammlung ohne Zukunft zu bilden, anstatt der – von Defferre geachtete und sogar gefürchtete – Linksaußen einer Föderation zu sein, die de Gaulle ablösen kann.»

J.-P. S.: Das ist es genau, was ich vorhin beschrieben habe: links, Pessimismus, rechts, Optimismus. Wenn wir Defferres Kandidatur unterstützen, wird uns Defferre persönlich fürchten! Weshalb fürchten? Man könnte uns fürchten, wenn wir, wie beispielsweise die Minderheit der belgischen sozialistischen Partei, unter den Arbeitern eine gewisse Kraft darstellten, die sich mit den Kommunisten verbinden

---

1 Jules Monnerot, Soziologe, Autor giftiger Artikel gegen Sartre, Anm. d. Übers.

könnte und innerhalb des Kampfes Gewicht hätte. Aber wie soll eine Gruppe von Menschen, die bereit waren, mit der kommunistischen Partei zu brechen, und die die Arbeiter – die sehr gut sehen, worum es geht – enttäuscht haben, von Defferre gefürchtet werden, nachdem sie sich seiner «Föderation» angegliedert hat? Die Überlegung ist wahnwitzig. Unsere Lage wäre jene der Linksgaullisten. Verbringt de Gaulle schlaflose Nächte mit der Frage: «Mein Gott, was tut Vallon morgen früh?» Das ist lächerlich. Der «Föderation» beizutreten bedeutet, sich im Namen der Effizienz zu verkaufen. Ich wiederhole es: man muß das Dilemma ablehnen, man muß die gaullistische Erpressung zurückweisen, selbst wenn es Defferre ist, der sie betreibt.

N. O.: Er tut das aber doch im Namen eines Programms, dessen Leitlinien – Unabhängigkeit gegenüber den Vereinigten Staaten, Kommunalisierung des bebauten Bodens, Bildungsreform etc. – den Zielen der Linken entsprechen.

J.-P. S.: Nehmen wir den ersten Punkt: Unabhängigkeit gegenüber den Vereinigten Staaten. Und gehen wir von einer Feststellung aus: die amerikanischen Investitionen in Frankreich haben ein solches Ausmaß erreicht, daß keine gesunde Politik mehr möglich ist; wir sind auf dem Weg der ökonomischen Strangulierung.

Zu Recht weist uns Defferre darauf hin, daß eine Außenpolitik, die die Wiedererlangung der nationalen Unabhängigkeit vorgibt, sinnlos ist, solange man auf der Ebene der ökonomischen Infrastrukturen keine geeigneten Maßnahmen ergreift, um den Zustrom ausländischen Kapitals zu bekämpfen. Was schlägt er aber vor? Zu Recht attackiert er die Affäre Bull[1]. Aber wenn es sich darum handelt, Schlußfolgerungen zu ziehen (Nationalisierung oder nicht), verstummt er und vertröstet uns auf den Sankt-Nimmerleins-Tag *(«Horizont 80»)*. Er sagt, er wolle sich an die anderen EG-Länder wenden, damit sie gemeinsam mit Frankreich einen Zusammenschluß bilden, der stark genug ist, sich dem amerikanischen Vordringen zu widersetzen. Von wem erwartet er das? Von Deutschland, das seine Wiedergeburt den amerikanischen Investitionen verdankt und dessen politisches Spiel restlos auf dem Bündnis mit Washington beruht. Das ist eine Farce.

Er stellt die Frage korrekt, doch bei den Antworten weicht er unvermittelt auf Europa aus. Im Rahmen eines Europas, das nicht vorhan-

1 Bull war die 1934 gegründete französische Informatikgesellschaft, Anm.d. Übers.

den ist – und zu dessen Aufbau er keinerlei Mittel hat –, will er das Problem lösen. Außerdem, wie soll der Zustrom amerikanischen Kapitals, der die «Verwirklichung» dieses Europas von Tag zu Tag unmöglicher machen wird, gestoppt werden? Man muß die Rede an die Amerikaner lesen, die er anläßlich seines Aufenthaltes in New York gehalten hat. Er bittet sie freundlich um Verständnis. «Es liegt nicht in eurem Interesse, bei uns derart viel zu investieren. Das führt zu eurer Flucht ins Gold und zum Sturz des Dollars. Seid nett und intelligent: bremst dieses Investitionswettrennen und laßt uns selbst investieren.»

Die Amerikaner haben herzlich gelacht. Denn die privaten Monopole, die in Frankreich investieren, kümmert es wenig, ob das Gold abwandert – im übrigen haben sie dazu eine andere Theorie –, solange sie nur gewaltige Gewinne erzielen. Die Vorstellung eines ökonomischen Wettrennens mit den Vereinigten Staaten in aller Freundschaft und mit Deutschland als Hauptpartner ist schlicht irre. Um so mehr, als Defferre beabsichtigt, politisch und militärisch dem atlantischen Pakt treu zu bleiben.

Er schlägt eine supranationale Organisation vor, auf der Grundlage der Zustimmung zur Einschränkung der jeweiligen nationalen Souveränitäten. Gegen das Prinzip habe ich nichts, vorausgesetzt, man sagt, um welches Europa es sich handelt, welches die Kräfte sind, die in den einzelnen Ländern an der Macht sind, ob das Einvernehmen zwischen den Vertragsparteien tief oder oberflächlich ist und welche Politik dieser «Superstaat» auszuführen gedenkt. Nun, so, wie sie Defferre konzipiert, ist diese Organisation genau diejenige, die sich die Vereinigten Staaten wünschen: Deutschland wird darin dominieren; der Atlantismus wird – ökonomisch wie militärisch – gestärkt daraus hervorgehen.

Ihre Politik wäre für uns also weitaus gefährlicher als die de Gaulles. De Gaulle läßt zwar die amerikanischen Investitionen ins Land, politisch ist er aber ein Einzelgänger. Das ist gewissermaßen eine abstrakte Komödie ohne tatsächliche Tragweite. Andererseits läßt uns diese Unabhängigkeitskomödie die Bedingungen einer tatsächlichen Unabhängigkeit ins Auge fassen, und wir können uns vorstellen, daß sich Kräfte von seinem nationalen Widerstand gegen die amerikanische Vormundschaft anregen lassen, um die ökonomischen Probleme zu überdenken. Mit dem, was uns Defferre anbietet – vorläufige Anerkennung der Unterlegenheit Frankreichs und Europas gegenüber den Vereinigten Staaten, Weigerung, sich mit dem Problem der amerikanischen Investitionen zu befassen, vollständige Unterordnung unter das atlantische System –, wären wir restlos gefesselt.

N. O.: Wenn der «reformistische» Weg, den Defferre vorschlägt, eine Mystifikation ist, was bleibt übrig? Die Revolution?

J.-P. S.: Jeder sagt uns: «die Revolution ist unmöglich», und die kommunistische Partei selbst erkennt das implizit an. Schön. Unabhängig von meinem persönlichen Standpunkt will ich einen Augenblick diese Hypothese annehmen. Dann gibt es zwei Typen von Reformismus. Es gibt den von Defferre angebotenen Typ, der sich im Rahmen der Strukturen vollzieht, ohne diese zu erschüttern, und der einzig bestimmte Verbesserungen verwirklichen will – im Bereich der Außenpolitik, der industriellen Expansion, der sozialen und ökonomischen Prioritäten. Er ist – aufgrund der Kräfte, die ihn unterstützen – nur mit der Zustimmung der Unternehmer möglich.

Es gibt aber einen anderen, den ich den revolutionären Reformismus nennen will. Dieser kommt von unten her. Er ist das Ergebnis von durchgesetzten Forderungen, die die Struktur der Gesellschaft verändern. Er ist das Ergebnis eines permanenten Kampfes der Arbeiterklasse, der mit jeder Etappe nicht allein Lohnerhöhungen, sondern einen größeren Zugriff auf die Betriebsführung, eine tatsächliche Beschneidung der Unternehmergewalt erreicht. Es ist ein Reformismus, der nicht im Rhythmus der Zugeständnisse, die der machthabenden Bourgeoisie belieben, sondern der Siege, die die Arbeiterklasse erringt, fortschreitet.

Auf diesen Kampf zu verzichten heißt, sich mit dem Tod der Linken abzufinden. Man sagt uns, das sei bereits soweit, die Linksparteien wären dabei einzugehen. Vielleicht. Aber das bedeutet nicht, daß der gesellschaftliche Kampf an der Basis an Bedeutung oder an Heftigkeit verloren hätte. Und von dort aus muß ein neuer Anfang beginnen.

Le Nouvel Observateur, 17. Juni 1965

Der Linken den Garaus machen
oder sie kurieren?

Interview mit Le Nouvel Observateur,
Juni 1965

Jean-Paul Sartre: Das Unternehmen Defferre ist gescheitert, weil es auf einer falschen politischen Analyse gründete. Es war eine Berechnung von Generalstäben. Es ging darum – sagte man uns –, die «Siegel» bestimmter Parteien zu «konfiszieren», um deren Klientel zu addieren. Man wollte sich der Kisten mit den Aufschriften «SFIO», «MRP» bemächtigen und ihren Inhalt in den großen Sack «Föderation» schütten. Das war absurd. Beim Öffnen dieses Sacks hätte man gemerkt, daß er zur Hälfte leer war. Weshalb hätten auf kommunaler Ebene sozialistische Wähler, die sich im vergangenen Februar mit den Kommunisten verbündet haben, um eine MRP-Liste zu schlagen, das darauffolgende Mal für einen von der «Föderation» aufgestellten MRP-Kandidaten stimmen sollen? Und weshalb sollte ein MRP-Wähler, für den der Sozialismus seit zwanzig Jahren «der Feind» ist, im kommenden Dezember für Gaston Defferre stimmen? Er würde hundertmal lieber de Gaulle oder einem Mann wie Pinay[1] seine Stimme geben.

Das Unternehmen hätte Sinn haben können, wenn es auf einem linken Programm gefußt hätte, dessen Verwirklichung möglich gewesen wäre. Wir haben letzte Woche gesehen, daß dies nicht der Fall war. Defferres Programm ist eine Seifenblase. Man benennt Ziele, sagt aber nicht, wie und wann sie erreicht werden sollen. Man treibt sogar etwas ganz Geschicktes, nämlich sich Dinge zum Ziel zu setzen, von denen man weiß, daß sie auf jeden Fall stattfinden oder eintreten werden, wenn man keine Katastrophe will. Defferre hat beispielsweise in Wirtschaftsprognosen gelesen – oder hat solche für sich lesen lassen –, daß 1980 die Landarbeiter nur noch sieben Prozent der werktätigen Bevölkerung ausmachen werden. Die demographischen Berechnun-

1 Antoine Pinay, Ministerpräsident der IV. Republik, Anm. d. Übers.

gen, der Vergleich mit anderen Gesellschaften, die Untersuchung der gegenwärtigen Situation der Landwirtschaft weisen das aus. So wird es sein, ob im Elysée-Palast ein Präsident der Rechten oder einer der Linken sitzt. Was sagt Defferre? Daß der Anteil der Landarbeiter an der Gesamtbevölkerung bis 1980 auf sieben Prozent gesenkt werden *muß*, und daß er dies mit seinem Plan erreichen wird.

Anderes Beispiel: bis 1980 müssen acht Millionen Wohnungen gebaut werden. Das ist in der Tat notwendig, will man schwere Unruhen vermeiden. Und Defferre verkündet: «Wir werden sie haben.» Wie? Das sagt er nicht. Er kündigt die Kommunalisierung des Baugeländes an, aber diese Maßnahme reicht nicht aus, um die gewaltige Investitionsbewegung auszulösen, die dafür notwendig wäre.

Die Zielsetzung der Technokraten, die Defferre beraten, ist eigentlich, uns zu amerikanisieren. Sie stellen fest, daß das Pro-Kopf-Einkommen in Amerika dreimal so hoch wie in Frankreich ist, und sie folgern: das ist das zu erreichende Ziel. Aber es stimmt nicht, daß das Ziel der Linken allein die Hebung des Lebensniveaus ist. Das ist es *auch*, aber diese Hebung muß das «Zeichen» für etwas anderes sein, das Ergebnis einer Veränderung der Gesellschaftsstrukturen.

Nouvel Observateur: Vorläufig jedenfalls bleibt die Linke in Frankreich in der Minderheit. Diese Feststellung veranlaßt die Anhänger Defferres zu sagen, der einzige Weg, der Rechten die Macht zu entreißen und bestimmte Veränderungen in Frankreich zu erreichen, sei es, die Unterstützung des Zentrums für ein reformistisches Programm zu erhalten.

J.-P. S.: Das ist der «Realismus» der Technokraten, von dem ich neulich sprach: «Die Linke stirbt, laufen wir zur Rechten über.» Der wirkliche Realismus ist etwas anderes. Nämlich sich zu sagen: «Die Linke ist schwer krank. Da wir dazugehören, werden wir unsere ganze Anstrengung daransetzen, sie neu zu beleben. Um zu verhindern, daß sie verschwindet, muß Arbeit geleistet werden: laßt uns diese leisten, selbst wenn die Erfolgschancen kurzfristig dünn sind.»

Was zurückgewiesen werden muß, ist die Erpressung mit der Dringlichkeit, die die Technokraten uns gegenüber ausüben: «Die Linke hat kaum Chancen, von den Krankheiten, an denen sie leidet, bald zu genesen. Begraben wir sie schnell!» Warum? Man muß versuchen, sie zu retten, selbst wenn das Zeit kosten soll. Man erinnere sich, wie lange man gebraucht hat, um nach der Niederlage der Pariser Commune wieder eine Linke aufzubauen: dreißig Jahre. Nach der

Commune hat es eine Zeit der Ratlosigkeit gegeben, die Arbeiter haben jedoch nicht gedacht: «Alles ist verloren. Strecken wir die Waffen.» Sie haben sich langsam reorganisiert, und 1900 war der Anarchosyndikalismus auf der Höhe seiner Macht. Die französische Arbeiterklasse ist nie aggressiver und nie stärker gewesen als zu jenem Zeitpunkt.

Man soll uns heute also nicht kommen und sagen, daß «alles hin ist», weil eine Reihe historischer Umstände (der Krieg von 1939 bis 1945, die darauffolgenden Kolonialkriege, die Bedeutung der Militärs im politischen Leben Frankreichs, das Ende und die Nachwirkungen des «Stalinismus») für die Parteien der Linken zur tiefsten Spaltung und geringsten Bedeutung denn je geführt hat. Das bedeutet nur, daß man sich an die Arbeit machen muß.

N. O.: Sie sagen, daß wir keine Eile haben. Allerdings scheint die Zeit seit zwanzig Jahren eher gegen die Linke zu arbeiten, nicht allein in Frankreich, auch in Europa.

J.-P. S.: Das ist nicht überall wahr. Nehmen Sie Italien: ich denke nicht, daß die italienische Linke, bei den Mitgliederzahlen der kommunistischen Partei und der Linkssozialisten, besonders krank ist. Die Regierung ist es, weil sich Nenni in ein Unternehmen «defferristischen» Stils hat hineinziehen lassen. In Frankreich wird die Zeit *gegen* die Linke arbeiten, wenn wir nichts unternehmen; sie wird ihr nutzen, wenn wir uns einsetzen.

Illusionen bringen allerdings nichts. Es ist höchste Zeit einzusehen, daß der «König nackt ist», daß also die französische Linke in Gestalt ihrer Organisationen im Sterben liegt. Das ist im übrigen das einzig Vernünftige, was Defferre auf dem Kongreß der SFIO gesagt hat. Er sagte zu den Sozialisten: «Schaut euch im Spiegel an: ihr habt nur noch siebzigtausend Mitglieder und seid eine Verwalterpartei geworden, die beinah all ihre Ziele aufgegeben hat.» Das ist eine Tatsache. Auch bei den übrigen Parteien, genauso bei den Gewerkschaften, haben sich die Apparate verkalkt, indem sie sich auf ihre Fraktionskämpfe konzentriert und erheblich an Kraft eingebüßt haben in dem Maße, in dem sie allmählich den Kontakt zu den Massen verloren haben.

Das Ergebnis ist, daß die Linke in naher Zukunft keinerlei Aussicht hat, die Macht zu übernehmen. Ein Leser schreibt mir: «Sie sind sechzig und in einer angenehmen Lage; Sie können es sich frohen Herzens erlauben, mit dem Sieg des Sozialismus in etwa dreißig Jahren zu rechnen. Aber ich, der ich zwanzig bin, ich muß diese dreißig Jahre lang leben, und ich will nicht warten. Was kann ich tun?» Ganz sicher nicht nach rechts überwechseln, um die Macht zu erobern, wie es uns Defferre anbietet. Das würde den Sieg des Sozialismus nicht einmal um einen Tag beschleunigen.

«Also», schreibt mir ein anderer, «akzeptieren Sie, daß die Linke keinerlei Perspektive auf unmittelbare Durchsetzungskraft hat?» Ich akzeptiere es nicht: ich stelle es fest. Wenn man mir sagen würde, nächstes Jahr kommt eine Volksfront an die Macht, wäre ich entzückt. Leider ist es ausgeschlossen.

Das bedeutet natürlich nicht, daß man nichts tun kann. Denn wenn zwar die linken Parteien und die Gewerkschaften – die nur Überbau sind – ihre Aufgaben nicht mehr erfüllen, gehen die sozialen Kämpfe genauso heftig wie früher weiter. Und die Kampfbereitschaft der ausgebeuteten Klassen bleibt groß. Erinnern Sie sich an den Beamtenstreik, der 1953 das Land praktisch lahmgelegt hat, an den der Bergarbeiter vor zwei Jahren und an den bei Peugeot letzten Monat. Daß diese Streiks letztlich mit einer Niederlage endeten (selbst wenn einige Forderungen erfüllt worden sind), liegt daran, daß die Arbeiterorganisationen unfähig waren, ihnen eine politische Perspektive zu geben. In einigen Fällen haben sie schlicht Verrat begangen, beispielsweise die CFTC[1] und die FO[2] 1953, als sie zu dem Zeitpunkt einen Kompromiß angenommen haben, zu dem die CGT eine Ausdehnung des Kampfes auf den privaten Sektor plante. Bei jeder ernsten sozialen Krise stellt man fest, daß sich an der Basis sofort eine Einheit herstellt. Doch auf der Ebene der Apparate dauern die lähmenden Spaltungen an.

Die Parteien waren andererseits unfähig, mit der Entwicklung des Arbeitskampfes, dessen Charakter nicht mehr genau derselbe wie früher ist, Schritt zu halten. Man kämpft nicht mehr nur – obwohl es noch viele tun – für die Erfüllung der Grundbedürfnisse, sondern für eine Beteiligung an der Betriebsverwaltung. Der Kampf muß auch den neuen Techniken des modernen Kapitalismus, dem *human engineering*, angepaßt werden, die das Individuum in einer Welt der «Organisation» noch stärker entfremden, indem sie ihm die Illusion eines

1 CFTC, Confédération française des travailleurs chrétiens, gewerkschaftliche Vereinigung der christlichen Arbeiter, 1964 in CFDT umbenannt, Anm. d. Übers.
2 FO, Force ouvrière, sozialdemokratische Gewerkschaftsvereinigung, 1947 von der CGT abgespalten, Anm. d. Übers.

Kontaktes zur Betriebsführung vermitteln. Die italienischen Kommunisten sahen sich in den fünfziger Jahren diesem Problem gegenüber, waren aber in der Lage, sich darauf einzustellen, eine Gegenwehr zu finden, neue Ziele zu bestimmen.

In Frankreich steht alles noch bevor. Es handelt sich nicht einmal darum, die Linke zu reorganisieren, sondern sie ausgehend von den Forderungen der Basis neu zu schaffen. Innerhalb der Betriebe, auf dem Lande wird eine authentische linke Strömung neu entstehen können. Sie soll sich nicht durch die Behauptung von Prinzipien hervortun – die kennen wir, die Prinzipien –, sondern durch den täglichen Kampf. Die Linke, die wir gekannt haben, ist aus den Massen entstanden. Heute geht sie am Verlust des Kontaktes zu ihnen zugrunde. Während die Probleme, die sich den ausgebeuteten Klassen stellen, sich verändert haben – wenn auch die Ausbeutung bleibt –, haben sich die Parteien und die Gewerkschaften nicht bewegt. Die Linke wird als politische Kraft nur dann neu entstehen, wenn sie wieder das wird, was sie früher gewesen ist: die Widerspiegelung und das Kampfinstrument der Basis.

N. O.: Und wenn sie wieder hochkommt?

J.-P. S.: Da die sozialen Konflikte nach wie vor *reale* Konflikte sind und wir weiterhin in einer Gesellschaft der Ausbeutung leben, ist die Wiedergeburt der Linken unvermeidlich. Sie wird nicht mehr das Gesicht haben, das wir kennen, sie wird vielleicht andere Kämpfe austragen, ihr Ziel wird aber das gleiche sein: der Ausbeutung ein Ende zu bereiten. Nun ist die neokapitalistische Gesellschaft, in der wir leben, keineswegs unverletzlich. Sie ist nicht das, was Gramsci eine «hegemoniale» Gesellschaft nannte, in der die führende Klasse derart mächtig ist, daß sie den ausgebeuteten Klassen nicht allein ihre Werte aufzwingen kann, sondern sie zur vollkommenen Komplizenschaft veranlaßt. In der Antike beispielsweise ist das in Athen der Fall gewesen. Heute ist selbst Amerika – dem Anschein zuwider – keine hegemoniale Gesellschaft. Seine Hegemonie ruht nämlich auf den imperialistischen Positionen, die es in Südamerika und anderswo in der Welt aufrechterhält. Was Amerika heute zu tun gezwungen ist – in Vietnam, in Santo Domingo –, um diese Positionen zu retten, zwingt es, sich zu demaskieren, und man erlebt etwas, was seit Jahrzehnten nicht vorgekommen ist: das Erwachen der amerikanischen Intellektuellen, die sich gegen die Politik ihrer Regierung auflehnen.

Das französische Bürgertum ist derzeit nicht in der Lage, «seine

Arbeiterklasse zu integrieren», und das um so weniger, als es sich der massiven Zunahme amerikanischer Investitionen in Frankreich nicht widersetzen kann. Diese ökonomische Kolonisation durch die Vereinigten Staaten wird es daran hindern, politische Vorsicht zu praktizieren, die beispielsweise bedeutete, eine zu hohe Arbeitslosenrate im Lande zu vermeiden. Weil sie keine Entscheidungsgewalt mehr haben. Wenn ein amerikanisches Monopol als Besitzer eines Betriebes in Frankreich beschließt, daß es in seinem Interesse liegt, die Produktion dieses Betriebes zu senken oder zu verändern, kümmert es sich nicht darum, in Erfahrung zu bringen, ob das die soziale Stabilität in Frankreich kompromittiert oder nicht. Im Bereich der Elektronik konnte man das bereits anläßlich der Affäre Bull feststellen. Anderswo wird dasselbe passieren. Die einzige Möglichkeit, die Invasion amerikanischen Kapitals zu stoppen, wäre die Nationalisierung der Industrie. Die französische Bourgeoisie wird das niemals tun. Das bedeutet, daß sie noch weniger als andere in der Lage sein wird, ihre Arbeiterklasse lange einzulullen, indem sie die Krümel ihres «Wohlstands» verteilt.

N. O.: Nehmen wir an, es stimmt, daß die Linke weiter denn je von der Macht entfernt ist. Was kann sie tun, um ihr wieder näher zu kommen?

J.-P. S.: Im Augenblick nicht viel. Das soll aber nicht heißen, daß sie nichts tun kann. Sie kann mittels Streiks, mittels einer ständigen Konfrontation mit der Staatsmacht Teilerfolge und eine Verbesserung der Lebensbedingungen der ausgebeuteten Klassen erreichen. In diesem Bereich ist kein Erfolg vergebens, selbst wenn er nicht geradewegs zur Macht führt.

Was uns betrifft – die wir Intellektuelle sind –, können wir nur eines tun: der ausgebeuteten Klasse – die der Neokapitalismus vorläufig spalten konnte, indem er sie «aufplatzen» ließ – dabei zu helfen, sich ihres tatsächlichen Ziels und ihrer Einheit bewußt zu werden. Die politischen Probleme werden wir nicht lösen. Nicht wir werden eine neue Volksfront oder eine linke «Föderation» zum Leben erwecken, nicht wir werden eine Neuformierung der Arbeiterorganisationen, die ihnen ihre politische Schlagkraft zurückgeben wird, herbeiführen. Unsere Aufgabe ist es, die tatsächlichen Probleme der Arbeiterklasse darzustellen. Denn der Kampf findet täglich statt, und täglich kann er gewonnen werden. In dieser Hinsicht denke ich, daß eine Zeitschrift wie *Le Nouvel Observateur* den Problemen der Arbeit viel mehr Platz einräumen sollte, als sie es tut. So kann sie zugleich ihre Leser interessieren, sie mobilisieren und neue gewinnen.

N. O.: *Der nächste politische Stichtag ist die Präsidentschaftswahl in sechs Monaten. Was kann man von ihr erwarten?*

J.-P. S.: Über das Ergebnis besteht keine Ungewißheit: de Gaulle wird wiedergewählt werden. Für die Zukunft wäre es aber von entscheidender Bedeutung, daß die Organisationen und Parteien der Linken – SFIO, PSU[1], KP – einen gemeinsamen Kandidaten aufstellen. Das würde der Linken zwar nicht erlauben, ihre tatsächliche Stärke abzuschätzen, denn viele irregeführte Wähler werden ein weiteres Mal für de Gaulle stimmen, es wäre aber ein Anfang.

Ich meine, daß die Sozialisten sich auf ihrem letzten Kongreß selbst verraten haben, als sie dem Unternehmen, das ihnen Defferre anbot, zugestimmt haben. Das Scheitern dieses Unternehmens kann aber heilsam sein. In der Geschichte kann ein Fehler wiedergutgemacht werden. Er kann nicht nur die gegenwärtige Unmöglichkeit, sondern das grundsätzlich Unrealistische jedes Versuchs aufzeigen, die Linke im Namen der Effektivität nach rechts erweitern zu wollen. Das könnte eine Neuformierung der wirklichen Linken begünstigen, die diesmal einen Sinn hätte. An der Basis sind die Möglichkeiten der Einheit vorhanden, sie muß aber auch auf der Ebene der politischen Organisationen verwirklicht werden, damit die Massen sich ihrer Kraft bewußt werden. Das ist es, was 1936 geschehen ist: die großen Streiks, die die Machtübernahme der Linken gesichert haben, wurden deshalb möglich, weil die Arbeiterklasse plötzlich sah, wie sich ihre tiefe Einheit in dem Bündnis widerspiegelte, das die Organisationen, die sie vertraten, an der Spitze eingegangen waren.

Jedenfalls müßte ein Kandidat der Linken nicht allein während der Kampagne zur Präsidentschaftswahl, sondern auch danach als Führer der Opposition offen und direkt in allen gewerkschaftlichen Kämpfen Stellung beziehen, alle Kämpfe der Arbeiterklasse unterstützen und nicht vorsichtig schweigen, wie es Defferre tat, damit keine imaginäre «zentristische» Klientel verschreckt wird.

Falls es den Linksparteien trotz der Gelegenheit, die ihnen das Scheitern der «Föderation» bietet, nicht gelänge, einen gemeinsamen Kandidaten aufzustellen, falls Defferre bliebe (aber in wessen Na-

---

1 PSU, Parti socialiste unifié, vereinigte sozialistische Partei, linkssozialistische, mittlerweile selbstaufgelöste Partei, Anm. d. Übers.

men?), falls es mehrere Kandidaturen gäbe, die sich links begreifen, dann würde ich kommunistisch wählen. Das bedeutet nicht, daß ich mir eine Regierungsübernahme durch die kommunistische Partei im Alleingang wünsche, sondern daß ich jede Sammlungsbewegung, die nicht mit ihr und um sie gebildet wird, für illusorisch halte.

N. O.: Sie sind sehr pessimistisch. Viele werden Sie sogar für einen Defätisten halten.

J.-P. S.: Die wirklichen Defätisten sind diejenigen, die uns – wie Defferre – vorschlagen, der Linken den Garaus zu machen unter dem Vorwand, sie kurieren zu wollen. Ist man pessimistisch, wenn man einen alarmierenden Zustand feststellt? Ich habe es Ihnen gesagt, ich habe es geschrieben, ich bin nicht der einzige, der so denkt: die Linke ist krank. Ich glaube aber, daß sie nicht sterben kann. Die Linke ist keine «generöse Idee» von Intellektuellen. Eine Gesellschaft der Ausbeutung kann verbissen dafür kämpfen, das linke Denken, die linken Bewegungen zu besiegen und sie sogar periodisch zur Ohnmacht verurteilen: nie wird sie sie vernichten, denn sie selbst ist es, die sie hervorbringt.

Le Nouvel Observateur, 24. Juni 1965

Was sich für uns
in Vietnam entscheidet

Rede vor dem Weltfriedenskongreß
in Helsinki am 16. Juli 1965

Wenn einem Franzosen die außerordentliche Ehre zuteil wird, die Resolution über Vietnam zu unterbreiten, so nehme ich an, weil wir in den fünfziger Jahren in der Lage waren, den Mut und die Leiden dieses heldenhaften Volkes zu ermessen, als unsere Regierung das Land durch das Expeditionscorps verwüsten ließ.

Wir, alle Franzosen, die hier sind, haben uns entsprechend unseren Möglichkeiten bemüht, dieses Volk und seine schweren Kämpfe zu unterstützen. Während eines anderen Friedenskongresses, in Wien im Jahre 1952, setzten sich Franzosen und vietnamesische Partisanen zum ersten Mal an den gleichen Tisch. Heute wie damals sind vietnamesische Partisanen anwesend, und das Land, das sie befreiten, ist wiederum vom Kriege überzogen. Aber diejenigen, die gekommen sind, um mutig zu versichern, daß sie die Politik ihres Landes mißbilligen und daß sie einen ständig wachsenden Teil der Bevölkerung vertreten, das sind diesmal Bürger der Vereinigten Staaten.

Wir Franzosen können davon Zeugnis ablegen, was die Vietnamesen seit 1945 erlitten haben. Ich erfuhr vor einiger Zeit, daß ein Partisan, der hingerichtet wurde, früher seinen Vater und seine Mutter verloren hatte, beide von unseren Waffen getötet; und ich stellte mir mit Entsetzen und nicht ohne Scham vor, was diese Worte bedeuten: zwei gezeichnete Generationen. Der Vater wurde als Partisan hingemordet, sein Sohn wuchs als Waise auf, ohne daß der Krieg wirklich aufgehört hatte, dann wurde er selbst Partisan und hingemordet. Ihrer gibt es Hunderttausende. Die Väter starben, damit die Söhne leben, nun werden die Söhne umgebracht. Wir, deren Regierung diese Kette von Massakern auslöste, wir, die nach dem Sieg der Partisanen über unsere eigenen Truppen hofften, daß das Genfer Abkommen ein neues Zeitalter für Vietnam eröffnen würde, wir bejahen und unterstützen um so mehr den Text, den ich Ihnen verlesen werde.

Doch bevor Sie ihn hören, wird es gut sein, ihm von dieser Tribüne aus die wenigen Kommentare hinzuzufügen, die er verlangt, obwohl diese Kommentare, glaube ich, jedem gegenwärtig sind.

Wie Sie sehen werden, ist dieser Text ein Aufruf zur Einheit, und diejenigen, die ihn verfaßten, die implizit die Vereinigung aller Kräfte des Friedens verlangen, sind die Helden und die Opfer dieses imperialistischen Aggressionskrieges, es sind die Vietnamesen des Südens und die des Nordens gemeinsam. Aber wir dürfen vor allem nicht glauben, daß sie uns zu Hilfe rufen. Sie haben bewiesen und sie beweisen täglich, daß sie allein gegen einen weitaus besser bewaffneten Feind kämpfen können und daß sie ihn überall in die Defensive drängen. Nein, was sie uns zeigen wollen, ist der unteilbare Charakter des Kampfes gegen den Imperialismus. Der Leiter der Delegation der Demokratischen Republik Vietnam hat es in seiner Rede klar gesagt: «Wir wissen, daß unser Kampf untrennbarer Bestandteil des Kampfes aller Völker für nationale Unabhängigkeit und für den Frieden ist.» Er hat gezeigt, daß der Kampf, den Laos, Kambodscha, Kongo und Santo Domingo zur Wahrung ihrer Souveränität führen, zu einem großen Teil vom Ausgang dieses Krieges, des vietnamesischen Unabhängigkeitskrieges, abhängt. Und man muß hinzufügen, daß in gewissem Maße auch das Schicksal aller Völker Lateinamerikas sich in Vietnam entscheidet. In der Tat, wenn die amerikanische Regierung sich entschlossen hat, immer beträchtlichere Kräfte in einen Kampf einzusetzen, der sich Tausende Kilometer von den Vereinigten Staaten entfernt abspielt, so gewiß nicht nur, um die Wiedervereinigung Vietnams zu verhindern oder um sich strategische Positionen zu sichern. Das Pentagon hat ohne Zögern dieses heldenhafte und unglückliche Land zum Schlachtfeld erwählt. Der Imperialismus hat sich bisher überall davor gehütet, das Land, das er unterdrückte, auch unmittelbar zu regieren. Er sucht sich aus den Reihen der Unterdrückten eine kleine Clique von Verrätern, die wir während der Besatzung in Frankreich «collabos» nannten, die vorgeben, die nationale Souveränität zu vertreten, und die die Bevölkerung zugunsten des ausländischen Kapitalismus ausbeuten. Unmittelbare Folge dieses Manövers ist, daß die übergroße Mehrheit der Bevölkerung sich gegen ihre angebliche Regierung und die sie stützende Söldnerarmee erhebt. Es entsteht diese für unser Jahrhundert so typische Form des Krieges, die man den Volkskrieg nennt. Gegen die geeinte und mit den Partisanen in Symbiose lebende Bevölkerung können die sogenannten nationalen Armeen, die in Wirklichkeit vom Ausland besoldet werden, nichts ausrichten, und die imperialistischen Mächte greifen zunächst indirekt, dann direkt in den Konflikt ein. In Südvietnam will die amerikanische Regierung sich und der Welt beweisen, daß der Imperialismus die Volkskriege, die er selbst erzeugt hat, niederzuschlagen vermag. Deshalb versucht er dort einen blutigen Test durchzuführen, der für alle Aufstände gültig sein und den unterdrückten Völkern Lateinamerikas, Asiens wie Afrikas den Mut nehmen soll, ihre Ketten zu sprengen. Deshalb berührt uns der Krieg in Vietnam alle im höchsten Maße.

Der entsetzliche Test, den das Pentagon durchzuführen gedenkt, kehrt sich durch die Siege des FNL gegen die USA. Er wird zum Test des Imperialismus; der Imperialismus entblößt sein Gesicht und grenzt seine Macht ab. Mit einem Mal gibt es kein Volk mehr auf Erden, das nicht davon betroffen wäre. Es gibt keinen Menschen, der nicht der Sache der Vietnamesen dienen müßte wie seiner eigenen und wie der Sache des Friedens. Es wäre unsinnig zu behaupten, wie manche Zeitungen es taten, daß auch wir – indem wir den Vietnamesen mit allen Mitteln helfen, die Amerikaner aus Vietnam zu verjagen – uns für die eine der kriegführenden Seiten gegen die andere entschieden und folglich Krieg führten. In Wahrheit ist die einzige Ursache des Krieges heute der Imperialismus, und solange ein Land durch Gewalt einem anderen Land unterworfen ist, bleibt die Drohung eines weltweiten Konfliktes bestehen. Wir entscheiden uns für niemanden, aber als Menschen des Friedens befinden wir uns auf natürliche Weise an der Seite derer, die dafür kämpfen, eines Tages mit Stolz arbeiten zu können und eine Familie gründen zu wollen, ohne Furcht, daß die Kinder, die sie in die Welt setzen, einem blutigen Tod oder dem Elend geweiht sind. Diese Unabhängigkeitskriege, die die unterdrückten Völker auf ihrem Boden führen – weil sie dazu gezwungen werden –, ohne jeden Eroberungsgeist, allein aus dem Willen, den Eindringling zu verjagen, diese Widerstandskriege – 1940 nannte man bei uns die Partisanen Widerstandskämpfer, und dieses schöne Wort zeigt hinreichend, daß die Gewalt zunächst nicht von ihnen ausging –, diese Kriege, wenn man sie gewinnt, beseitigen eine Quelle von Konflikten . . .

In den Vereinigten Staaten, zum Beispiel, bestehen mehrere Gruppierungen, die, wenn sie es sich auch zur Aufgabe gemacht haben, die amerikanische Regierung zur Beendigung des Krieges in Vietnam zu zwingen, noch weit davon entfernt scheinen, sich zu einigen. Es kann nicht darum gehen, diese Spaltungen mit einem Federstrich oder durch rednerischen Aufwand zu beseitigen. Da ihr Ursprung real ist, besteht der Realismus im Gegenteil darin, sie offen zu bekennen und frei über sie zu diskutieren. Aber man darf nie aus den Augen verlieren, daß der Imperialismus sie kennt und sie ausnutzen will.

Unsere Epoche erlebte die Entstehung zweier Tatsachen von größter Bedeutung. Einerseits ist der Volkskrieg noch, was er in vergangenen Jahrhunderten war: der heldenhafte, aber blinde Aufstand des Elends. Doch ist er sich auch seiner selbst bewußt geworden, hat sich eine Taktik, eine Strategie, seinen Mitteln entsprechende Ziele und eine politische Organisation geschaffen. Schließlich ist es Geschichte, die in dem Maße entsteht, wie aus jeder Partisanenarmee unter Qualen eine neue Gesellschaft geboren wird. Andererseits hat der klassische Krieg, indem er sich industrialisierte, ein Ungeheuer hervorgebracht, das einerseits die konventionellen Waffen zu ersetzen scheint, zum anderen deren extreme Steigerung ist: die Atombombe. Beide Veränderungen scheinen praktisch keine Beziehung zueinander zu haben. Gewiß, der Volkskrieg bringt Geschichte hervor, und die Atombombe wurde nur geschaffen, um die Geschichte zum Stillstand zu bringen, indem sie die Menschheit zerstört. Die Atombombe jedoch ist gegen Volkskriege untauglich. Die Besatzer können sie nicht anwenden, ohne ihre eigenen Truppen zu vernichten. Daraufhin hat die amerikanische Regierung ein ausgeklügeltes Hilfsmittel gefunden.

Da man die gewaltigen Vernichtungsmittel, die die Industrie zur Verfügung stellt, nicht in Südvietnam einsetzen kann, wird man sie gegen den Nachbarn, das heißt gegen Nordvietnam, anwenden. Seit sechs Monaten wird die Demokratische Republik Vietnam täglich bombardiert, bekanntlich ohne das geringste Ergebnis, da die FNL niemals so stark und so gut bewaffnet war; ohne das geringste Ergebnis, bis auf Tote und Blut. Wenn sich die Regierung der Vereinigten Staaten noch vor sechs Monaten die Illusion machte, dadurch den Krieg zu beenden, so hat sie sie sicher heute aufgegeben. Dennoch setzt sie die Bombardierungen fort, und mehr oder weniger offiziöse Sprecher weisen bereits auf die Möglichkeit hin, sie bis nach China auszudehnen. Und man spricht bereits hie und da von einem eventuellen Einsatz der Atombombe.

Die amerikanische Regierung beabsichtigt, einen Krieg durch einen anderen zu ersetzen. Da sie den Volkskrieg nicht gewinnen kann, droht sie den mit Vietnam befreundeten Völkern, einen Atomkrieg gegen sie zu führen, weil sie glaubt, diesen gewinnen zu können. Das ist zweifellos eine Erpressung. Man will die sozialistischen Länder zwingen, Druck auf die FNL auszuüben. Doch nichts ist gefährlicher als ein Bluff, denn dieser kann zu seinem eigenen Verhängnis werden. Eines ist auf jeden Fall sicher: die amerikanische Regierung spekuliert mit unseren Illusionen, und es gibt sogar falsche Pentagone, die sich ausmalen, die Eskalation würde die Spannungen in unserem Lager bis zum Bruch steigern. Das ist eine echte Gefahr, deshalb ist es notwendig, dem Imperialismus die Illusionen zu nehmen.

Indem wir uns zusammenschließen, um die Vietnamesen bedingungslos zu unterstützen, müssen wir dem Imperialismus zeigen, daß der Friedenswille der Völker nicht ein Geschenk ist, das wir ihm darbieten, und daß die Weigerung, unsererseits eine Aggressionspolitik zu führen, notwendigerweise vom konsequenten und wirksamen Entschluß begleitet ist, allen Völkern beizustehen, die für ihre Unabhängigkeit kämpfen. Die Einheit aller Kräfte des Friedens muß ihn auch davon abbringen, seine Erpressungspolitik fortzusetzen, indem sie ihm klarmacht, daß diese uns eint, statt zu spalten, und daß er mit einer unmittelbaren Katastrophe rechnen muß, wenn er seine Drohungen ausführen sollte. In diesen beiden Punkten ist die Einheit möglich, wie verschieden auch sonst die Meinungen sein mögen. Indem wir diese grundsätzliche Übereinstimmung der Völker bekunden, werden wir Verhandlungen über eine allgemeine Abrüstung erleichtern. Denn diese Verhandlungen gilt es zu fördern. Abrüstung und Frieden sind unser Ziel und müssen es bleiben. Man muß den Völkern bedingungslos helfen, sich zu befreien, und gleichzeitig den Gegner davon abhalten, die gesamte Menschheit ins blutige Chaos eines Atomkrieges zu stürzen. Es handelt sich nicht um zwei sich widersprechende Aktionen, sondern um die zwei untrennbar miteinander verbundenen Seiten ein und desselben Unternehmens. In dem Augenblick, da die Imperialisten zu verstehen beginnen, daß sie einen Volkskrieg nicht gewinnen können, und dessen gewiß sind, daß der Einsatz von Kernwaffen entsetzliche Folgen für alle hätte, angefangen bei ihnen selbst, haben wir einen ersten Schritt zum Frieden hin getan. Dann werden wir uns vergegenwärtigen können, daß das Ziel des Menschen zunächst darin besteht zu leben und nicht zu sterben. Und wenn die Umstände es manchmal auch verlangen, daß er sich opfert, so stirbt er für das Leben, für das Leben der anderen, für das seiner Söhne und nicht, um mit allen in einem allgemeinen und sinnlosen Weltbrand zu verrecken.

Aus diesem Grunde begrüße ich die Einstimmigkeit, mit der die Resolution angenommen wurde, die ich Ihnen verlesen werde und in der ich die erste Hoffnung zu einer neuen Einheit sehe, die uns über unsere Meinungsverschiedenheiten und unser Mißtrauen hinweg in unserem gemeinsamen Kampf für den Frieden führen wird.

Plädoyer für die Intellektuellen

(1965)
Erster Vortrag
Was ist ein Intellektueller?

1. Die Situation des Intellektuellen

Zieht man allein die Vorwürfe in Betracht, die ihnen gemacht werden, müssen die Intellektuellen große Schuld auf sich geladen haben. Im übrigen ist auffallend, daß diese Vorwürfe überall dieselben sind. In Japan beispielsweise meine ich der Lektüre zahlreicher, für den Westen ins Englische übersetzter Zeitungs- und Zeitschriftenartikel entnommen zu haben, daß nach der Meiji-Ära zwischen der politischen Macht und den Intellektuellen eine Trennung stattgefunden hat; man hätte glauben können, sie hätten nach dem Krieg und vor allem zwischen 1945 und 1950 die Macht übernommen und viel Böses angerichtet. Zur selben Zeit, liest man unsere Presse, sollen sie in Frankreich geherrscht und Katastrophen ausgelöst haben: bei Ihnen wie bei uns folgte einem militärischen Desaster (das unsere nennen wir Sieg, das Ihre nennen Sie Niederlage) die vom Kalten Krieg begünstigte Zeit der Remilitarisierung der Gesellschaft. Die Intellektuellen sollen von diesem Prozeß nichts begriffen haben. Hier wie dort verurteilt man sie genauso vehement und aus denselben widersprüchlichen Gründen. Sie besagen, jene seien dazu da, die Kultur zu bewahren und weiterzugeben, also ihrem Wesen nach *konservativ*, sie hätten sich jedoch in ihrer Aufgabe und ihrer Rolle geirrt, seien kritisch und negativ geworden, griffen pausenlos den Staat an und sähen allein das Böse in der Geschichte ihres Landes. Folglich haben sie sich *in allem* getäuscht, was nicht so schlimm wäre, hätten sie nicht in allen wichtigen Angelegenheiten das Volk getäuscht.

Das Volk täuschen! Das bedeutet: erreichen, daß es seinen eigenen Interessen den Rücken kehrt. Sollten also die Intellektuellen auf demselben Terrain wie die Regierung über eine gewisse Macht verfügen? Nein, sobald sie vom kulturellen Konservatismus abrücken, der ihr Handeln und ihre Aufgabe bestimmt, wirft man ihnen gerade vor, nun machtlos zu werden: wer hört auf sie? Im übrigen sind sie von Natur aus schwach: sie *produzieren* nichts, und zum Leben haben sie nur ihr Einkommen, was ihnen in der zivilen wie in der politischen Gesellschaft jede Möglichkeit nimmt, sich zur Wehr zu setzen. Also sind sie wirkungslos und schwankend; mangels einer ökonomischen oder gesellschaftlichen Macht halten sie sich für eine Elite, die sie nicht sind, berufen, über alles zu urteilen. Daher rührt ihr Moralismus und ihr Idealismus (sie denken, als lebten sie bereits in einer fernen Zukunft, und beurteilen unsere Zeit von dem abstrakten Standpunkt der Zukunft aus).

Hinzu kommt *ihr Dogmatismus*; um zu entscheiden, was zu tun ist, berufen sie sich auf unantastbare, jedoch abstrakte Prinzipien. Das zielt natürlich auf den Marxismus; damit gerät man in einen weiteren Widerspruch, da Marxismus und Moralismus einander prinzipiell ausschließen. Er stört nicht weiter, da er auf sie projiziert wird. Sowieso wird man ihnen den Realismus der Politiker entgegenhalten: während die Intellektuellen ihre Aufgabe, ihre Daseinsbegründung verraten und sich mit dem «Geist, der stets verneint» identifizieren, bauten die Politiker, bei Ihnen wie bei uns, bescheiden das vom Krieg verwüstete Land wieder auf und bewiesen damit einen weisen Empirismus, der eben an die Traditionen und teilweise an die neuen Praktiken (und Theorien) der westlichen Welt anknüpft. In dieser Hinsicht geht man in Europa weiter als in Japan; Sie halten die Intellektuellen für ein *notwendiges* Übel: man braucht sie, um die Kultur zu bewahren, sie weiterzugeben, sie zu bereichern; einige werden immer schwarze Schafe bleiben, es genügt, ihren Einfluß zu bekämpfen. Bei uns kündigt man ihren Untergang an: unter dem Einfluß amerikanischer Ideen prophezeit man das Verschwinden dieser Menschen, die vorgeben, alles zu wissen: die Fortschritte der Wissenschaft werden bewirken, daß diese Universalisten durch streng spezialisierte Forscher ersetzt werden.

Kann, trotz ihrer Widersprüchlichkeit, ein gemeinsamer Sinn all dieser Kritiken herausgefunden werden? Ja; sagen wir, sie entspringen einem grundlegenden Vorwurf: *der Intellektuelle ist jemand, der sich um Dinge kümmert, die ihn nichts angehen*, und der vorgibt, die Gesamtheit der gegebenen Wahrheiten und der sich daraus ableitenden Verhaltensweisen anzufechten im Namen einer globalen Auffassung von Mensch und Gesellschaft – die heute unmöglich, also abstrakt und falsch ist, da sich die Wachstumsgesellschaften durch die äußerste Vielfalt von Lebensweisen, gesellschaftlichen Funktionen und konkreten Problemen ausweisen. Nun *stimmt es*, daß der Intellektuelle jemand ist, der sich um das kümmert, was ihn nichts angeht. Das stimmt so sehr, daß bei uns die Bezeichnung von Personen mit dem negativ gemeinten Wort «Intellektuelle» zur Zeit der Dreyfus-Affäre[1] populär geworden ist. Für die Dreyfus-Gegner oblag Freispruch oder Verurteilung des Hauptmanns Dreyfus den Militärgerichten, letztlich dem *Generalstab*: indem sie die Unschuld des Angeklagten behaupteten, *überschritten* die Dreyfus-Anhänger *ihre Kompetenz*. Ursprünglich sind die Intellektuellen also eine Vielzahl von Menschen, die einen gewissen Ruhm erworben haben aufgrund von Arbeiten, die auf Intelligenz beruhen (exakte Wissenschaften, angewandte Wissenschaften, Medizin, Literatur etc.), und diesen Ruhm *mißbrauchen*, um ihre Domäne zu verlassen und die Gesellschaft und die bestehende Ordnung namens einer globalen, dogmatischen (vagen oder präzisen, moralistischen oder marxistischen) Auffassung vom Menschen zu kritisieren.

Und wünscht man sich ein Beispiel für diese gängige Auffassung des Intellektuellen, sage ich, daß man Wissenschaftler, die an der Kernspaltung arbeiten, um die Waffen des Atomkriegs zu perfektionieren, nicht als «Intellektuelle» bezeichnen wird: das sind ganz einfach Forscher. Wenn sich aber dieselben Forscher, weil sie über die zerstörerische Macht der Waffen, deren Herstellung sie ermöglichen, entsetzt sind, zusammenschließen und ein Manifest unterzeichnen, um die Öffentlichkeit vor der Anwendung der Atombombe zu warnen, werden sie zu Intellektuellen. Denn 1. überschreiten sie ihre Kompetenzen: eine Bombe herzustellen ist eines, über deren Anwendung zu urteilen etwas anderes; 2. mißbrauchen sie ihren Ruhm oder die ihnen zuerkannte Kompetenz, um die Öffentlichkeit zu manipulieren, und verbergen damit die unüberbrückbare Kluft, die ihre wissenschaftlichen Erkenntnisse von der *politischen* Einschätzung trennt, die sie ausgehend von *anderen Prinzipien* über die von ihnen hergestellten Waffen haben; 3. verurteilen sie in der Tat die Anwen-

1 Der jüdische Hauptmann Alfred Dreyfus wurde 1894 wegen angeblichen Verrats militärischer Geheimnisse an Deutschland zu zehn Jahren Festungshaft verurteilt, dann aber, aufgrund des Einsatzes der sogenannten Dreyfusards (u. a. Jaurès, Zola und Clémenceau) begnadigt und erst 1906 rehabilitiert, Anm. d. Übers.

dung der Bombe nicht deshalb, weil sie technische Mängel festgestellt hätten, sondern im Namen eines höchst fragwürdigen Wertsystems, dessen höchste Norm das menschliche Leben ist.

Was taugen diese grundsätzlichen Anklagen? Entsprechen sie einer Realität? Darüber können wir nicht befinden, ohne zuerst den Versuch unternommen zu haben herauszufinden, was ein Intellektueller *ist.*

2. Was ist ein Intellektueller?

Man hält ihm vor, *seine* Kompetenz zu überschreiten, er gilt also als besonderer Fall innerhalb einer Personengruppe, die sich durch gesellschaftlich *anerkannte* Funktionen definiert. Sehen wir uns an, was das bedeutet.

Jede *Praxis* umfaßt mehrere Momente. Das Handeln negiert partiell das, was *ist* (das praktische Feld stellt sich als zu *verändernde* Situation dar), zugunsten dessen, was *nicht ist* (zu erreichendes Ziel, Neuverteilung der Ausgangsgegebenheiten der Situation, letztlich zur Reproduktion des Lebens). Diese Negation ist aber Enthüllung und geht mit einer Bestätigung einher, da man *das, was nicht ist, mit dem, was ist,* verwirklicht; das enthüllende Erfassen von dem, was ist, ausgehend von dem, was nicht ist, muß so genau wie möglich sein, da es in dem, was gegeben ist, die Möglichkeit zur Verwirklichung dessen, was noch nicht ist, finden muß (die erforderliche Widerstandskraft eines Materials stellt sich bei dem auszuhaltenden Druck heraus). Die *Praxis* umfaßt also das Moment des praktischen Wissens, das die Wirklichkeit enthüllt, überschreitet und bereits verändert. Das ist die Ebene der Forschung und der praktischen Wahrheit, definiert als ein Erfassen des Seins, insofern es die Möglichkeit seiner eigenen zielgerichteten Veränderung beinhaltet. Die Wahrheit gelangt vom Nicht-Sein aus zum Sein, von der praktischen Zukunft aus zur Gegenwart. So gesehen ist das verwirklichte *Vorhaben* die *Verifizierung* der entdeckten Möglichkeiten (überschreite ich auf der Behelfsbrücke den Fluß, erweist das gewählte und zusammengefügte Material tatsächlich die gewünschte Festigkeit). Daher ist das praktische Wissen *zunächst* Erfindung. In diesem Sinn ist der Mensch *Entwurf*: er ist *Schöpfer,* da er das, was *schon ist,* ausgehend von dem, was noch nicht ist, erfindet, er ist *Wissenschaftler,* da er ohne Erfolg bleiben wird, wenn er die Möglichkeiten, die ein Gelingen des Unternehmens erlauben werden, nicht genau bestimmt, er ist *Forscher* und

Zweifler (weil der gesetzte Zweck schematisch auf seine Mittel hinweist, muß er in dem Maße, in dem der Zweck selbst abstrakt ist, die konkreten Mittel suchen, was darauf hinausläuft, über sie den Zweck genauer zu bestimmen und ihn gelegentlich durch eine Abweichung zu erweitern. Das bedeutet, daß er den Zweck durch die Mittel und umgekehrt so lange in Frage stellt, bis der Zweck zur integrierenden Einheit der verwendeten Mittel wird). In diesem Augenblick muß er dann entscheiden, ob «es die Mühe lohnt», anders ausgedrückt, ob der vom globalen Gesichtspunkt des *Lebens* angestrebte integrierende Zweck das Ausmaß der *energetischen Transformationen*, dank deren er verwirklicht wird, lohnt, oder mit anderen Worten, ob der Gewinn den Energieaufwand lohnt. Denn wir leben in der Welt der Knappheit, in der jede Ausgabe irgendwie als Verschwendung wirkt.

In den modernen Gesellschaften ermöglicht es die Arbeitsteilung, die verschiedenen Aufgaben auf unterschiedliche Gruppen zu verteilen, die zusammengenommen die *Praxis* bilden. Und, was für uns hier von Interesse ist, Spezialisten des praktischen Wissens hervorzubringen. Anders ausgedrückt, durch und in diese spezielle Gruppe isoliert und verselbständigt sich die *Enthüllung*, die ein Moment des Handelns ist. Die Zwecke werden von der herrschenden Klasse bestimmt und von den werktätigen Klassen verwirklicht, das Prüfen der Mittel aber ist einer Gruppe von Technikern vorbehalten, die dem angehören, was Colin Clarke den tertiären Bereich nennt: Wissenschaftler, Ingenieure, Ärzte, Juristen, Lehrer etc. Als Individuen unterscheiden sich diese Menschen nicht von den anderen, da jeder von ihnen sowieso das Sein enthüllt und bewahrt, das er mit seinem Entwurf, es zu gestalten, überschreitet. Schließlich bedeutet die ihnen zugewiesene gesellschaftliche Funktion, das Feld des Möglichen kritisch zu prüfen, ohne daß ihnen die Beurteilung der Zwecke noch in den meisten Fällen (es gibt Ausnahmen: den Chirurgen beispielsweise) die Verwirklichung zusteht. Diese Techniker des praktischen Wissens sind zwar insgesamt noch keine Intellektuellen, doch aus ihnen – und nirgendwo anders – gehen sie hervor.

Sehen wir uns an, wie sie in Frankreich in Erscheinung getreten sind, um besser zu verstehen, was sie sind. Bis zum 14. Jahrhundert verfügt der Kleriker – der Mann der Kirche – auch über Wissen. Weder die Barone noch die Bauern können lesen. Das Lesen ist *Sache des Klerikers*. Aber die Kirche verfügt über wirtschaftliche Macht (gewaltige Reichtümer) und politische Macht (wie der Gottesfriede beweist, den sie den Lehnsherren diktierte und der meistens durchzusetzen war). Als solche ist sie Hüterin einer *Ideologie*, des Christentums, deren Ausdruck sie ist und die sie den anderen Klassen beibringt. Der Kleriker ist Mittler zwischen dem Herrn und dem Bauern; er ermöglicht ihnen, sich gegenseitig anzuerkennen, insofern sie eine gemeinsame Ideologie haben (oder zu haben meinen). Er bewahrt die Dogmen, gibt die Tradition weiter und paßt sie an. Als Mann der Kirche kann er kein Spezialist des Wissens sein. Er bietet ein mythisches Bild der Welt an, einen totalitären Mythos, der das Klassenbewußtsein der Kirche ausdrückt, indem er Ort und Bestimmung des Menschen in einem durch und durch geheiligten Universum definiert und die gesellschaftliche Hierarchie festlegt.

Mit dem Aufkommen der Bourgeoisie tritt der Spezialist des praktischen Wissens auf. Von Beginn an gerät diese Klasse von Kaufleuten in Konflikt mit der Kirche, deren Grundsätze (*gerechter* Preis, Ablehnung des Zinswuchers) die Entwicklung des Handelskapitalismus behindern. Dennoch übernimmt und bewahrt sie die Ideologie des Klerus, ohne sich darum zu sorgen, ihre eigene Ideologie zu bestimmen. Technische Hilfstruppen und Fürsprecher bezieht sie jedoch aus den eigenen Reihen. Die Handelsflotten setzen das Vorhandensein von Wissenschaftlern und Ingenieuren voraus; die doppelte Buchführung macht Kalkulatoren notwendig, aus denen Mathematiker entstehen werden; der *Real*besitz und die Verträge erfordern eine wachsende Zahl von Juristen, die Medizin entwickelt sich, und die Anatomie steht am Anfang des bürgerlichen Realismus in der Kunst. Diese Experten der Mittel entstehen also innerhalb des Bürgertums: sie sind weder eine Klasse noch eine Elite, sie sind in das umfassende Unternehmen des Handelskapitalismus vollständig integriert und geben ihm die Mittel zur Selbstbehauptung und Ausdehnung. Diese Wissenschaftler und Praktiker sind nicht Hüter irgendeiner *Ideologie*, und ihre Funktion ist gewiß nicht, das Bürgertum mit einer solchen auszustatten. In den Konflikt zwischen Bürgertum und Kirchenideologie greifen sie kaum ein: die Probleme werden auf der Ebene der Kleriker und von ihnen formuliert; als die Entwicklung des Handels das Bürgertum zu einer Kraft gemacht hat, die es zu integrieren gilt, streiten diese im Namen der synthetischen Universalität untereinander. Aus ihren Bemühungen, die heilige Ideologie den Bedürfnissen der aufsteigenden Klasse anzupassen, entstehen sowohl die Reformation (der Protestantismus ist die Ideologie des Handelskapitals) als auch die Gegenreformation (die Jesuiten machen der reformierten Kirche die Bürger streitig: dank ihnen tritt an die Stelle des Begriffs des «Wuchers» der des Kredits). Die Männer des Wissens leben in diesen Konflikten, verinnerlichen sie, spüren deren Widersprüche, doch deren treibende Kräfte sind sie noch nicht.

In Wirklichkeit konnte keine Anpassung der heiligen Ideologie das Bürgertum befriedigen, dessen Interesse allein *die Entsakralisierung aller praktischen Bereiche* sein konnte. Nun ist es – jenseits der Konflikte innerhalb des Klerus – gerade das, was die Techniker des praktischen Wissens, ohne sich dessen überhaupt bewußt zu sein, bewirken, indem sie die bürgerliche *Praxis* über sich selbst aufklären und Ort und Zeit der Warenzirkulation bestimmen. In dem Maße, wie sakrale Bereiche verweltlicht werden, schickt sich Gott an, wieder gen Himmel zu fahren: seit Ende des 17. Jahrhunderts ist er der *verborgene Gott*.[1] Jetzt spürt das Bürgertum das Bedürfnis, sich auf der Grundlage einer globalen Auffassung der Welt, das heißt einer *Ideologie*, zu behaupten: das ist die Bedeutung dessen, was man «die Krise des Denkens im abendländischen Europa» genannt hat. Nicht die Kleriker, sondern die Spezialisten des praktischen Wissens werden diese Ideologie errichten: Juristen (Montesquieu), Schriftsteller (Voltaire, Diderot, Rousseau), Mathematiker (d'Alembert), Finanzfachleute (Helvétius), Ärzte etc. Sie treten an die Stelle der Kleriker und nennen sich *Philosophen*, also «Liebhaber der Weisheit». Die Weisheit, das ist die Vernunft. Von ihren spezifischen Arbeiten einmal abgesehen, handelt es sich darum, eine rationale Auffassung des Universums zu entwerfen, die die *Handlungen* und die *Forderungen* des Bürgertums umfaßt und rechtfertigt.

Sie wenden die analytische Methode an, die nichts anderes ist als die Forschungsmethode, die sich in den zeitgenössischen Wissenschaften und Techniken bewährt hat. Sie wenden sie auf die Probleme der Geschichte und der Gesellschaften an: Gegen die Traditionen, die Privilegien und die Mythen der Aristokratie, ein Synkretismus ohne Rationalität, ist es die beste Waffe. Vorsichtshalber werden sie allerdings die ätzenden Mittel, die die aristokratischen und theokratischen Mythen zersetzen, hinter vordergründigen Synkretismen verbergen.

1 Anspielung auf das bekannte Buch von Lucien Goldmann, *Le Dieu caché. Etude sur la vision tragique dans les «Pensées» de Pascal et dans le théâtre de Racine*, Paris 1955/56, Anm. d. Übers.

Als einziges Beispiel führe ich den *Naturbegriff* an als Kompromiß zwischen dem strengen Gegenstand der exakten Wissenschaften und der von Gott erschaffenen christlichen Welt. Die *Natur* ist beides: zunächst die Vorstellung einer totalitären und synkretistischen Einheit von allem, was existiert – was uns zur Idee einer göttlichen Vernunft zurückführt; sie ist aber zugleich die Vorstellung, daß alles Gesetzen unterworfen sei, daß die Welt auf einer unendlichen Anzahl von Kausalzusammenhängen beruht, daß jeder Gegenstand der Erkenntnis das Zufallsprodukt des Zusammentreffens mehrerer dieser Kausalzusammenhänge ist, was notwendigerweise dazu führt, die Vorstellung eines Schöpfers der Welt aufzugeben. Im Schutz dieses klug gewählten Konzepts kann man also Christ, Deist, Pantheist, Atheist oder Materialist sein, weil man entweder sein eigentliches Denken hinter dieser Fassade verbirgt, an die man nicht glaubt, oder sich selbst täuscht und *zugleich* gläubig und ungläubig ist. Als Spezialisten des praktischen Wissens, die dennoch unter dem Einfluß der Überzeugungen stehen, die ihnen in früher Kindheit beigebracht worden sind, befanden sich die meisten Philosophen in der letztgenannten Lage.

Von daher besteht ihre Arbeit darin, dem Bürgertum Waffen gegen den Feudalismus zu geben und es in seinem stolzen Selbstbewußtsein zu bestärken. Sie weiten die Vorstellung des *Naturgesetzes* auf den ökonomischen Bereich aus – ein unvermeidlicher, aber grundlegender Fehler –, und machen so die Ökonomie zu einem säkularisierten, vom Menschen unabhängigen Bereich: die Starrheit der Gesetze, deren Änderung nicht einmal im Traum möglich ist, zwingt dazu, sich ihnen zu unterwerfen; die Ökonomie ist Teil der Natur: auch die Natur wird man nur beherrschen können, indem man ihr gehorcht. Wenn die Philosophen die Freiheit, das Recht auf freie Gewissenserforschung fordern, verlangen sie damit nur die zur praktischen Forschung (die sie gleichzeitig betreiben) notwendige Unabhängigkeit des Denkens, für die bürgerliche Klasse aber meint diese Forderung die Abschaffung der feudalen Handelsbeschränkungen, den Liberalismus oder den freien Wirtschaftswettbewerb. Ebenso bedeutet der *Individualismus* für die bürgerlichen Eigentümer die Bestätigung des *Real*besitzes, der unmittelbaren Beziehung zwischen Besitzer und Besitz gegenüber dem feudalen Eigentum, das vor allem eine Beziehung zwischen Menschen ist. Der *soziale Atomismus* ergibt sich aus der Anwendung des zeitgenössischen wissenschaftlichen Denkens auf die Gesellschaft: der Bürger bedient sich seiner, um die sozialen «Organismen» *abzulehnen*. Die Gleichheit aller sozialen Atome ist eine notwendige Folge der szientistischen Ideologie, die sich auf die analytische Vernunft stützt: die Bürger werden sie benutzen, um den Adel zu disqualifizieren, indem sie ihm *alle übrigen* gegenüberstellt. In der Tat, in dieser Epoche hält sich das Bürgertum, wie Marx gesagt hat, für die universelle Klasse.

Kurz, die «Philosophen» tun nichts anderes als das, was man heute den *Intellektuellen* vorwirft: sie wenden ihre Methoden für ein anderes Ziel als jenes an, das sie erreichen sollen, nämlich zur Konstituierung einer auf dem mechanistischen und analytischen Szientismus gründenden bürgerlichen Ideologie. Muß man in ihnen die ersten Intellektuellen sehen? Ja und nein. Tatsächlich sind es Aristokraten, die ihnen damals vorhielten, sich in Dinge einzumischen, die sie nichts angehen. Und Prälaten. Aber nicht *die* Bourgeoisie. Schließlich ist ihre Ideologie nicht aus dem Nichts entstanden: in und mittels ihrer Handels*praxis* produzierte die bürgerliche Klasse sie schon, roh und diffus; sie wurde sich gewahr, daß sie einer solchen bedurfte, um über Symbole und Zeichen sich ihrer selbst bewußt zu werden, um die Ideologien der anderen gesellschaftlichen Klassen aufzulösen und zu zerstören. Die «Philosophen» erscheinen also als *organische* Intellektuelle in dem Sinn, den Gramsci diesem Wort verleiht: aus der bürgerlichen Klasse entstanden, nehmen sie es auf sich, den *objektiven Geist* dieser Klasse zum Ausdruck zu bringen. Woher kommt diese organische Übereinstimmung? Zunächst einmal daher, daß sie von ihr hervorgebracht, von ihren Erfolgen getragen, von ihren Sitten und ihrem Denken durchdrungen sind. Weiter vor allem daher, daß das Vorgehen der praktischen wissenschaftlichen Forschung und jenes der aufsteigenden Klasse einander entsprechen: Widerspruchsgeist, prinzipielle Ablehnung von Autorität und Behinderung des freien Handels, Universalität der wissenschaftlichen Gesetze, Universalität des Menschen im Gegensatz zum feudalen Partikularismus; all diese Werte und Gedanken – letztlich laufen sie auf zwei Formeln hinaus: jeder Mensch ist Bürger, jeder Bürger ist Mensch – tragen einen Namen: bürgerlicher *Humanismus*.

Das war das goldene Zeitalter: geboren, erzogen und ausgebildet im Schoße des Bürgertums, setzten sich die «Philosophen» mit dessen Zustimmung dafür ein, seine Ideologie herauszubilden. Dieses Zeitalter liegt weit zurück. Heute ist die bürgerliche Klasse an der Macht, doch niemand kann sie mehr für die universelle Klasse halten. Das allein würde genügen, damit ihr «Humanismus» überholt ist. Um so mehr, als diese in der Zeit des Familienkapitalismus ausreichende Ideologie dem Zeitalter der Monopole kaum noch angemessen ist. Sie lebt dennoch fort: das Bürgertum beharrt darauf, sich als humanistisch zu bezeichnen, der Westen erklärt sich zur *freien Welt* etc. Allerdings sind die Enkel der Philosophen im letzten Drittel des 19. Jahrhunderts und besonders seit der Dreyfus-Affäre *Intellektuelle* geworden. Was bedeutet das?

Sie rekrutieren sich weiter aus den Technikern des praktischen Wissens. Doch um sie zu definieren, müssen die *heutigen* Merkmale dieser gesellschaftlichen Kategorie aufgezählt werden.

1. Der Techniker des praktischen Wissens wird *von oben* rekrutiert. Im allgemeinen gehört er nicht zur herrschenden Klasse, doch diese bestimmt ihn *in seinem Sein*, indem sie über *Verwendungen* entscheidet: je nach Art ihres Unternehmens (beispielsweise abhängig von der Industrialisierungsphase), je nach den gesellschaftlichen Bedürfnissen entsprechen sie *ihren* besonderen Optionen und ihren Interessen (eine Gesellschaft legt *zum Teil* die Zahl ihrer Toten durch den Anteil an Mehrwert fest, den sie für die Entwicklung der Medizin aufbringt). Die Beschäftigung, als zu besetzende Stelle und zu spielende Rolle, bestimmt *a priori* die Zukunft eines abstrakten, aber *erwarteten* Menschen: soundso viele Ärzte- und Lehrerstellen etc. für das Jahr 1975 implizieren für eine ganze Kategorie von Heranwachsenden einerseits eine Strukturierung des Feldes des Möglichen, die aufzunehmenden Studien, und andererseits ein *Schicksal*: tatsächlich erwartet sie häufig, noch *ehe* sie geboren sind, sowohl die Stelle wie auch ihr *gesellschaftliches Sein*: dieses ist nämlich nichts anderes als die Einheit aller Funktionen, die sie *tagtäglich* zu erfüllen haben werden. So bestimmt die herrschende Klasse die Zahl der Techniker des praktischen Wissens gemäß dem *Profit*, ihrem eigentlichen Zweck. Zugleich bestimmt sie den Anteil von Mehrwert, den sie für Löhne aufbringen wird, nach industriellem Wachstum, Konjunktur, entstandenen neuen Bedürfnissen (beispielsweise zieht die Massenproduktion eine beträchtliche Entwicklung der Werbung nach sich, daher die ständig wachsende Zahl von Psychotechnikern, Statistikern, Erfindern werbewirksamer Ideen, Künstlern, die sie *realisieren* etc.; genauso hat die Anwendung des *human engineering* die direkte Mitarbeit von Psychotechnikern und Soziologen zur Folge). Heute

sind die Verhältnisse klar: die Industrie will die Universität unter ihre Kontrolle bringen, um sie zu zwingen, den alten, überholten Humanismus aufzugeben und ihn durch Spezialfächer zu ersetzen, die den Betrieben Umfragespezialisten, höhere Angestellte, Werbefachleute etc. liefern sollen.

2. Die ideologische und technische Ausbildung der Spezialisten des praktischen Wissens wird ebenfalls durch ein von oben errichtetes, zwangsläufig *selektives* System bestimmt (Primar-, Sekundarstufe, Hochschule). Die herrschende Klasse richtet die Lehrinhalte so aus, daß ihnen a) die Ideologie, die sie für angebracht hält *(Primar- und Sekundarstufe)*, b) die Kenntnisse und Praktiken, die sie zur Ausübung ihrer Funktionen befähigen werden (Hochschule), vermittelt werden.

Sie lehrt sie also *a priori* zwei Rollen: sie macht aus ihnen Spezialisten der Forschung und zugleich Diener der Hegemonie, das heißt Hüter der Tradition. Die zweite Rolle konstituiert sie – um einen Ausdruck von Gramsci zu benutzen – zu «Beamten des Überbaus»; als solche erhalten sie eine gewisse Macht, um «die subalternen Funktionen der gesellschaftlichen Hegemonie und der politischen Herrschaft» auszuüben (die Umfragespezialisten sind Polizisten, die Lehrer betreiben die Auslese etc.). Sie haben die implizite Aufgabe, die Werte weiter zu vermitteln (notfalls sie umzuarbeiten, um sie den aktuellen Erfordernissen anzupassen) und gegebenenfalls die Argumente und Werte aller anderen Klassen unter Berufung auf ihr technisches Wissen zu bekämpfen. Sie sind somit Agenten eines ideologischen *Partikularismus*, der teils offen bekundet (wie der aggressive Nationalismus der nationalsozialistischen Denker), teils verschleiert wird (wie der liberale Humanismus, das heißt die falsche Universalität). Bemerkenswert ist hierbei, daß sie die Aufgabe haben, sich um Dinge zu kümmern, die sie nichts angehen. Dennoch erwägt niemand, sie als *Intellektuelle* zu bezeichnen: das liegt daran, daß sie als wissenschaftliche Gesetze ausgeben, was in Wirklichkeit nur die herrschende Ideologie ist. Zur Kolonialzeit haben Psychiater sogenannte streng wissenschaftliche Arbeiten geliefert, um etwa, ausgehend von der Anatomie und der Physiologie ihrer Gehirne, die Unterlegenheit der Afrikaner nachzuweisen. Damit trugen sie zur Aufrechterhaltung des bürgerlichen Humanismus bei: alle Menschen sind gleich, *mit Ausnahme* der Kolonisierten, die vom Menschen nur das Äußere haben. In gleicher Weise behaupteten andere Arbeiten die Unterlegenheit der Frauen: die Menschheit bestand aus Bürgern, weißen und männlichen.

3. Automatisch regeln die Klassenverhältnisse die Auslese der Techniker des praktischen Wissens: in Frankreich gibt es kaum Arbeiter in dieser gesellschaftlichen Kategorie, weil ein Arbeiterkind größte Schwierigkeiten hat, ein Universitätsstudium zu absolvieren; in größerer Zahl sind Kinder von Bauern dort anzutreffen, weil das kleine Beamtentum der Städte sich aus den letzten Landfluchtbewegungen rekrutiert hat. Es sind aber vor allem Kleinbürgerkinder. Das Stipendiensystem (die Ausbildung ist kostenlos, man muß aber auch leben) erlaubt den Herrschenden, je nach den Umständen diese oder jene Politik der Rekrutierung zu betreiben. Hinzu kommt, daß selbst für Kinder aus den Mittelschichten das Feld des Möglichen durch die familiären Mittel strikt begrenzt wird: sechs Jahre Medizin für den Sohn, das ist zuviel für das Budget der unteren Mittelschichten. Für den Techniker des praktischen Wissens liegt also alles genau fest. In der Regel kommt er aus der mittleren Schicht der Mittelklassen, wo man ihm von frühester Kindheit an die partikularistische Ideologie der herrschenden Klasse eintrichtert, durch seine Arbeit zählt er *so oder so* zur Mittelklasse. Das bedeutet, daß er meistens keinerlei Kontakt zu den Arbeitern hat und doch Komplize ihrer Ausbeutung ist, da er auf jeden Fall vom Mehrwert lebt. In diesem Sinn bezieht er sein soziales Sein und sein Schicksal von außen: er ist der Mann der Mittel, der Durchschnittsmann, der Mann der Mittelklassen; die allgemeinen Ziele, denen seine Aktivitäten dienen, sind nicht *seine* Ziele.

Hier taucht der *Intellektuelle* auf.

Alles hat seinen Ursprung darin, daß der gesellschaftlich Arbeitende, den die herrschende Klasse zum Techniker des praktischen Wissens gebildet hat, auf verschiedenen Ebenen unter ein und demselben Widerspruch leidet:

1. Er ist «Humanist» von klein auf: das bedeutet, man hat ihn glauben lassen, daß alle Menschen gleich sind. Betrachtet er sich selbst, wird er sich bewußt, selber der Beweis für die Ungleichheit der menschlichen Situationen zu sein. Er verfügt über gesellschaftliche *Macht*, die aus seinem in die Praxis umgesetzten Wissen resultiert. Diesem Wissen ist er, Sohn eines kleinen Angestellten oder eines hochbezahlten Gehaltsempfängers oder eines Freiberuflichen, als *Erbe* begegnet: die Kultur war in seiner Familie da, noch bevor er in sie hineingeboren wurde; in seiner Familie zur Welt zu kommen oder

in der Kultur zur Welt zu kommen ist also ein und dasselbe. Und falls er den arbeitenden Klassen entstammt, konnte er nur deshalb erfolgreich sein, weil ein komplexes und *niemals* gerechtes Auslesesystem die Mehrheit seiner Gefährten ausgesondert hat. So oder so genießt er ein ungerechtfertigtes Privileg, selbst dann und gewissermaßen erst recht, wenn er alle Prüfungen glänzend bestanden hat. Dieses Privileg – oder Wissensmonopol – steht im radikalen Widerspruch zum humanistischen Egalitarismus. Mit anderen Worten, er müßte darauf verzichten. Da er aber dieses Privileg *ist*, verzichtet er nur dann darauf, wenn er sich selbst abschafft, was dem in den meisten Menschen so tief verwurzelten Lebensinstinkt widerspricht.

2. Der «Philosoph» des 18. Jahrhunderts hatte, wie wir gesehen haben, das Glück, der organische Intellektuelle *seiner* Klasse zu sein. Das bedeutet, daß die Ideologie des Bürgertums – die den überholten Formen der Feudalmacht entgegentrat – spontan aus den allgemeinen Prinzipien der wissenschaftlichen Forschung zu erwachsen schien, eine Illusion, die daher rührte, daß das Bürgertum entgegen der Aristokratie, die aufgrund von Blut oder Rasse ihre Einzigartigkeit reklamierte, für sich die Universalität beanspruchte, sich als universelle Klasse sah.

Heute steht die bürgerliche Ideologie, die die Techniker des praktischen Wissens ursprünglich aufgrund von Erziehung und humanistischer Ausbildung erfaßte, im Widerspruch zu jenem anderen konstitutiven Anteil ihrer selbst, nämlich ihrer Funktion als Forscher, also zu ihrem Wissen und ihren Methoden: gerade dadurch sind sie universalistisch, daß sie nach universalen Erkenntnissen und Verfahren forschen. Verwenden sie aber ihre Methoden darauf, die herrschende Klasse und ihre Ideologie zu untersuchen – die auch *ihre* ist –, so können sie vor sich selbst nicht verbergen, daß beide auf hinterlistige Weise *partikularistisch* sind. Und damit entdecken sie in ihren eigenen Forschungen die Entfremdung, da sie die Mittel zu Zwecken sind, die ihnen fremd bleiben, und man ihnen untersagt, diese in Frage zu stellen. Dieser Widerspruch kommt nicht von ihnen selbst, sondern von der herrschenden Klasse. Ein Beispiel aus Ihrer Geschichte verdeutlicht das.

1886 reformiert Arinari Mori das öffentliche Schulwesen in Japan: die Grundschulerziehung soll auf der Ideologie des Militarismus und des Nationalismus fußen, sie fördert beim Kind die Loyalität dem Staat gegenüber, die Unterordnung unter die traditionellen Werte.

Zugleich ist Mori aber überzeugt davon (wir befinden uns nicht in der Meiji-Ära), daß Japan, wenn sich die Ausbildung auf diese Grundvorstellungen beschränkt, nicht die Forscher und Techniker hervorbringen wird, die für seine industrielle Ausrüstung notwendig sind. Aus demselben Grund muß also dem «Hoch»-Schulsystem eine gewisse, der Forschung angemessene Freiheit gewährt werden.

Seitdem hat sich das japanische Schulsystem tief verändert, ich habe aber dieses Beispiel genannt, um aufzuzeigen, daß der Widerspruch bei den Technikern des praktischen Wissens von den sich widersprechenden Erfordernissen der herrschenden Klasse geschaffen wird.

Sie produziert tatsächlich den widersprüchlichen Rahmen, der jene von frühester Kindheit erwartet und aus ihnen lebende Widersprüche machen wird, da die partikularistische Ideologie des Gehorsams gegenüber einem Staat, einer Politik, einer herrschenden Klasse für sie in Konflikt mit dem – freien und universalistischen – Geist der Forschung gerät, den sie gleichfalls von außen beziehen, jedoch *später*, wenn sie sich bereits untergeordnet haben. Bei uns ist der Widerspruch derselbe: von Kindheit an verbirgt man ihnen hinter der Fassade des Humanismus die wirkliche Situation der Arbeiter und Bauern sowie den Klassenkampf, hinter einem verlogenen Egalitarismus den Imperialismus, Kolonialismus und den Rassismus, der die Ideologie dieser Praxis ist; wenn sie das Hochschulstudium antreten, sind die meisten von Kind an von der Unterlegenheit der Frauen überzeugt; die Freiheit, die allein das Bürgertum errungen hat, wird ihnen als formale Universalität vorgestellt: jeder kann wählen etc.; der Frieden, der Fortschritt, die Solidarität verhehlen nur notdürftig die Selektion, die jeden einzelnen von ihnen zu einem «Konkurrenz-Menschen» macht, oder auch die imperialistischen Kriege, die Aggression der US-Streitkräfte in Vietnam etc. Seit kurzem ist man auf den Gedanken gekommen, ihnen das Geschwätz vom «Überfluß» beizubringen und es nachplappern zu lassen, um ihnen zu verbergen, daß zwei Drittel der Menschen chronisch unterernährt sind. Wollen sie diesen sich widersprechenden Gedanken einen Schein von Kohärenz geben, so impliziert das, die Freiheit der Forschung durch offenkundig falsche Auffassungen einzuengen und das freie wissenschaftlich technische Denken durch Normen zu beschränken, die *ihm fremd sind*, womit sie dem Geist der Forschung äußere Grenzen setzen, während sie versuchen zu glauben und glauben zu lassen, daß sie ihm entsprängen. Kurz, das wissenschaftliche und technische Denken entwickelt seine Universalität nur *unter Kontrolle*, wodurch die dem Partikularismus unterworfene Wissenschaft, obwohl sie über Universalität, über einen freien und bestimmten universellen Kern verfügt, zur Ideologie wird.

3. Unabhängig von den Zwecken der herrschenden Klasse ist das Handeln des Technikers vor allem ein *praktisches*, weil er als Zweck das Nützliche verfolgt. Nicht das, was dieser oder jener Gruppe nützlich ist, sondern das, was unspezifisch und unbegrenzt nützlich ist. Wenn ein Arzt forscht, um Krebserkrankungen zu heilen, legt diese Forschung beispielsweise nicht fest, daß die *Reichen* geheilt werden müssen, weil Reichtum oder Armut mit Krebszellen nichts zu tun haben. Diese Unbestimmtheit des Kranken wird notwendigerweise als seine Universalisierung begriffen: gelingt es, einen Menschen zu heilen (der natürlich durch seine sozioprofessionelle Zugehörigkeit bestimmt ist, was aber die Forschung nicht betrifft), wird man *alle* heilen. Tatsächlich aber ist dieser Mediziner von seiner Situation her in ein Bezugssystem verfangen, das die herrschende Klasse entsprechend *Knappheit* und *Profit* (dem obersten Ziel des industriellen Bürgertums) definiert, so daß seine von Krediten begrenzten Forschungen wie auch – falls er ein Heilmittel findet – der Preis der Behandlung nur einer Minderheit nutzen werden. (Hinzu kommt, daß seine Entdeckungen von dieser oder jener Organisation aus wirtschaftlichen Gründen unter Verschluß gehalten werden können: ein erstklassiges, aber rumänisches Mittel gegen Altersbeschwerden ist zwar in manchen Ländern, in Frankreich jedoch nicht erhältlich aufgrund des Widerstands der Pharmazeuten; andere liegen seit mehreren Jahren im Labor, können aber *nirgends* gekauft werden, die Öffentlichkeit kennt sie nicht etc.) In zahlreichen Fällen stehlen die privilegierten gesellschaftlichen Klassen mit der Komplizenschaft des Technikers des praktischen Wissens den *gesellschaftlichen Nutzen* seiner Entdeckungen und verwandeln ihn in einen Nutzen für die wenigen zum Nachteil der vielen. Aus diesem Grund bleiben die neuen Entdeckungen lange Instrumente von Frustration für die Mehrheit: das ist das, was man *relative Verelendung* nennt. Somit ist der Techniker, der *für alle* erfindet, letztlich – zumindest für eine kaum absehbare Dauer – nur ein Agent der Verelendung der arbeitenden Klassen. Noch deutlicher wird das, wenn es sich um eine entscheidende Verbesserung eines industriellen Produktes handelt: diese dient allein der Bourgeoisie dazu, ihren Profit zu steigern.

Die Techniker des praktischen Wissens werden also von der herrschenden Klasse mit einem Widerspruch hervorgebracht, der sie zerreißt: einerseits sind sie als Lohnabhängige und subalterne Beamte des Überbaus von den Herrschenden («private» Organismen oder Staat) unmittelbar abhängig und gehören als Teil des tertiären Sektors der Partikularität an, andererseits verkörpern diese Spezialisten, insofern ihre Spezialität stets das Universale ist, die Infragestellung der ihnen eingeimpften Partikularismen, die sie nicht in Frage stellen können, ohne sich selbst in Frage zu stellen. Sie behaupten, es gebe keine «bürgerliche Wissenschaft», und dennoch ist ihre Wissenschaft in *ihren Grenzen* bürgerlich, und das wissen sie. Indessen trifft zu, daß sie im Moment der Forschung selbst in Freiheit arbeiten, was die Rückkehr in ihre tatsächliche Lage um so bitterer macht.

Den Herrschenden entgeht nicht, daß die Realität des Technikers die ständige gegenseitige Infragestellung des Allgemeinen und des Besonderen ist und daß er, zumindest potentiell, das darstellt, was Hegel das «unglückliche Bewußtsein» genannt hat. Daher ist er ihnen hochgradig *suspekt*. Sie halten ihm vor, derjenige zu sein, «der stets verneint»; obwohl sie genau wissen, daß es sich nicht um einen Charakterzug handelt und daß die Infragestellung eine notwendige Vorgehensweise des wissenschaftlichen Denkens ist. Dieses Denken ist in der Tat traditionalistisch in dem Maße, wie es die Substanz der Wissenschaften anerkennt, jedoch negativ in dem Maße, wie der Gegenstand *sich in sich selbst in Frage stellt* und damit einen Fortschritt ermöglicht. Das Experiment von Michelson und Morley hatte die Infragestellung der gesamten Newtonschen Physik zur Folge. Das war aber nicht beabsichtigt. Der Fortschritt in der Geschwindigkeitsmessung (ein industriell bedingter *technischer* Fortschritt) legte ihnen die Absicht nahe, die Umdrehungsgeschwindigkeit der Erde zu messen. Diese Messung weist einen Widerspruch auf, den die Forscher nicht *gesucht* hatten; sie nehmen ihn nur deswegen auf, um ihn durch eine weitere Infragestellung desto besser aufzuheben: diese legt ihnen der Gegenstand nahe. Fitzgerald und Einstein sind mithin keine Infragesteller, sondern Gelehrte, die erforschen, was am System aufgegeben werden muß, damit die Versuchsergebnisse optimal integriert werden können. Gleichwohl: werden damit die Mittel in Frage gestellt, werden für die Herrschenden schließlich die Zwecke in Frage gestellt werden, die zugleich *in abstracto* von den Herrschenden bestimmt und die integrierende Einheit der Mittel sind. Daher ist der

Forscher in den Augen der herrschenden Klasse zugleich unerläßlich und suspekt. Er kommt nicht umhin, diesen Verdacht zu spüren und zu verinnerlichen und sich *zunächst* selbst verdächtig zu finden.

Zwei Möglichkeiten gibt es dann:

A. Der Techniker des Wissens akzeptiert die herrschende Ideologie oder arrangiert sich mit ihr: in vollkommener Unaufrichtigkeit gelingt es ihm, das Allgemeine in den Dienst des Besonderen zu stellen; er übt Selbstzensur und wird *apolitisch*, *Agnostiker* etc. Gelegentlich kommt es auch vor, daß die herrschende Macht ihn durch Ausübung von Druck dazu bringt, auf eine fundierte kritische Haltung zu verzichten: er gibt seine Kritikfähigkeit preis, was nicht ohne Schaden für seine Funktion als Praktiker ist. In diesem Fall erklärt man zufrieden: «Er ist kein Intellektueller.»

B. Stellt er den Partikularismus seiner Ideologie fest und gibt er sich damit nicht zufrieden, erkennt er, daß er das Autoritätsprinzip verinnerlicht hat, dann ist er, um sein Unbehagen und seine Verstümmelung abzustreifen, gezwungen, die Ideologie in Frage zu stellen, die ihn geprägt hat; weigert er sich, ein subalterner Agent der Hegemonie und das Mittel zu Zwecken zu sein, die ihm unbekannt sind oder die in Frage zu stellen ihm untersagt ist, dann wird aus dem Agenten des praktischen Wissens ein Monster, das heißt ein Intellektueller, der sich *um das kümmert, was ihn angeht* (nach draußen mit den Grundsätzen, die sein Leben lenken, nach drinnen mit seinem von ihm erlebten Platz in der Gesellschaft), und von dem die anderen sagen, *er kümmere sich um das, was ihn nichts angeht*.

Im Grunde ist jeder Techniker des Wissens ein *potientieller Intellektueller*, da ihn ein Widerspruch definiert, der nichts anderes ist als der ständige Kampf in ihm zwischen seiner universalistischen Technik und der herrschenden Ideologie. Doch auf simplen Beschluß wird kein Techniker zum *tatsächlichen* Intellektuellen: das hängt von seiner persönlichen Geschichte ab, die in ihm die Spannung freisetzte, die ihn kennzeichnet; letztlich ist die Summe der Faktoren, die die Wandlung vollenden, gesellschaftlicher Natur.

Man kann zunächst die Option der herrschenden Klassen und den Lebensstandard anführen, den sie ihren Intellektuellen – besonders ihren Studenten – gewährleisten. Die niedrigen Löhne können gewiß zu größerer Abhängigkeit verdammen. Sie können aber auch zum Protest drängen, indem sie dem Techniker des Wissens zeigen, welchen realen Platz man ihm in der Gesellschaft zuordnet. Hinzu kommt, daß die herrschenden Klassen ihren Studenten unmöglich alle Posten, die sie beanspruchen und die ihnen versprochen worden sind, sichern können: diejenigen, die keine bekommen, fallen unter den – wenn auch niedrigen – Lebensstandard, den man den Technikern bietet; sie fühlen dann ihre Solidarität mit den benachteiligten Gesellschaftsklassen. Diese Arbeitslosigkeit oder dieses Absinken in schlechter bezahlte und weniger glanzvolle Positionen werden üblicherweise durch ein Auslesesystem gewährleistet; doch der negativ Auserlesene (der Durchgefallene) kann die Auslese nicht in Frage stellen, ohne die ganze Gesellschaft in Frage zu stellen. Unter bestimmten historischen Umständen können die alten Werte und die herrschende Ideologie von den arbeitenden Klassen heftig in Frage gestellt werden, was zu tiefgreifenden Veränderungen innerhalb der herrschenden Klassen führt; in dem Fall wandeln sich zahlreiche Spezialisten des Wissens zu Intellektuellen, weil die in der Gesellschaft aufgebrochenen Widersprüche ihnen ihren eigenen Widerspruch bewußtmachen. Wenn die herrschenden Klassen hingegen die Bedeutung der Ideologie auf Kosten des Wissens verstärken wollen, erhöhen sie die innere Spannung und sind für die Wandlung des Technikers zum Intellektuellen verantwortlich: sie haben den Anteil der Technik, der Wissenschaft und der freien Anwendung der Methoden auf den Gegenstand weit über das für ihn annehmbare Maß hinaus reduziert. In den letzten Jahren ist es bei Ihnen vorgekommen, daß der Staat die Geschichtslehrer zwang, die geschichtliche Wahrheit zu entstellen: selbst wenn sie sich bis dahin ausschließlich damit beschäftigt hatten, Fakten zu lehren oder zu benennen, sahen sie sich im Namen ihres Berufsethos und der wissenschaftlichen Methoden, die sie seit jeher angewandt hatten, veranlaßt, die Ideologie in Frage zu stellen, die sie bislang passiv hingenommen hatten. Meistens wirken diese Faktoren *gleichzeitig*: denn seien sie noch so widersprüchlich, ihre Gesamtheit spiegeln die allgemeine Haltung einer Gesellschaft gegenüber ihren Spezialisten wider; indessen machen sie immer nur einen *konstitutionellen Widerspruch* bewußt.

Der Intellektuelle ist also der Mensch, der sich bewußt wird, daß es in ihm und in der Gesellschaft einen Gegensatz gibt zwischen der Suche nach der praktischen Wahrheit (mit allen Normen, die sie impliziert) und der herrschenden Ideologie (mit ihrem System traditioneller Werte). Diese Bewußtseinswerdung, die, obwohl sie, *um real zu sein, zunächst* auf der Ebene seiner beruflichen Aktivitäten und seiner Funktion selbst stattfinden muß, ist nichts anderes als die Enthüllung der grundlegenden Widersprüche der Gesellschaft und eines organischen Konflikts innerhalb der herrschenden Klasse selbst zwischen der Wahrheit, die sie für ihr Unternehmen beansprucht, und den Mythen, Werten und Traditionen, die sie aufrechterhält und mit denen sie die anderen Klassen anstecken will, um ihre Hegemonie zu sichern.

Als Produkt gespaltener Gesellschaften legt der Intellektuelle Zeugnis über sie ab, denn er hat ihre Zerrissenheit verinnerlicht. Er ist also ein geschichtliches Produkt. In diesem Sinn kann sich keine Gesellschaft über ihre Intellektuellen beklagen, ohne sich selbst anzuklagen, denn sie hat nur die, die sie selbst hervorbringt.

Zweiter Vortrag
Funktion des Intellektuellen

1. Widersprüche

Wir haben den Intellektuellen in seiner *Existenz* definiert. Wir müssen jetzt von seiner *Funktion* sprechen. Aber hat er eine? In der Tat steht fest, daß niemand ihn beauftragt hat, eine solche auszuüben. Die herrschende Klasse ignoriert ihn: sie will bei ihm allein den Techniker des Wissens und den kleinen Beamten des Überbaus zur Kenntnis nehmen. Die benachteiligten Klassen können ihn nicht hervorbringen, weil er nur aus dem Spezialisten der praktischen Wahrheit entstehen kann und weil dieser Spezialist auf die Optionen der herrschenden Klasse zurückzuführen ist, das heißt auf den Teil am Mehrwert, den diese für sein Entstehen aufwendet. Und was die Mittelschichten betrifft – denen er angehört –, leiden sie zwar ursprünglich an denselben Zerrissenheiten als Widerspiegelung der Zwietracht zwischen Bourgeoisie und Proletariat, doch werden ihre Widersprüche nicht auf der Ebene von Mythos und Wissen, Partikularismus und Universalismus ausgetragen: er kann also nicht wissentlich beauftragt werden, sie zum Ausdruck zu bringen.

Gewissermaßen wird er dadurch charakterisiert, daß er von niemandem ein Mandat und von keiner Autorität seinen Status erhalten hat. Daher ist er nicht das Produkt irgendeiner Entscheidung – wie es die Ärzte, Lehrer etc. als Agenten der herrschenden Macht sind –, sondern das monströse Produkt monströser Gesellschaften. Niemand ruft ihn, niemand erkennt ihn an (weder der Staat noch die Machtelite, weder die Interessengruppen noch die Apparate der ausgebeuteten Klassen, noch die Massen); man mag sich für das interessieren, was er *sagt*, jedoch nicht für seine Existenz: über eine Diätvorschrift und ihre Erläuterung sagt man mit einer Art Selbstgefälligkeit: «Das hat mir *mein* Arzt gesagt», wenn dagegen ein Argument des Intellektuellen Einfluß gewonnen hat und von der Menge aufgegriffen wird, dann wird es *als solches* und ohne Bezug zu seinem Urheber wiedergegeben. Dann ist es eine *anonyme* Überlegung, die gleich als die Überlegung *aller* ausgegeben wird. Der Intellektuelle wird durch die Art selbst, in der seine Produkte verwendet werden, aufgehoben.

So gesteht ihm niemand das geringste Recht, den geringsten Status zu. Und in der Tat ist seine Existenz nicht zulässig, da sie sich selbst nicht zuläßt, ist sie doch schlicht die erlebte Unmöglichkeit, ein reiner Techniker des praktischen Wissens in unserer Gesellschaft zu sein. Diese Definition macht aus dem Intellektuellen den Mittellosesten aller Menschen: er kann zu keiner Elite gehören, da er ursprünglich über keinerlei *Wissen* und folglich keinerlei *Macht* verfügt. Obwohl er häufig aus der Lehrerschicht stammt, ist es nicht seine Absicht zu belehren, weil er zunächst ein *Unwissender* ist. Falls er Lehrer oder Wissenschaftler ist, *weiß* er einiges, wenn er es auch nicht aus den richtigen Prinzipien ableiten kann; als Intellektueller *sucht* er: die gewaltsamen oder subtilen Begrenzungen des Allgemeinen durch das Besondere und der Wahrheit durch den Mythos, in dem sie verfangen ist, haben ihn zum *Ermittler* gemacht. Zunächst ermittelt er *über sich selbst*, um das widersprüchliche Sein, das ihm zuteil geworden ist, in eine harmonische Totalität zu verwandeln. Das kann aber nicht seine einzige Sorge sein, denn er meint, daß er sein Geheimnis nur finden und seinen organischen Widerspruch nur lösen kann, wenn er dieselben strengen Methoden, die ihm in seinem Fach als Techniker des praktischen Wissens dienlich sind, auf die Gesellschaft, deren Produkt er ist, auf ihre Ideologie, ihre Strukturen, ihre Optionen und ihre *Praxis* anwendet: Freiheit der Forschung (und Infragestellung), Rigorosität der Untersuchung und der Beweisführung, Erforschung der Wahrheit (Enthüllung des Seins und seiner Konflikte). Diese abstrakten Kennzeichen reichen jedoch nicht aus, um eine für den eigentlichen Gegenstand des Intellektuellen gültige Methode zu konstituieren. In der Tat ist der spezifische Gegenstand seiner Untersuchung ein zweifacher: seine beiden Seiten sind einander entgegengesetzt und zugleich komplementär; er muß sich selbst erfassen in der Gesellschaft, insofern sie ihn hervorbringt, und das ist nur möglich, wenn er die globale Gesellschaft untersucht, insofern sie zu einem bestimmten Zeitpunkt die Intellektuellen hervorbringt. Daher eine fortwährende Umkehrung: Das Selbst verweist auf die Welt, die Welt verweist auf das Selbst, so daß man den Gegenstand der intellektuellen Suche nicht mit dem der Anthropologie verwechseln kann. Da er ihn als seinen grundlegenden Widerspruch bei sich selbst vorfindet, kann er das gesellschaftliche Geflecht nicht *objektiv* betrachten: er kann es aber auch nicht bei einer schlichten *subjektiven* Infragestellung seiner selbst bewenden lassen, da er eben Teil einer bestimmten Gesellschaft ist, die ihn hervorgebracht hat. Diese Bemerkungen zeigen uns:

1. Der Gegenstand seiner Suche erfordert eine Verfeinerung der abstrakten Methode, die wir eben erwähnten: In der Tat müssen bei diesem fortwährenden Wechsel der Perspektive, der zur Überwindung eines bestimmten Widerspruchs nötig ist, die beiden Momente – verinnerte Exteriorität, Reexteriorisierung der Interiorität – konsequent verknüpft sein. Diese Verbindung sich widersprechender Sätze ist nichts anderes als die *Dialektik*. Es handelt sich um eine Methode, die der Intellektuelle nicht lehren kann; in dem Moment, in dem er sein neues Bewußtsein erlangt und er seine «Schwierigkeit zu sein» beseitigen will, kennt er das dialektische Verfahren noch nicht: weil er doppelseitig ist und jede der beiden Seiten auf die andere verweist, drängt ihm das sein Gegenstand allmählich auf; doch selbst nach Abschluß seiner Untersuchung verfügt der Intellektuelle nicht über eine genaue Kenntnis der gebotenen Methode.

2. Sowieso läßt die Ambiguität seines Gegenstandes den Intellektuellen von der *abstrakten Universalität* abrücken. In der Tat war der Irrtum der «Philosophen» der Glaube gewesen, man könnte die allgemeine (und analytische) Methode unmittelbar auf die Gesellschaft, in der man lebt, anwenden, während sie eben *in ihr lebten* und diese sie historisch bestimmte, so daß die Vorurteile ihrer Ideologie in ihre positive Forschung und sogar in ihren Willen, jene zu bekämpfen, einflossen. Die Ursache dieses Irrtums ist klar: sie waren *organische Intellektuelle*, die genau für die Klasse arbeiteten, die sie hervorgebracht hatte, und ihre Allgemeinheit war nichts anderes als die falsche

Allgemeinheit der bürgerlichen Klasse, die sich für die allgemeine Klasse hielt. Wenn sie also den Menschen suchten, blieben sie beim Bürger stehen. Die tatsächliche intellektuelle Forschung, will sie die Wahrheit von den Mythen befreien, die sie verdunkeln, setzt die Einbeziehung der Besonderheit des Untersuchenden in die Untersuchung voraus. Dieser muß *sich selbst* in die Gesellschaft einordnen, um in sich selbst und außerhalb seiner selbst die Schranken, die die Ideologie dem Wissen setzt, zu erfassen und zu zerstören. Die Dialektik von Interiorisierung und Exteriorisierung wirkt erst auf der Ebene der *Situation*, unablässig muß sich das Denken des Intellektuellen auf sich selbst zurückbesinnen, um sich stets als *einzelnes Allgemeines* zu begreifen, ein Denken also, das unterschwellig von Kindheit an durch die Klassenvorurteile vereinzelt ist, während es meint, sich davon befreit und das Allgemeine erreicht zu haben. Es genügt nicht (um ein einziges Beispiel anzuführen), den *Rassismus* (als Ideologie des Imperialismus) mit allgemeinen, unseren anthropologischen Kenntnissen entnommenen Argumenten zu bekämpfen: diese Argumente können auf der Ebene der Allgemeinheit überzeugen; doch der Rassismus ist ein konkretes, tägliches Verhalten; deswegen kann man aufrichtig den allgemeinen Diskurs des Antirassismus führen, aber in den fernen Tiefen, die in die Kindheit zurückverweisen, Rassist bleiben und sich daher, ohne es zu merken, im täglichen Leben als Rassist gebärden. Selbst wenn er den Irrsinn des Rassismus nachweist, hat der Intellektuelle also nichts geleistet, wenn er nicht unablässig auf sich selbst zurückkommt, um einen Rassismus kindlichen Ursprungs durch eine konsequente Erforschung «dieses unvergleichlichen Monstrums» – seiner selbst – aufzulösen.

Hier muß der Intellektuelle, ohne aufzuhören, sich aufgrund seiner Arbeit als Techniker des Wissens, aufgrund seines Einkommens und seines Lebensstandards als privilegierten Kleinbürger zu bezeichnen, seine eigene Klasse bekämpfen, die unter dem Einfluß der herrschenden Klasse in ihm notwendigerweise bürgerliche Ideologie, kleinbürgerliche Gedanken und Gefühle reproduziert. Der Intellektuelle ist also ein Techniker des Allgemeinen, der in seinem eigenen Bereich sich bewußt wird, daß die Allgemeinheit nicht einfach schon geschaffen, sondern stets *zu schaffen* ist. Eine der großen Gefahren, die der Intellektuelle vermeiden muß, will er in seinem Vorhaben vorankommen, ist die vorschnelle Verallgemeinerung. Ich habe zur Zeit des Algerienkriegs erlebt, wie manche in der Eile, zum Allgemeinen zu gelangen, die algerischen Terroranschläge und die französische Unterdrückung gleichermaßen verurteilten. Das ist genau die falsche bürgerliche Allgemeinheit. Es galt im Gegenteil zu verstehen, daß der Aufstand Algeriens, ein Aufstand der Armen, der Unbewaffneten, der von einem Polizeiregime Gejagten, sich nur für *Maquis und Bombe* entscheiden konnte. Im Verlauf seines Kampfes gegen sich selbst kommt der Intellektuelle also dazu, die Gesellschaft als den Kampf von besonderen und durch ihre jeweilige Struktur, Situation und ihr Schicksal partikularisierten Gruppen um den allgemeinen Status zu begreifen. Im Gegensatz zum bürgerlichen Denken hat er sich darüber bewußt zu werden, daß *der Mensch nicht ist.* Doch gleichzeitig, da er weiß, daß er noch nicht Mensch ist, gilt es, in sich und außerhalb von sich – und umgekehrt – den Menschen *zu schaffen.* Wie Ponge sagte: der Mensch ist die Zukunft des Menschen. Im Gegensatz zum bürgerlichen Humanismus zeigt die Bewußtwerdung des Intellektuellen ihm seine Singularität und zugleich, wie er sich von ihr ausgehend den Menschen als Fernziel eines täglichen praktischen Unternehmens setzt.

3. Aus diesem Grund erweist sich ein dem Intellektuellen allzu häufig entgegengebrachter Vorwurf als sinnlos: in der Regel macht man ihn zu einem abstrakten Wesen, das vom rein Allgemeinen lebt und nur «intellektuelle» Werte kennt, ein ausschließlich negatives Wesen, ein für die Bedeutung der Sensibilität unzugänglicher Räsonierer, ein reiner «Verstandesmensch». Der Ursprung dieser Vorwürfe liegt auf der Hand: der Intellektuelle ist *zunächst* ein Agent des praktischen Wissens, und selten hört er damit auf, wenn er Intellektueller wird. Es stimmt zwar, daß er die exakten Methoden außerhalb ihres gewohnten Bereichs anwenden will, insbesondere um die herrschende Ideologie in ihm und um ihn aufzulösen, die ihm in Form verworrener, schwer festzumachender Ideen und Werte entgegentritt, die man «emotional» oder «vital» nennt, um ihren grundlegend irrationalen Charakter zu verklären. Aber sein Ziel ist die Verwirklichung des praktischen Subjekts und die Freilegung der Prinzipien einer Gesellschaft, die dieses hervorbringen und stützen würde; unterdessen führt er seine Untersuchung auf allen Ebenen fort und versucht, *sich in seiner Sensibilität wie in seinem Denken* zu verändern. Das bedeutet, er will, im Rahmen des Möglichen, bei sich und bei den anderen die tatsächliche Einheit der Person schaffen, die Wiederaneignung der Ziele, die jedem in seiner Aktivität gesetzt sind (und

die damit andere würden), die Aufhebung der Entfremdung, die tatsächliche Freiheit des Denkens erreichen, indem *nach außen* die aus den Klassenstrukturen entstandenen gesellschaftlichen Verbote und *nach innen* die Verdrängungen und Selbstzensuren abgeschafft werden. Wenn es *eine* Sensibilität gibt, die er ablehnt, ist es die *Klassen*sensibilität, beispielsweise die große und vielfältige rassistische Sensibilität, jedoch zugunsten einer weitaus größeren Sensibilität, derjenigen, die menschliche Beziehungen von Gegenseitigkeit ermöglicht. Es ist nicht gesagt, daß ihm das vollständig gelingen wird, es ist aber ein Weg, den er zeigt, den er *sich* zeigt. Wenn er etwas in Frage stellt, dann allein die Ideologie (und ihre *praktischen* Konsequenzen) in dem Maße, in dem eine Ideologie, woher sie auch stammt, ein trügerisches und verworrenes Substitut des Klassenbewußtseins ist; so ist seine Infragestellung nur *negatives Moment* einer *Praxis*, die er allein nicht in Angriff nehmen kann, die nur von den Unterdrückten und Ausgebeuteten insgesamt erfolgreich durchgeführt werden kann und deren positiver Inhalt – selbst wenn er ihn nur erahnt – die in einer fernen Zukunft liegende Verwirklichung einer Gesellschaft freier Menschen ist.

4. Diese dialektische Arbeit eines einzelnen Allgemeinen über die einzelnen Allgemeinen darf hingegen nie zuerst abstrakt geschehen. Die bekämpfte Ideologie wird unablässig im *Ereignis* aktualisiert. Das heißt, sie tritt uns nicht so sehr als ein System klar definierter Sätze entgegen, sondern als eine Art, das einzelne Ereignis darzustellen und zu verschleiern. Der Rassismus etwa manifestiert sich zwar gelegentlich – eher selten – in Büchern (wir hatten *La France juive*[1] von Drumont), doch viel häufiger in Ereignissen, deren heimlicher Grund er ist. Zum Beispiel: in der Dreyfus-Affäre und in den Rechtfertigungen, die die Massenmedien in räsonierenden Bemerkungen zu rassistischen Gewalttaten – ob sie sich als scheinbar *legal* (wie bei Dreyfus) oder als Lynchjustiz oder Mischformen darstellen – liefern und die ein Hauptaspekt des Ereignisses sind. Um sich des Rassismus zu entledigen, der ihm eigen ist und gegen den er ständig ankämpft, kann der Intellektuelle diesen Kampf und seine Gedanken in einem Buch zum

---

1 Dieses 1886 erschienene Buch von Edouard Drumont wurde in Hunderttausenden von Exemplaren verkauft, Drumont kandidierte 1898 als Führer des antisemitischen Lagers in Algerien und zettelte dort Pogrome an, Anm. d. Übers.

Ausdruck bringen. Das Wichtigste ist aber, permanent *durch Hand-lungen* die Sophismen anzugreifen, die die Verurteilung eines Juden, *weil er Jude ist*, oder dieses Pogrom und jenes Massaker rechtfertigen wollen: kurz, *auf der Ebene des Ereignisses* auf konkrete Ereignisse hinzuwirken, die das Pogrom und das rassistische Gerichtsurteil be-kämpfen, indem sie die Gewalt der Privilegierten bloßstellen. Ich be-zeichne hier als Ereignis ein Handeln, das Träger einer Idee ist, das heißt ein einzelnes Allgemeines, denn es begrenzt die Allgemeinheit der Idee durch seine Einzelheit als *zeitlich und örtlich* lokalisiertes Geschehen, das in einem bestimmten Augenblick der Geschichte eines Landes stattfindet und das diese resümiert und totalisiert in dem Maße, in dem es ihr totalisiertes Produkt ist. Realiter bedeutet das, daß der Intellektuelle daher fortwährend mit dem Konkreten kon-frontiert ist und seine Antwort darauf nur konkret sein kann.

5. Der unmittelbarste Feind des Intellektuellen ist der, den ich den *falschen Intellektuellen* nennen möchte und den Nizan als den Wach-hund bezeichnete, den die herrschende Klasse hervorbringt, um die partikularistische Ideologie mit Argumenten zu verteidigen, die sich als unwiderlegbar ausgeben – das heißt sich als Ergebnisse exakter Methoden darstellen. In der Tat haben sie mit den Intellektuellen eines gemein, nämlich daß sie ursprünglich ebenfalls Techniker des praktischen Wissens sind. Sich vorzustellen, der falsche Intellektuelle sei vor allem ein *gekaufter*, wäre zu einfach. Es sei denn, man begriffe den Handel, der aus einem Techniker des praktischen Wissens einen falschen Intellektuellen gemacht hat, auf weniger vereinfachende Weise, als es gewöhnlich geschieht. Sagen wir, daß bestimmte subal-terne Beamte der Überbaustrukturen merken, daß ihre Interessen an die der herrschenden Klasse gebunden sind – das trifft zu –, und nur das merken wollen, was bedeutet, das *Gegenteil* auszulöschen – das trifft auch zu. Mit anderen Worten: sie wollen nicht die Entfremdung der Menschen, die sie sind oder sein könnten, in Betracht ziehen, sondern nur die Macht der Beamten (die sie auch sind). Sie ahmen also den Intellektuellen nach und beginnen wie dieser die Ideologie der herr-schenden Klasse in Frage zu stellen; es ist aber eine gefälschte Infrage-stellung, die so gestaltet ist, daß sie sich in sich selbst erschöpft und damit zeigt, daß die herrschende Ideologie jedweder Infragestellung widersteht; anders ausgedrückt, der falsche Intellektuelle sagt nicht *nein*, wie es der tatsächliche tut; er kultiviert das «Nein, aber ...» oder das «Ich weiß wohl, aber dennoch ...» Diese Argumente können

den tatsächlichen Intellektuellen verwirren, der seinerseits – als Beamter – nur allzusehr dazu neigt, sie selbst zu entwickeln und sie dem Monstrum, das er ist, entgegenzuhalten, um es zugunsten des reinen Technikers verschwinden zu lassen. Jedoch ist er notwendigerweise gezwungen, sie zu widerlegen, eben weil er *bereits* das Monstrum ist, das sie nicht mehr überzeugen können. Er weist also die «reformistischen» Argumente zurück und kann sie nur ablehnen, indem er immer *radikaler* wird. Radikalität und intellektuelles Vorgehen sind im Grunde eines, und es sind die «gemäßigten» Argumente der Reformisten, die den Intellektuellen notwendig auf diese Bahn drängen, indem sie ihm zeigen, entweder stellt man die Grundsätze selbst der herrschenden Klasse in Frage, oder man dient ihr unter dem Anschein, sie in Frage zu stellen. Beispielsweise sagten bei uns zahlreiche Intellektuelle (anläßlich *unseres* Indochinakriegs oder während des Algerienkriegs): «Unsere Kolonialmethoden müßten andere sein, es gibt zuviel Ungleichheit in unseren Überseegebieten. Ich bin aber gegen jede Gewalt, woher sie auch kommt; ich will weder Henker noch Opfer sein, und deshalb lehne ich den Aufstand der Eingeborenen gegen die Kolonialherren ab.» Für ein Denken, das sich radikalisiert, ist klar, daß dieser Standpunkt nichts anderes bedeutet als: «Ich bin für die chronische Gewalt der Kolonialherren gegen die Kolonisierten (Arbeitslosigkeit, Überausbeutung, Unterernährung, von Terror aufrechterhalten); jedenfalls handelt es sich um ein geringeres Übel, das schon noch verschwinden wird; ich bin aber gegen die Gewalt, die die Kolonisierten anwenden könnten, um sich von den Kolonialherren zu befreien, die sie unterdrücken.» Das führt das radikale Denken dazu festzustellen, daß es unerheblich ist, milde Vorwürfe gegen die Unterdrücker (etwa: nivelliert doch die Löhne oder macht wenigstens eine Geste; bitte etwas mehr Gerechtigkeit!) erhoben zu haben, wenn man den Unterdrückten die Gegengewalt untersagt. Jene wissen gut, daß diese Vorwürfe nichts als Fassade sind, da es die Absicht des falschen Intellektuellen ist, den Unterdrückten zu verbieten, ihre reale Kraft zu Forderungen werden zu lassen, die sich auf Waffengewalt stützen. Wenn sich die Kolonisierten nicht in Massen erheben, wissen die Kolonialherren genau, daß sich in der Metropole keine organisierte Kraft finden wird, die deren Sache unterstützt. Sie haben also überhaupt nichts dagegen, wenn der falsche Intellektuelle dazu beiträgt, die Kolonisierten von der Revolte abzubringen, indem er ihnen die Falle des Reformismus in den schönsten Farben ausmalt.

Die Argumente und die Haltung der falschen Intellektuellen treiben den intellektuellen Radikalismus immer weiter voran: im Dialog zwischen den falschen und den tatsächlichen Intellektuellen führen die reformistischen Argumente und deren reale Ergebnisse (der *status quo*) die tatsächlichen Intellektuellen notwendig dazu, revolutionär zu werden, denn sie begreifen, daß der Reformismus lediglich ein Diskurs ist, der den doppelten Vorteil hat, der herrschenden Klasse zu dienen und zugleich den Technikern des praktischen Wissens zu erlauben, einen scheinbaren Abstand zu ihren Arbeitgebern, das heißt zu dieser Klasse, einzunehmen.

Alle, die *heute schon* einen universalistischen Standpunkt einnehmen, *beruhigen*: das Allgemeine besteht aus falschen Intellektuellen. Der tatsächliche Intellektuelle – das heißt jener, der sich mit Unbehagen als Monstrum begreift – verunsichert: das menschliche Allgemeine ist erst *zu schaffen*. Zahlreiche falsche Intellektuelle haben sich begeistert der Bewegung von Gary Davis angeschlossen. Es ging darum, *sofort* Weltbürger zu werden und den allgemeinen Frieden auf Erden herbeizuführen. «Ausgezeichnet», sagt ein Vietnamese zu einem falschen französischen Intellektuellen, Mitglied dieser Bewegung. «Fangt doch damit an, den Frieden für Vietnam zu fordern, dort wird gekämpft.» – «Niemals», entgegnete der andere. «Das würde den Kommunisten nutzen.» Er wollte den Frieden im allgemeinen, keinen besonderen, der entweder die Imperialisten oder die kolonisierten Völker begünstigt hätte. Wenn man aber den allgemeinen Frieden und keinen besonderen will, beschränkt man sich darauf, Krieg *moralisch* zu verurteilen. Das ist nun das, was jeder tut, Präsident Johnson eingeschlossen. Wegen der Attitüde der falschen Intellektuellen werden – wie ich im vorherigen Vortrag erläutert habe – die Intellektuellen für Moralisten und Idealisten gehalten, die den Krieg *moralisch* verurteilen und in unserer Welt der Gewalt davon träumen, daß eines Tages ein idealer Frieden herrschen wird – der keine neue menschliche Ordnung ist, die mit dem Sieg der Unterdrückten auf dem Ende aller Kriege gründet, sondern vielmehr die Vorstellung eines vom Himmel herabgefallenen Friedens. Da er *radikal* ist, ist der tatsächliche Intellektuelle weder Moralist noch Idealist: er weiß, daß der einzige mögliche Frieden in Vietnam Blut und Tränen kosten wird, er weiß, daß er den Abzug der amerikanischen Truppen und die Einstellung der Bombardierung, *also* die Niederlage der Vereinigten Staaten voraussetzt. Mit anderen Worten:

das Wesen seines Widerspruchs zwingt ihn, sich in allen Konflikten unserer Zeit zu *engagieren*, weil sie alle – ob Klassen-, Rassen- oder nationale Konflikte – die spezifischen Folgen der Unterdrückung der Benachteiligten durch die herrschende Klasse sind und weil er, der sich seiner Unterdrückung bewußte Unterdrückte, sich in jedem von ihnen auf der Seite der Unterdrückten wiederfindet.

Dennoch muß betont werden, daß sein Standpunkt kein *wissenschaftlicher* ist. Tastend wendet er eine strenge Methode auf unbekannte Gegenstände an, die er entmystifiziert, indem er sich selbst entmystifiziert; sein Handeln ist ein praktisches Entschleiern, das die Ideologien dadurch bekämpft, daß es die Gewalt, die sie verdecken oder rechtfertigen, bloßlegt; er arbeitet darauf hin, daß der Tag möglich ist, an dem alle Menschen *tatsächlich* gleich und brüderlich sein werden, und er ist sich sicher, daß an jenem Tag, aber nicht vorher, der Intellektuelle verschwinden wird und daß die Menschen das praktische Wissen in der Freiheit, die es erfordert, und ohne Widersprüche erwerben werden können. Jetzt sucht er und irrt sich beständig, während er als einzigen Leitfaden seine dialektische Strenge und seine Radikalität besitzt.

2. Der Intellektuelle und die Massen

Der Intellektuelle ist einsam, weil ihn niemand beauftragt hat. Nun – und das ist einer seiner Widersprüche – kann er sich selbst nicht befreien, ohne daß sich zugleich die anderen befreien. Denn jeder Mensch hat seine eigenen Zwecke, die ihm das System ständig *entwendet*; und da die Entfremdung die herrschende Klasse mit einschließt, arbeiten selbst ihre Angehörigen für unmenschliche Zwecke, die ihnen nicht gehören, das heißt im wesentlichen für den *Profit*. So ist der Intellektuelle, der seinen eigenen Widerspruch als den besonderen Ausdruck der objektiven Widersprüche erfaßt, mit jedem Menschen solidarisch, der für sich selbst und für die anderen gegen diese Widersprüche kämpft.

Dennoch ist die Annahme falsch, der Intellektuelle würde in seiner Arbeit die ihm beigebrachte Ideologie bloß *untersuchen* (beispielsweise indem er sie den üblichen kritischen Methoden unterzieht). Tatsächlich ist es *seine* Ideologie, sie äußert sich in seiner Lebensweise (insofern er *faktisch* den Mittelschichten angehört) wie in seiner Weltanschauung, das heißt, sie ist die Brille, die er aufgesetzt hat und durch die er die Welt sieht. Der Widerspruch, an dem er leidet, wird zunächst nur als Leiden erlebt. Um ihn zu *betrachten*, müßte er *Abstand* zu ihm halten können: genau das kann er nicht ohne Hilfe. Tatsächlich ist dieses von den Umständen durch und durch bedingte historische Subjekt das Gegenteil eines *überschauenden Bewußtseins*. Beabsichtigte dieses Subjekt, sich in der Zukunft anzusiedeln, um sich selbst zu erkennen (so wie wir die Gesellschaften der Vergangenheit zu erkennen vermögen), würde er sein Ziel gänzlich verfehlen: er kennt die Zukunft nicht, oder wenn er sie teilweise ahnt, dann gerade mit den Vorurteilen, die ihm innewohnen, also ausgehend von dem Widerspruch, dem er sich widmen möchte. Würde er versuchen, sich idealistisch außerhalb der Gesellschaft zu stellen, um die Ideologie der herrschenden Klasse zu beurteilen, würde er *bestenfalls* den Widerspruch mit sich nehmen; schlimmstenfalls würde er sich mit der Großbourgeoisie identifizieren, die (ökonomisch) *über* den Mittelschichten steht und auf sie herabblickt, und deren Ideologie widerspruchslos übernehmen. Er hat also nur eine Möglichkeit, die Gesellschaft, in der er lebt, zu verstehen: nämlich sich den Standpunkt der am meisten Benachteiligten anzueignen.

Diese stellen nicht die Allgemeinheit dar, die nirgendwo existiert, sondern die *überwältigende Mehrheit*, vereinzelt durch Ausbeutung und Unterdrückung, die sie zu Produkten ihrer Produkte machen, indem ihnen ihre Zwecke (genauso wie den Technikern des praktischen Wissens) entwendet und sie zu spezifischen Produktionsmitteln gemacht werden, die von den Werkzeugen, die sie produzieren und die ihnen ihre Aufgaben zuweisen, definiert werden; ihr Kampf gegen diese absurde Vereinzelung führt auch sie dazu, die Allgemeinheit zu erstreben, jedoch nicht jene des Bürgertums – das sich als allgemeine Klasse sieht –, sondern eine konkrete Allgemeinheit negativen Ursprungs: sie entsteht mit der Beseitigung der Partikularismen und der Einführung der klassenlosen Gesellschaft. Die einzige reale Möglichkeit, von der von oben verordneten Ideologie Abstand zu nehmen, besteht darin, sich auf die Seite derjenigen zu stellen, deren bloße Existenz ihr schon widerspricht. Das Industrie- und Landproletariat offenbart schon dadurch, daß es da ist, daß unsere Gesellschaften partikularistisch und nach Klassen strukturiert sind; daß es zwei Milliarden Unterernährte bei einer Bevölkerung von drei Milliarden Menschen gibt, ist eine weitere grundlegende Wahrheit unserer gegenwärtigen Gesellschaften – *das* und nicht die von den falschen Intellektuellen erfundene Dummheit (der Überfluß). Die ausgebeuteten Klassen – auch wenn ihre Bewußtseinswerdung *variabel* ist und sie von der bürgerlichen Ideologie tief durchdrungen sein können – zeichnen sich durch ihre *objektive Intelligenz* aus. Diese Intelligenz ist keine Gabe, vielmehr entsteht sie aus ihrem *Blickwinkel*, dem einzigen radikalen, auf die Gesellschaft: unabhängig von ihrer Politik (die Resignation, Würde oder Reformismus sein kann je nachdem, wie weit die objektive Intelligenz von den Werten, die ihnen die herrschende Klasse beigebracht hat, überlagert und durcheinandergebracht wird). Dieser objektive Gesichtspunkt produziert ein *Denken der Massen*, das die Gesellschaft vom Grundsätzlichen her betrachtet, das heißt von der niedrigsten Stufe aus, jener, die am meisten zur Radikalisierung beiträgt, weil man von dort die herrschenden Klassen und die Klassen, die sich mit ihnen verbünden, *aus der Froschperspektive* sieht, von unten nach oben, nicht als kulturelle Eliten, sondern als Gruppen gewaltiger Statuen, deren Sockel mit ihrem ganzen Gewicht auf den Klassen lasten, die das Leben reproduzieren, nicht mehr auf der Ebene der Gewaltlosigkeit, der gegenseitigen Anerkennung und der Höflichkeit (wie es die Bürger tun, die auf gleicher Höhe stehen und sich in die Augen sehen), sondern aus der Sicht der erlittenen Gewalt, der entfremdeten Arbeit und der elementaren Bedürfnisse. Könnte der Intellektuelle dieses einfache und radikale Denken übernehmen, sähe er sich an seinem *tatsächlichen Ort*, er sähe sich von unten nach oben, wie er seiner Klasse abschwört und dennoch von ihr doppelt bestimmt ist (einerseits, weil er aus ihr hervorgegangen ist und weil sie seinen psychosozialen *background* bildet, und andererseits, weil er sich als Techniker des Wissens neu in sie einfügt), als jemanden, der mit seinem ganzen Gewicht auf den arbeitenden Klassen lastet, da sein Lohn oder seine Honorare dem Mehrwert entnommen werden, den sie produzieren. Deutlich würde er die Doppeldeutigkeit seiner Situation erkennen und, wenn er auf diese grundlegenden Wahrheiten die rigorosen Methoden der Dialektik anwendete und in den und durch die arbeitenden Klassen die Wahrheit der bürgerlichen Gesellschaften wahrnähme, die ihm verbliebenen reformistischen Illusionen aufgeben, sich radikalisieren und Revolutionär werden, weil er begriffen hätte, daß die Massen nichts anderes tun können, als die Götzen zu zerschlagen, die sie niederdrücken. Dann bestünde seine neue Aufgabe darin, *im Volk* das fortwährende Wiederaufleben der Ideologien, die es lähmen, zu bekämpfen.

Jedoch tauchen an diesem Punkt neue Widersprüche auf. Erstens und besonders derjenige, daß die benachteiligten Klassen als solche keine Intellektuellen produzieren, da es gerade die Kapitalakkumulation ist, die den herrschenden Klassen ermöglicht, ein *technisches Kapital* zu schaffen und zu vermehren. Zugegeben, es kommt vor, daß das «System» aus den ausgebeuteten Klassen Techniker des praktischen Wissens rekrutiert (in Frankreich zehn Prozent), doch wenn sie aus dem Volk stammen, werden diese Techniker nichtsdestoweniger durch ihre Arbeit, ihr Einkommen und ihren Lebensstandard sofort in die *Mittelschichten* integriert. Mit anderen Worten, die benachteiligten Klassen produzieren keine organischen Vertreter der ihnen eigenen objektiven Intelligenz. Ein organischer Intellektueller des Proletariats bleibt, solange die Revolution noch aussteht, ein Widerspruch *in adjecto*; falls es ihn geben könnte, wäre er im übrigen, da er nicht aus den Klassen stammt, die allein aufgrund ihrer Situation das Allgemeine für sich beanspruchen, nicht jenes Monstrum, das wir beschrieben haben und das sich durch sein unglückliches Bewußtsein definiert. Der zweite Widerspruch ist die logische Folge des ersten: nehmen wir an, der Intellektuelle wollte, wenn er schon nicht als solcher organisches Produkt der benachteiligten Klassen ist, sich ihnen jedenfalls anschließen, um sich ihre objektive Intelligenz anzueignen und seinen exakten Methoden Grundsätze zu geben, die das Denken der Massen formuliert hat, dann stößt er sofort und *zu Recht* auf das Mißtrauen derjenigen, denen er sich als Verbündeter anbietet. In der Tat kann er nicht verhindern, daß die Arbeiter in ihm ein Mitglied der Mittelschichten sehen, das heißt derjenigen Klassen, die *per definitionem* Komplizen des Bürgertums sind. Eine Barriere trennt also den Intellektuellen von denjenigen, deren Standpunkt, den der *Universalisierung*, er sich zu eigen machen will. Das ist ein Vorwurf, der ihm häufig gemacht wird, ein Argument der etablierten Macht, der herrschenden Klassen und der Mittelklassen, das von den falschen Intellektuellen, die in deren Dienst stehen, präpariert wird: Wie könnt ihr Kleinbürger, die ihr die bürgerliche Kultur von Kind auf empfangen habt und im Schoß der Mittelschichten lebt, glauben, ihr könntet den *objektiven Geist* der arbeitenden Klassen vertreten, zu denen ihr keinen Kontakt habt und die nichts von euch wissen wollen? Und tatsächlich scheint hier ein *circulus vitiosus* vorzuliegen: um den Partikularismus der herrschenden Ideologie zu bekämpfen, müßte man den Standpunkt derjenigen einnehmen, deren Existenz als solche sie schon verurteilt. Doch um diesen Standpunkt einzunehmen, dürfte man nie Kleinbürger gewesen sein, da unsere Erziehung uns von Anfang an und bis ins Mark hinein infiziert hat. Und da es der Widerspruch zwischen partikularisierender Ideologie und universalisierendem Wissen bei dem Kleinbürger ist, der den Intellektuellen schafft, dürfte man *kein Intellektueller sein*.

Die Intellektuellen sind sich dieses neuen Widerspruchs vollkommen bewußt: allzu häufig stolpern sie darüber und kommen nicht mehr weiter. Entweder schöpfen sie daraus eine *zu große Demut* gegenüber den ausgebeuteten Klassen (daher ihre permanente Neigung, sich zum Proletarier *zu erklären* oder *zu machen*), oder er löst ihr gegenseitiges Mißtrauen aus (jeder verdächtigt den nächsten, insgeheim unter dem Einfluß der bürgerlichen Ideologie zu stehen, weil man selbst ein *in Versuchung geratener* Kleinbürger ist und in den anderen Intellektuellen die Widerspiegelung seiner selbst sieht), oder man zieht sich aus Verzweiflung über das entgegengebrachte Mißtrauen zurück und macht sich, weil man nicht wieder bloß ein mit sich selbst versöhnter Techniker des Wissens werden kann, zum *falschen Intellektuellen*.

Der Eintritt in eine Massenpartei – eine weitere Versuchung – löst das Problem nicht. Das Mißtrauen bleibt; die Diskussionen zur Bedeutung der Intellektuellen und Theoretiker innerhalb der Partei leben immer wieder auf. Bei uns ist das häufig geschehen. Um 1930 zur Zeit Fukumotos ist es auch in Japan vorgekommen, daß der Kommunist Mizuno die japanische KP verließ und sie beschuldigte, sie sei «ein theoretischer Diskussionsklub unter dem Einfluß durch kleinbürgerliche Ideologie korrumpierter Intellektueller». Und wer kann schon behaupten, er vertrete die objektive Intelligenz und sei ihr Theoretiker? Diejenigen, die beispielsweise behaupten, die Meiji-Restauration sei eine bürgerliche Revolution? Oder diejenigen, die es bestreiten? Und wenn es die Parteiführung ist, die aus politischen, also praktischen Gründen entscheidet, wer sagt, daß sie nicht, wenn diese sich ändern, Personal wie Meinung auswechseln wird? Falls das eintritt, können wir sicher sein, daß diejenigen, die die verurteilte Theorie einen Augenblick zu lange aufrechterhalten haben, als *korrumpierte Intellektuelle* beschimpft werden, das heißt schlicht als Intellektuelle, da die Korrumpierung eben das prägende Kennzeichen ist, gegen das sich jeder Intellektuelle – da er sie bei sich selbst entdeckt hat – auflehnt. Wenn also die kleinbürgerlichen Intellektuellen aufgrund ihrer eigenen Widersprüche dazu gebracht werden, für die arbeitenden Klassen zu arbeiten, werden sie es auf ihr eigenes Risiko tun, sie können ihre Theoretiker, doch niemals ihre organischen Intellektuellen sein, und ihr Widerspruch, auch wenn er erkannt und begriffen worden ist, wird immer bestehenbleiben: das ist der Beweis, daß sie, wie wir gesehen haben, von *niemandem* ein Mandat erhalten können.

3. Die Rolle des Intellektuellen

Diese beiden komplementären Widersprüche sind zwar störend, doch weniger schlimm, als es den Anschein hat. Denn die arbeitenden Klassen brauchen keine *Ideologie*, sondern die praktische Wahrheit über die Gesellschaft. Das heißt, mit einer mythischen Selbstdarstellung wissen sie nichts anzufangen; sie müssen die Welt erkennen, um sie zu verändern. Das bedeutet zugleich, daß sie danach verlangen, *situiert* zu werden (die Kenntnis einer Klasse impliziert die aller anderen und die des Kräfteverhältnisses), ihre *organischen Ziele* und die *Praxis* zu entdecken, die ihnen ermöglichen wird, jene zu erreichen. Kurz, sie müssen über ihre praktische Wahrheit verfügen, was bedeutet, daß sie danach verlangen, sich zugleich in ihrer *historischen Partikularität* zu erfassen (so wie sie zwei industrielle Revolutionen geschaffen haben, mitsamt ihrem Klassengedächtnis, das heißt mit dem, was von den vergangenen Strukturen übriggeblieben ist: die Werftarbeiter von Saint-Nazaire sind die lebendigen Zeugen einer früheren Form des Proletariats) und in *ihrem Kampf für die Universalisierung* (das heißt gegen die Ausbeutung, die Unterdrückung, die Entfremdung, die Ungleichheiten, die Opferung der Arbeiter zugunsten des Profits). Das dialektische Verhältnis zwischen beiden Erfordernissen ist das, was man *Klassenbewußtsein* nennt. Und das ist die Ebene, auf welcher der Intellektuelle den Massen dienen kann. Noch nicht als Techniker des allgemeinen Wissens, da er selbst *situiert* ist und die «benachteiligten» Klassen es auch sind. Sondern genau als *einzelner Allgemeiner*, da bei den Intellektuellen die Bewußtwerdung bedeutet, ihren Klassenpartikularismus und den Verlust der ihm widersprechenden Universalisierung aufzudecken, wodurch sie ihre Partikularität hin zur Universalisierung des Partikularen überschreiten, *ausgehend von eben jenem Partikularen*. Und da die arbeitenden Klassen ausgehend von dem, was sie sind, die Welt verändern wollen und nicht, indem sie sich gleich dem Allgemeinen zuordnen, besteht eine Parallelität zwischen der Anstrengung des Intellektuellen um Universalisierung und der Bewegung der arbeitenden Klassen. In diesem Sinn ist es gut, obwohl der Intellektuelle nie ursprünglich in diesen Klassen *situiert* werden kann, daß er sich seines *situierten Seins* bewußt geworden ist, und sei es auch als Angehöriger der Mittelklassen. Und es handelt sich für ihn nicht darum, seine Situation abzulehnen, sondern seine Erfahrung zu nutzen, um die arbeitenden Klassen zu *situieren*, während seine Techniken des Allgemeinen ihm gleichzeitig ermöglichen, diesen Klassen ihr Bemühen um Universalisierung zu erhellen. Hier erlaubt ihm der Widerspruch, der den Intellektuellen erzeugt, die historische Singularität mit allgemeinen Methoden anzugehen (historische Methoden, Strukturanalyse, Dialektik) und das Bemühen um Universalisierung in seiner Besonderheit zu erfassen (als Produkt einer besonderen Geschichte, die es bewahrt in dem Maße, in dem es die *Verwirklichung* der Revolution verlangt). Durch die Anwendung der dialektischen Methode, durch das Erfassen des Besonderen in den allgemeinen Ansprüchen und durch die Zurückführung des Allgemeinen auf die Bewegung eines Einzelnen zum Allgemeinen kann der *durch die Bewußtwerdung seines konstitutiven Widerspruchs* definierte Intellektuelle zur Konstituierung der proletarischen Bewußtwerdung beitragen.

Dennoch kann sein Klassenpartikularismus seine Bemühung als Theoretiker fortwährend verfälschen. Daher stimmt es, daß der Intellektuelle unablässig gegen die aufgrund seiner ursprünglichen Situation und seiner Ausbildung immer wieder unter anderen Formen neu auflebende Ideologie kämpfen muß. Dazu verfügt er über zwei Mittel, die er gleichzeitig einsetzen muß: Erstens die *permanente Selbstkritik* (er darf nicht das Allgemeine – das er als Spezialist des praktischen Wissens praktiziert: $y = f(x)$ – mit dem besonderen Bemühen einer partikularisierten Gruppe um die Universalisierung verwechseln: schwingt er sich zum Hüter des Allgemeinen auf, reduziert er sich damit zum Partikularen, das heißt, er verfällt wieder der alten Illusion des Bürgertums, das sich für die universelle Klasse hält). Er muß sich ständig bewußt sein, daß er ein abtrünniger Kleinbürger ist, der ständig angehalten wird, die Gedanken seiner Klasse zu formulieren. Er muß wissen, daß er niemals gegen den Universalismus (der sich bereits für *abgeschlossen* hält und daher unterschiedliche Formen der Bemühungen um Universalisierung ausschließt), gegen Rassismus, Nationalismus, Imperialismus etc. gefeit ist. (Bei uns bezeichnen wir mit dem Ausdruck «ehrbare Linke» die Linke, die die Werte der Rechten *achtet*, auch wenn sie sich bewußt ist, daß sie sie nicht teilt; so verhielt sich «unsere Linke» zur Zeit des Algerienkriegs). All diese Haltungen können sich gerade in dem Augenblick, wo er sie kritisiert, in seine Kritik einschleichen – zu Recht verurteilen die amerikanischen Schwarzen voller Abscheu den Paternalismus der intellektuellen und antirassistischen Weißen. Der Intellektuelle kann sich also nicht den Arbeitern anschließen, indem er erklärt: «Ich bin kein Kleinbürger mehr, ich bewege mich frei im Allgemeinen.» Sondern vielmehr, indem er denkt: Ich bin ein Kleinbürger; zwar habe ich mich, als Versuch, *meinen* Widerspruch zu lösen, auf die Seite der Arbeiter und Bauern gestellt, deshalb habe ich aber noch lange nicht aufgehört, ein Kleinbürger zu *sein*; allerdings kann ich, indem ich mich selbst unablässig kritisiere und radikalisiere, allmählich – ohne daß es jemand anderen interessiert außer mir selbst – meine kleinbürgerlichen Strukturen zurückweisen. Zweitens durch eine konkrete und vorbehaltlose Unterstützung des Handelns der benachteiligten Klassen. Die Theorie ist eigentlich nur ein Moment der *Praxis*: sie ist die Einschätzung des Möglichen. Wenn es zutrifft, daß sie die *Praxis* erhellt, trifft ebenso zu, daß das gesamte Vorhaben sie bestimmt und *partikularisiert*, da sie, ehe sie sich selbst setzt, organisch aus einer *immer partikularen* Handlung entsteht. Es handelt sich also für den Intellektuellen weder darum, die Handlung zu beurteilen, ehe sie begonnen worden ist, noch auf ihre Durchführung zu drängen oder ihren Ablauf zu bestimmen. Sondern im Gegenteil darum, sich ihr auf ihrer unmittelbarsten Ebene (wilder oder von den *Apparaten* kanalisierter Streik) *anzuschließen*, sich einzufügen, sich physisch daran zu beteiligen, sich von ihr durchdringen und tragen zu lassen und erst dann, wenn er sich der Notwendigkeit bewußt wird, ihr Wesen zu entziffern und ihren Sinn und ihre Möglichkeiten zu erhellen. In dem Maße, in dem die gemeinsame *Praxis* ihn in die allgemeine Bewegung des Proletariats integriert, kann er aus den inneren Widersprüchen (vom Ursprung her ist die Handlung partikular, vom Zweck her universalisierend) dessen Partikularität und universalisierende Ansprüche erfassen, als eine Kraft, die ihm zugleich vertraut (der Intellektuelle hat dieselben Ziele, geht dieselben Risiken ein) und fremd ist, die ihn von dem, was er war, weit entfernt hat und doch *vorgegeben und außer Reichweite* ist: das sind ausgezeichnete Bedingungen, um die Partikularitäten und universellen Ansprüche *eines* Proletariats zu erfassen. Als niemals assimilierte, aus der gewaltsamen Aktion sogar ausgeschlossene Person, als zerrissenes, nicht mehr zusammenzuflickendes Bewußtsein wird der Spezialist des Allgemeinen der Massenbewegung der Universalisierung dienen: nie wird er ganz drinnen sein (also verlorengehen wegen der zu starken Präsenz der Klassenstrukturen), nie wird er ganz draußen sein (kaum beginnt er zu handeln, gilt er den herrschenden Klassen und der eigenen Klasse als Verräter, da er das technische Wissen, zu dem sie ihm verholfen haben, gegen sie verwendet). Ausgestoßen von den privilegierten Klassen, den benachteiligten Klassen suspekt (gerade aufgrund der Kultur, die er ihnen zur Verfügung stellt), so setzt er sich an die Arbeit. Und worin besteht überhaupt seine Arbeit? Meiner Meinung nach könnte man sie folgendermaßen beschreiben:

1. Kampf gegen das fortwährende Wiederaufleben der Ideologie in den arbeitenden Klassen. Das heißt, außerhalb wie innerhalb dieser Klassen jegliche ideologische Vorstellung zu zerstören, die sie von sich selbst und ihrer Macht haben (beispielsweise der «positive Held», der «Personenkult», die «Verherrlichung des Proletariats», die Schöpfungen des Proletariats zu sein scheinen und in Wirklichkeit Anleihen bei der bürgerlichen Ideologie sind);

2. das Wissenskapital, das die herrschende Klasse geliefert hat, zur Hebung der Bildung im Volk verwenden – das heißt, den Grundstein für eine universelle Kultur zu legen;

3. gegebenenfalls und *unter den gegenwärtigen Umständen* Ausbildung von Technikern des praktischen Wissens in den benachteiligten Klassen – die selbst keine hervorbringen können – und aus ihnen organische Intellektuelle der Arbeiterklasse oder zumindest Techniker machen, die solchen Intellektuellen am nächsten kommen – welche in Wirklichkeit unmöglich geschaffen werden können;

4. Wiederaneignung des eigenen Zwecks (die Universalität des Wissens, die Freiheit des Denkens, die Wahrheit), indem er zu einem realen, *für alle* im Kampf erreichbaren Zweck, das heißt die Zukunft des Menschen, gemacht wird;

5. Radikalisierung der stattfindenden Aktion, indem über die unmittelbaren Ziele hinaus die Fernziele, das heißt die Universalisierung als historischer Zweck der arbeitenden Klassen, aufgezeigt werden;

6. *gegenüber jedweder Macht* – eingeschlossen die politische Macht, deren Ausdruck die Massenparteien und der Apparat der Ar-

beiterklasse sind – zum Hüter der historischen Zwecke werden, die die Massen verfolgen; da sich der Zweck in Wirklichkeit als die Einheit der Mittel definiert, muß er die letzteren nach dem Prinzip untersuchen, demzufolge jedes Mittel gut ist, wenn es nur wirksam ist, ausgenommen diejenigen, die den verfolgten Zweck entstellen.

Der sechste Punkt wirft ein neues Problem auf: insofern er sich in den Dienst der Massenbewegung stellt, hat der Intellektuelle die Disziplin einzuhalten, damit er die Organisation der Massen nicht schwächt; insofern er aber über das praktische Verhältnis von Zweck und Mittel aufklären soll, darf er niemals aufhören, Kritik zu üben, damit der grundsätzliche Sinn des Zwecks erhalten bleibt. Dieser Widerspruch braucht uns aber nicht zu beschäftigen: *das ist seine Sache*, das ist die Sache des kämpfenden Intellektuellen, die er mit mehr oder weniger Glück *in der Spannung* erfahren wird. Das einzige, was wir dazu sagen können, ist, daß es in den Parteien oder Organisationen der Massen Intellektuelle geben muß, die an der politischen Macht beteiligt sind, was ein Maximum an Disziplin und ein Minimum an Kritik bedeutet; es muß aber auch Intellektuelle außerhalb der Partei geben, die sich zwar als Individuen, doch von außen den Bewegungen anschließen, was ein Minimum an Disziplin und ein Maximum an Kritik bedeutet. Zwischen ersteren und letzteren (sagen wir zwischen den Opportunisten und den Linksradikalen) liegt der Sumpf der Intellektuellen, die von einer Position zur nächsten wechseln, disziplinierte Parteilose und solche, die kurz davor stehen, die Partei zu verlassen, und ihre Kritik verschärft haben; durch sie tritt an die Stelle der Antagonismen eine Art Osmose, *man* tritt in die Partei ein, *man* tritt aus der Partei aus. Gleichviel: zwar lassen die Antagonismen nach, dafür sind Widersprüche und permanente Meinungsverschiedenheiten das Los dieses sozialen Ensembles, das die Intellektuellen bilden – um so mehr, als sich zahlreiche *falsche* in ihre Reihen eingeschlichen haben, die einzigen Schnüffler, die imstande sind, die Probleme der Intelligenz zu verstehen. Über dieses Gewirr widerstreitender Meinungen, das die Uneinigkeit zum internen Statut der Intelligenz erhebt, kann nur staunen, wer sich bereits in der Ära des Universellen wähnt und nicht in jener des Bemühens um Universalisierung. Zweifellos schreitet das Denken über Widersprüche voran. Es muß betont werden, daß sich diese Differenzen bis dahin verschärfen können, die Intellektuellen tief zu spalten (nach einer Niederlage, während einer Flaute, nach dem 20. Parteitag oder nach der sowjetischen

Intervention in Budapest oder auch angesichts des sowjetisch-chinesischen Konflikts), und daß sie dann die Bewegung wie das Denken schwächen können (wie übrigens auch die Massenbewegung). Aus diesem Grund müssen die Intellektuellen versuchen, eine antagonistische Einheit untereinander herbeizuführen, aufrechtzuerhalten oder wieder herzustellen, das heißt einen dialektischen Konsens, der die Notwendigkeit der Widersprüche und die ständige Möglichkeit des gemeinsamen Überwindens der Gegensätze bejaht, so daß es sich nicht darum handelt, den anderen hartnäckig auf den eigenen Standpunkt zu bringen, sondern darum, mittels eines vertieften Verständnisses beider Thesen die Voraussetzungen für die Möglichkeit zu schaffen, beide zu überwinden.

Hier sind wir am Ziel unserer Untersuchung angelangt. Wir wissen, daß der Intellektuelle ein Vermittler praktischen Wissens ist und daß sein Hauptwiderspruch (vom Beruf her Universalismus, von der Klasse her Partikularismus) ihn dazu führt, sich der Bewegung zur Universalisierung der benachteiligten Klassen anzuschließen, weil sie grundsätzlich denselben Zweck verfolgen wie er, wohingegen die herrschende Klasse ihn auf ein Mittel zu einem partikularen Zweck reduziert, der *nicht der seine ist* und den zu beurteilen er folglich nicht befugt ist.

Selbst so definiert, bleibt noch, daß er von niemandem ein Mandat erhält: der Arbeiterklasse suspekt, für die herrschenden Klassen ein Verräter, die eigene Klasse ablehnend, ohne sich jemals ganz von ihr lösen zu können, stößt er auch innerhalb der Parteien der Massen wieder auf seine Widersprüche und in verstärkter, wenn auch modifizierter Form; sogar wenn er in diese Parteien eintritt, fühlt er sich solidarisch und ausgeschlossen zugleich, weil sein latenter Konflikt mit der politischen Macht bestehenbleibt; er ist nirgends *assimilierbar*. Seine eigene Klasse will sowenig von ihm wissen wie er von ihr, dafür ist aber auch keine andere Klasse bereit, ihn aufzunehmen. Wie kann man dann von einer *Funktion* des Intellektuellen sprechen? Ist er nicht viel eher jemand, der *zuviel* ist, ein *Fehlprodukt* der Mittelklassen, den seine Unvollkommenheiten dazu zwingen, am Rand der benachteiligten Klassen zu leben, ohne sich ihnen jedoch je anschließen zu können? Zahlreiche Menschen aus allen Klassen meinen heute, der Intellektuelle maße sich Funktionen an, die nicht vorhanden sind.

In gewissem Sinn stimmt das. Und der Intellektuelle weiß das sehr gut. Er kann niemanden darum bitten, seine «Funktion» rechtmäßig zu begründen: er ist ein Nebenprodukt unserer Gesellschaften, und der ihm innewohnende Widerspruch zwischen Wahrheit und Glauben, zwischen Wissen und Ideologie, zwischen freiem Denken und Autoritätsprinzip ist nicht Ergebnis einer vorsätzlichen *Praxis*, sondern einer inneren eigenen Reaktion beziehungsweise des Zusammentreffens unversöhnlicher Strukturen innerhalb der synthetischen Einheit einer Person.

Doch bei genauerem Hinsehen sind seine Widersprüche die eines *jeden einzelnen* und die der gesamten Gesellschaft. Allen werden die Zwecke genommen, alle sind Mittel zu Zwecken, die ihnen entgehen und grundlegend unmenschlich sind, alle sind zwischen dem objektiven Denken und der Ideologie hin und her gerissen. Nur bleiben diese Widersprüche in der Regel auf der Ebene des Erlebten und äußern sich entweder als Nichterfüllung elementarer Bedürfnisse oder als *Unbehagen* (beispielsweise bei den Lohnabhängigen der Mittelschichten), nach dessen Ursachen man nicht weiter forscht. Das heißt nicht, daß man nicht darunter leidet, ganz im Gegenteil, man kann daran sterben oder wahnsinnig werden: was fehlt, mangels exakter Techniken, ist die reflexive Bewußtwerdung. Und jeder, selbst wenn er es nicht weiß, strebt diese Bewußtwerdung an, die es dem Menschen erlauben würde, diese wilde Gesellschaft, die ihn zum Monstrum und zum Sklaven macht, in den Griff zu bekommen. Der Intellektuelle wird von seinem inhärenten Widerspruch – der zu seiner *Funktion* wird – dazu getrieben, diese Bewußtwerdung für sich selbst und infolgedessen *für alle* zu vollziehen. In diesem Sinn ist er allen verdächtig, denn er ist *zunächst* ein Zweifler, also ein potentieller Verräter, in einem anderen Sinn betreibt er diese Bewußtwerdung *für alle*. Das bedeutet, daß *nach ihm* jeder sie nachvollziehen kann. Gewiß, insofern sie situiert und historisch ist, wird die Entschleierung, die er zu betreiben versucht, stets von den wiederauflebenden Vorurteilen und der Verwechslung von verwirklichter Universalität mit stattfindender Universalisierung sowie von seiner historischen Unwissenheit (Unzulänglichkeit seiner Forschungsmittel) eingeschränkt. Aber a) zeigt er die Gesellschaft nicht so, wie sie für den späteren Historiker sein wird, sondern so, wie sie *für sich selbst* ist; und der Grad seiner Unwissenheit repräsentiert das *Minimum an Unwissenheit*, das seine Gesellschaft strukturiert; b) ist er infolgedessen nicht unfehlbar, im Gegenteil irrt er sich häufig, doch stellen seine Irrtümer, insofern sie unvermeidlich sind, den *minimalen* Irrtumskoeffizienten dar, der in einer gegebenen historischen Situation den benachteiligten Klassen eigen ist.

Der Kampf des Intellektuellen gegen die eigenen Widersprüche innerhalb und außerhalb von ihm führt die historisch gegebene Gesellschaft dazu, *sich selbst gegenüber* einen noch zögernden, verschwommenen, von den äußeren Bedingungen beeinflußten Standpunkt einzunehmen. Sie versucht sich *praktisch* zu begreifen, das heißt ihre Strukturen und ihre Zwecke zu bestimmen, kurz, sich ausgehend von Methoden zu universalisieren, die er aus den Techniken des Wissens ableitet und bereitstellt. In gewisser Weise macht er sich zum *Hüter der grundlegenden Zwecke* (Emanzipation, Universalisierung, also Humanisierung des Menschen), wobei jedoch kein Mißverständnis aufkommen darf: der Techniker des praktischen Wissens verfügt als subalterner Beamter des Überbaus über eine gewisse Macht; hingegen bleibt der Intellektuelle, der aus diesem Techniker hervorgeht, *machtlos*, selbst wenn er mit der Parteiführung verbunden ist. Denn diese Verbindung macht ihn auf anderer Ebene erneut zum subalternen Funktionär des Überbaus, und während er das aus Disziplin hinnimmt, muß er es unablässig in Frage stellen und unaufhörlich das Verhältnis zwischen den gewählten Mitteln und organischen Zwecken enthüllen. Insofern reicht seine Funktion von der Zeugenaussage bis zum Martyrium: die herrschende Macht, welche sie auch sei, will die Intellektuellen zu Zwecken ihrer Propaganda benutzen, mißtraut ihnen aber, und ihre Säuberungen treffen sie immer als erste. Gleichviel: solange er schreiben und reden kann, bleibt er der Verteidiger der arbeitenden Klassen gegen die Hegemonie der herrschenden Klasse und gegen den Opportunismus ihres Apparates.

Wenn eine Gesellschaft infolge einer großen Erschütterung (verlorener Krieg, Okkupation durch den siegreichen Feind) ihrer Ideologie und ihres Wertesystems verlustig geht, beauftragt sie häufig, beinahe ohne weiter darauf achtzugeben, ihre Intellektuellen mit der Liquidierung und dem Wiederaufbau. Aber natürlich ersetzen diese nicht, wie man es von ihnen eigentlich erwartet, die überholte Ideologie durch eine neue, ebenso partikulare Ideologie, mit deren Hilfe die gleiche Gesellschaft wiederaufgebaut werden könnte. Sie versuchen, jegliche Ideologie abzuschaffen und die *historischen Zwecke* der arbeitenden Klassen zu definieren. Wenn daher – wie in Japan um 1950 geschehen – die herrschende Klasse wieder die Oberhand gewinnt, hält sie ihnen vor, ihre Aufgabe verfehlt zu haben, das heißt die alte Ideologie nicht *aufgefrischt* und den Umständen *angepaßt* zu haben (das heißt sich nicht entsprechend der allgemeinen Vorstellung vom Techniker des praktischen Wissens verhalten zu haben). Dann kann es geschehen, daß die arbeitenden Klassen (sei es, weil der Lebensstandard steigt, sei es, weil die herrschende Ideologie mächtig bleibt, sei es, weil sie ihn für ihre Niederlagen verantwortlich machen oder weil sie eine *Pause* brauchen) das vorherige Tun des Intellektuellen verurteilen und ihn seiner Einsamkeit überlassen. Diese Einsamkeit ist jedoch *sein Los*, da sie seinem Widerspruch entspringt, und sowenig er ihr entkommen kann, wenn er mit den ausgebeuteten Klassen, deren *organischer* Intellektueller er nicht sein kann, in Symbiose lebt, sowenig kann er sie im Augenblick der Niederlage durch einen verlogenen und vergeblichen Widerruf verlassen, es sei denn, er tauschte den Status des Intellektuellen gegen den des falschen Intellektuellen ein. Wenn er mit den ausgebeuteten Klassen zusammenarbeitet, bedeutet diese *scheinbare* Gemeinschaft nicht wirklich, daß er recht hätte, und seine beinah vollkommene Einsamkeit in Zeiten der Stagnation bedeutet nicht, daß er unrecht hätte. Mit anderen Worten, die Zahl ist belanglos. Aufgabe des Intellektuellen ist es, seinen Widerspruch *für alle* zu leben und ihn durch Radikalität (das heißt durch die Anwendung der exakten Techniken auf die Lügen und Illusionen) *für alle* zu überwinden. Sein Widerspruch selbst ist es, der ihn zum Hüter der *Demokratie* macht: er stellt den abstrakten Charakter der Rechte der bürgerlichen «Demokratie» in Frage, nicht um sie abzuschaffen, sondern weil er sie durch die konkreten Rechte der sozialistischen Demokratie ergänzen und dabei in jeder Demokratie die *funktionale* Wahrheit der Freiheit will.

Dritter Vortrag
Ist der Schriftsteller ein Intellektueller?

1. Wir haben die Situation des Intellektuellen durch den ihm innewohnenden Widerspruch von praktischem Wissen (Wahrheit, Universalität) und Ideologie (Partikularismus) definiert. Diese Definition betrifft Lehrende, Wissenschaftler, Ärzte etc. Ist dann der Schriftsteller überhaupt ein Intellektueller? Bei ihm begegnet man einerseits

den meisten Grundmerkmalen der Intellektualität. Doch scheint seine gesellschaftliche Aktivität als «Schöpfer» andererseits nicht *a priori* die Universalisierung und das praktische Wissen zum Zweck zu haben. Zwar kann das Schöne ein spezifischer Modus von Enthüllung sein, doch der Anteil an *Infragestellung*, den ein Werk enthält, scheint sehr gering zu sein und sich gewissermaßen umgekehrt proportional zu seiner Schönheit zu verhalten. Insbesondere können sich hervorragende Schriftsteller (wie Mistral) auf die Traditionen und den ideologischen Partikularismus stützen. Sie können sich auch der Weiterentwicklung der Theorie widersetzen (insofern diese die Gesellschaft und den Platz, den sie darin einnehmen, interpretiert), im Namen des Erlebten (ihrer spezifischen Erfahrung) oder absoluter Subjektivität (Ich-Kult, Barrès und der Feind – die Barbaren, die Ingenieure – in *Jardin de Bérénice*[1]). Kann man das, was der Leser aus der Lektüre eines Schriftstellers für sich herausholt, überhaupt *Wissen* nennen? Und, wenn das richtig ist, müssen wir dann nicht den Schriftsteller durch die Entscheidung für einen Partikularismus definieren? Was ihn daran hindern würde, in dem Widerspruch zu leben, der den Intellektuellen *hervorbringt*. *Entscheidet* sich der Schriftsteller nicht von Anfang an für die Einsamkeit, während der Intellektuelle vergebens um seine Integrierung in die Gesellschaft bemüht ist und letztlich nur die Einsamkeit findet? Wäre es so, hätte der Schriftsteller keine andere Aufgabe als *seine Kunst*. Es stimmt aber auch, daß sich manche Schriftsteller *engagieren* und sich an der Seite der Intellektuellen oder sogar mit ihnen für die Universalisierung einsetzen. Hat das Gründe, die außerhalb ihrer Kunst zu finden sind (historische Konjunktur), oder ist es nicht ein Erfordernis, das trotz allem eben Gesagten aus ihrer Kunst hervorgeht? Das werden wir gemeinsam untersuchen.

2. Die Rolle, der Gegenstand, die Mittel, der Zweck des Schreibens haben sich im Lauf der Geschichte verändert. Mit dem Problem in seiner Allgemeinheit wollen wir uns hier nicht befassen. Wir werden uns hier den zeitgenössischen Schriftsteller vornehmen, den *Dichter*, der sich als *Prosaist* bezeichnet und der in der Zeit nach dem Zweiten Weltkrieg lebt, einer Epoche, in der der Naturalismus unlesbar ist, der Realismus in Frage gestellt wird und in der auch der Symbolismus an

---

1 Aus dem Zyklus der ersten drei Romane von Barrès *Le culte du moi*, 1891, Anm. d. Übers.

Kraft und Aktualität verloren hat. Der einzige feste Ausgangspunkt ist, daß der zeitgenössische Schriftsteller (1950–1970) jemand ist, der als Material die *gewöhnliche* Sprache gewählt hat; darunter verstehe ich diejenige, die allen Vorstellungen der Mitglieder einer Gesellschaft als Vehikel dient. Die Sprache, sagt man, dient dazu, *sich auszudrücken*. So heißt es gemeinhin, die Funktion des Schriftstellers sei, etwas *auszudrücken*; mit anderen Worten, daß es jemand ist, der *etwas zu sagen hat*.

Aber jeder hat *etwas zu sagen*, vom Wissenschaftler, der über seine Experimente berichtet, bis zum Verkehrspolizisten, der ein Unfallprotokoll erstellt. Nun, von all den Dingen, die die Menschen zu sagen haben, gibt es keines, das danach verlangt, vom Schriftsteller ausgedrückt zu werden. Genauer gesagt, ob es sich um Gesetze, um Strukturen der Gesellschaft, um Sitten (Anthropologie), um psychologische oder metapsychologische (psychoanalytische) Vorgänge oder um Ereignisse, die *stattgefunden haben*, und um Lebensweisen (Geschichte) handelt, nichts von alledem kann als das gelten, was der Schriftsteller *zu sagen hat*. Wir alle begegnen gelegentlich Menschen, die uns sagen: «Ach! Könnte ich mein Leben erzählen – ein wahrer Roman! Sie sind Schriftsteller, ich schenke es Ihnen: Sie sollten es niederschreiben.» In diesem Augenblick findet eine Umkehrung statt, und der Schriftsteller merkt, daß dieselben Personen, die ihn für jemand halten, der etwas zu sagen hat, ihn auch für jemand halten, der *nichts zu sagen hat*. In der Tat finden es die Menschen ganz natürlich, uns ihr Leben erzählen zu lassen, weil sie denken, daß das Entscheidende (für sie und für uns) darin besteht, daß wir (mehr oder weniger gut) die Erzähltechnik beherrschen und daß es uns einerlei ist, woher der Erzählstoff, der Inhalt der Erzählung stammt. Das ist eine Meinung, die die Kritiker häufig teilen. Diejenigen, die beispielsweise gesagt haben: «Victor Hugo, das ist eine Form auf der Suche nach ihrem Inhalt», vergessen, daß die Form bestimmte Inhalte erfordert und andere ausschließt.

3. Was diese Ansicht scheinbar bestätigt, ist, daß sich der Schriftsteller – für seine Kunst – allein der gewöhnlichen Sprache bedient. Denn normalerweise wählt ein Mensch, der *etwas zu sagen hat*, ein Kommunikationsmittel, das die größtmögliche Quantität an Informationen vermitteln kann und nur ein Minimum an *Desinformations*strukturen aufweist. Das kann beispielsweise eine technische Sprache sein (die auf Konventionen beruht, spezialisiert ist, in der die

verwendeten Wörter genauen Definitionen entsprechen, so daß der Kode den desinformierenden Einflüssen der Geschichte soweit wie möglich entzogen wird): die Sprache der Ethnologen etc. Nun enthält die Gemeinsprache, von der aus sich im übrigen zahlreiche technische Sprachen bilden, die etwas von ihrer Ungenauigkeit beibehalten, das Höchstmaß an *Desinformationen*. Da sich die Wörter, die syntaktischen Regeln etc. gegenseitig bedingen und allein aus dieser gegenseitigen Beeinflussung ihre Realität beziehen, heißt Sprechen, die gesamte Sprache als strukturiertes und *partikulares* Ensemble von Übereinkünften aufzurufen. Auf dieser Ebene sind die Partikularitäten keine Informationen über den Gegenstand, von dem der Schriftsteller spricht; für den Linguisten können sie zu Informationen über die Sprache werden. Auf der Ebene der Bedeutung jedoch sind sie entweder schlicht überflüssig oder schädlich: aufgrund ihrer Doppeldeutigkeit, aufgrund der Grenzen der Sprache selbst als strukturierter Totalität, aufgrund der vielfältigen Sinne, die ihnen die Geschichte aufgedrängt hat. Kurz, das Wort des Schriftstellers ist von weitaus größerer *Materialität* als beispielsweise das mathematische Symbol – das gegenüber dem Signifikat verschwindet. Man könnte meinen, es wolle vage auf das Signifikat hinweisen und sich gleichzeitig als *Gegenwart* behaupten, die Aufmerksamkeit auf seine eigene Dichte lenken. Daher hat man sagen können: benennen heißt gleichermaßen, das Signifikat zu *vergegenwärtigen* und es umzubringen, es in der Wortmasse untergehen zu lassen. Das Wort der Gemeinsprache ist zugleich *zu reich* (aufgrund seiner alten Tradition, aufgrund all der Gewaltsamkeiten und Rituale, die sein «Gedächtnis», seine «lebendige Vergangenheit» konstituieren) und *zu arm* (es definiert sich gegenüber der Gesamtheit der Sprache als starre Bestimmung derselben und nicht als lockere Möglichkeit, das Neue auszudrücken). Wenn in den Naturwissenschaften Neues aufkommt, wird zur gleichen Zeit das Wort zu seiner Bezeichnung von einigen erfunden und bald von allen übernommen: Entropie, imaginäre Zahl, transzendente Zahl, Tensor, Kybernetik, operationales Kalkül. Der Schriftsteller aber – wenn er auch gelegentlich Wörter erfindet – greift selten auf dieses Verfahren zurück, um ein Wissen oder eine Emotion zu vermitteln. Er zieht es vor, ein «gängiges» Wort zu verwenden und es mit einem neuen Sinn zu versehen, der zum früheren hinzukommt: zusammengefaßt könnte man meinen, er habe sich vorgenommen, die *ganze* Gemeinsprache, und nur sie, zu gebrauchen, mit allen ihren desinformativen Zügen, die ihre Tragweite einschränken. Wenn der Schriftsteller die gängige Sprache verwendet, so nicht allein deshalb, weil die Sprache ein Wissen vermitteln kann, sondern auch, weil sie es nicht vermittelt. Schreiben heißt zugleich, die Sprache zu besitzen («die japanischen Naturalisten haben der Poesie die Prosa *abgerungen*», sagte einer von Ihren Kritikern) und sie nicht zu besitzen, insofern die Sprache *anders* als der Schriftsteller und anders als die Menschen ist. Eine spezialisierte Sprache ist das bewußte Werk der Spezialisten, die sie verwenden; ihr konventioneller Charakter resultiert aus synchronen und diachronen *Übereinkünften*, die sie untereinander treffen: ein Phänomen wird anfangs oft mit zwei oder mehreren Begriffen bezeichnet, allmählich setzt sich einer davon durch, und die anderen verschwinden; in diesem Sinn wird auch der junge Forscher, der die entsprechende Materie untersucht, gezwungen, sich stillschweigend diesen Übereinkünften anzuschließen; zur gleichen Zeit lernt er das Ding kennen und das Wort, das es bezeichnet; aus diesem Grund ist er, als kollektives Subjekt, *Herr seiner technischen Sprache*. Der Schriftsteller hingegen weiß, daß die Gemeinsprache durch die Menschen entwickelt wird, die sie sprechen, aber *ohne Übereinkünfte*: durch sie findet aber eine Übereinkunft statt, und zwar insofern diese Gruppen füreinander *andere* und folglich andere als sie selbst sind und insofern sich das linguistische Ensemble auf eine Weise fortentwickelt, die autonom wie eine Materialität wirkt, die zwischen den Menschen soweit eine Vermittlung ist, wie die Menschen Vermittler zwischen ihren verschiedenen Aspekten sind (was ich das *Praktisch-Inerte* genannt habe). Der Schriftsteller interessiert sich für diese Materialität, insofern sie mit einem unabhängigen Leben versehen scheint und sich ihm – wie allen anderen Sprechern – entzieht. Im Französischen gibt es zwei Geschlechter – männlich und weiblich –, die jeweils nur durch das andere begreifbar sind. Nun bezeichnen diese beiden Geschlechter zwar tatsächlich Männer und Frauen, darüber hinaus aber, infolge einer langen Geschichte, bezeichnen sie Gegenstände, die an sich weder männlich noch weiblich, sondern Neutra sind; in diesem Falle besitzt die geschlechtliche Dichotomie keine begriffliche Bedeutung. Sie wird *desinformativ*, wenn sie so weit geht, die Rollen zu vertauschen, das weibliche Genus auf den Mann und das männliche auf die Frau anwendet. Einer der größten Schriftsteller unserer Zeit, Jean Genet, liebte Sätze wie: «*les brulantes amours de la sentinelle et du mannequin*» (etwa: die glühende Liebe der Wache und des Mannequins, Anm. d. Übers.). «*Amour*» ist im Singular männlich und weiblich im Plural; «*la sentinelle*» ist ein Mann, «*le mannequin*» eine Frau. Sicher, dieser Satz übermittelt eine Information: dieser Soldat und diese Frau, die Kleiderkollektionen vorführt, lieben sich leidenschaftlich. Er vermittelt das aber auf derart bizarre Weise, daß er auch desinformiert: der Mann wird verweiblicht, die Frau vermännlicht; sagen wir, er wird von einer scheinbar informativen Materialität untergraben. Um es genau zu sagen, das ist ein *Schriftsteller-Satz*, in dem die Information erfunden wird, damit die Pseudoinformation vielseitiger wird.

Das geht so weit, daß Roland Barthes zwischen *écrivants* (Schreibenden) und *écrivains* (Schriftstellern) unterschieden hat. Der Schreibende bedient sich der Sprache, um Informationen zu übermitteln. Der Schriftsteller ist der Hüter der Gemeinsprache, er geht aber weiter, und sein Material ist die Sprache als Nicht-Bedeutung oder als Desinformation; er ist ein Handwerker, der ein bestimmtes verbales Objekt erzeugt, indem er die Materialität der Wörter bearbeitet, als Mittel nimmt er die Bedeutungen, und als Zweck setzt er sich das Nicht-Bedeutende.

Um auf unsere erste Beschreibung zurückzukommen, würden wir sagen, der Prosaist hat zwar *etwas zu sagen*, doch dieses Etwas ist *nichts Sagbares*, nichts Konzeptuelles und nichts Konzeptualisierbares, nichts Bedeutendes. Noch wissen wir weder, was in seiner Suche ein Bemühen um Universalisierung ist, noch ob es vorhanden ist. Wir wissen nur, daß eine Arbeit an den Besonderheiten einer historischen Nationalsprache das Objekt formt. Das so erzeugte Objekt wird erstens eine Verknüpfung von Bedeutungen sein, die sich gegenseitig bestimmen (beispielsweise eine erzählte *Geschichte*), zweitens aber als Totalität etwas anderes und mehr als das: denn das System der Bedeutungen öffnet sich der Fülle des Nicht-Bedeutenden und der Desinformation.

Wenn Schreiben *Kommunizieren* ist, dann ist der literarische Gegenstand die Kommunikation *jenseits der Sprache* durch das nichtbedeutende Schweigen, das sich durch die Wörter wieder geschlossen hat, obwohl sie es erzeugt haben. Von daher die Wendung: «Das ist Literatur», was meint: «Sie sprechen, um nichts zu sagen.» Es bleibt die Frage, was dieses *Nichts* ist, dieses schweigsame Nicht-Wissen, das der literarische Gegenstand dem Leser mitteilen soll. Die einzige Möglichkeit, dies zu untersuchen, ist, vom *bedeutenden Inhalt* der literarischen Werke auf das grundlegende Schweigen, das ihn umgibt, zurückzugehen.

4. Der bedeutende Inhalt eines literarischen Werkes kann entweder auf die *objektive* Welt abzielen (darunter verstehe ich ebenso die Gesellschaft, die soziale Umwelt der Rougon-Macquart[1] wie die objektivierte Welt der Intersubjektivität bei Racine, Proust oder Nathalie Sarraute) oder auf die *subjektive* Welt (hier geht es nicht um Analyse oder Distanzierung, sondern um komplizenhafte Zustimmung: *Naked lunch* von Burroughs). In beiden Fällen ist der Inhalt für sich genommen im ursprünglichen Sinn des Wortes abstrakt, das heißt abgetrennt von den Bedingungen, die aus ihm einen Gegenstand machen würden, der aus sich selbst heraus existieren könnte.

Nehmen wir den ersten Fall: ob es sich um einen Versuch handelt, die Gesellschaft *so* zu enthüllen, *wie sie ist*, oder darum, die Interpsychologie bestimmter Gruppen zu zeigen – wenn man nur die Gesamtheit der angebotenen Bedeutungen betrachtet, müßte man annehmen, der Schriftsteller könne seinen Gegenstand *überfliegen*. Der Schriftsteller hätte demnach ein «überschauendes Bewußtsein»: der desituierte Autor schwebt über den Dingen. Um die soziale Welt zu *erkennen*, muß man behaupten, nicht durch sie bestimmt zu sein; um die intersubjektive Psychologie zu erkennen, muß man behaupten, als Schriftsteller sei man psychisch nicht konditioniert. Nun versteht es sich von selbst, daß dies für den Romanautor unmöglich ist: Zola sieht *die Welt die Zola sieht*. Nicht, daß das, was er sieht, reine subjektive Illusion ist: der französische Naturalismus stützte sich auf die zeitgenössischen Wissenschaften, und darüber hinaus war Zola ein bemerkenswerter Beobachter. Was aber Zola in dem, was er erzählt, offenbart, ist der Blickwinkel, die Hervorhebung, die Details, die er herausstellt, und jene, die er im dunkeln läßt, die Erzähltechnik, die Montage der Episoden. Thibaudet nannte Zola einen *epischen* Schriftsteller. Und das stimmt. Man müßte ihn aber auch einen *mythischen* Schriftsteller nennen, denn häufig sind seine Figuren auch Mythen. Nana beispielsweise ist zwar einerseits die Tochter von Gervaise, die eine berühmte Prostituierte im Zweiten Kaiserreich wurde, vor allem aber ein Mythos: die *femme fatale*, hervorgegangen aus einem niedergeschlagenen Proletariat, die ihre Klasse an den Män-

---

1 Familie, über die Émile Zola zwischen 1871 und 1893 einen zweibändigen Zyklus schrieb, Anm. d. Übers.

nern der herrschenden Klasse rächt. Schließlich müßte man in seinen Werken seinen sexuellen und anderen Obsessionen nachgehen, sein diffuses Schuldgefühl herausarbeiten.

Im übrigen würde es jemandem, der Zola gründlich gelesen hat, schwerfallen, ihn nicht *wiederzuerkennen*, legte man ihm ein Kapitel aus seinem Werk vor, ohne den Namen des Autors anzugeben. Doch Wiedererkennen ist nicht Erkennen. Man liest die episch-mythische Beschreibung der Wäscheausstellung in *Au bonheur des dames* und sagt sich: «Das ist Zola.» Was zum Vorschein gekommen ist, ist der wiedererkannte, aber nicht erkennbare Zola, denn er kennt sich selbst nicht, Zola als Produkt der Gesellschaft, die er beschreibt und mit den Augen sieht, die sie ihm gegeben hat. Ist sich dieser Autor der Tatsache vollständig unbewußt, daß er *sich* in seine Bücher *einbringt*? Nein, hätte der naturalistische Schriftsteller keine Anerkennung und keine Bewunderung gewollt, hätte er die Literatur zugunsten der Wissenschaften aufgegeben. Der objektivste Schriftsteller will in seinen Büchern unsichtbar, aber *spürbar* gegenwärtig sein. Er will es, und im übrigen kann er nicht verhindern, daß er es ist.

Umgekehrt geben uns diejenigen, die ihre Phantasien in vollkommener Übereinstimmung mit sich selbst niederschreiben, notwendigerweise die Gegenwart der sie bedingenden Welt preis, insofern ihr Platz in der Gesellschaft zum Teil der Grund für ihre Art zu schreiben ist: da, wo sie mit sich selbst im völligen Einklang sind, erkennt man bei ihnen eine Partikularisierung des bürgerlichen Idealismus und des Individualismus. Woher kommt das? Nun, die exakten Wissenschaften und besonders die Anthropologie geben das, was wir sind, nicht genau wieder. Alles, was sie sagen, ist richtig, nichts anderes ist richtig, doch setzt die wissenschaftliche Haltung eine bestimmte *Distanz* der Erkenntnis von ihrem Gegenstand voraus: das gilt für die Naturwissenschaften (Makrophysik) und für die Anthropologie, soweit sich der Wissenschaftler außerhalb des untersuchten Gegenstandes stellen kann (Ethnographie, Urgesellschaften, Analyse von Sozialstrukturen mit Hilfe exakter Methoden, statistische Untersuchungen über einen sozialen Verhaltenstypus etc.). In der Mikrophysik, wo der Experimentator objektiv Teil des Experiments ist, trifft das schon nicht mehr zu. Und diese besondere Bedingung verweist uns auf die Haupttatsache der menschlichen Existenz, auf das, was Merleau-Ponty unsere *Einbindung in die Welt* nannte und was ich als unsere *Partikularität* bezeichne. Merleau-Ponty sagte auch: Wir sind Sehende, weil wir sichtbar sind. Was soviel heißt wie: wir können die Welt *vor uns* nur unter der Bedingung sehen, daß sie uns als *Sehende* geschaffen, also notwendigerweise als *Sichtbare* gemacht hat. In der Tat besteht eine enge Bindung zwischen unserem Sein – den Bestimmungen, die wir zu leben haben – und dem Sein davor, dem, das sich der Sicht darbietet. Diese Erscheinung, die sich in einer Welt konstituiert, die *mich* hervorbringt, mich durch die banale Singularität der Geburt einem *einmaligen Abenteuer* weiht, indem sie mir *aufgrund meines Platzes* – Menschensohn, Sohn eines kleinbürgerlichen Intellektuellen, Sohn einer bestimmten Familie – ein *allgemeines Schicksal* (Klassenschicksal, Familienschicksal, historisches Schicksal) zugewiesen hat. Diese Erscheinung – die aufgeht in einem Universum, das mich hervorbringt und das ich genau mit meinem Plan, mich von ihm loszureißen, verinnere, diese Verinnerung der Exteriorität, die genau die Bewegung schafft, mit der ich meine Interiorität entäußere –, das ist genau das, was wir das *In-der-Welt-Sein* beziehungsweise das singulare Universum nennen. Man kann es auch anders ausdrücken: als Teil einer stattfindenden Totalisierung bin ich das Produkt dieser Totalisierung und bringe sie daher vollständig zum Ausdruck; ich kann sie aber nur ausdrücken, wenn ich mich zum Totalisator mache, das heißt, wenn ich die Welt vor mir in einer praktischen Entschleierung erfasse; das erklärt, weshalb Racine seine Gesellschaft (seine Epoche, die Institutionen, seine Familie, seine Klasse etc.) hervorbringt, indem er in seinen Werken die *freigelegte Intersubjektivität* hervorbringt; das erklärt, weshalb Gide in den Ratschlägen, die er Nathanael gibt, oder in den intimsten Seiten seines Tagebuchs die Welt offenlegt, die ihn hervorbringt und bestimmt. Der Schriftsteller kann sich wie jeder andere der Einbindung in die Welt nicht entziehen, und seine Schriften sind der Prototyp des einzelnen Allgemeinen: welche es auch sind, immer haben sie diese beiden sich ergänzenden Seiten, die historische Singularität ihres Seins und die Universalität ihrer Bestrebungen – oder umgekehrt (die Universalität des Seins und die Singularität der Bestrebungen). Ein Buch ist notwendig ein Teil der Welt, durch den sich die Totalität der Welt *manifestiert*, ohne sich deshalb je zu enthüllen.

Dieser doppelte, stets vorhandene Aspekt des literarischen Werkes macht seinen Reichtum, seine Doppeldeutigkeit und seine Grenzen aus. Den Klassikern und den Naturalisten stand er nicht explizit vor Augen, wenn er ihnen auch nicht vollständig entging. Heute ist offenkundig, daß es nicht allein um eine gegebene Determination des literarischen Werkes geht und daß dieses, bei seinem Entstehen, keinen anderen Zweck haben kann, *als gleichzeitig auf beiden Ebenen zu existieren*, denn seine Struktur eines einzelnen Allgemeinen zerstört allemal jede Möglichkeit, einen einseitigen Zweck zu behaupten. Der Schriftsteller verwendet die Sprache, um einen Gegenstand zu produzieren, zu dem zwei Schlüssel gehören und der in seinem Sein und in seinem Zweck die singulare Universalität und die universalisierende Singularität bezeugt.

Dabei sollte allerdings kein Mißverständnis aufkommen. Daß ich allgemein determiniert bin, das weiß ich, oder das kann ich wissen; daß ich dadurch, daß ich Teil einer stattfindenden Totalisierung bin, totalisiert und durch jede meiner Handlungen Retotalisator bin, das weiß ich, oder das kann ich wissen. Bestimmte Humanwissenschaften – der Marxismus, die Soziologie, die Psychoanalyse – können mir dazu verhelfen, meinen *Platz* und die Grundzüge meines Abenteuers zu erkennen: ich bin ein Kleinbürger, Sohn eines Marineoffiziers, Halbwaise, mein einer Großvater ist Mediziner, der andere Lehrer, ich habe die bürgerliche Kultur empfangen, so wie man sie zwischen 1905 und 1929, dem Datum, an dem mein Studium offiziell endete, verabreichte; zusammen mit bestimmten objektiven Vorgaben meiner Kindheit haben mich diese Fakten für bestimmte neurotische Reaktionen prädisponiert, die ich kenne. Betrachte ich das Ganze im Lichte der Anthropologie, werde ich ein bestimmtes Wissen über mich erwerben, das einem Schriftsteller alles andere als unnütz ist, sondern heute, aufgrund der Vertiefung der Literatur, *verlangt* wird. Es wird aber verlangt, um das literarische Vorgehen zu erhellen, um es in die Exteriorität zu setzen und um die Beziehung des Schriftstellers zur Welt *vor ihm* zu entwirren. So kostbar sie auch sei, ist die Erkenntnis meiner selbst und der anderen in unserer reinen Objektivität nicht der grundlegende Gegenstand der Literatur, da sie das Allgemeine *ohne* das Einzelne ist. Umgekehrt ist es auch nicht die gänzliche Komplizenschaft mit den eigenen Phantasien. Was ihren Gegenstand ausmacht, das ist das In-der-Welt-Sein, nicht als Zugang von außen, sondern vielmehr als vom Schriftsteller *Erfahrenes*. Aus diesem Grund hat die Literatur, obwohl sie sich immer mehr auf das allgemeine Wissen stützen muß, keinem einzigen Bereich dieses Wissens Informationen zu vermitteln. Ihr Thema, das ist die Einheit der Welt, die die doppelte Bewegung der Interiorisierung und der Exteriorisierung in Frage stellt, oder anders gesagt, die Unmöglichkeit für den Teil, etwas anderes als eine Determination des Ganzen zu sein und im Ganzen aufzugehen, das er durch seine Determination negiert *(omnis determinatio est negatio)*, obwohl er sie aus dem Ganzen bezieht. Die Unterscheidung zwischen der Welt *von hinten* und der Welt *von vorn* darf uns nicht daran hindern, die Zirkularität dieser beiden Welten zu sehen, die nur eine einzige bilden: der Haß auf die Bürger, den Flaubert empfindet, das ist seine Weise, die Interiorisierung des *Bürger-Seins* zu exteriorisieren. Diese «Falte in der Welt», von der Merleau-Ponty sprach, ist heute der einzig mögliche Gegenstand der Literatur. Beispielsweise wird der Schriftsteller eine Landschaft, eine Straßenszene, ein Ereignis wiedergeben:

1. Insofern diese Singularitäten Verkörperung des Ganzen, also der Welt, sind.

2. Gleichzeitig, insofern die Weise, in der er sie zum Ausdruck bringt, kenntlich macht, daß er selbst eine andere Verkörperung desselben Ganzen (verinnerte Welt) ist.

3. Insofern diese unüberwindbare Dualität eine zwar strenge Einheit manifest macht, die allerdings das Geschriebene insgesamt beherrscht, ohne dort *sichtbar* zu werden. Tatsächlich ist ursprünglich die Person diese Einheit, doch genau in der Weise, in der sie jene manifest macht, zerstört ihr Vorhandensein sie als Einheit. Da selbst die Zerstörung dieser Existenz die Einheit nicht wiederherstellen würde, ist es besser, der Schriftsteller versucht, sie über die Doppeldeutigkeit des Werkes als die unmögliche Einheit einer suggerierten Dualität ahnen zu lassen.

Wenn das tatsächlich – sei er sich dessen vollständig bewußt oder auch nicht – das Ziel des modernen Schriftstellers ist, ergeben sich daraus mehrere Konsequenzen für sein Werk:

1. Zunächst trifft zu, daß der Schriftsteller grundsätzlich *nichts* zu sagen hat. Damit meinen wir, daß sein grundlegendes Ziel nicht das Mitteilen eines *Wissens* ist.

2. Dennoch *teilt er sich mit*. Das bedeutet, daß er in Form eines Gegenstandes (des Werkes) die menschliche Situation in ihrer Radikalität (das In-der-Welt-Sein) erfaßbar macht.

3. Dieses In-der-Welt-Sein wird aber nicht, wie ich es gerade tue, mittels verbaler Annäherungen dargestellt, die wieder auf das Allgemeine abzielen (denn ich beschreibe es, insofern es die Seinsweise aller ist – was man so ausdrücken könnte: Der Mensch ist Sohn des

Menschen). Der Schriftsteller kann von seinem In-der-Welt-Sein nur Zeugnis ablegen, indem er einen doppeldeutigen Gegenstand produziert, der es andeutungsweise nahelegt. So bleibt das tatsächliche Verhältnis des Lesers zum Autor das Nicht-Wissen; beim Lesen dieses Buchs muß der Leser indirekt auf seine eigene Realität eines einzelnen Allgemeinen zurückverwiesen werden; er muß sich – weil er in das Buch eindringt und zugleich nicht vollständig eindringt – als einen anderen Teil desselben Ganzen, als eine andere Sichtweise der Welt über sich selbst realisieren.

4. Daß der Schriftsteller *nichts* zu sagen hat, rührt daher, daß er *alles* manifest zu machen hat, das heißt dieses singulare und praktische Verhältnis des Teils zum Ganzen, welches das In-der-Welt-Sein ist; das literarische Objekt muß dieses Paradox bezeugen, welches der Mensch in der Welt ist, nicht indem es Erkenntnisse über *die* Menschen liefert (damit wäre der Autor ein Amateurpsychologe, ein Amateursoziologe etc.), sondern indem es das In-der-Welt-Sein *in dieser Welt* als konstitutives und unsagbares Verhältnis aller zu allem und zu allen zugleich objektiviert und subjektiviert.

5. Wenn das Kunstwerk alle Züge eines einzelnen Allgemeinen trägt, dann ist es, als habe der Autor das Paradox seiner menschlichen Situation als *Mittel* und die Objektivierung dieser Situation *inmitten der Welt* in einem Gegenstand als Zweck genommen. So ist heute das Schöne nichts anderes als die menschliche Situation, nicht als Faktizität, sondern als Produkt einer schöpferischen Freiheit (der des Autors) dargestellt. Und in dem Maße, in dem diese schöpferische Freiheit auf Kommunikation abzielt, wendet sie sich an die schöpferische Freiheit des Lesers und regt ihn an, durch die Lektüre (die ebenfalls etwas Schöpferisches ist) das Werk neu zusammenzusetzen, kurz, sein eigenes In-der-Welt-Sein frei zu erfassen, als wäre es das Produkt seiner Freiheit; anders ausgedrückt, als wäre er der verantwortliche Autor seines In-der-Welt-Seins, das er zugleich hinnimmt, oder, wenn man so will, als wäre er die frei verkörperte Welt.

Das literarische Kunstwerk kann also nicht das Leben sein, das sich unmittelbar an das Leben wendet und über die Emotion, die Begierde etc. eine Symbiose zwischen Autor und Leser herzustellen versucht. Indem es sich aber an die Freiheit richtet, lädt es den Leser dazu ein, sein eigenes Leben zu verantworten (nicht aber die Umstände, die es modifizieren und unerträglich machen können). Nicht über moralische Vorhaltungen lädt es ihn dazu ein, sondern indem es im Gegenteil von ihm die ästhetische Anstrengung verlangt, es als paradoxe Einheit von Singularität und Universalität neu zusammenzusetzen.

6. Jetzt können wir verstehen, daß die totale Einheit des *neu zusammengesetzten* Werks das Schweigen ist, das heißt die durch die Wörter und über die Wörter hinaus freie Verkörperung des In-der-Welt-Seins als Nicht-Wissen, das ein zwar partielles, aber totalisierendes Wissen umschließt. Bleibt die Frage, wie der Autor das fundamentale Nicht-Wissen – Gegenstand des Buches – mittels Bedeutungen hervorbringen, das heißt mittels Wörtern das Schweigen anbieten kann.

Hier wird nun verständlich, weshalb der Schriftsteller der Spezialist der Gemeinsprache ist, also der Sprache, die das Höchstmaß an *Desinformationen* enthält. Zunächst haben die Wörter zwei Seiten, genauso wie das In-der-Welt-Sein. Einerseits sind es Objekte, die aufgegeben werden: man überschreitet sie auf ihre Bedeutungen hin, die, nachdem sie verstanden worden sind, zu polyvalenten verbalen Schemata werden, die auf hundert verschiedene Weisen, also durch andere Wörter, ausgedrückt werden können. Andererseits sind sie materielle Realitäten: in diesem Sinn haben sie objektive Strukturen, die sich durchsetzen und sich stets auf Kosten der Bedeutungen behaupten können. Das Wort *grenouille* (Frosch) oder das Wort *bœuf* (Ochse) haben eine auditive und optische Gestalt: sie sind anwesend. Daher enthalten sie einen bedeutsamen Anteil an Nicht-Wissen. *La grenouille qui veut se faire aussi grosse qu'un bœuf*[1] enthält in der unentwirrbaren Verflechtung seiner Materialität und seiner Bedeutung viel mehr Körperlichkeit *(corporéité)* als «x – y». Und nicht *trotz* dieser materiellen Schwere, sondern *wegen ihr* beschließt der Schriftsteller, die Gemeinsprache zu verwenden. Seine Kunst besteht darin, einerseits so exakt wie möglich eine Bedeutung anzugeben, andererseits die Aufmerksamkeit auf die Materialität des Wortes zu lenken, so daß das bezeichnete Ding zugleich über das Wort hinausgeht und sich in dieser Materialität verkörpert. Nicht daß das Wort «Frosch» irgendeine Ähnlichkeit mit dem Tier hätte. Aber *genau deshalb* hat es die Aufgabe, dem Leser die unerklärbare und reine materielle Gegenwart des Frosches anzuzeigen.

Kein einziges Element der Sprache kann angeregt werden, ohne

---

1 Der Frosch, der dem Stier an Größe gleichen wollte, Fabel von La Fontaine, Anm. d. Übers.

daß die ganze Sprache mit ihrem Reichtum und mit ihren Grenzen gegenwärtig ist. In diesem Sinn unterscheidet sie sich von den technischen Sprachen, bei denen sich jeder Spezialist als Koautor fühlt, da sie auf vorsätzlichen Übereinkünften gründen. Hingegen drängt sich mir die Gemeinsprache als Ganzes auf, insofern ich *ein anderer* als ich selbst bin und indem sie das konventionelle, jedoch unbeabsichtigte Produkt jedes einzelnen ist, insofern er durch und für die anderen *ein anderer als er selbst ist.* Ich erläutere: auf dem Markt wünsche ich, insofern ich ich selbst bin, daß der Preis dieser oder jener Ware möglichst niedrig ist; doch die einfache Tatsache meiner Nachfrage hat eine Preiserhöhung zur Folge: denn für die Verkäufer bin ich *ein anderer* wie alle anderen, und als solcher handle ich meinen Interessen zuwider. So verhält es sich auch mit der Gemeinsprache: ich spreche sie und werde damit, als anderer, von ihr gesprochen. Natürlich verläuft beides simultan und ist dialektisch miteinander verbunden. Kaum habe ich gesagt: «Guten Tag, wie geht es Ihnen?», weiß ich schon nicht mehr, ob ich mich der Sprache bediene oder ob sie sich meiner bedient. Ich bediene mich ihrer: ich wollte einen Menschen in seiner Partikularität begrüßen, den ich mit Freude wiedersehe; sie bedient sich meiner: ich habe lediglich – zugegeben mit besonderer Intonation – einen Gemeinplatz des Diskurses reaktualisiert, der sich durch mich hindurch behauptet, und von diesem Augenblick an ist die ganze Sprache gegenwärtig; in der anschließenden Unterhaltung erlebe ich, wie meine Intentionen durch das artikulierte Ensemble der Morpheme umgeleitet, begrenzt, verraten und bereichert werden. Somit verbindet mich die Sprache, dieses seltsame Bindemittel, *als anderen* mit dem anderen *als anderen* genau in dem Maße, indem sie uns als *die gleichen* verbindet, das heißt als Subjekte, die vorsätzlich kommunizieren. Das Ziel des Schriftstellers ist keineswegs, diese paradoxe Situation aufzuheben, sondern sie maximal zu nutzen und auch seinem *Sein-in-der-Sprache* den Ausdruck seines In-der-Welt-Seins zu geben. Er verwendet die Sätze als Träger von Doppeldeutigkeit, als Vergegenwärtigung des strukturierten Ganzen, das die Sprache ist, er spielt mit der Vielfalt der Bedeutungen, er bedient sich der Geschichte der Vokabeln und Syntax, um abweichende Überbedeutungen zu schaffen; weit davon entfernt, die Grenzen seiner Sprache bekämpfen zu wollen, benutzt er sie im Gegenteil in einer Weise, daß seine Arbeit anderen als seinen Landsleuten so gut wie nicht mitteilbar wird, er übertrifft noch den nationalen Partikularismus in demselben Augenblick, in dem er universale Bedeutungen liefert. Doch wenn er aus dem Nicht-Bedeutenden die eigentliche Materie seiner Kunst macht, beabsichtigt er keine absurden Wortspiele (obschon die Schwäche für Kalauer – wie man bei Flaubert sieht – keine schlechte Vorbereitung auf Literatur ist), sondern er will die trüb gewordenen Bedeutungen so zeigen, wie sie sich über sein In-der-Welt-Sein darstellen. In der Tat vermittelt der *Stil* keinerlei Wissen: er bringt das einzelne Allgemeine hervor, indem er die Sprache als Allgemeinheit, die den Schriftsteller erschafft und in seiner Faktizität vollständig bedingt, und zugleich den Schriftsteller als Wagnis zeigt, der seine Sprache umleitet oder ihre Eigentümlichkeiten und Doppeldeutigkeiten übernimmt, um von seiner praktischen Singularität Zeugnis abzulegen und seine erlebte Beziehung zur Welt in der materiellen Gegenwart der Wörter einzufangen. «Das Ich ist hassenswert; Ihr, Miton, verbergt es, und doch könnt Ihr Euch dem nicht entziehen.» Die Bedeutung in diesem Satz ist allgemein, der Leser erfährt sie aber über jene nicht-bedeutende Singularität, den Stil, der ihr nunmehr derart eng verbunden ist, daß er die Idee nur noch über diese Singularisierung denken wird, das heißt so, wie sie Pascal gedacht hat. Der Stil, das ist die Sprache in ihrer Vollständigkeit, die, durch die Vermittlung des Schriftstellers, sich selbst gegenüber die Sichtweise der Singularität einnimmt! Dies ist selbstverständlich nur eine – allerdings grundlegende – Weise, das In-der-Welt-Sein darzustellen. Es gibt hundert andere, die gleichzeitig zu verwenden sind und die den *Lebensstil* des Schriftstellers kennzeichnen (Gewandtheit, Härte, enormes Angriffstempo oder im Gegenteil langsamer Anlauf, verwickelte Eröffnung, die in schroffe Raffungen münden etc.). Jeder weiß, was ich meine: all diese Eigentümlichkeiten, die einen Menschen derart preisgeben, daß man seinen Atem zu spüren meint, *jedoch ohne ihn erkennen zu lassen.*

7. Dieser grundlegende Gebrauch der Sprache kann nicht einmal versucht werden, wenn nicht gleichzeitig Bedeutungen geliefert werden. Ohne Bedeutung keine Doppeldeutigkeit, der Gegenstand geht nicht in das Wort ein. Und was ist unter Raffung zu verstehen? Raffung wovon? Ich schlage vor, das wesentliche Anliegen des modernen Schriftstellers, das darin besteht, das nicht-bedeutende Element der Gemeinsprache zu bearbeiten, um dem Leser das In-der-Welt-Sein eines einzelnen Allgemeinen offenbar zu machen, die Suche nach dem *Sinn* zu nennen. Das ist die Anwesenheit der Totalität in dem

Teil: der Stil befindet sich auf der Ebene der Verinnerung der Entäußerung, es ist die singulare Anstrengung einer Überschreitung auf die Bedeutungen hin, was man als die *Würze* der Epoche, den *Geschmack* des historischen Moments bezeichnen könnte, so wie sie sich einer von derselben Geschichte geformten Person singular dartun.

Obwohl er grundlegend ist, bleibt dieser Sprachgebrauch im Hintergrund, da er nur die Einbindung des Schriftstellers in die Welt abbildet: was in ganzer Deutlichkeit dargeboten wird, das ist das Ensemble der Bedeutungen, das der Welt von vorn entspricht, so wie sie einer von der Welt von hinten bedingten Sichtweise universal erscheint. Die Bedeutungen sind jedoch nur Fast-Bedeutungen, und ihr Ensemble konstituiert nur ein Fast-Wissen: *zunächst*, weil sie als Mittel des *Sinns* ausgesucht worden sind und *in dem Sinn verwurzelt sind* (anders gesagt, weil sie ausgehend vom Stil gebildet werden, durch den Stil zum Ausdruck kommen und daher von ihrem Ursprung an getrübt sind), *dann*, weil sie von sich aus so wirken, als würde sie eine Singularität vom Universalen abheben (so enthalten sie selbst die Einheit und den explosiven Widerspruch von Einzelnem und Allgemeinem). Alles, was in einem Roman gegeben ist, kann als universell erscheinen, es ist aber eine falsche Universalität, die sich entweder selbst entlarvt oder vom Rest des Buchs entlarvt wird. Akinari beginnt sein *Rendez-vous bei den Chrysanthemen* mit den Worten: «Der Unbeständige geht leicht eine Bindung ein, doch nur für kurze Zeit; wenn der Unbeständige einmal mit dir gebrochen hat, wird er nie wieder nach dir fragen.» Betrachtet man sie isoliert, sind dies allgemeine Aussagen. Doch *in der Erzählung* erweist sich die Universalität als falsch. Vor allem sind es zwei analytische Urteile, die uns die Definition der Unbeständigkeit – die wir bereits *kennen* – mitteilen. Was sollen sie außerdem hier, wo die Geschichte nicht von Unbeständigkeit, sondern im Gegenteil von einer wunderbaren Beständigkeit erzählt? Das führt uns auf Akinaris Singularität zurück. Warum hat er diesen Satz gewollt? Er stand in dem chinesischen Märchen, das er als Vorlage benutzt und dabei vollständig verändert hat: hat er ihn versehentlich stehengelassen? Oder wollte er damit offen auf die Quelle seiner Erzählung hinweisen? Oder wollte er, indem er den Leser glauben läßt, der Freund sei aus Unbeständigkeit nicht zum Rendez-vous erschienen, einen Überraschungseffekt erzielen, um anschließend seine unvergleichliche Treue zu enthüllen? So oder so ist der Satz indirekt problematisch, und sein allgemeiner Aspekt steht im

Widerspruch zur Singularität der Gründe, aus denen er an diese Stelle gesetzt worden ist. Der Stil ist der Ausdruck unserer unsichtbaren Bedingtheit durch die Welt von hinten, und die Bedeutungen sind die praktische Anstrengung des solchermaßen bedingten Autors, *durch diese Bedingtheit hindurch* die Gegebenheiten der Welt von vorn zu erreichen.

8. Auf der Grundlage dieser wenigen Bemerkungen kann man behaupten, daß sich das literarische Werk von heute zur Aufgabe macht, die beiden Seiten des In-der-Welt-Seins gleichzeitig auszudrücken; es muß die Welt durch die Vermittlung eines einzelnen Teils enthüllen, der von ihr hervorgebracht worden ist, so daß das Allgemeine überall als Erzeuger der Singularität dargestellt wird, und umgekehrt die Singularität als Wölbung und unsichtbare Grenze des Allgemeinen begreifen. Man könnte auch sagen, die Objektivität muß auf jeder Buchseite als grundlegende Struktur des Subjektiven durchscheinen, und umgekehrt muß überall die Subjektivität als die Undurchdringlichkeit des Objektiven ausgemacht werden können.

Verfolgt das Werk diese doppelte Absicht, dann ist es nicht von Belang, unter welcher Form es sich präsentiert; es kann, wie bei Kafka, die Form einer objektiven und geheimnisvollen Erzählung annehmen, in einer Art Symbolismus ohne Symbole und ohne wirklich Symbolisiertes (es ist nie eine Metapher, die indirekt ein Wissen vermitteln würde, sondern immer ein *Schreiben*, das unablässig die erlebten Modalitäten des In-der-Welt-Seins in ihrer Unentzifferbarkeit angibt); oder der Autor kann, wie Aragon in seinen letzten Romanen, selbst in die Erzählung eingreifen, um ihre Universalität genau in dem Augenblick zu beschränken, in dem es scheint, er wollte sie erweitern; oder es greift ganz einfach – wie bei Proust – eine fiktive Person – die aber der Bruder des Erzählers ist – als Richter, als Partei, als *agent provocateur* oder als Zeuge in das Geschehen ein; das Verhältnis zwischen Einzelnem und Allgemeinem kann in hundert weiteren Formen fixiert werden (Robbe-Grillet, Butor, Pinget etc.). Das hängt vom jeweiligen Vorhaben ab, eine prioritäre Form gibt es nicht. Das Gegenteil zu behaupten, heißt *gleichzeitig* in Formalismus zu verfallen (eine Form zu verallgemeinern, die nur als *ein* Ausdruck des *einzelnen* Allgemeinen gelten kann: das «Sie» in *La modification*[1] ist nur dort gültig, dafür ist es dort vollkommen gültig) beziehungs-

---

1 Roman von Michel Butor, Anm. d. Übers.

weise in Verdinglichung (aus der Form ein Ding, ein Etikett, einen Ritus zu machen, während sie nur die innere Einheit des Inhalts ist).

Allerdings ist ein Werk untauglich, wenn es nicht vom *Ganzen* über den Modus des Nicht-Wissens, des Erlebten Zeugnis ablegt. Das Ganze, das heißt die gesellschaftliche Vergangenheit und die historische Konjunktur, die *erlebt*, aber nicht *erkannt* werden. Das bedeutet, daß sich das Einzelne allein als nicht-bedeutende Partikularisierung der Zugehörigkeit zur Gemeinschaft und ihrer objektiven Strukturen sichtbar macht, und umgekehrt, daß die anvisierten Fast-Bedeutungen als objektive Strukturen des Gesellschaftlichen nur einen Sinn haben, wenn sie als Strukturen erscheinen, die erst konkret sind, wenn sie von einer spezifischen Verwurzelung her erlebt werden, oder anders gesagt: wenn das – niemals erreichte – objektive Allgemeine am Horizont einer Bemühung um Universalisierung erscheint, die aus der Singularität hervorgeht und sie negierend bewahrt.

Das bedeutet einerseits, daß das Werk für die ganze Epoche einstehen muß, das heißt für die Situation des Autors in der gesellschaftlichen Wirklichkeit und, ausgehend von dieser besonderen Einbindung, für die gesellschaftliche Wirklichkeit insgesamt, insofern diese Einbindung den Autor – wie jeden Menschen – zu jemandem macht, der in seinem Sein *konkret* in Frage gestellt wird, der seine Einbindung als Entfremdung, Verdinglichung, Frustration, mangelnde Rückzugsmöglichkeit vor einem *vermuteten* Hintergrund möglicher Fülle erlebt. Und insofern die Totalisierung selbst historisch als einfacher Moment einer stattfindenden Totalisierung partikularisiert wird. Es ist heute nicht möglich, daß ein Schriftsteller sein In-der-Welt-Sein nicht als ein In-der-*One-world*-Sein erlebt, das heißt, ohne sich in seinem Leben von ihren Widersprüchen betroffen zu fühlen (beispielsweise Atomrüstung – Volkskrieg – mit diesem permanenten Hintergrund: für die Menschen gibt es heute die Möglichkeit, die Menschheit vollständig auszulöschen, und es gibt die Möglichkeit, den Weg zum Sozialismus einzuschlagen). Jeder Schriftsteller, der nicht vorhätte, die Welt der Atombombe und der Weltraumforschung so wiederzugeben, wie er sie im Dunkeln, in Ohnmacht und Sorge erlebt hat, würde von einer abstrakten Welt und nicht von dieser hier sprechen, er wäre allenfalls ein Spaßmacher oder ein Scharlatan. Wie er über seine Einbindung in die historische Konjunktur berichtet, ist unerheblich: es genügt, wenn eine sich vage dahinschleppende Angst von dem Vorhandensein der Bombe zeugt, man braucht die Bombe keineswegs zu erwähnen. Die Totalisierung muß vielmehr im Nicht-Wissen stattfinden, und umgekehrt wird, weil das Leben die Grundlage von allem sowie die radikale Negation von dem ist, was es bedroht, die Totalisierung nicht passiv verinnert, sondern von der einzigartigen Bedeutung des Lebens aus erfaßt. Die Ambivalenz, die das Fundament des literarischen Werkes ist, kommt in einem Satz von Malraux recht gut zum Ausdruck: «Ein Leben ist nichts wert, nichts ist ein Leben wert», der die Sichtweise der Welt von hinten (die das Leben gleichgültig hervorbringt und vernichtet) mit der Sichtweise der Singularität vereint, die sich dem Tod entgegenwirft und ihre Autonomie behauptet.

Das Engagement des Schriftstellers zielt auf die Mitteilung des Nicht-Mitteilbaren (des erlebten In-der-Welt-Seins) unter Ausnutzung des Anteils an Desinformation, den die Gemeinsprache enthält, und es will die Spannung zwischen dem Teil und dem Ganzen, der Totalität und der Totalisierung, der Welt und dem In-der-Welt-Sein bewahren als *Sinn* seines Werkes. Er ist *in seinem Handwerk selbst* dem Widerspruch zwischen Einzelnem und Allgemeinem ausgesetzt. Während die anderen Intellektuellen erlebten, wie ihre Funktion aus einem Widerspruch zwischen den universalistischen Ansprüchen ihres Berufes und den partikularistischen Ansprüchen der herrschenden Klasse hervorgegangen ist, bezieht er aus der eigenen Aufgabe die Verpflichtung, auf der Ebene des Erlebten zu bleiben und gleichzeitig die *Universalisierung* als die Behauptung des Lebens am *Horizont* zu suggerieren. In diesem Sinn ist er nicht wie jene *aus Zufall*, sondern *seinem Wesen nach* Intellektueller. Genau aus diesem Grund verlangt das Werk von sich aus danach, daß er sich *außerhalb desselben* auf die theoretisch-praktische Ebene stellt, auf der die anderen Intellektuellen bereits sind: denn das Werk ist einerseits – auf der Ebene des Nicht-Wissens – Wiederherstellung des Seins in einer Welt, die uns erdrückt, und andererseits die erlebte Behauptung des Lebens als absoluter Wert und das Verlangen einer Freiheit, die sich an alle anderen richtet.

Der Gegenschock

Interview mit Le Nouvel Observateur,
Dezember 1965

Le Nouvel Observateur: Wie erklären Sie sich, daß sich de Gaulle zur Stichwahl stellen mußte?

Jean-Paul Sartre: Zunächst hat ein nichtpolitisches Phänomen eine Rolle gespielt: das Auftreten der Oppositionskandidaten im Fernsehen, zu denen die Wähler einen direkten Kontakt bekamen. Ihre Jugend und ihr Aussehen haben Mitterrand und mehr noch Lecanuet genutzt. Und die Menschen, die nicht beabsichtigten, sie nach diesem Gesichtspunkt zu beurteilen, fanden, daß de Gaulle langsam ganz schön alt sei.

Die Art aber, wie sich die gaullistische Regierung des Fernsehens bediente, hat ihr geschadet: indem sie sieben Jahre lang einseitige Information und Propaganda sendete, hatte die Regierung ein einschläferndes Klima geschaffen. Die Menschen schliefen. Das wollten die Gaullisten, es hat sich aber gegen sie gewendet: verblüfft, de Gaulle zum erstenmal der Kritik ausgesetzt zu sehen, sind die Menschen erwacht. Wären die Gaullisten schlauer gewesen, hätten sie, anstatt das Fernsehen für die Opposition vollkommen zu sperren, ihr die Tür einen Spaltbreit geöffnet. Wenn Mitterrand, Lecanuet oder andere ab und zu im Fernsehen hätten reden können, hätte ihr plötzliches Auftauchen einen weit weniger heftigen Schock ausgelöst. Etwas Liberalismus zum Schein hätte, anstatt dem Gegner zu nutzen, wie die Gaullisten befürchteten, ihn im Gegenteil abgenutzt.

Dazu hat sich, aus politischem Überdruß nach sieben Jahren Gaullismus, ein Teil der Wähler den beiden links und rechts gebildeten Oppositionen angeschlossen. Mehr als Mitterrand ist Lecanuet, Befürworter des atlantischen Systems und des Europas der sechs, in die gaullistische Wählerschaft eingebrochen. Im Grunde hat er die Stichwahl herbeigeführt.

N. O.: Glauben Sie, daß diese Erfahrung, wenn de Gaulle, wie vorauszusehen, im zweiten Wahlgang wiedergewählt wird, die Regierung dazu bringen wird, die Information zu «liberalisieren»?

J.-P. S.: Das ist wenig wahrscheinlich. Die Gaullisten fürchten sich vor der Öffentlichkeit, und ihre Niederlage wird sie davon nicht befreien. Und außerdem wird de Gaulle mit zunehmendem Alter steif. Es fehlt ihm zusehends an Wendigkeit. Vor zehn Jahren hätte er nie den monströsen Fehler der Rede vom 4. November begangen («Ich oder das Chaos»). Ein Fehler, den er durch die Rede über den «Marsch ins Glück» zu reparieren meinte, zu der man ihn vermutlich gedrängt hat, der es aber an Überzeugung fehlte und an der vor allem auffiel, daß sie der vorher gehaltenen widersprach. Ein weiterer Fehler, der ebenfalls die Sklerose beweist: de Gaulle hat seine ganze Kampagne auf die Kritik an der IV. Republik ausgerichtet, wo eigentlich die VI. zur Debatte stand.

N. O.: Ebensosehr wie die Niederlage des Gaullismus, die vor allem der spektakuläre Aufstieg von Lecanuet ausgelöst hat, hat der Erfolg von Mitterrand überrascht, der mehr Stimmen als erhofft erhalten hat. Denken Sie, daß der Erfolg Nachwirkungen haben und daß sich die Einheit der Linken festigen wird?

J.-P. S.: Die Linke scheint tatsächlich aus einem sehr langen Schlaf erwacht zu sein. Doch, Vorsicht, die Einheit der Linken, von der Sie sprechen, ist zunächst eine fiktive. Von den 32 Prozent Wählern, die für Mitterrand gestimmt haben, haben die meisten eine Einzelperson gewählt. Sie haben ein Zeichen abstrakter Demokratie gesetzt. Noch ist die Linke ein Magma. Die linke Wählerschaft ist ohne organische Einheit, die Stimmen, die Mitterrand erhalten hat, stammen von untereinander isolierten Wählern. Dennoch kann die Tatsache, daß sie siebeneinhalb Millionen gewesen sind, die Linke vor der Gefahr schützen, die sie konstant bedroht: daß ihre Rechte (Sozialisten und Radikale) sie fallenläßt, um sich dem Zentrum anzuschließen. Die Stimmabgabe für Mitterrand beim ersten wie beim zweiten Wahlgang trägt dazu bei, eine Abschreckungsmacht gegen diese Rechte der Linken zu bilden. Hätte Mitterrand nur fünf Millionen Stimmen erhalten, dann hätte sich die sozialistische Rechte schnell Lecanuet zugewandt, um eine große zentristische Bewegung aufzufüllen, da ihrer Ansicht nach der Beweis erbracht ist, daß jede Zusammenarbeit mit der KP unmöglich ist.

Diese Gefahr ist – zumindest vorläufig – durch den Erfolg vom Sonntag abgewendet worden, definitiv wird es nur dann der Fall sein, wenn sich in der Linken eine tatsächliche Einheit herausgebildet hat. Diese Einheit setzt eine Einigung aller Organisationen der Linken über ein Minimalprogramm voraus. Die 28 Punkte von Mitterrand sind ein reiner Maßnahmenkatalog. Ein kohärentes Programm setzt voraus, daß man die Prioritäten bestimmt, nachdem man sie in ihren Wechselbeziehungen zueinander untersucht hat, also die grundlegenden Optionen an die erste Stelle setzt.

Beispielsweise die Einstellung zum atlantischen System. In Frankreich wird heute die Innenpolitik durch die Außenpolitik bestimmt. Alles wird vom Erfolg oder Mißerfolg unseres Kampfes gegen die amerikanische Hegemonie abhängen. Die Linke ist sich in dieser wesentlichen Frage alles andere als einig. Unter Mitterrands Wählern befürworten die einen de Gaulles Widerstand gegen die amerikanische Hegemonie, wenn sie ihn auch lasch finden (und in der Tat macht de Gaulle lediglich Gesten), die anderen akzeptieren alle Konsequenzen aus dem Atlantismus. Nun ist dieser unvereinbar mit der friedlichen Koexistenz, deren Hauptvoraussetzung die Auflösung der Blöcke ist. Eine Politik der Loslösung von den Vereinigten Staaten, die im übrigen mit einer Investitionspolitik einherginge, muß diskutiert und sehr genau bestimmt werden. Das steht uns noch bevor.

Dasselbe gilt für Europa. Zunächst muß gesagt werden, mit wem man es bilden will. Es ist kein Nationalismus, wenn man, im Rahmen eines Europas der Monopole, die Aufgabe von Teilen der Souveränität ablehnt. Das ist es aber, was uns zahlreiche Linke empfehlen. Das Europa der Völker ist vorläufig ein Mythos. Die Wirklichkeit ist das Europa des Herrn Erhard und der italienischen Christdemokraten. Auch hierzu muß die Linke eine Analyse der Situation leisten – was sie nie getan hat.

N. O.: Welche Rolle könnte Mitterrand bei der Erarbeitung eines Programms spielen, das alle mittrügen?

J.-P. S.: Nicht die Person zählt. Wenn man sich zur Symbolisierung der Einheit für eine Person entscheidet, geschieht es stets, weil man die nicht erreichte Übereinstimmung verschleiern will. Allerdings ist Mitterrand mit seinen 32 Prozent Stimmenanteil stark genug, um diejenigen zusammenzubringen, zwischen denen diese Übereinstimmung erzielt werden soll, das heißt die Vertreter der organisierten politischen Formationen. Doch die Parteispitzen allein werden der Linken nicht zur Einheit verhelfen können. Die Arbeit muß an der Basis geleistet werden.

Für die Zukunft wichtig ist der Gegenschock, den der Erfolg vom Sonntag auf Apparate und Mitglieder auslösen wird. Auf der Grundlage einer inerten Gegebenheit – dem Bruttoabstimmungsergebnis – werden all diejenigen, die im politischen Handeln engagiert sind, einer heute noch illusorischen Einheit realen Inhalt geben müssen.

N. O.: Glauben Sie, daß die Zeit für die Linke arbeitet?

J.-P. S.: Bestimmt nicht, wenn die Linke nicht für die Zeit arbeitet. So wie sie heute ist, steht es außer Frage, daß sie die Macht erlangt. Alles, was sie heute tun kann und muß, ist damit zu beginnen, sich solide Strukturen zu schaffen, um sich darauf vorzubereiten, den Krisen zu begegnen, die nach de Gaulles Abtreten oder Tod unvermeidlich aufkommen werden. Vielleicht wird es dann die Gefahr eines Faschismus geben: sind sie einmal ohne Führer, werden sich die Gaullisten nicht einfach entmachten lassen.

Langfristig wird eine Linke wieder auferstehen, unabhängig vom Los derjenigen, die wir heute kennen, weil das Vorhandensein der Linken selbst Ausdruck eines Klassenkonflikts ist, den man zu verschleiern sucht, der aber eine Realität bleibt.

Der Erfolg vom Sonntag ist von erheblicher Bedeutung. Versteht es die Linke, ihn auszunutzen, kann er ihr ermöglichen, endlich die Einheit auf der Grundlage eines genauen Aktionsprogramms zu verwirklichen, bei den nächsten Wahlen ihr Stimmenreservoir voll auszuschöpfen – was diesmal nicht stattgefunden hat –, eine reale Bedeutung zu spielen und auf die Entscheidungen der Regierung Einfluß zu nehmen. Wir stehen aber erst am Anfang. Eine gewaltige, noch kaum unternommene Arbeit steht bevor, für die sich die Linke zunächst einmal das Instrumentarium schaffen muß.

Le Nouvel Observateur, 8. Dezember 1965

Die Frustration der Jugend

Ein Gespräch mit Jean-Paul Sartre über
Georges Michels «L'Agression»

Nicole Zand: «L'Agression» («Der Überfall») ist das dritte Stück von
Georges Michel, das dem Publikum vorgestellt wird. Vom ersten
Stück, «Les Jouets» («Die Spielzeuge»), konnte der Autor sagen, es
sei ein Stück über die Entfremdung, vom zweiten «La Promenade du
Dimanche» («Der Sonntagsspaziergang»), es sei eines über die
Gleichgültigkeit. Und diesmal?

Jean-Paul Sartre: Man könnte «L'Agression» ein Stück über Gewalttätigkeit nennen. Diese Gewalttätigkeit ist nicht besonders spektakulär. Die Jugendlichen, die Georges Michel auf die Bühne bringt, sind keine Verbrecher, sie tun fast überhaupt nichts Böses, doch das familiäre Milieu, in dem sie ersticken, die Gleichgültigkeit der Eltern und der Gesellschaft, die ständige Einwirkung einer auf Luxus und Geld gegründeten Konsumwelt bringen sie eines Tages dahin, daß sie sich angegriffen fühlen. Tatsächlich, sie werden angegriffen von den Geschäften. Da stehen sie, und die Läden, die Reklame, die Schaufenster attackieren sie derartig, daß sie reagieren und zuschlagen. Das genügt, um sie zu Aggressoren zu machen, diese Kinder, die Schaufenster eingeschlagen haben, die ihnen nichts taten.

Zum sozialen Hintergrund: keiner der jungen Leute ist reich, ihre Vergangenheit ist unterschiedlich. Die einen haben mittelmäßige und gleichgültige Eltern, die ihre Kinder nicht zu erziehen verstehen, die Mutter eines anderen ist eine Beinahe-Prostituierte. Einzig weil sie Nachbarn waren, haben sie sich zu einer Bande zusammengeschlossen.

Nicole Zand: «L'Agression», das Stück über Gewalttätigkeit, wäre
also auch ein Stück über Frustration?

Jean-Paul Sartre: Im Grunde ja. Es ist die nicht langweilige Geschichte der Langeweile dieser armen Kerle. Sie sind der Flut der Werbesprüche wehrlos preisgegeben und fühlen sich ausgestoßen, wenn man ihnen sagt, daß sie zur Konsumgesellschaft gehören. Man weckt in ihnen Wünsche, deren Erfüllung sie zu Mitgliedern dieser Gesellschaft machen könnte, wenn sie reich wären – Autos zum Beispiel. Gleichzeitig fehlen ihnen aber die Mittel dafür. Sie befinden sich daher in einem Zustand vollständiger Frustration.

Manche sind der Meinung, daß man von einer Verarmung sprechen kann, die durch größer werdende Bedürfnisse entsteht. Es gibt in unserer Gesellschaft keine absolute Verarmung, denn es ist nicht wahr, daß der Lebensstandard sinkt, im Gegenteil, er steigt, aber es gibt eine bestimmte relative Verarmung, da das Warenangebot der Konsumgesellschaft und die Werbung, die dafür getrieben wird, Bedürfnisse schaffen, die zu befriedigen diesen Leuten unmöglich ist. Da haben wir die Aggression, die letzten Endes in der relativen Verarmung begründet ist.

Georges Michel will diesen Zusammenhang zeigen, nämlich daß man die Kinder angreift, indem man ihnen neue Bedürfnisse schafft, Frustrationen also, und daß man sie zu Frustrierten macht, zu verkorksten Gestalten, die keinen Platz in der Gesellschaft haben. Sie leben in einer falschen Freiheit – der Freiheit, sich zu langweilen – und kommen gerade durch diese Aggression früher oder später in eine Lage, aus der sie keinen Ausweg finden. Das erinnert mich immer ein bißchen an «Saturday Night, Sunday Morning» (Film von Tony Richardson) oder an die «Petits enfants du siècle» von Christine Rochefort.

Nicole Zand: Eine Art Realismus?

Jean-Paul Sartre: Michels Theater scheint mir nicht realistisch zu sein. Sein Roman «Les timides aventures d'un laveur de carreaux» gehört zum kritischen Realismus; die Stücke dagegen enthalten immer eine Umformung zum Mythos hin. Gerade das gefällt mir.

«L'Agression» zählt gewiß auch zu den Stücken mythischen Typs. Es ließe sich mit dem allerdings realistischen Film «Die grünen Herzen» von Edouard Luntz vergleichen, den ich sehr schätze. Im Gegenteil, man kann sagen, daß diese Dialektik der Aggression, die den Mittelpunkt des Stückes bildet – die Angegriffenen werden zu Aggressoren und geben das Motiv für eine neue Aggression, die sie im übrigen verändert, indem sie aus bloßen Verbrauchern Produzenten macht, als einer der Helden mangels einer anderen Lösung Arbeit in einer Fabrik annimmt, – ich finde also, daß dieser dialektische Zusammenhang Mythoscharakter hat. Das alles spielt sich in der Realität nie ganz genauso ab, doch ist hier ein beispielhaftes Ganzes geschaffen worden; der erwähnte dialektische Zusammenhang scheint mir diese Wahrheit auf die Ebene des Theaters zu übertragen.

Meiner Meinung nach ist das der erste Versuch, nicht Halbstarke auf der Bühne zu zeigen, sondern vorzuführen, welche Wirkung die «Gesellschaft des Überflusses» auf Jugendliche hat. Ich glaube auch, daß Georges Michel nicht so sehr das Problem der Halbstarken objektiv zu untersuchen und dokumentarisch zu belegen versuchte, sondern vielmehr auch etwas aus seiner eigenen Jugend auf die Bühne bringen wollte.

Nicole Zand: Wie wird das Publikum auf die Sprache dieser Kinder reagieren? Wird es sich nicht selbst «angegriffen» fühlen?

Jean-Paul Sartre: Der Theaterskandal beginnt da, wo man denkt, daß der Nachbar Anstoß nehmen könnte. Selbst ist man zwar nicht schockiert, aber man wird es, weil der Nachbar schockiert ist und weil man sich fragt, wie er damit fertig wird. Ich glaube jedoch, daß Georges Michel seinem Thema keine andere Sprache geben konnte. Diese Jugendlichen müssen «deutlich» reden. Das hat nichts mit Realismus zu tun, das ist etwas anderes: sie sprechen mit der Gewalttätigkeit, die hier angebracht ist.

Ein Jugendpsychologe, der das Stück gelesen hatte, sagte mir: «Das ist gar nichts, verglichen mit dem, was ich zu hören bekomme, außerdem muß man sich klarmachen, daß es sich dabei um einen Akt der Befreiung, um ein Abreagieren handelt.» Die Gewalttätigkeit der Jugendlichen tobt sich vor allem in der Sprache aus, diese Gewalttätigkeit in Worten ist Ersatz: denn es handelt sich um artige Kinder, die nicht unbedingt Lust haben, jemanden umzubringen oder Schlägereien zu veranstalten, ihnen liegt es viel näher, so ordinär wie nur möglich zu sprechen. Das Publikum muß deshalb einsehen, daß diese Sprache notwendig ist. Hier liegt für das Publikum das Problem Nr. 1. Es geht dabei nicht um ein einfaches Nachahmen der Sprache. Die Grobheit ist nicht zufällig. Wenn diese Sprache notwendig ist, wenn sie dramatisch den springenden Punkt darstellt, hat man nicht das Recht, sie zu transponieren. Das Publikum muß sich daran gewöhnen, wie es sich an die Parallelität gewöhnen muß, die zwischen der Sprache der Kinder und der des Chors besteht, der die Erwachsenenwelt darstellt und zugleich die völlige Verständnislosigkeit, die sie heute den Kindern gegenüber zeigen, die sie gemacht haben.

Nicole Zand: Sie sprachen vorhin von schwarzem Humor ...

Jean-Paul Sartre: Ja. Dieses Stück ist – trotz aller Komik – doch recht «schwarz», denn man sieht, wie diese armen Kinder erdrückt werden, wie sie nur noch für absurde Handlungen Initiative aufbringen. So haben sie von Zeit zu Zeit Anfälle von Gewalttätigkeit, die sich gegeneinander richten. Frantz Fanon sagt, daß die Unterdrückten sich erst einmal untereinander schlagen, da sie noch nicht die Mittel besitzen, gegen ihre Aggressoren zu kämpfen. Nur geht das bei Kindern immer schnell vorbei, da ihre Gewalttätigkeit von außen hervorgerufen wird.

Innerhalb dieser Welt von Verständnislosigkeit, in der sich die Kinder bewegen, erscheint ihnen ihre Langeweile – so unglücklich sind sie – als Freiheit. In gewissem Sinne stimmt das schon, allerdings ist diese Freiheit nur klein, von kurzer Dauer und auf jeden Fall völlig negativ. Schon bald müssen sie in das Gefüge der Erwachsenenwelt eintreten, mit den Berufen, die auf sie warten. Sie haben nur eine Galgenfrist, eine Freiheit auf Abruf.

Sie halten sich für frei, aber in zwei Jahren ist das vorbei. Die Aggression ist das Ereignis, mit dem diese Frist zu Ende geht. Vorher leben diese Kinder in ihrer provisorischen Freiheit und glauben, obwohl sie völlig «programmiert» sind, die wirkliche Freiheit zu kennen. Man weigert sich gleichzeitig, sie als Produkte der gegenwärtigen Gesellschaft anzuerkennen. Die Gesellschaft hat sie so gemacht, wie sie sind, sie bestimmt schließlich die Löhne der Eltern und «programmiert» durch Bilder von Luxus; obwohl also die Gesellschaft selbst diese Halbwüchsigen so geformt hat, weigert sie sich, sie anzuerkennen. Denn sie sieht in ihnen nur jugendliche Verbrecher oder Kinder, die schlecht enden, aber nicht ihre eigene Wirklichkeit.

Der Intellektuelle und die Revolution

Interview mit Jean-Claude Garot
Januar 1968

Welcher Sinn liegt heute noch darin, «Linksintellektueller» zu sein?

Vor allem meine ich, daß kein Intellektueller existiert, der nicht «links» ist. Natürlich gibt es Leute, die Bücher oder Essays schreiben und zur Rechten gehören. Aber für mich genügt es eben nicht, seine Intelligenz funktionieren zu lassen, damit einer ein Intellektueller ist. In diesem Fall gäbe es keinen Unterschied mehr zwischen einem Handbuch und den Menschen, die lesen, die sich bilden. Wie ließen sich die Lohnarbeiter zur Zeit des Anarcho-Syndikalismus, die ihre Lage bedenken wollten, noch abgrenzen von einem Intellektuellen, der Essays schreibt? Es gibt die handwerkliche Tätigkeit des Arbeiters. Auch der Intellektuelle schreibt mit der Hand. In diesem Sinne besteht kein Unterschied mehr. Tatsächlich muß der Intellektuelle definiert werden auf Grund der Funktion, die ihm die Gesellschaft zuweist. Was ich einen Intellektuellen nenne, rekrutiert sich aus der gesellschaftlich-beruflichen Gesamtheit derer, die man die *Theoretiker des praktischen Wissens* nennen kann.

Diese Definition ergibt sich aus unserer heutigen Erkenntnis, daß alles Wissen praktisch ist. Vor hundert Jahren konnte man an eine wertfreie Forschung der Wissenschaft glauben; das war die bürgerliche Auffassung. Heute ist das eine überholte Ideologie: man weiß, daß die Wissenschaft – über kurz oder lang – einer praktischen Verwertung unterliegt; folglich läßt sich kein nichtpraktisches Wissen ausmachen. Der Theoretiker des praktischen Wissens kann ebensogut Ingenieur, Arzt, Forscher oder Soziologe sein. Der Soziologe beispielsweise studiert in Amerika Verbesserungsmethoden für die Beziehungen zwischen Unternehmer und Arbeitern, um den Klassenkampf zu verschleiern. Ich brauche gar nicht zu sagen, daß die Atomwissenschaft unmittelbar praktisch ist. Anders ausgedrückt: sobald man es mit einem Praktiker zu tun hat, der in seiner Arbeit von einem

Wissen, dessen Regeln immer seine Tätigkeit bestimmen, ausgeht mit der Perspektive, zusätzliches Wissen zu erlangen – eine Perspektive, die nicht unmittelbar praktisch sein muß, aber es werden kann, oder aber direkt praktisch sein kann wie im Fall eines Arztes –, dann definiere ich diesen Mann als einen Theoretiker des praktischen Wissens, nicht als einen Intellektuellen.

Was dagegen in unserer Gesellschaft einen Intellektuellen ausmacht, ist der tiefe Widerspruch zwischen der *Allgemeingültigkeit*, die die bürgerliche Gesellschaft seinem Wissen zugestehen muß, und dem *besonderen* ideologischen und politischen Rahmen, in dem er dieses Wissen anzuwenden verdammt ist. Ein Arzt studiert das Blut, insofern das «Blut» eine allgemeine Tatsache ist, denn die Existenz von Blutgruppen ist überall die gleiche; somit widerlegt seine theoretische Praxis spontan den Rassismus. Aber man läßt ihn diese biologische Allgemeinheit studieren, damit er der bürgerlichen Gesellschaft dient. In dieser Eigenschaft verkörpert er einen gewissen Stand der Mittelschicht der Bourgeoisie, die, obwohl sie selbst kein Kapital hervorbringt, teil am Mehrwert hat, weil sie der bürgerlichen Gesellschaft zu leben hilft. Der künftige Intellektuelle hat also eine allgemeine Bildung erhalten, doch im Rahmen einer besonderen Gesellschaft, die besondere Interessen und eine Klassenideologie besitzt: eine Ideologie, die man ihm von Kindheit an einimpft und die in ihrer Besonderheit sich dem Anspruch seiner gesellschaftlichen Tätigkeit auf Allgemeinheit widersetzt.

Der Intellektuelle bleibt indessen abhängig in dem Maße, wie die herrschende Klasse selber durch ihre finanzielle Macht über Verteilung und Bestimmung der Intellektuellenposten entscheidet. Mit anderen Worten: der Intellektuelle ist ein *doppeltes Produkt der bürgerlichen Gesellschaft*: erstens der besonderen Klasse, die an der Macht ist mit der ihr eigenen besonderen Ideologie, die ihn als *privates Individuum* produziert, und zweitens der technischen Universalität der bürgerlichen Gesellschaft, die seinen rechtmäßigen Anspruch auf Allgemeinheit auf das beschränkte Gebiet der bestehenden Wissenschaft verweist, und die den Intellektuellen nun als *allgemeinen Techniker* produziert.

Da haben Sie also diese eigenartige Figur, ein wahres Produkt der gegenwärtigen Gesellschaften, die sich in dauerndem Widerspruch befindet zwischen einer Ideologie einerseits, die aus der Kindheit stammt und in der natürlich alle besonderen bürgerlichen Begriffe angelegt sind: Rassismus, eine bestimmte Art von Humanismus, die sich allgemein gibt, tatsächlich aber Schranken aufrichtet – und andererseits der Allgemeingültigkeit ihres Berufs. Wenn dieser Mensch sich damit abfindet, wenn er sich diese Dinge verschleiert, wenn er durch Selbstbetrug und Schwanken es fertigbringt, diesen Widerspruch nicht in Unsicherheit zu durchleben, dann nenne ich ihn nicht einen Intellektuellen: ich betrachte ihn lediglich als Funktionär, als praktischen Theoretiker der bürgerlichen Klasse. Er mag Schriftsteller oder Essayist sein, das bleibt sich gleich, denn er wird die besondere Ideologie verteidigen, die man ihn gelehrt hat.

Doch sobald er den Widerspruch sieht und sein Beruf ihn veranlaßt, im Namen des Allgemeinen das Besondere in ihm selbst und damit überall zu bekämpfen, ist er ein Intellektueller. Anders gesagt, der Intellektuelle ist ein Mensch, der durch seinen eigenen Widerspruch – sofern er ihn offenbar macht – in die ungünstigsten Positionen versetzt wird, denn im Prinzip liegt gerade da die Allgemeingültigkeit.

Nach welchen theoretischen Kriterien lassen sich diese Intellektuellen definieren?

Das erste theoretische Kriterium, das ihnen eigen ist, kommt aus ihrer Arbeit: es ist die *Rationalität*. Für die Intellektuellen besteht ein unumstößlicher Zusammenhang zwischen der Allgemeinheit, die das Produkt der praktischen und dialektischen Vernunft ist, und den Klassen, die in der Verneinung das Allgemeine tragen. Die am meisten benachteiligten Klassen können sich, wie Marx es zeigte, tatsächlich nur verwirklichen, indem sie auch den *Begriff* «Klasse» zerstören und das gesellschaftliche Allgemeine schaffen. Dann ist die Universalität nicht mehr verbannt in die scheinbar unverantwortliche Wissenschaft, sondern zurückversetzt in die gesellschaftliche und historische Universalität des Menschen. Denn tatsächlich war es diese praktische Universalität, die die wissenschaftliche Entwicklung und technische Akkumulation der Arbeitskraft möglich und notwendig gemacht hat, als eine – von der bürgerlichen Klasse beschlagnahmte – Bestätigung der Macht des Menschen über die Welt.

Dem ersten Kriterium gemäß muß also alle Irrationalität abgeschafft werden, nicht von einem sentimentalen Standpunkt aus – denn die Auflösung des Widerspruchs kann nur durch den Einsatz der Vernunft gegen die Ideologie geleistet werden –, sondern von einem theoretischen Standpunkt aus, der in sich den *Übergang zur Praxis* trägt.

In dem Maße, wie sich seine Vernunft in ihm dem Rassismus widersetzt, findet der Intellektuelle sich auf der Seite derer, die unter dem Rassismus leiden, und er kann ihnen zunächst nur helfen, indem er eine rationale Kritik des Rassismus durchführt, der in ihm selbst und in den anderen steckt.

Das zweite Kriterium des Intellektuellen muß die *Radikalität* sein. Das heißt, im Kampf zwischen dem besonderen Irrationalen und dem Allgemeinen kann es keinen Kompromiß geben: es geht um die radikale Zerstörung des Besonderen.

Der Intellektuelle setzt als erstes die Idee von der Radikalität des Handelns. Und sein praktisches Wissen, da es eben praktisch ist, kann sich nur stützen auf gesellschaftliche Gruppierungen, die ihrerseits die Radikalität des Handelns fordern. Jedesmal also, wenn es im Bereich der politischen Parteien oder Formationen eine Wahl zu treffen gilt, wird der Intellektuelle veranlaßt, sich für das Radikalste zu entscheiden, um die Allgemeinheit wiederzufinden.

Tatsächlich sind wir alle als Intellektuelle sozusagen einzelne Allgemeine, das heißt, unsere Entscheidung hängt trotz allem noch von einer Anzahl irrationaler Elemente ab – rational selbstverständlich vom Standpunkt der Analyse unserer Situation in der Gesellschaft aus, doch irrational in dem Maße, wie sie subjektiv erfahren werden. Folglich bleibt eine gewisse Irrationalität, die bewirkt, daß Entscheidungen gefällt werden in der Weise eines einzelnen Allgemeinen. Sicher aber ist auch, daß die Aufgabe eines Intellektuellen darin besteht, sich von seinem Widerspruch zu befreien, der im Grunde nur der Widerspruch der Gesellschaft selber ist, und zu diesem Zweck die radikalste Position einzunehmen. Aber der Radikalismus bringt für uns Gefahren mit sich. Eine dieser Gefahren ist der «Gauchismus» (Linksradikalismus), das heißt die Forderung nach unmittelbarer und augenblicklicher Verwirklichung des Allgemeinen mit all den praktischen, theoretischen und in der Tat meist symbolischen, eingebildeten Folgen, wie ein solcher «Voluntarismus» sie mit sich bringt. Zum Glück gibt es zwei Elemente, die beim Intellektuellen den Linksradikalismus bremsen.

Zunächst gilt: der Intellektuelle muß und will durch *Wahrheit* zur Praxis gelangen. Die Wahrheit ist das, was das Handeln als Feld realer Möglichkeiten eröffnet. Das Handeln des Intellektuellen, der zunächst Theoretiker des praktischen Wissens war, ist ein Handeln, das sich nur definieren läßt als Anwendung und synthetische Bestimmung des Möglichen. Es gibt Möglichkeiten des Experimentierens, doch hängen diese Möglichkeiten nicht nur ab von der Art und Weise, in der man die Dinge in einem Labor anlegt, sondern ebenso vom Geld, das einem zur Verfügung steht. Es gibt Möglichkeiten für einen Arzt, die zugleich die Möglichkeiten der heutigen Wissenschaft sind, aber es gibt zugleich die Tatsache, daß diese oder jene Operation, die die beste wäre, nicht durchgeführt werden kann, weil der Kranke sich nicht am richtigen Ort befindet: er liegt im Busch oder auch, infolge eines Eisenbahnunglücks, neben einem Bahngleis, etc.

In diesem Sinn stellt das beständige Abstecken des Möglichkeitsfeldes eine der Schranken für den Intellektuellen dar und hindert ihn, aus seiner Radikalität einen Linksradikalismus zu entwickeln. So wird ein Intellektueller, wenn er eben nicht in den Linksradikalismus verfallen ist, nie sagen, die Revolution in Belgien oder Frankreich stünde morgen bevor, und man müsse sie auf die unmittelbare Machtergreifung hin anlegen.

Der Politiker kann das sagen: ein aus der französischen KP ausgeschlossenes Mitglied behauptete vor einigen Jahren: «Die Revolution steht morgen bevor: wir werden den Sozialismus selbst noch erleben.» Er sprach nicht als Intellektueller, er sprach als Linksradikaler, aus Gründen der Propaganda. Im Gegensatz dazu wird die Radikalität des Intellektuellen durch die Tatsache gebremst, daß er das Feld der Möglichkeiten abstecken muß.

Die zweite Schranke für die Radikalität entsteht, wenn einmal die rationale Entscheidung getroffen ist, aus einem neuen Widerspruch. Der erste Widerspruch lag in dem Gegensatz zwischen irrationalem und ideologischem Besonderen einerseits und praktischem und wissenschaftlichem Allgemeinen andererseits.

Der zweite Widerspruch liegt in dem Gegensatz zwischen *Disziplin* und *Kritik*. Ein Intellektueller ist, sobald er sich einer politischen Formation angeschlossen hat, so wie jeder andere oder mehr als jeder andere zur *Disziplin* verpflichtet. Doch in dem Maße, wie er das Besondere immer in Bezug zum Allgemeinen beurteilt, verpflichtet ihn seine Bestimmung zugleich, kritisch zu sein. Dieses Problem stellt sich übrigens auch den Intellektuellen der sozialistischen Gesellschaften.

Es gibt also zwei Schranken für den Linksradikalismus: die Bemühung um Wahrheit und die Bemühung um Disziplin. Diese beiden Schranken rühren aus einem doppelten Widerspruch her, der dialektisch gelöst werden muß: auf der einen Seite der Widerspruch, der den Theoretiker des praktischen Wissens dazu treibt, Intellektueller zu werden, das heißt der Gegensatz zwischen Besonderem und Allgemeinem – und andererseits der Widerspruch, der zwischen den praktischen Zielen der Partei und ihrem allgemeinen Auftrag besteht, der den Intellektuellen gerade zu dieser Partei hingezogen hat, das heißt der Gegensatz zwischen Disziplin und Kritik.

Dabei scheint es, als sei es das *gleiche Besondere*, das die rationale Radikalität des Intellektuellen motivierte und das nun im Innern der Partei selbst neu entsteht – obwohl diese sich als das angemessenste Instrument erwies, um eben diese Radikalität zu *verwirklichen*. Da aber diesmal die Besonderheit der Partei sich nur ergibt *zum Zwecke* des Allgemeinen und nicht dagegen, wie in der bürgerlichen Gesellschaft, wird der Intellektuelle sich der Disziplin beugen – wobei er stets wachsam bleibt hinsichtlich der Gefahren, die durch Rechtsabweichung oder Vergessen langfristiger Ziele entstehen.

Demnach sind Intellektuelle, die über die Universalität in den Linksradikalismus geraten sind, zwar Intellektuelle, aber solche, die sich irren. Sie haben sich zunächst dafür entschieden, konsequent zu sein. Zu Beginn haben sie eine Gruppe gewählt, die ihnen das Allgemeine zu vertreten schien. Dabei haben sie jedoch weder die gegenwärtigen Möglichkeiten der Situation dieser Gruppe studiert noch die Voraussetzungen einer Parteigängerschaft. Vielleicht vertritt gegenwärtig gerade eine andere Gruppe das Allgemeine. Daraus ergeben sich sehr schwere Probleme, denn bevor man die Partei wechselt, muß man vor allem und in aller Disziplin wissen, ob die erste Partei sich irrt und ob es angebracht ist, in eine andere Gruppe überzuwechseln.

Welche Positionen vertreten Sie gegenüber dem chinesischen Standpunkt?

Persönlich bin ich weder pro- noch antichinesisch eingestellt, weder für die Kräfte, die man Maoisten nennt, noch für die anderen. Und das aus einem einzigen Grund: alles, was ich bisher über die Frage gelesen habe, hat mir keine befriedigende, umfassende Kenntnis verschafft. Ich sehe Leidenschaftlichkeit, Interpretation, die manchmal sehr intelligent ist, wie zum Beispiel ein bemerkenswerter Artikel von Pierre Verstraeten, aber da handelt es sich um eigene Projektion: das entspricht nicht im geringsten dem, was die chinesischen Autoritäten oder die Roten Garden gesagt oder geschrieben haben. Verstraeten leistet eine Arbeit des philosophischen Entwurfs, die verstehen läßt, was eine Kulturrevolution sein *muß*, jedoch nicht, was sie *ist*. Und wir wissen es nicht aus dem sehr einfachen Grund, daß wir nämlich nicht über Informationen verfügen außer sehr schlecht interpretierten chinesischen Quellen.

Es gab eines Tages eine Wandzeitung in Shanghai, die verkündete: *Die Gegner schneiden den Roten Garden Nasen und Ohren ab.* Die westlichen Zeitungen haben das sofort übersetzt mit: *Man foltert in China.* Dabei handelte es sich um eine Formulierung, die lediglich besagen wollte, daß die Gegner die Roten Garden zu demütigen suchten. Bestenfalls erfuhren wir aus dieser Wandzeitung, daß es einen Kampf in Shanghai gab, keineswegs jedoch, daß dieser Kampf gewaltsam oder blutig war. In der gleichen Weise ist hier der Anfang eines Artikels von Kuo Mo Jo übersetzt worden: *Ich will mich gern im Dreck wälzen, mein ganzes Werk ist nichts wert, ich wälze mich im Dreck . . . usw.*

Dabei hätte man weit genauer übersetzen müssen, wie es die Russen taten: *Ich verstehe, daß man selbst in meinem Alter bereit sein muß, seine Hände in Schmieröl zu stecken.*

Was soviel besagt wie: die Literatur sollte wirklich volksverbunden sein und aus der Arbeit und dem Handwerk entstehen.

Unter diesen Bedingungen sehe ich mich also leidenschaftlichen und natürlich widersprüchlichen Interpretationen gegenüber. Ich habe viele sowjetische Freunde, die in den Chinesen ein wirkliches Unheil sehen: das war der elementare Manichäismus vor einigen Jahren. Auf der anderen Seite sehe ich bewundernswerte Analysen, die jedoch auf absolut nichts beruhen – speziell die Analysen der *Cahiers Marxistes-Léninistes.* Ich glaube, daß in einem Fall wie diesem viele Intellektuelle ihre Wahl vorschnell treffen. Ihr Stand als Intellektuelle dürfte ihnen keine Entscheidung erlauben, denn sie müssen für die Wahrheit sein, das heißt für eine vorherige und strenge Bestimmung des Möglichkeitsfeldes. Hier jedoch entzieht sich uns eine der Möglichkeiten: nämlich gerade die *Kenntnis.*

Entscheiden in Kenntnis der Sache ist tadellos, jedoch in Unwissenheit entscheiden heißt ins Besondere zurückfallen. Wir haben es dann nicht mehr mit dem Kriterium zu tun, das einen Intellektuellen ausmacht, nämlich mit jener Haltung, die es ermöglicht, auf die soziale Welt und jeden einzelnen im besonderen – wobei die beiden Dimensionen nicht voneinander zu trennen sind – eine reinigende und verallgemeinernde Technik anzuwenden.

Muß der Intellektuelle aufgrund des gegenwärtigen Mangels an Radikalität in der Russischen Revolution ihr gegenüber nicht eine kritische Wachsamkeit üben? Anders gesagt, lassen sich in der UdSSR noch die Kriterien einer revolutionären Praxis erkennen?

Es ist selbstverständlich, daß in dem Maße, wie wir von der Entwicklung der Sowjetwelt Kenntnis haben können, der Intellektuelle kritisch sein und nach Basis und Fundament dieser Praxis suchen muß. Denn da das Prinzip selbst des Intellektuellen die *Universalität* und *Radikalität* ist, muß die Revolution, die zugleich Bedingung und Einheit der beiden Ziele ist, *permanent* bleiben: nicht notwendigerweise im Trotzkischen Sinne des Wortes, sondern im prosaischen, nämlich, daß der Kampf begonnen hat und noch nicht zu Ende ist.

Kein Land darf unter dem Vorwand des Wohlstandes in diesem Kampf innehalten: es würde damit eine räumlich begrenzte, also falsche Universalität definieren, denn die Universalität muß für die ganze Welt gelten. Wir entdecken, daß einige wesentliche Bestandteile des Klassenkampfes sich verschoben und dadurch das Anwendungsfeld des Kampfes verändert haben. Die Kämpfe werden zu Kämpfen zwischen Ländern anstelle der Kämpfe im Innern eines Landes zwischen den gesellschaftlichen Strukturen und den Gruppen, die aus diesen Gesellschaftsstrukturen entstehen.

In dieser Hinsicht kann man sich fragen, ob die russische Gesellschaft noch von sich aus ein revolutionäres Ganzes hervorbringt. Diese Analyse muß rational, also intellektuell von einem marxistischen Standpunkt aus erarbeitet werden. Denn wenn er die Gesellschaft rational betrachten will, um seinen eigenen Widerspruch zu überwinden, dann kann der Intellektuelle nur den Marxismus anwenden.

Was mich betrifft und meine Kenntnis der UdSSR, so schließe ich daraus folgendes: die revolutionäre Idee hat sich 1917 verkörpert, und die Verkörperung setzt notwendigerweise Verwirklichung in der Welt voraus und damit ständige Gefahren der Abweichung, die von außerhalb oder auch innerhalb des Unternehmens kommen. Ich stelle fest, daß gewisse Widersprüche sofort aufgetaucht sind: zum Beispiel die absolute Notwendigkeit einer *Industrialisierung um jeden Preis*, die den Zwang erzeugte, eine beachtliche Bevölkerungsverschiebung in Gang zu setzen. Bauern, die keinerlei Ausbildung als Arbeiter hatten, wurden in die Arbeiterwelt hereingeholt; diese Klasse mußte beständig mit neuen Elementen aufgebaut werden; das Niveau des

Marxismus mußte gesenkt werden, damit er ein Propagandainstrument wurde; und gleichzeitig galt es, ein klar differenziertes und strukturiertes Ganzes zu schaffen: das mit der Ausübung seiner Diktatur beauftragte *Proletariat*. Aus diesem Widerspruch ergab sich die Unmöglichkeit für das Proletariat, diese Diktatur tatsächlich auszuüben: die Bedingungen seines Aufbaus widersprachen der effektiven Machtausübung.

Um die Dinge zurechtzurücken, mußte man Ersatz finden: Vorteile, Prämien wurden geschaffen, der Lohnfächer erweitert usw., während man prinzipiell doch auf das Gegenteil aus war: den *Mangel* und die daraus resultierenden sozialen Ungleichheiten abzuschaffen.

Das hatte die Entstehung einer beachtlichen bürokratischen Schicht zur Folge – doch deren Bedeutung liegt nicht so sehr in dem, was man an abstrakter Kritik gegen das «Wesen» der Bürokratie anführt: sie betrifft das Soziale insgesamt, denn auf ihre Weise ist diese Schicht die Widerspiegelung der Strukturen, der Personen, der Arbeiter selbst. Die Gefahr besteht darin, daß die UdSSR tatsächlich zu dieser seltsamen Welt eines nicht kapitalistischen Kleinbürgertums mit einem Staatskapitalismus wird. Und mir scheint klar, daß der Intellektuelle sich darum kümmern muß. Aber auf einer anderen Seite ist es unleugbar, daß die UdSSR trotz allem das Land darstellt, das den Privatbesitz an den Produktionsmitteln abgeschafft hat.

Es ist also nicht möglich, der UdSSR gegenüber einen dermaßen kritischen Standpunkt zu vertreten, daß er den Abbruch der Beziehungen mit ihr zur Folge hätte. Es geht darum, die Situation genau zu prüfen, und in dem Maße, wie ein Intellektueller überhaupt einen Prozeß beeinflussen kann – und dieses Maß ist sehr gering –, muß er es tun, indem er alle Fortschritte begünstigt und alle Gefahren vermeidet, das heißt indem er sehr standhaft an einer korrekten Vertretung der Prinzipien festhält. Der Intellektuelle unterscheidet sich vom Politiker darin, daß sein theoretisches Handeln dem revolutionären Handeln Absicherung bieten muß gegen alle möglichen Abweichungen.

Deswegen erscheint mir der Bruch mit der UdSSR unter dem Vorwand einer total und unbegrenzt kritischen Einstellung oder im Namen einer Forderung nach reiner und unverzüglicher Verwirklichung der *Universalität* eine falsche Haltung und eine falsche Lösung des fruchtbaren Widerspruchs zwischen Disziplin und Kritik: damit steckt man nicht das Feld der realen Möglichkeiten, das den Initiativraum der UdSSR bildet, aufgrund ihrer Vergangenheit ab und all dessen, was sie bereits aus dieser Vergangenheit gemacht hat. Das hieße also die Wahrheit, die faktische Analyse der Situation verfälschen – und zwar im Namen des «kritischen» Willens zur Verteidigung dieser Universalität – und damit die beiden wesentlichen Qualitäten des Intellektuellen in Widerspruch zueinander bringen: *Wahrheit* und *Radikalität*.

Ein Bekenntnis zur UdSSR dagegen als einem Land, das die Produktionsmittel vergesellschaftet hat, das vielleicht nicht den Rahmen eines Vorsozialismus überschritten hat und im Augenblick noch darin verharrt, das aber in jedem Fall das «Konzept» des Sozialismus besitzt und somit seine Realität mehr oder weniger angemessen vertritt, da es trotz allem revolutionäre Elemente aufweist – ein solches Bekenntnis aufgrund einer solchen Analyse kann nicht völlig negativ sein. Und unter diesem Gesichtspunkt hat der Bruch mit der UdSSR überhaupt keinen Sinn: man muß jene Art von dialektischer Linientreue aufrechterhalten, die ich eben umrissen habe. Deswegen ist es auch unmöglich, die chinesischen Stellungnahmen uneingeschränkt zu übernehmen da, wo sie die russische Politik kritisieren.

Erstens sind diese Kritiken selber politisch und leidenschaftlich, wenn es auch wohlbegründete gibt, und außerdem besteht die Rolle eines Intellektuellen – ausgenommen, er ist völlig überzeugt, und das wird erst der Fall sein nach qualvollen Debatten – nicht darin, von einem Ort zum andern überzuwechseln unter dem Vorwand, hier sei es radikaler und da kümmere man sich mehr um die Dritte Welt usw. ... Es geht statt dessen darum, daß er eine Position vertritt, in der er sich bemüht, die Möglichkeiten des *Wiederaufbaus einer sozialistischen Welt* zu entdecken, auch wenn im Augenblick die Wirklichkeit dem entgegenzustehen scheint. Jedenfalls muß er die Realitäten ins Auge fassen als ein Möglichkeitsfeld und speziell die möglichen Verbindungen, die zwischen den Chinesen und Russen bestehen. Die Einstellung gewisser japanischer Schriftsteller, die ich in Japan getroffen habe, ist sehr interessant, obwohl ich nicht weiß, wie lange sie sie aufrechterhalten können – jedenfalls besuchen sie sehr regelmäßig ihre chinesischen Freunde; und im Jahr darauf oder sechs Monate später oder vielleicht auch direkt von China aus besuchen sie ihre sowjetischen Freunde. Ihre Idee ist folgende: «Wir sind nicht dazu da, den einen oder anderen anzuklagen, weil das Besonderheiten schafft; wir sind dazu da, zu versuchen, ein Allgemeines zu finden, von dem aus die beiden Standpunkte, wenn schon nicht vereinbar, so doch verständlich werden.»

Das unternimmt Gorz in *Le socialisme difficile*, wenn er zeigt, daß die besondere Position der europäischen Kommunisten es augenblicklich mit sich bringt, daß sie in einer gewissen Weise die russische Politik übernehmen, das heißt die Politik der entwickelten Länder, während andererseits im Hinblick auf die Gesamtheit der revolutionären Strategie die revolutionären Elemente im Augenblick in den chinesischen Positionen eindeutig stärker entwickelt sind, speziell was die Dritte Welt angeht.

Verkörpert Kuba einen eigenen revolutionären Standpunkt im Verhältnis zum chinesischen und zum russischen Pol?

Es ist für einen Intellektuellen absolut unmöglich, nicht *prokubanisch* zu sein. Diese chaotische Revolution hat ihre negativen Momente gehabt, doch sie hat eine Linie, die befolgt wurde, eine radikale Linie, die auch weiterhin radikal ist. Ebenso unmöglich ist es, nicht solidarisch zu sein mit den Beziehungen, die Kuba mit Lateinamerika zu errichten sucht. Auf der anderen Seite aber läßt sich die kubanische revolutionäre Einstellung nicht auf die Gesamtheit unserer historischen Situation anwenden. Die Form des kubanischen Vorgehens, vollkommen berechtigt im südamerikanischen Kontext, läßt sich ohne Abwandlung auf uns nicht übertragen. Man kann also durchaus einer Gesamtheit revolutionärer Länder gegenüber volle Solidarität wahren und finden, daß sie das radikalste Handeln verwirklicht haben, ohne deshalb hier eine ähnliche Radikalisierung reproduzieren zu müssen. Denn die Kubaner sind ausgegangen von einer teilweisen Unkenntnis des Problems, die ihre Radikalisierung rechtfertigte, zugleich aber deren wortwörtliche Übertragung nach außen unmöglich macht.

Ihr Kampf richtete sich vor allem gegen die *Armee*. Das war bereits eine radikale Position im Verhältnis zu vielen anderen Staaten Lateinamerikas. Tatsächlich denken die meisten linken Gruppen dieser Staaten, daß man die Armee für die Linke gewinnen könne, wenn man sie mit zuverlässigen Elementen aus dem Volk durchsetzt. Die erste radikale Erleuchtung lag in dem Bewußtwerden, daß man keine gesunde Regierung aufbauen kann, solange die Zwangsgewalt der Armee nicht gebrochen ist. «Selbst wir wären verdorben worden», so sagte mir Fidel, «wenn wir die Macht aufgrund eines Kompromisses übernommen hätten, trotz unseres ganzen guten Willens.» Diese

Einstellung der Armee gegenüber bedeutete eine erste Radikalisierung. Die zweite bestand in der Entdeckung der *amerikanischen Interessen* hinter der Armee. Fidel ging aus von einer Opposition gegen Batista, und durch die Radikalität seines Handelns selbst hat er sehr schnell dahinter die Macht der Armee und hinter dieser schließlich die amerikanische Macht entdeckt. Die Logik dieser Radikalität ist unerbittlich. An einer ähnlichen Radikalisierung stoßen sich heute die Amerikaner in Vietnam.

Eine stimmige Sache, die jedoch uns Europäern nicht als Vorbild, nicht als Modell dienen soll, das heißt als übertragene, wörtliche Nachahmung, sondern als dialektische Form der Rationalisierung und Radikalisierung. Man hat behauptet, Guevara habe zu Debray gesagt: «Geh nach Hause und schaffe Guerillas.» Das ist absurd; nie hat Guevara so etwas sagen können, weil Guevara sehr genau wußte, daß die Lage der industrialisierten Länder die Guerilla nicht als revolutionäre Bedingung voraussetzt. Das erläutert Debray übrigens auf bemerkenswerte Weise in seinem Buch: «*Der Castrismus ist die Entdeckung der marxistischen Wahrheit durch jede lateinamerikanische Bewegung im Krieg und auf dem eigenen Boden.*» Der Castrismus hat nichts zu geben außer dem Beispiel einer Radikalisierung.

Bleibt diese kritische Analyse nicht übermäßig theoretisch, und verdammt sie nicht den westlichen Intellektuellen zur praktischen Untätigkeit? Was kann der revolutionäre Intellektuelle in den westlichen Ländern und speziell in Frankreich tun?

Hier in Frankreich gibt es eine erste wesentliche Arbeit zu tun, nämlich die *kritische Analyse*. Es gibt verschiedene Arten und Weisen, sie anzugehen. Vorteilhaft ist es, ein Buch oder einen Artikel ohne Leidenschaft zu verfassen, mit einer strengen Objektivität, um die ganze Mystifizierung, die die Klasse der Technokraten betreibt, um die Konsumgesellschaft, die diese Bewegung predigt, anzuprangern und sich damit den pseudowissenschaftlichen Büchern zu widersetzen, die zu diesem Thema erscheinen: dagegen aufstehen, sie denunzieren, gegebenenfalls die Massenmedien benutzen, indem man Erläuterungen gibt, die, wie einfach sie immer sein mögen, nie einfache Vulkanisierung sein dürfen.

Die zweite Aufgabe wäre eine *Analyse der realen Situation in Frankreich*: der wirtschaftlichen Abhängigkeit im Verhältnis zu den USA, der sogenannten Unabhängigkeitspolitik – wo doch die einzige Unabhängigkeitspolitik in einer Wirtschaftspolitik bestünde, die sich bemüht, eine Entwicklung des französischen Kapitals, im Rahmen eines Klassenkampfs natürlich, den amerikanischen Kapitalien entgegenzusetzen, die gegenwärtig unsere Wirtschaft beherrschen. Der Intellektuelle würde zugleich gegen die falsche *Interpretation* der Wirtschaftslage kämpfen, das heißt die Ideologie der bürgerlichen Gesellschaft, indem er ihre Besonderheit aufzeigt unter der vorgegebenen Allgemeinheit, ihre Rolle, ihre *Klassentheologie*, und zweitens würde er versuchen, ihre *reale Lage* zu zeigen, das heißt die genaue Situation des heutigen Frankreich. Diesen Standpunkt indessen betrachte ich als spezifisch intellektuell, insofern er kritisch ist. Ich meine nicht, daß der Intellektuelle Vorschläge machen sollte auf der Ebene genauer programmatischer Zielsetzungen, das ist Sache der Partei. Was aber ein Intellektueller darüber hinaus tun kann, das ist der Versuch, eine Reihe von Prinzipien neu zu bestimmen, die heute gesprengt sind: ich denke an die *Prinzipien der Revolution*.

Existieren revolutionäre Modelle außerhalb der Revolution? Desgleichen, ist theoretische Entmystifizierung außerhalb des Handelns möglich?

Theoretische Entmystifizierung und Handeln sind eins. Man kann nicht entmystifizieren, ohne dies zu tun im Namen einer Gruppierung von Menschen, die gleichzeitig im Zuge eines *praktischen Handelns* stehen. Deswegen habe ich Ihnen gesagt, eine der Schwierigkeiten des Intellektuellen und einer seiner Widersprüche liegt darin, daß die Parteien ihn nicht besonders mögen. Denn die Parteien sind politisch, und als solche haben sie die Tendenz, mitunter Möglichkeiten zu wählen, die sie von einer radikalen Linie abbringen. Der Intellektuelle muß für die Prinzipien einstehen. Darüber hinaus kann er sein praktisches Wissen nur entwickeln, indem er sich in den Dienst von Leuten stellt, die genau wie er die Allgemeinheit wollen. Von diesem Augenblick an muß er im Innern dieser Gruppierung immer wieder die Ziele in Erinnerung rufen, die letztlich nichts anderes sind als eine universalistische Gesellschaft; und gegebenenfalls muß er zeigen, daß eine Abweichung die Zukunft schwer gefährden kann.

Aber für welches Vorgehen muß der Intellektuelle sich einsetzen?

Das wollte ich Ihnen gerade sagen. In erster Linie muß der Intellektuelle in Verbindung mit der ganzen Gruppe, die er vertritt, den Begriff Revolution zu überdenken suchen, wie Gorz das tut, wie die italienischen kommunistischen Intellektuellen das tun. Er muß insbesondere prüfen, ob wir wirklich nur konfrontiert sind mit dem Dilemma: *Revolution oder Reformismus* – wobei Reformismus verstanden ist als Aufgeben der Revolution zugunsten einer Politik der Zusammenarbeit der Klassen und andererseits gilt, daß die Revolution, so wie sie vor 50 oder 60 Jahren definiert wurde, sich infolge der Umstände nicht mehr in gleicher Weise durchführen läßt und in unseren Ländern keine unmittelbare Instanz darstellt. Unter dieser Perspektive sind Arbeiten wie die von Gorz unerläßlich: denn es gibt auch eine Mystifizierung der revolutionären Welt. Es genügt nicht zu sagen, man sei ein Revolutionär, um tatsächlich einer zu sein. Das Problem heute liegt darin zu wissen, was Revolution ist. Wir kennen das Ziel: die gegenwärtige Gesellschaft muß über die provisorische Errichtung der Diktatur der Arbeiterklasse auf der Grundlage von mehr oder weniger zerstörten, aber noch lebendigen Elementen der vorherigen herrschenden Klassen durch eine klassenlose Gesellschaft ersetzt werden. Das Problem ist also nicht, zu wissen, wie man in der gegenwärtigen Situation die Revolution erreicht, sondern wie man sie angehen muß. Was heißt das letztlich für Partei- oder Gewerkschaftsgruppierungen, die die arbeitenden Klassen repräsentieren, und wie kann die revolutionäre theoretisch-praktische Position aussehen?

In Frankreich ist es die Verwirklichung der *Einigung der Linken* auf der Grundlage eines gemeinsamen Programms. Das ist eine wesentliche Aufgabe. Man soll nicht glauben, die Radikalität bestehe darin, alle Kräfte der Linken unter dem Vorwand abzulehnen, daß sie in der Tat entsetzlich zerstritten sind und sehr oft verschiedene Interessen vertreten. Es geht statt dessen darum, die einzige Möglichkeit des Kampfes zu schaffen.

Doch der Intellektuelle ist nicht der Politiker. Er muß auf das Programm drängen, er muß die großen Linien ins Auge fassen, aber er sollte sich nicht darum bemühen, die konkreten und genauen Einzelheiten festzulegen. Der Intellektuelle soll beständig eine Reihe radikaler Prinzipien vertreten mit all den Entwicklungen, die er daraus ableiten kann.

Er wird zur Zeit des Algerienkrieges sagen, was der *Kolonialismus* ist, in welchem Maße und mit welchen praktischen Mitteln man sich diesem Krieg widersetzen muß: die Soldaten auffordern, aus dem Krieg zu desertieren usw. Es ist aber nicht seine Aufgabe zu definieren, wie die FLN mit de Gaulle zu verhandeln hat. Er soll nur eines sagen: daß die Franzosen aus Algerien verschwinden müssen. Wie? Auf welche Weise? Wie die Beziehungen der Länder danach aussehen werden? – Das ist eine andere Sache; vorausgesetzt, das Prinzip der Unabhängigkeit bleibt gewahrt.

Sie haben nach einer Minimalplattform gerufen. Ist unsere Gesellschaft durch Vereinigungen traditioneller Linksparteien so weit umzuformen, daß man diese Lösung dem revolutionären Kampf vorziehen könnte? Ein solcher Gedanke der schrittweisen Umformung, der friedlichen Koexistenz könnte uns dazu führen, vor einer beständigen und sich eskalierenden Aggression der Amerikaner zu kapitulieren. Gilt es also zu wählen zwischen einer umformbaren kapitalistischen Gesellschaft und der radikalen Aktion? Wenn zum Beispiel morgen die Amerikaner beschließen, in Kuba zu landen, wie sollen sich dann die Bewegungen der Linken verhalten? Wo liegt die nicht überschreitbare Schwelle in dieser Hoffnung auf Umformung, auf Verbesserung der kapitalistischen Gesellschaft?

Meiner Meinung nach ist die Schwelle, über die man nicht hinausgehen darf, schon sehr oft überschritten worden. Die Arbeit einer Linken, nur weiß sie das nicht, besteht darin, *eine revolutionäre Situation zu schaffen*, zunächst mit fast legalen Mitteln – das heißt durch Streik, durch Wahlen. In dem Augenblick, in dem die Linke die Macht übernimmt, befindet sie sich in einer revolutionären Situation, nicht gegenüber ihrer eigenen Bourgeoisie, sondern gegenüber dem amerikanischen Imperialismus.

Aber gegenwärtig sind in Frankreich die von den Parteien vorgeschlagenen Ideen sehr gemäßigt; sie haben Angst, der Bourgeoisie zu nahe zu treten und fassen nur schwache Nationalisierungen ins Auge als Zugeständnis an die KP. Sie werden also im Handeln nicht sehr weit gehen. Sie werden zu regieren versuchen und werden den Platz wieder räumen, wenn sie «auf demokratischem Weg» bei den nächsten Wahlen geschlagen werden. Ist das eine Perspektive?

Nein, was ich genau meine, ist folgendes: sobald sie etwas angefangen haben, werden sie in einen zunächst verschleierten, doch bald internationalen Konflikt geraten. Denn revolutionäre Situationen werden heute eher durch die Rechte als durch die Linke geschaffen: die *Konterrevolution* taucht überall da auf, wo man nicht mehr vermutet als eine friedliche Reformbewegung. Nehmen wir zum Beispiel Griechenland. Ich möchte nicht behaupten, daß die Griechen besonders revolutionär waren; sie wollten eine funktionierende Demokratie; die Entschlossensten unter ihnen wünschten die Abdankung des Königs, um eine richtige bürgerliche Demokratie zu haben, doch viele hätten sich mit einer Regierung der Mitte zufriedengegeben, mit der Enthaltung oder auch dem Segen des Königs. Wir haben gesehen, daß selbst diese Haltung untragbar ist, da die USA sofort einen Staatsstreich inszenierte. Griechenland ist für uns kein fernes Land, man kann sich nicht sagen: «So etwas wird uns nicht passieren.» Man dachte das schon einmal 1939 bei Polen, dann bei Vietnam; doch bei Griechenland wird man sich bewußt, daß uns das sehr wohl passieren kann.

Grußbotschaft an den Kulturkongreß
in Havanna 1968

Sehr geehrter Herr Minister,
ich leide an einer Arthritis, die sich derart verschlimmert hat, daß
mein Arzt mir verbietet, Paris zu verlassen. Ich möchte Sie mein tie-
fes Bedauern über diesen widrigen Umstand wissen lassen und bitte
Sie, es gegenüber dem Kongreß zu wiederholen. Es versteht sich von
selbst, daß ein Europäer lediglich Zeuge der gewaltigen und drei Kontinente umfassenden Anstrengung der befreiten Völker sein kann, die
sie auf sich nehmen, um selbst die wahren Probleme zu bestimmen,
die ihnen ihre kulturelle Entwicklung stellt. Ich denke jedoch, daß es
für uns Bürger Europas eine unvergeßliche Erfahrung sein wird zu
erleben, wie die kulturelle Emanzipation von Nationen sich behauptet, die lange Zeit vom Kolonialismus und vom Imperialismus kulturell unterdrückt wurden (um nur diese Art von Unterdrückung zu
nennen). Ich bin sicher, daß wir daraus Lehren zur Belebung der er-
starrenden Kultur unserer Länder ziehen könnten. Ich hätte gern an
den Debatten über einen einzigen Punkt teilgenommen und mich gemeinsam mit allen Kongreßteilnehmern gefragt, was in Europa die
Menschen guten Willens tun können, die von dieser alten Kultur
durchdrungen sind – die für sie wenig hilfreich und für die ehemals
kolonisierten Nationen ein wirkungsvolles und verabscheutes Instrument ihrer Unterdrückung ist –, wenn sie sich in den Dienst der jungen Völker stellen wollen, die sich bemühen, eine autonome Kultur
für sich zu schaffen. Ich hätte mich gern vor und mit den Kongreßteilnehmern gefragt, ob unsere Kultur – schädlich und abscheulich, als
sie eine aufgezwungene war – nicht in dem Moment, da der freie
Kulturaustausch zwischen souveränen und gleichberechtigten Nationen eingeführt wird, an ihrem richtigen Platz, ohne Über- noch Un-
terbewertung, als bescheidenes, aber vielleicht wirksames Mittel
betrachtet werden könnte, das die befreiten Nationen auf dem Weg

ihrer eigenen kulturellen und revolutionären Entfaltung benutzen und aufheben sollten.

Leider ist mir das verwehrt. Ich bitte Sie jedoch, Herr Minister, die Kongreßteilnehmer meiner ungeteilten Solidarität und des tiefen Interesses zu versichern, mit dem ich ihre Arbeiten verfolgen werde.

Für mich als einen Mann der Kultur ist es die Kultur, die den Menschen bestimmt, wenn er von Unterdrückung und Ausbeutung befreit ist. Doch zu dem Zeitpunkt, in dem wir uns befinden, da diese heldenhaft gegen den Imperialismus errungenen jungen Freiheiten noch bedroht sind, da der erschütternde Kampf Vietnams gegen den amerikanischen Eroberer von dem Schicksal zeugt, das sie erwarten und das morgen auch Europa ereilen kann, werden möglicherweise Fehler begangen, die innerhalb des Kampfes zwar allzu verständlich sind, jedoch eine Zeitlang die kulturelle Entwicklung der freien Menschen, das heißt die klare Erkenntnis ihrer selbst, in Frage stellen könnten. Vor allem wünschte ich zu erleben, wie dieser Kongreß die möglichen Fehler, die Formeln versteht und sich von ihnen befreit. Er wird es tun, dessen bin ich sicher. Ohne mich, das bedaure ich. Er braucht jedoch niemanden in Europa, um sich seine eigenen Ziele zu stellen und die möglichen Abweichungen zu verurteilen.

Ich bitte Sie, Herr Minister, meinen Brüdern Afrikas, Lateinamerikas und Asiens zu sagen, daß ich mit ihren Arbeiten ganz und gar solidarisch bin, daß ich diesen Kongreß als historisches Ereignis betrachte und nicht nur für die drei Kontinente, die sie vertreten, sondern auch für Europa wünsche, daß ein voller Erfolg ihre Bemühungen krönen möge.

Mit dem Ausdruck meines Bedauerns, und meiner vorzüglichen Hochachtung.

Ich bin nicht gegen die Amerikaner – ich bin für Vietnam

Interview mit Dagobert Lindlau,
Konkret, 1968

Lindlau: Herr Sartre, ich glaube, man muß die Amerikaner bewundern, die auf die Straße gehen und heftig dafür kämpfen, daß der Krieg in Vietnam beendet wird, nahezu um jeden Preis beendet wird. Sie sind vielleicht das amerikanische Gewissen im Moment, wenn auch nicht unbedingt der Ausdruck der offiziellen Meinung der Nation. Vor gar nicht langer Zeit hat Amerika ebenfalls einen Krieg auf fremdem Boden geführt – den Krieg gegen Hitler. Und jeder, der für die Freiheit und gegen totalitäres Unrecht war, mußte froh sein, daß Amerika bereit war, diesen Krieg zu führen. Nicht wenige Amerikaner glauben aber jetzt, daß auch dieser Krieg, so brutal er sein mag, notwendig ist wie der Krieg gegen Hitler, um für die Freiheit zu kämpfen und gegen totalitäre Systeme, die hinter Nordvietnam stehen. Würden Sie bereit sein, diese Amerikaner zu verstehen?

Sartre: Ich bewundere die Amerikaner zutiefst, die sich dafür schlagen, daß der Krieg in Vietnam aufhört: das heißt, die Minderheit, die am 21. Oktober das Pentagon stürmen wollte. Aber es ist ein großer Unterschied zwischen den Amerikanern, die auf fremdem Boden gegen die Japaner oder Hitler gekämpft haben, und denjenigen, die heute an den Sinn des Krieges in Vietnam glauben. Zuerst muß ich doch daran erinnern, daß es damals die Japaner waren, die in Pearl Habor angegriffen haben. Das ist jetzt ganz anders. Niemand kann behaupten, daß diesmal die Vietnamesen angegriffen haben. Das ist schon ein erster großer Unterschied.

Der zweite offensichtliche Unterschied ist: die Deutschen waren gefährliche Gegner – bis an die Zähne bewaffnet, mit gefährlichen Alliierten. Und – sie hatten schließlich Europa erobert.

Es gibt Leute, die glauben, daß die Großmächte über Vietnam aneinandergeraten sind und sich in einer geschlossenen Arena gegenüberstehen. Selbst wenn es so wäre – es wäre ekelhaft, wenn die

Großmächte kein anderes Opfer fänden als dieses arme Volk. Wenn die Amerikaner an eine Auseinandersetzung der Machtblöcke glauben, dann liegt das an der amerikanischen Presse, die in ihrer Mehrheit die Regierungspolitik unterstützt. Sie informiert nicht so, wie sie könnte. Die kleinen Zeitschriften, wie «Ramparts» und andere, auf die sich die Studenten und Professoren stürzen, erreichen nicht die breite Öffentlichkeit. Die breite Öffentlichkeit wird nicht aufgeschreckt. Sie glaubt sich im Recht, weil die Zeitungen es ihr sagen, und überhaupt, weil man die Politik des Präsidenten eben nicht in Frage stellt. Übrigens gibt es da eine ganz erstaunliche Sache: Viele amerikanische Fernsehberichte zeigen den Krieg – brutal und direkt. Unerträgliche Szenen werden gezeigt. Und die Amerikaner ertragen sie. Sie springen nicht auf, zerschlagen ihre Fernsehgeräte und laufen schreiend auf die Straße – nein, sie bleiben ruhig sitzen und schauen sich als nächstes einen witzigen Unterhaltungsfilm an. Es ist ein Riesenunterschied zwischen damals und heute. Und wenn die Amerikaner das nicht sehen, liegt es daran, daß man sie um die Wahrheit betrügt.

Lindlau: Diese Unterscheidung verstehe ich ganz gut; aber die Gegner des Vietnamkrieges stellen die Situation doch meist so dar, als stünde hinter einer etwas zweifelhaften südvietnamesischen Regierung der ungeheure amerikanische Machtblock, der sich sozusagen auf den auf sich selbst angewiesenen Norden stürzt. Wenn das so wäre, hätte sich der Krieg längst zugunsten des amerikanischen Militärpotentials entschieden. Tatsächlich stehen auch hinter dem Norden große Mächte: Rußland und China. Ist dieser Krieg nicht die unvermeidbare Auseinandersetzung zwischen zwei verschiedenen ideologischen Systemen, wo wir eigentlich nur froh sein können, daß inzwischen nicht längst der ultimative Krieg daraus geworden ist oder daß die Auseinandersetzung nicht in Europa stattfindet?

Sartre: Ich glaube, daß uns eine historische Analyse absolute Klarheit verschaffen kann: Es gab ein vietnamesisches Volk, das seine Einheit besaß, bevor es unter französische Kolonialherrschaft kam. Das war Indochina. Es gab ein vietnamesisches Volk, dem die französischen Kolonialherren trotz aller Brutalität geschickterweise seine Einheit gelassen haben. Das war immer noch Indochina. Es gab natürlich Provinzen mit einer gewissen Selbständigkeit. Aber die Einheit war da. Es gab ein Volk, das 1945 als Ganzes gegenüber Japanern und Franzosen seine Souveränität erklärt hat und das anschließend als

Ganzes den Kampf gegen die Franzosen aufgenommen hat. Dann kam es 1954 in Genf zu einem Abkommen, das diesem Volk seine Einheit zugesichert hat. Dieses Abkommen hat lediglich auf beiden Seiten einer Demarkationslinie Umgruppierungen veranlaßt, die ausdrücklich provisorischer und militärischer Natur sein sollten. Man wollte den Franzosen ermöglichen, ihre Streitkräfte ungestört aus dem Süden des Landes abzuziehen. Zwei Jahre später sollte es zur Abstimmung kommen. Nicht über die Einheit – sondern über die Art der Regierung, die das Volk haben wollte. Dann hat ein Mann der Amerikaner, Diem, die Macht in Vietnam an sich gerissen. Kaiser Bao Dai wurde abgesetzt. Diem rief den Staat Südvietnam aus und erklärte die provisorischen Grenzen entgegen dem Genfer Abkommen als endgültig. Obwohl dieses Abkommen die Wiederbewaffnung verboten hat, begann Diem mit Hilfe der Amerikaner aufzurüsten. In einem Ausmaß, das zu zahlreichen Protesten der Kontrollkommission in Genf führte. Sie sagte: Wir können nichts dagegen tun, hier wird hinter unserem Rücken aufgerüstet. Dann kam die Tyrannei Diems. Der Norden schlug freie Wahlen vor, aber Diem wollte nichts davon wissen. Man wollte zum Beispiel Redner austauschen. Die Tyrannei Diems wurde immer schrecklicher und zwang einen großen Teil des südvietnamesischen Volkes in die Revolte. Wo sehen Sie da eine Auseinandersetzung von Großmächten? Ich sehe darin etwas ganz anderes, nämlich, daß die pazifische Verteidigungslinie der Amerikaner erhalten werden sollte. Die Amerikaner hatten politische Gründe. Vor ihren Augen wurde China zu einer kommunistischen Macht. Darauf waren die Amerikaner nicht gefaßt. Das hätten wir nicht zulassen dürfen, sagten sie sich, als es zu spät war. Sie bauten eine Verteidigungs- und Einkreisungslinie auf, wobei sie auf die Existenz Südvietnams angewiesen waren. Deshalb kämpfen sie dort. Das ist keine Auseinandersetzung der Großmächte. China hat wenig Waffen und kann dem Norden wenig davon schenken. Die Nordvietnamesen haben keine chinesischen Waffen, sie haben sowjetische. Aber längst nicht so viel, daß man von einer Auseinandersetzung der Großmächte sprechen könnte. Wenn es das wäre, dann müßten die Russen den gleichen Bombenteppich über Südvietnam legen wie die Amerikaner im Norden. In Wirklichkeit handelt es sich um eine Aggression der Amerikaner, die den Mann, Diem, unterstützen, der eines Tages erklärte: «Ich schneide Vietnam in zwei Teile, und das Abkommen von Genf existiert für mich nicht.» Unter diesen Bedin-

gungen kann man den Krieg nicht als Auseinandersetzung der Großmächte betrachten. Die Amerikaner haben natürlich den Hintergedanken an China. Und an die UdSSR. Aber China ist nicht der An-
greifer. Sie wollen sich vor China schützen und es einkreisen mit
politischen Manövern auf der Basis einer Aggression.

*Lindlau: Wenn man in Amerika, also in einem Land, das sich im
Krieg befindet, gegen den Vietnamkrieg kämpft, dann richtet man sich
gegen die politische extreme Rechte, gegen die Falken, gegen Goldwater, gegen die Militaristen. Wenn man in Europa Stellung bezieht
gegen diesen Krieg in Vietnam und von der verbrecherischen amerikanischen Politik spricht, von der amerikanischen Aggression, dann
schwingt dabei ein gewisser Antiamerikanismus mit, der dieses Verhalten, dieses Einstellen gegen den Krieg in Vietnam, sehr in die Nähe
der extremen Rechten bringt, die ja pausenlos diesen Antiamerikanismus predigt. Muß man hier nicht sehr sorgfältig differenzieren?*

Sartre: Der Unterschied ist ganz einfach: er heißt Vietnam. Ich bin
nicht gegen die Amerikaner, ich bin für Vietnam. Ich bin dafür, daß
die Amerikaner Vietnam verlassen, weil es um die Unabhängigkeit
eines Volkes geht und weil hier ein kleines Volk von einem großen
ausgeschlachtet wird. Das muß man verurteilen und so schnell wie
möglich abstellen. Ich bin auch für die Unabhängigkeit und Einheit
Vietnams, weil das im Genfer Abkommen steht. Und auch, weil ich
Franzose bin. Schließlich haben wir mit diesem Krieg angefangen, als
Kolonialkrieg 1945. Die Amerikaner haben uns abgelöst. In dem Moment, wo sie einsehen, daß es hier nicht darum geht, für oder gegen
die Amerikaner zu sein, sondern um die Beendigung des Krieges zugunsten der Unabhängigkeit und Einheit Vietnams, in diesem Moment gehören sie nicht mehr zur Rechten, sondern zur Linken. Die
Amerikaner – ich mag sie sehr gerne, wenn ich mit ihnen zusammen-
komme – wie kann man überhaupt etwas gegen ein Volk haben –, ich
kann nur eines sagen, und deshalb auch unser Tribunal, daß die amerikanische Regierung das Volk, das sie gewählt hat, mit Hilfe der
Presse hinters Licht führt. Sie macht gegenüber Vietnam eine Politik,
die nach internationalem Recht eine Reihe von Verbrechen einschließt. Das Wort Verbrechen hat hier einen ganz präzisen Sinn.
Sobald bewiesen ist – wir sind noch nicht soweit, Sie haben ja die
Amerikaner vor unserem Tribunal gehört –, wenn wir im einzelnen
Fall nachweisen können, daß Gefangene in Südvietnam gefoltert werden, dann ist das ein Kriegsverbrechen. Nicht einfach ein Verbrechen,

sondern ein Kriegsverbrechen. Und das ist ein ganz klarer Sachverhalt, der durch internationale Gesetze verurteilt wird. Es geht darum, die amerikanische Politik zu bekämpfen wegen ihrer militärischen und wirtschaftlichen Absichten und weil sie uns diesen Krieg bringt, den man nicht einfach hinnehmen kann. Es geht nicht darum, grundsätzlich gegen die Amerikaner zu sein.

Lindlau: Wenn in Amerika immer noch ungefähr sechzig Prozent für die Fortführung des Krieges in Vietnam sind, dann zeigt das, wie schwer es ist für eine sieggewohnte Nation, die äußeren Anzeichen einer Niederlage einzustecken und abzuziehen; selbst dann, wenn es sich um einen moralischen Sieg handeln könnte. Die Propaganda spielt dabei sicher eine Rolle. Aber in letzter Zeit haben kleine, sehr kleine Gruppen gegenüber der Manipulation der Meinung durch die führenden politischen Kräfte doch eine ganze Reihe von Erfolgen errungen. Glauben Sie, daß man deshalb optimistisch sein könnte?

Sartre: Ich habe Ihnen schon gesagt, daß ich diese Leute sehr bewundere. Es sind kleine Gruppen, die hart kämpfen und sich nicht manipulieren lassen. Es gibt Leute an amerikanischen Universitäten, die Teach-ins veranstalten und alles tun, um zu kämpfen. Sie haben meine Bewunderung. Und das allein macht mich schon optimistisch. Es gibt sie, und das ist schon allerhand. Aber es sind nicht viele – sie sind noch lange keine Mehrheit. Und die große Presse hilft ihnen nicht; die Mehrheit der Amerikaner wird von ihnen nicht angesprochen, und – wie Sie sagen – sind sechzig Prozent für die Fortführung des Krieges. Nach meiner Meinung gibt es auch einen wirtschaftlichen Hintergrund, den Imperialismus, der die Vereinigten Staaten dazu zwingt, eine bestimmte Wirtschaftspolitik weiterzuführen. Und dann kommt noch ein gewisser Rassenhaß dazu. Beides muß man sehen.

Was den Imperialismus betrifft: Ich habe heute vor dem Tribunal einen Satz von General Westmoreland zitiert: «Wir führen Krieg, um zu beweisen, daß sich ein Guerillakrieg nicht lohnt.» Das ist ein toller Satz. Er besagt, wenn es in einem fremden und armen Land zu einem solchen Volksaufstand kommt, also zu einem Guerillakrieg, dann maßen wir Amerikaner uns das Recht an, zu intervenieren: kämpfen ihn nieder und beweisen damit, daß sich ein Guerillakrieg nicht lohnt. Mit anderen Worten: Lateinamerika soll ganz still bleiben. Das ist ein Eingeständnis, das die Amerikaner gar nicht verstehen. Sie wissen gar nicht, daß ihr Lebensstandard auf einem Wohlstand gegründet ist, für den viele andere Völker bezahlen.

Zweitens geht es hier auch um Rassenhaß. Wenn sie nicht die Gelben verachten würden, dann würden die Amerikaner nicht so vorgehen, wie sie es tun. Wenn es in den Kriegsberichten im Fernsehen um Leute mit weißer Hautfarbe ginge, dann wäre das Publikum erschüttert. Diese beiden Faktoren gibt es. Das heißt für mich, wenn man gegen diesen Krieg ist, dann muß man so hart dagegen kämpfen wie nur möglich. Deswegen auch das Tribunal. Wenn es uns gelingt, daß die amerikanische Öffentlichkeit einmal mit unseren Augen sieht, was ihre Söhne tun, welche Verbrechen geschehen, dann könnte man hoffen, sie aufzurütteln. Es ist ein Teufelskreis. Um das zu erreichen, braucht man Presse und Fernsehen. Aber beides haben wir nicht. Bei unseren Sitzungen waren amerikanische Journalisten. Bis zu dem Tage, an dem drei Amerikaner aufgetreten sind. Die Journalisten waren sehr darauf gespannt, was sie aussagen würden. Und an dem Tag, an dem sie dann wirklich vor dem Tribunal aufgetreten sind, waren die Vertreter der großen Nachrichtenagenturen verschwunden. Wir haben sogar im Hotel nach ihnen gefragt. Sie waren einfach weg. Das heißt, Amerika wird die Zeugenaussagen dieser drei jungen Amerikaner nicht kennenlernen. Der Kampf ist sehr schwer. Es ist auch sehr schwer, so viel Optimismus aufzubringen und zu glauben, daß kleine Gruppen die Meinungsbeeinflussung brechen können. Trotzdem – Sie sehen, ich bin hier bei diesem Tribunal und glaube wie Sie, daß man etwas bewirken kann.

Die Phantasie an die Macht

Interview mit Daniel Cohn-Bendit,
Mai 1968

Jean-Paul Sartre: Im Zeitraum weniger Tage, ohne daß das Losungs-
wort vom Generalstreik ausgegeben wurde, ist Frankreich praktisch
paralysiert worden durch die Einstellung der Arbeit und die Besetzung der Fabriken. Alles das geschah, weil die Studenten sich als Herren der Straße im Quartier Latin erwiesen. Wie analysieren Sie diese
Bewegung, die Sie selbst entfesselt haben? Wie weit kann sie gehen?

Daniel Cohn-Bendit: Sie hat ein Ausmaß genommen, das wir am
Anfang nicht voraussehen konnten. Aber jetzt heißt unser Ziel: Umsturz des Regimes. Ob dieses Ziel erreicht wird, hängt freilich nicht
von uns ab. Wäre es wirklich das Ziel auch der Kommunistischen
Partei, der CGT (der kommunistisch beeinflußten Gewerkschaft) und
der anderen Gewerkschaften, so gäbe es kein Problem: Das Regime
würde in 14 Tagen zu Fall kommen, weil es der Kraftprobe der Arbeiterorganisationen nichts entgegenzusetzen hat.

J.-P. S.: Im Augenblick herrscht offensichtlich ein Mißverhältnis
zwischen dem massiven Charakter der Streikbewegung, die tatsächlich den direkten Kampf mit dem Regime aufnehmen könnte, und
jenen Forderungen, die von den Gewerkschaften erhoben werden:
Lohnerhöhung, Neuregelung der Arbeitszeit, Renten und so weiter . . .

D. C.-B.: Es hat immer in Arbeiterkämpfen eine Kluft zwischen der
Kraft der Aktion und den anfänglichen Forderungen gegeben. Es
kann passieren, daß die Dynamik der Bewegung im Laufe des Kampfes zu einer Änderung der Forderungen führt. Ein Streik, der wegen
eines begrenzten Zieles ausbricht, kann sich in eine Bewegung des
Aufstandes verwandeln.

Gewisse Forderungen, die heute von den Arbeitern gestellt werden,
gehen sehr weit: die 40-Stunden-Woche zum Beispiel und bei Renault der Mindestlohn von 1000 Francs im Monat. Die gaullistische

Macht kann sie nicht akzeptieren, ohne vollständig ihr Gesicht zu verlieren. Hält sie aber durch, so verhärten sich die Fronten. Nehmen wir an, daß auch die Arbeiter durchhalten und daß das Regime fällt. Was geschieht? Die Linke kommt an die Macht. Dann hängt alles davon ab, was sie tut. Wenn sie wirklich das System ändert – und ich gebe zu, daß ich daran zweifle –, so wird sie Gefolgschaft finden, und alles wird gut. Aber wenn wir – mit oder ohne die Kommunisten – eine Regierung à la Wilson bekommen, die nur Reformen, nur kleine Angleichungen vornimmt, so wird die extreme Linke verstärkt werden, die unablässig an der gesellschaftlichen Neuordnung von Grund auf arbeitet. Aber soweit sind wir noch nicht; es ist noch nicht einmal sicher, daß das Regime fällt.

J.-P. S.: Es gab in revolutionärer Situation Fälle, in denen eine Bewegung wie die Ihrige nicht haltmachte. Doch möglich ist auch, daß der Schwung plötzlich nachläßt. In solchem Falle müßte man versuchen, soweit wie möglich zu gehen, bevor das Haltesignal kommt. Wie können nach Ihrer Ansicht die unumstößlichen Resultate der gegenwärtigen Bewegung aussehen, wenn wir voraussetzen, daß sie bald haltmacht?

D. C.-B.: Die Arbeiter mögen in gewissen materiellen Forderungen zufriedengestellt werden; auch mögen wichtige Reformen der Universität durch die gemäßigten Kräfte der studentischen Bewegung und durch die Professoren durchgeführt werden. Das sind zwar nicht die radikalen Reformen, wie wir sie wünschen. Und doch wollen wir im Spiel bleiben. Wir werden genaue Vorschläge machen, und man wird wahrscheinlich einige annehmen, weil man nicht wagen wird, sich gegen alle unsere Wünsche zu sperren. Das wird gewiß ein Fortschritt sein, wenn sich auch nichts Grundsätzliches ändert. Wir aber werden fortfahren, das System grundsätzlich anzugreifen. Nein, ich glaube nicht, daß von heute auf morgen die Revolution möglich ist. Aber ich glaube, daß man nach und nach Zugeständnisse mehr oder weniger wichtiger Art macht. In jedem Falle wird die studentische Bewegung den Wert eines Beispieles haben, dem viele junge Arbeiter folgen, mag selbst die Kraft der Studenten erlahmen. Indem wir die traditionellen Mittel der Arbeiterbewegung anwandten – den Streik, den Aufmarsch auf der Straße und die Besetzung der Arbeitsplätze –, haben wir das erste Hindernis in die Luft gesprengt: den Mythos nämlich, daß man «nichts gegen das Regime machen» könne. Wir haben bewiesen, daß das nicht stimmt. Und dann sind die Arbeiter in die Bresche gesprungen. Vielleicht gehen sie dieses Mal noch nicht bis zum Ende, aber es wird andere Explosionen geben, später. Hauptsache, daß wir die Schlagkraft der revolutionären Methoden demonstriert haben. Und nur in der Dynamik der Aktion kann sich die Verbindung zwischen Studenten und Arbeitern verwirklichen, nur dann, wenn die Bewegung der Studenten und die der Arbeiter – jede für sich – ihren Schwung behält und demselben Ziel zustrebt.

J.-P. S.: Das Problem bleibt stets das gleiche: Entweder Angleichungen an die Forderungen der modernen Zeit oder Revolution. Wie Sie selbst gesagt haben, könnte alles, was Sie durch Gewalt durchsetzen, rasch von den Reformisten benützt und umgewandelt werden. Immerhin, dank Ihrer Aktion wird die Universität verbessert werden, aber dies doch nur im Rahmen der bürgerlichen Gesellschaft.

D. C.-B.: Sehen wir doch einmal, was gerade passiert ist! Seit langer Zeit haben viele Leute nach dem besten Mittel gesucht, die studentische Welt in Bewegung zu bringen. Niemand hat das Mittel gefunden. Bis schließlich eine gewisse Situation die Explosion hervorrief! Ein kleiner Anstoß der Mächtigen – nämlich die Besetzung der Sorbonne durch die Polizei – hat genügt. Aber dabei ist klar, daß diese monumentale Dummheit nicht einzig und allein die Bewegung ausgelöst hat. In Nanterre (es ist die Vorort-Universität von Paris, in der Cohn-Bendit Soziologie studierte) war die Polizei schon vor einigen Monaten in die Universität eingebrochen, ohne daß dies eine Kettenreaktion hervorgerufen hätte. Diesmal aber gab es eine Kettenreaktion, die niemand aufhalten konnte. Und das erlaubt uns, einmal zu analysieren, welche Rolle grundsätzlich die «handelnde Minderheit» spielt.

Das, was letzthin passiert ist, stellt nach meiner Ansicht eine Widerlegung der berühmten Theorie von jenen «revolutionären Stoßtrupps» dar, die als die führenden Kräfte einer Volksbewegung betrachtet werden. In Nanterre und in Paris entstand ganz einfach eine Situation, die von dem beeinflußt wurde, was man vage «das studentische Unbehagen» nennt, und beeinflußt auch durch den Aktionswillen eines Teils der Jugend, die von der Gleichgültigkeit der machthabenden Klassen angeekelt war. Die handelnde Minorität, die ihr Bewußtsein besser geschärft hatte als andere und die also vorbereitet war, hat die Lunte anzünden und eine Bresche schlagen können. Aber das ist auch alles. Den anderen war überlassen, ob sie folgen wollten oder nicht. Nun, sie folgten. Aber danach hat kein «Stoßtrupp» die

Leitung der Bewegung übernehmen können. Diese Militanten – seien es die Marxisten-Leninisten – haben an den Aktionen in entscheidender Weise zwar teilnehmen können, aber dann gingen die Wellen über ihre Köpfe hinweg. Man findet sie heute in den Koordinationskomitees, wo ihre Rolle bedeutend ist, aber es stellte sich die Frage nicht, daß diese Avantgardisten die führende Rolle übernehmen konnten.

Das ist ein wesentlicher Punkt. Denn es erweist sich, daß man die Theorie von der «führenden Avantgarde» aufgeben und durch eine viel einfachere ersetzen muß: durch die Theorie von der *handelnden Minderheit*, die sozusagen ein immerwährender Gärungsstoff ist. Sie treibt die Aktion vorwärts, ohne sie lenken zu wollen. Tatsächlich hat auch, obwohl das niemand zugeben will, die Partei der Bolschewiken die russische Revolution nicht «geführt». Die bolschewistische Partei wurde durch die Massen getragen. Sie hat erst im Laufe der Entwicklung ihre Theorie ausarbeiten können; sie hat Anstöße in der einen oder anderen Richtung gegeben, aber war nicht in der Lage, die Bewegung allein auszulösen: diese war eben zum größten Teil spontan. Und es ist diese Bewegung, die den Stoß nach vorwärts erlaubt; es sind nicht die Losungsworte einer führenden Gruppe.

J.-P. S.: Das, was viele Leute nicht verstehen, ist die Tatsache, daß Sie nicht versucht haben, ein Programm auszuarbeiten und Ihrer Bewegung eine Struktur zu geben. Sie werfen Ihnen vor, daß Sie alles zerschlagen, ohne zu wissen – jedenfalls, ohne es zu sagen –, was Sie an die Stelle Ihrer Zerstörungen setzen wollen.

D. C.-B.: Allerdings! Alle Welt wäre ganz beruhigt, Pompidou an erster Stelle, wenn wir eine Partei gründeten und verkündeten: «Das sind die Menschen, die hinter uns stehen, dies sind unsere Ziele und hier die Methoden, wie wir sie zu erreichen gedenken ...» Dann wüßte man, mit wem man es zu tun hat, und könnte die Front gegen uns aufbauen. Man sähe sich nicht mehr der «Anarchie», der «Unordnung», dem «unkontrollierbaren Aufbrausen» gegenüber.

Es ist aber gerade die Stärke unserer Bewegung, daß sie sich auf eine «unkontrollierbare Spontaneität» stützt. Offensichtlich gibt es heute für uns zwei Möglichkeiten: Die erste besteht darin, fünf Personen zu vereinigen, die eine gut funktionierende politische Formation hinter sich haben, und sie zu bitten, ein Programm zu formulieren, realisierbare Forderungen zu stellen, die begründet erscheinen, und zu sagen: «Dies ist die Haltung der studentischen Bewegung;

macht daraus, was ihr wollt!» Dies wäre die falsche Lösung. Die zweite Möglichkeit ist, die Gesamtsituation verständlich zu machen. Ich glaube nicht einmal, daß dieses Verständnis bei der Gesamtheit der Studenten oder der Gesamtheit der Demonstranten möglich ist. Es genügt, daß ein großer Teil unter ihnen versteht. Um dies zu erreichen, muß man es vermeiden, sofort eine Organisation zu schaffen und ein Programm zu definieren. Dies würde sich unvermeidlich nur lähmend auswirken. Die einzige Chance der Bewegung ist genau diese Unordnung, die es den Leuten erlaubt, frei zu sprechen, und die schließlich eine gewisse Form von «Selbstorganisation» erbringen kann. Zum Beispiel muß man jetzt auf die großen, spektakulären Versammlungen verzichten. Man muß statt dessen Arbeits- und Aktionsgruppen zu formen suchen. Und das ist das, was wir in Nanterre versucht haben.

Zunächst, als das offene Wort plötzlich in Paris erlaubt war, war es wichtig, die Leute reden zu lassen. Sie sagen konfuse Sachen, sprechen vage Gedanken aus, die obendrein noch manchmal langweilig sind, weil man sie schon hundertmal gehört hat. Aber dann, nachdem alles gesagt wurde, kommt der Moment, wo man sich die Frage stellt: «Und nun?» Es ist wichtig, daß eine möglichst große Zahl von Studenten sich fragt: «Und jetzt?» Dann erst wird man an Programme und Strukturen denken können. Uns jedoch heute schon die Frage zu stellen: «Was werden Sie hinsichtlich der Examensordnung machen?», hieße, den Fisch ertränken zu wollen, die Bewegung zu sabotieren, die Dynamik zu unterbrechen. Die Examen werden stattfinden, und wir werden Vorschläge machen. Aber man soll uns ein bißchen Zeit lassen. Zuerst müssen wir reden, nachdenken, neue Formeln finden. Wir werden sie finden. Aber nicht heute.

J.-P. S.: Die studentische Bewegung – Sie selber haben es gesagt – ist jetzt auf der Höhe der Welle. Aber es kommen Ferien, es kommt eine Verzögerung, möglicherweise läuft der Strom zurück. Die Regierung wird davon profitieren und Reformen in die Wege leiten. Sie wird die Studenten einladen, mitzumachen, und viele werden den Vorschlag annehmen, indem sie entweder sagen: «Wir wollen ohnehin nichts als Reformen», oder: «Das ist zwar nur Reformismus, aber besser als nichts, und schließlich haben wir selbst und aus eigener Kraft diese Reformen erreicht.» Sie werden dann also eine veränderte Universität haben, aber die Änderungen mögen wohl nur oberflächlich sein, sich vor allem auf Bereicherung der materiellen Ausrüstung erstrecken, auf die Räumlichkeiten, auf die Mensen. Alles das wird am Fundament des Systems nicht rütteln. Es handelt sich um Forderungen, denen die Macht nachgeben kann, ohne daß das Regime in Frage gestellt wird. Oder sind Sie überzeugt, daß Sie Verbesserungen erzielen, die revolutionäre Elemente in die bürgerliche Universität hineintragen, Erneuerungen, die es zum Beispiel ermöglichen, daß die Lehre, wie sie an der Universität vorgetragen wird, in Widerspruch zur grundsätzlichen Funktion der Hochschule im heutigen Regime gerät: der Aufgabe nämlich, Kader zu formen, die ins herrschende System integriert sind?

D. C.-B.: Zunächst können rein materielle Forderungen sehr wohl auch einen revolutionären Inhalt haben. Was zum Beispiel die Mensen betrifft, so haben wir eine *grundsätzliche* Forderung. Wir verlangen ihre Abschaffung oder besser: ihre Umwandlung in Gaststätten für die Jugend, wo alle jungen Leute, ob Studenten oder nicht, für 1,40 Franc essen können. Wenn die jungen Arbeiter den ganzen Tag arbeiten, kann man nicht einsehen, daß sie abends nicht für 1,40 Franc essen sollten. Dieselbe Forderung hinsichtlich der Studentenwohnheime! Wir fordern, daß sie Wohnheime für die Jugend werden. Es gibt viele junge Arbeiter, junge Lehrlinge, die nicht mehr bei ihren Eltern wohnen wollen, aber kein Zimmer mieten können, das 300 Francs im Monat kostet. Auch sie sollten in den Studentenheimen aufgenommen werden, wo die Miete 90 bis 100 Francs ausmacht. Die Familiensöhnchen, die Jura oder politische Wissenschaften studieren, können ja anderswo hingehen.

Grundsätzlich glaube ich nicht, daß die Reformen, welche die Regierung durchführen könnte, genügen werden, die Studenten zu demobilisieren. Die Ferien werden unsere Bewegung wohl stocken lassen – aber brechen können sie die Kraft nicht. Einige von uns werden sagen: «Wir sind hereingefallen» und sich nicht zu erklären suchen, was eigentlich passiert ist. Andere werden sagen: «Die Situation war nicht reif.» Aber viele Aktive werden verstehen, daß man Kapital schlagen muß aus dem, was passiert ist; sie werden die Lage theoretisch analysieren und sich darauf vorbereiten, zum neuen Semesteranfang die Aktion wiederaufzunehmen. Denn der Semesteranfang im Herbst wird katastrophal sein, gleichgültig, wie die Reformen der Regierung aussehen werden. Und die Erfahrungen, die wir in der ungeordneten, ungewollten Aktion gemacht haben – in dieser Aktion, die durch die Regierung hervorgerufen wurde! –, wird uns erlauben, die Aktion noch wirksamer zu machen, die wir für den Herbst voraussehen.

Die Ferien werden den Studenten Gelegenheit geben, sich über ihren eigenen Unmut klarzuwerden, der sich in den 14 Tagen der Krise manifestiert hat, und nachzudenken über das, was sie tun wollen und was sie tun können. Was aber die Möglichkeit angeht, eine Lehre an der Universität zu etablieren, die gleichsam eine «Gegen-Lehre» sein könnte, so daß hier nicht allein die bürgerlich gut eingefügten Kader ausgebildet werden, sondern Revolutionäre, so halte ich das für eine Hoffnung, die mir zu idealistisch erscheint. Der bürgerliche Unterricht, sei er selbst reformiert, wird immer bürgerliche Kader produzieren. Die Leute sind gefangen im Getriebe des Systems. Im besten Falle werden sie Mitglieder einer wohlwollenden Linken und bleiben doch immer das Räderwerk, das die alte Gesellschaft am Funktionieren hält. Unser Ziel ist es, eine «Parallel-Unterweisung» zu schaffen, sowohl in technischen wie in ideologischen Sachen. Wir selbst wollen die Universität auf eine vollständig neue Basis stellen, auch für den Fall, daß dies Unternehmen nur wenige Wochen dauern kann. Wir werden an Professoren der Linken und der extremen Linken appellieren, die bereit sind, mit uns in Seminaren zusammenzuarbeiten und uns mit ihrem Wissen zu helfen bei der Forschung, die wir selbst unternehmen. Auf ihre Position des «Professors» müssen sie dabei verzichten.

Wir können in allen Fakultäten Seminare veranstalten – nicht Hauptvorlesungen natürlich – über die Probleme der Arbeiterbewegung, über die Nutzbarmachung der Technik zum Dienst am Menschen, über die Möglichkeiten, die die Automation uns bietet. Und alles das nicht unter theoretischem Gesichtswinkel – es gibt nicht ein einziges Soziologie-Buch, das heute nicht mit dem Satz anfängt: «Man muß die Technik dem Menschen dienstbar machen.» Nein, es soll sich um konkrete Sachen handeln. Eine solche Lehrmethode wäre offensichtlich derjenigen, wie sie das System entwickelt hat, vollkommen entgegengesetzt, und das Experiment würde kaum lange Zeit dauern: Das System würde schnell reagieren, und die Bewegung fiele zurück. Aber das Wesentliche ist dennoch, eine Erfahrung zu machen, die vollständig mit der alten Gesellschaft bricht. Und mag diese Erfahrung auch nicht lange dauern, so wird sie doch Möglichkeiten ahnen lassen: Man beobachtet etwas Neues, ein flüchtiges Bild, das dann erlischt. Aber es genügt zu beweisen, daß etwas Neues existieren kann. Wir haben nicht die Hoffnung, eine Universität sozialistischen Typs in unserer Gesellschaft gründen zu können, denn wir wissen, daß die Funktion der Universität gleich bleibt, solange das System als Ganzes nicht wechselt. Aber wir glauben, daß wir Breschen schlagen können.

J.-P. S.: Dies würde die Existenz einer «antiinstitutionellen» Bewegung voraussetzen, die verhindert, daß studentische Gegenkräfte sich bilden können. Denn Sie werfen der UNEF[1] ja vor, daß es sich dabei um eine Gewerkschaft handelt, das heißt: um eine Institution, die verkalkt ist.

D. C.-B.: Wir werfen ihr besonders vor, so organisiert zu sein, daß sie unfähig ist, Forderungen vorzutragen. Die Verteidigung der studentischen Interessen ist überhaupt eine problematische Sache. Was sind das für «Interessen»? Die Studenten bilden keine Klasse. Die Arbeiter, die Bauern stellen eine soziale Klasse dar und haben objektive Interessen. Ihre Forderungen sind klar und wenden sich an die Unternehmer oder an die Repräsentanten der Bourgeoisie. Aber die Studenten? Wer sind ihre «Unterdrücker», wenn nicht das System an sich?

J.-P. S.: Die Studenten sind in der Tat keine Klasse. Sie definieren sich durch ihr Alter und durch ihre Beziehung zur Wissenschaft. Der Student ist jemand, der eines Tages aufhören muß, Student zu sein, und dies gleichgültig, in welcher Gesellschaft, selbst in der, von der wir träumen.

D. C.-B.: So ist es! Und deshalb muß der Umsturz kommen. Im gegenwärtigen System sagt man: Dort sind jene, die arbeiten, hier jene, die studieren. So bleibt es bei der Trennung. Aber man kann sich ein anderes System vorstellen, in dem alle an den Aufgaben der Produktion beteiligt sind – einer durch den technischen Fortschritt hochentwickelten Produktion – und in dem jeder die Möglichkeit behält, gleichzeitig seine Studien fortzusetzen. Es wäre ein System produktiver Arbeit und gleichzeitigen Studiums.

Es wird sicher immer besondere Fälle geben: Man kann in der mathematischen Wissenschaft nicht weit vorankommen oder etwa in der Medizin und doch zu gleicher Zeit einer anderen Beschäftigung nachgehen. Es handelt sich auch gar nicht darum, uniforme Regeln aufzu-

---

1 Union nationale des étudiants français – Französischer Studentendachverband, kommunistisch geführt

stellen. Es ist das Grundprinzip, das man ändern muß. Man muß von Anfang an den Unterschied zwischen dem Studenten und dem Arbeiter negieren. Wohlverstanden: Das alles kann nicht schon morgen erreicht werden. Aber es hat etwas Neues begonnen, das notwendigerweise seine Fortsetzung haben wird.

J.-P. S.: Was an Ihrer Aktion interessant ist: sie setzt die Phantasie an die Macht. Auch Ihre Phantasie hat gewiß Grenzen, aber Sie haben viel mehr Ideen, als Ihre Väter hatten. Wir, die Älteren, sind auf solche Weise geformt worden, daß wir eine Vorstellung davon hatten, was möglich sei und was nicht. Ein Professor wird sagen: «Die Examina abschaffen? Niemals! Man kann ihr Verfahren ändern, abschaffen nicht!» Warum? Weil er selbst die Hälfte seines Lebens damit verbracht hat, Examina abzulegen.

Die Arbeiterklasse hat oft neue Kampfmethoden ersonnen, doch dies jeweils in Verbindung mit einer bestimmten Situation, in der sie sich gerade befand. 1936 hat sie die Besetzung der Fabriken erfunden, weil dies die einzige Waffe war, einen Wahlsieg zu festigen und auszubauen. Aber Sie haben eine Phantasie, die um vieles reicher ist. Die Parolen, die man an den Mauern der Sorbonne liest, beweisen es. Es ist etwas von euch ausgegangen, was erstaunen läßt, etwas Umwerfendes, etwas, das alles leugnet, was unsere Gesellschaft zu dem hat werden lassen, was sie heute ist. Dies möchte ich Ausdehnung des Feldes der Möglichkeiten nennen. Weicht hier nicht zurück!

Die Schützengräben von
Raymond Aron

Interview mit Le Nouvel Observateur,
Juni 1968

S. Lafaurie: Nach der letzten großen Studentendemonstration in der Nacht vom 11. zum 12. Juni, in der nicht nur im Quartier Latin, sondern in ganz Paris Barrikaden errichtet worden sind, hat ein überdeutlicher Meinungsumschwung stattgefunden. Viele, die bis dahin ihre Sympathie für die Studenten geäußert hatten, fanden, daß sie «überziehen» und daß ihre «sterile Gewalt» ihrer eigenen Sache schade.

Jean-Paul Sartre: Ja, weil die öffentliche Meinung in Frankreich – wie jede öffentliche Meinung – dumm ist. Sie ist dumm, weil sie schlecht informiert ist, und schlecht informiert, weil die Presse ihrer Aufgabe nicht nachkommt. Niemand hat versucht, der Öffentlichkeit den Sinn dieser Gewalt der Studenten zu erklären, die in Wirklichkeit nur eine «Gegengewalt» ist. Eine punktuelle Gegengewalt, nicht allein gegen die Polizei, die sie gezielt provoziert hat, sondern gegen eine Gesellschaft, die sie unterdrückt (darüber werde ich nächste Woche sprechen). Es gibt bereits Menschen, die das zu erklären versuchen: das sind die Mitglieder der vierhundert revolutionären Aktionskomitees, die öffentliche Diskussionen initiieren und die, auf der Straße, die Arbeit machen, die von der Presse zu leisten wäre. Sie wirken als Gegengift, und ich muß gestehen, daß ich sie phantastisch finde. Ich sehe sie in meinem Viertel, vor dem Bahnhof Montparnasse oder dem Zeitungskiosk an der Kreuzung des Boulevard Raspail und Boulevard Montparnasse, arbeiten. Sie haben zwei Taktiken. Die erste besteht darin, zwischen einem netten, eher schlaffen, aber linksstehenden Kerl und einem rechten Hitzkopf zu provozieren. Die Passanten laufen zusammen, jeder gibt sein Scherflein dazu, und wenn die Debatte gut in Gang gekommen ist, ziehen sich die Mitglieder des Aktionskomitees zurück und lassen die anderen untereinander diskutieren. Das wirkt sich immer positiv aus, weil die offenkundige Gewalt des rechten Hitzkopfs den Leuten hilft, die studentische Gewalt mit anderen Augen zu sehen.

Die andere Methode, die mir die bessere zu sein scheint, besteht darin, den Leuten direkt zu erklären, was passiert. Das ist nicht immer einfach. Ich sehe oft, wie sich junge Frauen, die kein lautes Stimmorgan haben, kleinen zorngeröteten Poujadisten entgegenstellen. Es geht manchmal sehr heftig zu, doch nie kommt es zu Handgreiflichkeiten. Niemand denkt daran. Natürlich redet der junge Faschist am meisten und am lautesten, er muß aber schon ab und zu Luft holen. Dann wirft das junge Mädchen mit der zarten Stimme einen Einwand ein, stellt eine Frage, und der Faschist ist wohl oder übel zu einer Antwort gezwungen, in der seine Unaufrichtigkeit an den Tag kommt.

Jeder, der diese Diskussionen erlebt, ist von der Ruhe, der Geduld beeindruckt, mit der diese jungen Leute den Sinn ihres Handelns erklären. Sie leisten eine wirklich bewundernswerte Arbeit, und ich bin sicher, hätte es am Morgen des 12. Juni hier und dort Aktionskomitees auf der Straße gegeben, dann hätten zahlreiche Pariser ganz anders auf die Demonstrationen der vorangegangenen Nacht reagiert.

Was ist in jener Nacht geschehen? Das gleiche wie auf allen vorherigen Demonstrationen, die «ausgeartet» waren: die Studenten hatten lediglich auf die Provokationen seitens der Polizei reagiert. Seit Anfang Mai sind alle genehmigten Demonstrationen friedlich abgelaufen; Gewalt hat es nur gegeben, wenn die Polizei versucht hat, entweder die Studenten am Demonstrieren zu hindern oder sie auseinanderzutreiben. Am 10. Juni ist ein Gymnasiast der *Union des Jeunesses communistes marxistes-léninistes* [1], der gekommen war, seine Solidarität mit den streikenden Arbeitern von Flins zu bekunden, von der Polizei bei Mureaux in der Seine ertränkt worden.

Ich sage sehr wohl: von der Polizei. Es ist nicht von Belang, daß er nicht direkt ins Wasser geworfen worden ist – darauf weisen die Zeugenaussagen offensichtlich hin. Wenn ein Dutzend Jugendlicher beschließt, in die Seine zu springen und damit den gefährlichsten

---

1 UJCMLF, Union des jeunesses communistes marxistes-léninistes; ihre Hochburg war die École normale supérieure und ihr damaliger Sprecher Bernard-Henry Lévy. Der siebzehnjährige Gymnasiast Gilles Tautin ertrank am 10. Juni 1968 anläßlich einer Protestdemonstration gegen das polizeiliche Vorgehen in den Renault-Werken in Flins, Anm. d. Übers.

Fluchtweg zu wählen, weil sie von Polizeikräften umstellt sind und weil einige ihrer Freunde vor ihren Augen bereits wild zusammengeknüppelt worden sind, dann muß man sagen, daß die Polizei vollständig dafür verantwortlich ist, wenn einer von ihnen stirbt. Die Presse hat das natürlich nicht wahrhaben wollen, und aus dem «ertränkten Studenten» der Frühausgaben ist in den nachfolgenden Ausgaben schnell ein «ertrunkener Student» geworden.

Für die *UNEF*[1] stand es außer Frage: die Polizei hatte einen Schüler umgebracht, und man mußte demonstrieren. Die Studenten konnten nicht den Mord an einem ihrer Mitstreiter übergehen, sie mußten protestieren. Sauvageot[2] sagte: «Wir werden auf jeden Fall demonstrieren. Wenn die Ordnungskräfte nicht eingreifen, wird es keine Gewalt geben. Hindert man uns aber am Weiterlaufen, werden wir nicht zur Auflösung aufrufen.»

Die Regierung hat die Demonstration dennoch verboten. Weshalb? Es gab keinerlei Grund. Andere Demonstrationen – am 13. Mai von der Place de la République bis Denfert-Rochereau, am 17. Mai zum Charléty-Stadion – waren ohne Zwischenfälle verlaufen. Auch diesmal hätten die Studenten und die jungen Arbeiter «CRS: SS», «De Gaulle: Mörder» gerufen und hätten friedlich die Straße besetzt, ohne ein Schaufenster einzuwerfen, ohne einen Caféstuhl zu zerschlagen. Aber die Regierung hatte beschlossen, sämtliche Demonstrationen zu verbieten, vermutlich aus Angst, es könnte eine stattfinden, die spektakulärer sein würde als die der Gaullisten am 30. Mai von der Place de la Concorde bis zur Place de l'Étoile.

Am 11. Juni in Paris ist es die Regierung gewesen, die, indem sie die Studenten daran gehindert hat, ihrer Empörung offen Ausdruck zu geben, für die allgemeine Ausbreitung der Unruhe gesorgt hat. Die Demonstranten haben nichts anderes getan, als auf die vorausgegangene Gewalt, die man ihnen antat, mit Gegengewalt zu antworten. Im übrigen sind die Studenten, wenn sie auch die Gesellschaft radikal in Frage stellen, keine Unruhestifter, wie man uns glauben machen möchte, die davon träumten, alles in Scherben zu legen. Bemerkenswert ist zunächst, daß Gewalt ausschließlich gegen die Polizei geübt wurde. Kommissariate sind ausgeräumt, Polizeiwagen in Brand ge-

---

1 UNEF, Union nationale des étudiants de France, nationaler Studentenverband, Anm. d. Übers.
2 Jacques Sauvageot war damals Vorsitzender der UNEF, Anm. d. Übers.

steckt, Polizisten verletzt worden. Zugegeben, es sind Privatautos und diverse öffentliche Objekte zum Bau von Barrikaden verwendet worden. Aber die Presse konnte praktisch in keinem Fall – was sie nur allzugern getan hätte – von Plünderung, Diebstahl, Brutalitäten gegen «Widersacher», von Gewalt um der Gewalt willen berichten. Und dies trotz der so gern herausgestellten Anwesenheit derart zahlreicher «Halbstarker», die ihre Vorstädte verlassen hätten, um «die Bürger zu terrorisieren». Die Gewalt der Studenten und der jungen Arbeiter ist stets nur defensiv gewesen.

Andererseits sind diejenigen, die man am direktesten als Unruhestifter anklagt, genau diejenigen, die die Gewalt an den Universitäten mißbilligen. Ich denke an die «Maoisten» und die Anarchotrotzkisten aus der *FER*[1], die der Ansicht sind, daß ein «Einsatz» im Quartier Latin überhaupt nichts einbringt. Die Studentendemonstrationen sind in ihren Augen sogar eine schädliche Ablenkung, die dem Regime in die Hände arbeitet: das revolutionäre Ferment muß in die Arbeiterklasse hineingetragen werden, und allein von ihr kann eine tatsächlich wirkungsvolle revolutionäre Bewegung ausgehen. Trotzdem hat man diese beiden Organisationen aufgelöst, während man nicht wagte, die UNEF anzutasten, die tatsächlich zu den Demonstrationen aufruft. Ebenso ist eine kaum «faßbare» Organisation wie die *Bewegung des 22. März*[2] aufgelöst worden, von der niemand weiß, ob sie 5000 oder 50 Anhänger hat, die es selber ablehnt, sich eine Struktur zu geben, die die Rolle der «handelnden Minderheiten» als ein in der Gesellschaft immer vorhandenes, doch zugleich immer diffuses Ferment ansieht und die das Gegenteil dessen ist, was man eine «terroristische Organisation» nennen kann.

N. O.: Anläßlich Ihres Gespräches mit Daniel Cohn-Bendit, dessen Wortlaut wir veröffentlicht haben, hat Roger Priouret in L'Express *geschrieben, das Denken von Cohn-Bendit sei «ein Echo auf Thomas Carlyle und Friedrich Nietzsche».*

J.-P. S.: Das ist ein tristes Beispiel für politisches Analphabetentum. Priouret ist in der Lage, zu Wirtschaftsfragen Gemeinplätze zu schreiben, weil er zu dem Thema einige Bücher gelesen hat. Aber von

---

1 FER, Fédération des étudiants révolutionnaires, trotzkistische Organisation, Anm. d. Übers.
2 Mouvement du 22 Mars, am 22. März an der Universität Nanterre gegründet, Hauptsprecher war Daniel Cohn-Bendit, Anm. d. Übers.

Nietzsche und Carlyle im Zusammenhang mit Cohn-Bendit zu sprechen, das beweist nicht nur, daß man unkultiviert ist, sondern auch, daß man nie zu denken gelernt hat.

Nietzsche ist Cohn-Bendit herzlich egal, und ich glaube nicht, daß er Carlyle gelesen hat. So oder so interessieren ihn die Theorien über den «Helden» nicht. Was er zu begreifen versucht, ist, was die Rolle einer aktivistischen Minderheit sein kann und sein soll. Bis heute hat es drei große Auffassungen der Aufstandsbewegung gegeben: die von Blanqui, die von Lenin, die von Rosa Luxemburg.

Für Blanqui ist es sehr einfach: Es ist Sache einer bewaffneten, durchtrainierten, streng disziplinierten Gruppe, die Macht zu ergreifen und die Masse, die sich später anschließen wird, vor die vollendete Tatsache zu stellen. Für Lenin ist es die Masse insgesamt, die handelt, jedoch unter Kontrolle der Partei, die vorwärts drängt und entscheidet. Für Rosa Luxemburg ist es ebenfalls die Masse, aber ohne Reglementierung durch die Partei, die Führer tauchen auf und verschwinden wieder, die Masse selbst stellt sie in jeder Etappe zur Verfügung, um sie dann wieder zu verschlucken.

Es ist klar, daß die Auffassung von Cohn-Bendit – obwohl er es verabscheut, irgendeiner «Schule» zugeordnet zu werden – der von Rosa Luxemburg nähersteht als den beiden anderen. Er denkt keinen Augenblick an überlegene Menschen oder Übermenschen, die die Masse führen würden. Er glaubt, daß die Masse von Zeit zu Zeit kleine Gruppen von Menschen hervorbringt, die niemals «Anführer» sein werden, die aber – in privilegierten Momenten, in denen ihr Handeln einem tiefen Verlangen der Massen entspricht – eine Massenbewegung auslösen können, die sie sofort überholt und umschließt. Wo sind da Nietzsche und Carlyle? Das möge mir Priouret mal erklären!

N. O.: *Die Staatsmacht hatte – was klassisch ist – das Bedürfnis, etwas zu unternehmen, um ihre Klientel zu beruhigen und um zu beweisen, daß sie angesichts der «Subversion» nicht untätig bleibt. Sie hat also beschlossen, das zu treffen, was am ehesten Rädelsführern ähnelte: die Mitglieder der «Kleingruppen», die für die Öffentlichkeit die «Stars» des Protestes gewesen waren.*

J.-P. S.: Es ist eine groteske und beschämende Maßnahme. Man löst «Apparate» auf, die nicht einmal existieren. Die Mitglieder der «Kleingruppen» sind so wenig Stars, daß die Öffentlichkeit – von Cohn-Bendit abgesehen – niemanden von ihnen mit Namen kennt.

Es sind Aktivisten, die ihre Informations- und Aufklärungsarbeit, notfalls auch im Untergrund, fortsetzen werden. Ansonsten vergreift sich die Regierung wie üblich an den Schwächsten. Man weist eine Handvoll Ausländer aus, unter ihnen zwei Maler, die seit zehn Jahren in Frankreich leben und von denen der eine den Preis der Biennale von Venedig[1] erhalten hat. Dasselbe ist während des Algerienkriegs mit den Unterzeichnern des «Manifests der 121»[2] geschehen. Die Repression traf einige Lehrer und zwei, drei arme Teufel, die man drei Jahre lang unerbittlich daran gehindert hat, im Fernsehen aufzutreten, wogegen die bekannteren Schriftsteller nie behelligt worden sind.

An der Spitze wird also eine Politik der Feigheit betrieben. An der Basis wird aber gleichzeitig zum Mord angestachelt. Denn genau das ist de Gaulles Aufruf zur Bildung von Bürgerwehren. Auf diese Weise wird den Menschen gesagt: organisiert euch in eurem Stadtteil, um diejenigen zusammenzuschlagen, die eurer Ansicht nach subversive Meinungen äußern oder ein für die Regierung gefährliches Verhalten zeigen. Dies ist bereits geschehen. Ich kenne mindestens zwei Fälle, wo in Paris Menschen von Gruppen ehemaliger Fallschirmjäger in Zivil oder gar im Tarnanzug zusammengeknüppelt worden sind. Und wen setzt man an die Spitze dieser Bürgerwehren[3]? Roger Frey, den Mann, der Ben Barka[4] ermorden ließ!

Dieser Aufruf zum Mord durch den Präsidenten der Republik ist im übrigen keine Antwort auf die Gewalt der Studenten gewesen. Der Greis ist erst dann aufgebracht gewesen, als Mitterrand und Mendès-France seine Macht politisch in Frage gestellt haben. Bis dahin hat er vage alles abgesegnet, begriff nichts, wartete darauf, daß sich die Lage beruhigt, in der Überzeugung, er würde sie wieder in den Griff be-

---

1 Acht Ausländer wurden am 11.6.1968 auf der Straße nach Flins (s. o.) verhaftet und ausgewiesen, unter ihnen der Maler Julio Le Parc, Preisträger der Biennale von Venedig, Anm. d. Übers.
2 Manifest der 121: «Erklärung über das Recht zum Ungehorsam und zur Fahnenflucht im Algerienkrieg» (1960), u. a. von Robbe-Grillet, Nathalie Sarraute, Vercors, Simone Signoret, Leiris, Breton unterzeichnet, Anm. d. Übers.
3 SAC, CDR: Service d'action civique, comités de défense de la République, gaullistische Bürgerwehren, Anm. d. Übers.
4 Ben Barka, marokkanischer Oppositionspolitiker, der 1966 in Paris entführt und ermordet wurde, Anm. d. Übers.

kommen. Als sich die Möglichkeit einer politischen Ablösung genauer abzeichnete, nicht mittels eines Bürgerkriegs – dazu riefen Mitterrand und Mendès-France gewiß nicht auf –, sondern im Rahmen der Institutionen, da hat der General rotgesehen und zu seinen Anhängern gesagt: «Jetzt hört der Spaß auf: nun schlagt zu.»

N. O.: In seinem Artikel erwähnte Roger Priouret auch die faschistische Gefahr. Aktivistenminderheit gegen Aktivistenminderheit, schrieb er, wenn schon, dann sind vielleicht die Fallschirmjäger für eine Machtergreifung am besten geeignet.

J.-P. S.: Stellen wir uns vor, die Fallschirmjäger ergriffen die Macht. Wie werden sie den Wirtschaftsapparat in Gang halten? Denn selbstverständlich wird es zum Generalstreik kommen. Werden sie die Arbeiter einzeln in ihren Wohnungen aufsuchen, um sie mit Gewalt in den Betrieb zu bringen? Gegen die Arbeiter eines besetzten Betriebs kann man Fallschirmjäger einsetzen. Aber diesmal werden die Betriebe leer sein. Man bleibt zu Hause, und die Fallschirmjäger werden machtlos sein. Um so eher, als es außer Frage steht, die Wehrpflichtigen auf Arbeiter schießen zu lassen: das werden die jungen Soldaten niemals tun.

Diejenigen, die heute mit der faschistischen Gefahr wedeln, tun das nur, um die Menschen zu demobilisieren. Faschismus wird nicht mit drei Fallschirmjäger-Regimentern improvisiert. Dazu ist eine Gesellschaft wie die in Griechenland nötig, in der die Arbeiter gespalten und isoliert sind, in der jeder Betrieb überwacht und bespitzelt wird, in der eine gut bewaffnete Rechte sich seit Jahren auf den Staatsstreich vorbereitet. Oder eine über lange Zeit von einer faschistischen Partei bearbeitete Gesellschaft, wie es im Italien Mussolinis und im Hitler-Deutschland der Fall gewesen ist. In einem Land wie Frankreich macht man keinen faschistischen Staatsstreich von heute auf morgen. Wenn doch, dann dauert er gerade fünfzehn Tage.

Die «faschistische Gefahr» dient nur dazu, die Menschen zu terrorisieren, damit sie das Fortbestehen des gegenwärtigen Regimes akzeptieren. De Gaulle hat von einer «Gesellschaft im Wandel» gesprochen. Aber seit er an der Macht ist, tut er alles, was er kann, um diesen Wandel zu verhindern. Und er begreift den Charakter der Revolte, die gerade ausgebrochen ist, derart schlecht, daß er sie allein mit der alten Theorie der Nachahmung, der «ansteckenden Wirkung» von Gewalt erklärt.

Seit hundert Jahren bekundet man bei jedem Ausbruch der Massen dasselbe Staunen: «Was! Dies hier ist ein glückliches Land, in dem Studenten und Arbeiter alle Freiheit genießen, in dem das Lebensniveau kontinuierlich steigt, und plötzlich geraten diese Studenten, diese Arbeiter ihrem ureigensten Interesse zuwider in Rage, vergessen alle Lebensfreude, die sie tags zuvor hatten, und schlagen alles kaputt? Das ist unerklärlich!» Oder läßt sich allenfalls, so denkt man, mit der Unruhe einiger Hitzköpfe erklären, deren Fieber sich gleich einer Krankheit auf die übrigen Bürger überträgt und ein unkontrolliertes Explodieren der Massen auslöst. Für die Regierungsmacht heißt eine «unkontrollierte» Bewegung eine Bewegung, die kein Ziel, keinen Sinn hat, die die Zerstörung um der Zerstörung willen beabsichtigt.

Natürlich gibt es die «legitimen» Forderungen, beispielsweise nach Lohnerhöhungen. Man ist bereit, einigen nachzukommen. Allerdings haben die Arbeiter diesmal zu viele aufgestellt, die man ihnen aus Panik erfüllt hat, um ihr Fieber zu senken, und in seiner Verbissenheit hat de Gaulle die Dreistigkeit besessen, offen im Fernsehen zu sagen – was nicht einmal in seinem Interesse lag –, daß die erreichten Verbesserungen nur «scheinbare» seien, da man sie in wenigen Monaten mit der Preissteigerung zunichte machen werde. Pech für die Arbeiter: sie hätten ja in Ruhe die «normalen», von der Regierung vorgesehenen Lohnerhöhungen abwarten können.

Was die «illegitimen» Forderungen betrifft – Mitbestimmung, Arbeitermacht, Veränderung der gesellschaftlichen Strukturen –, von denen will man nicht einmal hören, da sie nur Ausdruck eines Wahns auf seiten der Arbeiterklasse seien, die sich ihrer tatsächlichen Interessen nicht bewußt sei.

Was den Menschen erklärt werden muß, ist, daß die «unkontrollierte» Gewalt einen Sinn hat, daß sie nicht Ausdruck einer absichtlichen Unordnung, sondern des Begehrens nach einer anderen Ordnung ist.

Nehmen wir den Fall der Studenten, da sie diejenigen sind, die die Bewegung in Gang gesetzt haben. Was wollen sie? Darauf wird geantwortet: die «Studentenmacht». Das bedeutet gar nichts, solange man nicht versucht hat, ihre Position innerhalb der Universität und in der Gesellschaft zu definieren.

Sie ist überhaupt nicht mehr dieselbe wie jene, die wir vor dreißig oder vierzig Jahren gekannt haben. Als ich zwanzig war, protestierten wir schon gegen das System der Vorlesungen *ex cathedra*. Wir waren aber wenige, und wir hielten uns leider für eine Elite. An der *École normale* waren wir fünfundzwanzig – ein Jahrgang –, wir hatten eine wunderbare Bibliothek, Räume zum Arbeiten, Zimmer zum Schlafen, etwas Taschengeld, um uns zu vergnügen. Wir meinten, daß die Bücher besser seien als die Vorlesungen – das stimmte –, und unsere Art, das zu demonstrieren, war, daß wir einfach nicht zu den Vorlesungen gingen. In die *Sorbonne* bin ich innerhalb eines Jahres ein einziges Mal gegangen, als die rechten Studenten beschlossen, die Vorlesung eines Professors zu boykottieren, dessen Ideen sie nicht mochten. An jenem Tag sind alle Schüler der École normale, die sonst nie einen Fuß dorthin setzten, in die Sorbonne geströmt.

Man erstickte nicht, da wir wenige waren. Man arbeitete mit vollendeten Hilfsmitteln, miteinander. Auf die *Agrégation*[1] habe ich mich zusammen mit Nizan, Maheu – der heute bei der UNESCO ist –, Aron und Simone de Beauvoir vorbereitet. Man konnte mit den Professoren diskutieren, und es gab ständige Auseinandersetzungen, das Ganze aber geschah in einer Atmosphäre von aristokratischer Muße.

Heute ist das vollkommen anders. Die Studenten sind so zahlreich geworden, daß sie zu den Professoren nicht mehr die – ohnehin schwierigen – direkten Beziehungen haben konnten, die wir damals hatten. Es gibt zahlreiche Studenten, die den Professor nicht einmal zu Gesicht bekommen. Sie hören nur über die Vermittlung eines Lautsprechers, wie ihnen eine vollkommen unmenschliche und unerreichbare Figur eine Vorlesung hält, deren Interesse für sie selbst ihnen vollkommen unbegreiflich ist. Ein Universitätsprofessor ist beinah immer – so war es auch zu meiner Zeit – ein Herr, der eine Dissertation geschrieben hat und diese für den Rest seines Lebens aufsagt. Es ist auch jemand, der eine Macht besitzt, an der er verbissen festhält: jene nämlich, Menschen im Namen eines Wissens, das er akkumuliert hat, seine eigenen Gedanken aufzuzwingen, ohne daß diejenigen, die ihm zuhören, das Recht hätten, sie anzufechten. Nun hat ein Wissen, das nicht ständiger Kritik unterzogen wird, sich ausgehend von dieser Kritik selbst überholt und neu bestätigt, keinen Wert. Wenn der alternde Aron seinen Studenten unaufhörlich die Gedanken aus seiner vor dem Krieg von 1939 geschriebenen Dissertation wiederholt, ohne daß die, die ihn hören, ihn kritisch kontrollieren

1 Leistungswettbewerb für das höhere Lehramt, Anm. d. Übers.

können, übt er eine tatsächliche Macht aus, die aber gewiß nicht auf Wissen gründet, das diesen Namen verdient.

Was ist Wissen? Immer etwas, was nicht mehr das ist, was man vermutete und was nicht mehr stimmt, weil eine neue Beobachtung, ein neues Experiment mit besseren Methoden oder besseren Instrumenten gemacht worden sind. Und anschließend werden diese neuen Experimente ihrerseits von anderen teils rückständigeren, teils fortgeschritteneren Wissenschaftlern angefochten. So läuft das immer. Die Theorie Einsteins ist aus einer Reflexion über das Experiment von Michelson und Morley entstanden, das den Postulaten der Physik Newtons widersprach. Daraus ist die Einsteinsche Relativität hervorgegangen, die wiederum dreißig Jahre später selbst angefochten worden ist.

Doch die Studenten, wird man einwenden, können den Unterricht eines Professors nicht sinnvoll kritisieren, da sie laut Definition noch nichts wissen. Zunächst weiß derjenige, der nichts weiß, immer etwas mehr, als es scheint, wie jener Sklave, den Sokrates ein mathematisches Theorem wiederentdecken läßt. Und vor allem läßt sich Kultur nur vermitteln, wenn man den Menschen die Möglichkeit läßt, sie jederzeit in Frage zu stellen.

In dieser Hinsicht habe ich zwei sehr bezeichnende Erfahrungen gemacht. Als ich Lehrer am Lyzeum von Laon war, hatte ich Söhne von Großbauern als Schüler, für die ein *Sou* ein *Sou* war, ein Tisch ein Tisch, ein Stier ein Stier. Sie von diesem gesunden materialistischen Menschenverstand abzubringen war ein Ding der Unmöglichkeit. Ich dachte mir also, das neue Schuljahr damit zu beginnen, daß man sie ein bißchen aufbringt und ihnen den Kantschen Idealismus darstellt. Ihr Widerstand ist eisern gewesen. Die Vorstellung, daß die sogenannte äußere Realität von der inneren Einheit unserer Erfahrung konstituiert wird, war ihnen unerträglich. Doch nach einem Monat Protest sagten sie zu mir: «Wir haben verstanden!» Und sie haben mir den Rest des Jahres zur Hölle gemacht, weil sie mir bei allem, was ich ihnen zu erklären versuchte, Kant entgegenhielten: sie hatten ihn sich so gut angeeignet, daß sie immer wieder auf ihn zurückkamen.

Dagegen habe ich später am Pasteur-Lyzeum in Paris Unterricht *ex cathedra* gehalten. Die Schüler stellten nichts mehr in Frage. Ob die Welt eine äußere Realität oder eine geschlossene Folge von Vorstellungen ist, ob die Kinder ihren Vater oder ihre Mutter begehren, warum nicht? Alles war ihnen recht. Presse und Radio hatten ihnen eine falsche Kultur verpaßt. Sie diskutierten nichts, und am Ende des Schuljahres wußten sie nichts. Die einzige Weise zu lernen ist das Infragestellen. Das ist auch die einzige Weise, Mensch zu werden. Ein Mensch ist nichts, wenn er nicht in Frage stellt. Er muß aber auch etwas Treue beweisen. Für mich ist ein Intellektueller: jemand, der einem politischen und sozialen Zusammenhang treu bleibt, ihn aber pausenlos in Frage stellt. Natürlich kommt es vor, daß seine Treue und seine Anfechtung in Widerspruch zueinander geraten, aber das ist gut so, das ist ein fruchtbarer Widerspruch. Treue ohne Anfechtung, das geht nicht: dann ist man kein freier Mensch mehr.

Die Universität ist dazu da, Menschen auszubilden, die widersprechen. Anders gesagt, sollte ein fünfundvierzigjähriger Mann wissen, daß das Denken, das er entwickelt hat, nachdem er denjenigen widersprochen hat, die ihn gelehrt und ihm geholfen haben, seinerseits in fünf Jahren von denen Widerspruch ernten wird, die er selbst gelehrt hat und die ihm sagen werden: «Das stimmt nicht mehr, sondern etwas anderes.» Das ist im Grunde das erste Zeichen des Alters. Wenn man aber, nachdem man das gesagt hat, was man zu sagen hatte, lernt, sich zusammen mit den anderen in Frage zu stellen, dann kann man seine Zeit der Reife, sein nützliches Leben ein wenig verlängern.

Nun haben wir an den Universitäten heute noch jene lächerlichen Verschanzungen, die Vorlesungen *ex cathedra*, die von Herren gehalten werden, die sich nie in Frage stellen. Ich lege meine Hand dafür ins Feuer, daß Raymond Aron sich nie in Frage gestellt hat, und deswegen ist er in meinen Augen unwürdig, Professor zu sein. Selbstverständlich ist er nicht der einzige, ich bin aber gezwungen, von ihm zu sprechen, da er in den letzten Tagen viel geschrieben hat. Insbesondere dies: «Es ist undenkbar, daß die Studenten auf der einen oder anderen Weise bei der Berufung des Lehrenden mitwirken.» Warum? Weil die auf Wissen gegründete Macht, Aron zufolge, von Lehrenden zu Lehrenden, von Erwachsenen zu Erwachsenen übertragen werden muß. Sie muß von oben verliehen werden, genauso wie es im *Ancien régime* der Adel, nicht das Bürgertum war, der befugt war, jemandem ein Adelsprädikat zu verleihen.

Das ist normal, erläutert Aron, denn die Studenten wissen nichts: Studenten im ersten Studienjahr können nicht über den Inhalt der Vorlesung eines Herrn urteilen, den sie noch nicht gehört haben.

Hierzu merke ich eins an, nämlich daß die Mehrzahl der Professoren, die in einer Fakultät einen anderen Professor berufen, nicht dem Fach angehört, das er lehrt, und nicht die geringste Vorstellung von der Qualität seiner Vorlesung hat. Davon abgesehen gibt es nicht nur die Studenten im ersten Studienjahr, die sich zur Wahl eines Professors zu äußern hätten. Es gibt jene aus dem zweiten und dritten Studienjahr, die seinen Unterricht gehört haben und die sehr genau wissen, was sie davon halten. Sie alle müssen gemeinsam abstimmen.

Aron sagt weiter: «Es ist undenkbar, daß Studenten auf die eine oder andere Weise die Rolle des Prüfers einnehmen.» In wessen Namen? Warum sollten *Agrégation*-Studenten gegebenenfalls nicht über die Kenntnisse der *Licence*-Kandidaten[1] urteilen dürfen? Im Gegenteil ist das derart gut denkbar, daß es in Europa schon oft, in Kriegs- oder Revolutionszeiten, vorgekommen ist, daß Studenten Professoren ersetzt haben, die umgebracht oder zur Flucht gezwungen worden waren.

Selbst wenn es darum geht, Studenten an einem Prüfungsgremium zu beteiligen, die auf demselben Stand sind wie diejenigen, deren Kenntnisse man überprüft, hat der Vorgang nichts Absurdes, denn Sie wissen genausogut wie ich, welche Rolle in einem Examen die Laune, die intellektuellen Manien, die Besessenheiten des Professors spielen. Ist er mit dem linken Fuß aufgestanden, wird er morgens Zweien und Vieren an Leute austeilen, die am Nachmittag eine Zehn bekommen hätten. Und außerdem hat er seine Überzeugungen. Ich erinnere mich beispielsweise an Gurvitch: wenn Sie ihm seine Soziologie-Vorlesung nicht ganz genauso aufsagten, wie er sie aufgebaut hatte, mit a), b), c) . . ., waren Sie erledigt. Ein anderes Beispiel ist Lachelier, der sagte: «Solange ich Präsident der Prüfungskommission für die Agrégation bin, wird jeder durchfallen, der in seiner Arbeit Hegel erwähnt.» Und tatsächlich hat Lachelier einige Jahre lang verhindert, daß die Philosophie Hegels in Frankreich Eingang fand, während sie sich in England und in Italien ausbreitete. Genauso hat Brunschwicg – wir hörten seine Vorlesungen an der Sorbonne, weil wir ihn für schlauer hielten als die anderen – nicht einmal die Namen von Hegel und Marx in seinen ersten beiden

---

1 Akademischer Grad nach dem Studium der Geistes-, Natur- oder Rechtswissenschaften, Anm. d. Übers.

Büchern zitiert, Hegel gerade acht Seiten in seinem dritten gewidmet und weiterhin kein Wort zu Marx verloren.

Das ist der unkontrollierte und unkontrollierbare Unterricht, den man uns gab und der heute immer noch gegeben wird. Deshalb ist es notwendig, daß die Studenten, nicht nur des laufenden Studienjahres, sondern auch des folgenden, präsent sind, um notfalls einen Irrtum zu korrigieren, eine Laune auszugleichen, damit der Professor weiß, daß er beim Urteilen beurteilt wird. Darum geht es: wenn derjenige, der urteilt, nicht selbst beurteilt wird, gibt es keine tatsächliche Freiheit.

Sie gibt es auch nicht, wenn – was heute der Fall ist – alle Prüfungen zu Wettbewerben werden. Das ist schlicht eine Frage der Zahl. Sobald es «zuviel» Studenten gibt und man entschlossen ist, nur eine bestimmte Anzahl von ihnen zuzulassen, hat man es mit einem Wettbewerb zu tun. Wenn die Studenten sagen: «Keine Prüfungen mehr», heißt das in Wirklichkeit «Keine Wettbewerbe mehr; keine Universität mehr, die dazu dient, 5 Prozent Elite und 95 Prozent Ausschuß zu produzieren.» Sie verlangen das Gegenteil: ein System, das es 100 Prozent der Bürger ermöglicht, sich zu bilden, ohne daß im Gegenzug die Möglichkeiten, sich zu spezialisieren, Mathematiker oder Kardiologe zu werden, verwehrt werden.

Abgeschafft werden muß das gegenwärtige Ausleseverfahren. Und das ist nicht unmöglich, wie die Fortschritte im Kampf gegen eine früher als «natürlich» betrachtete Auslese beweisen: die – von unten betriebene – Auslese der zurückgebliebenen Kinder. Wenn man vor dreißig Jahren ein zurückgebliebenes Kind hatte, schickte man es nach *Ville-Évrard*[1] oder aufs Land; es schied endgültig aus dem Rennen aus, hielt aber die übrigen Kinder nicht auf. Heute sind Techniken des Aufholens entwickelt worden, die es ermöglichen, mindestens die Hälfte der zurückgebliebenen Kinder wieder in die Gesellschaft zu integrieren. Und das, weil man die Sichtweise verändert hat. Anstatt in Elitebegriffen zu denken und dem Kind zu sagen: «Du wirst niemals dazugehören, du bist ein kleiner Wilder», sagt man zu ihm: «Du bist ein Mensch, die Kultur gehört dir, du kannst mit den anderen zusammen lernen.» Und wenn man ihm zu helfen versteht, gelingt es ihm auch.

Auf einer anderen Ebene muß genau dieselbe Revolution an der Universität gemacht werden. Die Lehrenden müssen sich zur Auf-

1 Anstalt in der Nähe von Paris, Anm. d. Übers.

gabe setzen, nicht bloß unter der Masse ihrer Studenten diejenigen auszumachen, die ihnen würdig erscheinen, in die Elite integriert zu werden, sondern allen den Zugang zur Kultur zu verschaffen. Das setzt selbstverständlich andere Lehrmethoden voraus. Es setzt voraus, daß man sich für alle seine Studenten interessiert, daß man versucht, sich allen verständlich zu machen, daß man ihnen gleichermaßen zuhört, wie man zu ihnen spricht. Es setzt voraus, daß man nicht länger, wie Aron, der Meinung ist, hinter seinem Schreibtisch zu denken – und seit dreißig Jahren dasselbe zu denken – stelle die Ausübung der Intelligenz dar. Es setzt vor allem voraus, daß jeder Lehrende akzeptiert, von denen, die er lehrt, beurteilt und in Frage gestellt zu werden, daß er denkt: «Sie sehen mich nackt.» Das ist für ihn peinlich, aber da muß er durch, wenn er es wieder wert sein will, zu unterrichten. Jetzt, wo ganz Frankreich de Gaulle splitternackt gesehen hat, müssen die Studenten Raymond Aron splitternackt sehen können. Seine Kleider wird man ihm nur wiedergeben, wenn er die Infragestellung akzeptiert.

Le Nouvel Observateur, 19. Juni 1968

Der neue Gedanke des Mai '68

Interview mit Le Nouvel Observateur,
Juni 1968

Le Nouvel Observateur: Diese Woche triumphieren die Konservativen: so gut wie alle Streikenden haben die Arbeit wiederaufgenommen, die Sorbonne, Symbol der «studentischen Anarchie», ist von der Polizei besetzt, und die Franzosen haben soeben im ersten Wahlgang in aller Ruhe eben diesen Leuten ihre Stimme gegeben. Abgesehen von den nicht zu verachtenden, aber vermutlich kurzlebigen materiellen Verbesserungen, die die Arbeiter erreicht haben, bleibt offenbar von der großen Bewegung, die Frankreich einen Monat lang erschüttert hat, nicht viel übrig. Stimmt das? Hinterläßt die «Mai-Revolution», selbst wenn sie gescheitert ist, keine positiven Spuren?

Jean-Paul Sartre: Ich habe neulich an der *Cité universitaire* an einer Debatte von Studenten teilgenommen über die möglichen Veränderungen an der Universität, und einer von ihnen begann seinen Beitrag so: «Genossen, wir müssen anerkennen, daß unsere Mai-Aktion ein Mißerfolg ist ...» Vor fünfzehn Tagen hätte man ihn an der Sorbonne nicht einmal seinen Satz zu Ende sprechen lassen, und unter Buhrufen wäre er abgetreten. Diesmal gab es kein Auspfeifen, keinen Protest: man ließ ihn weiterreden.

In einem gewissen Sinn ist die Bewegung tatsächlich gescheitert. Aber nur für jene, die glaubten, die Revolution sei zum Greifen nahe, die Arbeiter würden den Studenten bis zum Schluß folgen, die in Nanterre und an der Sorbonne begonnene Aktion würde in eine gesellschaftliche und ökonomische Apokalypse münden, die nicht nur den Sturz des Regimes, sondern die Auflösung des kapitalistischen Systems nach sich ziehen würde. Das war ein Traum, und Cohn-Bendit beispielsweise hat so etwas nie gedacht. Er hat im Gegenteil gesagt: «Die Revolution wird nicht von heute auf morgen stattfinden, das Bündnis von Arbeitern und Studenten steht noch in weiter Ferne. Wir haben nur einen ersten Schritt gemacht. Wir werden weitere tun.»

Das begreifen viele junge Leute. Sie wissen, daß man mit 100000 unbewaffneten Studenten, so mutig sie auch seien, kein Regime stürzt: sie sind der Auslöser einer großen Bewegung gewesen, vielleicht werden sie es in der Zukunft wieder sein, jetzt aber handelt es sich darum, den Kampf in anderen Formen fortzusetzen. Die Diskussion neulich abend war spannend, weil es darum ging, ob es möglich ist, die Mai-Revolte positiv fortzusetzen. Zwei Standpunkte waren vorhanden. Die einen sagten: «Wir müssen für die Durchsetzung einer selbstverwalteten ‹kritischen Universität› kämpfen, in der die Beziehung zwischen Lehrendem und Lernendem und die Beziehung aller zur Kultur grundlegend andere sein werden.» Beispielsweise wird es beim Medizinstudium – einige Studentengruppen arbeiten bereits genaue Entwürfe aus – nicht mehr allein darum gehen, sich eine bestimmte Summe von Kenntnissen anzueignen, sondern zugleich um die Frage des Verhältnisses zwischen Arzt und Patient, der Beziehungen zwischen den Ärzten und schließlich der gesellschaftlichen Rolle der Medizin. Die Studenten werden selber den Beruf, den sie gewählt haben, neu definieren und entscheiden müssen, ob der Arzt ein Techniker besonderen Typs sein soll, der im Dienste einer Klasse arbeitet, oder ein Mensch, der der Masse angehört und von ihr zum Heilen berufen wird. Es versteht sich von selbst, daß die Form der Lehre und auch der Inhalt des Wissens durch eine Neudefinition andere sein werden und daß am Ende seines Studiums ein anderer Arzt stehen wird als der von heute. Dasselbe gilt für die anderen Fächer: die Aneignung des Wissens wird überall mit einer kritischen Reflexion über den gesellschaftlichen Nutzen dieses Wissens einhergehen, so daß die Universität keine «eindimensionalen» Menschen mehr produzieren wird – eine fügsame, vom bürgerlichen System getestete und entfremdete Elite –, sondern Menschen, die die beiden Dimensionen der Freiheit wiederentdeckt haben: sich in die Gesellschaft einfügen und sie zugleich in Frage stellen.

Denjenigen, die dieses universitäre Ideal anbieten, entgegnen andere: «Die kritische Universität ist nicht realisierbar. Seht die Berliner Universität: sie bleibt eine Randerscheinung, innerhalb der deutschen Gesellschaft ist sie isoliert wie eine Zyste. Und welcher kapitalistische Staat wird bereit sein, eine Universität zu finanzieren, deren erklärtes Ziel es wäre, aufzuzeigen, daß Kultur antikapitalistisch ist? Laßt uns die Kritik der Universität statt der kritischen Universität machen. Die Universität wird man uns annähernd so wiederherstellen, wie sie war. Desertieren wir nicht, sondern unterziehen wir das hier verkündete Wissen und die Lehrmethoden einer nachdrücklichen Kritik – notfalls mit Hilfe von Gewalt.»

Beide Haltungen sind meiner Ansicht nach nicht unvereinbar. Ich glaube, innerhalb der Universität könnte es «kritische Sektoren» geben. Man wird die kritischen Medizinstudenten, wenn sie dazu entschlossen sind, nicht daran hindern können, intensiv über Fragen einer tatsächlich sozialen Medizin zu arbeiten; dafür können sie sogar Räume bekommen, und der Vorlesungsplan kann entsprechend angepaßt werden. Das wird keine «Fakultät für kritische Medizin» sein, es wird aber eine Enklave sein, in der positives Forschen möglich sein wird.

Der Standpunkt, der behauptet: «Die Regierung ist kein geeigneter Gesprächspartner; wir sind entschlossen, alles abzulehnen, was sie vorschlägt», kommt mir gefährlich vor, weil die Regierung dann sagen kann: «Unter diesen Bedingungen mache ich, was ich will.» Besser ist es, für die Durchsetzung von Reformen zu kämpfen, die dem Gebäude der bürgerlichen Universität einige Risse zufügen, das System insgesamt schwächen werden und das anschließend als Sprungbrett benutzen, um weitere Forderungen zu erheben. Das ist die Theorie des «revolutionären Reformismus» von Gorz, die über die laufende Radikalisierung der Forderungen eine konstante Entwicklung eröffnet.

Und was die Entwicklung der französischen Universität betrifft, bin ich optimistisch – im Gegensatz zu denen, die bereits von ihrer «Kongolisierung» sprechen –, weil ich größtes Vertrauen in das habe, was die Studenten und der französische Hochschullehrkörper, der ausgezeichnet ist und mit dem anderer Länder bestens mithält, gemeinsam entwickeln werden. Ich sehe keinen Grund, weshalb sie nicht zu Lösungen kommen sollten. Die Studenten verlangen in der einen oder anderen Form, im Rahmen errungener oder zugestandener Strukturen weiter eine Protestmacht zu sein. Ich glaube, daß zahlreiche Hochschullehrer fähig sind, das zu akzeptieren. Schließlich war ich neulich abend mit Studenten zusammen und habe ihnen eine Diskussion zur «kritischen Universität» vorgeschlagen. Ich habe Fragen gestellt, man hat mir geantwortet, ich habe meinerseits geantwortet, andere haben in Frage gestellt, was ich gesagt hatte, und das Ganze in perfekter Ruhe und Ordnung. Ich versichere Ihnen, hätte es sich um eine Klasse gehandelt, deren Lehrer ich gewesen wäre, ich wäre entzückt gewesen.

Natürlich hatte ich keinerlei Macht außer der, die sie mir zugestan-

den. Hätten sie zu mir gesagt: «Raus», wäre mir nichts anderes übriggeblieben als zu gehen, während in der alten Universität ich derjenige
gewesen war, der die Studenten hätte rauswerfen können. Andererseits war aber die «zugestandene Macht», über die ich verfügte – jene
eines Vermittlers, der sich Mühe geben muß, um sich durchzusetzen,
indem er diejenigen, zu denen er spricht, interessiert und sich für sie
verständlich macht –, unendlich befriedigender als irgendeine «recht-
mäßige» Macht. Als man mir ruhig zuhörte, fühlte ich mich viel
«souveräner», als wenn ich eine Rede zur Preisverleihung gehalten
hätte, zu meiner Linken der Präfekt, zu meiner Rechten der Schul-
direktor, vor mir versteinerte Gymnasiasten. Wenn man Ihnen widerspricht, sei es auch heftig, Ihnen aber auch zuhört, sind Sie viel
zufriedener nicht nur mit sich selbst, sondern auch mit Ihren Studenten, als wenn man Ihnen in erstarrtem Respekt zuhört. Es ist wesentlich anregender.

Im Gegensatz zu dem, was man uns glauben machen will, lehnen es
die Studenten nicht ab, daß man ihnen etwas beibringt; sie fordern
schlicht das Recht, zur Diskussion zu stellen, was man sie lehrt, zu
überprüfen, ob es stimmig ist, sich zu vergewissern, daß man ihnen
nicht die Zeit stiehlt. Sie ahnen nicht, wieviel Blödsinn mir beigebracht worden ist, als ich Student war...

*N. O.: Wenn die Studenten nicht wollen, daß die positiven Ergeb-
nisse ihrer Bewegung auf die Universität beschränkt bleiben, dann ist
ihr Hauptproblem, wie sie einen direkten Kontakt zu den Arbeitern
herstellen können. Im Mai ist dieser Kontakt sehr schwierig gewesen.
Kann er an den «Sommeruniversitäten» einfacher sein?*

J.-P. S.: Über diesen Punkt ist neulich abend viel gesprochen worden. Die einen sagten: «Die Studenten werden sich in den Dienst der
Arbeiter stellen, um ihnen Kenntnisse zu vermitteln, die ihnen eine
‹Umschulung› oder den Zugang zu einer höheren beruflichen Qualifikation ermöglichen sollen.» Die anderen: «Die Studenten haben den
Arbeitern nichts beizubringen; sie haben alles von ihnen zu lernen.»
Im Grunde ist es ein Fehler, vorab ein Schema aufzustellen und zu
entscheiden, wer wen was lehren wird. Wie immer hat jeder von jedem etwas zu lernen. Das Wichtigste an diesen Sommeruniversitäten
ist meiner Ansicht nach, sich kennenzulernen. Denn wenn die Studenten kaum etwas vom Leben der Arbeiter kennen, trifft das Umgekehrte nicht weniger zu. Der Arbeiter glaubt immer noch, daß der
Student jemand ist, dem der «Humanismus» zur Verfügung steht,

der manches besser versteht, weil es ihm besser erklärt wurde und weil er mehr Zeit zum Lernen hat. Das traf zu meiner Zeit zu; heute tut es das nicht mehr. Der Student von heute ist jemand, den man vollstopft, ähnlich wie man Gänse mästet, mit einem genau ausgerichteten Wissen, das ihm ganz bestimmte Kompetenzen geben soll. Und diese falsche Kultur empfängt er nicht einmal in Luxus und Muße – zahlreiche Studenten haben ein sehr schwieriges Leben –, sondern in der Angst, weil er nie weiß, ob er nicht nach einigen Jahren durch ein Ausleseverfahren gnadenlos ausscheiden wird, das dazu gedacht ist, aus der Masse lediglich eine kleine Führungselite auszusondern. Wenn ein Arbeiter einen Studenten als «reiches Söhnchen» beschimpft, ist es meistens, weil er ihn nicht versteht, weil er nichts über sein Leben weiß.

Umgekehrt haben die Studenten nicht die geringste Ahnung von manueller Arbeit, und es wäre vielleicht nicht schlecht, wenn es in diesem Sommer neben «Kursen für Arbeiter» an den Universitäten – falls die Arbeiter es wünschen – Praktika für Studenten in den Betrieben gäbe. So etwas gibt es bereits in Ländern wie China und Kuba, wo man zu verstehen begonnen hat, was wirklicher Sozialismus ist.

So oder so haben sich die Menschen nie etwas zu sagen, es sei denn, sie gehören demselben Milieu an oder gehen miteinander essen. Sie können nur zusammen etwas machen. Als ich im letzten Krieg Gefangener war, habe ich mich mit den Arbeitern und Bauern, die mit mir zusammen waren, ausgezeichnet verstanden. Hätte ich sie in ihren Betrieben oder auf ihren Höfen aufgesucht, um mit ihnen zu reden, hätten sie mir bei meiner zu abstrakten Intellektuellensprache den Rücken gekehrt. Aber im Lager sprachen wir dieselbe Sprache, weil wir dieselben Dinge tun, gemeinsam auf dieselben Ereignisse reagieren mußten, natürlich nicht immer in derselben Weise. Ich glaube, tatsächliche Beziehungen zwischen Arbeitern und Studenten wird es erst geben, wenn sie zusammen arbeiten, an der Universität wie im Betrieb.

N. O.: Zahlreiche Kommunisten, mehr und weniger orthodoxe, denken nach wie vor, die Arbeiter würden den Studenten zu Recht mißtrauen, weil deren Forderungen, sagen sie, mit den ihren nichts gemein hätten und weil sie deren «kleinbürgerlichem Abenteurertum» nicht folgen wollten.

J.-P. S.: Ja, neulich in der *Cité universitaire* sagte ein Kommunist: «Die Studentenbewegung ist nicht revolutionär, denn erstens hat sie keine revolutionäre Ideologie, zweitens hat sie das Regime nicht einmal zum Wanken gebracht, drittens war sie anarchistischen Charakters, weil eine bürgerliche Revolte immer Anarchie zur Folge hat, und viertens können allein die Arbeiter die Revolution machen, weil sie die Produzenten sind.»

Das Ganze wurde mit Buhrufen aufgenommen, der Arme konnte sich kaum Gehör verschaffen, aber eine Antwort war notwendig. Ich habe folgendes gesagt: Wenn man eine revolutionäre Ideologie braucht, um die Revolution zu machen, dann konnte sie allein die kubanische kommunistische Partei machen und Castro nicht. Nun hat die kubanische KP nicht nur nicht die Revolution gemacht, sondern sie hatte es auch abgelehnt, sich dem Generalstreik anzuschließen, den die Studenten und Widerstandskämpfer zu einem bestimmten Zeitpunkt ausriefen. Was im Fall Castro beeindruckt, ist, daß die Theorie Resultat der Erfahrung ist, anstatt ihr vorauszugehen. Lest die Rede nach, die Castro nach dem mißglückten Angriff auf die Moncada-Kaserne vor Gericht hielt: darin stößt man auf den demokratischen Willen, Batista zu stürzen, weil er ein Diktator ist, auf noch ziemlich vage Vorstellungen von sozialen Reformen, aber auf keinerlei «ideologische Struktur». Im Krieg, durch den Kontakt zu den Landarbeitern, hat sich Castros revolutionäre Theorie herausgebildet. Später, vielleicht weil er empfand, seiner Bewegung fehle es an theoretischen Grundlagen, hat er sich den Kommunisten genähert. Als er aber sah, welche vernagelten Dogmen sie ihm aufzwingen wollten, welche Irrtümer sie ihn begehen ließen, hat er sich wieder unabhängig gemacht, und damit gewann seine Ideologie auch gleich an Tiefe.

Übertragen wir das: nichts weist darauf hin, daß Menschen, die in Frankreich eine Revolution anfangen, eine fertige Theorie besitzen müssen, um Erfolg zu haben. Im Gegenteil, wenn die Studenten gescheitert sind, liegt es zum Teil daran, daß die französische KP mit ihrer starren Auffassung des Marxismus und ihren fertigen Antworten auf alles – aus diesem oder jenem Lenin-Text geschöpft – ihre Bewegung gebremst hat.

Nicht daß die jungen Revolutionäre ohne Theorie wären – sie haben sogar zahlreiche und sehr unterschiedliche, wenngleich sie sich alle mehr oder weniger auf den Marxismus berufen –, sie sind allerdings bereit, ihre Ideen der Prüfung durch die Aktion zu unterziehen. Und alle, scheint mir, teilen die sehr wichtige Vorstellung der «Doppelmacht», die Cohn-Bendit in Umlauf brachte, als er sagte: «Wir werden nur siegen, wenn sich gegenüber de Gaulle eine zweite Macht konstituiert, und diese Macht kann nur auf einem Bündnis zwischen Studenten und Arbeitern gründen.» Es hat diesmal nicht geklappt? Den Studenten muß man das bestimmt nicht vorhalten.

Dritter Punkt der kommunistischen Argumentation: die Studentenbewegung ist anarchistisch, weil sie eine bürgerliche Revolte darstellt. Sehr gut! Wie ist dann die Revolte der tschechoslowakischen und jugoslawischen Studenten zu erklären, die in einem sozialistischen Regime zur Welt gekommen sind und von denen mehr als die Hälfte Arbeiter- und Bauernsöhne sind? Was fordern diese Arbeitersöhne? Im großen und ganzen dasselbe wie die französischen Studenten, das heißt die Freiheit der Kritik und die Selbstbestimmung. Menschen als «Anarchisten» zu bezeichnen, die gegen die stalinistischen Bürokraten und die Technokraten der Konsumgesellschaft verlangen, daß Menschen nicht länger Produkte oder Objekte sein, sondern wirklich Herr über ihr Schicksal werden sollen, heißt, ein Gift-Etikett auf eine Bewegung zu kleben, der man schaden will, weil sie neu ist, weil sie authentisch revolutionär ist, weil sie die alten Apparate bedroht. Was die jungen Revolutionäre, ob bürgerlich oder nicht, fordern, ist nicht Anarchie, sondern genau die Demokratie, eine tatsächliche sozialistische Demokratie, die noch nirgends erreicht worden ist.

Schließlich zum letzten Argument: allein die Arbeiter können die Revolution machen. Ich erwidere, daß kein einziger politisierter Student etwas anderes behauptet hat. Alle haben unaufhörlich wiederholt: «Wir können der Auslöser sein, aber die Revolution kann nur von der Gesamtheit der arbeitenden Klassen, den Arbeitern und Bauern, gemacht werden.» Damit allerdings die Studenten der Auslöser sein können, muß es zwischen ihren Forderungen und denen der Arbeiter eine Übereinstimmung geben. Die Kommunisten leugnen das, sie behaupten, die Studenten von heute könnten, weil sie Bürgerkinder sind – zu 90 Prozent sind sie es tatsächlich –, nur dieselben Klasseninteressen wie ihre Eltern vertreten.

Das zeugt von einem engen mechanistischen Marxismus. Marx sagte etwas ganz anderes, als er erklärte, warum aus der Bourgeoisie hervorgegangene Theoretiker die Klassenverbündeten der Arbeiter werden können, da ihre Probleme als Kulturschaffende, Wissenschaftler und Angehörige freier Berufe ebenfalls Probleme der Entfremdung sind. Das traf schon zu Marx' Zeiten zu. Heute trifft es um so mehr zu, wenn die Studenten entdecken, daß sie während ihrer Studienzeit als Objekte behandelt werden, um später, wenn sie einmal der Führungselite angehören, ebenfalls als Objekte behandelt zu werden. Dann begreifen sie, daß man ihnen ihre Arbeit genauso stiehlt, wie man sie den Arbeitern stiehlt, wenn es auch auf andere Weise geschieht. Deshalb sind sich Studenten und Arbeiter heute untereinander viel näher, als es ihre Eltern waren.

N. O.: Mit der Mai-Krise hat es etwas ganz Neues gegeben: die Bewegung ist nicht, wie es in der Vergangenheit immer der Fall war, aus einer ernsten ökonomischen, sozialen oder politischen Krise entstanden, sondern aus einem tiefen Verlangen «libertären» Charakters, zu dem erst anschließend materielle Forderungen hinzugekommen sind.

J.-P. S.: Ja, der alte Motor der Revolutionen, der die nackte Not war, ist soeben von einer neuen Forderung, der nach Freiheit, abgelöst worden. Es gab eine Zeit, in der das Problem vor allem die kollektive Aneignung der Produktionsmittel war, weil Eigentum und Führung eines Betriebes dasselbe waren. Das ist die Periode, die vom Entstehen des Familienkapitalismus bis zum Aufkommen der Aktiengesellschaften und Monopole reicht. In dieser Zeit sind die großen sozialistischen Theorien entwickelt worden. Sie gründeten alle auf der Notwendigkeit, besitzen zu müssen, um verwalten zu können.

Heute hat sich die Mittelschicht gewandelt, da sie führen kann, ohne zu besitzen. Die Technokratie herrscht: vorausgesetzt, sie erhalten Dividenden, delegieren die Eigentümer die Verwaltung der Betriebe an Spezialisten, an kompetente leitende Angestellte. Damit hat sich auch die Forderung gewandelt: an erster Stelle steht nicht mehr die Eigentumsfrage – man wird natürlich später wieder auf sie stoßen, da sie grundlegend ist –, sondern die Machtfrage. In einer Konsumgesellschaft verlangt man nicht vor allem zu besitzen, sondern an den Entscheidungen und an der Kontrolle mitzuwirken.

Was ich allen vorhalte, die die Studenten beschimpft haben, ist, nicht gesehen zu haben, daß sie eine neue Forderung äußerten, jene nach Souveränität. Innerhalb der Demokratie müssen alle Menschen souverän sein, das heißt nicht einzeln, nicht jeder in seiner Ecke, sondern gemeinsam über das entscheiden können, was sie tun. In den westlichen Ländern existiert diese Souveränität nur auf dem Papier: alle Amerikaner, die Schwarzen eingeschlossen, sind souverän, da sie das Wahlrecht besitzen. Sie wird ihnen aber in der Realität verweigert, und deswegen kommt die Forderung nach einer «Macht» auf – schwarzer Macht, Studentenmacht, Arbeitermacht.

Dasselbe gilt für zahlreiche sozialistische Länder, in denen die Individuen den Produktionszwängen unterworfen bleiben. Ich erinnere mich an ein Propagandaplakat, das in Polen nach Gomułkas Rückkehr zur Macht 1956 überall zu sehen war und das verkündete: «Die Tuberkulose hemmt die Produktion.» Das entsprang einer guten Absicht, da es bedeuten sollte: «Achtet auf eure Gesundheit.» Die Formulierung aber war verräterisch. Es ging nur um ein Objekt – die Tuberkulose – und um die Produktion von Objekten. Dazwischen existierten der Tuberkulosekranke und der Produzent nicht mehr. Gegen diese Entmenschlichung lehnen sich die polnischen, tschechoslowakischen, jugoslawischen, französischen, deutschen Studenten und jungen Arbeiter auf, die unter sehr verschiedenen Regimen leben. Sie wollen ihre Existenz nicht länger dem Gegenstand entnehmen, den sie produzieren, oder der Funktion, die sie erfüllen, sondern selber entscheiden über das, was sie produzieren werden, über dessen Verwendung, über die Rolle, die sie in der Gesellschaft spielen werden.

Als erste haben das die Studenten empfunden und formuliert, sie haben aber, trotz allem, soviel Kontakt zu den jungen Arbeitern gehabt, daß diese sich fragen: «Warum nicht wir? Wenn diese Leute das Leben ablehnen, das man ihnen bietet, warum sollten wir nicht das unsrige ablehnen?» Ich habe das sehr starke Gefühl, daß diese Ablehnung der proletarischen Situation durch die Jugendlichen die bedeutendste Veränderung von allem ist, was im Mai geschehen ist.

N. O.: Sie haben von der kubanischen Revolution gesprochen. Sie wurde dadurch erleichtert, daß für das ganze kubanische Volk Batista ein Tyrann war. Bei de Gaulle ist das nicht der Fall. Der repressive Charakter des Gaullisten-Regimes wird sehr unterschiedlich wahrgenommen, und seit zehn Jahren hat es immer einen Teil der Arbeiterklasse gegeben, der für ihn stimmte.

J.-P. S.: Das ist evident. Batista kam an die Macht, als die Amerikaner aus innenpolitischen Gründen beschlossen, ihren Import an kubanischem Zucker erheblich zu senken. Für die kubanische Wirtschaft war das eine Katastrophe, und für eine Menge kleiner Unternehmen bedeutete es den Ruin. Zur Rettung der großen Pflanzer und zur Aufrechterhaltung der Ordnung war eine Diktatur nötig.

In einer Gesellschaft, in der es keine Wirtschaftkrise dieser Art gibt, finden sich immer viele Menschen in allen Klassen, die den Erhalt des bestehenden Regimes vorziehen und deren Niveau an politischem Bewußtsein niedrig bleibt. Von einem Kleinhändler kann man, in Anbetracht seiner Interessen und seines Kulturtyps, nicht verlangen, de Gaulle nicht mehr zu vertrauen. Er glaubt, de Gaulle verteidige die Kleinunternehmen gegen die großen, die jene schlukken wollen. Das ist falsch. In Wirklichkeit treibt de Gaulle die Konzentration voran, und es sind die Großunternehmer, die alles getan haben, um einen Bereich von Kleinunternehmen aufrechtzuerhalten, der ihnen eine malthusianische Möglichkeit offenläßt und ihnen erlaubt, die Preise mit der Begründung zu halten: «Wir wollen nicht die Kleinen ruinieren.» Der Kleinhändler aber kann sich dessen nicht bewußt werden. Für ihn bleibt de Gaulle der Schutzschild gegen die Monopole.

Für die Arbeiter stellt sich das anders dar. Bei ihnen gab es seit 1848 und den Massakern an der Commune stets eine gewisse Gleichgültigkeit gegenüber der Politik, die auf dem Gedanken ruht: «Alles Schweine.» Als Napoleon III. die Macht übernahm, haben die Arbeiter kaum protestiert. Beim Plebiszit im Jahr 1852 haben viele für ihn gestimmt. Warum? Weil die Republikaner, die dazu aufriefen, gegen den monarchistischen Präsidenten zu stimmen, dieselben waren, die sie drei Jahre zuvor massakriert hatten. Seitdem ist für zahlreiche Arbeiter Politik eine Sonderwelt geblieben, die sie nicht betrifft. Der ganze Anarchosyndikalismus Anfang dieses Jahrhunderts ist daraus entstanden, und er hat tiefe Spuren in der Arbeitermentalität hinterlassen.

Man darf nicht den Bürger, der für de Gaulle stimmt, weil er in ihm seinen Beschützer sieht, mit dem Arbeiter verwechseln, der vom *père de Gaulle* (vom «alten de Gaulle») redet und ihm deshalb seine Stimme gibt, weil er die «Machenschaften» der Parteien, welche sie auch sind, nicht leiden kann und weil ihm die Politik egal ist. Die Welt des Arbeiters ist die Arbeit. An dem Tag, an dem der Generalstreik notwendig sein wird, wird er mitmachen, aber mit seinen eigenen Chefs, das heißt mit seinen Gewerkschaftsführern. Und wenn das Regime stürzt, um so besser. Bis dahin interessiert ihn das politische Treiben nicht.

N. O.: De Gaulle wird die Absicht nachgesagt, im Falle eines Triumphs bei den Parlamentswahlen in wenigen Monaten eine Präsidentschaftswahl organisieren zu wollen, bei der er nicht kandidieren würde. Damit würde er sich für seinen Rücktritt entscheiden und einen Abgang «à la Louis-Philippe» vermieden haben, was nicht der Fall gewesen wäre, hätte er sich vor drei Wochen zurückgezogen.

J.-P. S.: Wenn seine Kandidaten bei den Wahlen 80 Prozent der Stimmen erhalten, dann kann er in der Tat wie Sulla zu seinem Volk sagen: «Nun, ich habe viel Gutes getan, und ich gehe nach Hause.» Wenn aber die gaullistische Mehrheit nur 53 Prozent oder 55 Prozent der Stimmen ausmacht, dann wird es ein Abgang à la Louis-Philippe bleiben, selbst wenn de Gaulle ihn um drei Monate hinauszögert, um das Gesicht zu wahren.

Ob er geht oder nicht, das Wichtige ist, all das aus der großen Mai-Bewegung zu bewahren, was zu bewahren ist. Che Guevara hat gesagt: «Wenn sich auf der Straße Außergewöhnliches ereignet, ist das die Revolution.» Die Revolution hat es bei uns nicht gegeben, es hat sich Außergewöhnliches ereignet, das wir versuchen müssen zu verteidigen.

Die von der Regierungsmacht vorgesehene Niederschlagung all dessen, was im Mai begonnen wurde, muß verhindert werden. Die Repression wird zugleich hinterhältig und hart sein: man wird versuchen diejenigen, die am Ursprung der Revolte standen, besonders die Studenten, zu isolieren, zu zerstören und auszuschalten. Es ist wesentlich, daß sie sich nicht allein gelassen fühlen und daß wir alle entschlossen sind, ihnen zu helfen, sich zu verteidigen.

Le Nouvel Observateur, 26. Juni 1968

Die Kommunisten haben Angst
vor der Revolution

Interview, 1968

Editions John Didier: Ende Mai schien die gaullistische Macht vor dem Zusammenbruch zu stehen. Anfang Juli, nach Parlamentswahlen, die ihr hundert Sitze mehr eingebracht haben, wirkt sie gefestigter denn je. Wie erklären Sie diesen spektakulären Umschwung? Kann man die Linke dafür verantwortlich machen und sagen, sie habe versagt?

Jean-Paul Sartre: Das hängt davon ab, von welcher Linken die Rede ist. Handelt es sich um die Parteien, die Organisationen, diejenigen Personen, die die «politische» Linke repräsentieren, dann lautet die Antwort «ja». Es gibt aber eine andere Linke, die ich die «gesellschaftliche» Linke nennen würde, jene, die man im Mai in den bestreikten Betrieben, den besetzten Universitäten, auf den Straßendemonstrationen gesehen hat. Diese hat nicht versagt, im Gegenteil. Sie ist so weit gegangen, wie sie konnte, und ist letztlich nur deshalb besiegt worden, weil ihre «Repräsentanten» sie getäuscht haben.

Das ist nicht neu. Seit der Mitte des vergangenen Jahrhunderts gibt es in Frankreich ein Auseinanderklaffen zwischen gesellschaftlicher Realität und deren politischem Ausdruck. Zwei Erscheinungen koexistieren, ohne sich zu überlagern: die Wahlergebnisse spiegeln die eine wider; die andere ist umfassender und taucht nur blitzartig in spontanen Massenbewegungen auf. Daß diese beiden Entäußerungen nie übereinstimmen, konnte man 1936 zur Zeit der Volksfront gut sehen: die Arbeiter haben die Betriebsbesetzungen «erfinden» und eine beispiellose Streikbewegung in Gang setzen müssen, ehe die «politische» Bewegung, die eine starke linke Mehrheit ins Parlament gebracht hatte, faktisch – das heißt in konkreten Reformen – umgesetzt wurde. Der damalige Ministerpräsident, der Sozialist Léon Blum, den diese Mobilisierung an die Macht gebracht hatte, setzte übrigens alles daran, sie zu bremsen.

Zumindest gab es 1936 einen Zusammenhang zwischen Wahlverhalten und Aktion. Es kommt vor, daß es keinen solchen gibt, wie soeben geschehen. Das liegt daran, daß die Arbeiter oder die Angehörigen der Mittelschichten nur in der Aktion radikale Positionen beziehen können; begeht man den Fehler – oder den Trick –, ihre Bewegung auf eine Entscheidung zwischen politischen Apparaten zu reduzieren, kann man sie dazu bringen, in der Wahlkabine zu verurteilen, was sie eben noch selbst auf der Straße taten.

Diesem Frankreich, das im Mai versucht hatte, durch alle Lügen hindurch, mit denen es überhäuft wurde, zu seiner wirklichen «gesellschaftlichen Äußerung» zurückzufinden, das gerade etwas Neues erfunden hatte und sich im direkten Widerstand gegen die Polizeigewalt der Regierung seiner selbst bewußt worden war, hat man abrupt seine alte «politische Äußerung» aufgedrängt: die KP, die Föderation der Linken, die PSU samt ihren Querelen. Eine derart verkalkte Äußerung, daß es die Kandidaten der Linken nicht einmal für nötig gehalten haben, auch nur ein Wort an den Reden zu ändern, die sie seit zehn Jahre halten. Bei der Rechten hat man einen, zwei Kandidaten einräumen hören, daß «etwas geschehen» sei, dem man «Rechnung tragen» müsse. Auf der Linken war es, als hätte die Mai-Bewegung nicht stattgefunden. Jedenfalls hieß es, sie so schnell wie möglich zu vergessen. Auf einem kommunistischen Plakat habe ich sogar den unglaublichen Satz gelesen: Wählt die KP, die dieses ... und jenes ... getan und «den Bürgerkrieg verhindert hat». Auf ein solches Geständnis zu kommen zeugt von Größe.

Ed. Didier: Sie haben in der Vergangenheit zwar häufig Vorbehalte zur Politik der kommunistischen Partei geäußert, hielten sie aber dennoch für eine revolutionäre Partei, die die Arbeiterklasse vertritt. Haben die Mai-Ereignisse eine Änderung Ihrer Meinung bewirkt?

J.-P. S.: Ich denke, daß die kommunistische Partei während dieser Krise ein Verhalten zeigte, das keineswegs revolutionär und im übrigen nicht einmal reformistisch gewesen ist. Zunächst haben sich die KP und CGT bemüht, die Forderungen der Arbeiterklasse auf schlichte – gewiß legitime – «Lohnerhöhungswünsche» zu reduzieren und sie von den Forderungen nach Veränderung von Strukturen abzubringen. Anschließend sind sie de Gaulle schnurstracks nachgelaufen, kaum daß er von Wahlen gesprochen hatte. Da erlebten wir, wie Waldeck-Rochet sagte: «Wir haben nie etwas anderes gewollt.»

Damit befand sich die KP in einer Situation von objektiver Komplizenschaft mit de Gaulle: sie erwiesen sich gegenseitig einen Dienst, indem sie beide Wahlen verlangten. Natürlich machte de Gaulle die KP zum Feind Nummer eins, indem er sie – wider besseres Wissen – beschuldigte, am Ursprung der Mai-«Unruhen» zu stehen. Auf diese Weise wurde den Kommunisten ein bestimmtes Prestige zurückgegeben. Und es lag in de Gaulles größtem Interesse, sie als die Hauptdrahtzieher der Revolte auszugeben, da sie sich als «loyale» Gegner verhalten, die entschlossen sind, die Spielregeln einzuhalten, also als wenig gefährliche Gegner.

Ed. Didier: Stimmen Sie denen zu, die erklären, die Partei hätte sich hier eigentlich wie eine sozialdemokratische Bewegung aufgeführt?

J.-P. S.: Ich glaube, man muß vereinfachenden Etikettierungen und Urteilen mißtrauen. Die These «Die KP ist eine sozialdemokratische Partei geworden» ist uns keine Hilfe, um ihre Haltung zu begreifen. Besser sollte man versuchen zu erklären, weshalb sich die Kommunisten entschlossen haben, Wahlen zu akzeptieren, wobei sie wußten, daß sie auf eine Niederlage zusteuerten, die ihnen sicher war, auch wenn sie zweifelsohne hofften, daß sie weniger vernichtend ausfallen würde. Meiner Ansicht nach haben sie sich damit abgefunden, weil sie um keinen Preis die Macht übernehmen wollten. Und dies aus zwei Gründen.

Der erste Grund ist, daß die Linke nicht in der Lage gewesen wäre, die Versprechungen, die die Arbeiter der Unternehmerschaft und der Regierung gerade abgerungen hatten, einzuhalten. Darauf war sie überhaupt nicht vorbereitet, und die KP wollte sich weder die Verantwortung für die Preissteigerung noch für die Abwertung oder die Exportkrise aufladen, die in wenigen Monaten unweigerlich eintreten werden. Sollen die Gaullisten damit fertig werden!

Diese Katastrophen drohen uns aber nur deshalb, weil die Unternehmer das Profitsystem beibehalten wollen. Warum sollte eine sozialistische oder kommunistische Regierung, falls sie an die Macht käme, keine total andere Wirtschaftspolitik in Erwägung ziehen? Kurz, warum sollte sie keine Revolution machen? Damit kommen wir zum zweiten Grund für die Weigerung der Kommunisten, die Macht zu übernehmen; in den letzten vierzig Jahren haben sie die Theorie der Revolution in den «fortgeschrittenen» Industrieländern nicht besonders vorangetrieben.

In einem hochindustrialisierten Land ist der Lebensstandard relativ hoch, dafür ist die Ökonomie anfällig. Sie beruht auf einer derart komplexen technischen Organisation, daß der Ausfall einiger Teile genügen kann, die ganze Maschine zu blockieren. Ebenso ist sie abhängig von einem ganzen Netz von Außenbeziehungen. In den meisten entwickelten Ländern deckt die Landwirtschaft nicht mehr den Gesamtbedarf der Bevölkerung. Um sich zu ernähren, muß man im Ausland einkaufen, und um bezahlen zu können, muß man exportieren. Es gibt keine absolute Unabhängigkeit mehr. Man kann nicht mehr, wie es die UdSSR anfangs machte, die Grenzen schließen im Vertrauen darauf, daß die Bauern das ganze Land ernähren werden, und über die Probleme des «Sozialismus in einem einzigen Land» meditieren. Die Revolution in Frankreich wird nicht so stattfinden können wie die im Rußland von 1917. Das heißt aber nicht, daß sie hier unmöglich sei. Nur muß man neue Kampfformen finden und überlegen, wie die Organisierung einer revolutionären Macht in den sogenannten neokapitalistischen Konsumgesellschaften aussehen könnte.

Ed. Didier: Warum ist dieser Überlegung noch nie nachgegangen worden?

J.-P. S.: Weil seit 1945 die westlichen kommunistischen Parteien, besonders die französische KP, vom Stalinismus dazu dressiert worden sind, nicht die Macht zu übernehmen. Die Welt war in Yalta aufgeteilt worden, diese Teilung war richtig, und die Sowjets beabsichtigten, den Vertrag einzuhalten. Die westlichen Kommunisten hatten also die Auflage, «nicht zu weit» zu gehen. Alle, die innerhalb der französischen Partei versucht haben, die Vorteile etwas stärker auszuschöpfen, die die Kommunisten aufgrund ihrer großartigen Haltung während des Kriegs erworben hatten, die versucht haben, im Ansatz revolutionäre Reformen durchzusetzen, die die Arbeiter angeregt haben, sich kampfentschlossener zu zeigen, sind von der Partei zur Ordnung gerufen, zum Schweigen verurteilt, ausgeschlossen worden. Weil die Revolution nicht das Ziel der Partei war.

Ed. Didier: Sie erwähnen den Einfluß des stalinistischen Rußlands auf die Haltung der französischen KP. Der von Stalins Nachfolger ist vielleicht nicht geringer gewesen. Ich denke besonders an die Tatsache, daß die kommunistische Partei häufig den fortschrittlichen Aspekt von de Gaulles Außenpolitik unterstrichen hat.

J.-P. S.: Das stimmt. Ich bin sicher, die Sowjets sind sehr verärgert gewesen, daß de Gaulle die kommunistische Partei derart heftig angegriffen hat, aber letzlich auch sehr erleichtert, als er an der Macht blieb. Allerdings muß hierzu eine Zweideutigkeit beseitigt werden. Unbestritten nützen de Gaulles Positionen im internationalen Bereich scheinbar den sozialistischen Ländern und der Dritten Welt. Es sind aber nur verbale Positionen. Ich halte ihm nicht das vor, was er sagt – beispielsweise zum amerikanischen Imperialismus –, sondern daß er Frankreich nicht in die Lage versetzt, die Politik der Unabhängigkeit, die er definiert, tatsächlich umzusetzen. Zweifellos, die Führungsorgane der NATO befinden sich nicht mehr in Frankreich, wir sind aber weiterhin Teil der NATO. Die französische Regierung führt Krieg gegen den Dollar, aber die amerikanischen Investitionen in Frankreich steigen weiter, und jeder weiß, daß sie in den Schlüsselbereichen wie der Elektronik getätigt werden, die die Entwicklung unserer Wirtschaft bestimmen. Die «fortschrittliche» Außenpolitik de Gaulles ist in Wirklichkeit nur Fassade, und das müßte die kommunistische Partei sagen. Daß sie es nicht sagt, liegt daran, daß sie selbst keine eigenständige Außenpolitik hat und es vorzieht, sich von der UdSSR in dieser Frage ins Schlepptau nehmen zu lassen. Verständlich ist es allerdings, daß die Sowjets – ohne auf die gaullistische «Fortschrittlichkeit» hereinzufallen –, in Frankreich einen aus der Bourgeoisie stammenden General, dessen Verhalten ihnen nutzt, lieber weiter an der Macht sehen als Waldeck-Rochet, der bei der Durchsetzung einer den Interessen der UdSSR entsprechenden Außenpolitik auf stärkeren Widerstand stoßen würde.

Ed. Didier: Einige behaupten, die französische kommunistische Partei habe während der Mai-Krise nichts anderes tun können, als was sie getan hat, weil die Arbeiter nicht mehr revolutionär seien: sie waren bereit, für strikt berufliche Belange zu streiken, aber nicht zugunsten der Studenten mit ihrer radikalen Infragestellung der Gesellschaft. Hier stößt man auf die Gedanken von Herbert Marcuse über die allmähliche Integration der Arbeiterklasse in die Konsumgesellschaft. Marcuse spricht von einer «komfortablen Sklaverei» und meint, revolutionäre Anstöße könnten nur noch von den marginalen Kräften der Gesellschaft ausgehen: den Studenten, den Arbeitslosen, den gesellschaftlichen Minderheiten (beispielsweise den Schwarzen in den Vereinigten Staaten). Ist das Ihre Meinung?

J.-P. S.: Ich bin hier mit Marcuse nicht ganz einer Meinung. Zuerst muß bestimmt werden, was man unter «revolutionärer Bewegung» versteht. Das bezeichnet zunächst natürlich eine Bewegung, in der die Menschen wenn auch keine Ideologie, so doch wenigstens den Willen gemeinsam haben, mit dem System, in dem sie leben, zu brechen, und eine Einsicht in die Notwendigkeit, neue Formen des Kampfes und der Gegengewalt zu erfinden. Das setzt aber auch voraus, daß diese Bewegung zumindest theoretisch die Möglichkeit hat, die Revolution zu machen.

In Frankreich gibt es 700000 Studenten. Ich sehe wirklich nicht, wie sie dem Bürgertum, den «Eltern» oder wem auch immer, die Macht entreißen könnten, wenn sich die Arbeiter ihnen nicht anschließen. Die Studenten können ein Auslöser sein, sie haben es gerade bewiesen, das ist aber auch alles. Sie sind sich dessen übrigens vollkommen bewußt.

Soll die Revolution eine Chance haben, muß man in der Lage sein, der herrschenden Macht eine Gegenmacht entgegenzusetzen. Und gegen den Repressionsapparat der besitzenden Klassen, der Regierung, der Armee ist die einzig mögliche Gegenmacht die der Produzenten, also der Arbeiter. Die Waffe des Arbeiters – seine einzige, aber es ist die absolute Waffe – ist die Weigerung, der Gesellschaft sein Produkt abzuliefern. Dann steht das ganze System still. Dieser Bruch ist aber nur möglich, wenn der Produzent den Kampf aufnimmt. Wenn man behauptet, die Arbeiterklasse, die die einzige produzierende Klasse ist, sei in den «Konsumgesellschaften» als revolutionäre Klasse abgeschafft, dann behauptet man damit, daß in diesen Gesellschaften nie eine Revolution stattfinden wird. Ich weiß, daß dies Marcuses Schlußfolgerung ist. Aber ich glaube eben genau, daß das jüngste Geschehen in Frankreich es dementiert hat.

Denn die Studenten sind ja nicht gerade allein gewesen. Zehn Millionen Streikende sind ihnen gefolgt. Natürlich weder vom ersten Tag an noch bis zum Schluß. Aber genügend schnell und genügend lange, um die Arbeiter selbst darüber zu verblüffen. Ohne es untereinander besprochen zu haben, fanden sie sich in einer Bewegung wieder, die sich spontan immer stärker radikalisierte und in einer neuen Forderung mündete: nach Würde, nach Souveränität, nach Macht. Mit einem ganz neuen Gefühl von Freiheit, von Phantasie haben sie sich in die Aktion gestürzt, ohne jedoch stets zu begreifen, wie ihnen geschah. Der Beweis ist, daß sie, als man ihnen das Wort erteilt hat, als man sie aufgefordert hat zu wählen, de Gaulle ihre Stimme gegeben haben – jedenfalls haben das viele getan. Hier stoßen wir wieder auf das von mir vorhin erwähnte Auseinanderklaffen zwischen einer vollkommen ruhiggestellten politischen Gesellschaft – derjenigen, mit der wir es wieder zu tun haben – und einer gesellschaftlichen Realität der Gewalt, die sich im Mai gezeigt hat. In der Aktion war alles klar. Als man aber die Arbeiter aufgefordert hat, das, was sie wollten, auf einen Namen zu reduzieren, haben sie geantwortet: «de Gaulle.» Das ist klassisch. Das Wichtige ist, daß die Aktion stattgefunden hat, obwohl sie alle für unmöglich hielten. Wenn sie diesmal stattgefunden hat, kann sie wieder stattfinden, und das ist es, was den revolutionären Pessimismus von Marcuse entkräftet.

Ed. Didier: Eines der wichtigsten Probleme ist sicherlich die Verbindung zwischen den «handelnden Minderheiten», besonders den Studenten, und den Arbeitermassen. In Deutschland besteht sie zur Zeit nicht: die Mehrheit der Arbeiter ist der sozialistischen revolutionären Studentenbewegung feindlich gesinnt. In Frankreich scheint diese Verbindung auch nicht sehr einfach zu sein.

J.-P. S.: Es ist evident, man kann nicht behaupten, die Masse der französischen Arbeiter habe positiv zur Studentenbewegung gestanden. Was geschehen ist, ist weitaus komplexer. Die Studenten haben zunächst ihre Aktion allein begonnen. Und dann hat es die große Demonstration vom 13. Mai gegeben, von der Place de la République nach Denfert-Rochereau, an der die Arbeiterorganisationen teilgenommen haben. Allerdings hat die CGT, die die Kontaktmöglichkeiten zu den Studenten einschränken wollte und sehr früh zur Auflösung aufrief, die Arbeiter sehr gut unter Kontrolle, sehr fest im Griff behalten. Dennoch hat es einige Kontakte gegeben: am selben Abend kamen am Champ-de-Mars Studenten und junge Arbeiter zum Diskutieren zusammen. Sie sprachen aber nicht dieselbe Sprache und beobachteten sich verwundert, ohne sich zu verstehen. An diesem Abend konnte man sagen: das ist gescheitert.

Und was ist dann geschehen? Ein oder zwei Tage später haben junge Arbeiter ihre Betriebe besetzt und damit eine Streikbewegung ausgelöst, die sich über das ganze Land ausgebreitet hat. Sie haben es aus eigenem Anliegen getan, ohne irgendeine bewußte Verbindung zu den Studenten, und doch ist klar, daß die gemeinsame Demonstration am Ursprung ihrer Aktion stand. Die Studenten waren der Auslöser einer Bewegung, die sich nunmehr ohne sie entwickelte. Die CGT hat natürlich überall interveniert, um den Austausch zwischen Studenten und Arbeitern zu verhindern; das entsprach der Politik der

KP, die immer darin bestanden hat, Intellektuelle und Arbeiter voneinander zu trennen: man bildete Zellen an der Sorbonne, Zellen in den Wohnvierteln und am Arbeitsplatz, aber niemals Zellen, in denen Arbeiter und Studenten zusammengewesen wären.

Auf der Diskussionsebene war der Austausch ohnehin sehr schwierig: Menschen, die nicht demselben Milieu angehören, haben sich nie etwas zu sagen: sie können nur gemeinsam etwas machen. Deshalb sind die einzigen konstruktiven Beziehungen, die im Mai zwischen Arbeitern und Studenten geknüpft worden sind, in den fast überall gebildeten «revolutionären Aktionskomitees» entstanden. Diese Komitees setzten sich nicht das Diskutieren, sondern das Handeln zur Aufgabe. Sie haben sich den streikenden Arbeitern zur Verfügung gestellt, besorgten ihnen, was sie brauchten, beispielsweise Lebensmittel, und beteiligten sich an den «Streikposten», die die Betriebstore bewachten. Und hier, weil es zunächst ein gemeinsames Handeln gegeben hatte, konnten dann Diskussionen stattfinden.

Heute sind die Streiks beendet, und die Möglichkeit einer allgemeinen Verbindung zwischen Studentenbewegung und Arbeitern ist weg. Ich halte aber das, was im Mai in die Wege geleitet wurde, überhaupt nicht für gescheitert, denn die innerhalb der Aktionskomitees enstandenen Beziehungen bestehen weiter. Ich kenne zahlreiche junge Leute, die sich weiter mit Arbeitern oder Angestellten treffen, mit denen sie während der Streiks gemeinsam gekämpft haben. Die Trennmauer zwischen Intellektuellen und Arbeitern ist nicht gefallen, der Beweis aber erbracht worden, daß sie in einer gemeinsamen Aktion verschwinden kann.

Ed. Didier: Was an der französischen Mai-Bewegung auffällt, ist ihr «libertärer» Charakter. Meinen Sie, daß er in den Bewegungen der anderen Länder ebenfalls vorhanden ist und daß man von einer Revolte gegen die gesamte moderne Zivilisation sprechen kann, in den sozialistischen Ländern genauso wie in den kapitalistischen?

J.-P. S.: Ich glaube nicht, daß man den Begriff der «libertären Bewegung», die dem Westen und ganz besonders Frankreich eigen zu sein scheint, wo sie sich auf eine starke anarchistische Tradition stützt, verallgemeinern kann. Man kann die Gesellschaften der sozialistischen Länder, die ich «Produktionsgesellschaften» nennen würde, nicht auf eine Stufe mit unseren westlichen «Konsumgesellschaften» stellen. Die Probleme sind nicht dieselben, und demzufolge nehmen die Kämpfe der Arbeiter jeweils verschiedene Formen an. Es gibt aber eine Gemeinsamkeit zwischen diesen beiden Gesellschaftstypen: weder in der einen noch in der anderen «existiert» der Mensch als freies und verantwortliches Individuum. Das bedeutet nicht, daß man ihm überall – wie beispielsweise den Schwarzen in den Vereinigten Staaten – die Möglichkeit verweigert, sich in die Gesellschaft zu integrieren. Es ist komplexer.

Nehmen Sie einen französischen Bürger: zunächst ist er ein Konsument. Aber ein betrogener Konsument, dem man nicht die Wahl seiner Konsumbedürfnisse läßt, während man ihn gleichzeitig glauben läßt, er übte seine Freiheit aus, indem er dieselben Produkte kauft, die jedermann kauft. In einer Frauenzeitschrift habe ich unter einer Werbung für Badekleidung diesen unglaublichen Satz gelesen: «Ob gewagt oder diskret, jedenfalls immer mehr Sie selbst.» Anders ausgedrückt: «Kauft, was alle kaufen, um wie niemand zu sein.» Das ist der Betrug.

Der französische Bürger ist auch ein Produzent, aber hier ist die Entfremdung noch offenkundiger. Ob Arbeiter, leitender Angestellter oder Student, auf allen Ebenen entgeht ihm eine Bestimmung über das eigene Schicksal. Niemals ist er Subjekt, immer nur Objekt. Die Arbeit, die er zu tun hat, der Lohn, den er erhalten wird, die Prüfung, die er machen müßte, sind für ihn von außen, ohne ihn zu konsultieren, festgelegt worden. Man hat ihn aufs Gleis gestellt, und andere als er selbst stellen die Weichen.

In den sozialistischen Ländern ist es genauso. Mit dem Unterschied, daß das Ziel nicht mehr der Konsum, sondern die «Produktion um der Produktion willen» ist. Die Maschine dreht sich im Selbstlauf, und der Beitrag des Individuums wird streng von den – für ihn abstrakten – Erfordernissen eines Plans, an dessen Ausarbeitung er nicht mitgewirkt hat, festgelegt. In der Tschechoslowakei beispielsweise handelt es sich um eine Revolte gegen das entmenschlichte System der Produktion um der Produktion willen, die nun in eine Forderung nach Freiheit mündet.

Ed. Didier: Nach der Mai-Bewegung hat jeder in Frankreich gesagt – selbst die Regierung hat es in gewisser Weise zugegeben – , daß «nichts mehr wie vorher» sein könne. Im Fernsehen hat General de Gaulle sogar von einer «weder kapitalistischen noch sozialistischen, sondern auf Mitbestimmung gegründeten» Gesellschaft gesprochen. Glauben Sie, daß in Frankreich tatsächlich ein neues System errichtet werden kann?

J.-P. S.: Wie üblich wird die Regierung viel von Reformen reden und keine einzige durchführen, die real etwas verändert. Das Wort «Mitbestimmung» will im Mund von Pompidou oder de Gaulle nichts sagen. Natürlich ist eine tatsächliche «Mitbestimmung» vorstellbar, die den Arbeitern eine reale Entscheidungsmacht im Betrieb geben würde; aber diese werden die Unternehmer immer ablehnen, und de Gaulle will davon nichts wissen. Man wird also eine falsche «Mitbestimmung» erfinden, die die Macht der Unternehmer nicht im geringsten antastet, wie etwa die 1944 gegründeten «Betriebskomitees», die zwar nicht vollkommen nutzlos gewesen sind, aber am System nichts verändert haben.

Dennoch stimmt es, daß in Frankreich nichts mehr wie vorher sein wird, und das aus zwei Gründen. Der erste ist, daß soeben eine irreversible Politisierung der Jugend stattgefunden hat. Nicht nur der Studenten, auch der Schüler. Es gibt zehnjährige Kinder, die ältere Brüder und Schwestern haben und schon genau wissen, warum sie diese Gesellschaft ablehnen. Bei diesen Jugendlichen, und selbst bei diesen Kindern, trifft man auf eine bemerkenswerte Auflehnung, die keineswegs Ausdruck einer Laune, sondern eines klaren Bewußtseins dessen ist, was sie erwartet. Man sperrt sie in einen Widerspruch ein: einerseits merken sie, daß sie kaum Chancen haben, in die Gesellschaft integriert zu werden, weil sie auf eine ganze Reihe Hindernisse stoßen werden, die im Bildungssystem errichtet sind, damit nur eine kleine Elite zur Spitze aufsteigen kann; andererseits widert sie der Platz, den sie sich nach Überwindung aller Hindernisse erobern könnten, vorbeugend an, da sie dort reine Objekte, Werkzeuge eines Systems sein werden, das sie für bestimmte Aufgaben «spezialisiert» haben wird. Die Jugendlichen begreifen das sehr früh, und deswegen erleben wir heute das Aufkommen einer unerwarteten Generation von zehnjährigen Revolutionären.

Etwas Vergleichbares geschieht bei den jungen Arbeitern, die zwar gewiß nicht dieselben Probleme wie die Studenten haben, aber zu begreifen beginnen, daß die Lohnerhöhungen, für die ihre Väter gekämpft haben – und die ihnen unbestreitbare materielle Verbesserungen eingebracht haben: Auto, Fernsehen, Waschmaschine –, nicht der einzige Schlüssel zur Befreiung der Arbeiter sind. Und auch sie fordern heute eine «Macht» über ihre Arbeit und über ihr Leben.

Der zweite Grund, warum nichts mehr genauso wie vorher sein wird, ist, daß die gerade zugestandenen Lohnerhöhungen das prekäre

Gleichgewicht der französischen Wirtschaft zerstört haben. Von ihrem Standpunkt aus haben die Unternehmer nicht unrecht, wenn sie behaupten, die Wirtschaft könne diese neue Belastung nicht verkraften: im Rahmen des gegenwärtigen Systems kann sie es tatsächlich nicht. Man kann unmöglich gleichzeitig die Profite der Unternehmer und das aktuelle Preisniveau aufrechterhalten – also die Konkurrenzfähigkeit der französischen Betriebe innerhalb des Gemeinsamen Marktes. Aber wer denkt daran, die Profite abzuschaffen? Also wird man, über Subventionen oder Steuersenkungen, die Position der Exportindustrie so gut es geht schützen und über die Preissteigerung den Arbeitern wieder nehmen, was man ihnen gegeben hat. Die Arbeiter werden das jedoch merken. Sie werden feststellen, daß ihre Kaufkraft, nachdem sie einige Monate lang gestiegen war, wieder auf das vorherige Niveau oder gar darunter gesunken ist. Das werden sie nicht einfach hinnehmen, und sehr wahrscheinlich wird dann hinter dem politischen Zerrbild, das die Wahlen gerade gezeichnet haben, erneut die Gewalt der realen gesellschaftlichen Kräfte hervorbrechen.

Ed. Didier: Die führenden Politiker der französischen Linken wie François Mitterrand, Guy Mollet oder Waldeck-Rochet bildeten, gelinde gesagt, nicht die Avantgarde der gesellschaftlichen Mai-Bewegung. Meinen Sie, eine neue, von den alten Parteien unabhängige und kämpferische Formation könnte aus der Krise hervorgehen?

J.-P. S.: Die Kommunisten haben stets behauptet – und bisher traf das zu –, daß revolutionäre Bewegungen, die sich links von der KP ansiedeln wollten, zur Spaltung der Arbeiterklasse beitragen und zuletzt «objektiv» immer rechts von ihr landen würden. Heute über diesen Punkt zu diskutieren bedeutet meiner Ansicht nach die Frage falsch zu stellen. Es geht nicht darum, sich zu fragen, ob man rechts oder links von der KP ist, sondern ob man tatsächlich links steht.

Wer stand im Mai links? Bestimmt nicht Mitterrand und Guy Mollet, die nur die Gelegenheit nutzen wollten, um an die Macht zu kommen, ohne zu versuchen, das grundlegend Neue an der Situation zu begreifen. Bestimmt nicht die KP, die alles darangesetzt hat, die Bewegung zu bremsen, und ihr Versacken in Wahlen ermöglich hat. Unaufhörlich haben die Kommunisten die am entschlossensten engagierten Studenten beleidigt, und nur mit ein paar Zeilen hat *L'Humanité*[1] die Kriminalisierung der revolutionären «Grüppchen», die am

1 Zentralorgan der KPF, Anm. d. Übers.

Ursprung der ganzen Bewegung gestanden hatten, durch die Regierung bedacht.

Unter diesen Bedingungen bin ich davon überzeugt, daß die gegenwärtigen Führer der Linken in zehn Jahren nichts mehr darstellen werden, und ich sehe nicht, was daran gefährlich wäre, wenn sich außerhalb und links der KP eine revolutionäre Bewegung konstituieren würde. Ich glaube sogar, daß es unvermeidlich ist und das einzige Mittel, die Politik der KP «aufzubrechen», weil sie den wirklichen Revolutionären, die dort noch sind, erlauben würde, sich Gehör zu verschaffen und eine neue Ausrichtung der Partei durchzusetzen.

Ed. Didier: Wenn die französische Krise die Weltöffentlichkeit derart beeindruckt hat, liegt es daran, daß derartiges in einer modernen Industriegesellschaft bisher nie geschehen war. Heute fragt man sich, ob sich diese Krise aus einer für Frankreich spezifischen Konstellation geschichtlicher und gesellschaftlicher Bedingungen erklärt oder ob eine vergleichbare Explosion in anderen entwickelten Ländern ebenfalls möglich wäre, beispielsweise in Deutschland.

J.-P. S.: Ich bin überzeugt, daß dasselbe in Deutschland geschehen kann. In dem Zusammenhang muß ich sagen, daß zahlreiche Ideen, die die französischen Studenten inspiriert haben, von den deutschen sozialistischen Studenten stammen, angefangen bei dem Gedanken, daß die Studentenbewegung nie sehr weit kommen kann, wenn keine Verbindung zur Arbeiterbewegung hergestellt wird. Sie sagten mir vorhin, diese Verbindung wäre in Deutschland beinah unmöglich. Man hielt sie auch in Frankreich für unmöglich, und trotz immenser Schwierigkeiten sind dennoch erste Schritte getan worden, ohne daß sie bislang besonders weit reichten. Ich sehe keinen Grund, warum dasselbe Phänomen nicht eines Tages auch in Deutschland passieren sollte. Sogar im Gegenteil. Man hat in Frankreich gesehen, daß die Arbeiter, die die Forderungen nach «Arbeitermacht», nach Kontrolle über die Verwaltung der Betriebe, nach tatsächlicher Mitbestimmung über die ihr Leben betreffenden Entscheidungen am energischsten erhoben, nicht den unteren Berufsgruppen angehörten, sondern jene waren, die schon einen relativ hohen Lebensstandard und Qualifikationsgrad erreicht hatten. Nun hat die Masse der deutschen Arbeiter einen höheren Lebensstandard als die französischen Arbeiter und ist am Wohlstand der «Konsumgesellschaft» stärker beteiligt. Vielleicht wird sie das zu einem klareren Bewußtsein der Grenzen jenes Wohlstands und der Entfremdung, die er weithin bedeckt, führen. Die französische Bewegung, die niemand vorhergesehen hatte, hat für mich jedenfalls etwas sehr Ermutigendes aufgezeigt: daß von nun an keine machthabende Bourgeoisie – ob in Deutschland oder anderswo – vor einer «schrecklichen Überraschung» geschützt ist.

Ed. Didier: Was empfinden Sie angesichts des gegenwärtigen Regimes der Bundesrepublik?

J.-P. S.: Das ist das Land Europas, das heute am stärksten den Vereinigten Staaten ähnelt. Sie wissen, daß ich das amerikanische System nicht besonders mag, und ich bin also betrübt, daß Deutschland diesen Weg einschlägt, den des sozialdemokratischen Komforts. Ich bin jedoch nicht pessimistisch, was seine Zukunft betrifft, denn ich stelle fest, daß es heute ein junges Deutschland gibt, das meine ganze Sympathie hat: das der sozialistischen Studenten und auch, selbst wenn sie noch wenige sind, der jungen Arbeiter, die das herrschende System nicht mehr hinnehmen.

Ich sage nicht, daß sie morgen die Macht übernehmen, ich bin aber völlig davon überzeugt, daß sie sich weniger isoliert fühlen, da sie heute Teil einer großen internationalen Bewegung sind. Das Entstehen eines tatsächlichen Internationalismus scheint mir das bedeutsamste Ereignis dieser letzten Jahre zu sein. Früher redete man viel von Internationalismus, aber als nach der Pariser Commune Zehntausende von Arbeitern massakriert wurden, gab es außerhalb Frankreichs weder Demonstrationen noch Solidaritätsstreiks. Heute finden die Revolten, die in einem Land ausbrechen, beinah am selben Tag noch ein Echo im Ausland. Vor einer Woche beispielsweise sind die Studenten der Berkeley-Universität in Kalifornien auf der Straße niedergeknüppelt worden, als sie ihre Solidarität mit den französischen Arbeitern und Studenten bekundeten. Vielleicht fühlen sich die revolutionären Studenten im heutigen Deutschland einsam. Sie wissen aber, daß sie es in der Welt nicht sind und daß sie in Prag, New York, Belgrad, Paris, San Francisco, Mailand, überall Verbündete haben. Viele der revolutionären Ideen der französischen Studenten kamen aus Deutschland. Sie werden dorthin zurückkehren – von Frankreich oder anderswoher.

Editions John Didier, Paris 1968

Ich neige zum Pessimismus

Interview mit Oretta Bongarzoni,
August 1968

Frage: Monsieur Sartre, wie beurteilen Sie als Intellektueller und Demokrat die gegenwärtige Situation?

Sartre: Ich glaube, daß leider ein wenig Pessimismus am Platze ist. Wir kennen alle die furchtbaren Gefahren, die die Außen- und Innenpolitik der Vereinigten Staaten in sich birgt. Wir wissen, welches besorgniserregende Bild dieses Land heute bietet. Deswegen erscheint das Verhalten der Sowjetunion gegenüber der Tschechoslowakischen Republik um so absurder und unglaublicher. In wessen Interesse und zu wessen Nutzen nimmt ein sozialistisches Land eine solche Haltung ein? Sie wissen, daß ich Mitglied des von Bertrand Russell gegründeten Internationalen Tribunals bin. Ich weiß nicht, wie wir diesen Vorgang beurteilen werden. Ich betrachte ihn als eine richtiggehende Aggression, die im juristischen Sprachgebrauch des Völkerrechts als «Kriegsverbrechen» bezeichnet wird.

Frage: Die Amerikaner sind mit imperialistischen Zielen in Vietnam; sie sind mit Raketen und Bomben bewaffnet, die sie auf die Bevölkerung gerichtet haben und richten; sie töten Tausende von Frauen und Kindern. Glauben Sie nicht, daß da ein Unterschied besteht, wenn man an das Verhalten der sowjetischen Truppen in Prag denkt?

Sartre: Das ist richtig. Die Aggression in Vietnam ist ein gemeiner Völkermord und in dieser Hinsicht mit den Vorgängen in Prag sicher nicht vergleichbar. Und natürlich ist die Sowjetunion ein Bollwerk gegen den Imperialismus. Das ändert jedoch nichts an der Schwere des Vergehens, das die Sowjets gegen die Tschechoslowaken planten; es wiegt um so schwerer, weil es sich um eine Intervention zum Schaden eines verbündeten Landes handelt, die alle Rechte der nationalen Souveränität mißachtet. Ich wiederhole, es ist ein sehr schwerwiegendes Vergehen. Die demokratischen Bewegungen des Westens werden es zu spüren bekommen, es wird Folgen für die internationalen Beziehungen haben, und das versetzt den Hoffnungen auf Frieden und Fortschritt der Menschen, die das gegenwärtige Stadium hinter sich lassen wollen, einen schweren Schlag. Es ist alles in allem ein unglaubliches und alarmierendes Ereignis.

Frage: Die demokratischen Parteien des Westens haben doch aber mit großer Schärfe darauf reagiert.

Sartre: Ja, gewiß, die Stellungnahmen der Kommunistischen Parteien Italiens und Frankreichs sind sehr, sehr richtig: Es bleibt jedoch unverständlich und unzulässig, daß die Sowjetunion ohne Rücksicht auf die Reaktionen, die sie hervorrufen könnte, in die Tschechoslowakei eingedrungen ist. Ich will damit sagen, daß sie auch einen großen politischen Fehler begangen hat. Zu einem Zeitpunkt, wo es in den äußersten Winkeln der Erde auf die größtmögliche Einheit und Solidarität der demokratischen Kräfte ankommt, ist niemand zu Aktionen berechtigt, die negative Wirkungen haben können.

Frage: Man hat sich gefragt, was zu diesem Fehler geführt hat und wie er von einem Land begangen werden konnte, das doch seit fünfzig Jahren die Geschichte und die Welt vorantreibt.

Sartre: Meiner Ansicht nach gibt es in der sowjetischen Führung neben demokratischen und reformfreudigen Elementen auch stalinistische Relikte, die weiterbestehen und gelegentlich – wie gerade im Augenblick – überwiegen. In der Tschechoslowakei entsprang das Bedürfnis nach Veränderung aus der Notwendigkeit, die Wirtschaft der Novotný-Ära zu verändern. Genau dagegen haben die Sowjets ihr Veto eingelegt. Aus den Wirtschaftsreformen sind die anderen Forderungen hervorgegangen, die Forderung nach Demokratisierung, die Notwendigkeit politischer Öffnung. Offensichtlich krankt die Sowjetunion am Bürokratismus, läuft sie Gefahr zu versteinern. Und sie bemerkt nicht, daß es die erste Pflicht eines sozialistischen Landes ist, das unsere Zeitgeschichte erst eingeleitet hat, sich selbst zu verändern. Aus diesem Grunde hoffe ich, daß die Ereignisse in Prag mit einer Niederlage des Stalinismus enden und für den Sozialismus wirklich neue Perspektiven der Freiheit eröffnen, auch und vor allem in der UdSSR.

Frage: Freiheit in welchem Sinn?

Sartre: Ökonomische Freiheit und politische Freiheit: das ist die wahre sozialistische Freiheit. Natürlich hat es keinen Sinn, von den sogenannten Freiheiten der kapitalistischen Gesellschaften zu sprechen: das sind Wunschbilder, abstrakte Wesenheiten, leere Worte. Die wahre Freiheit, ich wiederhole es, beruht auf der wirtschaftlichen Gleichheit. Die Sowjetunion hat als erstes Land den Weg dahin eingeschlagen. Sie kann jetzt nicht einfach stehenbleiben.

Frage: Welche Aufgaben und Rollen schreiben Sie den Intellektuellen bei dieser Fülle von Konfliktmomenten zu?

Sartre: Natürlich machen die Intellektuellen keine Politik; denn sie sind ja Intellektuelle. Doch in dem Maße, wie sie an den Ereignissen beteiligt sind und die Geschichte erleben, haben sie die Pflicht, eine Analyse der Fakten zu versuchen. Sie müssen die Zustände untersuchen, ihre positiven und negativen Besonderheiten identifizieren und alles ohne Heuchelei und falschen Respekt denunzieren, analysieren und publizieren. Beispielsweise fühle ich mich heute, gerade weil ich die Geschichte der Sowjetunion zutiefst achte und alles andere als ein Antikommunist bin, verpflichtet, die tschechoslowakische Intervention ohne Einschränkung zu verurteilen.

Frage: Sie sagen, die Analyse sei die Funktion der Intellektuellen: wie können sie in den geschichtlichen Prozeß einbezogen werden?

Sartre: Durch die Verbindung mit der Arbeiterklasse. Ich würde sogar sagen, daß sie allein als Funktion dieser Verbindung begriffen werden können. Ein bezeichnendes Beispiel für die Notwendigkeit dieses lebendigen und beständigen Verhältnisses haben wir im vergangenen Mai in Frankreich gesehen, wo Studenten und Arbeiter vereint kämpften. Doch es scheint, als hätten die kommunistischen Parteien aller Länder Zweifel an dem Wert dieses Bedürfnisses.

Frage: Glauben Sie nicht, daß die kommunistischen Parteien, zum mindesten viele von ihnen, versucht haben, konstruktive, konkrete, organisatorische Arbeit zu leisten?

Sartre: Ja, das ist vorgekommen. Auch die Kommunistische Partei Italiens hat sich nicht zurückgezogen und die Forderungen der Jugend zu ihren eigenen gemacht; sie hat ihre Kämpfe unterstützt und verteidigt. Doch in Frankreich sind die Dinge anders gelaufen. Es war die Kommunistische Partei, die ihre Zustimmung zu der abrupten Beendigung des Kampfes gab. Meiner Ansicht war das ein Fehler. In dieser Situation war ihre Politik falsch.

Frage: Wie beurteilen Sie das Verhalten von gestern gegenüber dem Verhalten von heute? In Frankreich hat die Kommunistische Partei die Volksbewegung gebremst, doch die Bewegung des tschechischen Volkes hat dieselbe Partei unterstützt.

Sartre: Ich würde sagen, daß es sich um zwei sich widersprechende Verhaltensweisen handelt. In Frankreich wollten Millionen von Menschen die Revolution; die KPF hat sie zurückgewiesen. Der Konflikt Tschechoslowaken–Sowjets weist eine starke Analogie zu dem Gegensatz Studenten–KPF auf.

Frage: Doch das Frankreich de Gaulles ist nicht die Tschechoslowakei Dubčeks. Vielleicht darf man keine Revolution entfesseln, wenn man nicht mit Sicherheit weiß, daß es eine siegreiche Revolution sein wird. Vielleicht bedarf eine Revolution in einem kapitalistischen Industriestaat mit einer langen geschichtlichen Tradition anderer und weniger spektakulärer Mittel.

Sartre: Gewiß, ich spreche nicht von Revolution im traditionellen Sinn. Um genauer zu sein, könnten wir sagen, daß die französischen Arbeiter und Studenten ihre revolutionären Reformen brauchten. Doch – ich wiederhole – die KPF hat sie nicht übernommen. Es trifft nicht zu, daß man zur Gründung und Stärkung einer neuen Linken kommen wird, in der die Hoffnungen der Menschheit wirklich wieder formuliert werden können. Zwar ist diese neue Linke da, und sie bewegt sich, wächst, konsolidiert sich und wird stärker mit jedem Tag. Sie besteht aus Jugendlichen der verschiedensten Lager: Katholiken, Atheisten, Marxisten, Pazifisten, auch Maoisten und Trotzkisten. Warum soll man sie ignorieren, wenn sie existieren, eine lebendige und objektive Realität darstellen? Sie sind verschieden, sie verbindet der Wunsch, sich gegen eine gemeinsame Gefahr zu vereinigen: gegen den Krieg, die Zerstörung, die Sklaverei, kurz, gegen die Früchte des Kapitalismus. Man muß ihnen zuhören, sie akzeptieren und verstehen, auch deswegen, weil in ihnen die Zukunft der Menschheit ruht. In Paris möchten sogar Kinder von 10 Jahren Mitglied von Studentenbewegungen werden. Die jungen Leute, die im Mai die Basisgruppen in jedem Stadtviertel bildeten, waren nur wenig älter; viele von ihnen waren unter 20.

Frage: Angesichts dieser Überlegungen und auch der Fakten, die die «gesünderen» Instanzen der Gesellschaft ersticken wollen: welche Perspektiven hat Ihrer Ansicht nach die Welt?

Sartre: Eine schwierige Frage. Gerade wegen ihrer vielfältigen Anlässe für Aktionen und widerstreitenden Kräfte ist die Welt heute kompliziert, chaotisch, schrecklich. Auf ihre Weise aber auch voller Verheißung. Gewiß, es ist nicht leicht, zusammenfassende Urteile abzugeben, geschweige denn Prognosen zu wagen.

Ich persönlich neige zum Pessimismus. Doch ich glaube, daß die einzige Hoffnung in einer allzu dramatischen Situation wie der gegenwärtigen bei denen liegt, die für die Veränderung der Dinge kämpfen, die den Mut haben, sich neue Wirklichkeiten vorzustellen und sie zu entwerfen. Meine Hoffnungen sind diejenigen, die für das friedliche Zusammenleben und für die Demokratie kämpfen. Das sowjetische Modell ist heute in seiner vom Bürokratismus erstickten Form nicht mehr gültig. Das durch den neuen Kurs der Tschechoslowakei entwickelte Modell dagegen könnte für viele Menschen anziehend sein. In diesem Sinne ist Prag eine Hoffnung, wie es im übrigen ein hohes Zeugnis sozialistischer Kultur ist.

Es gibt keinen guten Gaullismus

(1968)

Wenn wir den Erlaß vom 12. Juni verurteilen, die brutale Ausweisung von Ausländern, die seit langem in Frankreich leben, die Entlassung der ORTF-Journalisten[1] und zahlreicher engagierter Arbeiter in der Privatwirtschaft – für die die Regierung zwar indirekt, aber gleichwohl voll verantwortlich ist –, so behaupten wir ganz entschieden nicht, es handle sich um vermeidbare Irrtümer, und das Regime wäre ein besseres, hätte es sie vermieden oder würde es sie wiedergutmachen. Anders ausgedrückt, es gibt keinen schlechten Gaullismus, es kann keinen guten Gaullismus geben; es gibt den Gaullismus, das ist alles: das will heißen, daß das Regime seinem Wesen nach Ausdruck der herrschenden Klasse ist, die wir bekämpfen. In unserer bürgerlichen Gesellschaft – in anderen vielleicht auch, wir sprechen aber nur von uns – befindet sich der Staatsapparat notwendig in der Hand des Feindes; wenn wir die Aufhebung des Erlasses vom 12. Juni verlangen, sollten wir uns nicht vorstellen, eine solche Aufhebung könnte, falls wir in der Lage wären, sie der Regierung abzutrotzen, gewisse *ratonnades*[2] eines anderen Oktober, das Massaker von Charonne[3] oder die Entführung von Ben Barka tilgen. All diese Vorgänge, die verheimlicht oder vertuscht worden sind, die wir nicht vergessen haben, sind direkt auf das Regime zurückzuführen; sie kennzeichnen und verurteilen es in gleichem Maße wie die Knüppeleien in der Rue Gay-Lussac[4].

1 Staatliche Rundfunk- und Fernsehanstalt, Anm. d. Übers.
2 Überfälle auf die als «Ratten» *(ratons)* bezeichneten Algerier zur Zeit des Algerienkriegs, Anm. d. Übers.
3 An der Metrostation Charonne fand im Februar 1962 ein Polizeigemetzel gegen Algerier statt, Anm. d. Übers.
4 Dort ereignete sich am 10. Mai die sogenannte erste «Nacht der Barrikaden», Anm. d. Übers.

Die Repression ist eine von der Klasse der Ausbeuter kontinuierlich ausgeübte Handlung gegen diejenigen, die sie ausbeutet. Sie kann, wie bei Simca, die Form der organisierten Gewalt annehmen, bewaffnete Schläger einstellen; sie kann sich auf das permanente Drohen mit der Entlassung beschränken, auf das Schikanieren, auf das systematische Isolieren des aktiven Gewerkschafters in seinem Betrieb: sie ist immer da, immer vorhanden, unvermeidlich, weil allein die Gewalt – ob sie ausbricht oder sich nur zeigt – jene grundlegende Gewalt stützen und fortsetzen kann, die die Ausbeutung ist. In diesem Sinn ist alles – angefangen bei der Einstellung und der angeblichen Freiheit der Wahl des Arbeitsplatzes – Gewalt und kann sich in Repression verwandeln. Die blutige und bewaffnete Repression, die Aufrechterhaltung der Unordnung durch das uniformierte Gesindel, das man Ordnungshüter nennt, ist nur eine besondere Spielart des repressiven Handelns, das in der Gesellschaft, in der wir leben, konstant gegen die Arbeiter ausgeübt wird: das Regime versucht ohne sie auszukommen, ein Rückgriff findet nur statt, wenn es Angst bekommt und sich unmittelbar gefährdet fühlt; in der Tat kommt es nicht selten vor, daß die Anwendung von Gewalt unselige Folgen für diejenigen nach sich zieht, die sie beschlossen haben. Wir alle wissen, daß von Anfang des Studienjahres an die Repression jedesmal den Studentendemonstrationen vorausgegangen ist und sie hervorgerufen hat, bis sie zum Aufstand nötigte, dem der Streik von zehn Millionen Arbeitern folgte. Hätte es gewisse Preisgaben nicht gegeben, die andere Verrat nennen, brauchten wir vielleicht nicht gegen die repressive Politik des Regimes zu protestieren, denn dann gäbe es keine gaullistische Politik und kein gaullistisches Regime mehr.

So ist also die offene, offizielle Repression nur ein Moment des Dauerkrieges, den das Regime gegen die Arbeiter führt, der Moment der Wahrheit, in dem es sich splitternackt zeigt. Umgekehrt, und ich glaube, viele denken wie ich, greifen wir diese Repression an, nicht um das Regime zu verbessern, sondern um bei dieser Gelegenheit jedem die widerwärtige Blöße zu zeigen, die es zu verbergen sucht. Die Repression ist eine chronische und gelegentlich akute Form des Klassenkampfes, so wie ihn die Unternehmer führen. Die Gegenrepression hat sich ihr permanent entgegenzustellen: auch sie kann, wie im Mai, akute und aufständische Form annehmen; wir müssen uns aber darüber im klaren sein, daß unser eigentliches Anliegen, über unsere unmittelbaren Ziele hinaus, der Sturz der herrschenden Klasse ist: mit ihrer Zerschlagung und allein damit wird die Repression ein Ende finden. Wir müssen uns auch klar darüber sein, daß es andere Formen des Kampfes gibt, mit denen wir uns solidarisch zeigen müssen, wollen wir uns nicht selbst widersprechen: die Macht wird in den Betrieben und auf der Straße gebrochen; die heftige Reaktion der Polizei in der Rue Réaumur, die unbegründeten – oder zu deutlich begründeten – Rausschmisse von engagierten Arbeitern beweisen, daß die Staatsmacht und die Kräfte, die sie stützen, es genau wissen und sich vorbereitet haben: diese Vorbereitungen müssen wir aufdecken und bekanntmachen, denn ihr Ziel ist es, die künftige Repression einzuleiten.

Unser Kampf ist nicht von moralischer Empörung motiviert: wir verurteilen die herrschende Klasse und ihren Staatsapparat nicht für Verbrechen, die sie hätten unterlassen können, sondern ganz im Gegenteil für Verbrechen, die sie begehen mußten und die deutlich zeigen, daß unser Kampf politisch ist.

Deshalb meine ich, daß unser Komitee und alle, die sich seinem Anliegen anschließen – unabhängig von allen Kampfformen, die diese erfordern –, sich zwei Hauptziele setzen müssen.

1. Die Bourgeoisie in ihren eigenen Fallen fangen. Die angeblichen Demokratien, die unter den rührenden Bezeichnungen «Dritte», «Vierte» und «Fünfte Republik» aufeinander folgten, haben eine Reihe Gesetze erlassen, deren sie sich rühmen und die, wie sie glauben, Frankreich das Recht geben, seine Aufnahme in diese Hölle von Elend und Blut zu beanspruchen, die man «freie Welt» nennt. Einige dieser Gesetze sind reinste Mystifizierungen. Andere hat die bürgerliche Klasse für sich selbst errungen, als sie noch die aufsteigende Klasse war. Einige sogar – wie die Anerkennung des Streikrechts – sind von der handelnden Arbeiterklasse durchgesetzt worden. Diese Gesetze bestehen weiter, obwohl keine einzige Regierung sie je restlos respektiert hat. Besonders unsere Regierung verletzt sie immer häufiger: das beweist, daß sie dem Kapitalismus der Monopole und Oligopole nicht gerecht werden; man verletzt sie, weil man nicht wagt, sie zu ändern. Diese Gesetze sind nicht alle schlecht, ihren Wert könnten sie aber erst erhalten, wenn der Sozialismus sie durch die Zuweisung eines konkreten Inhalts verändern würde. Wenn wir uns auf sie berufen, wenn wir mit ihnen die repressiven Praktiken verurteilen, sind nicht sie es – jedenfalls nicht in ihrer gegenwärtigen Form –, die wir verteidigen wollen, sondern die Bourgeoisie ist es, die

wir dazu nötigen wollen, sich in ihren eigenen Widersprüchen zu verstricken. Eine komplette Auflage der Zeitschrift *Action* ist soeben beschlagnahmt worden: das Gesetz verbietet das. Wenn ein oder mehrere Artikel beanstandet werden, darf die Justiz einige Exemplare beschlagnahmen lassen. *Action* strengt einen Prozeß gegen die Regierung an. Bravo! Das wird öffentlich zeigen, daß die Fürsten, die uns regieren, einen Machtmißbrauch begangen haben; aber was eigentlich zur Debatte steht, ist das gaullistische Regime und letztlich der bürgerliche Apparat: in unseren Gesellschaften bedeutet Staatsmacht per definitionem Machtmißbrauch. Es empfiehlt sich also, daß wir alle Opfer der herrschenden Ordnung, die Klage erheben, unterstützen. Diese Prozesse bringen die Institutionen ins Wanken. Wenn wir im Namen des Gesetzes die Aufhebung des Erlasses vom 12. Juni fordern, geschieht es ebensowenig aus Respekt vor einem juristischen System, das auf Ausbeutung beruht und diese garantiert; es ist auch nicht, um jungen mutigen Menschen zur Hilfe zu eilen, die sich, wenn sie es wollten, sehr gut ohne unsere Hilfe reorganisieren könnten, ob geheim oder nicht; es geschieht, um aufzuzeigen, daß das bißchen Freiheit, das den Bürgern trotz alledem in der zweiten Hälfte des 19. Jahrhunderts zugestanden wurde, für die neokapitalistischen Gesellschaften, in denen wir leben, exzessiv und beinah unerträglich geworden ist.

2. Wir müssen uns zur Pflicht machen, zu informieren. Das bedeutet zunächst nachzuweisen, daß die Repression kein episodisches Geschehen ist, sondern daß die Struktur des Regimes sie permanent erfordert. Die Entlassung der ORTF-Journalisten war zwingend, wenn de Gaulle an der Macht bleiben wollte. Sind es Aufrührer, Aufständische, Revolutionäre? Hielt man ihnen vor, im Fernsehen zuviel Politik betrieben oder zuviel Politik beabsichtigt zu haben? Keineswegs: sie wollten apolitisch sein, unparteiisch informieren, kurz, nicht mehr zugunsten der Regierung lügen. Aber hätte man ihre Forderungen erfüllt, wo hätten die Minister ihre Lügen kolportiert? Wo hätte sich General de Gaulle ungestraft der Wohltaten rühmen können, die er einem Land erwiesen hat, das er in Wirklichkeit nach zehn Jahren Machtausübung an den Rand der Revolution geführt hat? Wo hätte er in aller Seelenruhe erklären können, die kommunistische Partei sei für die Unruhen dieses Frühlings verantwortlich, wo er genau weiß, daß diese Partei die Studenten in beleidigender Weise desavouiert hat und sich an die Spitze der Streiks gesetzt hat, nur um sie schneller zu

beenden? Unsere Gesellschaft gründet auf einer Lüge, und die Funktion des Staates ist es, die Massenmedien dazu zu benutzen, sie unbedingt in jedes französische Eßzimmer zu bringen. Den Rausschmiß der Journalisten zu verurteilen bedeutet, den defensiven Charakter dieser Maßnahme aufzuzeigen: der Staat kann nur lügen oder verrecken. Er wird genauso lange lügen, bis seine Zuhörer ihn verrecken lassen.

Was aber die Zeitungen verschweigen, was wir alle und mit jedem Mittel den politisch Aktiven selber beibringen müssen, das ist die hohe Kampfbereitschaft der Arbeiterklasse in dem Kampf, den sie gegen die Repression führt, der sie ausgesetzt ist. Nichts wäre absurder, als sich ein enttäuschtes, verdutztes, geschlagenes Proletariat vorzustellen. Fast überall finden entschlossene, zähe Streiks statt; in einer bestimmten Provinzstadt haben die Belegschaften sämtlicher Betriebe die Arbeit niedergelegt, um gegen die Entlassung eines einzigen Arbeiters zu protestieren. Die Aktivisten sind überall stark, aber mangels Informationen über die Gesamtlage und die Betriebskämpfe in den übrigen Départements laufen sie Gefahr, den Kampf unkoordiniert zu führen und sich mitunter isoliert zu fühlen. Ich bin sicher, daß ein Bulletin entstehen wird, das, ohne politische Analyse, alle notwendigen Nachrichten von den Aktivisten für die Aktivisten zusammentragen wird, damit in ganz Frankreich einer Arbeiterklasse, die ihre Kraft und ihr Selbstbewußtsein bewiesen hat, die Möglichkeit gegeben wird, die Fundamente für einen wirklichen Kampf gegen die gaullistische Repression zu legen, das heißt für eine umfassende und koordinierte Aktion.

Le Nouvel Observateur, 4. November 1968

«Die Mauer»[1] am Gymnasium

(1969)

In Vernon sind in einem großen Gebäude sowohl humanistisches wie technisches Gymnasium untergebracht. Monsieur Canu, ein Hilfslehrer, muß zugleich Französisch, Geschichte und Erdkunde in der Klasse *BEPC*[2] (technischer Zweig) unterrichten. Der Lehrplan für Französisch ist vage: die Schüler sollen sich anhand der zeitgenössischen Literatur eine Vorstellung von den großen Fragen der Zeit machen. Monsieur Canu stellte seinen siebzehn- bis achtzehnjährigen Schülern folgende Aufsatzthemen: «Lesen Sie *Die Mauer* von Sartre und sagen Sie, was Sie darüber denken», «Was ist Werbung?», «Kindheit und Jugend Tolstois». Gelegentlich ließ er sie das Denken eines zeitgenössischen Autors kommentieren. «Die Mauer» wurde im Oktober angeboten, die Arbeiten am 8. November abgegeben. Inzwischen hatte die Schulleiterin Monsieur Canu zu sich bestellt und ihm erklärt, er habe, als er den Schülern mein (1939 bei Gallimard und vor einigen Jahren als Taschenbuch erschienenes) Buch zur Lektüre aufgab, «einen schwerwiegenden dienstlichen Fehler» begangen. Nach der Unterredung meinte sie, nun sei «die Angelegenheit begraben».

Am 6. Dezember fordern Lehrer und Schüler von der Schulleiterin die Einberufung einer Vollversammlung, um bestimmte pädagogische Probleme zu diskutieren. Angesichts ihrer Weigerung wird ein viertelstündiger Streik beschlossen, bei dem Lehrer kurz das Wort ergreifen: unter ihnen Monsieur Canu.

Wenige Tage später kommt der Schulinspektor nach Vernon, lädt die Sprecherinnen der Klasse von Monsieur Canu, zwei junge Mäd-

---

1 Der Erzählband «Le Mur» von Sartre erschien zunächst in deutscher Übersetzung als «Die Mauer», in neueren Ausgaben als «Die Wand».
2 Brevet d'études du premier cycle (BEPC), entspricht der mittleren Reife, Anm. d. Übers.

chen, vor, und stellt ihnen Fragen über das, was er die «Mauer-Af-
färe» nennt. Also ein Polizeiverhör mit Aufforderung zur Denunziation. Welche Lehrmethoden habe Monsieur Canu? Was für Beziehungen habe er zu seinen Schülern? Welche Auszüge aus dem inkri-
minierten Buch habe er in der Klasse vorgelesen? Habe eine ihrer
Mitschülerinnen im Aufsatz oder im Gespräch die «rohen», «gewagten» Stellen dieser Erzählungen erwähnt? Um seine These zu stützen,
suchte er sie zu Aussagen zu veranlassen, daß mindestens eine von
ihnen «schockiert», «erschüttert» gewesen sei; indem er sehr jungen
Menschen dieses Werk zu lesen gab, habe Monsieur Canu, fahrlässig
oder beabsichtigt, einen «psychologischen Effekt» hervorgerufen.
Die beiden jungen Mädchen entsprachen seiner Erwartung nicht.
Also beendete er das Ganze, nachdem er größte Diskretion von ihnen
verlangt hatte, um «einen Skandal zu vermeiden».

Kurz darauf brach der Skandal aus: nach einem Gespräch mit der
Schulleiterin und dem Inspektor, der Monsieur Canu mitteilte, er
sehe sich gezwungen, beim Rektorat Bericht zu erstatten, und ihm
vorhersagte, die «Affäre» werde durch einen Verweis sanktioniert
werden, erfuhr Monsieur Canu brieflich von seiner Versetzung: dieser Brief nahm Bezug auf die vorausgegangene Unterredung, nannte
aber keinerlei Begründung für seine Versetzung, in der allein der
Strafcharakter hervorgehoben wurde. Ersetzt wurde er durch einen
Hilfslehrer, den man aus einer Stadt in Südfrankreich kommen ließ,
die er gar nicht verlassen wollte. Die Schüler des technischen Gymnasiums und ein Teil der «Humanisten» beschlossen den Streik und
besetzten die Schule. Das rief eine Demonstration einiger Eltern hervor: eine Gruppe von ihnen wollte in das Gymnasium eindringen, um
«den Streikenden in die Fresse zu hauen». Das gelang ihnen nicht, sie
zogen aber erst ab, nachdem sie gegen Monsieur Canu und den Autor
der «Mauer» unflätige Beschimpfungen ausgestoßen hatten. Der
Schülerstreik wurde vorläufig suspendiert. Die Lehrergewerkschaf-
ten haben ebenfalls beschlossen, fünf Tage nach Vorankündigung,
also am Freitag, dem 17. Januar, in den Streik zu treten. Das sind die
Fakten. Sie sprechen für sich. Und das ist es, was sie aufzeigen:

Erstens sind die Gründe für die Versetzung politische. Die «Affäre»
war «begraben» worden. Man grub sie nach dem symbolischen Streik
im Dezember und Monsieur Canus «Wortmeldung» wieder aus. Man
warf ihm vor allem vor, für seine Schüler *Le Monde* abonniert zu
haben und sie anhand dieser Zeitung wöchentlich Referate über aktu-

elle Probleme halten zu lassen. Er war verdächtig, weil er den schul-
meisterlichen – die Schüler sagen «abgespulten» – Unterricht aufgegeben hat, kurz, weil er begriffen hat, daß man als Lehrer den Mai-
Ereignissen Rechnung tragen muß. Allerdings steht außer Zweifel,
daß er seine Rechte nicht überschritten hat. Sein einziges Vergehen
ist gewesen, an einer erzreaktionären Schule einen modernen Unterricht halten zu wollen, deren Verwaltungsrat – dem zufällig Monsieur Tomasini[1] angehört – fest entschlossen ist, das Bildungsreformgesetz zu torpedieren.

Es muß aber auch festgehalten werden, daß der Vorwand, den man
gewählt hat, kein harmloser ist: er hat die Indizierung eines in zahlreiche Sprachen übersetzten Taschenbuches zur Konsequenz, von
dem es im Ausland sogar Schulausgaben gibt. In zahlreichen Gymna-
sien würde dieses Verbot glücklicherweise grotesk wirken, und meine
Bücher sind, wie die aller meiner Zeitgenossen, Gegenstand von Auf-
sätzen, Referaten oder Diskussionen. Kürzlich empfing ich einen
Brief von einem fünfzehneinhalbjährigen jungen Mädchen, Schüle-
rin der Untertertia, die ein Referat über meine Auffassungen halten
soll und mich um Auskunft bittet. Sie liest die Werke von mir, die als
Taschenbuch erschienen sind, und nennt unter anderen *Die Mauer*.
Würde die Entscheidung des Schulinspektors in weiteren Departe-
ments befolgt werden, würden wir uns allmählich zu den Autodafés
in Hitler-Deutschland hinbewegen. Was folgte, ist bekannt.

Der «psychologische Effekt», mit dem der Schulinspektor rechnete, hat nicht bei den Jugendlichen, sondern bei manchen Eltern stattgefunden. Sie sind obszön gewesen und haben sich auf das Buch gestürzt, um darin die «gewagten» Stellen zu suchen; daraufhin haben
die ganz jungen Gymnasiasten es eilig gekauft, in der Hoffnung, auf
«ihre Kosten» zu kommen. Das Buch verkauft sich in Vernon äußerst gut, allerdings aus solchen Gründen, daß es mir, das sage ich
ganz deutlich, lieber wäre, in der ganzen Stadt wäre kein einziges
Exemplar gekauft worden. Wenn ich das groteske Gestikulieren mancher Erwachsenen mit der ernsthaften und zutiefst aufrichtigen Neugier vergleiche, von der die Monsieur Canu ausgehändigten Arbeiten
zeugen, die ich mir besorgen konnte, dann bin ich wenig stolz darauf,

---

1 In Vernon hat man soeben beschlossen, daß das außerschulische Verhalten
  der Schüler Konsequenzen *innerhalb* der Schule haben wird. Monsieur Tomasini ist UDR-Abgeordneter.

erwachsen zu sein. Ich behaupte nicht, daß alle Schüler alles an den fünf Erzählungen in *Die Mauer* verstanden haben. Sicher ist, daß es ihr Hauptanliegen war, herauszufinden, was sie miteinander verbindet, dessen allgemeine Bedeutung herauszulösen und den intellektuellen oder moralischen Gewinn, den sie daraus ziehen könnten, aufzudecken. Diese rührend aufrichtigen Jungen und Mädchen werden von der Schulverwaltung und dem Rektorat beleidigt. Und vor allem das Lesen ihrer Aufsätze hat mich dazu bewogen, zu protestieren. Zumal diese Provokation kein Zufall ist. Eine Mutter hat die Karten auf den Tisch gelegt. Man sagte ihr: «Mit siebzehn können sie doch lesen . . .» Sie unterbrach schroff: «Notfalls ja, wenn es um die Schüler des humanistischen Gymnasiums ginge. Aber es geht um die vom technischen, vergessen Sie das nicht.» Die vom «Technischen»: ihre Väter sind Arbeiter oder Angestellte mit sehr bescheidenem Lohn. Es sind also keine «Erben». Einer vom «Humanistischen», das ist ein Bürgersöhnchen: die bürgerliche Erziehung ist ein wirksamer Schutz gegen subversive Ideen. Aber ein Arbeiterkind im selben Alter hat kein Recht auf dieselben Lektüren. Ist bei diesem «Aufruhr» in Vernon nicht ein Hauch von Diskriminierung zu spüren?

Ebenso muß man die Lage der in Vernon sehr zahlreichen Hilfslehrer anprangern. Sie werden, wie man ihnen sagt, «auf Widerruf» ernannt. Der Begriff ist hübsch und sagt genau das aus, was er aussagen soll: sie können ohne jede Begründung versetzt oder entlassen werden. So gesehen erscheint die ungerechte Behandlung, die Monsieur Canu zugefügt worden ist, in ihrem wahren Licht. Es ist ein Einschüchterungsmanöver: Seien Sie brav oder Sie verlieren augenblicklich Ihren Arbeitsplatz. Die Akte, die Monsieur Canu nach Évreux nachgeschickt worden ist, und die Überwachung, der er ausgesetzt sein wird, kann man sich leicht vorstellen. Im übrigen ist zu befürchten, daß er im kommenden Oktober keinen neuen Posten zugewiesen bekommt. Ein wenig Terror schadet nie, nicht wahr?

Ich glaube nicht an die von Edgar Faure vorgeschlagene «Reform». Aber ich glaube, daß er sie aufrichtig verteidigt. Und ich erlaube mir, ihn zu fragen, ob er will, daß das Gymnasium in Vernon die neuen Rechte, die ihm bewilligt worden sind, dazu nutzt, das Bildungsreformgesetz vollständig zu liquidieren und zu einem autoritären Regime zurückzukehren, das schlimmer zu sein droht als alles, was ihm vorausgegangen ist.

Le Monde, 18. Januar 1969

Die hereingelegte Jugend

Interview mit Le Nouvel Observateur,
März 1969

*S. Lafaurie: Die «Linksradikalen», die sich der Reform von Edgar
Faure widersetzen, sind nicht populär. Könnten die «Protestler», statt
sie abzulehnen, selbst wenn sie sie für unzureichend halten, sich ihrer
nicht als Sprungbrett bedienen?*

Jean-Paul Sartre: Für meinen Teil denke ich, daß die Reform den
Studenten absolut nichts einbringt und daß die «Linksradikalen» die
Hellsichtigen sind, ich möchte aber, ehe ich Ihnen meine Meinung
erläutere, ein Wort zu ihrer Isolierung sagen. Sie liegt zunächst
daran, daß die Presse denunziert, statt zu informieren, und alles tut,
um die protestierenden Studenten als gefährliche Nihilisten darzustellen, die aus Lust und Laune die schönen Gebäude verwüsten, die
man ihnen errichtet hat. Diese Isolierung liegt aber auch daran, daß
die Studenten selber es nicht immer verstanden haben, ihre Positionen deutlich zu machen. Und zwar deswegen, weil Aufklärung sie im
Grunde nicht mehr interessiert. Sie glauben nicht mehr an deren
Nutzen. Sie sind an einem Punkt angelangt, an dem in ihren Augen
allein die Aktion zählt.

Warum? Weil sie finden, man habe im Mai zuviel geredet, angefangen bei ihnen selbst. Der Reden überdrüssig, wollen sie ein neues
Verhältnis von Theorie und Praxis: die Kritik der bürgerlichen Strategie im Juni 1968 und in den folgenden Monaten wird sie nur interessieren, wenn sich daraus Handlungsmaximen ergeben. Sonst ist das
nichts, anders ausgedrückt, ist es Wissen um des Wissens willen.
Eigentlich wissen sie, was man wissen soll: nur Wissen an sich ist für
sie nicht von Interesse. Für sie ist es nicht das Wissen, das das Wissen
reformieren wird, sondern die Aktion. Bei dieser Betrachtung der
Dinge haben sie unbestritten recht. Es gibt keine Geschichte der
Ideen, hat Marx gesagt. Heute ist alle Welt schockiert, weil die Kul-
turträger nach ihm wiederentdeckt haben, daß zwischen Kultur und

Aktion ein dialektisches Verhältnis besteht und daß diese jene unwiderruflich verändert.

Vor kurzem nahm ich an einer Veranstaltung in der *Mutualité*[1] teil. Hochschullehrer, Studenten: ich habe sofort gespürt, daß ich dort nichts zu suchen hatte. Jemand hatte mit Bleistift auf das Pult neben dem Mikrophon geschrieben: «Sartre, sei deutlich, sei knapp: wir wollen darüber diskutieren, welche Anweisungen wir ausgeben.» Anweisungen, das ging mich nichts an: man schlägt sie Genossen aus derselben Altersklasse, mit denselben Interessen vor. Ich habe ihnen nur gesagt, sie sollten die Presse auf deren eigenem Terrain bekämpfen, den Arbeitern und selbst den Kleinbürgern erklären, weshalb sie das Faure-Gesetz ablehnen. Ich habe sie aber enttäuscht, und ich verstehe sie: über ihre Genossen war soeben ein Willkürurteil gesprochen worden, für sie ging es darum, der Gewalt mit Gewalt zu begegnen, und nicht darum, ein Gesetz zu analysieren.

Das ist die Falle: die Gewalt, der sie ausgesetzt sind, wird definiert und bestimmt durch das Bildungsreformgesetz. Wem ist denn heute bekannt, daß die Machtbefugnisse der Rektoren, angefangen bei der Möglichkeit, Studenten zum Wehrdienst zu schicken, ohne irgend jemanden zu konsultieren, bis hin zu dem Recht, Polizeischüler als Pedelle an der Universität einzustellen, ihnen im Namen des Faure-Gesetzes zugestanden worden sind? Für die Öffentlichkeit ist das Faure-Gesetz ein reformerischer Versuch, eine Bemühung der Regierung, den Forderungen der Studenten Rechnung zu tragen; für diese hingegen ist es eine hinterhältige, wirksame Art, den «Ordnungskräften» auf Dauer Eintritt in die Universität zu verschaffen.

Der öffentlichen Meinung zufolge sollten die Studenten die Regierung beim Wort nehmen und sie mit Hilfe ihrer «Mitbestimmung» dazu zwingen, ihre Reformen zu radikalisieren. Den Studenten zufolge – jedenfalls den aufgeklärtesten – stattet das Bildungsreformgesetz die Verwaltung mit diktatorischen Vollmachten aus, deren sie sich sofort bedient, um die Gewalt herrschen zu lassen. Auf das – ob verschleierte oder dreist offene – Wiederauftauchen der Gewalt an der Universität ist nur eine Antwort möglich: die Gegengewalt. Und diejenigen, die sich einbilden, sie könnten das Regime von innen heraus verändern, sind, wie alle «Zentristen», Getäuschte oder Betrüger, die nicht einmal das Alibi der Naivität besitzen.

1 Veranstaltungssaal in Paris, Anm. d. Übers.

Diskutieren, aufklären, wozu? Kämpfen, Schlag auf Schlag antworten: das ist die Taktik. Leider ist es genau sie, die die Regierung hat provozieren wollen: Presse, Rundfunk, einige gezielte Einsätze – in Nanterre, in Vincennes –, das Verbreiten von Falschaussagen: das dürfte genügen, um die Studenten in ihre Ghettos zu sperren. Sie werden zutiefst recht haben, sich dort zu verbarrikadieren. Zugleich werden sie unrecht haben: ich weiß nicht, welche völlig verständliche Verbitterung – aber Verbitterung ist das Los des Politikers, entweder überwindet er sie, oder er zieht sich zurück – sie davon abhält, sich mit den Arbeitern auszusprechen und weiter noch jenen Teil des Kleinbürgertums zu überzeugen, der im Mai 1968 auf ihrer Seite stand.

Kämpfen, ja, das ist nötig: Gewalt gegen Gewalt. Kämpfen und erklären: Ihr werdet die Revolution nicht allein machen. Das ist eine ausgezeichnete Arbeitsteilung: laßt uns, die Alten, die wir mit euch sind, leider nicht alle, und die nicht mehr das Alter haben, ständig zu kämpfen, den Leuten eure Haltung erklären. Ihr werdet sagen: «Unsere Haltung? Es gibt keine, die uns allen insgesamt gemeinsam wäre.» Eine aber doch, mindestens eine und die einzige, die wir unterstützen können, ohne daß wir uns anmaßen, zwischen euch entscheiden zu können: die revolutionäre Negation, die Ablehnung jeglicher Mitarbeit.

Was den Menschen verständlich gemacht werden soll? Zunächst einmal dieses: im Jahre 1969 wird ein junger Student, eine junge Studentin nicht aus Romantik revolutionär, etwa aus jener dümmlichen Unnachgiebigkeit, die Anouilh seiner Antigone verleiht («Ich will alles, sofort»), oder weil ihre Eltern revolutionär oder reaktionär wären, oder weil sie an einem schlecht bewältigten Ödipuskomplex litten und auch nicht, weil es so amüsant ist, meine Teuerste, die Revolution zu machen. Es ist weder komisch noch leicht, sich die Hände brechen oder den Schädel einschlagen zu lassen; es ist überhaupt nicht witzig, einen Hungerstreik zu machen: es ist monoton, man langweilt sich. Es ist stupide, nach so großen Anstrengungen für ein volles Jahr, für immer, hinter den Gittern einer Kaserne in Ostfrankreich zu sitzen, Unteroffizieren ausgeliefert, die Intellektuelle nicht sonderlich mögen und sich vorgenommen haben, es den Studenten zu beweisen.

Man wird revolutionär, wenn man erstickt; und wenn einem, nach einem ziemlichen Aufruhr, eine Reform angeboten wird – die einzig mögliche im Rahmen des Regimes – und man feststellt, daß diese Reform eine Scheinreform, ein reiner, schlichter Betrug ist – wobei dies tatsächlich das einzige Zugeständnis ist, das das Regime sich leisten kann, ohne Risse zu bekommen wie das Gesicht einer alternden Schönen. Wenn siebenhunderttausend Studenten das Geschehen und seine Ursachen begriffen haben, wenn sie davon überzeugt sind – alle sind es, nicht alle sagen es –, daß das Regime so ist, daß es entweder weg muß oder man von ihm das Teufelsgeld anzunehmen hat, das sich in Laub verwandelt, sobald man es verwendet, dann haben sie noch drei Möglichkeiten: sich aufhängen – aus Ekel vor der Gesellschaft, die wir ihnen bereitet haben –, sich verkaufen – das heißt, auf alles pfeifen und sich, wer weiß, in ein paar Jahren schließlich aufhängen – oder sich zusammenschließen, sich ihre Kraft der Negation bewahren, einen Kleinkrieg gegen die Alten führen, die sie regieren, sich so bald wie möglich der Mehrheit der Arbeiter anschließen, der Hauptkraft der Revolution, und das Regime in die Luft jagen.

Das steht morgen nicht an. Übermorgen vielleicht. Entweder das oder der Faschismus. Oder zunächst der Faschismus, anschließend das andere. Väter, vergeßt nicht: Eure Kinder sind eure einzige Zukunft. Von euch hängt es ab, ob ihr sie – die unerzogenen Gören! – im Namen des Humanismus massakrieren laßt, ob sie euch, verlorene Generation, in das schwarze Loch hinabstürzen lassen, das euch erwartet, in die Vergessenheit, oder ob sie euch vor dem Nichts erretten: denn das sage ich, selbst werdet ihr euch nicht retten können. Merkt euch jedenfalls, daß, wenn eure Kinder Revolutionäre sind, es daran liegt, daß eure Feigheiten ihr Schicksal zu verantworten haben. Das werden sie euch nicht erklären; im Mai explodierte das Wort, sie haben sich heiß geredet, jetzt haben sie diesen verhärteten, verdorbenen, schmollenden Kindern, die man Erwachsene nennt, nichts mehr zu sagen. Wir werden euch das erklären. Wer, wir? Einige etwas weniger verweste oder sich ihrer Verwesung bewußtere Erwachsene.

Begreift ihr überhaupt, was die Kulturrevolution in Frankreich bedeutet? Zunächst ist es die Ablehnung der an den französischen Universitäten erteilten Ausbildung. Kaum beginnen die Studenten zu studieren, stellen sie fest, daß der erteilte Unterricht einerseits die Ausbildung von Führungskräften entsprechend den Erfordernissen der Privatindustrie als ausschließliches Ziel verfolgt und daß er andererseits in seiner gegenwärtigen Form nicht einmal fähig ist, diese Aufgabe zu erfüllen.

Natürlich ist dieser Widerspruch in den Geisteswissenschaften – Philosophie, Soziologie, Psychologie, Geschichte, Literatur – am offenkundigsten. Ein künftiger Landwirtschaftsingenieur, ein künftiger Mathematiker wird in der sogenannten «Konsum»gesellschaft um den Preis seiner totalen Entfremdung unter Umständen über eine gewisse Macht verfügen. Aber ein Geisteswissenschaftler? Vermutlich hat ihn die «humanistische» Mystifikation angezogen, die aus dem Anfang des vorigen Jahrhunderts stammt, wonach die Universität, unter dem Namen Kultur, ein zweckfreies Wissen anbietet. Was wird man aus ihm machen? Einen Lehrer? Vielleicht: auf diese Weise erneuert sich der Lehrkörper, ohne sich zu ändern.

Aber weshalb werden diese Fächer gelehrt? Und was wird aus den Studenten, die keine Lehrer werden? Bestenfalls Umfragepsychologen, Public-Relations-Angestellte, Werbetexter. Die Studenten der Geisteswissenschaften entdecken den Betrug: wenn getestet werden soll, sagen sie, dann laßt uns die Tests lernen. Zugleich aber lehnen die meisten das für sie vorgefertigte Leben ab: sie sollen als Entfremdete, als Komplizen der Unternehmerschaft bis ins Rentenalter zu Betriebspolizisten in der Privatwirtschaft werden; ihre Tests und ihre Berichte werden neben weiteren Faktoren über Beförderung oder Entlassung der Angestellten entscheiden. Führungsangestellte, Polizisten, Polizisten der höheren Laufbahn: nicht das! Auf diese schöne Zukunft verzichten sie.

Man müßte wenigstens mit offenem Visier kämpfen können: die Politisiertesten unter ihnen erwägen, das *human engineering* zu bekämpfen, indem man sich seine Methoden aneignet, um sie dann gegen dasselbe zu richten. Ist das machbar? Das weiß ich nicht, das ist nicht meine Angelegenheit: jedenfalls ist das eine streng rationale Kampfform. Nur müßten die Positionen der Arbeitgeber sichtbar sein; sichtbar auch deren Beziehungen zu den Professoren. Nichts ist sichtbar: ein undurchdringlicher Nebel, eine Ratte rennt durch ein Labyrinth, ein Knochen muß identifiziert werden, Baudelaire wird interpretiert, *Andromaque*[1] wird kommentiert. Nicht allein die Studenten sehen die Sinnlosigkeit dieser letztgenannten Beschäftigungen: sie widern auch die Schüler bis hin zu den Lehrern selber an.

Was? Verabscheuen die Schüler Baudelaire? Keineswegs: möglicherweise lesen sie ihn zu Hause mit Leidenschaft. Nur finden sie es absurd, daß man ihnen mit fünfzehn, mit zwanzig Jahren etwas erklärt. Sie haben begriffen, welcher Kampf vom ersten Gymnasialjahr

1 Theaterstück von Racine, Anm. d. Übers.

an zwischen den Führungskräften, den Rekrutierungsoffizieren und ihnen selbst, den Kindern, stattfindet; sie wollen einer Gesellschaft nutzen – nicht dieser – und lehnen die Auslese ab, der sie ständig ausgesetzt sind, damit nach ihrem Abschluß dem Anwerber genau die Anzahl Angeworbener vorgezeigt werden kann, die er fordert. Sie wissen, sie spüren, daß der Kampf in jedem Augenblick des Unterrichts stattfindet, daß es ein ernstes, praktisches Anliegen ist, das von ihnen eine antiselektive Taktik und Strategie abverlangt; sie spüren die Auswirkungen des feindlichen Vorgehens. Eine wenig dialogfähige Kultur: durch die Rückschläge und Niederlagen hindurch eignet man sich die Techniken des Feindes an, lernt das Kräfteverhältnis einzuschätzen.

Unterdessen redet der Lehrer von Baudelaire. Das ist es, was diese Kinder nicht mehr ertragen können: einen Diskurs über einen Diskurs. Das ging noch zu Zeiten, als sich Kultur als Anschauung begriff, als es das Ideal des aufrechten Menschen war, über Worte zu reden, die wiederum andere Worte kommentierten und endlos so weiter, in der Gewißheit, falls er etwas Stolz hatte, daß nach ihm Menschen kommen würden, die über seine, und wieder andere, die über deren Worte reden würden. Heute ist die Kultur ein Kampf mit gezogenen Messern, Wissen ist ein Monopol, es dient der Auslese. Deswegen lehnen die Jugendlichen den Metadiskurs ab. Baudelaire lesen genügt: über ihn sprechen, nein. Hat er nicht das gesagt, was er zu sagen hatte? Und sein Milieu? Seine Epoche? Seine Familienverhältnisse? Seine Beziehungen? Die erfahrenen Einflüsse? Genau dagegen sträuben sie sich, genau das wollen sie nicht mehr: Geburtsdatum, Todesjahr, sogar der Name der Frauen, die Baudelaire geliebt hat, alles Auslesekriterien. In sechs Monaten, in einem Jahr wird man sie entweder auswendig kennen müssen, oder man fliegt aus der Klasse.

Wobei Baudelaire erklären zu wollen ein lächerliches Unterfangen ist. Irgend jemand hat in Anwesenheit von Breton einmal gesagt: «Saint-Pol-Roux wollte sagen...» – «Nein, Monsieur», donnerte Breton, «hätte er das sagen wollen, hätte er es gesagt.» Dieser Satz trifft ziemlich genau die Einstellung der Jugendlichen heute: wenn Baudelaire das gesagt hat, was er sagen wollte und wir es lesen können, welche müßige Überheblichkeit ist es dann, uns das, was er sagen wollte, enthüllen zu wollen! Für sie ist ein Gedicht ein Ding; in gewissem Sinn ist es Schweigen: gern nagen sie an ihm herum, schälen es heraus, aber ohne Auslegung, stumm.

Diese Ablehnung des Wortes kann noch weiter gehen. Ein Lehrbeauftragter in Nanterre fragt seine Studenten, worüber sie mit ihm reden möchten. «Über das zeitgenössische Theater.» In der folgenden Woche kommt er darauf zurück, selber gründlich vorbereitet: «Wollen wir über Brecht reden?» Da schallt es laut zurück: «Brecht, dieses antiquierte Museumsstück! Warum nicht gleich Racine?»

«Gut», sagt der Dozent, «was halten Sie dann vom Living Theatre?»

«Warum nicht», antworteten die Studenten. «Aber das Living Theatre kommentiert man nicht: man spielt es.» Und sie fingen an, sich auszuziehen.

«Also gut», sagte der Dozent und zog sich zurück, «mich brauchen Sie nicht mehr.»

Ich möchte betonen, daß dieser Dozent sehr geschätzt wird: die von mir eben geschilderte Szene richtete sich nicht gegen ihn. Man sollte darin aber auch keinen Tumult ohne Sinn und Verstand sehen. Hier stehen sich zwei Auffassungen von Kultur klar gegenüber, von denen die eine trotz allem theoretisch bleibt, während die andere, zwar noch undeutlich, eine praktische Bedeutung hat. Die Studenten wollten durchaus das Living Theatre kennenlernen, doch für sie heißt kennenlernen, es zu spielen lernen. Wären einige Schauspieler dieser Truppe anwesend gewesen, hätten die jungen Leute bereitwillig und vermutlich mit Vergnügen sich die Rudimente dieses Berufs angeeignet. Kultur heißt also erwerben. In dem Fall kommt vor allem anderen die praktische Ausbildung: Körperübungen etc.; danach kommt das Schöpferische, die Möglichkeit, jederzeit zu mehreren eine Aufführung des Living Theatre nachzuspielen. Natürlich erwirbt man damit ein Verständnis dieser Form des Theaters. Es bleibt aber implizit und erweitert sich nicht in Diskursen. Man lehnt ein Wissen über die Ursprünge und die Entwicklung des Theaters, mit dem man sich beschäftigt, ab. Das wäre ein verbales Wissen. Dafür erwirbt man körperliche Fähigkeiten.

Das hier ist ein Extremfall. Die Frage ist nicht, ob sie recht haben oder im Unrecht sind, sondern es handelt sich darum festzustellen, daß die Situation an der Universität bei ihnen eine neue Auffassung vom Theoretischen und vom Praktischen hat entstehen lassen. Allerdings, ist sie so neu? Und wer sagte denn: «Wir wollen nicht die Welt interpretieren, sondern sie verändern?» Sicher, um sie zu verändern, muß man sie interpretieren. Aber gerade soviel wie nötig, um sie zu verändern. Die Studenten lehnen ein nutzloses und geschwätziges Wissen ab – oder was ihnen wenigstens so vorkommt. Ein Dozent, der in Vincennes Geschichte lehrt, erzählte mir, seine Studenten würden sich nur für zwei Themen interessieren: den Gaullismus und den Kommunismus seit 1945. Er wies sie darauf hin, daß diese Bewegungen Wurzeln haben, daß die eine auf dem Kongreß von Tours[1] aus der Taufe gehoben wurde und die andere 1940 entstanden ist und sich in bestimmten gesellschaftlichen Schichten verbreitet hat, die man sinnvollerweise zunächst untersuchen sollte. Das interessierte sie nicht. Sie wollten nur über diese beiden politischen Kräfte diskutieren, so wie sie heute in ihr Leben hineinwirken.

Manche von ihnen nennen das, die Vorlesungen zu «politisieren». Verstehen Sie, sie sind mißtrauisch: unter dem Vorwand, die Gegenwart erklären zu wollen, ging der traditionelle, von oben verordnete Unterricht, ohne realen Bezug zu den Sorgen und den Interessen der Studenten, zur Sintflut zurück. Nun erklärt die Sintflut aber nichts; und außerdem, steckt man einmal dort, kommt man nicht mehr weiter. Die Angelegenheit ist schwierig, denn es gibt schon Ereignisse, auf die man zurückgehen muß, wenn man nicht unverständlich bleiben will; ich glaube, damit würden die Studenten übereinstimmen, gleichwohl wäre ihr Kriterium ein praktisches: das Wissen, was nötig ist, um den Gaullismus anzugreifen, was darüber hinausgeht, ist ein selbstgefälliges Wissen für Reiche und Müßiggänger. Sobald sich die Erkenntnisse sichtbar auf das zu erreichende Ziel hin ordnen, hören sie zu – manchmal wie gefesselt – oder diskutieren.

«Einverstanden», wird man einwenden, «aber die Punischen Kriege? Die Kreuzzüge? Ihren Platz sehe ich nicht in der Ausbildung, von der Sie sprechen. Sollen die Geschichtsstudenten als zukünftige Lehrer nichts über die Kreuzzüge lernen? Dann werden sie in absehbarer Zeit aus dem menschlichen Gedächtnis getilgt sein.»

In Wirklichkeit ist die Lage nicht so tragisch: zugegeben, aus der heutigen Perspektive gesehen (Gegenwartsgeschichte zu machen im doppelten Sinn des Begriffes), kann nicht behauptet werden, die Studenten beschäftigten sich damit: ein Studium der Kreuzzüge kann nur mit selektiver Zwangsausübung oder der humanistischen Illusion eines universellen Wissens – was wiederum die Selektion verschleiert – durchgesetzt werden. Aber nichts spricht dagegen, daß in einer tat-

---

[1] Gründungskongreß der KPF 1920, Anm. d. Übers.

sächlich revolutionären, nicht selektiven Gesellschaft, in der das Wissen in die Praxis mündete, statt von seinem Wesen her Monopol und Rechtfertigung der Reaktion zu sein («Wie können Sie auch nur ein wenig von der Geschichte der KPF verstehen, wenn Sie nicht Ursprünge und Sinn der Kreuzzüge kennen?»), nicht die gesamte Geschichte rekonstruiert werden könnte. Allerdings nicht in selbstgefälliger Ausuferung, wie man es früher machte, sondern mit Zusammenrücken, Sprüngen und Verdichtungen, je nach der Bedeutung, die die neu entstehende Gesellschaft ihrer eigenen Vergangenheit in der Praxis beimißt.

Die Reaktion der Studenten auf die praktischen Erwartungen der Privatwirtschaft finde ich sehr logisch: da es hier unter dem Deckmantel der Zweckfreiheit eigentlich um eine praktische Konditionierung geht (Auslese, Ausbildung von Spezialisten), fordern diejenigen, die es durchschaut haben, das Gegengift dazu, nämlich die praktische Konditionierung für den Kampf in einem Bereich, den man «Kontrolle der Führungselite» nennen könnte. Kurz, es geht um Praxis gegen Praxis; doch da sich zugleich der alte Universalismus der Hure Alma mater immer noch manifestiert und den Kampf mit einem Überfluß an «zweckfreiem», das heißt nutzlosem Wissen maskiert, haben sie die richtige Lehre aus dem Rummel gezogen: die Universität kann nicht beanspruchen, jedem das gesamte Wissen zu vermitteln; was sie tun kann, ist, allen ein praktisches Wissen zu vermitteln. Das erfordert den Verzicht auf ihre Auslesefunktion: dann hätten sich die Dozenten – viele von ihnen stimmen dem zu – und die Verwaltung in den Dienst der Massen und nicht der Privatinteressen zu stellen. Mit seiner Weigerung, die spezifischen Erwartungen der Begüterten zu erfüllen, würde das Wissen, obwohl es ein praktisches Wissen wäre, auf der Ebene der Massenkultur zur Zweckfreiheit zurückfinden, die es stets proklamiert hat. Beziehungsweise wäre sie überhaupt erst einmal zu finden, da sie nie existiert hat.

In Reaktion auf die Zerstörung der Kultur (drei Ursachen: ein von den Angestellten des größten französischen Unternehmens monopolisiertes Wissen; ein totes und nie erneuertes Wissen, die Anhäufung welker Blätter; eine Diktatur des Privatsektors) erlebt man also, wie sich eine noch konfuse Konzeption herausbildet, deren Konturen aber täglich deutlicher werden: das Wissen gehört allen; es ermöglicht den Zugriff auf die Welt, darf aber nicht im Gegenzug der Auslese der leitenden Angestellten von Monopolen dienen; die Kultur ist die neue, sich im Licht ihrer eigenen Unternehmungen selbst aufklärende Praxis.

In Bologna hatte ein Dozent, der übrigens mit seinen Studenten im besten Einvernehmen war, einen Lehrstuhl für experimentelle Psychologie. Er erzählte mir, wie ihn seine Studenten gegen Ende des Studienjahres aufgesucht hatten, um ihm ganz freundschaftlich zu erklären: «Die Ratten, na gut, die Labyrinthe, alles sehr schön. Aber wir haben reale Probleme – politische, familiäre, sexuelle etc. –, und wir glauben, Psychologie könnte uns eine Hilfe sein: fassen Sie doch im nächsten Jahr die Thematik ein wenig weiter.» Zu meinen, diese jungen Leute seien gegen die experimentelle Psychologie, wäre absurd. Nur lehnen sie es ab, sie als eine abstrakte Technik zu erlernen, die sie dazu qualifiziert, innerhalb eines Betriebs respektierte Tester abzugeben. Sie wollen ihr innerhalb einer anderen, globalen und praktischen Kultur einen neuen Platz zuordnen, wodurch sie ihre Klasse, ihr Milieu, die Gesellschaft, in der sie leben, kurz: sich selbst besser verstehen lernen. Haben sie unrecht? Falls der Mensch eine Ratte ist, dann irren sie sich, das ist sicher. Falls er keine ist, dann irren sich die anderen.

N. O.: Das «Bildungsreformgesetz» von Edgar Faure soll die Strukturen der Universität lockern und sieht die Mitwirkung von Studentenvertretern in den Leitungsräten der neuen Fachbereiche vor. Sichert das den Studenten nicht eine bestimmte Kontrollmacht?

J.-P. S.: Überhaupt keine. Ich möchte aber zunächst zeigen, daß dieses Gesetz an der «Ausrichtung» der Ausbildung gar nichts verändert. Der Paragraph 3 des ersten Artikels faßt das Ganze sehr gut zusammen: die Universitäten «sollen den Bedürfnissen der Nation entsprechen, ihr in allen Bereichen Führungskräfte bereitstellen und sich an der sozialen und ökonomischen Entwicklung der jeweiligen Region beteiligen. Bei dieser Aufgabe haben sie sich der von der industriellen und technischen Revolution erforderten demokratischen Entwicklung anzupassen.»

Deutlicher kann man nicht sein: die Universität hat die Funktion, leitende Angestellte auszubilden. Sie selektiert also, und ihre Lehrpläne werden entsprechend den Bedürfnissen der Privatindustrie aufgestellt. Der Rest ist literarisches Beiwerk. Besonders jener andere Gesetzesparagraph, in dem, etwas weiter, davon die Rede ist, «die Entwicklung der Gesellschaft zu einer größeren Verantwortung jedes einzelnen gegenüber seinem Schicksal» sichern zu wollen. Sie wissen, was ein leitender Angestellter ist: vermutlich gibt es niemanden, der weniger Herr über sein eigenes Schicksal ist. Die Entfremdung des leitenden Angestellten ist vollständig, größer noch als die des Arbeiters. Er, der Arbeiter, weiß, daß er ausgebeutet, entfremdet ist. Der leitende Angestellte weiß es nicht. Er ist ein Mensch, den man dazu ausgebildet hat, ein Rädchen in der sogenannten «Konsumgesellschaft» abzugeben, das zuweilen gut bezahlt wird, aber keinerlei Macht über sein Schicksal hat und mit fünfundvierzig Jahren zittert, weil es genau weiß, daß es ausgewechselt werden könnte.

N. O.: Kann es eine Gesellschaft ohne leitende Angestellte geben?

J.-P. S.: Das ist nicht das Problem: man ist verloren, wenn man von Kultur sprechen will und vom Begriff des leitenden Angestellten ausgeht. Setzt man als Prinzip voraus, die Rolle der Universität wäre die Produktion von Spezialisten, akzeptiert man die bestehende Autorität, Macht und Ordnung, sei es die Stalins, die von General Motors oder die de Gaulles. Man muß umgekehrt vorgehen: das Prinzip der Auslese vom Kindergarten an abschaffen und eine Ausbildung bereitstellen, die jedem Kind die gleichen Chancen bietet, zu lernen und sich zu bilden, um freie Menschen zu werden, wobei natürlich jedem das Recht offensteht, sich nach seinen Neigungen und Talenten zu spezialisieren.

N. O.: Edgar Faure hat selbst erklärt, die Reform müsse im Kindergarten beginnen.

J.-P. S.: Das mag er gesagt haben, doch das Gesetz, das er soeben für die Universität erlassen hat, beweist, daß er keine Ahnung hat, wie eine tatsächliche Reform des Bildungssystems aussehen müßte. Sein Gesetz zielt allein darauf ab, die alte Universität zu rationalisieren, sie die gleiche Arbeit besser leisten zu lassen. Das System gründet nach wie vor auf der Selektion. Einige werden Erfolg haben – so viele, wie benötigt werden, um das Wirtschaftssystem funktionieren zu lassen, mehr nicht –, und die übrigen werden auf der Strecke bleiben. Das Ausleseverfahren wird nicht dadurch entschärft, daß man die Noten von 20 bis 0 durch die Buchstaben A, B, C und D ersetzt. Diejenigen, die A oder B als Note bekommen haben, werden die guten Stellungen ergattern, die anderen werden ein intellektuelles Proletariat von «Versagern» bilden. Und weiter werden es die Dozenten sein, die, wann auch immer, ob am Ende oder während des Studienjahres, dieses erbarmungslose Aussortieren vornehmen werden.

Von dem Moment an, wo das Ziel darin besteht, dem Bedarf der

Privatindustrie an leitenden Angestellten zu genügen, findet zwangs-läufig eine Selektion statt, weil es entgegen der verbreiteten Annahme nicht stimmt, daß zwischen der Entwicklung einer fortgeschrittenen kapitalistischen Gesellschaft und der sich daraus ergebenden erhöhten Nachfrage nach Spezialisten eine Harmonie bestünde. Im Gegenteil ist eine absolute Disharmonie vorhanden. Die Zahl der Studenten wächst – glücklicherweise – viel schneller als die Zahl der von der Industrie angeforderten leitenden Angestellten. Das führt zu der Aussage, es gebe «zu viele» Studenten. Zu viele im Verhältnis wozu? Im Verhältnis zum Bedarf der Industrie, sicher! Alle werden sich bewerben, während sie nur einige braucht: die auf ihre Dienste zu-geschnittene Universität wird die übrigen vorher aussondern. Die einzig gültige Reform – was eine Revolution wäre – würde darin be-stehen, eine neue Universität zu erfinden, deren Zielsetzung nicht mehr die Auswahl einer Elite, sondern der Zugang zur Bildung für alle wäre, selbst für diejenigen, die keine «leitenden Angestellten» sein werden.

Die Selektion beginnt natürlich lange vor der Universität. Schon auf der Grundschule findet die erste Aufspaltung zwischen Auser-wählten und Ausgestoßenen statt. In einem außergewöhnlichen Buch *Briefe an eine Lehrerin* hat ein italienischer Priester kürzlich über seine Erfahrung berichtet, die für sich allein reicht, das gesamte gegenwärtige Bildungssystem zu verurteilen. In einem Dorf in Italien hat er alle Schüler aufgenommen, die auf der «offiziellen Schule» durchgefallen waren und nicht die geringste Chance hatten, den Grundschulabschluß zu erreichen. Bei einem Bürgersohn, der schlechte Zensuren hat, spielt das keine so große Rolle, auch wenn er durch die Prüfung fällt: der Vater hat genug Geld, man gibt nicht auf, wechselt die Schule, bringt den Kleinen recht und schlecht bis zum Abschluß. Bei dem Bauernsohn sieht es anders aus: wenn das Lernen, das viel kostet, bei ihm nicht sofort fruchtet, sagt man zu ihm: «Du vergeudest deine Zeit, du nutzt nur deine Schuhe ab», und holt ihn zurück auf den Hof, wo er jederzeit gebraucht wird. Für dieses Kind gibt es keine Möglichkeit des Ausgleichens mehr.

Dieser italienische Priester also nahm all diese zur Unwissenheit Verdammten zu sich und erklärte: «Ich werde sie durch die Prüfung bringen.» Er ließ sie unter nicht selektiven Bedingungen lernen: kein Erster, kein Zweiter, kein Letzter. Anstatt von einem Lehrer terrori-siert zu werden, der sie beurteilen – und verurteilen – würde, haben die Kinder allmählich wieder Vertrauen gefaßt, begannen, miteinander zu diskutieren, zu sagen, was sie interessierte, was sie langweilte und was sie nicht verstanden. Da sie selbst die Fragen stellten, hörten sie den Antworten des Lehrers zu. Am Jahresende bestanden sie die Prüfung.

N. O.: Trotzdem war es das Examen, durch das sie überprüfen konnten, auf welchem «Stand» sie waren.

J.-P. S.: Darauf habe ich gewartet! Dieser Priester hat genau die Absurdität der Prüfungen nachgewiesen. Er erklärte: «Wir leben in einer Gesellschaft, in der der Staat Zeugnisse verlangt. Nun, ich werde euch zeigen, daß diejenigen, die ihr aussondert, weil sie unfähig wären, eure Prüfungen zu bestehen, sie genauso gut wie die anderen bestehen.» Was ist aber eine Prüfung, die jedermann besteht? Sie hat keinen Sinn mehr. Oder genauer gesagt erhält sie plötzlich ihren wahren Sinn: den einer Prüfung, die allein den Zweck hat, das Versagen des Bildungssystems zu maskieren und diejenigen zu entmutigen, um die man sich nicht kümmern will. Dasselbe trifft für die Universität zu: es geht darum, all die Studenten zu entmutigen, die unsere Industriegesellschaft nicht braucht, weil ihre Ausbildung wirtschaftlich nicht «rentabel» wäre.

N. O.: Wenn das Gesetz von Edgar Faure die grundlegende Richtung des Bildungssystems nicht verändert, bietet es den Studenten nicht doch über die Mitwirkung an der Verwaltung der Fachbereiche eine reale Möglichkeit, Strukturen und Arbeitsweise zu verändern?

J.-P. S.: Es genügt, das Gesetz genau zu lesen, um festzustellen, daß dies nicht der Fall ist. Es gibt drei Bereiche, in denen die Studenten Macht ausüben könnten: die Exekutive (Verwaltung, Disziplinarmaßnahmen), die Wahl der Dozenten, das Prüfungssystem. In keinem werden die Studenten ein Wort mitzureden haben.

Die Exekutive tastet man nicht an: das ist der von der Regierung ernannte Rektor. Das Faure-Gesetz hat ihm sogar Sondervollmachten bewilligt, da ihm nun freisteht, eine Privatpolizei einzustellen – die sogenannten «Muskel-Pedelle» – und über Zurückstellungen vom Militärdienst zu entscheiden.

Die Wahl der Dozenten? Hier wird die Unaufrichtigkeit der Gesetzesautoren offenkundig. In der Tat räumt ein Paragraph den paritätisch besetzten Gremien, in denen die Studenten sitzen werden, allgemeine Vollmachten über Ernennungen und Umbesetzungen ein, doch weitere Paragraphen nehmen sie eine nach der anderen zurück. Alles in allem werden die Dozenten durch Kooptation weiterhin allein befugt sein, über die Berufung von Dozenten zu entscheiden.

Studenten einen Dozenten aufzuzwingen, ohne sie auch nur zu konsultieren, bedeutet allerdings genau dasselbe wie ihnen ein Wissen aufzuzwingen. Wenn das ein Mensch ist, der beispielsweise am Prinzip der Vorlesung festhält oder Auffassungen vertritt, die sie empören, werden die Studenten den Unterricht stören, streiken, Räume besetzen können, sich damit aber in die Illegalität begeben. Aber irgendein anderes Mittel, sich der Berufung dieses Dozenten zu widersetzen, werden sie nicht haben. Ich halte es für verrückt, daß die Studenten nicht das Recht haben zu wissen, wer sie lehrt. Ich verlange nicht, daß sie ihre Professoren allein aussuchen. Aber die Wahl müßte von Dozenten und Studenten gemeinsam getroffen werden.

Was die dritte Befugnis betrifft, die über das Prüfungssystem, wird sie ihnen ebenso verweigert. Nun ist es absolut unerläßlich, daß die Studenten die Art, wie man sie beurteilt, wie man sie ausliest, denn darum geht es, sowohl begreifen wie kontrollieren können. Ich ziehe die Aufrichtigkeit und die Gutwilligkeit der Dozenten nicht in Zweifel, weiß aber – ich bin selbst Lehrer gewesen –, daß es manche unter ihnen gibt, die die Prüfung als Revanche betrachten. Das ganze Jahr über hat man ihre Vorlesungen gestört: jetzt aber sollen Köpfe rollen. Es gibt auch diejenigen, die allein auf die eigene Vorlesung schwören und verlangen, daß man sie ihnen aufsagt. Ich habe einen Soziologen gekannt, für den sich eine gesellschaftliche Klasse durch acht Merkmale auswies. Zitierte man davon nur sieben, fiel man durch. All das würde eine Mitwirkung der Studenten an den Beratungen der Prüfungskommissionen verhindern können. Und es stimmt nicht, daß diese studentische Kontrolle dazu führen würde, daß «jeder durchkommt». Nach dem Mai ist so etwas in einigen Fällen versucht worden, und die studentischen Vertreter sind von vollkommener Objektivität gewesen.

Es gibt also drei wesentliche Kompetenzen, und die Studenten verfügen über keine einzige von ihnen. Werden sie dafür in anderen Bereichen Einfluß nehmen können? Nicht einmal das! Denn das Gesetz sorgt dafür, daß sie innerhalb der paritätischen Gremien immer in der Minderheit sind. Das Gesetz besagt nicht, daß in diesen Gremien die Zahl der Dozenten gleich groß mit der der gewählten Studenten zu sein hat, sondern «mindestens gleich groß»: diese Nuance genügt, den Gedanken der «Parität» selbst zu zerstören. Und schließlich hat man sich einen unglaublichen Trick ausgedacht: an diesen Beratungsgremien sollen neben Dozenten und Studenten auch «Außenstehende» mitwirken, die «nach Sachkenntnis und insbesondere nach ihrer Funktion im Leben der Region ausgesucht werden». Was werden sie in diesen Gremien tun? Natürlich nichts anderes, als den Bedarf des Arbeitsmarktes zur effektiveren Steuerung der Selektion vorzutragen. Bei jeder Frage werden die Studenten also auf eine Mauer der Erwachsenen stoßen, und ihr Mitwirken an den Entscheidungen wird reine Illusion sein.

Diese öffentlichen Personen, wird man einwenden, sollen von Dozenten und Studenten gemeinsam ernannt werden: es käme also allein darauf an, eine gute Wahl zu treffen. Das ist leider nicht so einfach. Ich werde ein Beispiel aus der Sekundarstufe nehmen (hier gibt es zwar noch kein Gesetz, dafür aber Maßnahmen «im Geiste der Bildungsreform»): am Gymnasium von Vernon fand kürzlich ein Schülerstreik statt aus Protest gegen die ungerechtfertigte Suspendierung eines Lehrers [1] vom Dienst. Auch in Vernon hatte der Verwaltungsrat – bestehend aus Vertretern der Verwaltung, der Eltern, der Lehrer und der Schüler – «Persönlichkeiten aus dem öffentlichen Leben der Region» zu wählen. Der Abgeordnete des Kreises ist der Gaullist Tomasini: zwangsläufig hat man ihn genommen. Um ein Gegengewicht zu bilden, wählte man einen Gewerkschafter der CGT dazu, der offenbar vollkommen mit den Schülern übereinstimmt, aber offen sagt: «Wissen Sie, ich bin Arbeiter, ich habe keine Bildung und fühle mich nicht immer genügend qualifiziert, um zu entscheiden.»

Dieses Gremium hat die Statuten des Gymnasiums verabschiedet. Was ist dabei herausgekommen? Nun, beispielsweise ein Artikel, der darauf hinweist, daß die Schüler für ihr Verhalten außerhalb der Schule in der Schule sanktioniert werden können. Das bedeutet, daß ihnen die Relegation droht, wenn sie sich an einer Demonstration beteiligen, selbst wenn es keine Studentendemonstration ist. Weder die Schüler noch die Gewerkschaften haben diese skandalöse Aussage verhindern können. So wird es überall sein. Hier und dort wird es einige gutwillige Persönlichkeiten geben, die aber ohnmächtig sein werden.

N. O.: Die von der UNEF und den «Linksradikalen» ausgegebene

---

1 Siehe «‹Die Mauer› am Gymnasium», Anm. d. Übers.

Parole des Wahlboykotts ist teilweise befolgt worden, trotzdem hat bisher über die Hälfte der Studenten – nach Regierungsangaben 53 Prozent – abgestimmt. Andererseits ist dieser Aufruf in der Öffentlichkeit, besonders in der Arbeiterklasse, nicht immer auf Verständnis gestoßen, vielleicht weil die französische revolutionäre Tradition eher «wahlorientiert» ist: Wahlen lehnt man nicht ab, man kämpft, um sie zu gewinnen.

J.-P. S.: Nicht, wenn es sich um Scheinwahlen handelt. Und in dieser Hinsicht sind jene, die man den Studenten anbietet, exemplarisch. Zunächst bittet man sie darum, einem Text zuzustimmen, der ihnen keinerlei Einfluß einräumt. Dann verordnet man ihnen die unglaubliche Klausel von der «degressiven Vertretung», falls das Quorum von 60 Prozent nicht erreicht wird. In einer ehrlichen bürgerlichen Demokratie erklärt man die Wahlen für ungültig, wenn ein festgelegtes Quorum nicht erreicht worden ist. Das ist ein überall gängiges Prinzip. Hier nicht: die Zahl der Sitze, die die Studenten erhalten, soll proportional zu ihrer Wahlbeteiligung ausfallen. Anders gesagt, wenn sie wählen, werden sie in der Minderheit sein; wenn sie nicht wählen, werden sie es noch stärker sein. So oder so wird das Gesetz durchkommen.

Dieser Betrug wird von der Erpressung mit Gewalt begleitet: «Ihr wollt nicht mehr zusammengeknüppelt werden? Ihr wollt keine ‹Muskel-Pedelle› mehr? Ihr wollt, daß den Rektoren die ihnen provisorisch zugestandenen Sondervollmachten wieder entzogen werden? Dann wählt! Danach wird man euch in Ruhe lassen.» Die Zeitung *Action* hat das in einer Überschrift sehr gut auf den Punkt gebracht: «Wählt ... , aber auf Knien.» Ist das Gesetz erst verabschiedet, wird man natürlich den Studenten erklären: «Ihr werdet uns doch jetzt keine Schwierigkeiten machen wollen. Schließlich habt ihr dieser Reform zugestimmt. Das ist die Universität, die ihr wolltet.»

Die Studenten, die diese Falle erkannt haben, können natürlich nicht wählen. Für sie existiert die Reform nicht einmal. Für sie ist das Faure-Gesetz nichts als eine weitere Gewalt, die ihnen angetan wird und die sie nur mit anderer Gewalt beantworten können. Wobei sie mit ungleichen Waffen kämpfen, was auch immer die Presse dazu sagt. Was tun sie tatsächlich? Sie besetzen Räume, sie boykottieren Vorlesungen, sie kleben Plakate: angesichts der Knüppeleinsätze ist das nicht viel.

Das Drama ist, daß der Regierung ihr Unternehmen gelingen kann, vor allem die Studenten zu spalten. Es wird jene geben, die abgestimmt haben – unerheblich, ob 42 Prozent oder 58 Prozent –, und die anderen. Die ersteren werden sich natürlich als Hüter des Gesetzes betrachten. Die Minderheit wird keine Veranlassung sehen umzuschwenken, da sie der Meinung ist, die Mehrheit sei in eine Falle gegangen. Also wird sie den Kampf fortsetzen, und daraus wird sich eine tiefe Spaltung der Studentenschaft ergeben.

Das Problem für die Revolutionäre ist, die gemäßigten Massen, den «Sumpf» zum Umschwung zu bewegen. Im Mai ist es ihnen gelungen. Heute weicht der «Sumpf» zur Arbeit, zur Ordnung zurück. Vermutlich bedarf es einer weiteren Krise, damit er erneut umschwenkt. Die Lage wird sich erst bessern, wenn es den Studenten gelingt, die Arbeiter für ihren Kampf zu gewinnen. Sie wissen es, sie haben es im Mai gesagt, sie wiederholen es täglich. Da sich aber, aus vielerlei Gründen, die Arbeiterklasse nicht rührt, befinden sie sich derzeit in der Sackgasse.

N. O.: Wenn Sie heute Philosophieprofessor wären, was würden Sie tun?

J.-P. S.: Ich würde meine Studenten fragen, was sie möchten, daß wir miteinander darüber reden, und ob sie überhaupt möchten, daß ich komme. Würden sie keine Vorlesung wollen, würde ich keine halten. In ihrem Kampf würde ich sie aber uneingeschränkt unterstützen. Ich würde vor allem versuchen, das zu tun, wozu sie aufgrund der Isolation, in die man sie getrieben hat, häufig keine Lust mehr haben: draußen zu erklären, daß sie keine nihilistischen Kleinbürger, sondern schlicht hereingelegte junge Menschen sind, die eine Ausbildung ablehnen, die aus ihnen Untertanen machen soll. Ich würde auch den tiefen Sinn des Manövers von Faure erklären: die Diktatur von kleinen Zaunkönigen des Wissens, von Professoren, die sich an eine veraltete Macht klammern, durch eine angebliche Verknüpfung der einzelnen Disziplinen und durch kollektive Arbeit zu ersetzen. Alles Illusionen, die sorgsam genährt werden, um die «Modernisierung» der Universität entsprechend den Interessen der kapitalistischen Monopole zu verschleiern. Die sich auf regionaler oder nationaler Ebene anonym darstellenden Erwartungen werden nicht mehr länger als Privatinteressen, sondern als Diktatur der Rationalität wirken.

Le Nouvel Observateur, 17. März 1969

Der Narr mit dem Tonband oder
Die psychoanalysierte Psychoanalyse

(1969)

A., ein anonym bleibender Patient, geht nach längerer Unterbrechung der Analyse zu seinem Psychoanalytiker, Dr. X., zurück und kehrt die klassische Analysesituation um, bei der der
Analytiker die Regeln des therapeutischen Gesprächs bestimmt. Außerdem zeichnet er gegen alle Normen und den
Widerstand des Analytikers die so entstandene Auseinandersetzung mit einem mitgebrachten Tonbandgerät auf. Sartre,
der von A. einen erklärenden Brief und den Mitschnitt erhielt,
hielt diese Subjektwerdung des Analyseobjekts für so interessant, daß er sich für eine Veröffentlichung in *Les Temps
Modernes* einsetzte. Andere Redaktionsmitglieder sprachen
sich dagegen aus. Schließlich einigte man sich darauf, den Ton-
bandmitschnitt zu veröffentlichen, begleitet von einem recht-
fertigenden Kommentar von Sartre und zwei kritischen von
J. B. Pontalis und Robert Pingaud. Nachfolgend veröffentlichen wir Sartres Kommentar und den umstrittenen Text.

Brief von A. an J.-P. Sartre

Nun bin ich aus der psychiatrischen Klinik entkommen, mit einer
gebrochenen Hand und der Polizei auf den Fersen ... Aber so arg ist
das mit der Hand gar nicht, wenn man den angeschlossenen Text liest,
der auch ein paar harte Schläge enthält. Leider ist ein beträchtlicher
Teil davon durch Geräusche bei der Tonbandaufnahme verlorenge-
gangen. Kann man das veröffentlichen? Ist das interessant? Es ist
leicht, amüsant und schnell zu lesen. Wenn Sie sich entschließen, es
zu veröffentlichen, müßte man einige nähere Angaben machen: Ich
bin 33 Jahre alt, habe meine Analyse bei Doktor X. mit 14 Jahren
begonnen. Es gab mehrere Unterbrechungen, aber erst mit 28 Jahren
habe ich mich entschlossen, mit der Behandlung endgültig aufzuhören, gegen den Willen von Doktor X. Drei Jahre später habe ich Doktor X. die Begegnung vorgeschlagen, die hier aufgezeichnet wurde.
Ich glaubte ihm das Resultat meiner in der Zwischenzeit angestellten
Überlegungen mitteilen zu müssen. Als Titel schlage ich vor
«Psychoanalytischer Dialog».

Ich bin kein «falscher Freund» der Psychoanalyse, sondern ihr kritischer Weggefährte, ich habe keine Lust und auch keine Mittel, sie lächerlich zu machen. Das nachfolgende Dokument zwingt aber zum Lachen: man hat es immer gern, wenn der Kasperl den Polizisten verprügelt.

Im Grunde ist der Text gar nicht komisch: weder für den Analytiker noch für den Analysierten. Sicher hat dieser die schönere Rolle, doch hat sich jener, alles in allem, zwar nicht gerade ruhmreich, aber auch ohne Katastrophe aus der Affäre gezogen. Wem würde es besser ergehen, wenn er nicht gerade Judo kann?

Warum also hat mich dieser Dialog fasziniert? Weil er mit verblüffender Deutlichkeit den Einbruch des *Subjekts* in das Zimmer des Analytikers, mehr noch: die Umkehrung der Subjekt-Objekt-Beziehung zeigt. Unter Subjekt verstehe ich hier nicht das Ich als Quasiobjekt der Reflexion, sondern den *Handelnden:* in diesem seinem kurzen Abenteuer ist Patient A. Subjekt in dem gleichen Sinn, in dem Marx vom Proletariat als dem Subjekt der Geschichte spricht.

A. sieht sich selbst nicht als vollkommen freies und gesundes Subjekt – wer ist das schon? –, wohl aber als Subjekt einer Verletzung, als einen von schweren, unfaßbaren Problemen Gequälten, der bei einem anderen vergeblich um Hilfe gebeten hat.

A. verweist uns auf eine tiefgreifende Erfahrung: der Analytiker als unsichtbarer und schweigsamer Zeuge verwandelt schon im Mund des Patienten das Wort und diesen selbst in ein Objekt; aus dem einfachen Grund, weil es zwischen dem Mann mit abgewandtem Rücken und dem auf der Couch liegenden Patienten keine Wechselwirkung gibt.

Ich weiß: der Kranke muß sich selbst emanzipieren, er muß sich selbst nach und nach entdecken. Aber die Schwierigkeit, sagt A., liegt darin, *daß er sich als etwas Passives entdeckt* – durch diesen Blick des Analytikers, den er nicht einfangen kann und der ihn doch beobachtet.

Der Patient mit dem Tonband ist überzeugt, daß der Weg, der ihn zur Unabhängigkeit führen soll: dahin, seinen Phantasien und den Menschen ins Gesicht zu sehen, nicht über die absolute Abhängigkeit führen kann, über ein zumindest stillschweigendes Versprechen: «Ich werde Sie heilen, warten Sie auf meine Erlaubnis, gesund zu sein.»

Was soll man antworten, wenn Patient A. uns sagt, daß die Heilung des Kranken damit beginnen muß, *sich gegenseitig ins Gesicht zu sehen,* daß die Heilung ein gemeinsames Werk sein muß, bei dem jeder, Patient wie Arzt, Gefahr und Verantwortung übernimmt?

Man soll dem Patienten sagen, worum es geht, aber ihm dabei in die Augen schauen. Die Heilung kann nur geschehen im Lauf eines langen Abenteuers zu zweit, in der Intimität menschlicher Wechselbeziehung, nicht anonym, unpersönlich, mit Worten wie aus Stein. Das Subjekt will als verletztes, fehlgeleitetes *Subjekt* verstanden werden.

Da es für den Patienten A. zu keiner Zusammenarbeit zwischen Subjekten kommt, schreitet er zur Tat: er stößt die Behandlung und mit einem Schlag auch die Situation um: in seinem «psychoanalytischen Dialog» verkehren sich die Rollen: der Analytiker wird zum Objekt. Zum zweitenmal wird die Begegnung von Mensch zu Mensch versäumt. Diese Geschichte des Patienten A., die manche als Burleske ansehen werden, ist eine Tragödie der unmöglichen Wechselbeziehungen.

Hier liegt Gewalt vor, sagt Doktor X., und das steht außer Zweifel. Aber ist es nicht *Gegengewalt?*

A. stellt die Frage in bewundernswerter Klarheit: Diese «endlose psychoanalytische Beziehung», diese Abhängigkeit, dieses Untertänigkeitsverhältnis, dieses lange Liegen auf einer Couch, wo der Mensch quasi nackt ist und in das Gestammel der Kindheit zurückfällt, ist *das* nicht die *primäre* Gewalt?

Doktor X. würde antworten: «Wir wenden niemals Zwang an, jeder kommt und geht, wann er will; wenn ein Patient uns verlassen will, dann kommt es zwar vor, daß wir versuchen, ihn davon abzuhalten – denn wir wissen, daß dieser Abbruch der Behandlung ihm schadet –, aber wenn er darauf beharrt, geben wir nach; daß ich Sie vor drei Jahren gehen ließ, ist der Beweis dafür.»

Das stimmt, und für mich sind die Analytiker damit ohne Obligo. Aber A. gibt sich nicht geschlagen. *Solange* die Analyse dauert, dauert auch die wöchentliche oder zweimal wöchentliche *Abdankung des Analysierten zugunsten des Analytikers.* In dieser Situation ist die Gewalt latent vorhanden, damit auch die Unterwerfung des Patienten: Subjekt zu sein ist anstrengend, und auf der Couch lädt alles dazu ein, die beklemmende Verantwortung, einer allein zu sein, zu ersetzen durch die anonyme Summe der Triebe.

Die Umkehrung der Behandlung durch den Patienten A. zeigt, daß die analytische Beziehung *an sich* gewalttätig ist, unabhängig vom Arzt und vom Patienten, den wir gerade ins Auge fassen. Wenn Gewalt die Situation umkehrt, wird der Analytiker auf der Stelle zum Analysierten oder vielmehr zu einem der Analyse Bedürftigen: Die Gewalt des anderen und seine eigene Ohnmacht versetzen ihn künstlich in die Situation der Neurose.

Die Reaktion des Analytikers beweist, daß er mit einem Schlag zum Patienten geworden ist. Seine Worte müssen von da ab erst dechiffriert werden. Ich will diese Worte, in Momenten begreiflicher Verwirrung gesprochen, nicht überinterpretieren, ich will nur verständlich machen, daß Gewalt die Sprache verfälscht; daß dann jedes Wort entweder zuviel oder zuwenig aussagt.

Die plötzliche Verwandlung des Dr. X., des Subjekts der Analyse, zum Objekt löst bei ihm eine Identitätskrise aus: Wie soll er sich erkennen? Er empfindet die plötzliche Fremdheit, die Freudsche «Unheimlichkeit», und das ist der Grund des verzweifelten Widerstandes, den er A. entgegensetzt: Solange das Tonband läuft, spricht er nicht.

Wie erklärt sich der Horror vor dem Tonband? Er entdeckt, wie eben das Objekt einer Analyse, daß seine Worte, die ihm in der Stille des Behandlungsraumes so leicht von den Lippen flossen – ein «Kranker» ist kein Zeuge –, nun festgehalten werden: das Tonband entspricht der Warnung der englischen Justiz an den Angeklagten: Von diesem Augenblick an kann alles, was Sie sagen, gegen Sie verwendet werden.

Dr. X. versucht ein letztes Mal, seinen Expatienten einzuschüchtern, ihn als Objekt zu behandeln, ihn an seine Abhängigkeit zu erinnern: «Sie sind gefährlich, weil Sie die Realität verkennen.» Aber er erhält die geniale Antwort: «Was ist die Realität?» Ja, was ist die Realität, wenn sich Analytiker und Patient gleichberechtigt gegenüberstehen, wenn der Analytiker nicht mehr allein und souverän darüber entscheiden kann, was das Wirkliche ist oder, anders gesagt: wenn er nicht mehr *seiner* bestimmten Konzeption der Welt den Vorzug geben kann? Was ist die Realität, wenn sich der Patient weigert zu tun, was ihm der Doktor anrät?

In einer burlesken Wendung, in einer Umkehr der antagonistischen Beziehung zwischen Analytiker und Patient, analysiert nun jeder der beiden den anderen, wendet einer auf den anderen das gleiche Schema an: Sie ahmen Ihren Vater nach: nein, *Sie* ahmen *Ihren* Vater nach; Sie reagieren wie ein Kind; nein, *Sie* tun das. Die Sprache des Analytikers wird wie ein Echo verdoppelt und erscheint wie verrückt.

Muß man wählen zwischen dem Subjektsein des «Kranken» und der Psychoanalyse als Objektsein? Der Mann mit dem Tonband hat drei Jahre lang überlegt (ob er sich geirrt hat oder nicht, darauf kommt es mir nicht an), sein Plan ist langsam gereift, er hat seinen Coup sorgsam vorbereitet und ausgeführt. Hören Sie ihm zu, wie er spricht, hören Sie seine Ironie und auch seine Angst, merken Sie, wie er sich wohl fühlt, wenn er mit den Begriffen spielt, die man so lange auf *ihn* angewandt hat. Ich frage Sie, wer ist er? Wer ist dieser A., der hier spricht? Ein automatischer, blind ablaufender Prozeß oder die *Überwindung dieses Prozesses durch eine bewußt gesetzte Tat?*

Ich zweifle nicht daran, daß jedes seiner Worte und jede seiner Handlungen psychoanalytisch interpretiert werden können: aber nur unter der Bedingung, daß man ihn wieder auf den Status eines Objekts reduziert. Was dann, mit dem Subjekt, wieder verschwindet, ist der unnachahmliche und einzigartige Charakter der ganzen Szene: ihr bewußter Aufbau, das heißt die *Aktion* als solche.

Man wende nicht ein, daß hier ein «Kranker» eine Szene herbeiführt: Ich gebe ja zu, daß er sie als *Kranker* herbeiführt; was nichts an der Tatsache ändert, *daß* er sie herbeiführt. Analytiker können die Motive anführen, warum jemand zur Tat schreitet. Aber die Tat selbst, die die vergänglichen Motive überwindet, bewahrt, verinnerlicht, die Tat, die dem, was uns geschieht, Sinn gibt – die haben die Analytiker damit nicht erklärt. Sie müßten hier eben den Begriff des Subjekts wieder einführen.

In England oder in Italien würde A., das unbestreitbare Subjekt dieser kurzen Geschichte, echte Gesprächspartner finden: eine neue Generation von Psychiatern versucht, zwischen sich und den Personen, die sie behandeln, eine wechselseitige Beziehung herzustellen. Ohne von den gewaltigen Errungenschaften der Psychoanalyse etwas aufzugeben, respektieren sie in jedem Kranken zunächst die Freiheit des Handelns, den Handelnden, das Subjekt.

Ich verkenne nicht die Schwierigkeiten, auf die dies stößt: die Tiefenpsychologie erfordert Entspannung und eine gewisse Lockerung, daher die Couch; das persönliche Gegenüber hingegen Wachsamkeit, Souveränität, eine gewisse Anspannung. Aber man wird in der

Psychiatrie nicht weiterkommen, wenn man diese Schwierigkeiten nicht meistert.

Es scheint mir nicht unmöglich, daß eines Tages auch die Psychoanalytiker im klassischen Wortsinn den gleichen Standpunkt einnehmen. Bis dahin präsentiere ich diesen «Dialog» als heilsamen Skandal.

Die Tonbandaufzeichnung von A.

A.: Ich will, daß endlich einmal irgend etwas klar wird. Bis jetzt habe ich Ihre Regeln befolgt, nun müssen Sie einmal versuchen ...

Dr. X.: Wir können ja aufhören, aber das ist für Sie sehr schade.

A.: Haben Sie vor diesem Tonband Angst?

Dr. X.: Ich will das nicht; ich mache da nicht mit.

A.: Aber warum? Erklären Sie mir das wenigstens. Warum haben Sie Angst vor diesem Tonband?

Dr. X.: Ich breche die Behandlung ab. Ich schneide Ihnen das Wort ab.

A.: Sie schneiden ab. Das ist ja interessant. Schon wieder reden Sie vom Abschneiden. Eben haben Sie mit mir vom Abschneiden des Penis gesprochen.

Dr. X.: Hören Sie, jetzt ist Schluß mit diesem Tonband.

A.: Ich glaube, Sie haben Angst. Aber das brauchen Sie nicht, denn das, was ich tue, liegt in Ihrem Interesse. Ich tue es für Sie und für viele andere. Ich will dieser Sache auf den Grund gehen ...

Dr. X.: Gut, dann gehe ich eben ...

A.: Sie bleiben, Doktor! Sie bleiben und rühren diesen Apparat nicht an.

Dr. X.: Wir können die Behandlung später fortsetzen, wenn Sie jetzt den Raum verlassen ...

A.: Ich verlasse diesen Raum nicht ... Sie werden sehen ..., es wird nicht weh tun ... Also beruhigen Sie sich, setzen Sie sich ... Es geht also um das Abschneiden des Penis, nicht wahr? Mein Vater wollte mir ...

Dr. X.: Im Augenblick sind Sie nicht in der Lage, mit mir zu diskutieren.

A.: Oh, ja, *Sie* wollen nicht diskutieren ...

Dr. X.: Ich habe Sie gebeten, diesen Apparat zu entfernen.

A.: Aber ich tue Ihnen ja nichts damit ... Da ist etwas, was Sie mir seit Jahren einreden wollen. Ich möchte aber, daß Sie sich nicht um das Eigentliche herumdrücken, nämlich um Ihre Verantwortung.

Dr. X.: Es ist *Ihre* Verantwortung!

A.: Ich *bin* verantwortlich! Ich leiste jetzt wissenschaftliche Arbeit! Sie wissen, daß es viel besser ist, wissenschaftliche Arbeiten auf Tonband aufzunehmen. Wir sind dann freier und müssen keine Notizen machen. Wir werden weiterkommen.

Dr. X.: Hier geht es nicht um wissenschaftliche Arbeit!

A.: Doch! Ich habe geglaubt, bei einem Wissenschaftler zu sein. Jedenfalls habe ich mich einem Wissenschaftler anvertraut, und ich möchte wissen, um welche Wissenschaft es sich da handelt . . .

Dr. X.: Ich habe das Recht, nicht zu sprechen, wenn das Tonband läuft.

A.: Aha, Sie fühlen sich angeklagt. Sie wollen wie ein Amerikaner nur in Anwesenheit Ihres Anwalts aussagen . . .

Dr. X.: Dann geben Sie diesen Apparat weg.

A.: Jetzt unterhalten wir uns schon sehr gut; aber ich möchte, daß Sie aufhören, Angst zu haben . . .

Dr. X.: Ich unterhalte mich nicht.

A.: Sie haben Angst. Wie ist das mit Ihrer Libido? Glauben Sie wirklich, daß ich Ihnen Ihren Dingsda abschneiden will? Aber nein. Ich will Ihnen einen richtigen geben! Wunderbar! Endlich! Lange haben Sie auf dieses kleine Fest gewartet! Doktor! Ich will Ihr Bestes, aber Sie, Sie wollen es nicht.

Dr. X.: Sie sind nur im Augenblick . . .

A.: Ich will Ihr Bestes, aber ich finde, Sie haben mich mißbraucht; ja, Sie haben mich sogar betrogen, wenn man die Sache juristisch fassen will. Sie haben Ihre ärztliche Pflicht nicht erfüllt, Sie haben mich nicht geheilt; Sie sind gar nicht bereit, Ihre Pflicht zu erfüllen, Sie können die Leute gar nicht heilen, Sie können sie nur noch verrückter machen . . . Man braucht nur Ihre anderen Kranken zu fragen, das heißt die Leute, von denen Sie behaupten, daß sie krank sind, und die zu Ihnen um Hilfe kommen und keine finden . . . Also, setzen Sie sich! Bleiben Sie ruhig! Sind Sie ein Mann oder ein Waschlappen?

Dr. X.: Ich habe Ihnen schon gesagt, daß Sie hier einen Apparat haben und daß ich das nicht wünsche.

A.: Es tut mir leid, ich habe diesen Apparat herausgezogen, weil es mir nicht gefällt, wie Sie plötzlich dem Problem der Kastration aus dem Weg gehen.

Dr. X.: Ich will gerne vom Problem der Kastration sprechen, wenn das Ihr eigentliches Problem ist, aber ich will diesen Apparat nicht.

A.: Sie haben Angst! . . . Reiß dich doch zusammen, Burschi!

Dr. X.: Glauben Sie nicht, daß dies eine ernste Situation ist?

A.: Schrecklich ernst. Deswegen ist es besser, wenn du ein anderes Gesicht machst, Burschi. Du siehst, ich muß schon die Hosen anhaben, daß ich mir so etwas leisten kann! Ich muß schon sehr sicher sein, gelt?

Dr. X.: Aber nein, Sie sind nicht sehr sicher. Wenn Sie sicher wären, würden Sie nicht so handeln! Lassen Sie mich jetzt gehen, die Situation ist sehr gefährlich.

Der Arzt als Kind

A.: Gefährlich?

Dr. X.: Ja, Sie sind gefährlich!

A.: Aber nein, ich bin überhaupt nicht gefährlich.

Dr. X.: Sie sind gefährlich, weil Sie die Realität verkennen.

A.: Was ist die Realität?

Dr. X.: Sie sind gefährlich, weil Sie die Realität verkennen.

A.: Aber was ist die Realität? Darüber müssen wir uns erst einigen. Eines weiß ich: vom Standpunkt *Ihrer* Realität sind Sie sehr zornig, es fällt Ihnen verflixt schwer, sich zu beherrschen, Sie werden gleich explodieren. Sie regen sich furchtbar auf, weil Sie Angst haben, aber Sie haben keinen Grund, *ich bin nicht Ihr Vater!*

Dr. X.: Aber Sie haben diesen Apparat!

A.: *Ich bin nicht Ihr Vater.*

Dr. X.: Sie haben diesen Apparat.

A.: Na und?

Dr. X.: Hören wir jetzt auf.

A.: Aber es tut doch nicht weh! Wovor haben Sie denn Angst? Es ist kein Revolver.

Dr. X.: Hören wir jetzt auf.

A.: Sie haben Angst.

Dr. X.: Hören wir auf.

A.: Hören Sie, wollen Sie eine Tracht Prügel?

Dr. X.: Sehen Sie, Sie sind gefährlich.

A.: Aber nein, ich stelle Ihnen die Frage, ob Sie nicht aufhören wollen, ein kleines Kind zu spielen.

Dr. X.: Sie sind gefährlich.

A.: Sie sind kindisch.

Dr. X.: Sie sind gefährlich. Ich habe Ihnen nichts zu sagen.

A.: Sie haben mir nichts zu sagen? Aber Sie sind mir Rechenschaft schuldig.

Dr. X.: Ich habe Sie aufgefordert, den Raum zu verlassen.

A.: Sie sind mir Rechenschaft schuldig.

Dr. X.: Sie sehen, daß Sie gefährlich sind.

A.: Ich bin nicht gefährlich; ich rede nur laut, und das ertragen Sie nicht. Wenn man schreit, dann haben Sie Angst. Sie hören einen brüllenden Vater. Aber ich meine es nicht ernst, mein Sohn. Siehst du, jetzt hast du keine Angst mehr, jetzt geht es schon viel besser, du gewöhnst dich daran, großartig. Es ist wirklich nicht so arg: *ich bin nicht dein Vater*. Ich könnte noch weiterschreien, aber ich höre jetzt auf.

Dr. X.: Machen Sie jetzt Ihren Vater nach?

A.: Aber nein, *Ihren* Vater. Ich wollte Sie nur von Ihren Ängsten befreien. Sie haben ja in die Hose gemacht. Haben Sie wirklich geglaubt, daß ich Sie schlagen will? Dazu ist dein Vati viel zu lieb. Wenn ich gefährlich bin, dann doch nicht für meinen kleinen Burschi, gefährlich bin ich für den Arzt, für den sadistischen Arzt, nicht für den kleinen Burschi. Der hat selbst schon genug durchgemacht, warum soll ich ihn auch noch schlagen? Aber der Arzt, der Psychiater, der den Platz des Vaters eingenommen hat, der verdient einen Tritt in den Hintern. Also jetzt werde ich Sie einmal analysieren.

Die Polizei als Ersatzvater

Dr. X.: Sie können ruhig weiterreden. Ich werde nichts reden ...

A.: Gut, *ich* werde reden. Wir nehmen es auf. Ich lasse auch Ihnen eine Kopie machen, wenn Sie wollen. Das müßte Sie eigentlich interessieren ... Ich hoffe es für Sie. Gut ... also darauf kann man niemanden heilen *(zeigt auf die Couch)*, das ist unmöglich. Und Sie selbst sind nicht geheilt, weil Sie zu viele Jahre darauf verbracht haben. Sie wagen nicht, den Leuten ins Gesicht zu schauen. Sie haben vorhin davon gesprochen, daß ich «meinen Phantasien» ins Gesicht schauen muß. Aber Sie selbst haben mich gezwungen, Ihnen den Rücken zuzuwenden. So kann man die Leute nicht heilen. Das ist unmöglich. Mit anderen leben heißt ihnen ins Gesicht schauen. Was soll ich daraus lernen? Sie haben mir im Gegenteil die Freude vertrieben, ein Leben mit den anderen zu versuchen, einer Sache direkt gegenüberzutreten. Das ist *Ihr* Problem. Sie bringen die Leute in diese Lage, weil *Sie* ihnen nicht ins Gesicht schauen können, Sie können sie nicht heilen, Sie können ihnen nur *Ihre* Vaterprobleme immer wieder vorkäuen, weil *Sie* davon nicht loskommen. Von Sitzung zu Sitzung traktieren Sie Ihre Opfer mit *Ihrem* Vaterproblem. Verstehen Sie ein bißchen, was ich sagen will? Ich habe große Mühe gehabt, das zu verstehen, davon loszukommen, mich davon abzuwenden.

Sie haben mir ein bißchen geistige Gymnastik beigebracht, aber geben Sie zu, daß das Ganze ein wenig teuer war, wenn das alles war. Durch Sie habe ich verlernt, jemandem ins Gesicht zu schauen, ich habe Ihren Versprechungen vertraut, und da ich Sie nicht sehen konnte, konnte ich mir nicht vorstellen, wann Sie mir endlich das geben würden, was ich bei Ihnen suchte. Ich wartete auf die Erlaubnis. Ja, das war es. Sie wären ja dumm gewesen, wenn Sie sie mir gegeben hätten, wenn Sie mich freigegeben hätten, da ich Sie ja ernährte, Sie lebten auf meine Kosten, Sie haben mein Geld genommen. Ich war der Kranke, Sie waren der Arzt. Sie hatten endlich Ihr Kindheitsproblem gelöst. Sie waren der Vater, ich war das Kind.

Dr. X.: Ich rufe jetzt die Polizei an, daß man Sie wegbringt.

A.: Die Polizei? Den Vater! Ihr Vater ist der Polizist! Sie telefonieren Ihrem Vater, daß er mich abführt. Das müssen wir jetzt analysieren.

Dr. X.: Aber nein, Sie hören sich dann alles auf Ihrem Tonband an.

A.: Wollen Sie mir nicht wenigstens sagen, warum Sie das so ärgert? Ich sage es Ihnen: Weil auf einmal *ich* das Steuer in die Hand nahm. Bis jetzt waren *Sie* gewohnt, die Situation völlig zu kontrollieren, und nun bricht plötzlich das Unheimliche bei Ihnen ein.

Dr. X.: Ich bin physische Gewalt nicht gewohnt.

A.: Wieso physische Gewalt?

Dr. X.: Es ist Gewalt, plötzlich diesen Apparat herauszuziehen.

A.: Schauen Sie sich doch die Situation an! Das ist doch lächerlich! Man nimmt ein Tonbandgerät heraus, und schon verschlägt es Ihnen die Sprache! Sie haben sich selber das Wort abgeschnitten. Ich habe Ihnen nichts abgeschnitten ...

Dr. X.: Die Zeit, die ich für Sie vorgemerkt habe, ist abgelaufen, Sie müssen gehen.

A.: Die Zeit existiert nicht.

Dr. X.: Doch, sie existiert.

A.: Nein, sie existiert nicht. Jetzt erst beginnt die richtige Zeit, glauben Sie mir ...

Dr. X.: Hören Sie, ich werde jetzt von einem anderen Patienten erwartet.

A.: Das nächste Opfer hat es nicht eilig. Wir werden diesen Raum nicht verlassen, solange das, was sich hier ereignet hat, solange das Problem Ihrer Pflichten und der Nichterfüllung dieser Pflichten nicht klargeworden ist. Sprechen Sie nicht von physischer Gewalt. *Sie* haben mit der Anwendung der physischen Gewalt begonnen, als Sie mich gezwungen haben, mich auf der Couch umzudrehen, den Kopf von Ihnen wegzudrehen. Sie haben die Bedingungen *verfälscht*, sind Sie sich dessen nicht bewußt? Und jetzt: Merken Sie nicht, daß Sie auf einmal *lächerlich* sind?

Dr. X.: Ich habe Ihnen gesagt, daß Sie gefährlich sind.

A.: Herr Doktor, Sie sind ein Trottel! Ich bin jahrelang zwei- oder dreimal in der Woche zu Ihnen gekommen: Was habe ich dafür bekommen? *Wenn* ich verrückt und gefährlich bin, wie Sie sagen, dann ernten Sie nur, was Sie gesät haben ... Die Psychoanalyse verdient, daß man darüber nachdenkt, daß wir versuchen, uns frei auszusprechen und zu verstehen, was zwischen uns vorgefallen ist, weil wir daraus vielleicht auch für andere eine Lehre ziehen können. Ich bin nicht gefährlich, sagen Sie das nicht die ganze Zeit, damit versuchen Sie nur, uns vom Weg abzubringen. Sie sind nach Freud gekommen, man hat Ihnen Ihr Studium bezahlt, und Sie haben es geschafft, ein Schild an Ihre Tür zu heften. Und nun belästigen Sie eine Reihe von Leuten; Sie haben ja das Recht, das zu tun, und damit glauben Sie, sich aus allem herauszuhalten. Sie sind ein Versager, Sie machen aus Ihrem Leben nichts anderes, als Ihre eigenen Probleme anderen Leuten aufzuladen. Ich möchte, daß Sie jetzt sitzen bleiben.

Dr. X.: Physische Gewalt!

A.: Ich möchte nur, daß Sie sich setzen.

Dr. X.: Physische Gewalt! Physische Gewalt!

A.: Aber nein, das ist doch Theater!

Dr. X.: Sie wenden physische Gewalt an! Ich habe Ihnen Gelegenheit gegeben, sich auszusprechen, und Sie ...

A.: Ich möchte jetzt, daß *Sie* sich aussprechen.

Dr. X.: Die Unterredung ist beendet.

A.: Aber gar nicht, ich fühle mich hier sehr wohl. Ich bin wie ein Senator aus dem Süden, der das Rednerpult nicht verläßt.

Dr. X.: Sie sind wirklich sehr gefährlich. *(Der Doktor geht zum Fenster, das Öffnen der Läden macht starken Lärm.)*

A.: Wollen Sie beim Fenster hinausspringen? Das geht zu weit! *(Schließt die Läden.)*

Dr. X.: Es wird schlecht ausgehen.

A.: Es wird in einer Tragödie enden! In einer blutigen Tragödie! Es wird blutig enden!

Dr. X.: Es wird Blut fließen.

A.: Aber nein, es wird kein Blut fließen, alles wird ganz freundlich ausgehen. Wir unterhalten uns gut.

Dr. X.: Es wird zur Gewalt kommen.

A.: Fangen Sie wieder an?

Dr. X.: Sie üben physischen Druck aus, indem Sie hierbleiben.

A.: Und die psychische Folter, die Sie auf mich ausüben? Was sagen Sie dazu?

Dr. X.: Sie agieren auf der physischen Ebene.

A.: Hören Sie, wenn Sklaven revoltieren, kann manchmal Blut fließen. Trotzdem sehen Sie, daß hier noch niemand blutet.

Dr. X.: Sie agieren auf der Ebene der physischen Gewalt.

A.: Sie machen sich ja ein vor Angst.

Dr. X.: Sie möchten wohl, daß ich das tue.

A.: Aber gar nicht, ich stelle nur fest, daß Sie in die Hose machen.

Dr. X.: Sie glauben, daß Sie mich herumkriegen.

A.: Ich möchte nur, daß Sie ernsthaft mit mir reden.

Dr. X.: Also gut, ich spreche ernsthaft mit Ihnen: es ist Zeit, daß Sie gehen.

A.: Es ist Zeit zur Rechenschaft! Jetzt ist Ihre Stunde da!

Dr. X.: Es tut mir sehr leid.

A.: Was tut Ihnen sehr leid? Erlauben Sie, *mir* tut es sehr leid, Sie haben mich jahrelang verrückt gemacht! Durch Jahre! Und Sie wollen, daß es dabei bleibt!

Dr. X.: Hilfe! Hilfe! Zu Hilfe, Mörder, zu Hilfe, zu Hilfe, zu Hilfe!

A.: Ruhig, setzen Sie sich!

Dr. X.: Hilfe! Zu Hilfe! Hiiiiiilfe! *(Langes Heulen.)*

A.: Armes Schwein! Setzen Sie sich doch!

Dr. X.: Zu Hilfe! *(Gemurmel.)*

A.: Wovor haben Sie Angst?

Dr. X.: Zu Hiiiiiiilfe! *(Neuerliches Heulen.)*

A.: Haben Sie Angst, daß ich Ihnen Ihren Dingsda abschneide?

Dr. X.: Zu Hiiiiiiiilfe! *(Dieser Schrei ist der längste und schönste.)*

A.: Was für eine komische Aufzeichnung!

Dr. X.: Zu Hilfe! Zu Hilfe! Zu Hilfe! *(Pause.)*

A.: Sie sind ja ein Kind! Sie haben ja den Streit begonnen. Setzen Sie sich. Du willst ein Wissenschaftler sein! Eine schöne Wissenschaft! Freud wäre entzückt davon! Niemals ist er in eine solche verrückte Situation geraten.

Dr. X.: Wenn Sie wollen, hören wir jetzt auf. Die Leute draußen haben mich gehört, es ist vielleicht besser, wenn Sie gehen. Sie riskieren, festgenommen zu werden, aber das wird nicht meine Schuld sein.

A.: Wunderbar, ich warte auf diese Festnahme. Wir sind im Begriff, ein wichtiges Kapitel der Psychoanalyse zu schreiben. Setzen wir uns und warten wir auf die Polizei. Warten wir, bis Ihr Vater kommt. Beruhigen Sie sich, Sie sind ja schrecklich aufgeregt.

Dr. X.: Heute werde ich nicht mehr sprechen. Ich will natürlich noch mit Ihnen sprechen, aber nur in Anwesenheit von Personen, die Ihre Gewalttaten bremsen können.

A.: Sehr gut.

Dr. X.: Aber ich bin bereit, mich mit Ihnen ohne Tonband auszusprechen, in Anwesenheit von Personen, die Sie zurückhalten können.

A.: Sehr gut! Haben Sie nichts mehr zu sagen? Hören wir auf. *(Die Polizei kommt.)*

Massen, Spontaneität, Partei

Interview, September 1969

Il Manifesto: Während der Mai-Ereignisse in Frankreich und allgemein während der Arbeiterkämpfe 1968 haben die Basisbewegungen den kommunistischen Parteien nicht nur ihre bürokratische Degeneration oder ihre reformistischen Optionen vorgeworfen; sie haben überhaupt den Begriff der Partei, der politischen, strukturierten Klassenorganisation kritisiert. Als die Basisbewegung wieder rückläufig wurde, haben sich mehrere «linksradikale» Gruppen auf die Privilegierung der Organisation gegenüber dem Spontaneismus besonnen und die Rückkehr zu einem «reinen» Leninismus befürwortet. Weder die eine noch die andere Auffassung scheint uns zufriedenstellend. Wir glauben, der Spontaneismus kann nur unter der Voraussetzung kritisiert werden, zu erkennen – und das ist die Lehre von 1968 –, daß die subjektive Reife der Klasse heute eine neue Organisationsform erfordert, die den Bedingungen des Kampfes in den Gesellschaften des fortgeschrittenen Kapitalismus angepaßt ist.

Wir möchten dieses Gespräch auf die theoretischen Grundlagen dieses Problems lenken. In Ihrem Denken nehmen sie Raum ein seit der inzwischen klassischen Diskussion von 1952 (Les communistes et la paix[1]) und der sich daran anschließenden Polemik mit Lefort und Merleau-Ponty, über Le fantome de Staline[2] (1956) bis hin zur Critique de la raison dialectique[3]. 1952 hat man Sie des Hypersubjektivismus beschuldigt, man hielt Ihnen vor, der Klasse keinerlei Existenz,

---

1 Siehe *Krieg im Frieden 1*, Rowohlt, Reinbek 1982, *Die Kommunisten und der Frieden*, Anm. d. Übers.

2 Siehe *Krieg im Frieden 2*, Rowohlt, Reinbek 1982, *Das Gespenst Stalins*, Anm. d. Übers.

3 Deutsch: *Kritik der dialektischen Vernunft*, Rowohlt, Reinbek 1967, Anm. d. Übers.

ausgenommen innerhalb der Partei, zuzuerkennen; 1956 hat man an Sie die umgekehrte Anklage gerichtet: die eines Objektivismus, der den Stalinismus als unvermeidliches Produkt einer geschichtlichen Situation erkläre. In Wirklichkeit scheinen uns beide Positionen eine gemeinsame Grundlage in dem Kontext von Knappheit, von strukturellem Rückstand des Landes zu haben, in dem die Oktoberrevolution stattgefunden hat, von «Notwendigkeiten» aufgrund der Tatsache, daß die Revolution nicht «ausgereift» war und der Sozialismus in einer Phase der ursprünglichen Akkumulation aufgebaut werden mußte. Sie meinten, in dieser spezifischen Situation müsse die Partei sich notwendigerweise über eine Masse stellen, die das erforderliche Bewußtseinsniveau noch nicht erreicht habe. Glauben Sie, diese Vorstellung von Partei – die sowohl Ihre wie unsere in den fünfziger Jahren gewesen ist – muß revidiert werden, weil sich die Situation verändert hat, oder weil im Gegenteil die damaligen Formeln mit theoretischen Unzulänglichkeiten behaftet waren, die seitdem deutlicher geworden sind?

Jean-Paul Sartre: Unzulänglichkeiten waren sicher vorhanden. Sie müssen aber historisch eingeordnet werden. 1952, als ich *Les communistes et la paix* schrieb, war die wesentliche politische Entscheidung die Verteidigung der KPF und vor allem der des Imperialismus beschuldigten UdSSR. Es kam darauf an, diese Anschuldigung zurückzuweisen, wollte man nicht auf der Seite der Amerikaner stehen. Später, als sie sich in Budapest so verhielt, wie es Stalin – aus politischer Klugheit oder wegen anderer Gründe – 1948 in Jugoslawien nicht getan hatte, und als sie dann in der Tschechoslowakei rückfällig wurde, zeigte sich, daß sich die UdSSR als imperialistische Macht gebärdet. Mit dieser Aussage beabsichtige ich kein moralisches Urteil. Ich behaupte nur, daß die Außenpolitik der UdSSR offensichtlich vor allem von ihrem antagonistischen Verhältnis zu den Vereinigten Staaten und nicht vom Prinzip der Achtung und der Gleichheit gegenüber den übrigen sozialistischen Staaten geleitet wird. Aus dieser Feststellung ergab sich meine Position von 1956. Sicher, als ich an diesem Punkt angelangt war, kam ich nicht umhin, den Widerspruch zu meinen Positionen von 1952 zu bemerken. Ich habe versucht, in *Critique de la raison dialectique* darüber Rechenschaft abzulegen. Selbstredend handelt es sich um eine formale Lösung, der eine historische Analyse der UdSSR zu Zeiten Stalins folgen müßte – eine bereits entworfene Analyse, die

Teil eines zweiten Bandes der *Critique* ist, der vermutlich nie erscheinen wird.[1]

Zusammengefaßt stellt das, was ich in bezug auf Begriffe wie Masse, Partei, Spontaneität, Serialität, Kanäle aufzuzeigen versucht habe, den Keim einer Antwort auf diese Frage dar; eigentlich habe ich versucht aufzuzeigen, daß die Partei gegenüber der Masse eine *notwendige* Realität ist, weil die Masse aus sich selbst heraus keine *Spontaneität* besitzt. Aus sich selbst heraus bleibt die Masse seriell. Doch umgekehrt, sobald die Partei zur Institution wird, wird sie – von außergewöhnlichen Umständen einmal abgesehen – gegenüber dem, was sie selbst hervorruft oder schafft, nämlich der fusionierenden Gruppe, reaktionär. Anders ausgedrückt, das Dilemma von Spontaneität/Partei ist ein falsches Problem. Vom Blickpunkt des Selbstbewußtseins wirkt die Klasse nicht homogen, sondern eher als ein Zusammenhang von Elementen, von Gruppen, die ich als «fusionierende» bezeichne. Unter den Arbeitern finden wir immer fusionierende Gruppen in diesem oder jenem Betrieb, in dem ein Kampf stattfindet, in dessen Verlauf die Menschen Beziehungen der Gegenseitigkeit herstellen, im Vergleich zu den anderen eine, wie ich das genannt habe, «wilde Freiheit» genießen und sich ihres Klassendaseins genau bewußt werden.

Aber, neben diesen fusionierenden Gruppen gibt es andere Arbeiter, die kein Kampf eint und die serialisiert bleiben, also zur Spontaneität unfähig sind, weil sie mit den anderen nicht verbunden sind, außer durch eine Beziehung der Verdinglichung, eine serielle Beziehung. Sie sind ständig andere als sie selbst, weil sie einzig durch eine Beziehung zum anderen bestimmt werden. Selbst auf einer fusionierenden Gruppe – beispielsweise ein bestreikter Betrieb – lasten die Beziehungen der Serialität (Vermassung etc.) und wirken kontinuierlich auf sie ein. Derselbe Arbeiter, der sich an seinem Arbeitsplatz in einer fusionierenden Gruppe befindet, kann zu Hause oder in anderen Momenten seines Lebens vollständig serialisiert sein. Wir haben es also mit sehr unterschiedlichen Formen von Klassenbewußtsein zu tun: einerseits ein fortgeschrittenes Bewußtsein, andererseits ein quasi nicht vorhandenes Bewußtsein, und dazwischen eine Reihe von Vermittlungen. Deshalb meine ich, daß man nicht von einer Klassen-

1 Critique de la Raison dialectique, tome II, Gallimard, Paris 1985, Anm. d. Übers.

spontaneität sprechen kann; man kann korrekterweise nur von *Gruppen* sprechen, die die Bedingungen hervorbringen, die sich entsprechend der Situation selbst schaffen und die, wenn sie sich schaffen, nicht zu irgendeiner geheimnisvollen Spontaneität zurückfinden, sondern die Erfahrung einer spezifischen Situation auf der Grundlage spezifischer Ausbeutungsverhältnisse und präziser Forderungen machen, eine Erfahrung, in deren Verlauf sie sich selbst mehr oder weniger richtig denken.

Dies vorausgesetzt, was bedeutet die Partei im Vergleich zur Serie? Unbestritten etwas Gutes, denn sie verhindert es, in die vollständige Serialität zu fallen. Auch die Mitglieder einer kommunistischen Partei würden isolierte und serialisierte Individuen bleiben, würde sie die Partei nicht als Gruppe konstituieren über eine organische Verbindung, die es dem Kommunisten aus Mailand ermöglicht, mit einem anderen kommunistischen Arbeiter aus einer beliebigen anderen Region in Beziehung zu stehen. Darüber hinaus bilden sich dank der Partei im Verlauf des Kampfes zahlreiche Gruppen, da die Partei die Kommunikation erleichtert. Gegenüber der fusionierenden Gruppe allerdings, zu deren Schaffung sie selbst beigetragen hat, sieht sich die Partei im allgemeinen genötigt, sie entweder aufzusaugen oder zu verstoßen. Im Vergleich zur Gruppe, deren Strukturierung nie über eine Art gegenseitiger Übereinkunft hinausgeht, ist die Partei weitaus strukturierter. Eine Gruppe bildet sich aus einer Situation heraus, beispielsweise im Hinblick auf ein bestimmtes Ziel («Die Bastille stürmen»), und unmittelbar nach der Handlung stehen sich die Individuen, die sie bilden, besorgt gegenüber und versuchen frei eine Bindung herzustellen, die die unmittelbare Bindung ersetzen könnte, die während der Handlung entstanden war, das heißt eine Art Übereinkunft oder Eid abzulegen, was wiederum tendenziell bedeutet, den Keim einer Serie abzugeben und zwischen ihnen eine Beziehung von verdinglichtem Nebeneinander zu errichten. Das ist das, was ich *Fraternité-terreur* genannt habe. Dagegen entwickelt sich die Partei als ein Zusammenhang von Institutionen, also als ein geschlossenes, statisches und zur Sklerose neigendes System. Aus diesem Grund hinkt sie immer der fusionierenden Masse hinterher, selbst wenn sie versucht, sie zu führen, weil sie sie schwächt, weil sie versucht, sie sich unterzuordnen, wenn sie sie nicht gar verleugnet oder sich von ihr lossagt.

Das Denken und das Handeln jeder Gruppe spiegeln notwendigerweise deren Struktur wider. Es geschieht also folgendes: das Denken einer fusionierenden Gruppe – weil es im Feuer einer besonderen Situation entsteht und nicht aufgrund irgendeiner «Spontaneität» – hat eine stärkere, kritischere, neuere Wirkung als das einer strukturierten Gruppe. Als Institution hat eine Partei ein institutionalisiertes Denken – das heißt etwas, was sich von einem Denken über die *Realität* entfernt –, das letztlich nur noch die eigene Organisation widerspiegelt, also ein ideologisches Denken. In dieses Schema fügt sich selbst die Erfahrung des Kampfes ein und wird dabei deformiert; während die fusionierende Gruppe die Erfahrung ohne institutionelle Vermittlung so denkt, wie sie sich darstellt. Daher kann das Denken einer Gruppe zwar vage, nicht theoretisierbar, unbequem sein – wie es die Ideen der Studenten im Mai 1968 waren –, nichtsdestoweniger hat es ein Niveau von *wirklichkeitsnäherer* Reflexion, weil zwischen Erfahrung und Reflexion der Erfahrung keine Institution geschoben wird.

Gewiß legen wir hier den Finger auf einen der Funktion der Partei inhärenten Widerspruch. Diese entsteht, um die Arbeiterklasse aus der Serialität zu befreien, doch zugleich ist sie die Widerspiegelung – eine besondere Widerspiegelung, da sie sie abschaffen soll –, der Serialität und Vermassung der Massen, auf die sie einwirkt. Diese Serialität der Massen spiegelt sich in ihrer Institutionalität wider; gezwungen, Beziehungen zum Seriellen zu haben, ist sie selbst inert und seriell. Um sich selbst zu schützen, setzt sie sich daher schließlich den fusionierenden Gruppen entgegen, die doch ein Aspekt jener Arbeiterklasse sind, den sie zum Ausdruck bringen will und sehr häufig selbst als erste hervorgerufen hat.

Hierin besteht der tiefe Widerspruch der Partei, die entstanden ist, um die Massen aus der Serialität zu befreien und selbst Institution geworden ist. Als solche ist sie derart schwerfällig (damit meine ich nicht die Bürokratie oder andere Formen von Degenerationen, sondern die institutionelle Struktur an sich, die nicht notwendig bürokratisch ist), daß sie gezwungen ist, sich grundsätzlich und immer allen neuen Formen zu widersetzen, sei es, daß sie sich ihrer zu bedienen versucht, sei es, daß sie sie zurückweist. Man hat gesehen, welche unterschiedlichen Verhaltensweisen die französische kommunistische Partei und die italienische kommunistische Partei den Studenten gegenüber eingenommen haben: die KPF hat sie abgewiesen, die PCI bemüht sich subtiler, sie an sich zu ziehen, indem sie ihre Erfahrungen über den Versuch eines Kontaktes und einer Diskussion kanalisiert. Eine Partei kann nur zwischen diesen beiden Verhaltensweisen wählen; hier liegt ihre grundlegende Begrenzung.

Ein weiteres, klassisches Beispiel: die Frage des demokratischen Zentralismus. Solange er in einer Situation praktiziert wird, die in Bewegung ist, beispielsweise in der Illegalität, als in Rußland die Kampfformen ausgearbeitet wurden, das heißt genau zu dem Zeitpunkt, als Lenin seine Theorie konstituierte, bleibt er ein lebendiges Element. Es gab ein Moment von Zentralismus, weil er notwendig war, und ein Moment von tatsächlicher Demokratie, weil die Menschen miteinander redeten und Entscheidungen gemeinsam getroffen wurden. Kaum hatte er sich institutionalisiert, wie es in allen kommunistischen Ländern der Fall ist, setzte sich der Zentralismus gegenüber der Demokratie durch, und die Demokratie selbst wurde zur «Institution», die der eigenen Inertheit unterworfen ist: beispielsweise gibt es das Recht auf freie Rede, doch die bloße Tatsache, daß es ein Recht – und nur das – ist, entleert es seines Inhalts derart, daß es in Wirklichkeit ein Nicht-Recht wird. Die wirkliche Frage ist also, wie man den dem Wesen der Partei selbst inhärenten Widerspruch so überwinden kann, daß diese (nicht allein in ihrem Verhältnis zum Gegner und bei ihren Kampfaufgaben, sondern gegenüber der Klasse, die sie vertritt) eine aktive Vermittlung zwischen den serialisierten und vermaßten Elementen abgeben kann, um eine Vereinheitlichung zu erreichen; damit sie also fähig wird, die aus den Bewegungen stammenden Impulse aufzunehmen und, statt die Bewegung führen zu wollen, deren Erfahrung für sie und für sich selbst zu verallgemeinern.

Il Manifesto: Der tatsächliche Ort des revolutionären Bewußtseins ist also weder die Klasse in ihrer Unmittelbarkeit noch die Partei, sondern der Kampf. Demnach wäre die Partei nur lebendig, solange sie ein Kampfinstrument ist, doch sobald sie zur Institution wird, tauschte sie den Zweck gegen die Mittel ein und machte sich selbst zum Zweck. Der der Partei inhärente Widerspruch, den Sie offenlegen, wird sich vielleicht in dem Maße lösen, wie versucht wird, die Frage der politischen Organisation der Klasse nicht länger in ihrer Allgemeinheit, sondern in der Unmittelbarkeit der spezifischen Situationen anzugehen. Was nicht möglich scheint, ist eine metahistorische Lösung. Es müssen also die objektiven Bedingungen in Betracht gezogen werden, unter denen dieses Dilemma jeweils gelöst

werden kann. Unserer Ansicht nach setzt das zwei Bedingungen vor-
aus: zunächst, daß die Klasse die Ebene der Serialität überwindet, um
tatsächlich und uneingeschränkt Subjekt eines kollektiven Handelns
zu werden.

J.-P. S.: Das ist eine nicht mögliche Voraussetzung; die Arbeiterklasse kann sich nie insgesamt als aktives politisches Subjekt äußern:
es wird immer Zonen, Regionen oder Randgebiete geben, die aus
historischen Gründen der Entwicklung serialisiert, vermaßt, einer
Bewußtwerdung fremd bleiben werden. Es bleibt immer ein Resi-
duum. Heute neigt man stark dazu, das Konzept des *Klassenbewußtseins* und das des *Klassenkampfes* als für den Kampf *a priori* präexi-
stierende Elemente zu verallgemeinern. Es gibt nur das *a priori* der
objektiven Ausbeutungssituation der Klasse. Das Bewußtsein entsteht allein im Kampf: der Klassenkampf ist nur in dem Maße vorhanden, wie Orte vorhanden sind, an denen tatsächlich gekämpft
wird. Es stimmt, daß das Proletariat in sich den Tod der Bourgeoisie
trägt, es stimmt, daß das kapitalistische System von strukturellen Widersprüchen unterminiert wird; das impliziert aber nicht notwendig
das Vorhandensein eines Klassenbewußtseins oder eines Klassenkampfes. Damit es *Bewußtsein* und *Kampf* gibt, muß gekämpft werden.

Anders ausgedrückt, virtuell ist im kapitalistischen System der
Klassenkampf überall möglich, doch in der Realität ist er nur dort
vorhanden, wo er tatsächlich geführt wird. Andererseits gibt es selbst
dort, wo er tatsächlich geführt wird, Unterschiede entsprechend der
jeweiligen Situation. In Frankreich beispielsweise sind die Bedingungen und die Formen des Kampfes äußerst unterschiedlich: die sehr
heftigen Arbeiterkämpfe in Saint-Nazaire weisen Merkmale des letzten Jahrhunderts auf; in anderen, «fortgeschritteneren» kapitalistischen Gegenden sind sie von anderem Charakter, mit einer vielleicht
vielseitigeren Artikulation von Forderungen, dafür ist aber der Rahmen gemäßigter. Deshalb ist es selbst für diesen Teil der Arbeiterklasse, der tatsächlich kämpft, nicht möglich, außer theoretisch, von
einer *Vereinheitlichung* zu sprechen. Die von der CGT organisierten
vierundzwanzigstündigen Generalstreiks sind bestenfalls Symbol
eines vereinheitlichen Kampfes.

*Il Manifesto: Befinden wir uns aber nicht in einer Phase der kapi-
talistischen Vereinheitlichung der Gesellschaft, sowohl hinsichtlich
der Infrastruktur wie der Überbaustrukturen (Konsummodelle, Le-*

bensweisen, Sprache, Vermassung)? Entspricht der Parzellierung der individuellen Situationen nicht eine immer offenkundigere «Totalität» des Systems? Weshalb sollte das nicht das Entstehen einer objektiven materiellen Basis für eine wachsende Vereinheitlichung der Klasse und des Klassenbewußtseins zur Folge haben?

J.-P. S.: In Wirklichkeit bleibt die Struktur äußerst vielseitig und unstabil.

Il Manifesto: Aber gibt es die Tendenz zur Vereinheitlichung oder nicht?

J.-P. S.: Ja und nein. In Frankreich beispielsweise erhält der Kapitalismus Tausende von Kleinunternehmen künstlich am Leben, die vom Gesichtspunkt der ökonomischen Rationalität keinerlei Existenzberechtigung hätten, ihm aber nützlich sind, weil sie einen politisch konservativen Bereich darstellen (es sind die Schichten, die für de Gaulle und Pompidou stimmen) oder weil sie ihm erlauben, trotz gesteigerter Produktivität seine Lohnkosten den ihrigen anzugleichen. Das heißt, die Tendenzen zur Integration heben die tiefen Unterschiede der strukturellen Situationen nicht auf.

Was die Bewußtwerdung der eigenen Situation betrifft, kommt hinzu, daß es dem fortgeschrittenen Kapitalismus gelingt, trotz der gewaltigen Ungleichheit bei der Einkommensverteilung, die Grundbedürfnisse der Mehrheit der Arbeiterklasse zu befriedigen – es bleiben natürlich die Randzonen, in den Vereinigten Staaten 15 Prozent, Schwarze und Immigranten; es bleibt die Kategorie der älteren Menschen; es bleibt, im Weltmaßstab, die Dritte Welt. Der Kapitalismus befriedigt einige Elementarbedürfnisse, und er befriedigt darüber hinaus einige Bedürfnisse, die er künstlich geschaffen hat: beispielsweise das nach einem Auto. Diese Situation hat mich dazu geführt, meine «Theorie der Bedürfnisse» zu überdenken, da diese, in der Situation des fortgeschrittenen Kapitalismus, nicht mehr zwangsläufig im Widerspruch zum System stehen; im Gegenteil werden sie in dessen Händen zu einem System der Integration des Proletariats in bestimmte profitorientierte Prozesse. Der Arbeiter plagt sich ab, um die Autos zu produzieren und genügend zu verdienen, um ein Auto zu kaufen; dieser Erwerb vermittelt ihm den Eindruck, er habe ein «Bedürfnis» befriedigt. Das System, das ihn ausbeutet, liefert ihm sowohl ein Vorbild wie die Möglichkeit, ihm nachzueifern. Das Bewußtsein von der Unerträglichkeit des Systems muß also nicht mehr länger in der Unmöglichkeit, die Grundbedürfnisse zu befriedigen, gesucht werden, sondern vor allem im Bewußtsein der *Entfremdung*: das heißt in der Tatsache, daß *dieses Leben* nicht wert ist, gelebt zu werden und keinen Sinn hat, daß dieser Mechanismus ein trügerischer Mechanismus ist, daß diese Bedürfnisse künstlich geschaffen worden sind, daß sie falsch sind, daß sie zermürben und allein dem Profit dienen. Die Klasse aber von diesem Gesichtspunkt aus zu vereinigen ist noch schwieriger; deshalb stimme ich mit keiner der von den kommunistischen Parteien und Bewegungen der Linken produzierten optimistischen Sichtweisen überein, wonach der Kapitalismus nunmehr angeblich in die Enge getrieben worden sei. Seine Kontrollmöglichkeiten über die Klassen sind weiterhin mächtig; und er ist weit davon entfernt, in der Defensive zu sein. Und was das Hervorrufen eines revolutionären Elans betrifft, dazu ist eine lange und geduldige Arbeit der Bewußtseinsbildung nötig.

Il Manifesto: Dennoch schien im Mai diese Vereinheitlichung unmittelbar und offenkundig.

J.-P. S.: Ganz und gar offenkundig. Es ist einer der wenigen Fälle gewesen, wo jeder im Kampf seines jeweiligen Betriebes die Vorlage für den eigenen Kampf erkannt hat. Ein ähnliches Phänomen hatte es 1936 gegeben; damals aber spielten die Arbeiterinstitutionen eine determinierende Rolle. Die Bewegung wurde ausgelöst, als Sozialisten und Kommunisten bereits an der Macht waren und damit in gewissem Maß eine Vorlage lieferten, die der Klasse eine schnelle Bewußtseinswerdung, die Fusion zur Gruppe und die Vereinheitlichung ermöglichte.

Dagegen waren im Mai nicht nur die Gewerkschaften und Parteien nicht an der Macht, sondern sogar weit davon entfernt, eine vergleichbare Rolle zu spielen. Das Element, das den Kampf vereinheitlichte, ist etwas, das meiner Ansicht nach von weit her kommt; es ist ein Gedanke, der aus Vietnam kommt und den die Studenten mit dem Satz: «*Die Phantasie an die Macht*» zum Ausdruck gebracht haben. Anders gesagt ist das Feld des Möglichen weitaus größer, als die herrschenden Klassen uns zu glauben gewöhnt haben. Wer hätte gedacht, daß vierzehn Millionen Landarbeiter der stärksten Industrie- und Militärmacht der Welt die Stirn bieten könnten? Und doch ist das geschehen. Vietnam hat uns gelehrt, daß das Feld des Möglichen endlos ist, daß man nicht resignieren darf. Das ist der Hebel der Studentenrevolte gewesen, und die Arbeiter haben es begriffen. Bei der gemeinsamen Demonstration vom 13. Mai wurde dieser Gedanke plötzlich dominierend. «Wenn einige tausend Jugendliche die Universitäten besetzen und die Regierung in Schach halten, warum sollten wir das nicht auch können?» So kam es, daß die Arbeiter, einem Vorbild folgend, das zu diesem Zeitpunkt von außen kam, am 13. Mai in Streik getreten sind und die Betriebe besetzt haben. Das Element, das sie mobilisierte und vereinheitlichte, war keine Plattform von Forderungen; die kam nachträglich, um den Streik zu rechtfertigen, und unbestritten fehlte es nicht an Gründen. Doch ist es wichtig hervorzuheben, daß die Forderungen erst später aufgestellt wurden, als die Betriebe bereits besetzt waren.

Il Manifesto: Am Ursprung des Mai stand also kein unmittelbar materielles Element, kein besonders explosiver struktureller Widerspruch?

J.-P. S.: Im vorangegangenen Herbst hatte etwas bei den Arbeitern allgemeine Unzufriedenheit geweckt: die reaktionären Maßnahmen der Regierung hinsichtlich der Sozialversicherung. Diese Maßnahmen hatten die gesamte werktätige Bevölkerung, gleich welchen Sektors, getroffen. Den Gewerkschaften, vielleicht weil sie überrascht worden waren, vielleicht weil sie sich nicht zu weit nach vorne wagen wollten, gelang es nicht, sich ihnen zu widersetzen; es gab, wenn ich mich richtig erinnere, einen eintägigen Generalstreik, und dabei blieb es. Aber eine tiefe, nicht artikulierte Unzufriedenheit bestand fort: im Mai brach sie mit Macht wieder aus. Heute gibt es ein neues potentielles Element der Vereinheitlichung: den absolut hohlen Charakter, den die von der Entwertung gefolgte Preissteigerung den damals abgerungenen Lohnerhöhungen verliehen hat. Es ist aber nicht einfach, im voraus zu wissen, ob und wann diese vereinheitlichenden Elemente von Unzufriedenheit zu einer gemeinsamen Revolte führen werden. Dafür hat diese Revolte im Mai stattgefunden, und der Auslöser war meiner Meinung nach weniger, daß die Arbeiter sich der Ausbeutung, als daß sie sich der eigenen Stärke und der eigenen Möglichkeiten bewußt wurden.

Il Manifesto: Dennoch ist diese Mai-Revolte eine Niederlage gewesen, und auf sie folgte ein Sieg der Reaktion. Liegt es daran, daß sie keine Elemente aufwies, die die Revolution bis an ihr Ende zu führen in der Lage gewesen wären, oder daran, daß ihr eine politische Führung gefehlt hat?

J.-P. S.: Es hat ihr eine politische Führung gefehlt, die fähig gewesen wäre, ihr jene politische und theoretische Dimension zu geben, ohne die die Bewegung letztlich nur erlöschen konnte, so wie es auch eingetreten ist. Es fehlte ihr eine Partei, die fähig gewesen wäre, die Bewegung und ihre Möglichkeiten insgesamt auf sich zu nehmen. Denn wie sollte eine institutionalisierte Struktur, wie sie die kommunistischen Parteien sind, sich für etwas zur Verfügung stellen können, das sie selbst unvorbereitet trifft? Wie sollte sie die notwendige Bereitschaft besitzen, um nicht mit einem «Laßt uns die Kastanien aus dem Feuer holen» oder mit einem «Laßt uns die Bewegung zu uns rüberziehen, damit sie uns nicht entgleitet» zu reagieren, sondern mit einem: «Das ist die Realität, und als solche muß ich sie auf mich nehmen und mich bemühen, ihr eine theoretische und praktische Verallgemeinerung zu geben, damit sie wachsen und vorangetrieben werden kann»? Andererseits wird eine kommunistische Partei, die unfähig ist, dieses Verhalten anzunehmen, dasselbe, was die französische kommunistische Partei in der Praxis seit fünfundzwanzig Jahren ist: eine Bremse für jede revolutionäre Bewegung in Frankreich. Alles, was nicht ausschließlich von ihr stammt, leugnet sie oder schafft sie ab.

Il Manifesto: Wenn Sie die kommunistischen Parteien, so wie sie sind, kritisieren, behaupten Sie also zugleich die Notwendigkeit eines Moments von Organisation und Vereinheitlichung der Bewegung?

J.-P. S.: Ganz bestimmt, und da liegt das Problem. Wir stehen einer mächtigen und komplexen kapitalistischen Reaktion, einer Macht gegenüber, die über vielseitige Repressions- und Integrationsmöglichkeiten verfügt. Das erfordert eine Gegenorganisation der Klasse; das Problem ist, wie man diese Gegenorganisation daran hindern kann, zu einer «Institution» zu verkommen.

Il Manifesto: Wir sind einer Meinung. Es ist aber interessant festzuhalten, daß die Notwendigkeit einer politischen Organisation der Klasse offensichtlich einer Vorhersage von Marx widerspricht, wonach sich das Proletariat, entsprechend dem Wachstum des Kapitalismus, unmittelbar in einer revolutionären Bewegung ausdrücken würde, ohne den Rückgriff auf eine politische Vermittlung. Dieser These lag ursprünglich die Überzeugung zugrunde, daß eine Krise des Kapitalismus kurzfristig bevorstünde und er Zwänge hervorbringe, die mit dem System unvereinbar sind – beispielsweise daß die Entwicklung der Produktivkräfte in einen Widerspruch zum Mechanismus der kapitalistischen Entwicklung träte. Später betrachtete Lenin die Sozialisierung des Eigentums als eine Möglichkeit, einen Um-

schwung der sozialistischen Verwaltung herbeizuführen, nachdem der politische Apparat des bürgerlichen Staates erst einmal zerschlagen wäre. Heute kommen wir nicht umhin, die Unzulänglichkeit dieser Thesen festzustellen. Zuvorderst treten die Produktivkräfte deshalb nicht in direkten Widerspruch zum System, weil sie nicht etwas Neutrales und Objektives, sondern eines seiner Produkte sind, sich seinen Prioritäten anlehnen, von ihm geprägt sind ...

J.-P. S.: Ja, diese Kräfte sind nicht zwangsläufig dazu bestimmt, sich einander entgegenzustellen; sie werden von jenem Typus von Entwicklung hervorgerufen, der sich im wissenschaftlichen Bereich beispielsweise in der der Weltraumforschung eingeräumten Priorität zeigt. Und hinsichtlich der Sozialisierung des Eigentums muß zugegeben werden, auch wenn es unzulässig ist, hier von «Klasse» zu reden, daß sie die Bürokratie und eine gewisse Technokratie hervorgebracht hat, denen sie eine gewaltige Macht zur Kontrolle und zur Integration der Masse in eine autoritäre Gesellschaft verliehen hat.

Il Manifesto: Zusammengefaßt weist der Übergang vom Kapitalismus zum Sozialismus also andere Merkmale auf als der vom Feudalismus zur Bourgeoisie. Die kapitalistischen Produktionsverhältnisse haben sich allmählich innerhalb der feudalen Gesellschaft formiert, so daß diese, als sie zusammenbrach, nur noch die leere Hülle einer bereits in ihrem Innern herangereiften anderen strukturellen Realität darstellte. Das kann dem Proletariat nicht geschehen; es kann sich nicht innerhalb des Kapitalismus vermittels Keimformen sozialistischer Organisation äußern.

J.-P. S.: Weder von der Struktur der Produktionsverhältnisse noch vom Denken her. Von der Renaissance an war die Kultur schon keine feudale mehr, sondern eine bürgerliche; neue gesellschaftliche Gruppen, wie der Amtsadel, waren bürgerlich. Dieser Prozeß begleitete die Einführung kapitalistischer Produktionsverhältnisse und ging ihr voraus. Das Heranreifen des Bürgertums dauerte Jahrhunderte und äußerte sich als eine in der vorherigen Gesellschaft *vorhandene* Alternative. Das kann sich für das Proletariat nicht wiederholen – nicht einmal hinsichtlich der Kultur. Denn das Proletariat besitzt keine eigenständige Kultur: es verwendet entweder Elemente der bürgerlichen Kultur oder es lehnt jegliche Kultur vollständig ab, was ein Ausdruck ist, das Nichtvorhandensein seiner eigenen Kultur zu behaupten. Dagegen wird allerdings eingewendet, das Proletariat besitze eine ihm eigene «Werteskala». Gewiß, indem es die Revolution

will, will es etwas, was sich von dem, was ist, unterscheidet. Ich miß-
traue aber Begriffen wie «Werteskala», die sich leicht in ihr Gegenteil
verkehren können. Die Revolte der Studenten ist typisch für diese
Schwierigkeit einer Gegenkultur: eine Ablehnung, die sich mangels
einer genauen Ausarbeitung letztlich, wenngleich sie sie umgekehrt
prägt, beim Gegner eine Reihe Ideologismen leiht (begriffliche Vereinfachung, Schematismus, Gewalt etc.).

*Il Manifesto: Die antikapitalistische Revolution ist also zugleich
reif und unreif. Der Klassenantagonismus ruft den Widerspruch hervor, doch aus sich selbst heraus ist er nicht fähig, die Alternative zu
produzieren. Auf welchen genauen Grundlagen, um die Revolution
nicht auf einen reinen Voluntarismus, auf eine reine Subjektivität zu
reduzieren oder um nicht umgekehrt dem Evolutionismus zu verfallen, kann man denn eine revolutionäre Alternative vorbereiten?*

J.-P. S.: Ich wiederhole es: eher auf der Grundlage der Entfremdung als auf jener der «Bedürfnisse». Kurz: auf der Basis der Rekonstruktion der Person und der derart gegenwärtigen Notwendigkeit
der Freiheit, daß selbst die ausgeklügeltsten Integrationstechniken
nicht umhinkommen, sie zu berücksichtigen. Deshalb versuchen sie
sie auf imaginäre Weise zu befriedigen. Das ganze *human engineering* gründet auf dem Gedanken, daß der Unternehmer sich gegenüber seinem Untergebenen so verhalten soll, *als sei* dieser ihm gleich,
weil – das ist impliziert – kein Mensch auf dieses Recht auf Gleichheit
verzichten kann. Und der Arbeiter, der in die Falle der «menschlichen
Beziehungen» des Paternalismus geht, wird dessen Opfer in dem
Maße, wie er tatsächliche Gleichheit wünscht.

*Il Manifesto: Das stimmt, doch wie soll man nachweisen, daß diese
neuen Bedürfnisse vom fortgeschrittenen Kapitalismus produziert
sind und nicht einfach die «Überbleibsel» eines «Humanismus» der
vorkapitalistischen Gesellschaft sind? Die Antwort wird man vielleicht gerade in den der Entwicklung des Kapitals inhärenten Widersprüchen suchen müssen; das meint – als Beispiel – zugleich die
Parzellierung der Arbeit und eine viel umfassendere Allgemeinbil-
dung, als es die Rolle des Arbeiters verlangt, eine quantitativ und
qualitativ höhere Ausbildung und einen Mangel an Berufsmöglich-
keiten, ein Anwachsen der Ansprüche und die Unmöglichkeit, sie zu
befriedigen – kurz: eine permanente Frustration jener Produktiv-
kraft, die der Mensch ist.*

J.-P. S.: Ja, denn die Entwicklung des Kapitals verstärkt die Proletarisierung. Und nicht im Sinne der absoluten Pauperisierung, sondern in dem der anhaltenden Verschlechterung des Verhältnisses zwischen den neuen Bedürfnissen und der von den Arbeitern gespielten Rolle, eine Verschlechterung, die nicht die Krise, sondern die Entwicklung hervorruft.

Il Manifesto: Die revolutionäre politische Organisation der Klasse hat also die Ausarbeitung einer Alternative zum Inhalt. Unserer Meinung nach ist dieses Problem im Mai unterschätzt worden. Diejenigen, deren Positionen von Marcuse oder vom Spontaneismus à la Cohn-Bendit inspiriert waren, setzten ausschließlich auf die Negation; damit gelang es ihnen nicht einmal, die Fortsetzung des Kampfes zu sichern, denn in einer komplexen und entwickelten Gesellschaft kommt der überwiegende Teil der Menschen nicht umhin, sich die Frage nach dem Danach zu stellen. Wenn sie auch unterdrückt und entfremdet ist, verfügt die werktätige Klasse doch über Mittel zu ihrem Lebensunterhalt, weshalb sie sich fragen muß, wie sie sie erhalten können wird und wodurch das, was man abschafft, ersetzt werden wird.

Andererseits sahen diejenigen, die Gegenpositionen zu Cohn-Bendit vertraten, beispielsweise ein Touraine oder ein Mallet, nicht die Notwendigkeit, eine Alternative anzubieten, da ihrer Ansicht nach die Entwicklung der Produktivkräfte und der subjektive Reifegrad der Massen eine Selbstorganisation und eine Selbstverwaltung der Gesellschaft unmitttelbar ermöglicht hätten. Auch das halten wir für falsch, denn wenn es zwar stimmt, daß die Entwicklung des Kapitalismus durch die Schaffung neuer Bedürfnisse und neuer Kräfte die Möglichkeit der Revolution heranreifen läßt, trifft umgekehrt ebenso zu, daß sie das System widerspiegeln, das sie hervorruft. Daher zieht der plötzliche Zusammenbruch des Mechanismus einen Produktionssturz nach sich: es ist eine Illusion zu glauben, Sozialismus, das wäre das zwar vom Kapitalismus geerbte, jedoch selbstverwaltete Produktionssystem. Es handelt sich wirklich um ein anders angelegtes System, beeinflußt und geprägt durch den nationalen und internationalen Kontext. Daraus ist auf die Notwendigkeit eines überschreitenden Plans, des Aufbaus einer Alternative, eines revolutionären Projektes zu schließen, das die neue Gesellschaft vorwegnimmt. Man stößt also wieder auf die Frage der Vereinheitlichung, die der politischen Vorwegnahme, die der Partei.

J.-P. S.: Daß eine Theorie des Übergangs zum Sozialismus notwendig ist, ist unbestreitbar. Nehmen wir an, in Frankreich oder in Italien beschleunigt sich die Situation und führt zur Machtübernahme. Welche Vorstellungen hat man darüber, wie ein stark industrialisiertes Land auf einer sozialistischen Basis ökonomisch wiederaufgebaut werden kann, während es gleichzeitig mit Boykotten, sofortiger Geldentwertung und Exportblockaden konfrontiert wird? In einer ähnlichen Situation befand sich die UdSSR nach der Revolution. Trotz der entsetzlichen Opfer und der enormen Kosten, die ihr der Bürgerkrieg auferlegt hatte, trotz der politischen und wirtschaftlichen Umzingelung, die sie würgte, sind die Probleme, die sie zu lösen gehabt hat, weniger komplex als diejenigen, die sich heute einer fortgeschrittenen Gesellschaft stellen würden. Hierauf ist niemand von uns – und am allerwenigsten die kommunistischen Parteien – vorbereitet. Sie sprechen von der Notwendigkeit einer politischen Übergangsperspektive. Einverstanden. Aber welche von den kommunistischen Parteien hat eine Theorie des revolutionären Übergangs in einem nichtautarken Land des fortgeschrittenen Kapitalismus erarbeitet?

Il Manifesto: Seit den zwanziger Jahren ist die Frage des Übergangs zum Sozialismus von den kommunistischen Parteien in den Ländern des fortgeschrittenen Kapitalismus kein einziges Mal auf die Tagesordnung gesetzt worden.

J.-P. S.: Eben. Vor allem nicht nach dem Krieg und dem Abkommen von Jalta. Über die Alternative ist also nicht tatsächlich nachgedacht worden. Und diese Tatsache ist nicht zweitrangig, wenn man begreifen will, was die kommunistischen Parteien geworden sind. In dem Buch von Annie Kriegel, *Les communistes et la paix*, wird alles in allem ein strenges Urteil über die französische kommunistische Partei gesprochen; was aber implizit bleibt, ist, daß trotz aller Fehler, die Annie Kriegel aufzählt, für sie die Partei als solche, abstrahierend von deren Politik, eine Alternative darstellt, mehr noch: die proletarische Alternative zur kapitalistischen Gesellschaft in Frankreich. Diese Argumentation hat keinerlei Sinn. In demselben Moment, in dem wir uns schließlich einig werden, um die Notwendigkeit der politischen Organisation der Klasse zu behaupten, müssen wir uns zugleich auch bewußt werden, daß die «historischen» Institutionen der KP vollkommen unangemessen für die Aufgaben sind, die wir ihnen zuweisen möchten. Eben sagten wir, daß man ohne ein Moment der Vereinheitlichung des Kampfes, eine kulturelle Vermittlung und eine positive Antwort über die Revolte nicht hinauskommt und die Revolte politisch immer geschlagen wird. Einverstanden. Das ändert aber nichts an der Tatsache, daß eine institutionalisierte Partei nicht in der Lage ist, zwischen Kultur und Kämpfen eine Vermittlerfunktion einzunehmen, denn das, was noch verworrenes, nicht systematisiertes, aber als Widerspiegelung der Erfahrung *wahres* Denken der Massen ist, wird vollkommen entstellt, wenn es mittels der ideologischen Mechanismen der Partei übersetzt worden ist und ein ganz anderes Verhältnis zu dem aufweist, was wir Kultur nennen. Damit das Schema, das Sie vorschlagen, funktionieren kann, müßte die Partei ständig in der Lage sein, ihre eigene Institutionalität zu bekämpfen. Daß der kulturelle Apparat der kommunistischen Parteien wertlos ist, liegt nicht daran, daß es an Intellektuellen von Rang mangelt, sondern daran, daß die Daseinsweise der Parteien ihre kollektive Denkanstrengung lähmt. Handeln und Denken sind nicht von der Organisation trennbar; man denkt, wie man strukturiert ist; man handelt, wie man organisiert ist. Aus diesem Grunde hat sich das Denken der kommunistischen Parteien verknöchert.

Il Manifesto: Historisch haben sich die kommunistischen Parteien anläßlich der Dritten Internationale, anläßlich des politischen und ideologischen Geschehens in der Sowjetunion und innerhalb des sozialistischen Lagers herausgebildet. Sie stellen Realitäten dar, die auf die Formierung der Klasse eingewirkt haben, die Verhaltensweisen, Ideologien, Kräfteverschiebungen nach sich gezogen haben. Heute allerdings stehen wir einer Klassenbewegung gegenüber, die sich erstmalig in Europa in ein dialektisches Verhältnis zu den kommunistischen Parteien stellt, sich nur partiell mit ihnen identifiziert. Diese Bewegung belastet sie, und entweder weisen sie sie ab, oder sie werden durch sie verändert. Uns scheint die Hypothese, wonach sie diese schlicht aufsaugen könnten, nicht annehmbar zu sein: das beweist das Beispiel der Studenten. In beiden Fällen stellt sich für die Partei die Frage einer neuen Seinsform, entweder über die Krise und die Erneuerung der vorhandenen Parteien oder über eine Neuformierung des einheitlichen politischen Willens der Klasse. Ist diese neue Seinsform möglich? Ist eine Partei dazu verurteilt, sich zunehmend zu institutionalisieren und sich von der Bewegung, aus der sie hervorgegangen ist, loszulösen, wie Sie vorhin sagten, oder ist eine Organisation vorstellbar, die fähig ist, die Begrenzungen, die Sklerose und die Institutionalisierung, die sie von innen heraus bedrohen, kontinuierlich zu bekämpfen?

J.-P. S.: Von der Notwendigkeit einer Organisation einmal abgesehen, gestehe ich, daß ich nicht sehe, wie die Probleme, die sich jeder stabilisierten Struktur stellen, gelöst werden könnten.

Il Manifesto: Um zusammenzufassen, was Sie behauptet haben, müßte also die politische Partei die Entwicklung und die Autonomie der Massenkämpfe fördern, statt sie zu bremsen: ebenso müßte sie die Entwicklung einer Gegenkultur sicherstellen und schließlich eine globale, synthetische Antwort dem Typus von Rationalität und gesellschaftlichen Beziehungen, auf denen die Gesellschaft gründet, entgegensetzen können. Das sind offenkundig spezifische Aufgaben der Partei, in dem Maße, wie sie aufgrund ihres globalen Charakters über die Probleme hinausgehen, die die fusionierende Gruppe als besonderes Moment des Kampfes lösen kann.

J.-P. S.: Ja, ohne sie können sie aber auch nicht gelöst werden.

Il Manifesto: Einverstanden. Um hier herauszukommen, kann man einige Hypothesen aufstellen. Vor allem anderen muß die revolutionäre Partei, um der Institutionalisierung zu entkommen, sich so begreifen, daß sie permanent im Dienst eines Kampfes steht, der seine eigenen Momente, seine autonome politische Ebene besitzt. Das impliziert die Überwindung des leninistischen oder bolschewistischen Parteimodells – von den Ursprüngen bis hin zur Volksfront –, wonach zwischen dem rein sozialen Moment des Massenkampfes und dem politischen, ausschließlich der Partei eigenen Moment immer eine Trennung existierte. In der Geschichte haben allein die «Sowjets» diese Überwindung versucht. Sie entspricht einem Modell sozialer und nicht nur politischer Revolution, einer Revolution, in der die Sowjets, nicht die Partei, die Macht übernehmen. Darüber hinaus hat die revolutionäre Bewegung einen Mangel des Leninismus auszugleichen: bisher ist die Theorie der Revolution mehr eine «Theorie der Machtergreifung» als eine «Theorie der Gesellschaft» gewesen. Daraus resultiert die Unfähigkeit der kommunistischen Parteien, die Gesellschaften des fortgeschrittenen Kapitalismus zu analysieren und die Ziele, die die Revolution erreichen soll, vorwegzunehmen: anders ausgedrückt, die Unfähigkeit, die neuen Bedürfnisse zu begreifen, die die Bewegung zum Ausdruck bringt, und zu sagen, wie sie befriedigt werden sollen. (Das ist das, was mit den Studenten geschehen ist: man hat die Fragen, die sie sich zur Rolle des Bildungswesen, zu seiner Beziehung zur Gesellschaft, zu Formen und Inhalten eines nicht autoritären Wissens stellten, weder begriffen noch gelöst.) Drit-

tens ist eine permanente Forschungsarbeit zu gewährleisten, damit die Theorie mit den Vorgaben der Bewegung Schritt hält. Eine politische Organisation der Klasse, die marxistisch ist, kann nicht nur a posteriori denken; sie interpretiert die Erfahrung mit Hilfe einer Methodologie, eines Rasters – der Kategorien des «Kapitals», der «Klasse», des «Imperialismus» etc. In dem Maße also, wie das Verhältnis zwischen Partei und Klasse offenbleibt – allein diese Öffnung kann zugleich den Partikularismus einer fragmentarischen Erfahrung und die Institutionalisierung des vereinheitlichenden Moments verhindern – , muß zu diesen Problemen eine Lösung gefunden werden.

J.-P. S.: Ich bin unter der Voraussetzung einverstanden, daß diese Dialektik sich als Doppelherrschaft äußert und man nicht vorgibt, sie innerhalb des politischen Moments zu lösen. Und selbst dann bleiben noch zahlreiche Probleme zu lösen. Sie sprechen von einem methodologischen, theoretischen «Raster», das gewissermaßen a priori feststeht und durch das die Erfahrung interpretiert wird. Aber bleibt das Konzept vom Kapital nicht dürftig und abstrakt, wenn man nicht immer wieder von neuem die Analyse des modernen Kapitalismus über eine ständige Forschung und Infragestellung der Ergebnisse der Forschung und des Kampfes überarbeitet? Sicher ist das *wirkliche* Denken *eins*: seine Einheit aber ist dialektisch, es ist eine lebendige und sich schaffende Realität. Zwischen den Menschen muß ein Verhältnis her, das nicht nur die Freiheit, sondern die *revolutionäre* Freiheit des Denkens garantiert; das ihnen ermöglicht, sich das Wissen vollständig anzueignen und es zu kritisieren. Im übrigen ist das Wissen immer auf diese Weise verfahren, dagegen ist der «Marxismus» der kommunistischen Parteien nie so verfahren. Um die schöpferische Kultur ihrer Mitglieder zu erweitern und ihnen die Aneignung eines Maximums an wirklicher Erkenntnis zu erlauben, muß die Partei – die politische Organisation der Klasse – ihnen die Möglichkeit garantieren, erfinderisch zu sein und sich gegenseitig zu widersprechen, statt sich als Verwalterin eines feststehenden Wissens darzustellen. Richtet man den Blick nach draußen, stellt man fest, daß die Debatte über den Marxismus nie so lebendig wie heute gewesen ist, weil es eine Vielzahl von marxistischen Forschungen und offene Meinungsverschiedenheiten gibt, seitdem der Monolithismus zusammengebrochen ist und sich die Frage der Vielfalt des Sozialismus gestellt hat.

Il Manifesto: Es handelt sich aber eher um Meinungsverschieden-

heiten zur Exegese der heiligen Texte, um einen Interpretationsstreit als um einen schöpferischen Neuaufschwung oder eine kreative Interpretation der Realität.

J.-P. S.: Das stimmt nicht ganz. Sicher, die Diskussion über die Texte dominiert. Doch nehmen wir das Beispiel von Althusser: er betreibt keine schlichte Exegese. Man findet bei ihm eine Theorie des Begriffs, des autonomen theoretischen Wissens, der Untersuchung der Widersprüche, ausgehend vom dominierenden Widerspruch, der «Überdeterminierung». Das sind neuartige Untersuchungen, denen nicht ohne eine neue theoretische Ausarbeitung widersprochen werden kann. Was mich selbst betrifft, mußte ich, um mich Althusser ntgegenzusetzen, die Idee des «Begriffs» überdenken und daraus eine Reihe Schlußfolgerungen ziehen. Dasselbe gilt für den von Lévi-Strauss eingeführten Begriff der «Struktur», den einige Marxisten mit mehr oder weniger Glück zu verwenden versucht haben. Anders gesagt, eine authentische Diskussion erfordert immer eine Anstrengung und führt zu neuen theoretischen Ergebnissen. Jedesmal, wenn man will, daß eine Forschung stattfindet, muß also eine Struktur eingeführt werden, die die Diskussion garantiert; ohne sie würde selbst das theoretische Modell, das die politische Organisation der Erfahrung der Klasse anbietet, wirkungslos bleiben. Hier liegt ein permanenter Widerspruch der Partei vor beziehungsweise eine Begrenzung aller kommunistischen Parteien. Derart komplex ist die Hypothese einer «offenen» Beziehung zwischen einer einheitlichen politischen Organisation der Klasse, der Partei, und dem Moment der Selbstverwaltung der Massen, den Räten oder Sowjets. Wir dürfen nicht vergessen, als das im postrevolutionären Rußland probiert worden ist, sind die einheitlichen politischen Organisationen der Massen schnell verschwunden, und allein die Partei blieb übrig. Es handelte sich um einen dialektisch notwendigen Prozeß, der in der UdSSR die Partei dazu veranlaßt hat, die Macht zu übernehmen, die eigentlich die Sowjets hätten nehmen und behalten müssen. Vielleicht könnte es heute anders laufen, doch in den Jahren der Umzingelung der UdSSR durch die kapitalistischen Länder, des Bürgerkrieges und der enormen Restriktionen im Inneren, wirkt der Prozeß, der schließlich das vollständige Verschwinden der Sowjets bedeutete, ziemlich verständlich. Deshalb habe ich gelegentlich geschrieben, daß man in bezug auf die UdSSR statt von einer Diktatur *des* Proletariats eher von einer Diktatur *für* das Proletariat sprechen müßte, in dem Sinne, daß die Partei die Zerschlagung der Bourgeoisie zugunsten des Proletariats auf sich nahm. Andererseits war es für das Überleben der UdSSR unvermeidlich, daß das Proletariat, wie überall, wo eine Revolution stattgefunden hat, sich aufgefordert sah, auf das zu verzichten, was vor der Revolution die spezifischsten Ziele seines Kampfes gewesen waren, nämlich die Erhöhung der Löhne und die Verkürzung der Arbeitszeit. Anders konnte man nicht handeln, denn den Arbeitern wäre es schwergefallen, von selbst auf diese Ziele zu verzichten, selbst wenn sie an ihrem Arbeitsort die Erfahrung der Selbstverwaltung gemacht hatten. Um schließlich auf das zu kommen, was heute geschieht, so scheint sich nur schwer eine Organisation von Sowjets oder Räten bilden zu können, wenn eine starke «historische» Artikulation der Klasse, ob Gewerkschaft oder Partei, vorhanden ist. In Frankreich haben wir die Erfahrung der Aktionskomitees gemacht. Sie haben sich schnell aufgelöst, nicht weil sie verboten worden sind, sondern weil die Gewerkschaften die Zügel wieder in die Hand genommen haben.

Il Manifesto: Dieser letzte Widerspruch scheint nicht unüberwindbar zu sein. Jeder gewerkschaftliche Kampf, der nicht nur eine Verhandlung über Lohnfragen, sondern auch eine Verhandlung über Arbeitstempo, Arbeitszeiten, Organisation und Kontrolle der Arbeit beinhaltet, beweist die Notwendigkeit der direkten Organisation der Arbeiter. Ohne die einheitliche, autonome, politisch qualifizierte Versammlung der Basis kann eine Verhandlung dieser Tragweite nicht stattfinden. Der gewerkschaftliche Kampf zwingt also dazu, die Frage der direkten Institutionen der Klasse neu zu entdecken; das ist ein Erfahrungswert, keine intellektuelle Erfindung. Sicher, diese neuen Formen stoßen auf den Konservatismus und den Bürokratismus. Sie müssen aber auch bestimmte, ihnen eigene Grenzen zur Kenntnis nehmen. Unter diesem Gesichtspunkt ist die italienische Erfahrung interessant: zwischen Partei oder Gewerkschaft und Bewegung ist die Alternative nicht immer, wie Sie behauptet haben, entweder Ablehnung oder Transmissionsriemen. Wir haben es mit einer gesellschaftlichen Spannung zu tun, die ihre eigenen Ausdrucksformen hat und zugleich auf die traditionellen Institutionen der Klasse einwirkt, ohne daß sie bei ersteren oder letzteren einen Ausgleich findet. In Wirklichkeit sind zwar die Grenzen der Gewerkschaft vorhanden und bekannt, dafür haben auch die Institutionen der direkten Demokratie ihre Grenzen: allgemein funktionieren sie zwar in der Phase der Unruhe ausgezeichnet, wie es in den jüngsten Kämpfen bei Fiat der Fall gewesen ist, doch danach laufen sie unbewußt Gefahr, Instrumente zur Spaltung zwischen den einzelnen Gruppen, den einzelnen Betrieben zu werden, also den Unternehmern zu dienen. Und bedeutet dann die traditionelle Gewerkschaft, bei all ihren Begrenzungen, nicht einen Schutz gegen die Schwäche der neuen Institutionen? Zusammengefaßt ist die Bewegung heute vielseitiger und komplexer als ihr politischer Ausdruck.

J.-P. S.: Was mir auf jedem Fall an Ihrem Schema interessant zu sein scheint, ist die Doppelherrschaft, die es vorwegnimmt. Das heißt eine offene und irreduzible Beziehung zwischen dem *vereinheitlichenden* Moment, das der politischen Organisation der Klasse zufällt, und den Momenten der Selbstverwaltung, den Räten, den fusionierenden Gruppen. Ich betone dieses Wort, irreduzibel, denn zwischen beiden Momenten kann nur permanente Spannung sein. Die Partei wird immer versuchen, die Bewegung, in deren «Dienst» stehend sie sich begreift, auf ihr eigenes Interpretations- und Entwicklungsschema zu reduzieren; die Momente der Selbstverwaltung werden immer versuchen, ihre lebendige Parteilichkeit auf die widersprüchliche Vielfalt des sozialen Gefüges zu projizieren. Innerhalb dieses Kampfes kann unter Umständen der Beginn einer wechselseitigen Veränderung zum Ausdruck kommen, die allerdings – wenn sie revolutionär bleiben will –, nicht umhin kann, sich in Richtung einer allmählichen Auflösung des Politischen innerhalb einer Gesellschaft zu bewegen, die zur Vereinheitlichung, aber auch zur Selbstverwaltung tendiert, das heißt jene gesellschaftliche Revolution zu vollenden, die mit dem Staat auch alle anderen spezifisch *politischen* Momente aufhebt. Eine so ausgerichtete Dialektik bezieht sich zusammengefaßt zurück auf das Marxsche Entwicklungsschema. Bisher ist das nicht geschehen; vielleicht beginnen erst jetzt die Voraussetzungen dazu in der Gesellschaft des fortgeschrittenen Kapitalismus zu existieren. Auf jeden Fall ist das eine Hypothese, an der gearbeitet werden muß.

Il Manifesto, 4. September 1969

Das brasilianische Volk
im Kreuzfeuer der Bürger

(1970)

Für uns handelt es sich nicht darum, die Häftlinge, die in Brasilien abscheulich gefoltert werden, zu bemitleiden; sie sind Kämpfer, und was wir zu tun haben, ist, uns ihrem Kampf anzuschließen. Allzuoft wird im Fall Brasiliens geglaubt, es handle sich nur um einen Zwischenfall auf den Weg zur Demokratie; in Wirklichkeit ist das Problem ein ganz anderes, und das, was gegenwärtig in Brasilien geschieht, ist wie ein Abbild eines möglichen und sogar wahrscheinlichen Schicksals zahlreicher europäischer Länder. Jahrelang hat die brasilianische kommunistische Partei auf die Karte des nationalistischen Unternehmertums gesetzt; sie sagte: «Die nationalistischen Bürger, die sich im Grunde eine vollständig autonome Wirtschaft wünschen, müssen in ihrem Bemühen, sich dem Imperialismus zu widersetzen, unterstützt werden, und anschließend werden wir zusehen, daß man auf Fragen des Klassenkampfes zurückkommt.» Der Zusammenbruch des nationalistischen Bürgertums 1964 ist eine Antwort auf diese Taktik und auf diese Politik. Anders gesagt dürfen wir uns nicht vorstellen, es gäbe beispielsweise im Fall Brasiliens ein gutes Bürgertum, das nationalistisch, und ein schlechtes, das Komplize des Imperialismus wäre. Es gibt nur eine einzige Bourgeoisie, deren Verhalten je nach den augenblicklichen Interessen variiert.

Der nationalistische Sektor des brasilianischen Bürgertums hatte versucht, sich den Binnenmarkt zu sichern, indem er die von seinen Betrieben produzierten Konsumgüter an die Stelle derjenigen setzte, die aus dem Ausland importiert werden konnten. Ergebnis dieser Politik war, daß diese Bourgeoisie nur von der wachsenden Verelendung Brasiliens leben konnte, und in diesem Sinn hat sie den imperialistischen Einfall im Brasilien von heute vorbereitet. Ja, man muß wissen, daß sie gezwungen war, sich mit den großen Feudalherren des Nordostens zu verbünden, die zwar die Landarbeiter in entsetzlichem

Elend halten, dafür aber große Devisenbringer waren und deshalb geschont werden mußten. Deswegen hat die nationalistische Bourgeoisie, wenn sie auch gelegentlich ihre Absicht beteuerte, eine Agrarreform durchzuführen, diese nie realisiert. Andererseits muß zur Kenntnis genommen werden, daß der Wohlstand der nationalistischen Bourgeoisie stets mit großen Wirtschaftskrisen zusammenfiel, da sich dann das Volk mit seiner geringen Kaufkraft wieder den brasilianischen Produkten zuwandte. Schließlich darf nicht vergessen werden, daß sich diese Bourgeoisie nur gestützt auf das gewaltige Arbeitslosenheer konstituieren konnte, sozusagen durch die Förderung der Arbeitslosigkeit, die es ihr erlaubte, die Produktionskosten auf ein Minimum zu reduzieren, während sie zugleich die Gewinne steigen ließ, die allein ihr zugute kamen; um konkurrenzfähig zu bleiben, brauchte sie also weder ihre Produkte, ihre Technologie zu verbessern noch die brasilianische Wirtschaft insgesamt voranzutreiben.

Diese Politik des nationalistischen Bürgertums, deren Existenzbedingungen wir soeben alle gesehen haben, führte zur Verarmung des Landes und machte die brasilianische Wirtschaft zur leichten Beute für den nordamerikanischen Imperialismus. Und als um 1961 unvermeidbar eine Wirtschaftskrise eintrat, bekam der andere Teil des brasilianischen Bürgertums, jener, der mit dem Imperialismus gemeinsame Sache machte, wieder Auftrieb und sah für sich eine neue Chance. Vergessen wir nicht, daß dieser Kampf zwischen den beiden Teilen des brasilianischen Bürgertums auf das Jahr 1945 zurückgeht und daß der Staatsstreich von 1964 nur der Endpunkt dieses Kampfes ist, in dessen Verlauf man 1945 den Sturz von Vargas, 1951 seine Rückkehr, 1954 seinen Selbstmord erlebte, sowie 1955 den im übrigen mißglückten Versuch, die Machtergreifung von Kubitschek zu verhindern und schließlich, 1961, den erzwungenen Rücktritt von Quadros. Obwohl dieser Kampf meistens zugunsten des nationalistischen Bürgertums ausging, verhinderte er dennoch nicht ein großzügiges Anwachsen der ausländischen Investitionen in Brasilien: 220 Millionen Dollar von 1946 bis 1950 und 743 Millionen von 1960 bis 1964. 1961 kamen auf 66 Unternehmen mit über 1 000 000 Cruzeiros Betriebskapital 32 ausländische Unternehmen mit 34 Prozent Kapitalanteil und 19 brasilianische Unternehmen mit 11 Prozent Kapitalanteil. Unter diesen Bedingungen war es dem Militär 1964 ein leichtes, ihren Staatsstreich mit dem Segen – und vielleicht sogar noch ein bißchen mehr – der Vereinigten Staaten durchzuführen, um ein für allemal mit dem nationalistischen Bürgertum abzurechnen. Und das Bemerkenswerte ist, daß dieses Bürgertum verschwunden ist. Denn eine der ersten Maßnahmen der Militärregierung ist es gewesen, die Kredite zu kürzen, so daß die inländischen Unternehmen gezwungen wurden, entweder aufzugeben oder sich dem ausländischen Kapitalismus anzuschließen. Es hat also eine Versöhnung beider Zweige der Bourgeoisie stattgefunden, was eben beweist, daß es eigentlich immer nur eine einzige gibt, ihre Interessen aber fluktuierend sind. Anschließend hat die Regierung ein Dekret zur Absicherung der ausländischen Investitionen erlassen, das die ausländischen Unternehmen dazu ermächtigt, eigenständig die Höhe der infolge von Unruhen oder Streiks erlittenen Einbußen festzusetzen und von der brasilianischen Regierung Schadensersatz zu verlangen, ein Schadensersatz, der selbstverständlich auf dem Rücken der Brasilianer ausgetragen wird. Danach brauchten die Imperialisten und die Bourgeoisie nur noch Brasilien so vollständig wie möglich auszuplündern, während die Regierung das Volk im Stand verminderter Widerstandsfähigkeit zu halten, also eine konstante Repression zu organisieren hatte.

1969 wurde Nelson Rockefeller von Nixon damit beauftragt, die verschiedenen Länder Lateinamerikas zu besuchen, und in seinem Bericht erklärte er unter anderem: «Es gibt demokratische Regimes, und es gibt Militärregimes; die Militärregimes dürfen aber nicht nach Maßgabe irgendeiner Ideologie, sondern entsprechend ihrer Haltung zu den Vereinigten Staaten beurteilt werden.» Andererseits wies er darauf hin, daß diese Militärdiktatoren häufig nur über veraltete Waffen verfügen; gewiß würde man ihnen etwas Waffenmaterial verkaufen, es sei aber gut, ihnen mehr zu verkaufen, damit sie ihr Land besser verteidigen könnten. An dieser Stelle darf man sich fragen: «Gegen wen? Gegen wen bildet man in Panama oder in den Vereinigten Staaten selbst die brasilianischen Soldaten aus? Gegen die Sowjets? Gegen die Chinesen?» Niemand wird an eine Invasion der einen oder der anderen in Brasilien denken können. In Wirklichkeit vertrauen die Brasilianer den Amerikanern die eigenen Soldaten an, damit die Amerikaner sie lehren, auf das brasilianische Volk zu schießen. Die Armee dient immer weniger dem Schutz gegen einen möglichen äußeren Aggressor, dafür immer mehr der Verschärfung der Repression im Inneren.

Daher muß uns die brasilianische Linke in zweifacher Hinsicht als Beispiel dienen. Ein negatives Beispiel vor 1964, denn damals setzte sie zur Bekämpfung des Imperialismus auf ein Bündnis des bürgerlichen Nationalismus mit den Kräften des Volkes, und wir haben gesehen, wie sehr sie verraten worden ist und sie sich geirrt hat. Ein positives Beispiel ist sie nach 1964, denn von dieser Zeit an hat sie begriffen, daß das einzige Mittel, den Imperialismus und dessen Verbündete im eigenen Land zu bekämpfen, der bewaffnete Kampf sei.

Das Beeindruckende ist, daß dieser bewaffnete Kampf eine unabwendbare Entscheidung darstellt. In der Tat, sobald eine Demonstration stattfindet, läßt die Reaktion nicht auf sich warten: entweder wird niedergesäbelt oder es wird geschossen; der Massenkampf in Form von Großdemonstrationen, wie sie noch vor einigen Jahren in Brasilien stattfanden, ist heute unmöglich und unwirksam geworden. Daher gibt es keinen anderen Ausweg, als sich für den bewaffneten Kampf zu entscheiden: Widerstand, Untergrundkampf, Stadt- und Landguerilla.

Eine Zeitlang sind die entstandenen Gruppen gespalten gewesen und schwächten sich gegenseitig. Es hat die «Volksbewegung» gegeben, die zuerst über Großdemonstrationen agieren wollte und die, nachdem sie ihren Irrtum erkannt hat, zum bewaffneten Kampf im Untergrund übergegangen ist; es hat die kommunistische Partei Brasiliens maoistischer Prägung – die nicht die brasilianische kommunistische Partei ist –, gegeben, die sich ebenfalls für den bewaffneten Kampf entschieden hat; es hat noch weitere Organisationen gegeben, die nicht alle genannt zu werden brauchen. Seit einiger Zeit hat der bewaffnete Kampf diese Truppen vereinheitlicht, eine Vereinheitlichung, deren Notwendigkeit Carlos Marighela erkannt hatte. Deshalb hatte er gefordert, daß die fünfzehn Gefangenen, die nach der Entführung Charles Burke Elbricks, des Botschafters der Vereinigten Staaten in Brasilien, freigelassen wurden, verschiedenen Richtungen angehören sollten. Für Marighela sollte sich die Vereinheitlichung nicht auf Brasilien beschränken; ihm zufolge *«mußte man dem globalen Projekt des nordamerikanischen Imperialismus ein globales lateinamerikanisches Projekt entgegensetzen».*

Der Feind ist einheitlich, folglich muß auch die Antwort einheitlich sein. Es gab einmal einen gewissen Monroe, der sagte: *«Amerika den Amerikanern.»* Heute aber wird diese Doktrin interpretiert als: *«Südamerika den Nordamerikanern.»* Es gilt also, die Einheit des einen, des unterdrückten Südamerikas gegen das andere, unterdrückerische Nordamerika herzustellen.

Der heldenhafte Kampf, den die Brasilianer vor unseren Augen führen, sollte uns veranlassen, über unsere eigene Situation nachzudenken. Auch bei uns gibt es ein nationalistisches Bürgertum, und ebenso gibt es amerikanische Investitionen. Täglich können wir in den Wirtschaftsnachrichten lesen, daß dieses oder jenes französische Unternehmen auf die internationale Karte setzt, was im Klartext heißt, daß es sich von einer amerikanischen Bank finanzieren läßt; auch kann man lesen, daß diese oder jene amerikanische Gesellschaft sich beispielsweise im Bereich der Informatik für Frankreich «entschieden» hat, was sich ein wenig «*galant*» anhört. Ähneln die De-Gaulle-Anhänger auf der einen, die Pompidou-Anhänger auf der anderen Seite nicht den beiden Sektoren des brasilianischen Bürgertums: die einen als Vertreter eines im übrigen vergeblichen Nationalismus, die anderen als Befürworter des Zustroms amerikanischen Kapitals? Und man kann den Vergleich fortsetzen: glauben Sie, daß man bei uns keine Obristen und Kommandeure finden könnte, die bereit sind, diejenigen zu unterstützen, die auf die «*internationale Karte*» setzen?

Es ist also nicht allein unsere Pflicht, die brasilianischen Revolutionäre in ihrem Kampf zu unterstützen, sondern es geht auch um unsere Interessen, es geht um unsere Freiheit.

Témoignage chrétien, 29. Januar 1970

Ansprache auf einer Veranstaltung zur Solidarität mit dem brasilianischen Volk.

Die Affäre Geismar

(1970)

Die Zeitungen haben über den Geismar-Prozeß berichtet. Die meisten immerhin fanden das Urteil «zu hart». Es ist nicht «zu hart»: es ist willkürlich und ungerecht. Das ist es, was aus der Lektüre der Einzelheiten aus dem Prozeß hervorgeht; wir haben das hier veröffentlicht, nicht um von der Bourgeoisie irgendwelche Nachsicht gegenüber Revolutionären zu fordern, die sie stürzen wollen, sondern um aufzuzeigen, daß man sich nicht scheibchenweise Illegales leisten kann: die Gesetze, die sich das Bürgertum gegeben hat, ja selbst diese bilden ein Ganzes; wenn die Regierung meint, sie im Einzelfall übertreten zu dürfen, dann muß sie in jedem Fall alle übertreten. Zuerst hat man gegen Le Bris und Le Dantec einen Gesinnungsprozeß angestrengt; das bedeutete, die Freiheit der revolutionären Presse preiszugeben. Das mußte zur reinen Willkür führen: zur Auflösung der *Gauche prolétarienne*, zur Verhaftung von Geismar, also zur Verletzung der Gesamtheit der juristischen Bestimmungen, die man *habeas corpus* nennt.

Eine Veranstaltung hat stattgefunden, um dagegen zu protestieren, daß den Herausgebern von *La cause du peuple* der Prozeß gemacht wurde. Vom Beginn der Veranstaltung an riefen die etwa fünftausend Teilnehmer: «Am 27. auf die Straße!» Mehrere Redner haben vor dieser überaus erregten Menge gesprochen, deren Standpunkte sie beinah alle teilten. Ein einziger ist verhaftet worden, Geismar, der acht Minuten gesprochen hat und wie die anderen den Zuhörern noch einmal sagte, was sie zu hören wünschten, nicht aus Demagogie, sondern, wie er im Prozeß erklärte, «weil es den Bedürfnissen der Massen entsprach». Wie kann man tatsächlich annehmen, ein einziger Mensch – oder auch sieben oder acht, das ändert nichts daran – sei in der Lage, aufgrund seiner Worte fünftausend Demonstranten auf die Straße zu bringen? Wer außer dem Staatsanwalt glaubt denn das?

Derjenige, der redet – ob er «Alle auf die Straße» sagt oder, wie 1789, «Alle zur Bastille» –, findet nur Gehör, wenn er ausdrückt, was diejenigen, die ihm zuhören, empfinden. Noch bevor die Veranstaltung begonnen hatte, wußte jeder, was er hören wollte: wie kann man sich einbilden, die Redner – oder einer von ihnen – hätten die Massen zur *Entscheidung* veranlaßt? Hätte Geismar nicht gesprochen, wäre das Ergebnis zweifellos dasselbe gewesen. Es sei denn, man unterstellt, die Menge im Saal wäre vor seinem Beitrag inert gewesen und seine Worte hätten auf sie wie ein elektrischer Funke gewirkt, der sie mit künstlicher Erregung aufgeladen hätte.

Dennoch wird *allein* er dafür, was am 27. geschehen ist, verantwortlich gemacht. Übrigens, was ist denn geschehen? Das sagt das Gericht nicht: kein einziges ärztliches Attest, keine einzige Zeugenaussage seitens der Anklage – etwa eines verletzten Polizisten oder eines Einsatzleiters, der die Verletzungen seiner Leute angeben würde. Außerdem gesteht der Staatsanwalt ein, daß «es sich um Prellungen und nicht um Verletzungen handelt». Es hat Gewalttätigkeiten gegeben? Zweifellos: aber wer hat angefangen? Es genügt, die Zeugenberichte der Menschen zu lesen, die in Censier gewesen sind: die Polizisten haben gezielt Tränengasgranaten auf die Demonstranten abgefeuert. Diese erwiderten mit dem Werfen von Schraubenbolzen. Auf der anderen Seite aber, auf dem Quai, haben die Polizisten nicht geschossen, und daraufhin gab es auch keinen Gegenangriff der Demonstranten. Den Zeugenaussagen zufolge ist offensichtlich, daß die Polizei einen Zusammenstoß beabsichtigte, der nicht stattgefunden hat. Die Reihenfolge der Ereignisse ist deutlich: auf der Veranstaltung kristallisiert sich die Entscheidung heraus. An höherer Stelle möchte man, daß die Demonstrationen blutig verlaufen; einige Verletzte wären wünschenswert. Unglücklicherweise hat es bei den «Ordnungshütern» keine gegeben; die einzigen finden sich unter den Demonstranten: aber das, das ist «banal»; die Polizei hat die «Freiheit verteidigt», nichts weiter. Und trotzdem wird Geismar deswegen zu achtzehn Monaten Gefängnis verurteilt.

In Wirklichkeit ist es nicht deswegen. Sondern weil er als einer der Verantwortlichen der ehemaligen *Gauche prolétarienne* gilt. Als er diese Partei auflöste, machte Marcellin[1] einen ziemlichen Schnitzer; er hat sinngemäß gesagt: «Ich löse sie auf, weil ihre Mitglieder sie

1 Damaliger Innenminister, Anm. d. Übers.

rekonstituieren werden und wir sie dann ins Gefängnis stecken können.» Im Klartext heißt das: jedes ehemalige Mitglied der *Gauche prolétarienne* ist *von vornherein schuldig*; was er auch tut, wenn die Polizei ihn gefaßt hat, wird er verurteilt werden, das zeigt die kürzliche Verurteilung eines ehemaligen *GPlers* zu sechs Monaten Haft wegen Neugründung einer aufgelösten Vereinigung, weil man in seiner Tasche ein Exemplar von *La cause du peuple* gefunden hat. Aus demselben Grund ist Geismar von vornherein schuldig: achtzehn Monate ohne Bewährung, damit rechnete er; er rechnete mit jenem seltsamen Prozeß ohne Zeugen der Anklage, ohne Beweise; jetzt rechnet er mit der «strengen» Strafe, die, unter denselben Voraussetzungen, der Sicherheitshof verhängen wird. Wie man sieht, existieren die bürgerlichen Garantien in seinem Fall nicht: das Spiel steht von vornherein fest; es ist nicht nötig zu *beweisen*, daß er schuldig ist; das wird vorausgesetzt; die Regierung ist nicht einmal gezwungen, neue repressive Gesetze zu schaffen: sie braucht nur diejenigen, die ihr zur Verfügung stehen, grob zu verfälschen. Hierzu ist die Lektüre der Prozeßakten sehr lehrreich. Die Bourgeoisie hat keine Ideologie und keine «Moral» mehr, die sie den Opponenten entgegensetzen könnte. Sie hat sich erst mit dem Legalismus verteidigt (durch Verabschiedung repressiver Gesetze wie zum Beispiel das *Anti-casseurs*-Gesetz[1]) und verteidigt sich heute mit der Illegalität (indem sie Tricksereien zum eigenen Gesetz erhebt). Unausgesprochen steuert sie damit die Abschaffung der formalen Freiheiten an oder besser gesagt der formalen Freiheit, denn es gibt nur eine.

Was unseren Kampf betrifft, muß man begreifen, daß diese Freiheit keine bloße Mystifizierung der Unterdrückten und Ausgebeuteten ist. Sicher, das ist sie *auch*. Aber deshalb, weil sie abstrakt bleibt. Eine sozialistische Gesellschaft wird die abstrakte Freiheit und ihre Garantien nicht abschaffen: sie wird sie vervollständigen, sie wird die konkrete Freiheit einführen, die, weit davon entfernt, sich der Freiheit der Meinung, der Versammlung, der Presse oder dem *habeas corpus* zu widersetzen, ihnen eine tatsächliche Begründung geben wird, die einzig gültige, weil sie nichts anderes ist als die vollkommene Freiheit des Volkes. Jedenfalls muß unser Kampf *auch* diese Ebene mit einschließen: die Regierung und die herrschende Klasse müssen ge-

---

1 Sog. Gesetz «gegen Randalierer», das jeden Teilnehmer für im Verlauf einer Demonstration geschehene Schäden haftbar macht.

zwungen werden, die vorhandenen Gesetze zu verwenden, *ohne sie zu verfälschen*. Das muß sein, und sei es auch nur aus diesem einzigen Grund: wenn sich die Staatsmacht an das Gesetzbuch hält, hat sie keine Möglichkeiten mehr, die revolutionären Bewegungen zu unterdrücken.

Vorwort zu *Akten des Prozesses gegen Alain Geismar*, Éditions Hallier,
Paris 1970

Die Dritte Welt beginnt
in den Vororten

(1970)

Was man beim Lesen dieses Buches begreift, ist, daß die Situation, die den afrikanischen Arbeitern bereitet wird – und im übrigen vielen weiteren immigrierten Arbeitern –, nicht allein der Fahrlässigkeit, nicht allein dem Rassismus geschuldet ist: die Überausbeutung des afrikanischen Arbeiters ist für die französische kapitalistische Wirtschaft notwendig.

Von den Amerikanern sagt man oft, sie hätten ihre Kolonien «zu Hause», im eigenen Land; nun, was Frankreich gerade zu tun versucht, ist, die Kolonien, die es verloren hat, wieder bei sich zu konstituieren. Insbesondere werden wir sehen, was das System, das die afrikanischen Arbeiter in unsere Wirtschaft integriert, bedeutet.

Zunächst ist das Buch in einer Sache sehr klar: in jener der Illegalität. Die Illegalität, das ist eine Farce: in Wirklichkeit handelt es sich um eine Politik der Immigration. Wie einer der befragten Afrikaner sehr schön sagt: «Aus dem Senegal kommt man nicht zu Fuß, man kommt mit dem Schiff; folglich legt das Schiff in einem Hafen, beispielsweise in Marseille, an, und wie sollten ohne Duldung seitens der Polizei dreißig oder fünfzig anwesende afrikanische Arbeiter von Bord gehen können?» Eine Duldung, die einerseits selbstverständlich die Politik der Unternehmer diktiert; eine Duldung, die andererseits von den afrikanischen Arbeitern selbst teuer erkauft wird. Anders gesagt, sie zahlen, um das Land zu betreten, ein Land, das jetzt sagt: «Aber diese Leute sind gekommen, ohne dazu aufgefordert worden zu sein; wir kennen sie nicht; wir haben ihnen gegenüber keine Verantwortung; was, sie leben in Elendsquartieren? Das liegt eben daran, daß sie zu viele sind!» Sie sind zu viele, aber nicht so viele, daß sie nicht alle der französischen Wirtschaft dienen können. Das ermöglicht es auch, nach Gutdünken die Drohung der Ausweisung über ihnen schweben zu lassen, da sie ja eben nicht eingeladen worden sind!

Man sieht, daß diese oft erwähnte Farce der Illegalität eigentlich zuallererst als genau die Form der Immigration betrachtet werden muß, die die Unternehmer wünschen. Denn früher importierte die Metropole aus der Kolonie den Rohstoff. Sie tut es im übrigen weiterhin, unter einer neokolonialistischen Form. Das erklärt, wie es sehr treffend genannt worden ist, die Zerstörung der Strukturen der afrikanischen Länder zugunsten der früheren Metropolen. Und es erklärt folglich auch (das ist ein Kreis), warum die ausländischen Arbeiter heute zahlreicher sind als früher, weil sich nämlich in ihren Ländern die Situation zusehends verschlechtert. Und was importiert man heute mit diesen Menschen? Man möchte sie als etwas, was man «menschlichen Rohstoff» nennen könnte; das heißt, man will sie als unqualifizierte Arbeiter haben: unqualifiziert deshalb, weil die Qualifikation eben den französischen Arbeitern vorbehalten wird; sind sie da, verweigert man ihnen also systematisch Ausbildungsmöglichkeiten. Beispielsweise bekam einer von ihnen – das alles steht im Buch –, der studieren, einen qualifizierten Beruf haben wollte, zur Antwort: «Wir brauchen hier keine Facharbeiter, nicht einmal angelernte Arbeiter, wir brauchen Hilfsarbeiter.»

Demzufolge ist ausgemachte Sache, daß man den Arbeiter auf seine geringsten Fähigkeiten reduzieren will. Und wenn es unter den Senegalesen und allgemein den Afrikanern qualifizierte Arbeiter gibt, überläßt man ihnen entweder Beschäftigungen, die weit unter ihrer Qualifikation liegen (in Le Havre gibt es Köche, die seit dreißig Jahren in einem Hotel Geschirr spülen, obwohl sie ihren Beruf vollkommen beherrschen), oder man bezahlt sie, falls man sie in ihrem Beruf arbeiten läßt, weit unter dem, was ihrer Anstellung entsprechen würde. Beispielsweise jenen Lastwagenfahrer, der zwar tatsächlich in einer Gemeinde, ich weiß nicht mehr, in welcher, als Lastwagenfahrer angestellt ist, aber als Straßenarbeiter bezahlt wird.

Es handelt sich hier also in der Tat um eine allgemeine Politik. Diese Politik bietet den Unternehmern große Vorteile: zunächst weil diejenigen, die man importiert, «fertige» Menschen sind; das heißt, die Unternehmer und ganz allgemein die französische Wirtschaft haben von Rechts wegen nicht die Last einer Kindheit zu tragen, in die man investieren müßte. Um arbeiten zu können, muß man mindestens vierzehn oder fünfzehn Jahre alt sein, und dadurch hat man von der Geburt bis zu dem Zeitpunkt, zu dem eine Fabrik, ein Betrieb oder derartiges erstmals betreten wird, vierzehn oder fünfzehn unproduktive Jahre. Diese fünfzehn Jahre fallen vollständig weg, wenn man den fertigen Menschen importiert, ich meine, denjenigen, der nach beispielsweise drei Tagen Anlernzeit sofort an die Arbeit gesetzt wird. Das sind also Menschen, und davon gibt es eine Million – ich spreche nicht allein von den Senegalesen –, eine Million Menschen, die der französischen Unternehmerschaft beträchtliche Ersparnisse einbringen. Darüber hinaus übernehmen sie Aufgaben, die den französischen Arbeitern zunehmend zuwider sind, und dadurch, wie sehr treffend bemerkt worden ist, integriert man sie nicht in die französische Arbeiterklasse, sondern weist sie zurück. Sie sind diejenigen, die unter den Arbeitern stehen. Damit entwickelt man einen für das Kapital sehr nützlichen Rassismus. Anschließend tut man alles, um zu verhindern, daß sie Eingang in die französische Gesellschaft finden und dort wie jeder beliebige Franzose weiterkommen können. Man setzt alles daran, daß sie ihre Muttersprache beibehalten und keine zweite Sprache lernen, die es ihnen erlaubte, mit ihren Kollegen zu kommunizieren. Gegen die Alphabetisierung empfindet man Widerwillen. Jedesmal, wenn es nötig ist, sie zu betreiben, sind es Freiwillige und meistens französische Revolutionäre, die sich an diese Aufgabe machen. Von offizieller Seite gibt es nichts, was eine Alphabetisierung ermöglichen würde. Weshalb? «Keine Elite, kein Ärger», so hieß es in Belgisch-Kongo (und das hat später viel Ärger verursacht ...).

Sodann gestattet man ihnen gerade noch, sich untereinander zusammenzuschließen: die UGTS[1] ist eine sogenannte «ausländische» Organisation; nun, um eine ausländische Organisation aufzulösen, dazu genügt ein Erlaß des Innenministers ohne weitere Begründungen; folglich bleiben die Möglichkeiten eines Zusammenschlusses immer prekär. Schließlich werden bedeutende Gewinne beispielsweise bei der Sozialfürsorge, die ihnen eigentlich zusteht, auf folgende Weise erzielt: Kindergeld wird nur gewährt, wenn ihre Familien bei ihnen leben; nun ist aber klar, daß die meisten der afrikanischen Arbeiter ihre Familie nicht mitnehmen, da sie gerade deswegen hierherkommen, um Geld schicken zu können, womit sich diese Familie er-

---

1 UGTS: Union générale des travailleurs sénégalais en France, allgemeiner Bund der senegalesischen Arbeiter in Frankreich; Anm. d. Übers.

nähren kann. Folglich wird dieses Kindergeld entweder überhaupt nicht gezahlt, oder wenn es gelegentlich vorkommt, dann nach einem viel niedrigeren Satz. Indessen erklärt man den afrikanischen Arbeitern: «Sie werden doch nicht hereingelegt, da all das einem Sozialförderungsfonds zugute kommen wird, der mit diesem Geld beispielsweise Wohnheime bauen wird.» Ist man sich des grandiosen Betrugs bewußt, der darin steckt? Ja, man erwartet von diesen afrikanischen Arbeitern, daß sie mit dem Geld, das ihnen zusteht, Häuser bauen, die nachher dem Staat gehören und deren Nutznießer sie selbst nie lange bleiben werden, da meistens jene berüchtigte Rotation stattfindet, wonach von Erschöpfung und Krankheit aufgezehrte fertige Menschen durch andere ersetzt werden; nie werden sie länger als zwei, drei Jahre in einem Wohnheim bleiben, für das sie bezahlt haben. Wie man sieht, liegt hier zugleich ein Betrug vor wie auch ein zusätzlicher Gewinn für die französische Industrie. Der afrikanische Arbeiter ist also überausgebeutet, und er ist deshalb überausgebeutet, weil die französische Wirtschaft innerhalb Europas nicht länger konkurrenzfähig bleiben kann, wenn sie sich keiner Menschen bedient, die unterbezahlt werden, deren Löhne unterhalb der Löhne der französischen Arbeiter liegen.

Daran schließt, wie Sie wissen, der ganze abscheuliche Rest an, das heißt die Wohnungen, in denen sie tatsächlich leben, denn diese Wohnheime, die man für sie bauen will, werden in Wirklichkeit nicht gebaut. Da ist die Diskriminierung, da ist die ständige Möglichkeit, ausgewiesen zu werden, und da sind ansonsten die tatsächlichen Ausweisungen (in dem Buch werden alle seit 1968 erfolgten Ausweisungen aufgeführt). Vor allem aber werden Abertausende Menschen zerstört; man schickt sie in ihr Land zurück, ohne daß sie einen qualifizierten Beruf erlernt haben, nachdem sie sich Krankheiten zugezogen haben, die vom Klimawechsel, aber vor allem von den ungesunden Bedingungen kommen, unter denen sie leben; man hat sie die ganze Zeit ausgebeutet und überausgebeutet; und das alles wissentlich und allein deshalb, weil man diese wirklich koloniale Arbeitskraft braucht.

Aus diesen Gründen glaube ich, daß jeder dieses Buch lesen soll, weil man sich des Mechanismus der Überausbeutung aufgrund von Fakten, allein aufgrund von Fakten und nicht von Theorien bewußt werden muß; und weil man sich auch bewußt werden muß, daß wir tatsächlich unsere Kolonien im Inland haben, wie die Amerikaner, allerdings mit dem Unterschied, daß die Situation der amerikanischen Schwarzen trotz allem etwas weniger schlecht ist als die Situation der Afrikaner, die bei uns arbeiten.

Diskussionsbeitrag auf einer von der UGTS organisierten Veranstaltung anläßlich der Veröffentlichung des *Livre des travailleurs africains en France*, Maspéro, Paris 1970

Erklärung auf der Pressekonferenz des «Komitees zur Befreiung der inhaftierten Soldaten» am 27. Januar 1970

Es geht um vier Soldaten, die wegen Verbreitung linksradikaler Flugblätter der Anstiftung zur Befehlsverweigerung und Untergrabung der Moral der Truppe angeklagt waren. Im Januar 1970 veröffentlichte das «Komitee zur Befreiung der inhaftierten Soldaten» ein von Sartre und vielen anderen Schriftstellern unterzeichnetes Manifest, in dem die sofortige Freilassung der vier Soldaten gefordert wurde. Um dieser Forderung Nachdruck zu verleihen, veranstalteten Sartre und andere Unterzeichner am 27. Januar 1970 eine Pressekonferenz. Dennoch wurden drei der vier Soldaten am 6. Februar 1970 vom Militärtribunal in Rennes zu Gefängnisstrafen verurteilt.

Ich glaube, daß das, was viele Unterzeichner des Manifestes zugunsten von Devaux, Trouilleux, Hervé und Divet beunruhigt hat, die Tatsache ist, daß ihre Festnahme und Isolationshaft die tiefe Krise offenbaren, in der die sogenannte nationale Armee steckt, eine Krise, die wir im Licht der militärischen Staatsstreiche betrachten müssen, die allerorts geschehen sind, besonders in Afrika und Südamerika, und die bei uns jederzeit zu einem Militärputsch führen kann. Die Armee als Instrument in den Händen der bürgerlichen Staatsmacht hat immer eine doppelte Funktion ausgeübt: nach außen unter dem Vorwand, das Land zu verteidigen, den imperialistischen und kolonialistischen Interessen der herrschenden Klasse zu dienen. Die 1940 bei der Verteidigung des Territoriums geschlagene französische Armee hat von 1945 an siebzehn Jahre lang ununterbrochen Kolonialkriege geführt. Nach kurzer Unterbrechung fängt sie im Tschad von neuem an. Nach innen ist sie das letzte Mittel der Regierung gegen das Volk. Auf Massu griff de Gaulle 1968 zurück. Kurz, ob gegen die Völker der Dritten Welt oder gegen das Volk unserer eigenen Länder, gegen das Volk ist sie immer. Heute findet sie mit ihrer Intervention im Tschad zu ihrer kolonialistischen Funktion zurück, nach siebzehn Jahren Niederlage, was bedeutet, daß sie ihre Privilegien verloren hat, ihre Offiziere verbittert sind und sich von der Zivilbevölkerung verraten fühlen. Die Streitmacht, die sie repräsentieren, kann im Zeitalter des Atomkriegs nicht einmal mehr behaupten, das Territorium verteidigen zu können. Angesichts der Blockkonfrontation wird sie schnell in den westlichen Block integriert und, wie die Dinge liegen, dem amerikanischen Kommando unterstellt werden. Daher zeigt sich ihre Funktion nach innen heute ganz unverhüllt, sie ist ein Repressionsorgan in den Händen der herrschenden Klasse, doch ihr innerer Widerspruch ist es, daß sich diese volksfeindliche Armee auf der Führungsebene aus einer Militärkaste und unter den Soldaten aus dem Volk zusammensetzt – einem Volk, das seit dem Mai '68 gezeigt hat, daß es sich der gewaltsam aufrechterhaltenen Ausbeutung tief bewußt geworden ist, und dessen Kampfbereitschaft, vor allem bei der Jugend, erheblich gewachsen ist. Den Putsch von Algier brachte ein schon damals großer Anteil der Wehrpflichtigen zum Scheitern. Dieselben hätten sich den Offizieren entgegengestellt, hätten diese im Juni 1968 befohlen, auf die französischen Arbeiter zu schießen. Mit anderen Worten, die Wehrpflichtigen als bewaffnete Vertreter der zivilen Gesellschaft sind den Offizieren, die sie befehligen, verdächtig. Mißtrauisch und feindselig halten sie sie für potentielle Verräter und das um so mehr, als die Altersstufe, die gegenwärtig dient, eben aus den Studenten und Arbeitern besteht, die im Mai das Regime ins Wanken gebracht haben. Um eine zuverlässige Streitkraft aufzustellen, gibt es für die Regierung nur eine Lösung, nämlich langfristig wieder eine Berufsarmee einzuführen – und diese Richtung schlägt sie bekanntlich ein. Bis dahin versucht sie, ihre traditionelle Militärpolitik zu verschärfen, das heißt die Vermassung der jungen Rekruten auf die Spitze zu treiben. Das Verfahren ist geläufig: man zieht die Rekruten ein, was bedeutet, sie aus ihrem Milieu, aus ihrem Beruf zu reißen, und sperrt sie ein bis drei Monate in den Kasernen ein. Man unterwirft sie einer sinnlosen und launischen eisernen Disziplin, die, militärisch als solche nutzlos, aus ihnen, wie es heißt, «Männer» machen soll. Man versucht, sie zu zerstören oder das in ihnen zu zerstören, was sie sich in ihrem Milieu und ihren gesellschaftlich-beruflichen Tätigkeiten bereits an Vorstellungen und Auffassungen zu eigen gemacht haben, man verblödet sie darüber hinaus mit Schikanen, die bis zur physischen Gewalt gehen, wozu Sie soeben ein Beispiel gehört haben, man könnte aber viele weitere zitieren ... Außerdem verbietet man ihnen im Namen der Neutralität der Armee das Lesen der sogenannten linken Zeitungen wie *Le Nouvel Observateur*, *Le Canard enchainé* und *L'Humanité*, dafür sind *Le Figaro*, *L'Aurore* und *Minute* frei im Umlauf ... Den Eingezogenen, isoliert, abhängig, bald erschöpft vom harten Training, bald zum Nichtstun verdammt, wird jede politische Stellungnahme verboten, während die Offiziere sie nach Kräften indoktrinieren, ihnen im Unterricht oder nebenbei erklären, daß Streikende erschossen gehören, daß die UdSSR und China der Feind seien und diejenigen, die in unserem Land Agitation betrieben, Agenten jener Länder. Doch jene, die man durch eine systematische Gehirnwäsche in Roboter verwandeln will, sind heute dieselben, die sich vor nun bald zwei Jahren ihrer Situation in der kapitalistischen Gesellschaft bewußt geworden sind. Deswegen intensiviert sich der Kampf innerhalb der Kasernen zwischen einer über ihre Niederlagen verbitterten Militärkaste, die die vermeintlichen Rebellen dafür bezahlen lassen will – und jungen Männern, die die Erfahrung der Aktion reifer gemacht hat und die das Gelernte nicht vergessen. Deshalb sind Devaux, Trouilleux, Hervé, Divet nicht nur Menschen, die mutig die angebliche Neutralität der Armee und die physische Gewalt gegen die Wehrpflichtigen offengelegt haben, sondern sie stellen, wenn Sie so wollen, einen exemplarischen Fall da, sie zeigen, wie der Klassenkampf innerhalb der Armee zunimmt – und die Tatsache, daß die Offiziere sie als Anstifter zum Ungehorsam betrachteten, ist ein Eingeständnis dessen –, denn sie riefen ihre Kameraden dazu auf, nicht als Streikbrecher in Konflikte einzugreifen, die die Armee und die nationale Verteidigung mitnichten angehen. Sie deswegen anzuklagen bedeutet: ja, die Eingezogenen haben zu gehorchen, wenn man ihnen befiehlt, zur Unterstützung der Unternehmer gegen ihre Mitstreiter einzugreifen. Weshalb hat man sie in Einzelhaft gebracht? Weshalb bemüht man sich, sie als Drogenabhängige auszugeben? Weil man ein Komplott brauchte, das den Vorwand dafür liefert, die Repression nach innen weiter zu verschärfen und die Umwandlung zu einer Berufsarmee zu beschleunigen. Die Zeitungen schweigen sich bislang bezeichnenderweise aus. Natürlich würden einige, falls das Manöver gelingen sollte, zum gegebenen Zeitpunkt loslegen. Das Manöver darf nicht gelingen. Wir verlangen die sofortige Freilassung von Trouilleux, Devaux, Hervé und Divet, deren Vergehen gewesen ist, den Standpunkt einer bestimmten Linken in einer Kaserne äußern zu wollen, in der die rechte Propaganda wütet und sich das Recht anmaßt, als einzige sprechen zu dürfen. Angesichts der massiven Anstrengungen der Staatsmacht zur Indoktrinierung verlangen wir für die Soldaten das Recht auf politische Meinungsäußerung und das Recht, sich zu organisieren, und das jetzt. Doch schon heute müssen wir uns auf einen Kampf vorbereiten, dessen längerfristiges Ziel es ist, jeden Versuch der Wiedereinführung der Berufsarmee, die eine absolute Waffe in den Händen der bürgerlichen Herrschenden wäre, zu verhindern. Wir müssen die Abschaffung der Kasernen und der Militärgerichte und die militärische Ausbildung des Proletariats fordern. Kein Berufsheer, keine sogenannte nationale Armee, sondern die Volksarmee!

Rouge, Nummer 50, 2. Februar 1970

Die ganze Wahrheit

(1970)

General Ovando hatte versprochen, die «Politischen» zu amnestieren. Als es soweit war, kam keine Amnestie: man habe nämlich, erklärte er, in ganz Bolivien keinen einzigen politischen Gefangenen auftreiben können. Weshalb Debray, der berühmte Unpolitische, hinter Gittern bleiben wird.

«In Frankreich gibt es keine politische Gefangenen», würde Pompidou bestimmt sagen. Und er hätte recht – wie General Ovando: blättern Sie die Listen durch, in der Santé[1], in Fresnes[2], in den Provinzstrafanstalten, keinen einzigen werden Sie finden. Wie anders könnte es sich im Land der Freiheit verhalten? Obwohl sich seit einigen Monaten die Überprüfungen von Personalien, die Hausdurchsuchungen, die Festnahmen häufen; das Land der Freiheit hat die auffälligste Polizei der Welt; kein Tag vergeht, an dem man nicht in der Presse liest, daß Jugendliche – *immer* Jugendliche – wegen Gewalttätigkeiten, deren Sinn uns verborgen bleibt, verurteilt worden sind. Anscheinend wird Frankreich von einer Welle von Verbrechen überflutet: die Regierung heckt Gesetze aus, um uns vor der neuen Generation zu schützen; die Gerichte fällen immer strengere Urteile; Zeitungen werden beschlagnahmt, noch ehe man sie gelesen hat, was einer Wiedereinführung der Vorzensur entspricht. Trotzdem: die Regierung wäre höchst erstaunt, hielte man ihr vor, den gefährlichen Weg der politischen Repression eingeschlagen zu haben.

Dreizehn Monate für Frédérique Delange, die an der Aktion gegen Fauchon[3] beteiligt war? Ja, und! Sie ist eine Diebin: das Gericht hat

---

1 Gefängnisanstalt, Anm. d. Übers.
2 Gefängnisanstalt, Anm. d. Übers.
3 Berühmtes Feinschmeckergeschäft für zahlungskräftige Kunden in Paris, Anm. d. Übers.

sie wegen Diebstahls verurteilt, weiter nichts. Leichte Verlegenheit verrät der ungerechte Urteilsspruch allerdings: hätte Frédérique Delange *für sich* etwas gestohlen, ein Kleid in einem Kaufhaus – die Kundinnen haben oft eine lockere Hand –, wäre das Urteil gegen sie weit weniger hart ausgefallen. Aber, wird man einwenden, sie ist ja nicht allein gekommen. Gut. Dann ist sie Mitglied einer «kriminellen Vereinigung»; dieses Delikt ist im Gesetz vorgesehen und wird weniger streng bestraft. Weshalb hat man sie nicht dessen angeklagt? Dafür ist die FLN eben noch zu frisch in Erinnerung: ehe man sie in Évian als legitimen und *politischen* Ansprechpartner anerkannte, wollte man ihre Mitglieder nur als organisierte Verbrecher ansehen. Also eine zwar einsame, doch gleichwohl vielfältige Diebin; in ihrer Person zahlen die mit ihr verbündeten Geister 3000 Francs an das Haus Fauchon: die Summe für *alle* entwendeten Waren. Aus der mir vorliegenden Liste greife ich wahllos einige Namen heraus: Marc Labaye, Widerstand gegen Polizisten, zwei Monate; zwei Monate für André Dauyssert wegen Zerschlagung eines Schaufensters: derart lebhaft verhört, daß sein Trommelfell platzte, wurde er der mutwilligen Zerstörung beschuldigt. Es gibt andere, viele andere, an die hundert. Wer sind diese Menschen? Tobsüchtige? Trunkenbolde? Und weshalb beharren sie darauf, Polizisten zu verprügeln und Schaufenster einzuschlagen? Das wird nicht gesagt. Schon gar nicht weshalb.

Le Dantec und Le Bris haben ihre Mitbürger zum Mord angestiftet und befinden sich in Untersuchungshaft, während der dritte Herausgeber von *La cause du peuple* auf freiem Fuß ist: Letzterer wird anscheinend als «Politischer» eingestuft und soll, falls ihm der Prozeß gemacht wird, als freier Angeklagter vor Gericht erscheinen – was im übrigen bei Pressevergehen seit über hundert Jahren üblich ist –, während die beiden vorherigen Herausgeber Straftäter im Sinne des gemeinen Rechts sind, wie ja auch die siebzig im Laufe dieser letzten Monate angeklagten «Straftäter», die in Wirklichkeit aus politischen Motiven inhaftierte Mitglieder revolutionärer Organisationen sind. Ja, die Regierung hat ein genaues Ziel: die linksradikalen Gruppen zu desorganisieren, indem man die größtmögliche Zahl ihrer Mitglieder einsperrt, und ihre Stimme zu ersticken, indem man ihre Zeitungen systematisch beschlagnahmt. Diese Taktik will sie absichern, wenn sie den Verhafteten die Möglichkeit verweigert, sich über die tatsächliche Bedeutung ihrer Taten zu erklären. Anders gesagt, es geht darum, jenen Alptraum autoritärer Regierungen um jeden Preis zu verhindern: einen politischen Prozeß.

Als über Roland Castro, einer von denen, die nach dem Tod von fünf immigrierten Arbeitern beschlossen hatten, den Sitz des CNPF[1] zu besetzen, geurteilt wurde, bin ich anwesend gewesen, und ich habe gesehen, mit welch plumpem, aber wirksamem Mechanismus das Gericht verhinderte, daß der Beschuldigte, seine Anwälte und seine Zeugen zur Sache reden. Von der Besetzung des CNPF, dem tatsächlichen, aber unterschlagenen Grund der Anklage, ist *niemals* die Rede gewesen. Das einzige Problem: War Castro – der versucht hatte, aus dem Bus zu entkommen, in den die Polizei die Demonstranten gepfercht hatte – gegenüber den Polizisten gewalttätig geworden oder nicht? Folglich wurden alle Zeugenaussagen zu den Motiven für die Besetzung und zur Gewaltanwendung seitens der Polizei – Knüppeleinsätze gegen die Demonstranten, die unbewaffnet waren und keinen Widerstand leisteten –, systematisch abgelehnt. Alle, die sich auf die politische Aktivität von Castro bezogen, wurden als Leumundszeugnisse ausgelegt. Ein afrikanischer Arbeiter, der aufzuzeigen versuchte, wie sich Castro und seine Genossen für die Alphabetisierung der des Lesens und Schreibens unkundigen Arbeiter engagiert hatten, bekam zur Antwort: «Gut, Sie haben also die Ehrbarkeit des Angeklagten bezeugt.»

Wir alle sind für den schwarzen Humor, der diesen Prozeß kennzeichnete, empfänglich gewesen. Man bat uns, die *ganze* Wahrheit zu sagen. Wir schworen. Und sogleich bemerkten wir das Mißverständnis: dem Gericht ging es darum, daß zu *einem Augenblick*, ohne das Vorher und Nachher, die ganze Wahrheit gesagt wird: zu jenem, als der flüchtende Castro wieder gefaßt worden war. Hatte er Widerstand geleistet oder nicht? Weshalb er in dem Bus war, der Grund seiner Flucht, der Grund seiner *illegalen* Anwesenheit in den Räumen des CNPF, das wollte das Gericht nicht einmal hören. Selbst der Staatsanwalt scheint der Ironie der Situation nicht völlig verschlossen gewesen zu sein: «Da es sich um ein derart schnell ablaufendes Ereignis handelt», erklärte er, «ist es normal, daß sich die Zeugenaussagen widersprechen.» Mit anderen Worten, eine auf

---

1 Comité national du patronat français: Nationalkomitee der französischen Unternehmer, Anm. d. Übers.

einen Augenblick zusammengedrängte Wahrheit ist nicht mehr überprüfbar. Folgerichtig schloß er daraus, der Angeklagte müsse verurteilt werden.

Für uns ist die *ganze* Wahrheit die vollständige Wahrheit. Und das ist zunächst der Bankrott einer Gesellschaftsordnung, die den im Ausland angeworbenen Arbeitern ein abscheuliches Leben und manchmal einen grausamen Tod aufzwingt, die die älteren Arbeiter abstößt und sie zu schrecklichem Elend verdammt, die Millionen von Lohnabhängigen dazu nötigt, ihre Arbeitskraft zum Mindestlohn zu verkaufen, die die Arbeiter dazu zwingt, ein willkürliches und oft unerträgliches Arbeitstempo einzuhalten, wenn sie nicht entlassen werden wollen, die die Betriebe zu Strafanstalten macht, die diejenigen einsperrt, die gegen Arbeitsunfälle demonstrieren, und nie diejenigen behelligt, die dafür verantwortlich sind, weil sie nicht die notwendigen Sicherheitsmaßnahmen treffen wollten, und die zugunsten des Wachstums der Monopole nicht zögert, die ganze Klasse der Handwerker und Kleinhändler zu liquidieren.

Die *ganze* Wahrheit: diese permanente Unterdrückung löst im Gegenzug die Gewalt der Massen aus. Der Mai '68 ist kein eintägiges Strohfeuer gewesen; dieser verratene, aber nicht besiegte Aufstand hat bei den Arbeitern und besonders bei den Jugendlichen tiefe Spuren hinterlassen. Was die Regierungsmacht verbergen will, ist, daß diejenigen, die sie aburteilt, keine isolierten Unruhestifter sind und daß sie, indem sie sich bewußt für die Illegalität entschieden haben, mittels ihrer Handlungen die Gewalt der Massen ausdrükken.

Die *ganze* Wahrheit: Indem sie sich an diesen Jugendlichen vergreift, beabsichtigt die Regierung, sie von den Massen abzuschneiden. Sie glaubt, genug Zeit dazu zu haben, weil die werktätigen Klassen weit entfernt davon sind, sich in ihrer Gesamtheit der Gewalt, die in ihnen schwelt, bewußt zu sein. Während sie vorgibt, die Freiheit der Bürger – *welche* Freiheit? Und *wessen* Bürger? – gegen den Irrsinn einiger Strolche zu verteidigen, die von der Rechten Faschisten und von der ehrbaren Linken – oder wie man heute mit unfreiwilligem Humor sagt, von der klassischen Linken – «*Marcellin-Gauchistes*» genannt werden, trifft ihre Repressionspolitik in Wirklichkeit die Arbeiter insgesamt. Sich zu empören nützt nichts: die Bourgeoisie ist in Gefahr, sie verteidigt sich; doch diejenigen, die die *ganze* Wahrheit wollen, müssen verlangen, daß sie auch im Gerichtssaal an den Tag kommt und daß der Prozeß gegen die Militanten zum Prozeß gegen das Regime wird. Am 27. Mai werden Le Bris und Le Dantec vor die Richter treten: als Ankläger und nicht als Angeklagte müssen sie erscheinen und als *Politische* die repressive Politik der Regierung anprangern.

Le Monde, 27. Mai 1970

Bürgerkrieg in Frankreich?

Interview mit Jean-Paul Sartre und André Glucksmann

Jean-Paul Sartre, Sie sind Herausgeber von Les temps modernes *und von* La cause du peuple. *Gibt es also zwei verschiedene Sartre?*

Sartre: Nein, ich glaube nicht; das heißt, es wäre falsch, auf der einen Seite nur den Theoretiker, auf der anderen den politisch Engagierten zu sehen. Die Philosophie – das hat man vergessen – kann schon seit langem nur noch als Praxis verstanden werden. Ohne Praxis läßt sich Theorie nicht denken. Wir gehören zu denen, die die Welt verändern wollen, verändern und verstehen – verstehen aber nur, um sie zu verändern. Das heißt, die reine Anschauung und das reine kritisch-theoretische Studium einer Situation führt zu nichts, wenn es nicht in den Willen zur Veränderung mündet. Seit der Mitte des 19. Jahrhunderts – mit und seit Marx – hat die Philosophie sich als praktisch entdeckt. Und das ist sie geblieben, sie hat immer ihre praktischen Implikationen gehabt. Diejenigen, die diesen Tatbestand verschweigen, haben ein Interesse daran, ihn zu verschweigen und die Philosophie auf der Ebene der reinen Anschauung zu belassen. Sie wollen nichts verändern.

Politische Praxis in Frankreich heute – was heißt das?

Sartre: Dazu müßte man Ihnen ein wenig beschreiben, was Frankreich heute ist. Nicht das Frankreich von Monsieur Pompidou, sondern das Frankreich des Volkes, das Frankreich der Arbeiter, der Studenten, der Bauern, der kleinen Kaufleute. Und ich glaube, darüber sind Sie in Deutschland wenig informiert. Sie müssen wissen, daß nach zehn Jahren Gaullismus das Großkapital einen Grad der Unterdrückung erreicht hat, der für alle Gesellschaftsschichten kaum noch zu ertragen ist. Und Ihnen ist sicher bekannt, daß die kleinen Kaufleute zum Beispiel – fangen wir bei ihnen an – endlich begriffen haben, daß sie in dieser Gesellschaft der wirtschaftlichen Expansion erbarmungslos zum Ruin und zur vollständigen Proletarisierung verdammt sind.

Einige von ihnen haben ihre Lage noch nicht ganz begriffen, aber es gibt andere, die verstehen, daß die Gesellschaft, in der sie leben, eine Gesellschaft ist, die sie tötet. Daher eine sehr große Gewalttätigkeit.

Dann sind hier die Gastarbeiter zu nennen, die «eingewanderten Arbeiter». Sie kennen ihre Lage, aber das gilt vielleicht nicht für das deutsche Publikum allgemein: Todesopfer, Brände, entsetzliche Arbeitsunfälle! ... Bei dieser Bevölkerung eingewanderter Arbeiter tut man so, als habe niemand sie kommen lassen, als seien sie in Wirklichkeit ganz von allein gekommen, sozusagen als heimliche Einwanderer – obwohl ihnen doch sofort Arbeitsstellen zugeteilt werden. Diese Arbeiter leben in grauenhaften Umständen. Der Lebensstandard ist entsetzlich niedrig; mörderische Wohnverhältnisse – neulich erst hat es in den Bidonvilles (den Elendsquartieren aus Blech, Holz und Pappe) wieder ein Großfeuer gegeben. Sie sterben und sterben, diese eingewanderten Arbeiter, auf der einen Seite durch himmelschreiende Unfälle, was übrigens die öffentliche Meinung noch nicht genug erregt, aber sie immerhin zu beschäftigen beginnt. Sie sterben auf der anderen Seite ganz einfach an Krankheiten, die sie hier bekommen und die nicht behandelt werden, und schließlich an Arbeitsunfällen, die zustande kommen, weil die Sicherheitsvorschriften nicht eingehalten werden. Diese Arbeiter leben also in unvorstellbaren Verhältnissen: zusammengepfercht in Elendsquartieren und Barackensiedlungen; außerdem in einer totalen Unsicherheit, weil man sie jederzeit ausweisen kann und sie keinerlei praktische Mittel haben, sich zu verteidigen. Zwar existieren einige Vereinigungen, aber da diese unter das Ausländergesetz fallen, können sie beim ersten falschen Wort verboten werden. Die Arbeiter, auch die gelernten Arbeiter, sind gegenwärtig einem weit härteren Arbeitsrhythmus ausgesetzt, weil die Unternehmer die Zugeständnisse, die sie im Mai '68 machen mußten, wieder einbringen wollen. Vielerorts ist die Fabrik deshalb zum Gefängnis geworden – das heißt, sie ist es eigentlich überall, nur erweist sie sich an gewissen Orten in einem besonderen Maße als Kerker.

Glucksmann: Die Hauptthese der Linken ist, daß der Despotismus, der in den Fabriken herrscht, sich langsam auf die ganze Gesellschaft ausdehnt und in alle Lebensbereiche des Arbeiters hineinreicht. Genauer gesagt: der Arbeiter findet den Despotismus, der im Betrieb herrscht, zu Hause wieder. Es ist der ideologische Despotismus des Fernsehens, der wirtschaftliche der fälligen Ratenzahlungen und Schulden etc.

Und dieser Despotismus gilt nicht nur für alle Lebensbereiche des Arbeiters; er greift auf andere Gesellschaftsschichten über: auf die kleinen Kaufleute, die an den Rand des Ruins gebracht werden; die Kleinbauern, denen ihr Land genommen wird; auf die kleinen Angestellten, die unterdrückt werden.

Vor diesem gesellschaftlichen Hintergrund bedeutete der Kampf der Studenten im Mai, vor dem Mai und nach dem Mai 1968 einen wesentlichen Bestandteil der revolutionären Bewegung des Volkes. Das ist außerordentlich wichtig: es war ein antiautoritärer Kampf von Studenten, doch dieser antiautoritäre Kampf der Studenten war für die gesamte Gesellschaft von Bedeutung, weil sie insgesamt auf hierarchischen Strukturen, auf der Abhängigkeit des Untergebenen vom Vorgesetzten, auf autoritären Beziehungen also, aufbaut. Die zweite These der proletarischen Linken besagt, daß in Frankreich die entscheidende Kraft der Revolution in der Arbeiterklasse zu suchen ist. Folglich konzentriert sich ihre Arbeit hauptsächlich auf die Fabriken. Arbeit also in den Fabriken mit den Genossen Arbeitern und mit den Studenten, die zum Arbeiten und Kämpfen in die Fabriken gegangen sind. Arbeit auch am Rand, in der Umgebung der Werke: in den Gastarbeiterheimen, in den Arbeitervorstädten, in den Bidonvilles. Von diesen beiden Thesen ging die proletarische Linke aus.

Sartre: Die Kampfbereitschaft der Arbeiter, die sich seit 1965/66 mit Unterbrechungen, Neuanfängen über Bremsversuche hinweg entwickelt hat und im Mai 1968 zum Ausbruch kam, besteht weiter. Jene, die von Abflauen reden, nehmen ihre Wünsche für Wirklichkeit – was manchmal sinnvoll sein kann, aber nicht in diesem Fall. Im Mai '68 waren diese streikenden Arbeiter selbst überrascht über ihre Initiativen, aus denen etwas entstand, aus denen sie lernten. Plötzlich hat man sie zu den Urnen gerufen, sie haben gewählt und dann zu ihrem großen Erstaunen entdeckt, daß die Wahlen eine Farce sind, denn nachdem sie ihre Stimme abgegeben hatten, fanden sie dieselbe Gesellschaft wieder, die sie zerstören wollten, die sie gerade angefangen hatten zu zerstören.

9 Millionen von 20 Millionen im Streik – Sie können sich vorstellen, was das bedeutet. Na ja, und mit einemmal finden sie sich wieder in der gleichen gaullistischen Gesellschaft. Und da haben sie genau verstanden, daß Wahlen heutzutage eine Farce sind. Wenn man sich zur Wahl stellt, dann nur, um sich bestätigen zu lassen. Man veranstaltet ein kleines Volksfest, das heißt dann Wahlen. Man fordert sie

auf, ihr Urteil abzugeben – übrigens als einzelne, so daß sie voneinander getrennt sind, daß die andern keinen Einfluß auf sie ausüben können. Sie meinen dann, sie schicken in aller Freiheit Männer an die Macht, aber in Wirklichkeit haben die Männer, die sie an die Macht schicken, gar nicht die Macht. Die Nationalversammlung ist in einem bestimmten historischen Moment – aber das ist schon lange her – auf der Ebene des Bürgertums nützlich gewesen. Heute jedoch wird das so gemacht, daß alle Machtposten in den Händen anderer liegen. Das wurde zum Beispiel gestern klar, als Servan-Schreiber in Nancy kandidierte. Sein dickes Argument im Wahlkampf waren dreißig Namen: die Namen von Bankiers, großen Gesellschaften etc. Das heißt soviel wie: wenn ihr mich wählt, dann werden all diese Herrschaften in Projekten investieren, die Nancy zum Aufschwung verhelfen. Wählt mich, das heißt, das Kapital. Keine Theorien mehr. Sie sind vergessen, die Theorien von einst. Servan-Schreiber hatte einmal welche, übrigens sehr schwammige; heute sagt er nur noch: stimmt für das Geld – und später wird zur Kasse gebeten. Die Arbeiter haben also verstanden. Sie haben verstanden, daß sie gegen die erhöhten Arbeitsnormen, den immer schnelleren Produktionsrhythmus kämpfen müssen, nicht durch die Wahl von Abgeordneten, auch nicht durch die Wahl von Vertrauensleuten der CGT oder anderer Gewerkschaften.

Über die Rolle der Gewerkschaften läßt sich diskutieren. Vielleicht haben sie noch eine gewisse Verteidigungsfunktion, aber ansonsten sind sie völlig unzulänglich, gerade im Kampf gegen die erhöhten Arbeitsnormen oder gegen die unzureichenden Sicherheitsvorkehrungen. Wieviel Arbeitsunfälle gibt es pro Tag? Ich möchte keine falschen Zahlen nennen.

Glucksmann: Außerdem sind die Statistiken extrem verschleiert. Das heißt, Arbeitsunfälle verschweigt man soweit wie möglich.

Dasselbe Problem stellt sich bei der Arbeitsmedizin. Natürlich gibt es unter den Betriebsärzten anständige, doch die meisten beschränken systematisch den Krankenurlaub etc. Das heißt, es gibt in einer Fabrik einen ganzen Polizeiapparat: Die unteren Kader, die kleinen Chefs, die Betriebsärzte – sie alle sorgen dafür, daß der Arbeiter nur arbeitet und arbeitet – – – schön, der französische Arbeiter hat allem Anschein nach die größte Arbeitsproduktivität der Welt, auf jeden Fall Europas. Daß er immer nur arbeitet, das macht die Fabrik zum Gefängnis. Und das ist es, wogegen wir kämpfen.

Dann stellt sich die Frage der Organisation ...

Glucksmann: Die *Gauche prolétarienne* hat zwei Wurzeln: einerseits die marxistisch-leninistische Organisation der Studenten, UJC – ML genannt, die durch Gründung von Vietnamkomitees an der Basis, auf lokaler und kommunaler Ebene, schon über Arbeitserfahrung mit der Bevölkerung verfügt; andererseits die Bewegung des 22. März, mit der unter anderem Alain Geismar zusammenarbeitete.

Jean-Paul Sartre, Sie standen der Kommunistischen Partei einmal ferner, einmal näher. Wie ist Ihre jetzige Position? Kann die Kommunistische Partei Frankreichs eine Organisation sein, die die Arbeiter verteidigt oder vertritt?

Sartre: In ihrem jetzigen Zustand ist sie es nicht. Sowohl wegen ihrer Vergangenheit als auch wegen ihrer gegenwärtigen Positionen kann sie für die Kampfbereitschaft der Arbeiter nur ein Hemmschuh sein.

Die Gründe liegen auf der Hand. Wer hat als erster «ja» gesagt zu de Gaulles Vorschlag im Juni '68, neue Wahlen zu veranstalten? Das war Séguy, Generalsekretär der Gewerkschaft CGT, und das waren die Kommunisten. Sie sind also, wie Sie sehen, freiwillig auf die Wahlfarce eingegangen. Sie wissen auch, daß hier gerade ein neues Gesetz verabschiedet wurde, das wir als «Schurkengesetz» bezeichnen. Es nennt sich «Anti-Schläger-Gesetz» und ist dazu bestimmt, die Kollektivschuld einzuführen. Anders ausgedrückt: wenn bei den Primitiven einer an einem Leichnam vorbeigeht, wird er hingerichtet, weil zwischen dem, der den Toten gesehen hat, und dem Mord ein unlogischer, aber tiefer Zusammenhang angenommen wird. Diese Verantwortung bürdet man jetzt mit dem Gesetz jedem auf. Wenn Sie sich in einer Demonstration befinden und man Sie festnimmt, sind Sie verantwortlich. Es gibt ein paar formale Abschwächungen: Sie müssem ein bißchen länger dabeigewesen sein, es muß irgendwo Unruhe gegeben haben, und Sie sind trotzdem dageblieben. Das ist lächerlich, denn bei einer Demonstration kann man nicht ruhig davongehen, und wenn Unruhe angefangen hat, dann heißt das nur, daß die Polizei angefangen hat, dreinzuschlagen, und dann sind Sie drin ... Dieses «Anti-Schläger-Gesetz» ist nur die Legalisierung einer bereits eingeführten Praxis. Das heißt, die Bourgeoisie versucht, aus Angst vor einem neuen Mai oder etwas Schlimmerem als dem Mai '68, den Terror zu etablieren. Man kennt in Deutschland nicht die Zahl der willkürlichen Verhaftungen, der willkürlichen Hausdurchsuchungen, die Zahl der jungen Leute, die von der Straße weg verhaftet werden,

320

manchmal nur, weil sie eine Nummer von *La cause du peuple* in der Tasche haben; die Zahl der Arbeiter, die entlassen werden oder von Entlassung bedroht sind; nicht einmal die Zahl der Prügelorgien durch Polizisten in den Gefängnissen oder in Polizeigewahrsam, was nach und nach zur Institution der Folter wird. Im Moment geht es um einen Test: nämlich *La cause du peuple* zu zerstören. Wenn die Franzosen das schlucken, wenn die Zeitung stirbt und ihre Verteiler verhaftet werden, wenn man nach dem Verbot der *Gauche prolétarienne* sogar jeder ihrer Anhänger festnehmen kann – wie Innenminister Marcelin das zynisch formulierte – unter dem Vorwand, er wolle eine verbotene Vereinigung wieder aufleben lassen – wenn die Franzosen dazu nichts sagen, dann wird man zu ernsteren Dingen übergehen. Dann greift man die übrigen Linksgruppen an und erreicht das, wovon die Regierung und übrigens auch die KP träumt: eine fest im Sattel sitzende konservative Mehrheitspartei und eine ehrbare Linke, eine Opposition «Ihrer Majestät». Mit anderen Worten: die Gaullisten gegenüber den Kommunisten. Das ist der Plan beider Seiten. Damit will ich nicht behaupten, daß sie sich subjektiv untereinander verstehen, doch objektiv betrachtet ist dies ihr gemeinsames Ziel. Wobei sie sich gegenseitig den Gefallen tun, sich mit Worten anzugreifen, aber immer auf der gemeinsamen Ebene bleiben. Am 1. Mai zum Beispiel marschierten die Mitglieder der PSU und andere linke Gruppen als letzte im Zug. Als es dann zur Auflösung der Demonstration durch die Polizei kam, sagten die Ordner der CGT-Gewerkschaft: «Die Schläger sind hinten!» Mit anderen Worten: schlagt die! Daran zeigt sich, daß die Komplizenschaft mehr als nur objektiv vorhanden ist.

Was es also in Frankreich zu verstehen gilt, ist, daß es auf der einen Seite Terror gibt und auf der anderen eine sehr große Kampfbereitschaft. Beide etablieren sich. Die Kampfbereitschaft ist sicher noch nicht auf ihrem Höhepunkt, und auch von Terror zu reden ist vielleicht noch etwas übertrieben. Ich sage aber: wir gehen auf den Terror zu. Und was man in Deutschland nicht weiß: Frankreich steht im Kampf. Wir gehen auf eine Art Bürgerkrieg zu.

Die Rolle der Intellektuellen, die die Lage analysieren, besteht darin, sich in diesem Bürgerkrieg zu engagieren. Sie müssen es ganz einfach tun, weil Analysieren nicht ausreicht. *Les temps modernes* erklären die Gründe dafür, daß wir auf einen Bürgerkrieg zusteuern. Aber das besagt nichts, wenn man nicht Partei ergreift für die eine oder andere Seite.

Glucksmann: Wenn Sie so wollen, gibt es drei Kräfte in Frankreich. Zwei davon sind legal: die Gaullisten mit Pompidou an der Spitze und auf der anderen Seite die Revisionisten. Die dritte Kraft, das sind die Massen, die einen gewaltsamen Kampf führen. Sie haben nicht die Mittel, um die Massenmedien zu beherrschen oder das Parlament, aber sie haben die Mittel, um sich auf der Straße zu artikulieren.

Es war immerhin der größte Streik. Davon redet man wenig, aber in der Geschichte der Bourgeoisie hat es keinen größeren Streik gegeben. Auf der einen Seite gab es eine neue, sehr deutliche Erfahrung von Demokratie – all die Flugblätter, Plakate, Zeitungen etc. –, kurz, die Erfahrung der Massendemokratie. Auf der anderen Seite gab es die Erfahrung der Macht, der wahrhaft historischen, bisher nie erreichten Macht einer Streikbewegung. Und es gab drittens die Erfahrung des gewaltsamen Kampfs. Ich denke nicht nur an die Barrikaden der Studenten, sondern an das, was weniger bekannt ist, aber unserer Meinung nach tiefgreifender war im Mai 1968, nämlich an die Kämpfe der Arbeiter in Sochaux (Peugeot-Werke, d. Ü.) und Flins (Renault-Werke, d. Ü.) . . .

Aber dann haben – wie Sie vorhin sagten – dieselben Leute gewählt . . .

Sartre: Weil ihnen die Wahlen als eine Farce noch nicht bewußt geworden sind, aber gerade ihre Stimmabgabe hat den Leuten klargemacht, was ein Ausdrucksmittel wie die Wahl bewirkt: die Streikenden geraten der Kommunistischen Partei gegenüber in eine Sackgasse, denn die Kommunistische Partei ist zugleich eine Wahlmacht.

Und glauben Sie, daß dieser Widerspruch verstanden und die Verwirrung bei den Arbeitern behoben wurde?

Sartre: Nein, er ist nicht so weitgehend verstanden worden, daß etwa 90 Prozent sich der Tatsache bewußt waren und als Folge davon nun um die Macht kämpften, wie es die verbotene *Gauche prolétarienne* gern sähe. Aber dieser Widerspruch wurde doch soweit verstanden, daß man hier eine Entdeckung machte, eine Erfahrung, deren Tragweite die Massen nach und nach einsehen.

Glucksmann: Es ist ein Exempel. Zur Erfahrung gelangt man erst nach und nach. Die Arbeiter haben gesehen, daß der klassische «artige» Streik, bei dem man einfach zu Hause bleibt und so lange wartet, bis der Arbeitgeber nachgibt, sich nicht auszahlte. Beweis dafür: selbst der größte Streik der Welt hat zu nichts geführt. Das heißt, die Mai-Errungenschaften wurden innerhalb eines Jahres annulliert, ausgelöscht. Die Arbeiter haben erfahren und erfahren es praktisch in jeder Fabrik, daß man nur dann Erfolg hat, wenn man den Unternehmer einsperrt, ihn nicht herausläßt. In vielen Fabriken hat der Arbeitgeber schon nach sechs Stunden nachgegeben – so ein Streik mit Einsperrung ist weit wirksamer als ein braver Streik von sechs Wochen, bei dem alle zu Hause bleiben und vor Hunger eingehen.

Eine zweite Sache haben die Arbeiter begriffen, als sich die Polizei einschaltete und die Fabrik angriff, um den Arbeitgeber zu befreien. Da fanden die Arbeiter, zum Beispiel in Bas-Lourec, Unterstützung bei der ganzen Bevölkerung, das heißt den kleinen Kaufleuten, den Bauern, die selber schon seit langem gewaltsame, aktive Kämpfe durchführen. Von einer solchen Unterstützung durch die Bevölkerung sieht sich die Regierung politisch in äußerste Verlegenheit gebracht, und die Arbeitgeberseite gibt nach. Sie gibt einen Augenblick nach und will dann sofort wieder die Schraube anziehen, aber jetzt erproben die Arbeiter praktisch ihre Kraft. Wenn diese Erfahrung beendet ist – wir nennen sie «ideologische Revolution» –, dann wird die Zeit des bewaffneten Kampfes kommen. Das heißt, es ist müßig zu fragen, ob die Arbeiter verstehen oder nicht, und Meinungsumfragen oder Volksentscheide darüber zu veranstalten. Man lernt im Kampf verstehen, und dieser Kampf ist im Gange. Immer mehr Fabrikbesitzer werden eingesperrt – im Mai waren es noch vier, heute gibt es jede Woche einen oder zwei.

Sartre: Mit anderen Worten: das Proletariat hat schon immer seine Kampfformen entwickelt entsprechend dem Augenblick. Streiks, bei denen man zu Hause blieb, gab es vor allem vor 1914, weil damals hochqualifizierte Facharbeiter einer Masse von Arbeitskräften gegenüberstanden, die ohne sie nicht auskamen. Wenn also die Facharbeiter zu Hause blieben, war es aus, die Fabrik lief nicht mehr. Danach hat die Umwälzung in der Industrie, wie Sie wissen, eine große Menge von «OS» *(ouvriers spécialisés)* hervorgebracht, d. h. spezialisierten, halbgelernten Arbeitern, die jedoch total ersetzbar, austauschbar sind. Man braucht drei Wochen oder zehn Tage Anlernzeit, um ein entsprechender «OS» zu werden. Damit heißt wegbleiben nur noch, ersetzt zu werden von einem andern.

In dieser Situation wird die Fabrikbesetzung zum einzigen Mittel, um zu verhindern, daß der Arbeitgeber sich aus der Masse der Arbeitslosen Ersatz verschafft und damit die Streikenden von ihrem Arbeitsplatz verdrängt werden. In Italien geschah das schon vor dem Faschismus, 1936, dann wurden Fabrikbesetzungen in großem Maßstab durchgeführt. Gegenüber der ersten Phase des Streiks bedeutet das einen Zusatz von Gewalt. Nun sagt man, die Arbeiter hätten eine gewisse Angst vor der Gewalt. Aber auch der einfache Streik, das Weggehen und Zuhausebleiben, war zunächst eine Gewaltanwendung. Er ist es nicht mehr, weil er ins Gesetzbuch eingegangen ist, weil die Bourgeoisie es für besser hielt, ihn zu legitimieren, um sich seiner besser bedienen zu können. Streik mit Fabrikbesetzung ist für den Bourgeois allerdings eine entsetzliche Gewaltanwendung, weil damit das Privateigentum angetastet wird. Die dritte Phase des Streiks erleben wir jetzt: im gegenwärtigen Stadium der Auseinandersetzungen, einem sehr harten Kampf, entdecken die Massen, daß unter anderem die Einsperrung des Arbeitgebers eine wirksame zusätzliche Gewaltanwendung bedeutet.

Wie Sie sehen, entwickelt sich der Arbeitskampf mehr und mehr auf eine Radikalisierung zu. Aber wenn man nun die Arbeiter fragt: «Wollt ihr den Bürgerkrieg?», dann werden sie als erstes mit äußerster Vorsicht sagen, daß unter den gegenwärtigen Bedingungen die Frage illusorisch ist, daß es nur ein Massaker gäbe. Zweitens werden sich viele von dem Wort selber beeindrucken lassen. Aber was wir brauchen, ist eine Radikalisierung der Gewalt, weil die Gesellschaft die Situation radikalisiert. Wie man sich, als Intellektueller zum Beispiel, in den Dienst dieser Massen, die ihre Erfahrung machen, stellen kann, ist also ganz einfach. Es geht nicht darum, theoretische Dinge zu erzählen, sondern darum, die Informationsmittel zu haben, damit, wenn es einen Kampf gibt, nehmen wir an in Flins, mit gewissen Formen der engagierten Auseinandersetzung, eine Fabrik in Marseille oder in Bordeaux oder ein Betrieb in Paris dann auf dem laufenden gehalten, einfach informiert wird. Nichts weiter. Man kann ihnen nicht sagen: macht es genauso, denn sie werden es genauso machen, wenn die Bedingungen und die Situation ihnen geeignet scheinen. Man gibt ihnen nur diesen Hinweis und sagt: das also passiert. Und so entwickelt sich der Kampf.

Glucksmann: Auf dieser Ebene ist die Erfahrung von *La cause du peuple* sehr aufschlußreich. Im Prozeß hat Le Bris erklärt, was man *La cause du peuple* vorwerfe, sei nicht so sehr das, was sie sagte, sondern die Tatsache, daß sie gehört worden war, und zwar von den Massen. Warum ist sie gehört worden? Das ist ziemlich klar, weil sie das einzige linke Blatt ist, das keine abstrakte Theorie machte oder nicht einfach davon redete, daß man das Leben ändern müsse und basta. Was hat sie gemacht? Sie hat – um mit Mao Tse-tung zu reden – die Erfahrung der Massen «systematisiert». Es gab Einsperrungen. Was hat *La cause du peuple* gesagt? «Man hat recht, wenn man die Unternehmer einsperrt.» Das heißt, sie hat anhand von ein, zwei oder drei Erfahrungen, die sich an dem einen oder anderen Ort abspielten, den Sinn solcher Erfahrungen herausgearbeitet. Ein anderes Beispiel: zu einem Delegierten der CGT-Gewerkschaft hatte in Bordeaux ein Unternehmer gesagt: «Also meinen Sie nicht, daß Sie da zu gewaltsam vorgehen? Ihr Verhalten ist sehr, sehr aggressiv.» Er war diese Art von einem CGT-Vertreter nicht gewohnt. Und der CGT-Mann, in diesem Fall ein anständiger und kämpferischer, sagte: «Hören Sie, zwischen uns beiden herrscht Krieg.» Schön, man war in Bordeaux, und so gab das den Leitartikel einer Nummer·von *La cause du peuple* ab – eine von den Nummern, die jetzt Gegenstand des Prozesses sind.

Der Titel war: «Unternehmer, es herrscht Krieg!» Das ist es, was wir «die richtigen Ideen, die in den Massen vorhanden sind, systematisieren» nennen.

Für die breite Öffentlichkeit heißt intellektuell oder intelligent sein, glaube ich, immer: Gewalt vermeiden. Gewalt, das ist etwas Primitives, wie übrigens auch die Polizei, die Armee, die man nicht als intelligente Leute ansieht. Was läßt sich sagen zu der Frage: Der Intellektuelle und die Gewalt?

Sartre: Zuerst muß man die allgemeine Frage stellen: Was heißt Gewalt vermeiden? Sind denn die unerträglichen Arbeitsnormen keine Gewalt für die, die sich nach ihnen richten müssen? Sind mörderische Behausungen, «Totenkammern», wie man sie nennt, für die Gastarbeiter keine Gewalt? Ist die systematische Ruinierung der Kleinbetriebe keine Gewalt, die man den kleinen Kaufleuten antut? Und die ständige, wachsende Verschuldung der Bauern, die radikale, schleichende Verringerung des Kapitals der Kleinbauern, ist das keine Gewalt? Und noch allgemeiner: Beruht die gegenwärtige Gesellschaft nicht auf Gewalt?

Wenn das der Fall ist, kann man an dieser Gesellschaft nicht dadurch etwas ändern, daß man sich über die Gewalt stellt. In diesem Moment sind alle Intellektuellen, die davon profitieren, daß es eine Kultur und Lebensmöglichkeiten für sie gibt, und die sich sagen: «ich werde kritisieren und schreiben, aber Gewalt halte ich für etwas Primitives und Barbarisches», Komplizen des Regimes, Komplizen einer bestimmten Gewalt, nämlich der etablierten. Was sie also für barbarische und primitive Gewalt halten, ist die Gewalt der Massen, die nur eine Antwort auf die Gewalt ist, die man ihnen ständig antut. Wenn ein Intellektueller, der sich über Gewalt erhaben dünkt, konfrontiert wird mit dem, was wirklich in einer Fabrik, in diesem Gefängnis, vorgeht, wenn er die Dinge sieht und danach immer noch sagt: «Ich bin gegen jede Gewalt», dann ist das ein Intellektueller, der Komplize der Unternehmer, der Arbeitgeber, des Gewaltregimes ist. Man soll nicht sagen, «weder Henker noch Opfer», denn wenn Sie nicht Henker sind, dann sind Sie das Opfer. Und wenn Sie behaupten, über allem zu stehen, dann sind Sie eben der Henker, und man hat zu wählen. Das also ist das allgemeine Problem.

Nun gibt es ein anderes Problem, nämlich, daß die Intellektuellen, so könnte man zu ihrer Verteidigung sagen, durch ihre Verhältnisse von den Massen abgeschnitten sind und daß sie nur Intellektuelle kennen. Sie kennen nur sich selbst, nicht wahr. Wenn in einer Zeitung, wie etwa dem *Nouvel Observateur*, der links sein will, die Lage analysiert wird, so geschieht dies nach logischen oder dialektischen Prinzipien. Wenn man das Wissen, das man hat, aufbietet, um sie zu analysieren, wenn man zeigt, daß es schlecht ist, dies zu tun, und es gut wäre, das zu tun etc., dann amüsiert man sich mit intellektuellen Spielereien, und die Massen finden absolut nichts von dem, was sie über sich wissen möchten. Ich behaupte nun, daß dies nicht die Schuld der Intellektuellen ist, aber sein kann. Verantwortlich sind in erster Linie ihre Verhältnisse.

Wenn man heute also will, daß Intellektuelle sich als solche in den Dienst der Massen stellen, dann muß man zum Beispiel eine große Zeitung gründen, in der sowohl Arbeiter als auch Intellektuelle die Redakteure sind.

Aber nicht mit einem Arbeiterartikel hier und einem Intellektuellenartikel dort, vielmehr eine Veränderung der Intellektuellen aufgrund der Erfahrung, die der Arbeiter oder der kleine Kaufmann, der wirklich sieht, wie die Lage ist, ihnen gibt. Der Intellektuelle wird also seine Artikel anders schreiben, oder aber es sind gemeinsam verfaßte Artikel. Der Arbeiter kann bei dieser Gelegenheit, indem er darstellt und sich verständlich macht, selber ein tieferes Bewußtsein gewinnen. Mit anderen Worten: Was wir möchten und was notwendig ist für die Intellektuellen, das ist diese Form von Praxis – und ich sage das als Philosoph. Es geht heute nicht darum, daß Menschen weder intellektuelle noch handwerkliche Spezialisten sein sollen, denn der Unterschied besteht noch aufgrund der Arbeitsteilung. Aber das hilft immerhin, diesen Unterschied so weit wie möglich abzubauen. Das also sollte die Praxis eines Intellektuellen sein, was ihn nicht hindert, auch anders in Aktion zu treten da, wo es erforderlich ist, das heißt mit den Massen.

Glucksmann: Die studentischen Genossen sind in die Fabriken gegangen, nicht um dort marxistische Theorie oder die Geschichte der russischen Revolution nach Trotzki usw. usf. zu lehren, sondern weil sie Maoisten sind, weil sie die Ansicht vertreten, daß die Macht aus den Gewehrläufen kommt, und weil sie meinen, daß die Hauptsache heute ist, den Kampf zu wagen.

Sie sind also nicht in die Fabriken gegangen, um die Arbeiter zu belehren, um sie aus ihrer Umgebung herauszureißen. Sie haben selber von den Arbeitern gelernt, was proletarische Gewalt ist. Sie haben eine besonders intelligente Gewalt gesehen und geholfen, diese zur Sprache zu bringen. Wenn man Gewalt dem friedlichen Zustand gegenüberstellt, vergißt man stets, daß die proletarische Gewalt intelligent ist, das heißt, sie weiß sehr genau, was sie tut. Die Idee, den Unternehmer einzusperren, die Taktik des Kampfes in der Fabrik, die Entscheidung darüber, wer, wie und auf welche Weise angegriffen werden soll, all das ist eine intellektuelle Arbeit.

Sartre: Und die Gewalt der Massen ist immer erfinderisch. Denn die Entwicklung der Industrie bringt es mit sich, daß die Kampfform, die noch vor vier oder fünf Jahren üblich war, nicht mehr geht...

Der Gedanke, die Intelligenz auf die eine Seite und die Gewalt auf die andere Seite zu setzen – hier die Schöpfung und dort Zerstörung –, ist falsch, völlig falsch. Gewalt läßt sich so nicht definieren. Sie ist die Reaktion auf eine Situation, und zwar eine intelligente und feinsinnige Reaktion...

Was sind nun die gegenwärtigen Formen der Gewalt oder des Kampfes? In welchen Organisationsformen vollzieht sich der Kampf?

Sartre: Über die Formen der Arbeitergewalt ist schon viel gesagt worden. Ich möchte hier nur etwas hinzufügen zum Thema Gegengewalt. Es ist gerade eine Organisation gegründet worden, die sich «Secours Rouge» (Rote Hilfe) nennt.

Es hat schon einmal, zu einer Zeit, als die Kommunistische Partei sehr kämpferisch war, eine «Rote Hilfe» gegeben, und sie war damals sehr wirksam. Dann ist aus ihr die «Nationale Hilfe» geworden, die sicher von Nutzen ist, aber mehr einer Nothilfeorganisation ähnelt als einem Instrument des Kampfes gegen die Repression. Da gegenwärtig die Repression von Tag zu Tag heftiger wird, hat man sich gesagt: Die «Rote Hilfe» muß wieder her. Das heißt eine defensive Aktion oder auch eine Form aktiver Defensive für alle, die Opfer der Unterdrückung sind. Sie soll für entlassene Arbeiter dasein wie für Gefangene und Gastarbeiter usw. usf. Wir meinen, daß man sich derzeit auf die Seite derer stellen muß, die von der Repression betroffen werden. Die «Rote Hilfe» ist zunächst einmal interessiert, eine sehr große Einheit herzustellen. Alle Organisationen akzeptieren sie. Sie treten nicht als Organisationen bei – das wäre dann ein Kartell, und das ist nicht nötig. Aber in der «Roten Hilfe» sind Mitglieder aller Organisationen vertreten – zusammen mit anderen, die in keiner Vereinigung sind und sich einzig als Mitglieder der «Roten Hilfe» organisieren. Es besteht also ein großer Wille zur Einigung. Jede Organisation als solche hat ihr politisches Konzept, ihre Analyse, ihre Praxis. Da mischen wir uns nicht ein. Was auch die Person oder die Gruppe sein mag, die zum Opfer der Repression wurde, wir organisieren ihre Verteidigung. Es handelt sich um eine Einigung all derer, von denen wir vorhin sprachen, denn sie muß für das Volk dasein, die «Rote Hilfe». Es geht nicht um eine Gruppe von fünfzig aufgebrachten Intellektuellen, sondern um ein Netz, das ganz Frankreich überziehen muß und in dem die aktiven Elemente aus den Massen ist selber kommen. Eine Einheit von Intellektuellen und Massen ist zwar nicht die tiefe Einheit, die wir uns wünschen, aber immerhin ein Ansatz, weil die Aktionen gemeinsam durchgeführt werden und die Intellektuellen mitten in den Massen stehen. Die «Rote Hilfe» ist eine Vereinigung, wie sie selten zustande kommt: eine Vereinigung aller Generationen. An dieser Stelle möchte ich auf etwas hinweisen, das in Deutschland vielleicht nicht bekannt ist: In Frankreich hat der Kampf eigentlich nie aufgehört. Angefangen hat es mit dem Kampf gegen die deutsche Besatzung und ihre Kollaborateure; dann kam der Kampf gegen den Indochinakrieg, der Kampf gegen den Algerienkrieg, der Kampf gegen den Vietnamkrieg und schließlich der Mai 1968 und seine Folgen.

Es läßt sich also sagen, daß drei Generationen betroffen wurden, die über eine Erfahrung aus den Konflikten dieser Zeit verfügen.

Die erste Generation, das sind Leute wie Tillon, der ein großer Résistancekämpfer und ehemals Minister war und heute 75 Jahre alt ist; die zweite Generation sind die Leute zwischen 60 und 30, die sich gegen den Algerienkrieg geschlagen haben, zum Beispiel an der Seite der Befreiungsfront FLN.

Und die dritte Generation schließlich zwischen 18 und 25 oder 30 Jahren, das sind die, die sich im Mai '68 entdeckt haben, nachdem sie übrigens schon vorher in Basiskomitees, etwa gegen den Krieg in Vietnam, gekämpft hatten.

Wenn Sie so wollen, ist es jetzt das erste Mal, daß man all diese Leute im Kampf vereint findet. Es läßt sich nicht mehr einfach sagen: «auf der einen Seite sind die Jungen», wie man das jetzt häufig tut, «sie sind gegen die Alten». Die Jugend ist nicht gegen die Alten, gegen die Erwachsenen: sie ist gegen bestimmte Verhältnisse. Wenn man sich nun zusammenschließt, um gerade mit unseren Erfahrungen gegen diese Verhältnisse zu kämpfen, dann geht das nur in einer Einigung aller Generationen. In dieser Hinsicht leistet die augenblickliche Unterdrückung uns einen Dienst; sie treibt uns zur Einheit, wie Repressionen es immer getan haben.

Wie soll die Verteidigung der «Roten Hilfe» aussehen?

Sartre: Zunächst wollen wir die materielle Verteidigung sichern, das heißt, wenn ein Arbeiter ins Gefängnis gesteckt wird, bleiben Frau und Kinder ohne Lohn zurück. Also muß man helfen. Zweitens ist unser Ziel die Sicherung einer legalen juristischen Verteidigung. Wir wollen eine Gruppe von Rechtsanwälten bilden – es gab zur Zeit der alten «Roten Hilfe» schon an die hundert. Diese Anwälte sollen nicht nur Leute, die sich keinen Anwalt leisten können, verteidigen, sondern sie sollen genauestens aufklären über ihre Rechte, damit jeder weiß, was er tun kann. Denn die bürgerliche Legalität ist verworren und widersprüchlich, und man muß lernen, mit ihr umzugehen. Schließlich planen wir noch eine umfassendere Hilfe, das heißt Aktionen, durch die diese Leute freikommen oder die Öffentlichkeit über ihren Zustand unterrichtet wird. Aber all diese Aktionen der «Roten Hilfe» sollen auf einer Massenbasis erfolgen. Die Intellektuellen, zum Beispiel die Anwälte, sind dabei, innerhalb der Massen. Sie werden sich nicht eins dieser kleinen Büros einrichten, sondern dasein und als Intellektuelle um Rat gefragt werden und den Massen die legalen Möglichkeiten zeigen.

Vorhin haben Sie die Beteiligung anderer Organisationen erwähnt. Das sind – soweit ich weiß – nicht nur sozialistische und kommunistische Organisationen, sondern auch linke Christen.

Sartre: Es beteiligen sich linke Katholiken, Widerstandskämpfer aus der Zeit der deutschen Besetzung, die augenblicklich keiner Partei angehören – es werden alle möglichen Parteien vertreten sein. Wenn ein CGT-Mann, der im allgemeinen solchen Aktionen nicht sehr positiv gegenübersteht, wenn also ein Gewerkschaftler oder ein Kommunist eines Tages verhaftet wird, wird er genauso verteidigt werden wie einer von *Vive la Révolution* oder der Ex-*Gauche prolétarienne.*

Die «Rote Hilfe» ist nicht die Rote Armee. Wenn es einmal zu weniger defensiven Aktionen dieser Organisation kommt, wird dann die Einheit noch halten?

Sartre: Ja, sicher, denn die «Rote Hilfe» entspricht einem Bedürfnis. Einer sagte einmal: «Wir werden die Krankenträger der Revolution genannt.» Und meinte: «Warum auch nicht? Ich habe in der traurigen Erfahrung des Krieges gelernt, daß man eine Aktion nie startet, ohne sich zu vergewissern, daß die Krankenträger des Sanitätsdienstes hinten marschieren.» Es handelt sich also um eine Notwendigkeit. Und in diesem Sinne erhält jeder, der eine Aktion durchführt, Unterstützung, auch wenn Mitglieder der «Roten Hilfe» Bedenken gegen die Taktik oder die Strategie haben. Darüber darf es in der «Roten Hilfe» keine Diskussion geben. Andererseits können sich in gemeinsamen Aktionen jene Gruppen näherkommen, die augenblicklich noch gegeneinander arbeiten.

Wie wird in Zukunft der Erfahrungs- und Informationsaustausch vonstatten gehen, wenn es fast unmöglich geworden ist, La cause du peuple oder Flugblätter zu verteilen?

Glucksmann: Hier muß man vielleicht ein paar Informationen liefern: Es ist legal unmöglich geworden, *La cause du peuple* zu kaufen oder auch nur zu lesen. Wenn man von den Bullen in Caen oder Marseille erwischt wird beim Lesen von *La cause du peuple*, dann wird man nach Paris expediert und ins Gefängnis gesteckt unter der Anschuldigung: «Wiedergründung einer verbotenen Organisation.» Die einfache Lektüre des Blattes genügt für eine Verhaftung.

Aber seit dem 27. Mai 1970 hat sich etwas Großartiges ereignet: Die Verteilung der Zeitung geht trotzdem weiter. Zehn Nummern sind beschlagnahmt worden und trotzdem unter die Leute gekommen.

Wie geht diese Verteilung vor sich? Von der letzten Nummer zum Beispiel sind allein in den Pariser Fakultäten 8000 Exemplare abgesetzt worden. 8000 Exemplare in der Universität. Ferner wird *La cause du peuple* in den Fabriken verteilt. Zwar haben die Militanten seit dem 27. Mai große Schwierigkeiten, denn die Polizei kommt und nimmt sie fest, sobald sie irgendwo auftauchen. Da haben die Arbeiter nun selber die Verteilung des Blattes in den Fabriken in die Hand genommen. Die Polizei kann da nicht eingreifen, ohne sich eine Riesenarbeit aufzuladen. Das ist phantastisch, wir sind von den Reaktionen der Arbeiter überholt worden: die Arbeiterklasse selber, das heißt die militanten Arbeiter, sorgt für die Verteilung der maoistischen Flugblätter und von *La cause du peuple*. Dies trotz der Revisionisten, trotz der CGT-Gewerkschaft, die überall, wo sie kann, die Maoisten zu verprügeln sucht, gegen die sich die Maoisten verteidigen müssen, mit Hilfe der Arbeiter. Neulich kam es vor den Renault-Werken in Billancourt zu einer Schlägerei, und die herumstehenden Arbeiter schrien: «CGT-Faschisten!», weil die CGT die Verbreitung von *La cause du peuple* verbieten wollte.

Hauptsache ist, daß *La cause du peuple* nicht einfach das Blatt einer Organisation ist, sondern ein Blatt, das von den Massen oder, wir würden sagen, von der Basis, das heißt von der Arbeiterklasse, verteidigt wird. *La cause du peuple* wird in Fabriken und auch unter den Massen der Studenten vertrieben. In dieser Hinsicht ist es eine großartige Erfahrung: das fängt an mit dem ersten geschriebenen Artikel. Man muß ihn zur Redaktion bringen, dann muß die Zeitung gedruckt werden. Und immer ist die Polizei da, um den Druck zu verbieten. Und immer wieder gelingt es mit Hilfe der Druckarbeiter. Man schafft nicht nur das Drucken, man kriegt die Zeitung auch aus der Druckerei heraus, trotz Polizei, und man verteilt sie dann, verbreitet sie in ganz Frankreich. Da sieht man, daß es die Kampfbereitschaft der Arbeiterklasse wirklich gibt und daß sie ernst zu nehmen ist.

Sartre: Übrigens sind neulich bei einem Drucker zwei Polizisten aufgetaucht und wollten ihn vorläufig festnehmen, was völlig ungesetzlich ist, da dazu eine Klage vorliegen muß. Trotzdem hätte der Drucker nachgeben müssen, wenn ihn nicht alle Arbeiter der Druckerei umringt und «nein» gesagt hätten, «Sie nehmen ihn nicht mit!» Daraufhin haben die Polizisten zurückgesteckt und per Funk erst bei ihrem Revier und dann bei der Präfektur Rat eingeholt. Und schließlich haben sie ihn an Ort und Stelle vernommen. Die Arbeiter haben verlangt, daß dieses Verhör in ihrem Beisein und nicht hinter verschlossenen Türen stattfindet. So ist es geschehen, und am Ende sind die Polizisten abgezogen mit der Drohung: «Aber beim nächstenmal nehmt euch in acht, da machen wir keinen Spaß mehr, da kommen wir mit Verstärkung und nehmen ihn mit.» Das nächste Mal aber mußten sie genauso ergebnislos abziehen, und sie sind nicht wiedergekommen, weil sie begriffen haben, daß das eine zu große Geschichte gäbe.

Wir haben gesehen, wie *La cause du peuple* von den Massen übernommen wird. Aber man darf darüber nicht vergessen, wie hart es ist, *La cause du peuple* zu verkaufen. Zur Zeit gibt es etwa 200 politische Gefangene, die übrigens nach dem allgemeinen Strafrecht abgeurteilt werden. Das sind Leute, die man beim Vertrieb von *La cause du peuple* von der Straße weg verhaftet hat. Man sagt zwar, daß diese Leute nur drei Stunden für die Befragung festgehalten werden, aber das stimmt nicht. Sie werden eingelocht mit der Anschuldigung, eine illegale verbotene Organisation wiedererrichten zu wollen, und sie werden vor den *Cour de sûreté de l'État* geschleppt. Sie sehen also, es ist ein harter Kampf, und wir gehen einem noch härteren entgegen. Darum sind auch gerade solche demonstrativen Bündnisse wie die «Rote Hilfe» so nützlich. Deshalb muß auch etwas gegen den herrschenden Mangel an Informationen getan werden.

Ich grüße die deutschen Fernsehzuschauer, und ich möchte ihnen sagen, daß ich froh darüber bin, daß eine Fernsehanstalt das ausstrahlen kann, was wir hier sagen. Denn normalerweise ist das Fernsehen, auf jeden Fall das französische – aber ich denke, daß sich die Verhältnisse in dieser Hinsicht überall ähneln –, ein Medium der Desinformation. Schon der Ton ist abwiegelnd. Wenn man uns überhaupt etwas sagt, dann sagt man es sanft, so als ob die Dinge sich von selbst verstünden. Man führt eine Reihe von Begriffen ein, die zwar hohl sind, aber einen beruhigen. Die Mehrzahl der Nachrichten verschweigt man, oder man verfälscht sie. Kurz: das Fernsehen ist ein Organ, das im allgemeinen bekämpft werden muß. Gerade weil es eine so große Kraft darstellen könnte, eine so große revolutionäre Kraft, wenn es sich darauf beschränkte, das zu vermitteln, was wirklich vorgeht. Eben darum wird es an die Kette gelegt, wird ihm der Mund gestopft. Ich betrachte also unser heutiges Unternehmen als einen exemplarischen Versuch. Und wenn er gelingt, wünsche ich mir, daß er möglichst oft von anderen Fernsehanstalten nachgeahmt wird.

Juni 1970

L'Ami du peuple

Interview mit L'Idiot international, *Oktober 1970*

Frage: Seit dem Mai 1968 gibt es einen Bruch zwischen der traditionellen Konzeption dessen, was ein Intellektueller ist, und einer durch die Ereignisse neuentstandenen Konzeption eines revolutionären Intellektuellen, so daß diejenigen, die seit 1945 als Intellektuelle par excellence gelten, plötzlich einer politischen Situation gegenüberstehen, die sie nicht begreifen. Wie denken Sie darüber?

Sartre: Wir müssen zunächst einmal definieren, was ein Intellektueller ist. Manche glauben, ein Intellektueller sei jemand, der ausschließlich Verstandesarbeit leistet. Das ist eine schlechte Definition: Es gibt keine Arbeit, die ausschließlich Verstandesarbeit ist, so wie es keine Arbeit gibt, zu der nicht auch Verstandesarbeit gehört. Ein Chirurg, zum Beispiel, kann ein Intellektueller sein, obwohl seine Arbeit eine manuelle ist. Ich glaube nicht, daß man den Intellektuellen lediglich durch seinen Beruf definieren kann. Man muß vielmehr fragen, in welchen Berufen man zum Intellektuellen wird. Ich würde sagen, man findet Intellektuelle in allen Berufen, die ich Techniken des praktischen Wissens nenne. Natürlich ist jedes Wissen praktisch. Aber das weiß man erst seit kurzem. Deshalb verwende ich beide Wörter zusammen. Die Techniker des praktischen Wissens entwickeln oder benutzen, mittels exakter Disziplinen, einen Komplex von Kenntnissen, die sich im Prinzip auf das Allgemeinwohl beziehen. Damit bezieht sich dieses Wissen auf die Universalität. Ein Arzt studiert den menschlichen Körper *ganz allgemein*, damit er eine x-beliebige Krankheit heilen kann, deren Symptome er erkannt hat und für die er Heilmittel kennt. Aber der Techniker des praktischen Wissens kann ebenso Ingenieur, Wissenschaftler oder Schriftsteller, Lehrer sein. In all diesen Fällen stößt man nämlich auf den gleichen Widerspruch: Der Komplex ihrer Kenntnisse ist begrifflich, das heißt allgemein, und dennoch dient er niemals *allen* Menschen. Er dient in den kapitalistischen Ländern *vor allem* bestimmten Menschengruppen, die zu den herrschenden Klassen und ihren Verbündeten gehören. Insofern ist die Anwendung des Allgemeinen niemals allgemein; sie ist partikular, sie dient nur *einzelnen*. Das hat einen zweiten Widerspruch zur Folge, der den Techniker selbst betrifft: In seiner allgemeinen Arbeit, seiner Erkenntnisweise ist er allgemein, aber *in der Praxis* arbeitet er für Privilegierte, auf deren Seite er damit steht: Damit betrifft es ihn selbst. Wir haben den Intellektuellen noch nicht definiert: Es gibt Techniker des praktischen Wissens, die mit diesem Widerspruch sehr gut leben können oder dafür sorgen, daß sie nicht unter ihm leiden. Sobald aber einer von ihnen sich bewußt wird, daß er *allgemein* arbeitet, jedoch nur dem Besonderen dient, dann ist es das Bewußtsein dieses Widerspruchs – das Hegel «unglückliches Bewußtsein» nannte –, was ihn zum Intellektuellen macht.

Sind Sie der Meinung, daß trotz des Mai 1968 die traditionelle Mission der Intellektuellen nicht beendet ist?

Nein. Aber wir müssen uns erst darüber klarwerden, was diese «Mission» war und wer die Intellektuellen damit beauftragt hat. Da der Intellektuelle gleichzeitig allgemein und einzeln war, verurteilte er überall den besonderen Gebrauch des Allgemeinen und versuchte in jeder besonderen Situation auf die Grundsätze einer allgemeinen Politik zum Wohl der Allgemeinheit hinzuweisen.

Der klassische Intellektuelle ist also derjenige, der sagt: Achtung, hier wird etwas als Anwendung des Allgemeinen ausgegeben, zum Beispiel Gesetze. Es heißt, Gesetze werden angewendet, Leute werden verhaftet, weil die Gesetze allgemein sind. Genau das stimmt jedoch nicht. Die Gesetze sind nicht allgemein, und zwar aus dem und dem Grunde, dazu kommt das und das besondere Interesse, es gibt eine besondere Klasse und die und die Politik, die der Grund dafür sind, daß der und der verhaftet wird oder ein bestimmter Krieg weitergeht. Die klassische Art einer intellektuellen Aktion haben wir während des Vietnamkriegs gehabt. Einige Intellektuelle haben sich Parteien oder Organisationen angeschlossen, die gegen den Vietnamkrieg kämpften, und sie haben mit Hilfe ihrer Disziplin nachgewiesen, daß die und die Entlaubungsmittel über vietnamesischen Feldern abgeworfen wurden oder daß die von den Amerikanern angeführten Argumente nicht stichhaltig sind. Die einen sind Chemiker, die anderen Historiker oder Juristen, die sich auf das Völkerrecht berufen (bei dem sie gleichzeitig einige Partikularismen aufgedeckt haben). Dennoch muß man sie «klassische Intellektuelle» nennen, weil sie zwar unter ihrem Widerspruch leiden, aber gleichzeitig glauben, gerade durch ihn seien sie für alle nützlich, und deshalb gehen sie nicht soweit, sich selbst in Frage zu stellen. In ihrer Praxis gibt es jedoch einen Hinweis auf diese Infragestellung – den sie sich selbst nicht bewußtmachen: Der Antagonismus des Allgemeinen und des Besonderen, der sie prägt, verlangt, da sie ihn außerhalb ihrer selbst überwinden wollen, notwendig, daß sie ihn auch innerhalb ihrer selbst aufheben. Mit anderen Worten: Die universalistische Gesellschaft, die sie herbeiführen wollen, hat für den Intellektuellen objektiv keinen Platz.

Ist es im Mai 1968 wirklich zu einem Bruch gekommen? Bleibt die Konzeption des klassischen Intellektuellen weiterhin gültig, oder entsteht eine neue Konzeption des Intellektuellen?

In den meisten Fällen hat sich eigentlich nicht viel geändert. Der klassische Intellektuelle ist geblieben. Das liegt daran, daß dieser *seine Rolle* liebt: Als gutbezahlter Techniker des praktischen Wissens, der einerseits zum Beispiel Physik lehrt, andererseits auf Versammlungen jede Repression anprangert, fühlt er sich *im Prinzip* mit sich selbst unzufrieden und glaubt, durch diese Unzufriedenheit – die nichts anderes als das Bewußtsein seines Widerspruches ist – könne er nützlich sein, weil ja sein Widerspruch der Widerspruch der ganzen Gesellschaft ist.

Man kann sagen, daß Sie der Lehrer einer ganzen Generation von Intellektuellen gewesen sind, und dennoch waren Sie einer der ersten, die plötzlich erkannten, daß ein großer Teil dieser Generation gescheitert ist und daß die Intellektuellen heute politisch ganz neue Wege gehen müssen.

Ich würde nicht sagen, einer der ersten, denn diese Einsicht ist das Verdienst der Studenten. Die Studenten, die schon Techniker des praktischen Wissens sind (und zwar vom ersten Studienjahr an), haben unmittelbar gespürt, worum es eigentlich geht: Sie sollen trotz allem zu Lohnarbeitern für das Kapital oder zu Aufsehern gemacht werden. Diejenigen, die das begriffen, sagten sich: Das wollen wir nicht, das heißt, wir wollen keine Intellektuellen mehr sein. Wir wollen, daß das von uns erworbene Wissen, das ein allgemeines Wissen ist, von allen benutzt wird. Zur Zeit der Vietnam-Basiskomitees zum Beispiel haben die Studenten langsam begriffen, daß die Tatsache, daß man sich zu einem Aufseher der Bourgeoisie ausbilden läßt, keineswegs dadurch aufgewogen wird, daß man einem Vietnam-

Basiskomitee angehört. Dadurch, daß man mit diesen Gruppen Demonstrationen veranstaltete, war der Teufelskreis nicht durchbrochen, der darin besteht, daß der Intellektuelle jemand ist, der in unserer Gesellschaft nur als ständiger Widerspruch einen Sinn hat, indem er ständig das Gegenteil von dem tut, was er eigentlich vorhat, und dazu beiträgt, Menschen zu unterdrücken, die er eigentlich befreien will. Ich denke da an Professoren, die ich gut kenne und die klassische Intellektuelle geblieben sind. Manche von ihnen haben während des Algerienkriegs viel Zivilcourage bewiesen, haben sich ihre Wohnungen zerbomben lassen usw. Aber als Professoren blieben sie Selektionisten. Hier bewegten sie sich ganz im Bereich des Besonderen, während sie außerhalb ihres Berufs ganz für die FNL waren, das heißt für die vollständige Befreiung Algeriens. Dort sahen sie also ganz das Allgemeine. Sie wandten ihre Kenntnisse an, ihre studienbedingte Art zu argumentieren und ihr praktisches Wissen. All das stellten sie in den Dienst von Ideen, die ebenfalls allgemein waren, wie zum Beispiel das Selbstbestimmungsrecht der Völker, während sie anderseits Selektionisten blieben und ihre Vorlesung weiterhin im vorgeschriebenen Rahmen der Universität hielten. Solchen Leuten kam nie der Gedanke, sich als Intellektuelle in Frage zu stellen. Ihr gutes Gewissen beruhte *auf ihrem schlechten Gewissen*, auf dem, was sie für Algerien oder Vietnam taten oder zu tun glaubten. Der klassische Intellektuelle gewinnt sein gutes Gewissen aus seinem schlechten Gewissen durch Taten (meist Schriften), die dieses schlechte Gewissen ihn in anderen Bereichen zu tun veranlaßt. Diese Leute sind im Mai 1968 überhaupt nicht mitgegangen. Natürlich standen sie auf der Seite der Studenten, aber sie begriffen nicht, daß das eine Bewegung war, die *sie selbst* in Frage stellte. Einige waren völlig bestürzt und standen der Mai-Revolte trotz allem feindlich gegenüber, weil sie plötzlich merkten, daß die Bewegung sie *als Intellektuelle* in Frage stellte, während bisher der Intellektuelle mithalf, sich zur Verfügung stellte und sich selbstverständlich für den hielt, der die Theorie, die Ideen liefert.

Aber gerade die Form ihres Wissens wurde angegriffen, das Sie eben allgemeines Wissen nannten und die Chinesen ganz richtig «vielleicht allgemeines, aber in jedem Fall bürgerliches Wissen» nennen, weil es schon in seiner Form partikularisiert ist.

Richtig. Aber das hat man erst später erkannt. Ich will sagen: Der klassische Intellektuelle von 1950 hält Mathematik für ein vollständig allgemeines Wissen. Er unterscheidet nicht zwischen einer Aneignungs- und Anwendungsmethode für Mathematik, die schon in sich allgemein wäre, und einer partikularistischen Aneignungsmethode.

Zum eigentlichen Bruch wäre es also im Mai 1968 in dem Augenblick gekommen, als die Intellektuellen begriffen, daß sie selbst bis zur Form ihres Wissens hin in Frage gestellt wurden?

Bis zur Form ihres Wissens hin und *in ihrer Existenz selbst.* Das heißt, man kann nicht sagen, sie sind Opfer dieses Widerspruchs. Sie müssen selbst merken, daß dieser Widerspruch in ihnen überwunden werden muß. Natürlich ist ihr Widerspruch auch der der ganzen Gesellschaft, und ein Intellektueller ist natürlich ein Lohnabhängiger. Seine eigentlichen Probleme sind die von Lohnabhängigen. Er hat ein Wissen und Können, das er einer ganz bestimmten Gesellschaft zur Verfügung stellt. Und nun hat man entdeckt, daß diese ehrenwerten Leute, die einerseits für die algerische, für die vietnamesische Befreiungsfront waren und sich überall an hervorragender Stelle engagierten, andererseits selbst völlig im Dienst von Verhältnissen blieben, durch die sie im Grunde schädlich waren. Sie waren also nicht einfach unglücklich, sondern sie waren schädlich, insofern sie von der Gesellschaft jederzeit wieder eingespannt werden konnten. Aber die Bewegung vom Mai 1968 ging nicht von den «arrivierten» Intellektuellen aus, die ein Examen gemacht hatten und Geld verdienten, sondern von den Intellektuellen-Lehrlingen, die die Situation begriffen hatten und sich sagten: So wollen wir auf keinen Fall sein.

Die Studenten der Naturwissenschaften waren im Mai 1968 politisch links, aber eine intellektuelle oder politische Rückwirkung auf ihr Wissen blieb völlig aus.

Das stimmt. Ich habe es auf Versammlungen festgestellt, wo eine Mischung aus Paternalismus – Wissen galt trotz allem als wesentliches Element der Macht – und Proletkult, das heißt die völlige Aufgabe jeder Kultur, herrschte und das eigentliche Problem nie angegangen wurde.

Vom Mai 1968 an wollten die Intellektuellen-Lehrlinge jedenfalls nicht jemand werden, der durch seine Funktion und sein Gehalt bestimmt ist, denn genau danach wird der Mensch eingestuft: Was verdient er? Was macht er? Nun könnte man sagen, was heute gelehrt wird, ist eigentlich nicht das Allgemeine, höchstens das bürgerlich Allgemeine. Gut. Aber wenn die Intellektuellen das 1968 gesehen hätten, dann hätten sie keine Revolte gemacht. Sie mußten zu einem bestimmten Zeitpunkt die Vorstellung vom Allgemeinen haben. Sonst hätten sie nicht begriffen, daß dieses Allgemeine eine allgemeine Gesellschaft verlangt.

Damit die Gesellschaft dem Wissen entspricht?

Genau. Aber wenn sie gemerkt hätten – und das ist wirklich eine harte Wahrheit –, daß sie nicht einmal über das allgemeine Wissen verfügten, sondern nur über seine Partikularisierung, dann wäre der Kontrast weniger eklatant gewesen. So hieß es jedoch: Wir haben das Allgemeine, wir können es haben, aber wem dient es?

Das war die erste Erkenntnis, für die man auf die Straße ging, aber die zweite ...

... kam danach. Richtig. Aber beide sind zwangsläufig miteinander verbunden und wurden gemeinsam entdeckt, vor allem auf bestimmten Gebieten, zum Beispiel in der Psychiatrie.

Wie weit ist, Ihrer Meinung nach, der Prozeß der Umerziehung, wie die Chinesen sagen, bei den Intellektuellen fortgeschritten? Zum Beispiel das Verschwinden der Barriere zwischen Kultur und Politik?

Er steckt noch ganz in den Anfängen. Wenn die Bewegung, das gewaltsame Infragestellen vom Mai 1968, angedauert hätte, wenn es nicht zu dem Verrat und der relativen Niederlage vom Juni gekommen wäre, wären wohl viele zu weitaus radikaleren Positionen gekommen. Denn vieles war in Bewegung geraten.

Wir haben also auf der einen Seite klassische Intellektuelle und auf der anderen unter den Studenten Leute, die mit ihrer bisherigen Existenz vollständig gebrochen haben, die in die Fabrik arbeiten gegangen sind und nach zwei oder drei Jahren eine völlig andere Sprache sprachen. Ihre Sprache ist einfacher, ihre Beziehungen zum Proletariat sind konkreter, sie sind ganz andere Menschen geworden. Ihre Sprache hat sich vollständig verändert. Die Umerziehung ist natürlich für Intellektuelle von dreißig, vierzig oder fünfzig Jahren sehr viel schwieriger. Aber manchmal gelingt auch sie. Was für eine Rolle könnten sie spielen?

Nun, diejenigen, die sich wirklich verändert haben, müssen begreifen, daß es keine andere Möglichkeit eines allgemeinen Zieles mehr gibt, als sich denen anzuschließen, die eine allgemeine Gesellschaft fordern, das heißt den Massen. Das heißt jedoch nicht, daß sie wie die klassischen Intellektuellen zum Proletariat «sprechen», eine Theorie entwickeln sollen, die von den Massen in der Aktion unterstützt wird. Diese Position muß völlig aufgegeben werden.

Was halten Sie in diesem Zusammenhang von dem Scheitern der Schriftstellerorganisationen im Mai 1968?

Sie haben alle geglaubt, der Mai 1968 sei die Gelegenheit, die Vorstellungen, die sie vorher hatten, in die Tat umzusetzen. Sie haben vergeblich versucht, den Mai 1968 ihrem festgelegten Schema anzupassen.

Sie glauben also, daß von den Intellektuellengruppen, die schon vor dem Mai 1968 mehr oder weniger etabliert waren (selbst von den Jungen), wenig zu erwarten ist?

Ja.

Ihre Umerziehung ist unwahrscheinlich?

Ja. Man darf nämlich nicht vergessen, daß ein Intellektueller ein Individualist ist. Zwar nicht alle, aber die Schriftsteller schleppen doch meist ihren Individualismus mit sich herum.

Von Leuten, die schon etwas produziert haben, ist also nichts zu erwarten, aber von Leuten, die noch nichts produziert haben, kann man eine mögliche Umerziehung zu einem neuen Intellektuellentyp erwarten?

Genau. Isaak. Deutscher verwies immer wieder auf das, was er «ideologisches Interesse» nannte. Damit ist folgendes gemeint: Sie haben zum Beispiel mehrere Bücher geschrieben, und die Bücher sind Ihr ideologisches Interesse geworden. Das bedeutet, damit sind nicht nur Ideen von Ihnen vorhanden, sondern materielle, wirkliche Gegenstände, die Ihr Interesse sind. Das heißt jedoch nicht notwendig, daß nur das Geld, das Ihre Bücher einbringen, zählt, sondern auch ihre Vergegenständlichung. Sie ist da, sie existiert, und Sie sind in diesem Moment gezwungen, entweder sie von sich zu weisen, auszuhöhlen oder sie voll zu akzeptieren, aber in jedem Fall haben Sie etwas vor sich, das Sie zu einer bestimmten Art von Menschen macht, der sich von einem, der zum Beispiel den ganzen Tag Fahrkarten knipst, unterscheidet. Dieser hat kein ideologisches Interesse. Nehmen Sie mich zum Beispiel: Ich habe ja nun eine Anzahl Bücher hinter mir. Ich bin heute nicht immer einverstanden mit dem, was ich geschrieben habe, aber sie stellen mein ideologisches Interesse dar, weil der Gedanke, daß sie völlig verschwänden, etwas ist, was ich nicht akzeptiere, und zwar keineswegs, weil ich besonders stolz auf sie bin, sondern weil das einfach so ist. So sind die Menschen nun einmal. Man hat eine Vergangenheit, die man nicht verleugnen kann. Selbst wenn man sie verleugnet, verleugnet man sie nie vollständig, weil sie in einem ist wie ein Skelett. Nun erhebt sich das Problem: Was kann man von einem 45jährigen verlangen, der schon eine ganze Produktion hinter sich hat?

Es gibt also zwei Arten von Intellektuellen: Die einen lehnen jede Parteinahme strikt ab; die anderen sind die, von denen Musil in Der Mann ohne Eigenschaften *spricht, die jede Petition unterschreiben, politisch überall dabei sind, eine nützliche Rolle spielen, die aber, so ehrenhaft und streng sie auch sind, eine gewisse Schwelle nie überschreiten.*

Das ist erst ein Problem von heute, denn gestern gab es keinen Linksradikalismus. Links von der Kommunistischen Partei gab es nichts. 1936, 1940/41 gab es nur eine Möglichkeit: sich auf die Seite der Kommunistischen Partei stellen. Wenn man nicht eintreten wollte, weil man trotz allem mit einigem nicht einverstanden war, dann war man ein Weggenosse. Man marschierte neben ihr mit. Mehr konnte man nicht tun. Damals wäre es sinnlos gewesen, in die Fabriken zu gehen.

Wie sehen Sie also heute die neue Mission des Intellektuellen? «Mission» ist übrigens ein unglücklicher Ausdruck.

Zunächst muß er sich als Intellektueller aufheben. Was ich Intellektueller nenne, das ist das «unglückliche Bewußtsein». Das, was er von den Disziplinen, die ihn die Technik des Allgemeinen gelehrt haben, verwenden kann, muß er direkt in den Dienst der Massen stellen. Die Intellektuellen müssen das Allgemeine, das von den Massen herbeigewünscht wird, in der Wirklichkeit, im Augenblick, im Unmittelbaren begreifen lernen.

Das konkrete Allgemeine?

Das konkrete Allgemeine. Und umgekehrt, indem sie die Sprache der Masse lernen, können sie, soweit sie diese Sprache beibehalten, den Techniken, die sie beherrschen, eine bestimmte Ausdrucksmöglichkeit geben. Ich finde zum Beispiel, eine Zeitung für die Massen müßte einen bestimmten Prozentsatz von Intellektuellen und einen bestimmten Prozentsatz von Arbeitern haben, und die Artikel müßten nicht von den Intellektuellen, nicht von den Arbeitern, sondern von beiden gemeinsam geschrieben werden. Die Arbeiter erklären, was sie machen, was sie sind, und die Intellektuellen sind dazu da, um zu verstehen, um zu lernen, und zum anderen, um der Sache in einem bestimmten Augenblick einen gewissen Allgemeinheitscharakter zu geben.

Führt, Ihrer Meinung nach, das Lernen der Sprache der Massen zu einer vollständigen Veränderung der Form des allgemeinen Wissens?

Ich glaube nicht, zumindest nicht im Augenblick. Das ist ein ganz wichtiges Problem, das die Kultur betrifft, und die Kultur ist ein sehr schwieriges Problem.

Man weicht diesem Problem immer aus ...

Ja, weil man noch nicht die Möglichkeit hat, es zu lösen.

Um auf das Beispiel der Zeitung zurückzukommen. Zwei Drittel der Artikel werden von etwa fünfzehn Personen redigiert (Journalisten, politisch Aktive oder Intellektuelle). Das wäre wieder eine Form, die trotz allem dem traditionellen Intellektuellen, wie Sie ihn definiert haben, recht gäbe.

Richtig, wir sind erst im Stadium des Lernens der Sprache der Massen. Viel mehr läßt sich heute dazu noch nicht sagen.

Eine persönliche oder, besser, personalisierte Frage: Inwieweit hat der Mai 1968 Sie in Ihrer Kultur verändert?

Der Mai nicht sofort, aber seine Nachwirkungen. Im Mai war ich so wie alle anderen auch. Im Moment selbst habe ich nichts begriffen. Ich verstand, was gesagt wurde, aber nicht den eigentlichen Sinn. Ich habe eine Entwicklung durchgemacht, die etwa im Mai bis zu meinem Eintritt in die Redaktion von *La cause du peuple* geht. Ich habe mich mehr und mehr als Intellektueller in Frage gestellt. Im Grunde war ich ein klassischer Intellektueller.

Seit 1968 hoffe ich mich etwas verändert zu haben, obwohl ich keine Gelegenheit habe, viel zu tun. Nominell eine Zeitschrift herausgeben, wie ich es tue, oder sie sogar auf der Straße verteilen, das ist noch keine eigentliche Arbeit, das heißt unter den angegebenen Bedingungen schreiben. Das Problem ist in meinem Fall folgendes: Ich bin ein Intellektueller von 65 Jahren, der seit 25 bis 27 Jahren sich mit dem Gedanken trägt, ein Buch über Flaubert zu schreiben, das heißt mit bekannten, wenn Sie wollen, wissenschaftlichen, in jedem Falle analytischen Methoden einen Menschen zu studieren. Dann kam der Mai 1968. Seit fünfzehn Jahren arbeite ich nun schon daran. Was tun? Aufgeben? Das hat keinen Sinn. Andererseits, ich weiß nicht mehr, wer das gesagt hat, «Die vierzig Bände Lenin haben für die Massen etwas Erdrückendes», was man sich vorstellen kann, denn die Massen haben gegenwärtig weder Zeit noch die Möglichkeit, sich solche Kenntnisse anzueignen, die die Kenntnisse eines Intellektuellen sind. Was also tun? Das ist ein konkretes praktisches Problem. Was tun, wenn man seit fünfzehn Jahren an einem Buch arbeitet, wenn man letztlich in gewisser Weise derselbe geblieben ist, weil man nicht seine ganze Kindheit aufgeben kann? Was tun? Ich habe mich entschlossen, die Arbeit zu Ende zu schreiben, aber dadurch, daß ich sie zu Ende schreibe, bleibe ich ein Intellektueller im herkömmlichen Sinn.

Heißt das, daß Sie sie so zu Ende schreiben wollen, wie Sie sie geplant haben?

Aber ja. Alles andere wäre sinnlos. Hier haben Sie ein gutes Beispiel für jenes Schwanken: Man geht so weit wie möglich in die eine Richtung, aber auf der anderen Seite macht man weiter, was man zu tun hat ... Ich sehe mich schwerlich darauf verzichten, denn damit wäre die Arbeit von vielen Jahren umsonst gewesen.

Aber in jüngeren Jahren haben Sie zum Beispiel Die Wege der Freiheit *aufgegeben oder auch andere Werke, die Sie schon begonnen hatten.*

Ja, aber das geschah aus inneren Schwierigkeiten.

Andererseits richteten sich Die Wege der Freiheit *an die Massen und konnten so zu einer viel populäreren Literatur werden, als Ihr Flaubert je werden wird.*

Richtig. Aber dieses Problem kann ich nicht lösen. Muß es nicht eine Forschung und eine Kultur geben, die den Massen nicht unmittelbar zugänglich sind, die jedoch Vermittlungen finden, um zu den Massen zu gelangen? Gibt es nicht trotzdem heute noch eine gewisse Spezialisierung? Oder besser, hat es einen Sinn, dieses Buch über Flaubert zu schreiben (ich spreche nicht von seinem Wert), ist es ein Werk, das notwendig dazu bestimmt ist, wieder zu verschwinden, oder aber ist es eine Arbeit, die auf lange Sicht doch zu etwas nütze ist? Das kann man nicht wissen. Ich finde zum Beispiel nicht gut, was dieser oder jener geschrieben hat, aber ich kann nicht versichern, daß er nicht eines Tages von den Massen gelesen wird, aus Gründen, die wir heute noch gar nicht kennen. Ich weiß darüber nichts. Wie sollte ich auch?

Natürlich, da selbst Mallarmé nach L'Humanité-Dimanche *zum Genossen Mallarmé geworden ist. Zwischen dem Mai 1968 und der Übernahme von* La cause du peuple *ist also etwas geschehen, was Sie zwar nicht dazu gebracht hat, Ihren Flaubert aufzugeben, aber was ...*

... aber was mich in der anderen Richtung radikalisiert hat. Ich halte mich heute für jede politisch richtige Aufgabe, mit der ich betraut werde, zur Verfügung. Und die Leitung von *La cause du peuple* habe ich nicht als Bürgschaft eines Literaten übernommen, der die Pressefreiheit verteidigt. Nein, ich habe sie einfach übernommen, als eine Tat, mit der ich mich engagiere an der Seite von Leuten, die ich sehr schätze, deren Ansichten ich gewiß nicht alle teile, aber es ist kein rein formales Engagement.

Vor allem, weil es nicht nur La cause du peuple *gibt, sondern auch die Rote Hilfe, deren Mitgründer Sie sind.*

Der Unterschied zwischen der Roten Hilfe aus der Zeit vor dem Krieg und der Roten Hilfe von heute ist wichtig und eindeutig. Als die erste Rote Hilfe gegründet wurde, gab es eine wirklich mächtige und revolutionäre Kommunistische Partei, die aus ihr ein wirklich revolutionäres Organ machte. Heute ist keine Partei in ihr vertreten, sondern nur Einzelpersonen, die jedoch alle verschiedenen Gruppierungen angehören, die im Augenblick alle in absolutem Widerspruch zueinander stehen, was zur Folge hat, daß irgendwelche Initiativen, die hier oder da unternommen werden, sofort wieder dementiert werden können. Darin liegt ein konkretes Problem, das unbedingt gelöst werden muß. Ist die Rote Hilfe wirklich eine Rote Hilfe? Dann muß sie gegenüber den Aktivitäten der Gewerkschaften und eventuell auch der Partei in bestimmten Fällen Stellung nehmen. Wenn sie das jedoch nicht tut, läuft sie dann nicht Gefahr, auseinanderzufallen? Ich sehe da einen internen Konflikt bevorstehen.

Wie kann man diesen internen Konflikt überwinden? Die Rote Hilfe ist noch in einem embryonalen Stadium, und dieser Konflikt kann sehr nützlich sein, wenn er dazu beiträgt, ihre Aufgabe zu klären.

Es gibt da so etwas wie eine Linke und eine Rechte. Als rechts bezeichne ich diejenigen, die sagen: Wir halten uns so offen wie möglich, was ja bedeutet, daß den eigentlich politischen Fragen ausgewichen wird. Die Linken, zu denen ich selber gehöre, sagen dagegen: Die gegenwärtige Situation ist unhaltbar. Wir müssen vielmehr in jedem einzelnen Fall die Situation untersuchen und dann dementsprechend auf sie reagieren. Für mich steht fest, daß das der Weg ist, den wir gehen müssen, aber damit riskieren wir, wichtige Verbündete zu verlieren. Ich denke an die Mitglieder der Kommunistischen Partei, die als Einzelpersonen Mitglied der Roten Hilfe sind, und ich finde, sie dürften nicht austreten.

Ursprünglich war das doch eine Hilfsorganisation und keine Kampforganisation?

Nein. Sie war immer beides. Auch bei der alten Organisation hieß es Hilfe und Kampf:

> Contre la répression, rejoins,
> Prolétaire, ton organisation,
> Adhère au Secours Rouge
> Qui mène le vrai combat.
> Allons, peuple, bouge,
> On t'attaque, défends-toi!

> Gegen die Repression, Proletarier,
> schließ dich deiner Organisation an,
> tritt der Roten Hilfe bei,
> die den wahren Kampf kämpft.
> Los, Volk, rühre dich,
> man greift dich an, verteidige dich!

Lassen die Initiatoren der Roten Hilfe freie Initiativen der Basis zu?

Natürlich. Jedes Fabrik-, jedes Wohnkomitee beschließt selbst seine Aktionen gegen Entlassungen oder Verhaftungen. Das läuft nicht über die Initiatoren oder das ernannte Direktionskomitee. Es werden zwei oder drei Versammlungen gemacht. Danach folgen Sitzungen. Das Direktionskomitee soll mit allen anderen Komitees in Verbindung stehen ... Aber auf der lokalen Ebene entscheidet natürlich das Basiskomitee. Die Rote Hilfe wird sein, was die Basis will. Ich glaube, die Dinge werden nur dann auf Landesebene behandelt werden, wenn die lokalen Initiativen nicht ausreichen, bei Verhaftungen oder Prozessen zum Beispiel, wenn es darum geht, Anwälte zu finden usw.

Die Rote Hilfe kann jedenfalls nur revolutionär sein, weil sie, nachdem sie es abgelehnt hat, sich als Verein einschreiben zu lassen, eine illegale Bewegung ist.

Nein, das stimmt nicht ganz. Wir sind zwar nicht berechtigt, zum Beispiel gegen die Regierung zu klagen, aber wir haben das Recht, uns zu versammeln. Die Vietnam-Basiskomitees haben auch niemals um irgendeine Erlaubnis gebeten. Sie haben sich einfach gebildet, und fertig.

Sie nehmen das Recht für sich in Anspruch, die Kommunistische Partei zu kritisieren, oder nicht?

Ich nehme nicht das Recht für mich in Anspruch, die Kommunistische Partei zu kritisieren, sondern die Dinge ins reine zu bringen. Jemand ist eingesperrt oder entlassen worden. Was ist passiert? Gegen wen muß man aktiv werden, um ihn zu verteidigen?

Was die Verteidigung angeht, so würden wir gern mit beratenden Anwälten arbeiten, das heißt mit Anwälten, die die Arbeiter über ihre *bürgerlichen* Rechte aufklären, weil sie die oft nicht kennen. Wir brauchten also ein Anwaltkollektiv, das nicht nur verteidigt, sondern auch aufklärt. Das ist das erste. Zweitens wollen wir juristischen Beistand gewähren, drittens den Familien helfen. Das vierte ist das Wichtigste: die Zusammenfassung der Demonstrationen und unvorhergesehenen punktuellen Aktionen. Aber das ist meine Ansicht und die der früheren Mitglieder der «Proletarischen Linken». Ich weiß nicht, ob die gesamte Rote Hilfe da mitmacht. Für mich hat das Ganze jedenfalls nur dann einen Sinn, wenn es zur Aktion kommt.

Eines der Hauptprobleme des Semesterbeginns wird das Verbot von Presseorganen sein wie La cause du peuple, L'Idiot, Humanité Rouge... *Welches sind, Ihrer Meinung nach, hier die möglichen Perspektiven für unseren Kampf?*

Für mich gibt es da kein Problem. Diese Presse muß sich weiterentwickeln. Sie muß überall da, wo gekämpft wird, die Massen miteinander in Verbindung bringen. Sie kann die verschiedensten Formen, selbst illegale, annehmen. Zumindest muß sie sich darauf vorbereiten, wenngleich sie so lange wie möglich versuchen sollte, legal zu bleiben.

Sie müssen uns auch etwas über die Macht und die Mängel der revolutionären Presse sagen.

Zunächst: Nirgends ist bisher der richtige Ton getroffen worden. Das gilt auch für *La cause du peuple.* Sie hat einen bestimmten Ton, aber es fehlt die Verbindung von Theorie und Praxis.

Auch die Art der Information ist ein Problem. Die systematische Aufblähung kleiner Informationen ist ja manchmal sehr anfechtbar.

Ganz richtig. Ich stelle mir eine revolutionäre Presse vor, die von positiven Aktionen berichtet, aber auch sagt, welche Aktionen nicht positiv sind. Solange man beim Siegesgeschrei bleibt, bewegt man sich auf der Ebene von *L'Humanité.* Das ist unbedingt zu vermeiden. Es gibt alte Techniken der Lügen, die ich nicht mag. Man muß auf jeden Fall die Wahrheit sagen, das heißt sagen: Das und das war falsch, und warum, oder das und das ist gut gelaufen, und warum. Wir müssen immer die ganze Wahrheit sagen. Die Wahrheit ist revolutionär. Die Massen haben ein Recht auf die Wahrheit. Das hat man noch niemals getan. Können Sie sich vorstellen, was es für das Leben eines Arbeiters meines Alters, der Stalinist war, bedeutet hat, als er eines Tages unvermittelt und ohne Erklärung erfuhr, daß Stalin nichts taugte? Und der bei der Stange geblieben ist, ohne daß man ihm mehr gesagt hat? Was sind das für Methoden! Behandelt man so einen Menschen? Das ist schrecklich gewesen. Das hat die Menschen in Verzweiflung gestürzt. Aber schlimmer ist, daß die bürgerlichen Zeitungen mehr die Wahrheit sagen als die revolutionäre Presse, selbst wenn sie lügen. Sie lügen weniger. Sie manipulieren zwar die Wahrheit, aber sie verschweigen nicht die Tatsachen. Es ist doch schlimm, daß die revolutionären Zeitungen den bürgerlichen Zeitungen, was die Wahrheit angeht, nicht überlegen sind, sondern unterlegen. Wir – die wir auch die Massen sind – müssen lernen, die Wahrheit zu akzeptieren. Die Revolutionäre wollen sie nicht sehen. Man hat sie mit bequemen Halbwahrheiten gefüttert. Sie leben mit Träumen. Wir müssen bei allen, auch bei uns selbst, eine Vorliebe für die Wahrheit entstehen lassen.

Eine Vorliebe, die der Mai 1968 übrigens vielleicht nicht hat entstehen lassen.

Das ist richtig. Der Mai hat sie zweifellos nicht entstehen lassen. Teils aus einem Lyrismus heraus, den man übrigens nicht verwerfen sollte.

Es geht jetzt also um den Versuch, die neue Rolle der Intellektuellen zu definieren. Weil sie im Grunde seit dem Mai 1968 weiterhin nur die Rolle der Unterstützung, der Bürgschaft für eine Massenbewegung spielen (ob Studenten- oder Arbeiterbewegung). Ich denke zum Beispiel an die Besetzung des CNPF.

Ich möchte dazu nur sagen: Damit nehmen Sie sie wieder nur als Intellektuelle. Das gefällt mir nicht.

Sie haben recht. Das ist ein Fehler von uns.

Ja, das ist ein Fehler. Hören Sie: Was nötig ist, ist gemeinsame Arbeit. Und die fehlt noch. Wenn man die «organische Einheit» wiederherstellen will, die es im 19. Jahrhundert gegeben hat, die organische Einheit von Intellektuellen und Arbeitern, dann müssen gemischte Zellen gebildet werden. Schluß mit den getrennten Zellen, die völlig voneinander isoliert sind! Das ist das einzige Mittel, die Intellektuellen zu ändern. Und andererseits gibt das ihnen die Möglichkeit, hin und wieder ihre Ansicht über einen Plan zur Geltung zu bringen, der zu ihrer Praxis gehört. So müssen sie aktiv werden.

Glauben Sie, daß die Intellektuellen, die das CNPF mitbesetzt haben, eine Möglichkeit der Mitarbeit in den Massenbewegungen finden könnten?

Das scheint mir unmöglich. Wissen Sie, mit den Intellektuellen ist das so eine Sache . . . Ich denke viel eher an die Jungen. Wenn ich mir Organisationen vorstelle, in denen Intellektuelle und Arbeiter zusammenarbeiten, dann denke ich an Zwanzig- bis Dreißigjährige, also an Leute, die aus dem Mai 1968 hervorgegangen sind.

Der Sozialismus, der aus der Kälte kam

(1970)

Jene Stimmen erhoben sich zwischen 1966 und den ersten Monaten des Jahres 1968; eine zaghafte Dämmerung erhellte die slowakischen Karpaten, die mährische Tiefebene, die böhmischen Berge; nicht lange mehr, und wir würden jene Menschen im vollen Tageslicht sehen, die unseren Augen durch Wolken verborgen sind, seit wir sie im Austausch gegen zwölf Monate Frieden den Nazis ausgeliefert haben.

Es war nicht die Morgenröte, nicht die Lerche: Der Sozialismus ist in die lange Nacht seines Mittelalters zurückgesunken. Ich erinnere mich, daß meine Freunde in der Sowjetunion mir 1960 sagten: «Geduld, das braucht vielleicht seine Zeit, aber Sie werden sehen: Der Prozeß ist irreversibel»; seither habe ich manchmal das Gefühl, daß nichts irreversibel war – außer der fortgesetzten, starrsinnigen Selbsterniedrigung des Sowjetsozialismus. Es bleiben die Stimmen, die Stimmen der Tschechen und Slowaken, ein Chor erstickter Seufzer, noch warm und lebendig, dementiert, aber unwiderlegt. Man vernimmt sie nicht ohne Beklommenheit: Sie berichten uns von einer düsteren, grotesken Vergangenheit, von der sie meinen, daß sie für immer begraben sei – diese Vergangenheit ist wieder auferstanden und schickt sich an, die endlose Gegenwart der Tschechoslowakei zu werden; vorsichtig kündigten sie eine bessere Zukunft an, die indes wenig später ein Windstoß wie eine Kerze ausgeblasen hat; man möchte sie mit dem Licht bereits verloschener Sterne vergleichen, zumal sie, bevor das Land in das Schweigen zurückgestoßen wurde, Träger einer Botschaft waren, die nicht uns galt. Heute jedoch *müssen* wir sie anhören; ich versuche hier zu erklären, warum sie uns angehen.

Dreizehn Gespräche, vierzehn Zeugnisse oder, wenn man so will, vierzehn Bekenntnisse. Denn das Bekenntnis – wie Rousseau das Wort auffaßt – ist das genaue Gegenteil der Selbstkritik. Die Redenden – Romanciers, Dramatiker, Lyriker, Essayisten (sogar einen Philosophen findet man unter ihnen) – erscheinen gelassen bedächtig, selten heftig, oft ironisch; von dem revolutionären Zorn, der in ihnen brennt, lassen sie fast nichts durchblicken. Sie stellen weniger Behauptungen auf, als daß sie fragen – sich selber fragen. Davon abgesehen, unterscheiden sie sich in allem. Einige sind Söhne von Arbeitern, Bauern, Lehrern; Jiří Muchas Vater war Maler, der von Kundera Musiker, Václav Havel entstammt dem Großbürgertum der Vorkriegszeit. Die einen sind Tschechen, die anderen Mähren, wieder andere Slowaken. Novomeský, der älteste, war zweiundsechzig Jahre alt, als dieses Gespräch stattfand; der jüngste mit seinen zweiunddreißig Jahren könnte leicht sein Sohn sein. Novomeský hat die Geburt und den Zusammenbruch der ersten tschechoslowakischen Republik erlebt; in der Slowakei war er einer der drei Führer des Aufstandes; als Minister hat er nach dem Krieg dazu beigetragen, aus seinem Land das zu machen, was es geworden ist, was ihn, gleich vielen anderen, später nicht vor dem Gefängnis rettete. Zur Zeit des Münchner Abkommens war Havel zwei Jahre alt, und fünfzehn, als die Prozesse begannen. Zwischen diesen: Männer der mittleren Generation unterschiedlichen Alters. Drei Generationen, deren erste das Schicksal der dritten bestimmte und deren letzte sich gern zum Richter über die beiden anderen macht; die zweite, Opfer und Komplize in einem, wird von dieser wie von jener durch unleugbare Geistesverwandtschaft angezogen und ist doch zugleich durch genau bezeichnete Gegensätze von ihnen getrennt. Der Inhalt dieses Werkes: Intellektuelle blicken um sich, in sich selbst und fragen sich: «Was ist eigentlich geschehen?»

Ich fürchte, diese Worte werden mehr als einen Leser befremden: «Intellektuelle? Diese Kaste von Mandarinen hat nicht das Recht, im Namen des Volkes zu sprechen.» Nun, sie haben sich gehütet, das zu tun: Sie sprechen als Bürger der Tschechoslowakei zu ihren Mitbürgern. Keineswegs zu Ihnen. Und ihre eigentlichen Gesprächspartner scheinen sich weniger hochmütig gezeigt zu haben als Sie, da ja – wie Liehm sagt – die Kultur jahrelang die Aufgabe der Politik übernommen hat. Aus diesem Grunde kann man – trotz aller Divergenzen und Gegensätze – die quer durch die Nuancierungen der einzelnen, durch ihr Zögern und die Verschiedenheit ihrer Charaktere sich hinziehenden Verbindungslinien eines gemeinsamen Gesprächs über fünfundvierzig Jahre tschechoslowakischer Geschichte nachzeichnen. Es ist dieser Gesprächszusammenhang, so wie ich ihn beim Lesen gefunden zu haben glaube, den ich Ihnen hier vortragen möchte, bevor Sie sich den einzelnen Zeugnissen zuwenden.

«Was ist geschehen?»

Novomeský, der erste, der sich diese Frage stellt, kommt sogleich auf das Wesentliche: Das gegenwärtige Unglück der tschechoslowakischen Nation rührt daher, daß sie einen präfabrizierten, einen Sozialismus von der Stange übernommen hat. Er ist der Mann, der am besten über die Jahre unmittelbar nach dem Krieg berichten kann: 1945 dachte kein Mensch an die Restauration der ersten Republik. Sie war *vor* der Besetzung zusammengebrochen; in München. Die Kapitulation von München – für diese zornigen jungen Männer waren daran nicht nur ihre Verbündeten schuld, sondern in erster Linie die eigene Bourgeoisie. Der Humanismus von Beneš war nur eine Gipsmaske, zu Staub zerfallen. Dahinter steckte kein menschliches Anlitz – und wäre es auch ein erbarmungsloses gewesen –, sondern ein Räderwerk. Der Beweis: Warum hatte sich das vereinte Volk im Jahr 1938 nicht gegen das deutsche Diktat erhoben? Das wäre vergeblich gewesen? Der Aufstand wäre in Blut ertränkt worden? Mag sein. Mag sein aber auch, daß der Aufstand die Alliierten zu einer Revision ihrer Politik gezwungen hätte. Jedenfalls wäre Widerstand besser gewesen als Passivität. Aber woran lag diese Passivität? Zweifellos an den Produktionsverhältnissen, das heißt an den bürgerlichen Institutionen: Durch die starke Industrialisierung des Landes entwickelten sich die Kräfte der «Vermassung», die die Arbeiterschaft aufsplitterten und der Tendenz nach jeden Arbeiter in eine Monade verwandelten. Die Herrschaft des Profits, die «dinglich» ist, zwang den Menschen die Zerstreuung und die Trägheit der Dinge auf. Als nach der Befreiung die Widerstandskämpfer an die Macht kamen, schworen sie sich, daß es nie wieder zu jener Gesellschaft der Ohnmacht kommen werde. Sozialismus, das bedeutete für sie zunächst: Sturz des Goldenen Kalbs, Integration aller in eine *menschliche* Gemeinschaft, ungeteilte Bürgerrechte für alle, für alle volles Mitbestimmungsrecht in der wirtschaftlichen, sozialen und politischen Leitung des Landes; diese nationale Einheit, die sich seinerzeit, als die Umstände sie so dringend geboten, nicht herstellen ließ, würde man nun im Feuer der Begeisterung erreichen, indem man das Schicksal aller in die Hände aller legte – was sich wiederum nur auf einer einzigen Grundlage verwirklichen ließ: derjenigen der Sozialisierung der Produktionsmittel.

Die Gründe, aus denen ein Volk sich für den Sozialismus entscheidet, sind nicht so wichtig: Wesentlich ist, daß es ihn mit seinen eigenen Händen aufbaut. Die Wahrheit, schreibt Hegel, ist ein Gewordenes, ist «wesentlich *Resultat*». Und das ist auch das Prinzip der Psychoanalyse: Es wäre nutzlos oder schädlich, wenn man – was auch unmöglich ist – die Geheimnisse des Patienten im voraus kenne und ihm enthülle und ihm seine Wahrheit wie einen Knüppel auf den Kopf schlüge. Die richtige Methode ist, im Gegenteil, daß der Patient selbst sie sucht und durch seine Suche sich in der Weise ändert, daß er sie entdeckt, sobald er imstande ist, sie zu ertragen. Was hier für das Individuum gilt, gilt auch für die großen Kollektivbewegungen: Das Proletariat muß seine Emanzipation aus eigenen Kräften bewerkstelligen, es muß sich im täglichen Kampf seine eigenen Waffen und sein Klassenbewußtsein schmieden, so daß es die Macht übernimmt, wenn es in der Lage ist, sie auszuüben. Das war in der UdSSR nicht der Fall; gleichwohl wird man zum Sozialisten, indem man den Sozialismus macht – und zwar ebensosehr durch das Bemühen, die angestrebten Strukturen einzuführen und die alten (persönlichen und gesellschaftlichen) Strukturen zu zerschlagen, wie durch den Einsatz von Institutionen, welche die alten ersetzen. Das meinte Lenin, als er im Hinblick auf die schwankenden, noch von den Ideologien aus der Zeit der alten Herrschaft durchdrungenen und zum größten Teil analphabetischen Sowjetmenschen sagte: *Mit ihnen* und *durch sie* muß die neue Gesellschaft aufgebaut werden. Und genau das wollten auch die Revolutionäre in Böhmen, in der Slowakei: Sich selber ändern, indem sie die Welt veränderten; durch den geduldigen, zähen Aufbau *ihres* Sozialismus zu Sozialisten *werden*. Heute – das werden Sie hier selbst lesen – nennen manche von ihnen Jalta «ein zweites München». Damals waren sie voller Dankbarkeit gegen die UdSSR, die sie gerade befreit hatte; geblendet von deren Sieg, den sie für den Sieg einer befreiten Gesellschaft über eine kapitalistische Großmacht oder ganz einfach für den Sieg des Guten über das Böse hielten; und darum wünschten sie nichts so sehr, als im sowjetischen Einflußbereich zu verbleiben, dachten sie gar nicht daran, sich gegen die Führungsrolle des «großen Bruders» aufzulehnen. Alles, was sie wollten, war: von seiner Erfahrung und seinem Rat profitieren. Aber die eigentliche Arbeit wollten sie selber tun und dabei von ihren eigenen Problemen, ihrer besonderen Situation, ihren Ressourcen, ihrer Geschichte und ihrer Kultur ausgehen: Für dieses binationale, hochindustrialisierte, hundertmal überrannte und versklavte kleine Land gab es kein Modell, nach dem es sich hätte richten können. Wie – fünfzehn Jahre später – Kuba hätte es Irrtümer überwinden, Abweichungen korrigieren, Auswüchse beschneiden, kurz, seinen eigenen Weg finden müssen, um sich eines Tages in seinem eigenen Werk wiedererkennen zu können.

Man hat ihm diese Mühe erspart; von den beiden Großen hat jeder seinen Teil dazu beigetragen: Nach Jalta kam der Marshallplan. Die Folgen sind bekannt. 1948 übernahmen die Kommunisten die Macht, und der große Bruder machte dem kleinen Bruder seinen präfabrizierten Sozialismus zum Geschenk. Dieser Sozialismus war in der Sowjetunion schlecht und recht (mehr sehr schlecht als einigermaßen recht) zusammengezimmert worden. Immerhin stellte er in seinen Anfangsjahren eine Antwort auf die Probleme eines fast völlig agrarischen großen Landes dar, in dem die Industrialisierung noch kaum richtig begonnen hatte, das keine Bourgeoisie und, nach den Massakern des Bürgerkriegs, fast kaum noch ein Proletariat besaß und das durch die Blockade der kapitalistischen Mächte zur Autarkie – zur Opferung der Bauernklasse und zur Förderung der Produktion von Investitionsgütern also – gezwungen war. Da die nicht vorhandene Arbeiterklasse ihre Diktatur nicht ausüben konnte, sah die Partei sich gezwungen, an ihrer Stelle oder vielmehr an Stelle einer zukünftigen Arbeiterklasse die Diktatur des Proletariats auszuüben. Man kennt die außerordentliche demographische Umwälzung, die Mittel und Auswirkung der sozialistischen Akkumulation war. Zur Wiederherstellung des zweiten Sektors spannte man, wie überall, den ersten ein, doch vollzog sich dieser Umwandlungsprozeß derart schnell, daß die Partei sich die neue Arbeiterklasse aus den zur Industriearbeit rekrutierten Bauern zurechtmodeln mußte: Diese Mutanten besaßen keine der Traditionen des alten revolutionären Proletariats. Woher hätten sie sie auch nehmen sollen? Es galt, eine durch verschiedene Manipulationen beschleunigte Umschulung vorzunehmen: Angesichts der zähen Überreste der alten Ideologien, jener eingeschliffenen Gewohnheiten, die als naturwüchsig und spontan auftraten, ging es darum, eine zweite Natur zu schaffen, welche die erste vertilgte, indem man die Reflexe konditionierte, das Gedächtnis mit dem Schotter vulgärmarxistischer Grundsätze beschwerte und so dem Denken der Massen die gewünschten Eigenschaften der Unbeweglichkeit, der Schwere und der Trägheit einimpfte. Unter dem

Druck der Umstände sah die Partei – weit entfernt, den Ausdruck des Bewußtseins der Arbeiter zu verkörpern – sich gezwungen, ein solches erst *hervorzubringen.* Als die einzige wirkliche Macht in diesem riesigen, gleichsam rückgratlosen Land sah sie ihre Pflicht darin, alle Macht zu sammeln und in sich zu vereinen. Statt durch kritische Unabhängigkeit zum Verfall des Staates beizutragen, stärkte sie diesen, indem sie sich mit ihm identifizierte, und wurde infolgedessen von der Sklerose des Bürokratismus angesteckt. Dieser gigantische Apparat, der in allen gewählten Körperschaften die Mehrheit besaß, war durch seine Allmacht halb paralysiert: In seiner Allgegenwart und Einsamkeit vermochte er nicht, *sich zu sehen.* All das war zunächst nur ein Mittel, um der dringendsten Angelegenheiten Herr zu werden, eine gefährliche (Lenin war sich dessen bewußt), aber provisorische und zweifellos korrigierbare Abweichung – bis zu dem Augenblick, wo die Bürokratie, die unvermeidlich aus der Anhäufung von Ämtern hervorgeht, zum endgültigen System wurde. Um dieses Rückgrat herum wurde nach und nach die sowjetische Gesellschaft aufgebaut, und im Laufe eines halben Jahrhunderts wurde sie das, was sie heute ist. Die ganze Welt kennt diese Geschichte; zwecklos, hier zu fragen, ob die Dinge eine andere Wendung hätten nehmen können. Sicher ist: In der Sowjetunion haben sich die Produktionsverhältnisse unter dem Druck eines lebenswichtigen Bedürfnisses *etabliert*: produzieren um jeden Preis; zumindest kann man sagen, daß dieses Ziel sich einem fast völlig agrarischen Land, das die Produktionsmittel soeben sozialisiert hatte, *aufzwang*; die Elektrifizierung verschlang zwar riesige Summen, aber immerhin war sie ein Teilerfolg, weil sie dort und unter den dortigen Umständen notwendig war.

Die Tschechoslowakei hingegen hatte ihre erste Akkumulationsphase hinter sich und fühlte sich durch den Sozialismus gehemmt. Sie konnte die Entwicklung der Schwerindustrie nicht brauchen, da sie vor dem Krieg ihre Einnahmen aus prosperierenden weiterverarbeitenden Industrien bezogen hatte; was die Autarkie betrifft – diese Roßkur, welche die Sowjetunion sich in ihren Anfängen gezwungenermaßen selbst verordneten, zumal sie die Ressourcen zum Leben selbst aufbringen konnte –, so gab es für diese kleine Nation, die vom Außenhandel lebte (Konsumgüter exportierte und den größten Teil ihrer Investitionsgüter importierte), keinen Grund und, trotz ihres Reichtums an Bodenschätzen, auch keine Möglichkeit, damit Ernst zu machen: Ohnehin an den sozialistischen Block gebunden, genügte es, die Handelspartner zu wechseln.[1] Die Erweiterung der Produktion und ganz besonders die unsinnige Umstellung der vorrangigen Ziele mußten bald *zum Produzieren um des Produzierens willen* führen, während es doch im Gegenteil nötig gewesen wäre, die vorhandenen Industrien nach Maßgabe der Bedürfnisse des Volkes und der *berechtigten* Forderungen der neuen Abnehmer zu reorganisieren und vor allem eine Steigerung der Produktivität in Angriff zu nehmen. Die Gleichsetzung von Partei und Staat, diese «von ... fatalen Bedingungen aufgezwungene Taktik»[2], die vielleicht nötig gewesen war, um die demographischen Strömungen eines auf dem Wege zur Industrialisierung befindlichen Agrarlandes unter Kontrolle zu halten – welchen Sinn hatte sie für eine Nation von vierzehn Millionen Einwohnern, zum großen Teil ein Proletariat reinsten Wassers, das sich während der ersten Republik durch Kämpfe und Niederlagen, ja sogar durch seine eigene Ohnmacht ein unbestreitbares Klassenbewußtsein und starke Arbeiter-Traditionen erworben hatte? Die Tschechoslowakei hätte als erste Macht den Übergang von einer Wirtschaft im Stadium des fortgeschrittenen Kapitalismus zu einer sozialistischen Wirtschaftsform verwirklichen und eben dadurch dem Proletariat der westlichen Länder wenn nicht ein Modell, so zumindest einen realen Begriff seiner revolutionären Zukunft vor Augen führen können; nichts fehlte dazu, weder die Hilfsmittel noch die Menschen, und wenn irgendwo die Selbstverwaltung der Arbeiter möglich war, dann in Prag und Bratislava. Zu ihrem Unglück konnten die Manipulateure in Moskau, die das Opfer ihrer eigenen Manipulationen waren, diesen Sozialismus noch nicht einmal begreifen; sie zwangen *das System* auf. Dieses importierte, ungeeignete Modell – ohne reale Grundlagen, aber von außen gestützt durch die aufmerksame Fürsorge des großen Bruders – war demnach Schablone, das heißt eine starre Gesamtheit von bedingungslosen, unbestreitbaren und unbestrittenen, unerklärbaren und unerklärten Forderungen. Die tschechoslowakischen Arbeiter hatten sich von der Herrschaft des Profits befreit, aber lediglich, um unter jene der fetischisierten Produktion zu geraten. Ein Keil treibt den andern: Die «Herrschaft der DINGE», die in der alten

---

1 Was sie übrigens auch tat, indem sie Deutschland durch die Sowjetunion ersetzte – aber man kennt die Bedingungen, unter denen es geschah.
2 Rosa Luxemburg, *Die russische Revolution*, Politische Schriften III, Frankfurt a. M., 1968, S. 140.

Republik bestand, wurde zerstört und durch die «Herrschaft anderer DINGE» ersetzt, die alte Entfremdung gegen eine neue Entfremdung eingetauscht. Seit die schwere Maschine in Gang gesetzt wurde, hat sie auf ihrem Lauf – langsam zunächst, dann immer schneller – alle vorhandenen Strukturen zerrüttet und das Land verwüstet.

Gewiß, von diesem aufgezwungenen Sozialismus läßt sich sagen, daß er von Tschechen und Slowaken (oder vielmehr: durch sie) bewerkstelligt wurde. Das Üble daran ist, daß er sie nicht sozialisierte; damit wir uns recht verstehen: Die Männer von 1945 waren überzeugte Revolutionäre, und die meisten von ihnen sind es geblieben, aber das System verwehrte ihnen, die Erfahrung des sozialistischen Aufbaus selbst zu machen. Um sie zu ändern, hätte man sie nehmen müssen, wie sie waren; das System nahm sie für andere, als sie waren. Statt sich als unabgeschlossene problematische Aufgabe einzuführen, die zugleich nach einer rationalen Veränderung der Strukturen und nach einer fortgesetzten Umwälzung der Ideen, nach der wechselseitigen und dialektischen Durchdringung von Theorie und Praxis verlangt, gab das System sich sofort mit unglaublicher Anmaßung für ein gnädiges Geschenk der Vorsehung, für einen Sozialismus ohne Tränen aus. Mit anderen Worten: für einen Sozialismus ohne Revolution, dem nicht der geringste Zweifel anhaftete: Die Aufgaben waren gestellt, man brauchte sie nur zu erfüllen; die Erkenntnisse lagen vor, man konnte sich damit begnügen, sie auswendig zu lernen. Unter solchen Umständen darf es nicht verwundern, wenn die Männer der ersten Generation, die sich vor dem Krieg für die KPČ geschlagen und während der Besetzung dem Widerstand angehört hatten, nach 1956 – wie Novomeský es ausdrückt – zu ihrer Option von 1920 zurückkehrten: Da sie nichts ausrichten konnten, haben sie sich in nichts geändert; vom Schotter der Parolen überlagert, haben sich die alten Erinnerungen und die Jugendhoffnungen dennoch rein erhalten, zumal sie für viele eine stumme Zuflucht vor der offiziellen Sprachregelung waren. Der Makel solcher Erinnerungen, wie frisch sie ihren Besitzern auch erscheinen mögen, ist, daß sie nach Schimmel riechen: Was für eine verrückte Idee, zu leben, als ob man zwanzig wäre, wenn man sechzig ist. Aus demselben Grund blieb auch der alte kollektive Fundus der Gesellschaft unberührt bestehen. Unsere vierzehn Zeugen sprechen da eine beredte Sprache: Die Familie, die Kirchen, die lokalen und nationalen Traditionen, geistige Strömungen, Ideologien. Die ganze Hinterlassenschaft – die durch einen entstehenden

Sozialismus überholt und verändert worden wäre – hielt sich unter der etablierten Ordnung aufrecht oder verstärkte sich. In Brünn deutet Jan Skácel auf den zunehmenden Einfluß des Katholizismus hin, andere berichten, daß sich die seit eh und je ein wenig gespannten Beziehungen zwischen Böhmen und der Slowakei – weit davon entfernt, besser zu werden, wie es vielleicht innerhalb eines gemeinsamen großen Unternehmens möglich gewesen wäre – unaufhaltsam verschlechtern. Aber wenn auch die alten Sitten, unter dem Mantel der Heimlichkeit halb versteckt, ihre Virulenz behalten haben, so muß man daraus nicht gleich schließen, daß die menschlichen Beziehungen sich durch das neue Regime nicht geändert hätten: Von 1948 bis 1956 haben sie sich täglich verschlechtert. Falsche Produktionsverhältnisse haben zu einer falschen Wirtschaft und zur Verdinglichung der Macht geführt.

Stellen wir zunächst als Tatsache fest, daß das System im gleichen Augenblick, in dem es die Bürger zu einem gemeinsamen Werk aufrief, sie von der eigentlichen Teilnahme an diesem nationalen Unternehmen ausschloß. Ich will hier noch nicht einmal von der Arbeiterselbstverwaltung oder von einer durch ordnungsgemäß gewählte Körperschaften ausgeübten Kontrollfunktion sprechen: Das System, man hat es erlebt, ist allergisch gegen solche Linksabweichungen. Ich denke an jene unvermeidbare Begleiterscheinung des importierten Sozialismus: Die schwindelerregende, radikale Entpolitisierung eines Landes, das durch Okkupation und Widerstandsbewegung gründlich politisiert worden war. In diesem Punkt sind sich alle unsere Zeugen einig. Die «Dinge» konnten natürlich nicht ohne die Menschen in Gang kommen, sie zogen Ding-Menschen an sich, Starrköpfe, die sie in Köpfe aus Stein verwandelten; aus diesen wurden die Besessenen der Macht, hierarchische Bürokraten, von denen jeder im Namen eines anderen, seines Vorgesetzen, befahl, dieser andere im Namen wieder eines anderen und der Höchste im Namen der «Dinge», der «Sache selbst». Diese ist im wesentlichen unfähig, sich anzupassen oder Fortschritte zu machen. Der geringste Wechsel kann ihr das Genick brechen; sie hat also keinerlei Bedürfnis, ihre Kader zu erneuern, oder vielmehr: Sie hat das Bedürfnis, sie nicht zu erneuern; wenn ein Bürokrat verschwindet, wird er durch einen anderen ersetzt, der ihm wie ein Bruder gleicht und kaum jünger ist als er. Das «System» ist konservativ, und es konserviert zunächst sich selbst, es hat kein anderes Ziel, als in seiner Existenz zu beharren; deshalb ist es bestrebt, eine Greisenherrschaft einzuführen, denn Greise sind im allgemeinen konservativ. Folglich bemüht sich die «erste Generation» – die das System einführte –, die zweite von allen Schlüsselpositionen fernzuhalten. «Wir waren», sagt ein etwa vierzigjähriger Zeuge, «ewige Kronprinzen.» Und Kundera: «Durch meine Generation geht ein tiefer Riß: Einige haben die Emigration gewählt, andere das Schweigen; es gibt Leute, die sich angepaßt haben, und schließlich jene (zu denen ich gehörte), die sich auf eine gewissermaßen legale und konstruktive Opposition verlegt haben. Indessen besaß keine dieser Haltungen genug Würde ... Die Emigranten sollten schlagartig verstummen; die innere Emigration siechte in Einsamkeit und Ohnmacht dahin; die Opposition, wenn sie zu publizieren fortfuhr, sah sich unrettbar der Inkonsequenz und dem Kompromiß verfallen; und jene, die nachgegeben haben, sind so gut wie tot ... Wenn niemand in der Lage ist, mit sich zufrieden zu sein, dann eint das in der Verbitterung über ein und dieselbe Erfahrung eine ganze Generation ..., die selbst dann nicht mehr das Bedürfnis hat, sich zu verteidigen, wenn die heutige Jugend sie angreift.» Ohnmächtig und kompromittiert, durch die Alten von den öffentlichen Angelegenheiten ferngehalten, von den Jungen angegriffen, weil sie trotzdem noch zuviel Anteil genommen habe – das ist die zweite Generation, die Männer der «mittleren Jahre». Trotzdem verhalten sie sich gegenüber den Älteren, nachdem sie deren totales und unehrenhaftes Versagen festgestellt haben, selten wirklich streng und fügen zuweilen mitleidig und nicht ohne liebevolle Nachsicht hinzu: «Sie hatten so wenig Gelegenheit zum Handeln, worum immer es auch ging.» Was die aggressive Jugend betrifft, von der sie ab und zu – viel seltener, als sie behaupten – Vorwürfe zu hören bekommen, so haben sie Angst vor ihr und um sie: Sie ist, erklären sie, skeptisch und zynisch, weil sie das Gefühl hat, absolut nichts tun zu können. Für diese Jugend, die in Unwissenheit aufwuchs, zur Zeit des Verfalls der Bildung erzogen wurde, fürchten sie ein schlimmeres Schicksal als das ihre: Sie wird die erste Republik vermissen, weil sie deren Verrottung nicht gekannt hat, und dann wird sie Schritt für Schritt in das Regime eingegliedert werden und – weil man ja leben muß – in ihm fortleben, ohne an es zu glauben. Das zumindest war es, was sie, die Erwachsenen, für die Jungen vor dem Winter 1967/68 voraussahen. In einem Punkt hatten sie recht: Diese dritte Generation lehnte schaudernd und mit Abscheu den präfabrizierten Sozialismus ab, den man ihr als ihr Schicksal andiente. Eine

Ablehnung ohne Tragweite, denn bis 1967 hatte diese Generation keine besondere Aufmerksamkeit erregt. Aber was die «mittleren Jahrgänge» nicht verstanden haben – außer vielleicht Jan Skácel –, ist, daß eines Tages ein erster Schritt, irgendeine Möglichkeit zu einer gemeinsamen Aktion genügen würde, um diesen Zynismus der Ohnmacht in einen revolutionären Anspruch und diese «absurdistische» Jugend vor allen Augen in die Generation von Jan Palach zu verwandeln. Für sie hatte wahrhaftig der Prozeß der Versteinerung des Menschen noch kaum begonnen.

Über das Wesen dieses Prozesses geben Kosík und Kundera wertvolle Auskünfte, die um so aufschlußreicher sind, als sie von verschiedenen Gesichtspunkten aus getroffen werden. Wesentlich ist, daß durch Vermittlung ihrer Gehilfen die «DINGE» den Menschen dachten und ihn dabei, wie sich von selbst versteht, als ein Ding begriffen. Nicht als Subjekt der Geschichte, sondern notwendigerweise als deren Objekt. Blind und taub für die eigentlichen menschlichen Dimensionen, reduzierten sie ihn auf ein mechanisches System, und zwar nicht bloß in der Theorie, sondern ebenso in der alltäglichen Praxis. «Es handelt sich hier nicht», sagt Kosík, «um eine bewußt definierte Idee des Menschen, sondern sozusagen um eine Puppe, wie sie einerseits dem Regime als Voraussetzung dient und andererseits auf der Ebene der Massen von diesem geformt wird, weil es gerade solche Bürger braucht.» Was den *homo buerocraticus* betrifft, so ist er geradezu ein Ensemble negativer Eigenschaften. Er lacht nicht: «Die Verantwortlichen hielten das Lachen in ihrer Stellung für unpassend.» Sie hatten es so gut wie verlernt. Und wenn jemand sich entgegen seiner aufgepfropften Natur einen Heiterkeitsausbruch erlaubte, riskierte er viel und kompromittierte seine Umgebung, wie das Mißgeschick der leichtsinnigen jungen Leute bewies, von denen Liehm erzählt. Diese glaubten, sich ungestraft über Nezval mokieren zu dürfen. Dies ist, wie ich glaube, die groteske Episode, die Kunderas Roman *Der Scherz* zugrunde liegt. *Es ist verboten, Lust zum Lachen zu spüren.* Ein einleuchtender Imperativ, der sich mit zwingender Konsequenz aus den Prämissen ergibt: Das Lachen protestiert; wenn aber die Revolution konserviert, ist jenes demnach konterrevolutionär. Der «offizielle Mensch», um mit Kosík zu sprechen, stirbt auch nicht, «denn die Ideologie erkennt den Tod nicht an». Das hat seinen Grund: Ein Roboter lebt nicht, also kann er nicht sterben. Wenn er kaputtgeht, repariert man ihn oder wirft ihn zum alten Eisen. «In gewisser

Weise», fährt Kosík fort, «hat er keinen Körper.» Versteht sich: Das System hat Räder, Transmissionsriemen, aber keine Organe, und diejenigen, die für das System und in seinem Interesse denken, haben keine Augen für die Organismen, jene antibürokratischen Integrationseinheiten, die sich womöglich, wenn man ihnen zuviel Aufmerksamkeit schenkt, für den Endzweck halten könnten. Der tschechische Philosoph fährt fort, der *homo buerocraticus* kenne «weder das Groteske noch das Tragische, noch das Absurde», weil diese existentiellen Kategorien keine nachweisbare Beziehung zur Produktion und folglich keine Realität haben: Das sind nebelhafte Phantasien, die sich aus den Träumereien westlicher Bourgeoisien speisen. Um zum Schluß zu kommen: «Er hat kein Bewußtsein und braucht auch keins.» Was, zum Teufel, würde er damit anfangen: Die Wege sind vorgezeichnet, die Aufgaben vorgeschrieben, man konditioniert mit den erprobten Methoden seine Reflexe mitsamt diesem Gehirnreflex, den man unpassenderweise das Denken nennt. Dieses wundersame Ding, selbst äußerlich und von äußeren Kräften in Gang gesetzt, zeigt sich in einzigartiger Weise von Pawlowschen Mechanismen beherrscht: Er ist hervorragend manipulierbar und steht jedem Wink zu Gebote. «Die Menschen», sagt Kosík, «werden ja nicht als Streber, Bornierte, mit Scheuklappen Versehene geboren, nicht als Rebellen gegen die Reflexion und jederzeit bereit, sich demoralisieren zu lassen. Es ist das System, das sie so verlangt und sie sich so formt, denn es kann ohne sie nicht funktionieren.»

Die Menschen des Systems, diese Produkte der fetischisierten Produktion, sind *ihrem Wesen nach* verdächtig; und zwar in doppelter Hinsicht: Weil sie verdinglicht sind und weil sie es gleichzeitig doch nie ganz sind. Als Roboter sind sie manipulierbar, also potentielle Verräter. Wenn das Regime ihre Kontrollhebel zu finden weiß, warum sollten die Agenten des Auslands sie nicht auch entdecken können? Und wie kann man je wissen, wer die Drähte der Marionette zieht? Aber in dem Maß, wie die Versteinerung nicht vollständig gelungen ist – und sie ist es nie, denn diese versteinerten Zweifüßler sind Menschen, die ihre Versteinerung als Menschen erleben –, ist allein schon ihre Existenz eine Gefahr für das Regime: Lachen, Weinen, Sterben, sogar Niesen sind Zeugnisse einer äußerlichen Spontaneität und vielleicht bürgerlichen Ursprungs. *Leben* heißt, alles in allem, in Frage stellen – wenn nicht de facto, so zumindest de jure. Also: überwachen, auf alles ein Auge haben! Aus diesem doppelten

Mißtrauen zieht das Regime doppelten Nutzen: Zunächst einmal – da es nur sich selber zum Zweck hat und, als Opfer seiner unbeschränkten Macht, mangels Kontrolle und Vermittlung weder sich selbst erkennen noch sich vorstellen kann, daß es kritisiert werden könnte – setzt es prinzipiell voraus, daß man den Menschen weniger als den Institutionen trauen darf; es paßt ihm also ganz gut in den Kram, daß bei diesen Maschinen-Lebewesen das Leben bisweilen hinter der Maschine auftaucht: Das Leben, das ist das Böse schlechthin, das nicht zu beseitigende Überbleibsel aus einer Abfolge von korrupten Jahrtausenden; eine Kritik deckt nie einen Fehler im System auf, sondern immer nur die abgrundtiefe Verderbtheit des Kritikers, die den ganzen Menschen früher oder später – zumindest im Geist – zur Sünde wider den Aufbau des Sozialismus führt. Doch vor allem hat das Prinzip der permanenten Bedrohung des *homo buerocraticus* durch seine eigene Verderbtheit zwei unleugbare Vorteile: Es legitimiert die Anwendung machiavellistischer Praktiken: Kaufen oder Terrorisieren; es erlaubt der «Sache», wenn nötig, sogar ihre Minister zu liquidieren: Wenn die Maschine stockt oder knirscht, schafft sie lieber einige Verantwortliche beiseite, als daß sie eine Reparatur vornimmt, die ohnehin zwecklos wäre. Diese leitenden Männer sind vom Feind gekaufte Verräter: Der Motor lief ruhig, seine unerklärlichen Fehlzündungen kamen ganz einfach daher, daß Sabotage versucht worden war. Kurz, die «Sache» ist wohl genötigt, Menschen zu benutzen, aber sie mißtraut ihnen, sie verachtet und haßt sie: ganz wie der Herr seine Sklaven oder der Chef seine Arbeiter; Mißtrauen, Haß und Verachtung – sie wird nicht eher ruhen, als bis diese schönen Gefühle die Beziehungen der Menschen untereinander und eines jeden zu sich selbst bestimmen.

Bleibt abzuwarten, ob es ihr gelingt. Unsere Zeugen meinen, daran sei nicht zu zweifeln. Wenigstens in gewissen Fällen und bis zu einem gewissen Punkt. Und wer findet sich dazu bereit? Die Käuflichen, die Feiglinge, die Streber? Im Gegenteil, die Besten: Die ehrlichsten, aufopferndsten, gewissenhaftesten Kommunisten. Kundera gibt uns den Grund dafür an. Das mechanistische Menschenbild ist nicht, wie Kosík zu glauben scheint, der Ursprung des bürokratischen Sozialismus, es ist dessen Produkt und, wenn man will, dessen Ideologie. Die Revolution von 1917 trug unbegrenzte Hoffnungen in sich, der marxistische Optimismus stand hier neben alten achtundvierziger Träumen, romantischen Idealen, einem Babeufschen Egalitarismus, Utopien christlichen Ursprungs. Als der «wissenschaftliche Sozialismus» sich durchsetzte, hütete er sich davor, diesen humanistischen Trödel verschwinden zu lassen. Er gab sich als Erbe und Verwirklicher dieser idealistischen, aber umfassenden Ambitionen aus: Es handele sich darum, die Arbeiter von ihren Ketten zu befreien, der Ausbeutung ein Ende zu setzen, die Diktatur des Profits, in der die Menschen die Produkte ihrer Produkte sind, durch die freie, klassenlose Gesellschaft zu ersetzen, in der sie ihr eigenes Produkt sind. Nachdem die Partei nach der Bürokratisierung sich mit dem Staat identifiziert hatte, wurden diese Prinzipien, diese Ideale, diese großen Ziele nicht etwa ausgemerzt – im Gegenteil: Gerade zu der Zeit, als viele Moskauer es sich zur Gewohnheit gemacht hatten, erst im Morgengrauen schlafen zu gehen, nachdem sie sich überzeugt hatten, daß der Milchmann schon vorüber war, führten sie die Parolen der Wortführer der Macht unausgesetzt im Munde. Gewiß, das bürokratische System hatte seit langem seine eigene Ideologie hervorgebracht. Doch gewann diese niemals eine explizite Form; in den Handlungen war sie überall gegenwärtig, aber in den offiziellen Reden ließ man sie nur auf dem Umweg über einen Satz, eine flüchtige Wendung erahnen: Man maskierte sie durch anderes, durch die *ad usum populi* verkündete Ideologie, einen vagen, humanistischen Marxismus: Das richtete die jungen Slowaken und Tschechen zugrunde. 1945 gingen sie, durch Worte aufgepeitscht, in die Falle. Ist es nicht auffallend, daß Vaculík, einer der unversöhnlichsten Ankläger des Systems, mit zwanzig Jahren begeistert in die Partei eintrat, nachdem er Stalins Broschüre *Über dialektischen und historischen Materialismus* gelesen hatte? Dies ist auch der Grund, warum Kundera erklärt – ohne damit einen Vergleich zwischen der deutschen und der sowjetischen Gesellschaft aufstellen zu wollen –, daß der Hitlerismus in einem Punkt weit weniger gefährlich war als das, was er den Stalinismus nennt. Bei ersterem wußte man wenigstens, woran man war: Er sprach eine laute und deutliche Sprache, selten ist eine manichäistische Weltanschauung ausführlicher begründet worden. Der Stalinismus indes war etwas ganz anderes; in ihm ging man unter. Hier gab es zwei Ideologien, zwei Arten von Vernunft, die eine dialektisch, die andere mechanistisch; dauernd wurde das herausfordernde Wort Gorkis wiederholt: «Der Mensch, wie stolz des klingt!», während die Funktionäre beschlossen, Menschen – die von Natur schwach und sündig sind – durch Verwaltungsakte ins Gefängnis zu schicken. Wie sollte man sich da zurechtfinden? Die sozialistische Idee schien ein Wahn geworden zu sein. Sie war es nicht, aber die Handlanger der «Sache» verlangten – ohne Zynismus, versteht sich – von ihren Mitbürgern und von sich selbst, das System im Namen des sozialistischen Humanismus zu akzeptieren; sie stellten, vielleicht in gutem Glauben, den Menschen der Zukunft als endgültigen Abschluß eines kühnen und erhabenen Unternehmens dar, in dessen Namen sein Ahn, der Mensch der Gegenwart, gehalten war, sich wie ein Ding *und* wie ein Schuldiger behandeln zu lassen und sich selbst so zu behandeln. Es war nicht ganz allein ihre Schuld; ihr Hirn litt an einer Krankheit, die gewöhnlich in der Blase lokalisiert ist: Es hatte Steine. Für all jene indes, die sich getreu den Prinzipien des Sozialismus mit Medusenaugen zu betrachten suchten, ergab sich daraus eine allgemeine Verzerrung des Denkens. So sind die offenkundigen Widersprüche zu erklären, die Kundera bitter aufzählt: «In der Kunst war der Realismus die offizielle Doktrin. Doch war es verboten, von der Wirklichkeit zu sprechen. Mit der Jugend wurde ein öffentlicher Kult getrieben, aber man betrog uns um die unsere. In diesen erbarmungslosen Zeiten zeigte man auf der Leinwand nur die schüchternen Annäherungsversuche zarter, befangener Liebender. Man verlangte von uns, daß wir überall unserer Freude Ausdruck gäben, dennoch drohten uns bei dem geringsten Freudenausbruch strenge Sanktionen.» Vielleicht hätte er diese Situation noch besser getroffen, wenn er geschrieben hätte: *Im Namen des Realismus* verbot man uns, die Wirklichkeit zu schildern; *im Namen des Kults der Jugend* hinderte man uns, jung zu sein; *im Namen der sozialistischen Freude* unterdrückte man die Fröhlichkeit. Und das Schlimme war, daß dieser plumpe Trick unter den Betroffenen Komplizen fand. Solange sie noch an den bürokratischen Sozialismus glaubten – ihn wenigstens für den mühsamen, undankbaren Weg hielten, der zum wahren Sozialismus führt –, haben diese Menschen ihre lebendige dialektische Vernunft dazu benutzt, die Herrschaft der versteinerten Vernunft zu rechtfertigen, was sie zwangsläufig dazu führte, die von dieser gegen sie selber ausgesprochene Verurteilung zu bestätigen. Durch die Propaganda überzeugt, daß, wie Mirabeau sagt, «der Weg vom Guten zum Bösen schlimmer als das Böse ist», fanden sie sich zunächst mit dem Bösen ab, weil sie darin das einzige Mittel sahen, zum Guten zu gelangen; und dann sahen sie darin – getrieben von dem, was einer von ihnen den «Dämon des Einverständnisses» genannt hat – das Gute selbst und entdeckten das Böse in ihrem eigenen Widerstand gegen die Versteinerung. Der Zement drang durch Augen und Ohren in sie ein, und sie betrachteten die Proteste ihres gesunden Menschenverstandes als die Überreste einer bürgerlichen Ideologie, die sie vom Volkskörper abschnitt. Alle Zeugen in den Vierzigern stellen hier fest: Sie verspürten das Bedürfnis, jeder kritischen Regung von vornherein zu mißtrauen aus Furcht, es könne sich darin eine Wiederauferstehung des Individualismus verraten. Sie berichten, mit welchem Eifer sie das geringste Befremden, jedes unvermutete Mißbehagen in den dunkelsten Winkel ihres Gedächtnisses verbannten, wie sie sich bemühten, alles zu übersehen, woran sie hätten Anstoß nehmen können. Die Gefahr war tatsächlich groß: Ein einziger Zweifel hätte genügt, um das ganze System in Frage zu stellen; und dann – dessen waren sie sicher – hätte ihr Widerspruch sie in den Zustand schmachvoller Vereinsamung versetzt. In der ersten Republik geboren, trugen sie den unauslöschlichen Stempel einer Kultur, deren sie sich um jeden Preis entledigen mußten, wenn sie sich im Einverständnis mit den Massen befinden wollten. Was immer die «Sache» sagte, galt als Ausdruck des Denkens der Arbeiterklasse, und das konnte nicht anders sein, denn schließlich übte die «Sache» die Diktatur im Namen des Proletariats aus, sie war die Verkörperung des proletarischen Bewußtseins. Niemand bedachte die Aussagen der «Sache» wirklich, denn sie waren das eigentlich Undenkbare. Indes nahm sie damals jeder für den verbrieften Ausdruck des objektiven Geistes hin, man lernte sie auswendig in der Erwartung, sie einmal zu verstehen, und man richtete den geheimnisvollen Ikonen ein kleines Heiligtum in seinem Innern ein. Alle – Arbeiter, Bauern, Intellektuelle – wußten nicht, daß sie das Opfer einer Entfremdung und einer neuen Atomisierung waren; alle wollten, da sie sich des Subjektivismus für schuldig hielten, ihre monadische Isolierung durchbrechen und wieder zu der leidenschaftlichen Aktionsgemeinschaft von Revolutionären und Partisanen zurückfinden, in der jeder jedem nicht als der andere, sondern als sein eigenes *Selbst* begegnete, und keiner wagte zu bemerken, daß alles, was man ihm anriet, um sich seiner verdächtigen Anomalie zu entäußern, darauf hinauslief, sich selbst zu verleugnen, sich anders zu machen, als man selbst war, und darum mit den anderen nur insofern übereinzustimmen, als jeder von ihnen gleichfalls versuchte, *sich anders zu machen, als er war.* Diese konfektionierten Menschen verkehrten untereinander nur durch die Vermittlung des dem Menschen entgegengesetzten anderen. Infolgedessen stürzten sie bei ihren Anstrengungen, der Einsamkeit zu entgehen, in eine noch tiefere Einsamkeit, mißtrauten sie einander gerade in dem Maß, wie jeder sich selbst mißtraute. Liehm hat hier die äußerste, hysterische Versuchung, die logische Konsequenz des gesamten Prozesses, treffend geschildert: Niederzuknien, um zu glauben, und – *credo quia absurdum* – die Einsicht durch den Glauben zu ersetzen. Was wiederum belegt, daß unter der Herrschaft der fetischisierten Produktion der reale Mensch in seiner gewöhnlichen, alltäglichen Existenz sich als ein Hindernis für den Aufbau des Sozialismus vorkommt und daß er die Schuld, überhaupt zu leben, nur dadurch tilgen kann, daß er sich als Mensch völlig auslöscht.

Es handelt sich da natürlich um eine äußerste Konsequenz: Für viele Arbeiter lief das Ganze vor allem auf eine wachsende Gleichgültigkeit gegenüber den öffentlichen Angelegenheiten, auf ein Leben in Dunkel und Dumpfheit hinaus. Als Ersatz bewilligte man ihnen eine feste Anstellung: Alle waren Funktionäre. Die Intellektuellen dagegen waren in großer Zahl Fanatiker der Selbstzerstörung. Man muß allerdings gestehen, daß dies zu ihren Gewohnheiten gehört: In den bürgerlichen wie in den Volksdemokratien tun diese Spezialisten des Allgemeinen sich oft schwer mit ihren Absonderlichkeiten. Doch ist, wie Kundera bemerkt, ihr Masochismus im Westen völlig harmlos: Niemand beachtet ihn. In den sozialistischen Ländern dagegen betrachtet man sie mit schiefen Blicken, und die Macht ist stets bereit, ihnen bei der Selbstzerstörung zur Hand zu gehen. In der Tschechoslowakei beeilten sich die Intellektuellen, sich beim geringsten Vorwurf schuldig zu bekennen, und benutzten ihren Verstand nur dazu, die absurde Anklage so zu verdichten, daß sie akzeptabel wurde, und sich dann selbst dahin zu bringen, daß sie sie annahmen. In der Partei übrigens bearbeiteten sich die verantwortlichsten Leute – die bei weitem nicht alle Intellektuelle waren – in der gleichen Weise: aus Linientreue. Nur in diesem Licht kann man die Geständnisse während der Prozesse der fünfziger Jahre überhaupt begreifen. Sie hätten nicht abgelegt werden können, wenn nicht der Prozeß der Selbstzerstörung auf die Spitze getrieben worden wäre: Es ging nun nicht mehr darum, die Beschuldigungen stillschweigend so zu formulieren, daß ihnen einige Wahrscheinlichkeit zukam, sondern die «Referenten» hatten den Auftrag, das kritische Vermögen der Angeklagten durch Drohungen, Schläge, erzwungene Schlaflosigkeit und andere technische

Kniffe so zu betäuben, daß sie von der Anklage gerade das, was an ihr *unannehmbar* war, akzeptierten. Und wenn es kaum Fälle gibt, wo dies mißlang, so liegt das daran, daß der tschechoslowakische Mensch seit langem auf das Geständnis vorbereitet war: Seinem Wesen nach den Herrschenden, seinen Mitmenschen und sich selbst verdächtig; ein Einzelgänger schon allein aufgrund seiner monadischen Existenzweise, die er gleichwohl nicht wahrhaben wollte; im besten Falle ein virtuell Schuldiger, im schlimmsten ein Krimineller, doch ohne in das Geheimnis seines Verbrechens eingeweiht zu sein, und trotz allem der Partei ergeben, die ihn vernichtete – in dieser Lage mußte ihm das Geständnis, vorausgesetzt, daß es ihm aufgezwungen wurde, als der einzige Ausweg aus seinem unerträglichen Elend erscheinen. Selbst wenn er die innere Gewißheit behielt, die ihm angelasteten Verbrechen nicht begangen zu haben, würde er sie aus dem Trieb zur Selbstzüchtigung eingestehen. Ganz so wie zum Beispiel Menschen, die von Phobien und Schuldgefühlen gepeinigt werden, deren Ursprung sie nicht kennen, einen Diebstahl begehen, um verhaftet zu werden und im Gefängnis endlich Ruhe zu finden: Indem die Gesellschaft sie wegen einer geringfügigen Tat verurteilt, bestraft sie in Wirklichkeit ihr Grundübel, und sie haben gebüßt. Mehr noch: Goldstücker erzählt hier, daß er nach seiner Befreiung das Werk eines Analytikers las, der im Geständnis eine «Identifikation mit dem Aggressor» sieht; er meint dazu, daß seiner eigenen Erfahrung nach diese Auslegung der Wahrheit sehr nahe kommt. Der Aggressor, das ist die Partei – sein Lebensinhalt –, die ihn ausschließt und sich vor ihm wie eine unübersteigbare Mauer erhebt, die ihm bei jedem Leugnen durch einen Polizisten antworten läßt: «Es gibt nur eine Wahrheit: die unsere.» Wenn die «Wahrheit» einem als Chinesische Mauer gegenübersteht, was nützt es da noch, ihr brüchige, subjektive Beteuerungen («Ich war an jenem Tag nicht in Prag, ich habe Slanský nie gesehen») entgegenzuhalten? Besser ist, daß sich der Unglückliche heimlich wieder den Standpunkt der Partei zu eigen macht und sich mit ihr und den Bullen, die sie repräsentieren, identifiziert, indem er den Haß und die Verachtung teilt, die diese ihm in *ihrem* Namen entgegenschleudern. Wenn es ihm gelingt, sich mit den Medusenaugen der mächtigen Gorgo zu betrachten, wird er jene schäbige Ungebührlichkeit austilgen, die ihn jetzt noch von ihr trennt: sein Leben. Schuldig! Welch ein Schwindelgefühl! So naht der Friede, der Dämmerschlaf, der Tod. Zu diesem Thema möchte ich dem Bericht von Goldstücker ein Zeugnis hinzufügen, für dessen Echtheit ich mich verbürge. In einer anderen Volksdemokratie war anläßlich einer anderen Serie von Prozessen eine zu hoher Verantwortung aufgestiegene frühere Widerstandskämpferin der Spionage angeklagt und ins Gefängnis geworfen worden: Sie arbeitete angeblich für den Intelligence Service; schon während der Widerstandskämpfe hatte ihr Mann sie entlarvt, aber es war ihr gelungen, ihn in einen Hinterhalt zu schicken, wo er den Tod fand. Nach einer Behandlung von mehreren Wochen legte sie ein volles Geständnis ab, und das empörte Tribunal verurteilte sie zu lebenslänglichem Gefängnis. Nach einiger Zeit erfuhren ihre Freunde, daß man sie nicht mehr foltere, daß sie mit ihren Gefährten wenig sprach, aber ihre Ruhe wiedergefunden zu haben schien. Die Sache war so plump aufgezogen gewesen, daß niemand von ihrer Schuld überzeugt war: Nachdem die Figuren an der Macht gewechselt hatten, wurde die junge Frau befreit und rehabilitiert. Sie verschwand, und man wußte, daß sie sich bei ihrer Familie versteckt hielt. Der erste, der – auf die inständigen Bitten ihrer Eltern – fast gewaltsam bei ihr eindrang, fand sie auf dem Diwan kauernd, die Beine unter sich gezogen, stumm. Er sprach lange auf sie ein, ohne eine Antwort zu erhalten; endlich entrang sie sich mit gequälter Stimme einige Worte: «Was habt ihr denn alle? *Ich bin doch schuldig!*» Nicht die Mißhandlungen, nicht ihre Erniedrigung, nicht die Gefängnisstrafe waren es, was sie nicht ertragen konnte, sondern ganz einfach ihre Rehabilitation. Wie man sieht, kann das versteinerte Denken Ruhe gewähren: Man bringt es in einem gemarterten Kopf wie eine Grabplatte an, sie bleibt dort liegen, schwer, unbeweglich, Sicherheit bringend, die Zweifel vertreibend, die spontanen Lebensregungen zu einem bedeutungslosen Gewimmel von Insekten herabsetzend. Aber auch ohne so weit zu gehen: Das Geständnis ist in der Logik des Systems beschlossen, man könnte sogar sagen: In ihm mündet das System. Zunächst, weil die «Sache», die weder Vernunft noch Urteilskraft besitzt, keineswegs fordert, daß man bedenkt, was man sagt, sondern einzig und allein, daß man es öffentlich sagt. Und weiter, weil in diesem importierten Sozialismus – der sich bemüht, die tschechischen Arbeiter von 1950 davon zu überzeugen, daß sie im Grunde nichts anderes sind als die russischen Bauern von 1920 – die Wahrheit sich als legalisierte Lüge definiert. Diejenigen, welche das System in gutem Glauben errichteten oder überzeugt waren, daß es sich für die Tschechoslowakei eignet, haben früher oder später verzweifelt lügen müssen, ohne an ihre Lügen zu glauben, um sich dem zu nähern, was sie für die «Wahrheit» hielten.

Der jungen Frau konnte man mit einigen Elektroschocks helfen. Ein etwas stalinistisches Verfahren, jedoch angebracht, wenn es sich darum handelte, Gehirne zu entstalinisieren. Da sie nicht ganz so krank waren, genügte ein einziger Elektroschock für unsere vierzehn Zeugen: das «Chruschtschow zugesprochene Referat», wie die *Humanité* es seinerzeit ausdrückte. Mit der Roßkur, die jene Unschuldigen wider Willen «wieder zu sich brachte», hat Chruschtschows berühmte Rede tatsächlich nur das eine gemeinsam, daß sie ein Blitz aus heiterem Himmel war – und weiter nichts. Sie enthielt keinen einzigen Gedanken, keine Analyse, nicht einmal den Versuch einer Interpretation: «... eines Toren Fabel nur, voll Schall und Wahn, jedweden Sinnes bar.» Lassen wir die Frage nach Chruschtschows Intelligenz dahinstehen, er sprach einfach im Namen des Systems: Die Maschine war gut, ihr Chef-Bediener nicht. Zum Glück hatte dieser Pfuscher die Welt von seiner Gegenwart befreit, und schon würde alles wieder reibungslos laufen. Kurz, die neue Besetzung beseitigte einen lästigen Toten, so wie die alte die Lebenden beseitigt hatte. Ja, es stimmt, daß Stalin Massaker befohlen und das Land der sozialistischen Revolution in einen Polizeistaat verwandelt hatte: Er war *wirklich* der Überzeugung, daß die Sowjetunion durch den KZ-Sozialismus hindurch müsse, um zum Kommunismus zu gelangen. Aber – das macht einer unserer Zeugen eindrucksvoll klar – wenn das Regime es für nützlich hält, die Wahrheit zu sagen, dann deshalb, weil es keine bessere Lüge findet. Infolgedessen wird diese Wahrheit, wenn sie aus offiziellem Munde kommt, eine durch Tatsachen erhärtete Lüge. Stalin war ein Unhold. Geschenkt. Aber wieso hat die sowjetische Gesellschaft ihn auf den Thron gehoben und ihn während eines Vierteljahrhunderts unterstützt? Denjenigen, die sich das beunruhigt fragten, warf die neue Mannschaft den Begriff «Personenkult» zum Fraße vor; daß sie sich mit dieser bürokratischen Formel begnügte, ist ein typisches Beispiel für das *Undenkbare*. Die Tschechen und die Slowaken hatten das Gefühl, als stürze ihnen ein gewaltiger Block auf den Kopf und zerschmettere alle Idole. Ich kann mir denken, daß das ein peinliches Erwachen war. Erwachen? Das Wort ist bestimmt nicht richtig, weil – wie einer von ihnen schreibt – die Überraschung gar nicht groß war. Es schien ihnen, als hätten sie das, was man ihnen auf einmal eröffnete, schon immer gewußt. Darüber hinaus waren sie weit davon entfernt, in die Welt der Wachheit und des vollen Tageslichts zurückzukehren, alles erschien ihnen unwirklich. Die den Rehabilitationsprozessen beigewohnt hatten, kehrten wie betäubt zurück. Man sprach die Toten frei mit den gleichen Worten, den gleichen Reden, deren man sich bei der Verurteilung bedient hatte. Gewiß war es kein Verbrechen mehr zu leben. Aber das *fühlte* man, man konnte es nicht beweisen: Die institutionalisierte Lüge blieb. Reglos, intakt. Die Zeugen eines gewaltigen Zusammenbruchs in weiter Ferne witterten, daß etwas faul war im sowjetischen Staat; indes vernahm sie aus autorisierter Quelle, daß bei ihnen das aus der UdSSR importierte Modell noch nie besser funktioniert hätte als jetzt. In der Tat, die Maschine lief. Alles hatte sich geändert, nichts hatte sich geändert. Chruschtschow tat das unmißverständlich kund, als das ungarische Volk sich völlig unbilligerweise unterstand, aus dem XX. Parteitag die Konsequenzen zu ziehen. Natürlich glaubten die Tschechen und Slowaken nicht mehr an die institutionalisierte Lüge, aber sie fürchteten sich sehr, an gar nichts mehr zu glauben. Bis dahin hatten sie in einem Zustand gelebt, den einer von ihnen den «sozialistischen Nebel» nannte; jetzt zerstreute sich dieser ein wenig, sie konnten den Schaden besichtigen: Der zerstörten Wirtschaft drohte der Ruin; ungeachtet der realen Forderungen der Konjunktur produzierten veraltete Fabriken Erzeugnisse minderer Qualität, das Niveau der technischen und beruflichen Kapazitäten sank von Tag zu Tag, «die humanistische Bildung nahm unaufhaltsam ab»[1]; das Land hatte buchstäblich keine Ahnung von sich selbst; die offizielle Lüge und der statistische Schwindel hatten sowohl das frühere Wissen zerstört als auch die Erforschung und die sozioökonomischen Untersuchungen der wirklichen Verhältnisse rundweg gestoppt. Und glauben wir nur nicht, daß die leitenden Männer die Wahrheit kannten und verbargen: Die Wahrheit existierte ganz einfach nicht, und niemand verfügte über die Mittel, ihr auf die Beine zu helfen. Um die Jugend war es zweifellos am schlechtesten bestellt: «Das Wissen der Jungen ist zerstückelt, atomisiert, zusammenhanglos, die Mittelschule ist unfähig, den Schülern ein Gesamtbild über irgend etwas zu vermitteln, unsere nationale Geschichte inbegriffen, von der Weltgeschichte ganz zu schweigen: Das pädagogische Versagen auf diesem Gebiete ist zum

1 Kundera.

Verzweifeln.»¹ Unsere Zeugen befanden sich in einem unbekannten Land, auf einem unbekannten Planeten, zwischen dem verschlossenen Osten und dem verbotenen Westen. Sie ahnten, daß die tragikomische Rede über «Stalins Freveltaten» die Wahrheit ans Licht bringen würde, wenn man sie mit einer genauen *marxistischen* Analyse der sowjetischen Gesellschaft in Zusammenhang brächte. Aber wie konnten sie zum Marxismus Vertrauen haben, wenn die «Sache» an der Macht nicht von ihrem Alleinverfügungsrecht über den Marxismus abließ? Wenn er die offizielle Lüge war, wie konnte er dann zugleich die Wahrheit sein? Und wenn es zwei Marxismen gab, einen falschen und einen wahren, wie sollten sie, die Produkte des falschen, den wahren erkennen?

Sie bemerkten, daß sie selbst auf dieser *terra incognita* der unbekannteste Eingeborenenstamm sind. Es wird erzählt, daß der Konventabgeordnete Joseph Le Bon, im Jahr 1795 von seinen Richtern über die Gründe seiner Unterdrückungspolitik im Département Pas-de-Calais befragt, nicht ohne ein gewisses Erstaunen geantwortet habe: «Ich verstehe nicht ... das ging alles so schnell.» Nichts ging schnell in der Tschechoslowakei von 1948 bis 1956, aber zweifellos gab es – aus Müdigkeit, Gewohnheit, Resignation, Mangel an Phantasie, illusionistischem Voluntarismus – eine düstere Wahrscheinlichkeit des Unwahrscheinlichen, eine Normalität des Anomalen, ein tägliches Leben des «Unlebbaren» und über allem Nebel. Der Nebel zerriß und zog in Fetzen über die Ebene; die jäh ernüchterten Menschen sagten sich: Ich verstehe nicht. Wer also waren sie, die das Unlebbare lebten, die das Unerträgliche ertrugen, die Zerstörung ihrer Wirtschaft für den sozialistischen Aufbau hielten, die Vernunft für den Glauben an den wissenschaftlichen Sozialismus aufgaben und schließlich Fehler bekannten oder Verbrechen gestanden, die sie nie begangen hatten? Sie konnten sich an ihr vergangenes Leben nicht erinnern, nicht das «Gewicht der getanen und gesagten Dinge» ermessen, die geheimsten Erinnerungen nicht hervorrufen, ohne jener milden Form von Wahnsinn zu verfallen, die Freud *Entfremdung* nennt. Ihre Reaktionen waren zunächst sehr verschieden. Abscheu, Scham, Zorn, Verachtung. Kundera wählte den schwarzen Humor. «Ich bin am 1. April geboren, was auf metaphysischer Ebene nicht ohne Folgen geblieben ist.» Und auch: «Die Leute meiner Generation

1 Goldstücker.

führen eine schlechte Ehe mit sich selbst. Ich selbst liebe mich nicht besonders.» Das, was er die «Gezeiten des Stalinismus» nennt, hat ihn in den absoluten Skeptizismus getrieben: «Der Stalinismus hatte sich auf hohe Ideale gestützt, allmählich haben sie sich jedoch in ihr Gegenteil verkehrt, die Liebe zur Menschheit in Grausamkeit gegen die Menschen, die Liebe zur Wahrheit in ein System der Denunziationen ... In meinem ersten Buch während des Höhepunkts des Stalinismus hatte ich darauf zu reagieren versucht, indem ich mich auf einen totalen Humanismus stützte ... Aber dann kamen die Gezeiten ..., und ich fragte mich: Warum muß man denn eigentlich die Menschen lieben? Wenn ich heute von der Unschuld eines Kindes sprechen höre, von der Hingabe seiner Mutter, der heiligen Pflicht, zu wachsen und sich zu vermehren – die Töne kenne ich: Ich habe ausgelernt!» Dieser Lyriker verzichtet auf die Poesie, um verlorene Begriffe wiederzuerlangen: das Lachen, das Groteske; er schreibt ein Buch *Der Scherz*, und er versteht mit diesem Titel nicht nur die possenhafte Unschuld des Helden zu kennzeichnen, sondern die Gesamtheit des Systems, in dem eine Büberei ohne Konsequenz ihren Autor unweigerlich in die Deportation führt. Václav Havel seinerseits deckt in einem Zuge die Absurdität der Welt wie auch seine eigene auf: Einer bürgerlichen Familie entstammend, schämte er sich von frühester Jugend an, als Kind reicher Leute unter armen Kindern zu sein, fühlte sich wurzellos, in der Luft hängend; nach dem Krieg wurde er das Opfer der Diskriminierungen, denen die Juden und die Bürgersöhne ausgesetzt waren, zahlreiche Berufe wie auch der Zugang zur Universität waren ihm versperrt; in der Folge bewarb er sich jahrelang mit bewundernswerter Zähigkeit darum, an den dramaturgischen Seminaren der Prager Universität teilnehmen zu dürfen, was ihm erst gelang, nachdem er sich als dramatischer Autor durchgesetzt hatte. Doch war er der herrschenden «Sache» entfremdet. Vielleicht etwas weniger als die anderen: Viele von ihnen suchten die Integration, für ihn war sie unmöglich, das wußte er, da man ihn nicht haben wollte. So neigte er bald dazu, sich in einer absurden Welt absurd zu fühlen. Die «Enthüllungen» von 1956 steigerten nur das Fremdgefühl, aus diesem Grund hat man seine Stücke mit dem westlichen «absurden Theater» vergleichen können.[1]

1 Mit dem Unterschied, daß seine Stücke einen politischen Inhalt haben, der seinen Landsleuten nicht entgehen kann: In *Die Benachrichtigung* hat er

Kurz, ob sie sich in einer irrealen, traurig zeremoniösen Gesellschaft irreal fühlten, als Opfer, Zeugen und Komplizen eines gewaltigen, alptraumhaften Possenspiels, oder ob sie als absurde Hampelmänner in einem so fundamental absurd beschaffenen Milieu zappelten, in dem jeder Versuch, sich anzupassen oder es zu ändern, von vornherein sinnlos war – jedenfalls haben alle diese Männer, die hier sprechen, in den ersten Jahren nach dem XX. Parteitag an einer Krankheit gelitten, welche die Psychiater Identitätskrise nennen. Sie waren nicht die einzigen – eine dumpfe, innere Unruhe breitete sich unter den Massen aus –, aber sicher waren sie die am meisten Betroffenen. Was tun? Sich töten oder weiterzuleben versuchen? Gewissen Anspielungen, die der Leser in diesen Gesprächen finden wird, läßt sich entnehmen, daß manche das erstere wählten: Die anderen wollten von dem Recht auf Existenz Gebrauch machen, das ihnen kurz zuvor offiziös zugesagt worden war. Diese hatten keine Wahl; leben, das hieß zunächst sich einer Entpersönlichung entziehen, die zu einem Alibi zu werden drohte, hieß sich kennen, sich wiedererkennen, um sich wieder aufzubauen. Und wie konnten sie ihre eigene Geschichte schreiben, ohne sie dort zu suchen, wo sie steckte, nämlich in den letzten fünfzig Jahren ihrer nationalen Geschichte? Zwischen ihrem Einzelleben und dem großen Erleben des tschechoslowakischen Volkes gab es eine Wechselbeziehung der Perspektiven: In der extremen Notlage, in der sie sich befanden – ohne Kategorien und Begriffe, um die Realität in Gedanken zu fassen, *sich selbst* in Gedanken zu fassen –, begriffen sie, daß jede dieser beiden Arten von Erleben nur durch die andere rekonstruiert werden konnte. Subjektivismus? Nein: Bescheidenheit. Es hieß entweder verrecken oder die Wahrheit finden. Nicht die des Systems: Sie hatten noch keine Waffen, um anzugreifen, das würde kommen. Nein, die Wahrheit ihres Lebens, die des Lebens aller Tschechen und Slowaken in ihrer brutalen Faktizität, und dies mit nichts in den Händen, nichts in den Taschen und sich jeder ideologischen Auslegung enthaltend: Rückkehr zunächst zu den Tatsachen, jenen verdunkelten, verdrehten Tatsachen, von denen Novotný gut gelaunt gesagt hatte, man müsse nicht allzusehr katzbuckeln vor ihnen.[1] Langsam, beharrlich, erwarben sich diese

klar festgestellt, daß sich nichts ändern kann, solange das System an seinem Platz bleibt und seine Bürokratie absondert.

1 Die im ganzen richtige Idee scheint der «Realpolitik» zu widersprechen,

völlig verstörten Männer das große Verdienst – trotz Zensur und Drohungen der Machthaber –, diese Ödipus-Suche öffentlich zu unternehmen. In der Folge werden wir sehen, wie Jaroslav Putik den Journalismus um der Literatur willen aufgab, nachdem er sich vorher – zweifellos um ein Infragestellen der großen, stalinistischen Thesen zu vermeiden – in die äußeren Tatsachen vertieft hatte, wie sie der Rundfunk und die Presse in der ganzen Welt verbreiteten, die aber im Osten wie im Westen nur taube Nüsse waren: Dort wegen der schwerfälligen Kleingeisterei des Apparats, hier aufgrund eines duckmäuserischen «Objektivismus». «Das Verlangen, mich wirklich aus mir selbst heraus auszudrücken und Dinge zu schreiben, die aus meinem eigenen Innern stammen, hatte mich erst nach 1956 ergriffen. Dieses Jahr hat, wie der Krieg, die Leute gezeichnet. Brutal. Ich selbst ... ich hatte bereits meine Nase in ziemlich viel hineingesteckt und mir Fragen gestellt. Indes, dies war ... der entscheidende Schock. Danach hatte ich das schmerzende Bewußtsein, nicht das zu tun, was ich wirklich wollte.» Was er wollte, war: schreiben, um sich zu erkennen, und – nach den Worten der meisten hier vertretenen Romanciers – schreiben, um die «Menschen kennenzulernen», um sie in «ihren existentiellen Dimensionen zu erkennen». «Von 1956 bis 1958», sagt Kosík, «hat sich die tschechische Kultur auf die existentiellen Probleme konzentriert, und da ist die Frage: ‹Was ist der Mensch› der gemeinsame Nenner geworden.» Keine Sorge, es handelt sich nicht darum, einen Humanismus zusammenzustoppeln. Sie hatten zwei Humanismen gekannt, den von Beneš und den von Stalin. «Alle beide», bemerkt treffend einer unserer Zeugen, «verbargen den Menschen.» Alle beide waren zerbrochen. Niemand dachte daran, die Scherben aufzusammeln. Das einzig mögliche, das einzig notwendige Unternehmen, das sie leidenschaftlich und zäh in Angriff nahmen, war: ohne philanthropische Vorurteile zu ihren Mitmenschen zu gehen. Und von diesem Standpunkt aus stellt Kundera die vernünftige Frage, die einen gesunden Realismus beweist: Warum soll man sie lieben? Ja, warum? Eines Tages wird man die Antwort wissen, oder vielleicht auch nie. Das ist in diesem Augenblick nebensächlich. Kunderas Skeptizismus ist gewiß kein sanftes Ruhekissen, indes führt er

bedeutet jedoch aus diesem Mund, daß nicht berücksichtigt zu werden braucht, was mit den Entscheidungen der Verantwortlichen nicht übereinstimmt.

keineswegs zur Verzweiflung; der Autor sagt uns ausdrücklich, daß er im Skeptizismus die Wiedergeburt des Denkens sieht: «Der Skeptizismus schafft die Welt nicht ab, er setzt sie in Fragen um.» Ihre Heimatlosigkeit ausnutzend, wollen diese Menschen, daß nichts sich von selbst verstehe, daß keine Wahrheit festgelegt sei. Für sie, wie für Plato, ist das Staunen die Quelle der Philosophie, und im Moment wollen sie diesen Standpunkt nicht aufgeben. Den Behauptungen der Machthaber – diesen Antworten, die den Fragen vorausgehen, um zu verhindern, daß sie gestellt werden – ziehen sie die Fragen ohne Antworten vor. Das Denken wird sich nicht von den Verkrustungen, die es krank machen und in andere Bahnen lenken, frei machen können, indem man es anderen Verkrustungen aussetzt, sondern indem man diese Verkrustungen durch eine Problematik auflöst. Das beeinträchtigt nicht die Suche, im Gegenteil, es stimuliert sie, schreibt ihr die Aufgabe und ihre provisorischen Grenzen vor. Václav Havel sagte im April 1968 «eine gesellschaftliche Kunst von äußerst realistischem Zuschnitt» voraus, die «das Individuum in seinem sozialen Kontakt, mit seinem Privatleben, seiner Ehe, seinen Kindern, seinen materiellen Bedingungen zeigen wird. Alles das wird zur Sprache gebracht werden, wenn es eines Tages möglich ist, zu sagen, was wahr ist ... Bereiten wir uns auf einen neuen sozialen Realismus vor, und nicht allein darauf, sondern auch im Roman auf eine neue Ausrichtung der psychologischen Forschung mit Stichproben in das Unerforschte.»[1] Goldstücker sagt nichts anderes – Marx und auch Freud hatten es vor ihm gesagt –, wenn er, um zu zeigen, daß die Suche dieser neuen Ödipen erschöpfend sein will, erklärt: «Es ist unmöglich, die tiefe Wahrheit mittels ihrer oberflächlichen Erscheinungen wiederzugeben.»

Mancher westliche Leser wird über diesen Eifer lächeln: Darüber sind wir in der «freien» Welt hinaus! Wir sind schon seit langem in die reflexive Erkenntnis, die Metapsychologie, die Analyse eingedrungen. Es ist wahr: Wir haben eine andere Art, uns nicht zu kennen, und wir sprechen lieber von unseren Komplexen als von unseren

---

1 Man wird bemerkt haben, daß die Kunst, die Havel im Auge hat, nichts mit seinem früheren «Absurdismus» gemein hat. Er hofft zu dieser Zeit, daß die in statu nascendi befindliche Gesellschaft endlich die Verbannten wird aufnehmen können, die im Gravitationsfeld des in Agonie liegenden Systems kreisen.

materiellen Bedingungen oder von dem soziologisch-beruflichen Kontext, der uns umgibt, und wir beschäftigen uns lieber mit unserer homosexuellen Komponente als mit der Geschichte, die uns hervorgebracht hat oder die wir hervorgebracht haben; die Entfremdung, die Verdinglichung, die Mystifikation, auch wir sind ihre Opfer und Komplizen, auch wir brechen fast zusammen «unter dem Gewicht der getanen und gesagten Dinge», unter den akzeptierten und verbreiteten Lügen, an die wir sowieso nicht allzu fest glauben: Aber wir wollen uns dessen nicht bewußt werden. Mondsüchtige, die auf einer Dachrinne spazieren und von ihren Hoden träumen, statt auf ihre Füße zu achten. Sicherlich müssen auch die Tschechen die Probleme überdenken, die die Prüderie der fünfziger Jahre vor ihnen verschleiert hat.[1] Aber, wie einer von ihnen zu Liehm sagt: «Welch ein Glück, wenn wir keine anderen Probleme hätten!» Bei ihnen heißt es: Alles sagen oder nichts mehr zu sagen haben. Sie stellen sich sozusagen akut und konkret die Fragen, die wir nur noch abstrakt auf den Lippen herleiern, und hundert andere, die wir uns nie stellen werden; wenn sie sich selbst noch nicht ganz kennen, liegt das daran, daß ihre Erfahrung zu reich ist, es braucht Zeit, um sie zu verarbeiten.

Das ist nicht der einzige Grund. Ich erinnere mich an ein Gespräch mit einem lateinamerikanischen Schriftsteller – es war 1960, er war erschöpft, aber eher klarblickend, als daß er sich etwas vorgemacht hätte, er kämpfte noch immer; ich wußte, daß sein Leben voller Kämpfe, Siege und Niederlagen war, daß er Exil und Gefangenschaft kennengelernt hatte, daß er von seinen Genossen ausgeschlossen und wieder aufgenommen worden war und daß er im Verlauf dieses unaufhörlichen Kampfes seine Loyalität bewahrt, aber seine Illusionen verloren hatte. «Diese Ihre Geschichte», sagte ich zu ihm, «müssen Sie schreiben.» Er schüttelte den Kopf – es war das einzige Mal, daß er Bitterkeit zeigte: «Wir Kommunisten haben keine Geschichte.» Und ich begriff, daß die Selbstbiographie, von der ich gesprochen hatte – die seine oder die eines seiner Genossen hier oder anderswo –, wenig Aussicht hätte, ans Tageslicht zu gelangen. Keine Geschichte, nein. Keine Erinnerungen. Die Partei hat die eine oder die andere, aber gefälscht. Wer die Geschichte der KP von außen, nach Schriftstücken,

---

1 Einige von ihnen berichten in ihren Gesprächen ausdrücklich von der Psychoanalyse als von dem Weg, der den Zugang zur «Tiefenschicht der Wirklichkeit» eröffnet.

Dokumenten und Zeugnissen, schreibt, riskiert, durch seine Vorurteile behindert zu sein, auf jeden Fall fehlt ihm eine unersetzbare Erfahrung; wenn er nicht mehr in der Partei ist, erstickt er vor Bitterkeit, seine Feder taucht in Galle; wer von innen, in Übereinstimmung mit den Verantwortlichen schreibt, macht sich zum offiziellen Historiographen, lügt oder macht Ausflüchte, je nachdem, was an der Tagesordnung ist. An was kann ein Parteigenosse, der sein Leben verstehen möchte, sich halten, wenn die Organisation, die ihn sich einverleibt und ihn erzeugt hat – abgesehen davon, daß sie dieser Art von subjektivem Unternehmen grundsätzlich den Mut nimmt –, ihn bestenfalls dazu bringt, bis in sein geheimstes Gewissen hinein ein falsches Zeugnis über sich zu geben? Worüber verfügt er? Über rekonstruierte, vertrocknete oder durch eine ganze Reihe von Selbstkritiken ausgelöschte Erinnerungen oder über solche, die noch lebendig, aber unbedeutend oder unverständlich sind? Wie kann man sich nach so vielen Kursänderungen an die Richtung erinnern, die man beim Aufbruch einzuschlagen geglaubt hatte, wie wissen, wohin man augenblicklich geht? Und wer kann sich der Partei gegenüber anheischig machen, daß der Schlüssel, den er benutzt, um seine heutigen Handlungen zu erklären, übers Jahr noch derselbe ist? Die Scheinheiligen richten es so ein, daß sie sich immer noch eine versteckte Dimension bewahren, wie jener Bürger der Sowjetunion, von dem seine Freunde mir sagten: Er hat zwölf Etagen der Aufrichtigkeit, Sie befinden sich erst auf der vierten. Die einen schweigen; die anderen haben ihr Leben doppelt für ihre Partei gegeben: Sie haben es oft auf ihren Befehl hin aufs Spiel gesetzt, und sie haben aus Disziplin zugelassen, daß man ihre Spuren von einem Tag zum anderen verwischte, wie in den Dünen der geringste Windstoß genügt, um Spuren auszulöschen.

Die Tschechen und die Slowaken, die hier sprechen, sind zum größten Teil Mitglieder der KPČ. Auch sie haben begeistert ihr Leben geopfert und haben es jahrelang aus den Augen verloren. Gleichwohl sind sie es, die heute in diesen Gesprächen, in Romanen, in Hunderten von Essays[1] die Rückgewinnung wagen, die 1960 undurchführbar schien und die heute auf die gleichen Schwierigkeiten stößt. Deshalb müssen sie all ihre inneren Widerstände brechen, fast unsichtbare Spuren bemerken, Grabsteine lüpfen, um zu sehen, was

---

1 Ich kenne in dieser Hinsicht nichts so Durchdachtes, so Stringentes und so Klares wie das wunderbare Zeugnis von London: *Das Geständnis*.

darunter ist. Und vor allem – das ist die wichtigste Frage – die *Erleuchtung* finden. Zum Glück sind ihre Erinnerungen noch lebendig: 1956 war der «sozialistische Nebel» erst acht Jahre alt. Chruschtschows Rede, so absurd sie gewesen sein mag, gab ihnen den «letzten Stoß», der ihnen erlaubte, in der richtigen Weise von sich selbst und von der Partei zu sprechen: Sie versuchten nicht, diesen großen Körper, von dem sie nur ein kleiner Teil waren, zu überflügeln: Er ist ihr Ankerplatz; sie haben das System erduldet und wissen auch, daß sie es verwirklicht haben – obwohl es vorfabriziert war, mußte es zumindest installiert werden – und daß der Kampf, den sie alle führten, um gewisse Auswüchse zu begrenzen, sozusagen nur eine bestimmte Art und Weise war, es zu akzeptieren. Sie werden also darüber von innen, von ihrem Land aus sprechen, weil sie noch in ihm leben, und zwar mit unleugbarer Solidarität – ohne daß sie mit Haß oder Zorn verurteilen, um ihre eigene Unschuld hervorzuheben –, aber mit Distanz zu diesem *Innern* aufgrund des Abstands, der durch ihr *estrangement* hervorgerufen wurde und plötzlich Praktiken zutage brachte, die so geschickt waren, daß sie sie angewandt hatten, ohne sie zu durchschauen. Es ist, als ob sie ihr Leben (und sei es um alter Bezugskonstanten oder um alter Loyalitäten willen) nur durch interne Kritik an der Partei zurückgewinnen und als ob sie die Rolle der Partei nur dadurch in Frage stellen konnten, daß sie sich selber radikal in Frage stellten, ohne dabei über ihre Taten und deren Folgen, ihre Unterlassungen, Rückzieher und Kompromisse den geringsten Zweifel zu lassen. Wenn man diese Gespräche liest, wird einem klar, daß das, was als ein Teufelskreis erscheinen könnte, in Wirklichkeit eine dialektische Bewegung ist, die den Lesern ebenso wie den Sprechenden erlauben soll, ihre verlorene Wahrheit wiederzufinden, diese konkrete Totalisation, die ohne Unterlaß enttotalisiert wird, die widersprüchlich, problematisch, nie in sich ruhend, nie abgeschlossen, aber dennoch eine Wahrheit ist, von der jede theoretische Suche ausgehen muß, von der der Marxismus ausgegangen ist, um nach diesem mit Lenin, Rosa Luxemburg und Gramsci noch einmal von ihr auszugehen, ohne jedoch in der Folge zu ihr zurückzukehren.

Worauf stützen sie sich, um den für den Fortgang der Untersuchung notwendigen Abstand zu behalten? Die Antwort ist klar: Auf ihre nationale Kultur. Ist das ein Grund, sie des Nationalismus zu beschuldigen, wie es die alte Garde der mumifizierten Stalinisten tat? Nein: Laßt sie, und ihr werdet sehen. Ist es ihre Schuld, daß die zurückweichende Flut des Pseudomarxismus den Blick auf die unberührt erhalten gebliebenen historischen Traditionen freigegeben hat, die nicht im Sinne eines wahren Sozialismus weiterentwickelt und «aufgehoben» worden waren? Ist es ihre Schuld, wenn sie bemerkten, daß der Rekurs auf ihre Geschichte – und mag er noch so unbefriedigend sein – vorübergehend nützlicher zum Verständnis ihrer Gegenwart ist als die leeren Begriffe, deren Gebrauch ihnen aufgedrängt wurde? Daß später eine marxistische Deutung dieser Begebenheiten nötig sein könnte, geben sie wohl zu, aber um schnell zu parieren, muß man von einfachen und bekannten Tatsachen ausgehen: von der Gestaltung des Bodens, der geopolitischen Lage des Landes, von seiner Kleinheit, die Böhmen und die Slowakei zu Schlachtfeldern ihrer mächtigen Nachbarn werden ließ, von der Einverleibung in das österreichisch-ungarische Kaiserreich, das sie damals gewaltsam «rekatholisiert» hat, so wie jetzt versucht wird, sie zu «restalinisieren» – alles Hypotheken auf ihre Zukunft und Deutungen ihrer Gegenwart. Gegen die Besatzung, wer sie auch sein möge, und gegen deren gewaltige, unbesiegbare Armeen haben die beiden Völker stets mit der Selbstbehauptung ihrer kulturellen Einheit gekämpft. «Die Tschechen», bemerkt Liehm, «sind das einzige Volk in Europa, das den größten Teil des 17. und 18. Jahrhunderts durchmessen hat, ohne eine nationale Aristokratie zu besitzen, die damals die allgemeine Stütze der Erziehung, Kultur und Politik war. Infolge der Germanisierung und der erzwungenen Rekatholisierung ist die tschechische Politik als eine notwendige Bemühung um die Wiederbelebung der Sprache und der nationalen Kultur entstanden, so daß sich hier die enge Verbindung von Kultur und Politik seit langem als organisch erwiesen hat.» Zur Zeit der Stalinisierung waren die Probleme anders, aber die Waffen der Tschechen sind die gleichen geblieben: die Behauptung ihrer Kultur gegen den Sozialismus, der aus der Kälte kam. Der Schutz der nationalen Kultur (nicht um sie so zu bewahren, wie sie ist, sondern um aus ihr den Sozialismus aufzubauen, der sie verwandeln wird, ohne auf ihr Gepräge zu verzichten) – das ist es, was die intellektuellen Tschechen der sechziger Jahre wiederentdecken, was ihnen erlaubt, sich besser auf diesem Planeten einzurichten: Sie waren nicht, wie sie glaubten, Unbekannte unter Unbekannten; wenn sie sich geirrt hatten, so weil sie von der Herrschaft der «Sache» atomisiert worden waren; um diese zu entthronen, ohne in «Subjektivismus» zu verfallen, war es nötig, daß jeder in jedem seiner Nachbarn seinen *Nächsten*, das heißt das Produkt derselben Kulturgeschichte, erkannte. Der Kampf wird hart sein, und sein Ausgang ist nicht sicher: Sie wissen, daß sie «im Jahrhundert der Integration der kleineren Länder in die größeren Verbände» leben; einer von ihnen meint sogar, daß «der Integrationsprozeß (schließlich und nach mehr oder weniger langer Dauer) alle kleinen Nationen in sich aufzusaugen droht . . .» Was tun in solchem Fall? Sie wissen es nicht: Seit sie ihren Katechismus zugeschlagen haben, sind sie dessen nicht mehr sicher. Alles, was sie wissen, ist, daß der Kampf der Tschechoslowakei sich in diesem Augenblick in den Rahmen eines größeren Kampfes einfügt, den viele große und kleine Nationen gegen die Politik der Blöcke und für den Frieden führen.

Unsicher und bereits von inneren Konflikten unterminiert, hielt die Macht es für ratsam, Ballast abzuwerfen: Aus Furcht, das neue Engagement der Intellektuellen und Künstler führe zur Preisgabe des «sozialistischen Realismus» zugunsten des «kritischen Realismus» – alle beide sind *Undenkbarkeiten*, doch reagieren die Gehilfen der «Sache» nur auf die sie bedrohende Gefahr, wenn sie die Definition in dem Katalog finden, der unter ihnen verteilt worden ist –, aus dieser Furcht heraus also öffneten sie dem Desengagement die Tür: Wenn Sie nicht die Möglichkeit haben, Ihr Vertrauen in das System zu beweisen, wird Ihnen erlaubt, nichtssagende Dinge zu sagen. Zu spät: Die, welche hier reden – und viele andere, für die sie einstehen –, weisen diese Toleranz zurück. Goldstücker sagt treffend: «Die Begriffe des Realismus und des Unrealismus verschleiern das hier zutage tretende wirkliche Problem: Wie weit kann bei uns das Engagement des Künstlers gehen, wenn es sich darum handelt, Rechenschaft über die historisch geschaffenen Lebensbedingungen abzulegen, die durch die sozialen Faktoren dieser letzten Jahre geschaffen worden sind?» Es handelt sich für jene nicht darum, die Rückkehr vom bürgerlichen Liberalismus zu fordern, sondern – weil die Wahrheit revolutionär ist – das revolutionäre Recht zu verlangen, die Wahrheit zu sagen.

Diesen Anspruch konnten die leitenden Männer nicht einmal begreifen: Für sie war die Wahrheit schon gesagt worden, alle wußten sie auswendig, und die Pflicht des Künstlers war es, sie zu wiederholen. Nutzloser Dialog. Aber plötzlich hatten die Massen Feuer gefangen: Was am Anfang als die Sorge einer Kaste von privilegierten Professionellen erscheinen konnte, wurde die leidenschaftliche Forderung eines ganzen Volkes. Es muß hier erklärt werden, wie sich dort das verwirklichte, was bei uns einen Monat später – im Pariser Mai – gänzlich ausblieb: die Einigkeit zwischen den Intellektuellen und der Arbeiterklasse.

In den sechziger Jahren wurde die wirtschaftliche Lage immer beunruhigender, unter den Volkswirtschaftlern gab es genug Kassandras. Noch erreichte ihr Alarmruf nicht das große Publikum. Alles geschah innerhalb der Partei und sogar des Apparats; das heißt, der Kampf um das Wiederingangsetzen der Maschine vermischte sich mit dem Kampf um die Macht. In den Lagern der leitenden Männer verschärfte sich der Konflikt zwischen den Bürokraten von gestern und denen von heute. Erstere, welche Liehm «Amateure» nennt, begründeten ihre allgemeine Inkompetenz mit dem stalinistischen Prinzip der Autonomie der Politik; die anderen, jüngeren, gehören fast alle zur Generation der «ewigen Kronprinzen»; ohne das System in Frage zu stellen, behaupten sie das – zumindest konjunkturelle – Primat der Wirtschaft.[1] Kurz, sie sind Reformisten. Das Wesen der Macht wird nicht bestritten: Die, welche sie besitzen, die Alten, legitimieren ihre Autorität durch die alte Parole von der Intensivierung des Klassenkampfes; die, welche sie beanspruchen, die Jungen, stützen ihre Forderungen auf ihr Können und auf die dringende Notwendigkeit, die Wirtschaft zu sanieren – diese autoritären Reformisten bemerken nicht den Widerspruch, in den sie sich verwickelt haben, indem sie das unveränderte Prinzip der Autonomie der Politik auf die unmittelbaren Erfordernisse der Wirtschaftsstruktur stützen. Sie werden von oben den Fetischismus der Produktion abbauen, werden die Produktion den Hilfsquellen und Bedürfnissen des Landes angleichen und sie in gewissem Maß der Kontrolle des Absatzes unterwerfen. Der Konflikt dieser beiden Despotismen – der eine obskurantistisch, der andere aufgeklärt – führt die einen wie die anderen dazu, sich an die Arbeiterklasse zu wenden: Sie wird ihr Schiedsrichter sein.

Nun, zu Anfang scheint diese sich auf die Seite der alten Führung zu stellen: Entpolitisiert, wie die Arbeiter durch die traurige Routine sind, auf die sich einzustellen man sie gezwungen hatte, beunruhigen

---

1 Es ist auffallend, daß die leitenden Männer der DDR alle Konflikte an der Spitze entschärft und der ostdeutschen Wirtschaft Auftrieb gegeben haben, indem sie die Technokraten an der Ausübung der Macht teilnehmen ließen. Infolgedessen ist die Beherrschung der Massen dort strenger als in anderen sozialistischen Ländern.

sich viele über den Wechsel, der die Sicherheit ihrer Stellung zu gefährden droht. Um sie zu gewinnen, muß auch der andere Clan ihnen eine gewisse Kontrolle über die Produktion zugestehen und ihnen ein Gesetz über das «sozialistische Unternehmen» versprechen. Kurz, die in Aussicht genommene Reform hat ipso facto eine gewisse *Liberalisierung* des Regimes zur Folge: Man spricht von Dezentralisierung, von Selbstverwaltung. Man *spricht* davon: Aber solange das System existiert, sind diese Worte sinnentleert. Das jugoslawische Beispiel beweist, daß die Selbstverwaltung ein totes Wort bleibt, wenn die politische Macht in den Händen einer privilegierten Gruppe liegt, die sich auf eine zentralisierte Organisation stützt. Es wird das Verdienst intellektueller Slowaken bleiben, die Paralysierung der von ihren internen Widersprüchen blockierten Macht ausgenutzt zu haben, um die Arbeiter zu veranlassen, auf das Anerbieten des reformistischen Liberalismus mit der revolutionären Forderung einer sozialistischen *Demokratisierung* zu antworten. In der Tat war sich niemand, weder bei den einen noch bei den anderen, recht klar über das, was geschah. Die vom Reformismus verführten Intellektuellen wollten vor allem durch ihre Artikel dazu beitragen, die Massen auf die Seite der Reformer zu bringen. Aber ihre Aufsätze – die, welche man hier liest, und viele andere Ergebnisse eines langen Nachdenkens, das 1956 einsetzte – besaßen eine größere und tiefere Bedeutung, als sie selbst geahnt hatten: Das Wahre suchend und sagend, stellten sie das System bloß und setzten den Lesern, deren eigene Erfahrungen einleuchtend deutend, auseinander, daß es sich für das tschechoslowakische Volk nicht darum handle, mit dem Mißbrauch des Regimes Schluß zu machen, sondern das ganze System zu liquidieren. Die Prozesse, die Geständnisse, die Krankheit des Denkens, die institutionalisierte Lüge, die Atomisierung, das allgemeine Mißtrauen, nein, das war nicht der Mißbrauch: Das waren die unvermeidlichen Folgen des präfabrizierten Sozialismus; keine Dekrete, kein Zusammenflicken konnten sie verschwinden lassen, und welche Mannschaft auch an der Macht ist, sie wird trotz ihres guten Willens versteinert oder zerquetscht werden, es sei denn, Tschechen und Slowaken stürzten sich allesamt auf die Macht und schlügen wie wild auf sie ein, bis sie unter ihren Hammerschlägen unrettbar zusammenbräche. Ende 1967 erkannten sie den wirklichen Inhalt ihres Denkens – als das, was sie schrieben, die Ehre hatte, den Bannfluch müder Machthaber auf sich zu ziehen: Für kurze Zeit mundtot gemacht, sahen sie, daß ihre Ideen auf die Straße getragen wurden; die studierende Jugend – diese Generation, an der sie so stark zweifelten – hatte sich ihrer Ideen bemächtigt und ließ sie wie Fahnen flattern. Der Sieg des Reformismus im Januar 1968 war, trotz des provisorischen Bündnisses der Massen mit der Technokratie, schon nicht mehr ihr Sieg: Ihr wirklicher Triumph kam etwas später, als die aus ihrer Erstarrung gerissene Arbeiterklasse, ohne sich dessen zunächst ganz bewußt zu sein, ihre alte Maximalforderung wiederaufnahm, die einzige, die wirklich von ihr ausging: Alle Macht den Räten. In allen Fabriken wurde diskutiert und direkte Demokratie gelernt. In einigen Betrieben warteten die Arbeiter gar nicht erst ab, daß das Gesetz bewilligt würde, sondern verjagten den Direktor und stellten seinen *gewählten* Nachfolger unter die Kontrolle des Arbeiterrats: Die damit übergangenen neuen Führer mußten ihre Gesetzespläne überarbeiten, um dem Druck des Volkes nachzukommen. Zu spät: Es wurde ihnen klar, daß der Demokratisierungsprozeß nicht aufzuhalten war. In der großen Volksbewegung erkannten die Intellektuellen die Radikalisierung ihrer eigenen Ideen wieder und verstärkten – selbst infolgedessen radikalisiert und ohne Feindschaft gegen die neue Machtgruppe – ihren Kampf gegen das System. Nie hatten Presse und Rundfunk mehr Freiheit als in der Tschechoslowakei im Frühling 1968. Was jedoch einen westlichen Menschen überrascht, ist, daß der Kampf der Intellektuellen für die volle Freiheit der Äußerung und der Information von den Arbeitern unterstützt wurde, die sehr bald erkannten, daß das Recht auf totale Information ein Bestandteil ihrer grundlegenden Forderungen war. Auf dieser Basis schlossen sich die Arbeiter den Männern der Kultur an.[1]

Das zeigt deutlich genug, wie verschieden die Probleme einer

1 Dieses Bündnis existierte noch, als ich im November 1969 wieder nach Prag fuhr. Die Studenten hatten einige Fakultäten besetzt, um damit gegen die Wiedereinführung der Zensur zu protestieren. Man konnte sich indes noch mit einer gewissen Freiheit über die Besatzung äußern, und ich durfte auf die Bitte eines Studenten vor einem überfüllten Saal sagen, daß ich die Intervention der fünf für ein Verbrechen hielte. Man verlangte die Freiheit der Information nach Maßgabe der Maximalforderung, von der ich oben sprach. Die Regierung beabsichtigte, ohne viel Überzeugung, streng einzuschreiten, als die Belegschaft wichtiger tschechischer Fabriken ihrem Schwanken ein Ende setzte, indem sie sie wissen ließ, daß sie streiken werde, wenn man sich an den Studenten vergriffe.

Volksdemokratie von den unseren sind. Die französischen Arbeiter streiken nicht, wenn unsere Regierung die Freiheit der Presse beschränkt, und in der gegenwärtigen Lage versteht man sie: Die Machthaber brauchen den Zeitungen selten einen Maulkorb vorzubinden, das übernehmen die Profitmacher. Die Arbeiter lesen *Le Parisien libéré* und glauben kein Wort; sie meinen, durch die klare, einfache Abschaffung des Profits werden die Probleme der Presse gelöst werden. Vielleicht wissen sie, daß in der UdSSR und in Polen Zensur existiert, doch das stört ihren Nachtschlaf nicht: Da drüben – so haben sie sich sagen lassen – übt das Proletariat seine Diktatur aus: Es wäre ein im Namen abstrakter und zudem bürgerlicher Prinzipien geduldetes Verbrechen, wenn konterrevolutionäre Zeitungen darauf bestünden, die Luft mit ihren Lügen zu verpesten. Im Jahre 1968, nach zwanzig Jahren Stalinismus, steht es ganz anders um die tschechischen und slowakischen Arbeiter: Auch sie waren zunächst mit Lügen überhäuft worden; bis zu welchem Grade, das hatten sie nicht gewußt, und nun waren sie im Begriff, es zu verstehen: Die Diktatur des Proletariats, das war die Diktatur einer Partei, die jeden Kontakt mit den Massen verloren hatte; und was den Klassenkampf betraf, wie hätten sie glauben können, er sei durch den Fortschritt des Sozialismus intensiviert worden; bemerkten sie nicht, daß dieser, seit er am Ruder war, nur Rückschritte gemacht hatte? Die Zensur war in ihren Augen kein kleines Übel, denn sie war die Lüge, die die Wahrheit zensierte. Im Gegenteil, je mehr ihnen ihre Maximalforderung bewußt wurde, desto mehr erschien ihnen die vollkommene Wahrheit als theoretisches und praktisches Wissen unentbehrlich; weil die Arbeitermacht nicht am Arbeitsplatz ausgeübt werden kann, ist die Arbeiterschaft nicht auf allen Gebieten ständig informiert. Es läßt sich denken, daß diese Forderung nicht nur die Verbreitung der jeweiligen nationalen und internationalen Nachrichten durch die Massenmedien betraf; indem sie sich vertiefte, erhielt sie ihren eigentlichen Sinn: Die tschechischen und slowakischen Arbeiter verlangten eine unumschränkte Teilnahme am wissenschaftlichen und kulturellen Leben der Nation, um die Produktion zu lenken, zu korrigieren und zu kontrollieren und um ihre Aktivitäten im Lande und in der Welt entwickeln zu können und trotz der Entfernung in ständigem Kontakt miteinander zu bleiben. Diese Forderung, die im Frühling von Prag kaum erst Gestalt angenommen hatte, hätte früher oder später eine Revolution der Kultur und des Schulwesens hervorgerufen. So waren

Arbeiter und Intellektuelle inmitten einer weitgreifenden revolutionären Bewegung abwechselnd ein ständiger Faktor der Radikalisierung: Die Intellektuellen waren überzeugt, daß sie ihre Pflicht – die Suche nach der Wahrheit – nur in einer sozialistischen Gesellschaft erfüllen konnten, in der die Macht von allen ausgeübt würde; die Arbeiter, angefeuert durch die sich jagenden Polemiken in den Zeitungen, glaubten den Sozialismus nicht verwirklichen zu können, ohne das Monopol des Wissens (es existiert sowohl im Osten wie im Westen) zu brechen und die umfassendste Verbreitung der Wahrheit zu sichern, die zugleich, theoretisch und praktisch unzertrennlich, in der dialektischen Einheit der beiden Postulate ihre volle Entwicklung finden würde. Sicherlich waren die Träger dieses Prozesses weit davon entfernt zu wissen, wohin der Weg ging und was sie taten. Aber es läßt sich nicht bezweifeln, daß sie durch die Abschaffung des Systems, die Einführung neuer Produktionsverhältnisse den *Sozialismus zu verwirklichen suchten*. Die Männer an der Macht, von den Ereignissen überholt, aber im Bilde, täuschten sich nicht – wie der zaghafte, am 10. August 1968 in *Rude Pravo* veröffentlichte Entwurf einer Revision der Parteistatuten beweist, das Verbot, die «öffentlichen Ämter in Partei und Staat zu kumulieren».[1] Den ersten Hammerschlag, der die Maschine zerstören sollte, mußte die Bürokratie selbst führen.

Wir wissen, was folgte: Dieser Sozialismus war noch nicht recht geboren, als er bereits von der Konterrevolution erstickt wurde. Das ist es, was die *Prawda* immer wieder schreibt, und ich stimme vollkommen mit den sowjetischen Zeitungen überein, abgesehen von der nebensächlichen Frage nach den Himmelsrichtungen: Nicht aus dem Westen sind die konterrevolutionären Kräfte gekommen; ausnahmsweise einmal nicht der westliche Imperialismus hat die Bewegung der Demokratisierung zerstört und zwangsweise und gewaltsam das Regime der «Sache» wiedereingeführt. Die leitenden Männer der UdSSR, die entsetzt waren, als sie den Sozialismus sich in Marsch

---

1 Die Idee war gewiß nicht neu. Auch nicht revisionistisch. Sie drückt in jedem Buchstaben das Statut der sowjetischen Partei aus. Ich habe indes gezeigt, weshalb sie in der UdSSR nie die geringste Nutzanwendung gehabt hat. Das Wesentliche ist hier der Wille, zu den Quellen zurückzukehren, ein vergessenes Prinzip zu beleben, der KP wieder eine revolutionäre Aufgabe zu geben.

setzen sahen, haben ihre Panzer nach Prag geschickt, um ihn zum Stehen zu bringen. Das System ist mit knapper Not gerettet, eine andere, in größter Eile eingesetzte Mannschaft perpetuiert die Existenz der institutionalisierten Lüge, indem sie die sowjetische Intervention öffentlich gutheißt. Nichts hat sich geändert, abgesehen davon, daß der aufgedrängte Sozialismus sich dadurch, daß er ein aufgezwungener geworden ist, demaskiert hat: Die offiziellen Reden nehmen ihren Fortgang inmitten des Schweigens von vierzehn Millionen Menschen, die kein Wort davon glauben; die, welche sie von oben her wiederholen, sind so allein wie die Kollaborateure während der deutschen Besetzung; sie wissen, daß sie lügen, daß die Lüge der Feind des Menschen ist, aber die Lüge hat sich ihrer bemächtigt und läßt sie nicht mehr los; die Ermunterung zur Denunziation liegt in der Logik des Systems: Um zu bestehen, verlangt es, daß jeder dem anderen und sich selbst mißtraut; nun, das Mißtrauen gegen sich selbst ist verschwunden; nach dem XX. Parteitag und dem Einmarsch von 1968 wird man es bei den Tschechen und den Slowaken nicht mehr wecken können: Es bleibt nur noch übrig, aus jedem, ob er will oder nicht, einen möglichen Denunzianten zu machen, also einen in den Augen seiner Nachbarn Verdächtigen. Trotz einiger – übrigens vergeblicher – Vorsichtsmaßregeln waren die fünf Eindringlinge kaum darauf bedacht, den *stockkonservativen* Charakter ihrer Intervention zu verbergen. Unsere westliche Bourgeoisie hat sich nicht geirrt. Das Einrücken der Panzer hat sie *beruhigt*: Warum nicht den Kalten Krieg beenden und mit der UdSSR eine heilige Allianz schließen, die überall die Ordnung aufrechterhielte? So steht es also: Die Karten sind auf dem Tisch; zu mogeln ist nicht mehr möglich.

Und doch mogeln wir noch immer: Die Linke *protestiert* entrüstet, tadelt oder «bedauert». *Le Monde* veröffentlicht zuweilen Texte voll moralischen Zorns, denen eine lange Liste von Mitunterzeichnern folgt, auf der stets dieselben Namen zu finden sind – der meine zum Beispiel. Unterschreiben wir! Unterzeichnen wir also! Alles ist besser als ein Schweigen, das als Akzeptieren gedeutet werden könnte. Unter der Bedingung, daß aus diesem Moralisieren kein Alibi gemacht wird. Und gewiß, es ist nicht schön, daß die fünf das getan haben: Sie sollten sich schämen! Aber wenn Sie wüßten, wie wenig sie sich daraus machen! Mehr noch: Wenn sie sich um die europäische Linke Sorgen machten, könnte ihnen gar nichts Besseres geschehen, als daß diese mit dem Fuß aufstampft und ihnen pfui zuschreit. Denn solange wir uns auf das Gebiet der Sittenlehre beschränken, ist das System beruhigt: Sie sind Schuldige, sie haben nicht als *Sozialisten* gehandelt? Gerade deshalb konnten sie es tun: Es geht allein um sie, das System stellt man nicht in Frage. Aber wenn wir diese Gespräche lesen, wenn wir aus ihnen die tschechoslowakische Erfahrung entziffern, werden wir verstehen, daß die sowjetische Führung – rekrutiert und geformt vom System und die Macht im Namen der «Sache» ausübend – gar nicht anders handeln konnte, als sie gehandelt hat. Man hat sich an das Regime zu halten, an die Produktionsverhältnisse, die es hervorgebracht haben und die durch seine Aktion gestärkt und erstarrt sind. Nach dem August 1968 muß man den moralischen Standpunkt und die reformistische Illusion aufgeben: Man wird die Maschine nicht reparieren, die Völker müssen sich ihrer bemächtigen und sie auf den Kehrichthaufen werfen. Die revolutionären Kräfte des Westens haben heute nur eine Möglichkeit, der Tschechoslowakei auf lange Sicht, aber wirksam zu helfen. Sie müssen die Stimmen hören, die uns von ihr berichten, die Dokumente sammeln, die Ereignisse rekonstruieren und eine tiefgehende Analyse in Angriff nehmen, die uns über einige zufällige Umstände hinaus über die Strukturen der sowjetischen Gesellschaft sowie die der Volksdemokratien und die Beziehungen zwischen beiden belehrt, und sie müssen die Analyse dazu benutzen, um ohne Vorurteile oder Parteinahme die europäische Linke, ihre Ziele, Aufgaben und Möglichkeiten, ihre verschiedenen Organisationstypen im Hinblick auf eine Antwort auf die grundlegende Frage dieser Zeit zu überdenken: Wie sich vereinigen, wie die alten, verknöcherten Strukturen abtun, in welcher Richtung die neuen entwerfen, um zu verhindern, daß die nächste Revolution einen *solchen Sozialismus* zur Welt bringt *wie den da*.

Rede vor Renault-Arbeitern

(1970)

Genossen,

in diesem Augenblick sollte ich vor Gericht für den Prozeß gegen Geismar aussagen. Statt dessen bin ich gekommen, um vor euch auszusagen. Denn wie ihr wißt, ist die Klassenjustiz entschlossen, Geismar zu bestrafen; die Strafen sind bereits festgesetzt, und die Zeugenaussagen werden zwar freundlich von den Richtern gehört, aber in keiner Weise berücksichtigt. Folglich kann man nur vor Leuten, die die Dinge verstehen und berücksichtigen wollen, aussagen. Ihr allein könnt das Handeln Geismars beurteilen. Was ist die Arbeit der *Cause du peuple?* Zu zeigen, daß die im Namen angeblicher wirtschaftlicher Notwendigkeiten auf das Volk ausgeübte Gewalt – die unverhohlene, aber totale Gewalt, der man hier unterworfen ist, in den Fabriken, überall, mit den Entlassungen oder der Androhung von Entlassung, die aus einem Arbeiter einen potentiellen Arbeitslosen macht, mit dem Hochtreiben der Normen, mit der Spionage und dem Netz von Galeerenaufsehern, das dazu gehört ... – daß all das in Wirklichkeit Versklavung ist. Gegen diese Art der Gewalt gibt es keine legalen Mittel, gibt es keine Möglichkeit der Reform, es gibt nur eine Lösung: die Gewalt des Volks.

Was Geismar zeigte, war dies: gegen eine bourgeoise Gewalt, die sich hinter Worten versteckt, aber total ist, bleibt als einzige Lösung die Gewalt des Volks. Und wie ihr wißt, wird er deshalb verurteilt. Geismar, den man aburteilt, das ist das Volk selbst. Das heißt das Volk, das sowohl die Gewalt erkennt, deren Opfer es ist, als auch die Kraft, die es selber hat, und das gegen jene aufsteht, die es knechten wollen. Es ist also an euch zu urteilen, ob er recht hat oder unrecht.

Es gibt einen dritten Grund, warum ich vor euch sprechen wollte: nämlich ich bin ein Intellektueller, und es hat vor nunmehr einem Jahrhundert das Bündnis des Proletariats und der Intellektuellen gegeben. Es stellte eine beachtliche Kraft dar. Seit Anfang dieses Jahrhunderts besteht es nicht mehr; wir müssen es wieder zustande bringen. Arbeiter und Intellektuelle müssen es wieder verwirklichen – nicht, damit die Intellektuellen den Arbeitern gute Ratschläge erteilen, sondern um eine neue einige Masse zu bilden, die den Standpunkt der Intellektuellen verändert, die sie in ihrem Handeln selbst umwandelt und damit eine fest und gefürchtete Vereinigung schafft. Die Tatsache, daß ihr mich hier angehört habt, ist ein Anfang. Ich danke euch dafür. Wir müssen uns auch aus anderen Anlässen wieder treffen. Für den Augenblick sage ich euch nur: «Befreien wir Geismar.»

20. Oktober 1970 auf dem Place Bir Hakeim

Erstes Volkstribunal in Lens

(1972)

Am 12. Dezember 1970 organisierte *Secours Rouge* in Nantes ein Tribunal gegen die Verantwortlichen der Grubenkatastrophe vom 4. Februar 1970 in Fouquières-lès-Lens, bei dem 16 Bergleute durch Grubengas das Leben verloren hatten. Auf diesem Volkstribunal vertrat Sartre die Anklage.

Anklagerede

Wir haben darüber zu befinden, ob die Katastrophe höherer Gewalt geschuldet ist.

Falls der Unfall vermieden werden konnte und er es nicht wurde, haben wir es mit Tötung zu tun. Davon gibt es zwei Arten: die fahrlässige Tötung und die vorsätzliche Tötung. In dem Fall werden wir darüber befinden müssen, mit welchem der beiden Delikte wir es zu tun haben.

Die Katastrophe vom 4. Februar kann man überhaupt nicht beurteilen, ohne sie in den allgemeinen Rahmen der Sicherheitsproblematik zu stellen.

Die Grube ist schlecht, heißt es; sobald er im Stollen ist, droht dem Arbeiter Lebensgefahr oder mindestens die Invalidität. Das sind *Risiken*, denkt er, und falls das Pech es will, daß er eines Tages einen Finger oder eine Hand verliert, wird er schnell davon überzeugt sein, Opfer höherer Gewalt geworden zu sein. Diese Überzeugung ist nur subjektiv, individuell: keiner kann sicher sein, daß er nicht diese Woche oder dieses Jahr verunglückt. Was hingegen *sicher* ist, ist, daß es, was die letzten Jahre betrifft, jährlich achtzig Tote in den Zechen Nordfrankreichs gab und daß es dieses Jahr genauso viele, wenn nicht noch mehr werden, denn mit den neuen Maschinen steigt die Zahl der Unfälle. Diese sichere Kenntnis besitzen die Leitung und die Ingenieure, die über Statistiken verfügen. Wie bezeichnet man diese Quoten? Das Verhängnis soll lauten: «Die Grube fordert Tote.»

Das wäre zulässig, wenn die Arbeit unter Tage eine *natürliche* Tätigkeit wäre, wenn der Mensch qua Natur gezwungen wäre, dort zu leben und dort zu arbeiten. Aber ganz und gar nicht: es ist eine gesellschaftliche Tätigkeit, die innerhalb der kapitalistischen Gesellschaft stattfindet und unter den Bedingungen, die sich dort etabliert haben. Es handelt sich also nicht um unvermeidliche Verluste und Unfälle, sondern um Unfälle und Verluste, die *der Wettlauf nach dem Profit erfordert*. Schlagwetter und Silikose kann man zwar, wenn man will, Verhängnisse nennen, allerdings sind es Verhängnisse, die bestimmte Menschen treffen, vermittelt durch andere Menschen, die sie ausbeuten und die Gesundheit oder das Leben der Arbeiter der Produktivität opfern. Ohne die kapitalistische Form der Arbeit im Bergwerk würden die Arbeiter nicht an Silikose erkranken; ohne die neuen Maschinen – und besonders die großen Schrämmaschinen, die beim Zermahlen der Kohle noch mehr Staub produzieren – wäre die Silikose weniger virulent und würde weniger Menschen befallen. Anders ausgedrückt, breitet sich diese Krankheit proportional zur Steigerung der Produktivität im Bergwerk aus. Tatsächlich handelt es sich um eine *Überausbeutung* des Bergarbeiters: wie jeder Arbeiter wird er ausgebeutet, das versteht sich von selbst. Doch wenn schon Arbeitsunfälle und Berufskrankheiten alle Arbeiter betreffen, wird er deshalb überausgebeutet, weil diese Unfälle und diese Krankheiten bei seiner Arbeit schlimmer sind, ja *zunehmend schlimmer* werden; die durchschnittliche Lebenserwartung ist im Bergbau geringer als in den anderen Berufen. Die bürgerliche Gesellschaft beutet ihre Bergarbeiter im Übermaß aus, weil sie nicht einmal die zur täglichen Wiederherstellung ihrer Arbeitskraft notwendige Summe aufbringen will: sie läßt Krankheiten und Invaliditäten an ihnen nagen; von Tag zu Tag werden sie immer unfähiger zu arbeiten. Jeden Tag, wenn sie, schweigsam, einsam und stumm, in den Stollen einfahren, wissen sie, daß sie dort wieder dem «Verhängnis» begegnen werden, das sie zugrunde richtet; dieses Verhängnis hat aber Menschengesicht: es sind schlicht die Bedingungen, die die bürgerliche Gesellschaft ihrer Arbeit setzt, um auf Kosten ihres Lebens ein Maximum an Profit daraus zu ziehen.

Bis hierher bleibt indessen das Todesurteil, das über sie verhängt worden ist, noch abstrakt. In Wirklichkeit sind Menschen aus Fleisch und Blut vonnöten, die es vollstrecken. Diese Menschen sind den Bergarbeitern bekannt: das sind die Steiger, die Ingenieure, die Ärzte, die Leiter. Es handelt sich also tatsächlich um Totschlag, und die «Vorgesetzten» sind sehr wohl die Verantwortlichen, da er von ihnen abhängt. Bleibt zu prüfen, ob sie der fahrlässigen Tötung oder der vorsätzlichen Tötung angeklagt werden müssen. Fahrlässige Tötung läge vor, wenn diese Verantwortlichen die verhängnisvollen Konsequenzen ihrer Maßnahmen *ignorierten*: wenn sie sie ignorierten, ihnen aber, mit etwas Mühe, möglich wäre, sich darüber Kenntnis zu verschaffen. Vorsätzliche Tötung liegt vor, wenn sie über die Auswirkungen ihrer Entscheidungen *informiert sind*. Eins steht hierzu *in jedem Fall* fest: die Silikose ist eine Krankheit, die man sich unter Tage holt: der Bergarbeiter atmet Kohle ein, der schwarze Staub zerfrißt allmählich seine Lungen. Um ihn zu retten, gibt es nur ein Mittel: ihn aus der Zeche herausholen, ihm eine Arbeit draußen geben. Der Arzt hat das Ausmaß der Silikose festzustellen; auf ärztliche Empfehlung muß der Chefingenieur ihn versetzen. Unter diesen Bedingungen handelt der Arzt vorsätzlich kriminell, wenn er dem Kranken das Nichtvorhandensein einer Silikose oder einen weniger bedenklichen Grad diagnostiziert, als er tatsächlich hat. Denn er weiß genau, daß sich der Zustand des Bergarbeiters, wenn er unter Tage bleibt, *nur verschlimmern kann*. Dann hat er keinerlei Chance, davonzukommen. Der Arzt schickt seinen Patienten wissentlich in einen langsamen Tod. Nun ist erwiesen, daß die Bergwerksärzte die Silikosekranken mit größtem Widerwillen als wirkliche Opfer einer Berufskrankheit behandeln. Der Grund? Wird der Arbeiter aus der Zeche abgezogen, kostet seine Invalidität eine Rente, bezahlt der Unternehmerstaat einen Menschen fürs Nichtstun; ein Arzt, der die Wahrheit sagte, würde keine sechs Monate beim Bergwerk bleiben: man hat das erlebt. Und was man ständig erlebt, ist, daß ein Arbeiter, der mit einem Silikoseschaden von einem Prozent wieder in den Stollen geschickt wird, wobei er auf die Krankheit nicht einmal hingewiesen wird (er hat eben lediglich Asthma), kurze Zeit später stirbt und sich bei der Autopsie herausstellt – vor allem, wenn diese von einem *außenstehenden* Arzt durchgeführt wird –, daß er hundertprozentig von Silikose befallen war. In jedem einzelnen Fall steht also der Betriebsarzt vor der Wahl: entweder immer größeren Argwohn der

Werksleitung erregen, was langfristig dazu führt, daß sein Arbeits-vertrag nicht erneuert wird. Oder lügen. Bei denjenigen, die schon lange praktizieren, die die schönsten Häuser besitzen und im Wohl-stand leben, kann man sicher sein, daß sie vor geraumer Zeit entschie-den haben, das Spiel der tödlichen Lügen mitzutragen. Zu all denen, die einen Silikoseschaden diagnostiziert haben, der geringer war als der später – über die Autopsie oder anderweitig – festgestellte tatsäch-liche Schaden, muß man folgerichtig sagen, sie sind Mörder.

Sowie es sich um Silikose und noch mehr um Arbeitsschutzmaß-nahmen handelt, setzt eine sonderbare Verschwörung des Schwei-gens und der Lügen gegen die Bergarbeiter ein.

Das Gericht hat nachgewiesen, daß der Arbeitsschutz in den Kohle-bergwerken keiner ist, oder einer ist, der umbringen läßt.

Es gibt zwei Arten von Sicherheitsmaßnahmen. Die einen betref-fen die allgemeine Sicherheit, wofür der Unternehmerstaat Sorge trägt. Und die Unfälle und Silikoseerkrankungen wären bedeutend seltener, würde man die Zechen besser ausrüsten: zunächst einmal Wasser, damit der Staub absorbiert wird, Berieselung des Stollens während der Arbeit, gut funktionierende Ventilatoren, Grubengas-Fernanzeiger, breite Stollen, in denen man sich auch mit einer Last bewegen kann, ohne daß die Hände gequetscht werden, Reservestol-len, in denen die Schichten bei Ausfall der Ventilatoren arbeiten kön-nen. Nun ist von alledem nichts vorhanden. Am 4. Februar gab es in Fouquières in einem Stollen, der bekanntermaßen schlagwetterver-dächtig ist und nicht belüftet war – der Ventilator sollte gerade ersetzt werden –, keinen einzigen Grubengas-Fernanzeiger. Warum? Weil das zu teuer wäre: eine zusätzliche Materialinvestition. Ein unpro-duktives Material: es wäre ja nur zum Schutz der Bergarbeiter. Und Reservestollen, das ist auch zu kompliziert: in Fouquières gab es kei-nen einzigen. Die Gruben, in denen die Leitung solche angelegt hat, sind selten. Wasser gibt es kaum. Die große Schrämmaschine hat zwar Berieselungsöffnungen, doch verstopfen sie schnell, und man nimmt sich nicht die Zeit, sie zu säubern, die Düsen gehen kaputt, repariert werden sie nicht. Die Stollen, in denen die Schrämmaschine in Betrieb ist, müßten geräumt werden: das würde aber zuviel Zeit in Anspruch nehmen, zu lange Wege müßte man auf sich nehmen, die Produktion würde sinken; man arbeitet also inmitten einer Staub-wolke und pfeift auf die Silikose. So ist die Preisverleihung für Be-triebssicherheit ein feierlicher Betrug, der weiteren Betrug nach sich zieht: wenn im Verlauf eines Jahres die Sicherheit in der einen Grube größer war als in einer anderen, kann es nur das Ergebnis eines Zufalls gewesen sein; die Unfallursachen sind überall dieselben. Damit noch nicht genug: man beschränkt sich nicht darauf, den Zufall zu belohnen, als sei er Ergebnis der kollektiven Wachsamkeit, man *fälscht*. Also wird eine *angebliche Sicherheit* prämiert. Erwiesenermaßen werden in einer Grube, die gute Aussichten hat, den Preis zu gewinnen, mit Hilfe der Werksärzte Unfälle verheimlicht, als Krankheiten deklariert. Auch hier handelt der Arzt, der sich zum Komplizen macht, kriminell. Wie viele erklären den Bergarbeitern: «Du bist nicht verletzt; wenn du dich behandeln lassen willst, dann melde dich entweder krank, oder zieh das von deinen Urlaubstagen ab.» Eindeutig, daß es sich um eine systematische Absicht handelt: die Grube wird die Prämie gewinnen; so läßt man ihn nach wenigen Tagen die Arbeit wiederaufnehmen, ohne daß seine Verletzung ausgeheilt wäre. «Du willst doch nicht deine Kollegen um die Prämie bringen?» Falls er sich später zu schlecht fühlt, wird er sich «krank melden» und gerade die fünfzehn Francs täglich (außer sonntags) von der Unterstützungskasse erhalten. Damit ist das Spiel gelaufen. Wie man sieht, ist alles Betrug: der Profit zersetzt alles, hebt alles auf; die Rentabilität ist das oberste Gesetz, sie läßt alles zu Geschwätz und Gesten verkommen. Den Bergarbeitern ist das wohlbekannt; glauben Sie, den Ingenieuren, und der Werksleitung nicht? Jeder weiß Bescheid: man redet, man betrügt, man tötet. Es handelt sich nicht darum, für die bestmögliche Sicherheit zu sorgen, nicht einmal darum, die Bergarbeiter davon zu überzeugen, sie seien in Sicherheit, sondern darum, sich von ihnen, *gleich, was sie denken*, bestätigen zu lassen, daß ihre Sicherheit gewährleistet sei. Dazu dient die groteske Schau mit der Sicherheitsprämie.

Doch von den allgemeinen Maßnahmen abgesehen, gibt es die besonderen Maßnahmen, die dem Bergarbeiter selbst zufallen. Auf den ersten Blick kann das Prinzip richtig wirken: ab einem bestimmten Zeitpunkt muß sich der Arbeiter selbst schützen; der Dachdecker muß wissen, wohin er den Fuß setzt. Aber sehen wir uns an, wie es sich im Bergwerk verhält.

Man läßt die Öffentlichkeit glauben, der Bergarbeiter verdiene viel. Das ist eine widerwärtige Lüge: Arbeiter, die seit zwanzig oder dreißig Jahren unter Tage arbeiten, bekommen tausend, tausendzweihundert Francs im Monat. Das reicht nicht zum Leben. Viele haben Ehefrauen, die in der Textilindustrie arbeiten, und es reicht immer noch nicht aus. Der Arbeiter ist auf die Leistungsprämie angewiesen, die zu erreichen täglich schwieriger wird, je mehr die Produktivität gesteigert wird. Nun verlangt man von ihm nicht einfach – wie vom Dachdecker –, daß er auf seine Bewegungen achtet: er hat sich selbst und seine Arbeit zu schützen. Gräbt er einen Stollen, soll er zugleich auch für die Grubenbefestigung sorgen. Für Unfälle macht man ihn verantwortlich. «Du hältst die Vorschriften nicht ein, du paßt nicht auf!» Und tatsächlich wären die früher von den Bergbaugesellschaften erlassenen und heute vom Unternehmerstaat übernommenen Vorschriften geeignet, zahlreiche Unfälle zu verhindern. Wenn der Bergarbeiter die Grubenbefestigung ernst nimmt, erspart er sich viele Gefahren. Und würde der Sprengmeister vor der Sprengung hundertzwanzig, hundertfünfzig Meter in den Stollen zurücksteigen, würden keine Kohlestücke auf ihn herabregnen können. Beide würden aber, weil damit ihre Förderleistung abnähme, entsprechend geringer bezahlt werden. Mit anderen Worten, der Bergarbeiter steht vor der furchtbaren Situation, zwischen Leistung und Sicherheit zu wählen. Und entscheidet er sich für letztere, heißt das, wie einer von ihnen sagt: «Wählst du deine Sicherheit, werden deine Kinder selten Fleisch zu essen bekommen.» Was dann? Was tun sie? Sie *teufen ab*. Sie treiben den Stollen weiter vor, ohne Verzimmerung über ihnen. Oder – und das ist die Schuld des Unternehmerstaates – das Material geht ihnen aus, nachdem sie eine Strecke von zehn Metern mit Grubenholz ausgebaut haben; dann bauen sie es hinten wieder ab, um es vorn wieder anzubringen; *auf gut Glück* rücken sie vorwärts; manchmal hält die Stollendecke dank der Wölbung. Passiert ein Unfall, ist es ihre Schuld. Man stößt also auf dieses widerwärtige System: Der Unternehmerstaat zieht von den Löhnen alle Arbeiten ab, die den Tod der Bergarbeiter verhindern könnten; die Zeche ist Eigentum der kapitalistischen Gesellschaft, für alle dort vorkommenden Krankheiten und Arbeitsunfälle ist sie *allein verantwortlich*; dennoch läßt sie den Schutz des Arbeiters gegen die Übel, für die sie verantwortlich ist, *den Arbeiter selbst* bezahlen; und sie weiß genau, daß der schlechtbezahlte Arbeiter vor der Wahl Stollenverzimmerung oder Stollenausbau sich für letzteres entscheiden wird. Sie weiß das so gut, daß sie ihn dazu ermuntert. Das Geschrei, die Brutalitäten der Steiger versetzen die Arbeiter in Panik, man verlangt von ihnen, schneller zu arbeiten, sie tun es, opfern der Förderleistung ihre Sicherheit. Anders gesagt, ist das die Taktik: höheren Orts werden die Sicherheitsvorschriften erlassen, man weiß aber und wünscht sich, daß der Arbeiter sich *schlecht* schützt, weil er es gut nur zum Nachteil der Leistung tun könnte: er geht in die Falle – wie könnte er nicht, wo sein Lohn davon abhängt – und vernachlässigt seine Sicherheit; man stimmt ihm zu, man lobt ihn, allerdings still. Und passiert ein Unfall, dann holt man die Sicherheitsbestimmungen aus der Schublade: der Bergarbeiter hat schuld, er ist derjenige, der das Unglück verursacht hat; er ist derjenige, der bestraft werden muß. Eine widerwärtige List: die tatsächlichen – bewußten – Verantwortlichen sitzen in der Direktion; sie stellen die Arbeiter ein, gaukeln ihnen vor, ihre Bezahlung sei eine anständige Entlohnung, und verheimlichen ihnen, daß *von diesem Lohn* alles, was ihrem eigenen Schutz dient, abgezogen wird. An dieser Stelle muß der erste Schluß gezogen werden: sich auf dieses System einzulassen bedeutet *notwendig*, sich entweder zum Mörder oder zum Opfer zu machen. Die Arbeiter sind die Opfer, die Steiger (die früher unter den Arbeitern, heute in speziellen Schulen ausgewählt und ausgebildet werden) und vor allem die Ingenieure, die Ärzte und die Direktoren sind die Mörder. Sie wissen das, und sie lügen: der Arbeiter bemüht sich, sich nicht als Opfer zu betrachten: vergebens; im Tiefsten seiner selbst ist ihm seine Lage bewußt; seine Unterdrücker bemühen sich *vielleicht*, ihr übles Treiben vor sich selbst zu verschleiern: vergebens; die Kohlebergwerke können nicht ohne eine wachsende Zahl von Unfällen und Silikosekranken die Förderleistung steigern: das kann einem unmöglich verborgen bleiben. Deshalb sind es vorsätzliche Tötungen. Der freiwillige Mörder kennt die Identität seines Opfers: der eifersüchtige Ehemann bringt denjenigen um, den er für den Liebhaber seiner Frau hält. Ein vorsätzlicher Mörder plant achtzig Tote pro Jahr ein; von ihnen weiß er nichts, nicht einmal ihre Identität; er weiß aber, daß *sie erforderlich sind* und daß es nächstes Jahr, mit den neuen Maschinen, noch mehr sein werden. Er ist gleichermaßen ein Mörder.

Zum Unglück von Fouquières ist ein offizieller Bericht vorhanden. Er forscht nach der Ursache und findet keine. Allenfalls wird geschlußfolgert: «Beim gegenwärtigen Ermittlungsstand scheint die Grubengasexplosion vom 4. Februar 1970 dadurch verursacht worden zu sein, daß die Verankerung eines Einschieners unter der Einwirkung des Zugs einer Kabelwinde auf einen blockierten Förderwagen losgerissen wurde.» Schöner Text: alles fehlt! Halten wir zunächst fest, daß der Ventilator mitten in der Woche während der Frühschicht ausgewechselt worden ist. Erster Fehler. Verantwortlich dafür sind die Ingenieure und die Direktion. Fügen wir hinzu, daß es in einem Schacht geschieht, in dem wiederholt Werte von mehr als drei Prozent Grubengas gemessen worden sind, genau in diesem Abschnitt. Und daß, bei Abwesenheit eines Grubengasanzeigers, der Ausfall des Ventilators ein gefährliches Ansteigen der Konzentration von Grubengas bewirkt hat. Man kann sagen, daß genau in dem Moment, als der neue 20-PS-Ventilator installiert war, jedoch bevor er in Betrieb genommen wurde, eine neue Schicht in einen gefährlichen, unbelüfteten Grubenabschnitt eingefahren wurde, in dem sich das Grubengas bedrohlich hatte ausbreiten können. Die Bergarbeiter trafen dort ein, und einige nahmen die Arbeit auf, da kein Ausweichstollen vorhanden war, an dem sie hätten weiterarbeiten können. *Niemand* weiß, wie hoch die Konzentration an Grubengas ist, da kein Anzeiger vorhanden ist: die Arbeiter befinden sich *in unmittelbarer Todesgefahr*. Schon ist der Tod da: jemand versucht, die Arretierung eines Förderwagens zu lösen; wo kommt er her? Wer hat ihm erlaubt zu arbeiten? Die Verankerung des Einschieners löst sich, dadurch wird das Gleis überhitzt, das angesammelte Grubengas explodiert, sechzehn Tote, elf Verletzte. Es ist überdeutlich: Verantwortlich ist in erster Linie der Unternehmerstaat. Der ist aber weit weg, und es sind Menschen aus Fleisch und Blut, die für ihn arbeiten und für ihn töten. Diese müssen benannt werden: es sind die Ingenieure, die beschlossen haben, den Ventilator an einem Wochentag in einem grubengashaltigen Abschnitt, in dem gearbeitet wurde, auszuwechseln; es ist der Direktor, der für das vollständige Fehlen von allgemeinen Sicherheitsvorkehrungen verantwortlich ist – kein Grubengasanzeiger, keine Reservestollen. Fahrlässige Tötung? Nein: vorsätzliche Tötung. Diese Toten waren *unvermeidlich*, damit die Produktion maximal erhöht werden konnte. Es mußte nicht zwingend an diesem Tag geschehen, es hätte am nächsten Tag, es hätte am vorherigen Tag sein können; es mußte auch nicht unbedingt dieser Stollen sein: die Sicherheitsvorkehrungen waren in den Nachbarstollen genauso schlecht, der «Unfall» konnte überall geschehen, etwas Grubengas genügte. Sie waren aber einkalkuliert, sie gehörten zu jenen achtzig Toten, die (gemeinsam mit den Verletzten, Invaliden und Silikosekranken) für den planvollen Sieg des Ertrags über die Sicherheit stehen. Die Betriebsleitung hatte sie *vorgeplant*, diese Toten, weil man die Arbeiter dort für simple Maschinen hält, deren man sich bedient, bis sie verbraucht sind.

Ich biete Ihnen also folgende Schlußfolgerungen zur Diskussion an:

Der Unternehmerstaat trägt die Schuld am Mord vom 4. Februar 1970.

Die Direktion und die für Stollen VI verantwortlichen Ingenieure sind Erfüllungsgehilfen. Folglich sind sie gleichermaßen der vorsätzlichen Tötung schuldig: vorsätzlich entscheiden sie sich für Profit anstelle von Sicherheit, das heißt, sie geben der Produktion von *Sachen* den Vorrang vor Menschenleben.

Vielleicht sind die Bergleute, die beschuldigt worden sind, das «Büro für Produktionsumstellung im Bergbau» am Dienstag, dem 17. Februar 1970, in Brand gesetzt zu haben, nicht die tatsächlichen Brandstifter: der Beweis dafür ist bis jetzt nicht erbracht worden. In jedem Fall haben diejenigen, die tatsächlich die Räume in Brand gesteckt haben, lediglich den Volkszorn zum Ausdruck gebracht: sie haben die Empörung von Zehntausenden von Arbeitern demonstriert, die sich hereingelegt fühlen, die entweder zu einem plötzlichen Tod oder zu einem langsamen Sterben an Silikose verurteilt und von der übrigen Bevölkerung durch ihre gegenwärtigen und zukünftigen Mörder, die Männer in den Betriebsleitungen, die Ingenieure und Ärzte, isoliert werden. Wir müssen ihre unverzügliche Freilassung fordern: wenn das Sondergericht sie verurteilt, verurteilt es zugleich die Gesamtheit der Bergleute des Kohlereviers im Norden, die sich schon lange ein Urteil über die Situation und diejenigen, die sie aufrechterhalten, gemacht haben und die erst neulich, nach einer ähnlichen Katastrophe, Minister Ortoli, der zu den Trauerfeierlichkeiten angereist war, einen «Verbrecher» und einen «Mörder» nannten.

1. *Der Unternehmerstaat wird des Mordes vom 4. Februar 1970 für schuldig befunden.*
2. *Die höheren Angestellten, die für Stollen VI verantwortlichen Ingenieure sind gleichermaßen der vorsätzlichen Tötung verantwortlich.*
   Vorsätzlich entscheiden sie sich für den Profit auf Kosten der Sicherheit.
3. *Folglich fordern wir die sofortige Freilassung der Angeklagten von Hénin-Liétard.*
   Die Ingenieure, Ärzte und höheren Angestellten können nicht länger über die vom Volkstribunal eindeutig nachgewiesene vorsätzliche Verantwortung derer, die das Spiel des Unternehmerstaates mitspielen, hinwegtäuschen, gleich auf welcher Stufe der Hierarchie sie jeweils stehen.
   UNKENNTNIS DES GESETZES DES VOLKES SCHÜTZT NICHT VOR STRAFE.
4. *Dieser Urteilsspruch wird im gesamten Kohlebecken verbreitet. Er wird am 14. Dezember vor dem Staatssicherheitshof verlesen werden.*

Secours Rouge

Am 17. Dezember 1970 wurden vor dem Staatssicherheitshof *(Cour de sûreté de l'État)* alle anwesenden Angeklagten freigesprochen. Bernard Liscia wurde in Abwesenheit zu fünf Jahren Haft verurteilt.

Ein Betriebstribunal

Interview mit Claude Kiejman,
1971

Am 4. Februar 1970 ereignete sich im Stollen VI der Kohlengrube von Fouquières-lès-Lens eine Explosion, Bilanz: sechzehn Tote, zwölf Schwerverletzte. Einen Monat später legt ein Kommando der Maoisten-Gruppe «Nouvelle Résistance Populaire» eine Bombe im Sitz der Direktion der Grube Hénin-Liétard. Mitte Dezember 1970 stehen fünf Anhänger unter der Anklage der Beteiligung an dieser Aktion vor dem *Cour de sûreté de l'État*: das Gericht setzt Strafen von drei bis fünf Jahren Gefängnis fest. Im Berufungsverfahren werden diese Urteile aufgehoben.

Parallel zum offiziellen Prozeß organisiert die «Rote Hilfe» im Rathaus von Lens einen Gegenprozeß mit einem «demokratischen Volkstribunal», in dem Sartre neben einem Grubenarbeiter, einem Fabrikarbeiter von Renault, zwei Ärzten und einem Ingenieur als Richter sitzt. Über sechzig Personen nehmen an der Verhandlung teil und billigen ein Urteil, das die Bergbaugesellschaft und die verantwortlichen leitenden Techniker als «schuldig des Mordes» erklärt.

Warum haben Sie beschlossen, verantwortlicher Direktor der Cause du peuple *zu werden? Sie haben vor sechs Monaten erklärt, daß Sie nicht unbedingt einverstanden wären mit den Ideen und Methoden dieser Militanten. Hat sich inzwischen Ihre Haltung geändert? Sind Sie ihren Ideen nähergerückt und wenn ja, warum?*

Ich bin nicht nur Direktor von *La cause du peuple*, sondern auch von *Tout*, der Zeitung der V.L.R.[1] Simone de Beauvoir ihrerseits wird eine Zeitlang die Zeitung der Black Panthers herausgeben, und sie gibt gegenwärtig *L'Idiot* heraus. Ich will damit nur sagen, daß es keine Art linksradikaler Gruppierung gibt, mit der ich mich nicht in

---

1 Vive la Révolution – maoistische Organisation.

gewisser Weise verbunden fühle. Selbst mit der trotzkistischen «Ligue Communiste», mit der ich gemeinsam in der «Roten Hilfe» bin ... In Wirklichkeit suche ich persönlich, wie übrigens viele von uns, nach einer Möglichkeit der *Aktionseinheit* für die gesamte Linke. Und wenn der *Gauche prolétarienne*, genauer der Ex-*Gauche prolétarienne*, meine besondere Solidarität gilt, dann deshalb, weil sie gegenwärtig am schärfsten angegriffen wird. Wie Sie wissen, ist die «Ligue» nicht gerade legalistisch, aber immerhin ... sie ist also weniger in Gefahr. Inzwischen werden auch die Leute der V.L.R. angegriffen. – Beweis: der gegen den Direktor von *Tout* eingeleitete Prozeß – aber auf bestimmten Gebieten sind sie einfach weniger aktiv. Die einzigen, die eine wirkliche Aktivität entwickeln, sind die Ex-*GP*, sie kennen deshalb auch die Gefahren der Aktivität, denn man nimmt sie fest. Denken Sie nur an die Zahl der Prozesse, die bis jetzt gegen sie gelaufen sind.

Selbst der Prozeß von Lens ist keine Angelegenheit, die allein die Arbeiter betrifft, obwohl das sein Hauptziel ist. Wir wollen darüber hinaus die Freilassung der gefangenen «Maos». Ich bin in einer besonderen Weise solidarisch mit der *Gauche prolétarienne* aufgrund ihrer Aktionen und aufgrund der Risiken, die sie zu tragen hat und die nicht mehr so aufwendig sein dürfen. Allgemein aber betrachte ich mich derzeit vor allem als Mitglied der «Roten Hilfe», die eben das einzige Organ ist, in dem alle Grüppchen vereinigt sind und Aktionen gemeinsam unternommen werden. Der Prozeß von Lens zum Beispiel ist eine Initiative der «Roten Hilfe».

Das ist ungefähr mein Standpunkt: ein Bemühen um Einheit. Ich mache mir keine Illusionen. Selbst in der «Roten Hilfe» findet man gewisse Ortsgruppen – in Grenoble zum Beispiel –, wo die Leute sich miteinander raufen. Und was die studentische «Rote Hilfe» angeht, da kann man auf jeden Fall damit rechnen, daß es Streit geben wird. Wir streben deshalb auch «Rote-Hilfe»-Gruppen an, die nicht allein aus Studenten zusammengesetzt sind. In Lille zum Beispiel gibt es Professoren und Studenten, aber auch Grubenarbeiter, andere Arbeiter, Kleinbürger etc. Auf diese Weise haben wir dort Sektionen, in denen man einen bloßen Streit zwischen der A.J.S.[1] und der *GP* oder der «Ligue» und der *GP* einfach nicht verstehen würde. Die «Rote Hilfe» scheint mir also genau das richtige Milieu, in dem eine Aktion zur Zeit stattfinden kann.

1 Alliance des Jeunes pour le Socialisme – trotzkistische Organisation.

Natürlich handelt es sich dabei um Aktionen der Verteidigung, immerhin aber um *aktive Verteidigung*.

Zum Beispiel war der Prozeß gegen die Zechenleitung, den wir in Lens veranstaltet haben, mehr als bloße Verteidigung. Wir haben eben nicht nur unsere Genossen, die vor dem *Cour de sûreté de l'État* standen, verteidigt, sondern wir haben tatsächlich die Zechenleitung angegriffen und Urteile ausgesprochen, die ich als vollstreckbar bezeichne, weil nach allem, was wir gesagt haben, es jetzt an den Grubenarbeitern ist, das zu tun, was sie für richtig halten.

Sie sprechen von «Grüppchen» ohne die übliche Abfälligkeit, die in dem Wort liegt?

Natürlich. Auch wenn sie wenige Anhänger haben, sind diese Gruppen doch sehr aktiv. Ihre Tendenzen mögen unterschiedlich sein, doch ich sehe absolut nicht ein, wie man allein aus der Tatsache, daß sie Grüppchen genannt werden, etwas Abfälliges ablesen kann. Es handelt sich um kleine Gruppen, ihre Aktionsform und ihr Einfluß reichen aber weit über den Kreis der Militanten hinaus. Ich denke sowohl an die Ex-*GP* wie an die «Nouvelle Résistance Populaire» oder an die «Ligue». Sie scheinen mir äußerst wichtig, weil sie alle dasselbe wollen: *auf die Arbeiterklasse einwirken*. Ein schwieriges Unterfangen, denn sowohl die CGT-Gewerkschaft wie die Kommunistische Partei stehen dieser Kraft vollkommen feindlich gegenüber. Wir haben also mit großen Schwierigkeiten zu kämpfen, nicht von seiten der Arbeiter – die hören uns –, sondern weil man versucht, sie eben daran zu hindern. Beim Prozeß von Geismar fuhr ich zu Renault in Billancourt und habe dort geredet. Wir rechneten mit einer Beteiligung von dreitausend Arbeitern, aber die Gewerkschaftler hatten ein Flugblatt verfaßt mit der Aufforderung, nicht hinzugehen. Zu den Algeriern sagten sie: «*Sartre hat Aufenthaltsverbot in allen arabischen Ländern, ihr braucht ihn euch also nicht erst anzuhören.*» Bei Fabrikschluß haben sich dann die CGT-Leute an den Toren postiert und sie wieder zugemacht mit der Behauptung, draußen seien die Truppen der C.R.S. und schlügen zu. Es gab überhaupt keine Spur von einem C.R.S.-Polizisten, das Unternehmen verlief ganz friedlich. Trotzdem kam eine Reihe von Arbeitern heraus und hörte zu, aber wir hätten eine weit größere Beteiligung gehabt ohne dieses Manöver, das absolut typisch ist und auf das man überall stößt.

Auch in den Gruben hatten wir große Mühe beim Verteilen von Flugblättern. Wir sind ständig blockiert worden. Waren wir erst einmal durchgekommen, fanden wir gute Reaktion. Die Aktion und die Macht der Gruppen könnte weit größer sein, wenn ihnen nicht ständig Steine in den Weg gelegt würden.

Im Grunde besteht auch das Ziel der «Roten Hilfe» darin, die Arbeiterklasse zu erreichen. Im Augenblick erreicht man sie leichter über die «Rote Hilfe», weil diese als eher defensives Organ erscheint, ohne klar definierte politische Ausrichtung, außer einer allgemein revolutionären und volksverbundenen Orientierung. *Im Augenblick haben wir keine theoretische Hilfe, wir haben nur eine praktische.* Es geht vor allem darum, die Leute miteinander in Kontakt zu bringen, um zweierlei zu ermöglichen: einerseits uns etwas besser in der Arbeiterklasse zu verankern, andererseits Richtungen, die nicht miteinander übereinstimmen, über einer bestimmten Sache zu einigen. Es gibt Fälle, in denen das sehr gut läuft. Im 12., 13. und 14. Pariser Arrondissement wird die «Rote Hilfe» von nahezu allen Bewegungen getragen. Im 14. zum Beispiel arbeitet die zweite Tendenz der «Ligue» sehr gut zusammen mit der *GP*, weil sie den Ideen der *GP* offener gegenübersteht. Sie machen gemeinsame Aktionen und sind überhaupt sehr aktiv.

Ich glaube, Sie sind einige Tage in die Kohlenzechen gegangen ...

Ja, ich war anläßlich des Prozesses, den wir durchführen wollten, ein erstes Mal in den Kohlenzechen, um selber an Ort und Stelle Einblick zu gewinnen. Ich habe gesehen, was für ein Leben man die Arbeiter zu führen zwingt, und dadurch war es mir möglich, eine Anklage zu verfassen. Die Schuld von Zechenleitung wie Technikern und Ärzten ist vernichtend. Im Prozeß von Hénin-Liétard wurde gesagt, daß die Unfälle und auch die Silikoseerkrankungen um 80 Prozent vermindert werden könnten, und auch die Todesfälle, denn es gibt etwa *900 bis 950 Tote pro Jahr*, wenn man die Ausbeute nicht so hochtriebe, wie man das tut. Wir haben zu zeigen versucht, daß hier vorsätzlich getötet wird. Man tötet nicht diesen oder jenen, aber man tötet, weil man nie die Sicherheitsvorkehrungen einhält, weil man wegen des geforderten Ertrags die Arbeiter unter Bedingungen arbeiten läßt, bei denen sie sich notwendig die Silikose zuziehen müssen. Man sagt sich: 900 Mann werden sterben. Das ist natürlich, das ist eine feststehende Zahl. Aber es ist keineswegs eine feststehende Zahl. Der Staatsanwalt hat gesagt: «Unfälle, Arbeitsunfälle gibt es überall.» Das stimmt nicht. Es gibt zwar welche, es gibt sie überall in der kapitalistischen Welt und vielleicht auch anderswo. Aber man muß sehen, daß es zum Beispiel *viermal mehr Unfälle in Frankreich als in den Vereinigten Staaten* gibt. Das besagt, daß in den USA, wenn sie auch der Gipfel des Kapitalismus sind, etwas mehr unternommen wird, um allzu viele Unfälle zu vermeiden.

Es besteht hier also eine durch die Zahlen bewiesene Schuld, die wir aufgrund unwiderlegbarer Beweise verurteilt haben. Wir haben eine Gerichtskommission aus Ärzten, Ingenieuren, Arbeitern gebildet, und wir haben schließlich diese Jury übersprungen und uns direkt an den Saal gewandt. Mit anderen Worten, zum erstenmal in Frankreich haben wir ein richtiges *Volksurteil* erreicht. Wir haben bei offenen Türen die Fakten dargelegt. Jeder konnte dazukommen. Und wir haben dann den Saal abstimmen lassen, der die Entscheidung angenommen hat.

Wie sind nach Ihren Erfahrungen über die Lage der Arbeiterklasse die Gegebenheiten, um die großen Linien eines revolutionären Handelns in Frankreich abzustecken?

Das ist sehr schwierig. Man kann nicht behaupten, daß die Gesamtheit der Arbeiter zur Zeit sehr revolutionär wäre. Es gibt dieses Tauziehen zwischen Regierung und KP samt Gewerkschaften, die im Augenblick zwar in gewissen Fällen großen Einsatz leisten, auf der politischen Ebene aber eher eine abwieglerische Funktion haben. Bei den Arbeitern herrscht ein spürbarer Hang zur *Resignation*. Der Kampf dreht sich nur um die Löhne, und so sieht die Situation ziemlich unerfreulich aus. Aber es existiert auch eine *neue Arbeiterelite*, ein marschierender Arbeiterflügel aus jungen Leuten, die die Dinge nicht in der gleichen Weise sehen. Zum erstenmal – da man im Arbeitermilieu nicht mehr so einfach vor Hunger stirbt, wenn auch die Lebensbedingungen für eine große Anzahl sehr hart bleiben – liegen die Probleme woanders. Ich war sehr beeindruckt durch die Vorstellung von Würde, die die Arbeiter zum Ausdruck brachten, als sie beim Prozeß gegen die Zechen aussagten. Sie sind der Ansicht, daß sie als Dinge behandelt werden, sie begreifen die Entfremdung, so wie Marx sie versteht, sie erfahren sie an ihrer Haut, am eigenen Fleisch, in ihrer Art zu leben, durch ihre Krankheiten. Sie sagen: «Wir werden nicht geachtet, wir werden wie Dinge behandelt, wir sind aber keine Dinge, sondern Menschen, und wir wollen Menschen sein.» Dies eine neue Tendenz. Das Wort «Würde» mag zum Lächeln reizen, weil wir, die Intellektuellen, es längst aus unserem Vokabular verbannt haben. Aber es trifft eine Sache, nämlich ganz einfach den Wunsch, an der Leitung der Fabrik, der Arbeit beteiligt zu sein.

Wenn Sie so wollen, bildet sich ein neuer Modus von sozialistischen Forderungen heraus: die *Verwaltung* muß als erstes in die Hände der Arbeiter kommen.

Sie drücken sich manchmal mit ungeschickten Worten aus. «Würde» ist, wie gesagt, ein Wort, das wir aus unserem Vokabular verbannt haben, weil es uns kleinbürgerlich schien. Damit ist nicht gesagt, daß nicht tatsächlich ein kleinbürgerliches Element in ihm liegt, aber es gibt auch ein anderes Element, nämlich die Forderung, wirklich im Zentrum einer Arbeit zu stehen, die einen angeht und die man leistet.

1968 hat es übrigens einen sehr schönen Ansatz gegeben, in Nantes. Man hatte eine Art Abkommen zwischen Bauern und Arbeitern geschlossen. Nachdem die streikenden Arbeiter nahezu die Leitung der Stadt in die Hand genommen hatten, haben sie sich selber um die Versorgung gekümmert. Einen Augenblick lang konnte man sehen, wie eine Art Arbeiter-Bauern-Gemeinde in Nantes herrschte. Der Versuch ist leider allzu schnell im Mai '68 abgestoppt worden.

Diese Tendenz – nicht einfach die Fabriken zu besetzen, sondern die Arbeit in eigener Verantwortung und für die Arbeiter wiederaufzunehmen – ist sicher etwas Neues. Die Gewerkschaft lehnt sie ab, die KP entmutigt sie, und es zeigt sich deutlich, daß viele junge Leute sie schließlich wieder fallenlassen. Unser Problem also ist es, Mittel zu finden, um diese Tendenz, die übrigens fast überall vorhanden ist, anzustacheln. Wir tun das in Form der «Roten Hilfe», das heißt ohne jede politische Ausrichtung nach der einen oder anderen Seite. Nur gibt es überall da, wo diese Tendenz vorhanden ist, auch Leute, die *unterdrückt* werden. Also müssen wir da sein, wo Repression herrscht, und versuchen, die Arbeiter zu erreichen, um mit ihnen gemeinsam gegen die Repression zu kämpfen, die einige ihrer Genossen trifft.

Es ist viel vom Mai '68 gesprochen worden. Könnten Sie eine Bilanz ziehen nach zweieinhalb Jahren? Welches sind die Erfahrungen, die Lehren aus dem Mai?

Es ist sicher, daß der Mai '68 verraten worden ist in dem Augenblick, da man zu wählen anfing: «Wahlen = Verrat.» Wir haben zweierlei Frankreich: eines, das wählt, und eines, das nicht wählt. Beide Frankreich sind allerdings letztlich dasselbe. Dieselben Arbeiter, die im Mai '68 den Streik durchführten – einen sehr harten Streik –, haben, als es ans Wählen ging, für die Regierung gestimmt und für Gruppen, die überhaupt nicht zu ihrem Handeln passen. Der

Parlamentarismus in Frankreich ist endgültig verurteilt, nicht nur durch den Mai '68 oder die Leute, die ihn machten, sondern auch durch die Mehrheit, die auf Befehl der Regierung kuscht. In Frankreich ist der Parlamentarismus reine Fassade: die Entscheidungen werden auf der Ebene des Ministerrats getroffen, der dem Einfluß der Kartelle und Monopole unterliegt. Auf der Ebene des Parlaments vollzieht sich nichts mehr. Wenn man also heute die Leute in Frankreich wählen läßt, dann läßt man sie nur zum Schein wählen. Der Parlamentarier entscheidet nie etwas: allenfalls stellt er bescheiden eine Anfrage an die Regierung. Das hat sich ganz besonders im Mai '68 gezeigt. Ohne Zweifel war der Mai '68 *antiparlamentarisch*. Es ging also darum, eine Macht in der Straße zu sichern gegen die einzig bekannte legale Macht: die der Wahl. Doch diese Bewegung ist verraten worden, und man ist zum Parlamentarismus zurückgekehrt. Zu einem Teil war es Verrat, zu einem anderen Teil auch Niederlage. Tatsächlich haben auch die Leute des Mai versagt. Einen Augenblick lang haben die Arbeiter und Studenten sich zusammengetan und gemeinsam gehandelt, doch die Streiks der Arbeiter sind sofort wieder von den Studenten abgeschnitten worden. Die Leute aus der Universität und die Intellektuellen haben sich bemüht, mit den Arbeitern zu sprechen, wo sie nur konnten, aber in der Mehrzahl der Fälle sind sie nicht besonders gut empfangen worden. Warum? Die Schuld liegt ein bißchen bei jedem von uns. Arbeiter, die mit den Studenten zusammengearbeitet haben, sagten, daß es äußerst schwer war, sich zu verständigen. Nehmen wir nur die Frage der Sprache . . .

Gewiß, es hat einen Haufen von Erneuerungsansätzen gegeben, aber sie sind mehr oder weniger alle wieder zunichte gemacht worden. Es ist klar, daß die Studenten des Mai nichts ohne die Arbeiter tun konnten, die die wirkliche revolutionäre Kraft sind. Die Studenten haben sich ihnen zur Verfügung gestellt. Kein Student erwägt heute die Möglichkeit einer echten revolutionären Bewegung ohne Kontrolle durch die Arbeiterschaft. Dieser Anfangsgedanke ist geblieben, aber er hat noch zu nichts geführt. In derselben Weise haben die Fabrikbesetzungen nichts erbracht. Einer der entscheidenden Gründe liegt darin, daß es sich um eine spontane Bewegung handelte. Wie allen spontanen Bewegungen fehlte ihr die *theoretische Idee*, die Konzeption, das Programm: sie war einfach so ausgebrochen. Die Leute haben ihr Denken gleichzeitig mit dem Handeln entdeckt. Das ist der Sinn all der Graffiti, Plakate, an die Wände gepinselten Parolen. Ein Denken bildete sich heraus, das in den ersten Maitagen anfing und in den Wahlen versackte. Man kann nicht in drei Wochen einen theoretischen Beitrag leisten, der das Interesse der Leute wachruft.

Außerdem gab es keine *Organisation*. Das ist eine der interessantesten Seiten am Mai: der Aufbau vollzog sich mit einem Minimum an Organisation, es waren Grüppchen, wie die «Bewegung des 22. März», die ihn inspirierten. Sie wollten nicht *Führer*, sondern *Anreger* sein. So entstand eine ziemlich neue Form von Organisation, natürlich mit all den Schwächen, die Sie sich denken können. Deshalb ist sie auch so schnell wieder verschwunden.

Was ist nun Organisation? Das ist eines der wichtigsten Probleme, die der Mai stellte und die wir bis jetzt nicht gelöst haben. Wie soll man sich organisieren, wenn man nicht in das bürokratische Schema der großen Parteien zurückfallen will? Dieses Problem ist grundlegend. Aber es gibt andere: die Beziehungen zwischen Arbeitern und Studenten, das Problem der Kultur, der *Volkskultur* und der Studentenkultur, ihre Bedeutung und ihr Verhältnis zueinander.

Positiv ist zweifellos die Kampfbereitschaft der Arbeiterklasse, auch wenn sie noch nicht durchhält. Beispielsweise hat man seit einiger Zeit eine Reihe von Fabrikdirektoren eingesperrt. Das ist eindeutig eine radikalere Kampfmethode, aber man zieht daraus keine Konsequenzen. Man will etwas durchsetzen, und man setzt es, sagen wir, zu zwei Dritteln durch, gegebenenfalls sogar durch Einschalten der Gewerkschaft. Dann aber kehrt man, mit einem etwas höheren Lohn oder irgendeiner anderen Vergünstigung in der Tasche, wieder zur vorherigen Situation zurück. Was wir überall zu erreichen suchen, ist, daß die Arbeiter, die an solchen Aktionen teilnehmen, sich bewußt werden, daß sie sehr weit gegangen sind und daß sie folglich noch etwas weiter gehen müssen.

Manchmal hat man den Eindruck, als ob die Leute, die die Mai-Bewegung gemacht haben, insbesondere die Studenten, weniger überrollt als von einer neuen Erfahrung traumatisiert und neurotisiert worden wären; als ob sie es nicht geschafft hätten, daraus die Lehren zu ziehen. Die Beziehungen unter den linksradikalen Gruppen zum Beispiel... Haben sie nicht einfach fremde Methoden und Taktiken entlehnt? Sind die «Maoisten» nicht Opfer einer Art Entwurzelung im Verhältnis zur konkreten Situation, in der sie handeln?

Meiner Ansicht nach gibt es unter den Mai-Leuten sicher «Alte-Kämpfer»-Typen, solche, die über dem Mai erstarrt sind: «Ich habe das gemacht im Mai» oder «damals im Mai» ... Diese Leute haben eine Theorie, eine Taktik, die sie allen anderen entgegensetzen. Es ist eine reine *Ablehnungsbewegung*. Vor dem Mai waren die Gruppen nicht so strukturiert wie jetzt; die «Ligue» existierte nicht, und es gab damals eine große Maoistenbewegung, die inzwischen fraktioniert ist in einen Haufen von Bewegungen, die je eine eigene Struktur besitzen. Der Mai hat damals all diese Leute in einer Aktion vereint. Doch wie das sehr häufig geschieht, haben sie sich, als die Aktion einmal zu Ende, verraten war, weit isolierter vorgefunden als zuvor, und sie haben sich gegeneinander abgekapselt und durch Spaltung vervielfacht. Das Jahr 1969 war besonders unangenehm, weil in diesen Gruppen eine innere *Aggressivität* herrschte, obwohl die Anhänger zumeist der gleichen Ansicht waren. Das war ein Moment der *totalen Uneinigkeit*. Inzwischen hat jeder begriffen, daß wir die Einheit brauchen. Aus diesem Grund ist die «Rote Hilfe» ins Leben gerufen worden, und deshalb läuft sie einigermaßen gut im Bereich der aktiven Verteidigung. Ganz sicher sind wir noch weit entfernt von einer Einheit, aber dazu muß man auch vor Augen haben, daß Einheit immer da zustande kommt, wo es eine Aktion durchzuführen gilt, ich meine eine Aktion im nationalen Maßstab. Diese Aktionseinheit, die vor der Gefahr der Bullen und dem Handeln der Regierung im Mai 1968 entstanden war, die gibt es nicht. Da die objektive Einheit fehlt – in Wirklichkeit besteht diese objektive Einheit immer noch, aber sie ist weniger sichtbar als im Monat Mai –, haben die Leute sich in Positionen abgekapselt und mögen sich gegenseitig nicht. Trotzdem meine ich nicht, daß es sich dabei um eine Art Neurose handelt.

Sie sprachen gerade von den «Maos», die mit entlehnten Methoden arbeiten ...

Daß sie sich selber «Maos» nennen, ist das nicht schon ein Widerspruch in sich?

Auf diesen Punkt will ich gerade eingehen. Sie fragten vorhin nach Unstimmigkeiten zwischen der *GP* und mir. Ich zeige Ihnen einige.

Die Tatsache, daß sie sich «Maos» nennen, daß sie erklären: «wir stehen im Widerstand», scheint mir absurd. Als Idee besagt das überhaupt nichts. Wenn wir unsere Einheit verwirklichen, dann muß es zum *Bürgerkrieg* kommen. Aber nicht zu einem Widerstand, wie hier 1940 oder wie bei Mao. Ich glaube überhaupt nicht, daß der Kampf gegen Herrn Bercot oder Dassault in die gleiche Linie fällt wie der Kampf gegen die deutschen Truppen. Das ist auch so eine etwas mythische Form, und das Handeln der *GP* selbst leidet unter den Konsequenzen solcher Mythen. Im Prozeß von Lens hat die *GP* eine sehr wichtige Rolle gespielt, wenn er auch von der «Roten Hilfe» organisiert worden war. Aber an der Basis kam der Anstoß von der *GP* Von diesem Volkstribunal kann man nun vage behaupten, es ähnele den Volkstribunalen in China, als man die Landbesitzer verurteilte, aber das ist wirklich ein rein äußerlicher Vergleich. Im Grunde handelt es sich um etwas völlig anderes.

Andererseits haben wir Gruppen, die noch immer «Maos» genannt werden und die es eigentlich gar nicht mehr sind. Ich denke zum Beispiel an die V.L.R. Sie machen weniger Aktionen als die *GP*, aber sie vertreten Standpunkte, die mir richtiger scheinen. Die V.L.R. meint, daß die Erfahrungen Maos für China volle Gültigkeit besitzen, und sie bleiben große Bewunderer des chinesischen Kampfes, aber sie sind der Ansicht, daß sich die Erfahrungen hier nicht anwenden lassen. Die Gegebenheiten sind andere, und also muß auch die Problemsicht eine andere sein. Gegenwärtig bemühen sie sich darum, eine Form des Denkens zu entwickeln, ein praktisches Denken, das ihnen Möglichkeiten zum Handeln aufgrund einer Programmatik bietet. Seit Mai hat es kein Programm gegeben, keine Theorie: es war überhaupt nichts da.

Und deshalb muß man jetzt, da man mitten in der Aktion steckt, diese Theorie nacharbeiten. Anders gesagt: Alle haben die Idee – und darin liegt etwas Neues gegenüber den klassischen Positionen revolutionärer Parteien –, daß das Denken aus dem Handeln kommen und zugleich die künftigen Aktionen beleuchten soll. Man muß erst handeln und dann denken. In diesem Punkt sind die V.L.R. und die *GP* sich einig. Sie sind der Meinung, daß sie jetzt in der Lage sind, eine theoretische Reflexion zu formulieren über das, was sie getan haben, und über das, was sie tun werden. Das heißt eine Theorie, die auf der Basis eines bereits begonnenen Handelns entwickelt wird, unter der Bedingung allerdings, daß sie sehr streng gehandhabt wird.

Also mir scheint, es geht da nicht um Neurosen. Es hat, wenn Sie so wollen, die Neurose der «alten Kämpfer» gegeben, eine Resignation vor den Fakten. Cohn-Bendit zum Beispiel gilt nicht mehr viel in Deutschland, und er gilt überhaupt nichts mehr in Frankreich. Sicher denken Leute noch mit viel Sympathie an das, was er einmal dargestellt hat. Aber da er ausgewiesen wurde, nicht mehr zurückkehren konnte, ist der Junge von der französischen Wirklichkeit ein bißchen abgeschnitten worden. Es hat Leute gegeben, die eine wichtige Rolle gespielt haben, die zu einem bestimmten Zeitpunkt von Bedeutung und Nutzen gewesen und dann verschwunden sind, und andere, die ein bißchen verkalkt sind. So ist nun einmal die Geschichte. Dennoch besteht eine gewisse Kontinuität. Selbst wenn junge Arbeiter etwas die Lust verloren haben, wenn es unter ihnen welche gibt, die in die Kommunistische Partei zurückkehren, so gibt es andere, die immer kämpferischer werden. Die Situation schwankt mit der Neigung zu einer weitergetriebenen Theoretisierung. Einiges scheint auch anzuzeigen, daß den Leuten an einer größeren Einheit liegt. Nur muß man eben anerkennen, daß dieser Mangel an Einheit nichts Subjektives ist. Was diese Einheit subjektiv so schwer macht, ist nur Widerspiegelung einer starken objektiven Differenz. Tatsächlich verstehen die Maoisten unter *Organisation* etwas anderes als die Trotzkisten. Da liegt der entscheidende Unterschied. Die Trotzkisten bauen im Augenblick eine Partei auf, eine bürokratische Partei. Sicher, sie lassen, anders als die KP, *Tendenzen* in ihren eigenen Reihen zu, aber wenn man einmal in einer davon ist – gegenwärtig gibt es zwei, die dritte haben sie rausgeschmissen –, dann steht man eben für diese Tendenz. Die Tendenz ist genauso streng verpflichtend für ihre Anhänger wie die Partei insgesamt. Die zweite Tendenz der Trotzkisten ist in der Minderheit, und man erwartet ein bestimmtes Verhalten von ihr; sie richtet sich danach, und damit hat sich's.

Die andere Linke dagegen, die ich nicht mehr als maoistisch bezeichnen würde aus den eben vorgebrachten Gründen, die andere Linke ist der Ansicht, daß man zunächst handeln, daß man in der Aktion Gruppen bilden und erst nach und nach etwas anderes schaffen muß, dessen Form weit eher aus der Basis und dem Handeln kommt als von der Spitze, wie bei den Trotzkisten. Gleichzeitig versuchen sie ein Programm zu formulieren. Die Trotzkisten beharren auf ihrer Organisation, und ihre Aktion ist beschränkt. Die anderen statt dessen *sind die Aktion*. Was ihnen aber bisher fehlte, ist ein Programm, und das suchen sie jetzt zu erarbeiten. Jedenfalls die V.L.R.; sie diskutieren es überall. Die *GP* auch. Bei der *GP* kam die Wende mit ihrem Appell an die Intellektuellen. Das war eine völlige Wandlung, denn bis dahin standen sie ausschließlich auf Arbeiterseite. Aber als ihnen ihre beiden Direktoren der *Cause du peuple* – Le Dantec und Le Bris – ins Gefängnis gesteckt wurden, wollten sie nicht sofort in den Untergrund. Darum haben sie sich an mich gewandt.

Vorher hatte ich in einem Prozeß der V.L.R. ausgesagt, und sie hatten nur gewitzelt über mich, über die Intellektuellen. Dann plötzlich kam der Umschwung durch den Wunsch, so lange wie irgend möglich öffentlich arbeiten zu können. Das Verbot der *GP* hat große Schwierigkeiten verursacht, und sie sind einen Augenblick lang tatenlos geblieben. Jetzt aber bemühen auch sie sich darum, eine Theorie zu erarbeiten und – was mir sehr gut scheint – die Annäherung zwischen Intellektuellen und Arbeitern zu erleichtern. Das ist die neue Phase ihrer Umgestaltung.

Hinsichtlich der Einheit der Linken stellen sich zwei Probleme. Das erste betrifft die verschiedenen linksradikalen Gruppen in sich, das andere die Einheit dieser sogenannten extremen Linken mit der traditionellen Linken ...

Die traditionelle Linke ist verloren. Für uns hat das nichts mehr zu bedeuten. Mit der KP – die übrigen, die sogenannten Sozialisten etc., zähle ich erst gar nicht – gibt es zum gegenwärtigen Zeitpunkt auch nicht die Spur einer Bündnismöglichkeit. Das soll nicht heißen, daß die KP sich nicht ändern kann. Aber im Augenblick betrachtet sie sich eher als Sieger und die radikalen Linken als Verlierer: viele Arbeiter kehren in die klassischen Kader, in die Gewerkschaftspolitik etc. zurück. Ein Jahr nach dem Mai sah die KP, die völligen Verrat begangen hatte, die Zahl ihrer Mitglieder, und sogar der jungen, steigen. Wieviel von denen, die den Mai gemacht haben, sind in die Partei gegangen! Der Grund ist einfach: die Partei bietet Stabilität, Effektivität. Nur eben eine Effektivität, die beschränkt ist auf Ziele, die überhaupt nichts Revolutionäres mehr an sich haben. Aber immerhin gibt es diese Ziele.

Halten Sie die Umwandlung der KP als solche für möglich? Meinen Sie, daß sie in einem revolutionären Kampf eine positive Rolle spielen kann?

Ich möchte nicht allzu pessimistisch sein, aber ich habe keinen besonders guten Eindruck. So wie sie aufgebaut ist, so wie ihre Führer sind, besteht keine Möglichkeit. In der Basis ja, denn da gibt es alle Elemente. Aber die Basis kann sich nicht ausdrücken, oder sie drückt sich in einer ungefügen Weise aus: sie will dies oder das, aber man läßt sie etwas anderes wollen. Mir scheint sehr fragwürdig, ob die Partei in ihrer gegenwärtigen Form ihre Positionen entscheidend ändern kann. Geschehen kann jedoch, daß ein Teil die Partei verläßt und etwas Eigenes unternimmt, denn an ihrer Basis gibt es enorme revolutionäre Kräfte. Das stimmt allerdings auch nicht so ganz, denn sehr viele Arbeiter sind in die Partei gegangen, weil sie wirklich *Reformisten* sind. Es verhält sich damit genauso wie mit der deutschen Sozialdemokratie von 1913. Heute täten sie hier das gleiche, insbesondere würden sie für den Krieg stimmen. *Der Standpunkt der Partei* bleibt folgender: *sie will die Ersatzlösung, die Ersatzgesellschaft verkörpern.* Übrigens wünschen sich die Gaullisten nichts anderes. Sie wollen auch eine ernst zu nehmende, respektvolle oppositionelle Kraft, um sagen zu können: «Schaut her, das ist keine Diktatur, ihr seht selber, daß es eine Linke gibt.» Somit besteht eine *objektive Einigkeit* zwischen KP und Regierung. Die Partei will diese Gesellschaft, so wie sie ist, mit einem Hintergedanken natürlich. Sie denkt nämlich, daß im Augenblick absolut nichts zu tun ist, daß sie nach und nach aber aus der Unzufriedenheit Kapital schlagen kann und eines Tages dann größer sein wird und ganz anders reden kann. Fest steht, daß die Partei heute nicht mehr revolutionär ist. Ihre Haltung seit dem Algerienkrieg beweist das deutlich. Die KP ist eine Partei, die sich jedesmal verkleidet, weil sie nicht offiziell reformistisch auftreten darf – das wäre gegen die Lehre von Marx. Sie hat vom Standpunkt der Doktrin her überhaupt nichts zu bieten, verhält sich aber reformistisch in dem Sinn, daß sie mit einer ihr eigenen Phraseologie gewisse Reformen akzeptiert, wie zum Beispiel das Faure-Gesetz zur Universitätsreform. Die «UNEF Renouveau», der sogenannte «erneuerte» französische Studentenverband, ist ein Witz, nicht nur als solcher, sondern auch als das, was man aus ihm gemacht hat.

Also, ich sehe für die Kommunistische Partei, so wie sie existiert, keine Möglichkeit – selbst in einer fernen Zukunft nicht –, wieder zu einer revolutionären Aktivität zu finden. Es kann keinen Zweifel geben, daß die revolutionäre Aktivität heute in der Gewalt liegt. Die Partei aber ist unfähig, Gewalt einzusetzen, außer gegen linke Elemente. Da schlägt sie ziemlich oft zu und denunziert die Linksradikalen, wie Guérin das im KP-Organ *Humanité* mit seiner Untersuchung über die extrem linken Gruppen getan hat.

Mit den Gewerkschaften, mit der CGT liegt der Fall etwas komplizierter. Zweifellos gibt es eine Menge Militanter in der CGT, die einen guten Standpunkt vertreten und viele Aktionen durchführen. Aber es sind *begrenzte Aktionen*. Begrenzt nicht in sich, sondern begrenzt durch das Ziel: reformistische Aktionen. Bei diesen Leuten soll man nicht glauben, daß die Arbeiter von ihnen abgestoßen sind, im Gegenteil: die CGT gewinnt überall an Boden, weil sie tatsächlich im Bereich der unmittelbaren Aktion einiges unternimmt. Lähmend wirkt sie sich auf einer anderen Ebene aus. Für die Linksradikalen behält eine Aktion immer die gleiche Virulenz, auch wenn die Bewegung Erfolg gehabt hat, während die Gewerkschaften, wenn einmal das Ziel erreicht ist, sie wieder zurücknehmen. Für die Linksradikalen geht es darum, *selbstverantwortliche Arbeitervollversammlungen* in einer Fabrik zu bilden. Diese Versammlungen sollen Leute aus ihren Reihen delegieren, die nicht von den Gewerkschaften kommen – die vielleicht in der Gewerkschaft, aber nicht als deren Funktionäre entsandt sind –, damit sie mit dem Arbeitgeber reden. Anders gesagt, sie wollen eine *direkte Demokratie* und dadurch die Gewerkschaft ausschalten, denn inzwischen weiß man, wie das mit ihr geht. Man hat Erfahrung darin.

Bei den Streiks in Turin, speziell bei Fiat, gab es Vollversammlungen in den Fabriken mit Führungskräften, die sich ad hoc herausbildeten und nicht dieselben zu sein brauchten, aber immer wieder kamen und in dieser Zeit eine riesige Arbeit leisteten. Was man sich wünschte für die Zeit nach Beendigung des Streiks, war, daß die Versammlung zur *Dauereinrichtung* würde, um die Beziehungen zwischen Arbeitern und Unternehmern zu regeln. Aber die Gewerkschaften haben sich eingemischt. Zunächst hat man geglaubt, sie hätten recht, und es könnte zu einer Art Dialektik von Arbeiterversammlung und Gewerkschaft kommen. Das wäre das Beste, weil die Vollversammlung zunächst einen etwas lokalen Charakter trägt und die Gewerkschaft die Diskussion auf nationaler Ebene ansetzt, wobei die Versammlung immer in Auseinandersetzung mit der Gewerkschaft steht. Das schien – besonders für die Leute des *Manifesto* – eine beachtliche Möglichkeit. In Wirklichkeit hat dann die italienische Gewerkschaft alles wieder an sich gerissen, und diese fruchtbare Dialektik kam nicht zustande.

Wir haben vorhin von Gewalt gesprochen. Mir scheint, es wäre gut, die Nuancen zu bestimmen und vor allem zu erfahren, ob Sie wirklich an positives Handeln durch Gewalt denken.

Die Gewalt ist kein Zweck, sondern ein Mittel. Ich persönlich bin nicht gewalttätig ... Aber die kapitalistische Gesellschaft – das wissen wir – läßt sich nicht auf freundlichem Wege über Reformen umkrempeln. Sie ist eine Gesellschaft, die die Repression bis zum Äußersten treiben kann – das sehen wir ganz gut in Frankreich.

Was ist die einzige Antwort darauf? Gewalt. Anders ausgedrückt: wir werden die kapitalistische Gesellschaft nie dazu bringen, daß sie einer sozialistischen Gesellschaft freundlich den Platz räumt. Sobald sich das Problem stellt, eine revolutionäre nichtkapitalistische Gesellschaft aufbauen zu müssen, heißt das sofortige und totale Gewalt. Man kann das in Nordamerika sehen, wo auf beiden Seiten die Gewalt eingesetzt wird. Man beginnt es auch in Frankreich und in Italien zu sehen. *Die Gewalt ist etwas absolut Notwendiges.* Wir haben es mit einer Gesellschaft zu tun, die existiert und sich nicht beiseite schieben läßt und auf dem Profit beruht. Eine andere Gesellschaft in ihrem Innern will sich herausbilden, und zwar, indem sie die erste zerstört. Es gibt keinen Grund, warum diese das zulassen sollte. Das bedeutet also Einsatz von Gewalt.

Muß man nicht angesichts der «Welle von Gewalt», die die Welt erfaßt hat, unterscheiden zwischen verschiedenen Gewaltformen, die verschiedenen Gesellschaften entsprechen ...

... verschiedenen Gesellschaften und verschiedenen Verhältnissen zu den Imperialisten. Die Gewaltformen, die man in Lateinamerika oder in Afrika trifft, sind völlig anderer Art als die, die man in Vietnam vorfindet oder bei uns. Bei uns hat es praktisch nie Tote gegeben, und wenn, dann haben die Polizisten sie verursacht. Ebenso wird die Gewalt, wenn sie einmal in Spanien ausbricht, eine weit heftigere sein als in Italien oder Frankreich. Aber diese Gesamtheit von Gewalttätigkeit entspricht einer *neuen* Wirklichkeit. Menschen, die vor dem Ersten Weltkrieg und noch zwischen den Kriegen geknebelt waren, haben heute das Wort. Die Gewalt in Lateinamerika hat ihren Ursprung darin, daß die lateinamerikanischen Völker völlig in die Knie gezwungen waren. Von dem Augenblick an, da es Befreiung gab – das heißt einmal zwischen beiden Kriegen mit der Geburt der UdSSR und zum andern nach dem Zweiten Weltkrieg mit dem Auftreten der Dritten Welt –, haben wir es mit einer *offenen Gewalt* zu tun. Gewalt war immer vorhanden. Vor 1914 jedoch kam sie allein von seiten des Unterdrückers. Von dem Augenblick an, da die Unterdrückten begannen, Widerstand zu leisten, wurde die Gewalt offiziell. Kein Beispiel lehrt uns, daß wir nicht von jeher in der Gewalt lebten. Der Krieg von 1914–18 zum Beispiel läßt sich nur begreifen, wenn man voraussetzt, daß überall Gewalt herrschte. Krieg ist nicht der Übergang von einem gewaltlosen Zustand in einen gewaltsamen, sondern der Übergang von einem überall vorhandenen Zustand diffuser Gewalt in einen Zustand der offiziellen Gewalt. Wir können uns also ein Herauskommen aus dem jetzigen Zustand, in dem wir uns befinden, nicht vorstellen ohne zwei entscheidende Elemente: einmal die *internationale Einheit der revolutionären Bewegungen* und andererseits eine *Gewalt, die nicht nur eingesetzt und etabliert werden, sondern ständig wachsen muß.*

Meinen Sie nicht, daß die Linksradikalen oft die gleichen Methoden anwenden wie die Organisationen der extremen Rechten und daß sie manchmal genauso mit Beschimpfungen arbeiten, wie jene das machen? Erscheint Ihnen das gerechtfertigt, erklärbar? Ich spreche vor allem von Gewalt gegen einzelne Individuen.

Was Sie da sagen, ist allzu wahr. Wir haben auch lange gezögert, ihnen die Entführung des gaullistischen Abgeordneten de Grailly zuzuschreiben. Dann aber haben sie selber den Anspruch erhoben: «Wir haben es getan.» Ich meine im übrigen, die Regierung hat das bewußt heraufbeschworen. Wenn es auch Unterschiede der Gewalt gibt, so läßt sich in bestimmten Augenblicken doch nicht mehr von Exzessen reden. Das passiert, wenn die Leute gewalttätig werden. Außer, es herrscht eine sehr strikte Disziplin. Eine solche Disziplin besteht vielleicht ein wenig auf seiten der «Ligue», aber nicht in den anderen Gruppen.

Sicher kommt es zu bedauerlichen Vorfällen, und man sollte, wenn Sie so wollen, eine Art «gute Gewalt» definieren. Aber Gewalt ist immer schlecht, das steht außer Frage. Nur ist sie unerläßlich und da gut, wo sie *Volksgewalt* ist. Dabei stimmt, daß diese Volksgewalt sehr häufig – das haben wir seit der Französischen Revolution 1789 erlebt – die Form der Hinrichtung von Individuen annimmt.

Individuelle Gewalt der Linksradikalen scheint mir gegenwärtig kein entscheidendes Problem. Ich habe zum Beispiel immer den algerischen Terrorismus gutgeheißen. Wenn man dann sieht, wie eine Bombe einem sechsjährigen Kind den Kopf abreißt, wie der Kopf einem vor die Füße rollt, dann ist man zwar immer noch einverstanden, aber das ist schon etwas anderes.

Ich glaube nicht, daß es privilegierte Formen der Gewalt gibt, vorausgesetzt, es handelt sich um Volksgewalt. In dieser Hinsicht habe ich immer die Ansicht vertreten, einen Direktor einzusperren sei gut, aber das könne nur geschehen, wenn die Gesamtheit der Fabrik einverstanden ist. Ich bin grundsätzlich *für* Entführungen, nur weiß ich nicht, wie die Gesamtheit der Franzosen reagiert, die es ja für Entführungen in Frankreich zu gewinnen gilt. In jedem Fall ist es eine Frage der politischen Zweckmäßigkeit. Ich bin mir nicht sicher, ob zum Beispiel die Entführung durch den FLQ[1] in Kanada nicht verfrüht war. Dagegen war die Entführung des deutschen Konsuls zur Zeit des Burgos-Prozesses das Beste, was zu tun war. Der Fall in Kanada jedoch scheint ein großer politischer Fehler gewesen zu sein. Sie haben es selber an den darauffolgenden Wahlen und an den Ergebnissen gesehen.

Eine Entführung ist weder gut noch schlecht. Sie ist politisch gültig unter bestimmten Umständen und gemäß ihrer Effektivität.

Wenn ich in der Situation stünde, einen gefesselten, gefangenen Menschen umlegen zu müssen, dann wäre mir das ziemlich entsetzlich – aber man darf es eben nicht auf diese Weise, individuell sehen. Man muß einzig und allein die *Zweckmäßigkeit* betrachten. Da also, wo Entführungen zweckmäßig sind, das heißt da, wo der Klassenkampf sich auf einer gewissen Höhe entfaltet hat, erscheint mir das vollkommen gerechtfertigt.

Eine sehr persönliche Frage: Sie sind einer der wenigen Intellektuellen in Ihrer Position, die derart militant und engagiert sind. Wie erklären Sie sich das?

Für mein Alter stimmt das vielleicht, aber unter den Jungen gibt es viele: Unter den Leuten zwischen 20 und 45 sind es zum Beispiel junge Professoren und Lehrer ... Aber wenn Sie von den Schriftstellern sprechen wollen – der Schriftsteller ist allgemein ein *ängstliches Wesen*. Wenn er sich einer Bewegung anschließt, dann meist erst am Schluß. Es gibt jedoch sehr viele Intellektuelle, die in der Aktion engagiert sind.

Sie haben sich seit eineinhalb Jahren immer stärker exponiert, Ihr Engagement scheint immer größer zu werden ...

Das ist notwendig so, man kann nicht anders. Wenn Sie versuchen, mit den Leuten zu kämpfen, die im Kampf stehen, dann müssen Sie sich jedesmal ein Stück mehr engagieren. Ich bin ein Sonderfall, da ich Straffreiheit genieße. Ich kann ziemlich tun und lassen, was ich will, es geschieht mir nichts. Das wird nicht so bleiben, denn jedesmal erschöpfe ich etwas mehr von dem Kredit, und eines schönen Tages können sie mich sehr wohl ins Gefängnis stecken. Aber man muß immer weitergehen, man muß die Sache weitertreiben. Wenn sie mich dann eines Tages ins Gefängnis schaffen, dann wird ihnen das sehr viel Ärger bringen.

1 Front de Libération du Québec.

Man behauptet manchmal, Sie legten es darauf an, ins Gefängnis gesteckt zu werden ...

Das ist Unsinn, ich versuche gerade das Gegenteil. Ich versuche zu zeigen, daß es zweierlei Maß gibt, indem ich das tue, was ich will, und mein Genosse, der das gleiche tut, dafür hinter Gitter kommt. Ich will sie immer wieder vor die Wahl stellen: Sartre einsperren oder aber zweierlei Maß gelten lassen. Das ist gegenwärtig die Situation.

Außerdem haben wir einiges erreicht. Mit Prozessen und dergleichen ist es vorbei. Die letzten *GP*-Leute sind vom *Cour de sûreté*, das heißt von einem Sondergericht freigesprochen worden. Ich glaube, Innenminister Marcellin hat zwei oder drei Dummheiten begangen, vor allem das merkwürdige Verbot von *Hara-Kiri*. Die Leute haben angefangen zu sagen: «Jetzt reicht's aber.» Denn *Hara-Kiri*, das ist kein sehr revolutionäres Blatt. Das ist ein ziemlich brutales humoristisches Blatt, aber kein sehr revolutionäres. Außerdem scheint Chaban-Delmas, der sein Prestige ein bißchen aufzubessern sucht, die Oberhand gewonnen zu haben. Er ist ein Typ, der die Leute einschläfern, korrumpieren möchte, der es aber auf keinen Fall zu einer gewalttätigen Politik kommen lassen will. Ich glaube also, daß Marcellin ein bißchen im Schußfeld steht.

Was mich angeht – was stelle ich gegenwärtig dar? Ein kleines Kapital an Sicherheit erlaubt mir einen *Handlungsspielraum*, den andere nicht haben. Was also habe ich zu tun? Dieses kleine Kapital zu erschöpfen, also mich jedesmal stärker zu engagieren, so daß die Regierung sich immer wieder vor die Alternative gestellt sieht. Sie nimmt mich so lange nicht fest, bis das kleine Kapital erschöpft ist. Dann werden sie mich einsperren. Es gibt in einem gegebenen Augenblick, wenn Sie so wollen, immer einen historischen Grund. Derzeit ist es folgender: die Regierung will mich nicht einsperren, weil Pompidou ein gebildeter Mann ist oder zu sein behauptet, und weil de Gaulle uns selbst nach dem Manifest der 121 während des Algerienkriegs nicht hatte einsperren wollen ...

Für mich heißt das, auf zwei Ziele hinzuarbeiten: so weit wie möglich vorzupreschen und soweit wie möglich zu vereinigen.

Januar 1971

Der Burgos-Prozeß

(1971)

Glaubt man der Presse, hat der Burgos-Prozeß nur deshalb solches Aufsehen erregt, weil er die absurde Grausamkeit des Franco-Regimes ins Licht gerückt hat. Ich glaube nicht daran: mußte die faschistische Bestialität wirklich noch bewiesen werden? Gibt es nicht seit 1936 überall auf dem Boden der Iberischen Halbinsel Inhaftierungen, Folterungen, Erschießungen? Dieser Prozeß hat in Spanien und außerhalb Spaniens die Gemüter verwirrt, weil er den Ignoranten die Existenz der baskischen Nationalsache offenbart hat; es ist deutlich geworden, daß diese Tatsache zwar eine besondere, doch keineswegs einzigartig ist und daß die großen Nationen innerhalb der Grenzen, die sie sich gegeben haben, über Kolonien wachen. In Burgos ist es den gefesselten und so gut wie geknebelten Angeklagten um den Preis eines ständigen Kampfes gelungen, der Zentralisierung den Prozeß zu machen. Ein Donnerschlag in Europa: um nur ein Beispiel anzuführen, bringt man den jungen Franzosen bei, die Geschichte Frankreichs sei nichts anderes als die Geschichte der Vereinigung all «unserer» Provinzen, die unter den Königen begonnen, von der Französischen Revolution fortgesetzt und im 19. Jahrhundert vollendet worden ist. Darauf, so sagte man mir, als ich zur Schule ging, hatte man stolz zu sein: die bei uns frühzeitig verwirklichte nationale Einheit erklärte die Vollkommenheit unserer Sprache und den Universalismus unserer Kultur. Was auch immer unsere politischen Voreingenommenheiten waren, dies in Frage zu stellen war verboten. Hierin stimmten Sozialisten und Kommunisten mit den Konservativen überein: sie begriffen sich als Erben des jakobinischen Zentralismus und wollten, Reformisten wie Revolutionäre, dem Hexagon als unteilbarem Ganzen die Wohltaten eines neuen Regimes zugute kommen lassen. Daß die absolute Monarchie aus der Entwicklung der Verkehrswege und Kommunikationsmittel wie auch aus dem Aufkommen der Kanons und den «merkantilen» Ansprüchen des Handelskapitalismus entstanden ist, daß die Revolution und der Jakobinismus dem herrschenden Bürgertum ermöglicht haben, die Vereinheitlichung der Wirtschaft durch die Aufhebung der letzten feudalen und ethnischen Barrieren fortzusetzen und mit der Masseneinberufung aller Einwohner im wehrfähigen Alter ungeachtet ihres ethnischen Ursprungs Kriege zu gewinnen, daß das 19. Jahrhundert den *job* mit der Industrialisierung und ihren Folgen (die Landflucht, die Konzentration und die neue Ideologie oder der bürgerliche Nationalismus) vollendet hat, daß die gegenwärtige Einheit eigentlich das Ergebnis eines jahrhundertealten Plans der heute herrschenden Klasse ist und daß diese überall, von der Bidassoa bis zur belgischen Grenze, versucht hat, denselben Typus von abstraktem Menschen hervorzubringen, den dieselben formalen Rechte – wir sind schließlich in der Demokratie! – und dieselben realen Verpflichtungen definieren, ungeachtet seiner konkreten Bedürfnisse, das interessiert heute niemanden: so ist es eben, daran wird nicht gerüttelt. Daher die Bestürzung im Dezember 1970: der Prozeß war zwar infam und absurd, aber konnte man die Zulässigkeit der gegen die Gefangenen vorgebrachten Anschuldigungen in Frage stellen, ohne damit, mindestens zum Teil, die Ziele, die sich die ETA setzt, für zulässig zu halten? Selbstverständlich ist die spanische Regierung offen faschistisch, und das stiftete Verwirrung: worauf es die Mehrheit der Protestierer bei klarem Bewußtsein abgesehen hatten, das war das Franco-Regime. Man mußte aber die Angeklagten unterstützen, und erklärte die ETA nicht: wir kämpfen nicht allein gegen den Franquismus, wir kämpfen vor allem gegen Spanien? Das war die schwerverdauliche Pille, die geschluckt werden mußte. Wie sollte man anerkennen, daß eine baskische Nation auf der anderen Seite der Pyrenäen lebt, ohne «*unseren*» Basken das Recht einzuräumen, sich ihr anzuschließen? Was dann mit der Bretagne? Und mit Okzitanien? Mit dem Elsaß? Mußte man die Geschichte Frankreichs auf den Kopf stellen und neu schreiben, wie es kürzlich Morvan Lebesque vorgeschlagen hat, und Du Guesclin, den Helden des Zentralismus, als schlichten Verräter an der bretonischen Sache ansehen? Der Burgos-Prozeß lenkte die Aufmerksamkeit auf diese neue Tatsache: allerorts die Wiedergeburt von Tendenzen, die die Zentralregierungen gewöhnlich «separatistisch» nennen. Zahlreiche Republiken in der UdSSR, die Ukraine vorneweg, werden von Zentrifugalkräften umgetrieben; es ist gar nicht lange her, daß sich Sizilien abgespalten hat; in Jugoslawien, in Frankreich, in Spanien, in Nordirland, in Belgien, in Kanada etc. haben die gesellschaftlichen Konflikte eine ethnische Dimension; «Provinzen» entdecken, daß sie Nationen sind, und fordern mehr oder minder offen einen nationalen Status. Man wird sich gewahr, daß die gegenwärtigen Grenzen dem Interesse der herrschenden Klassen und nicht den Bestrebungen der Massen entsprechen, daß die Einheit, auf die die Großmächte so stolz sind, die Unterdrückung der Ethnien und die heimliche oder offene Anwendung repressiver Gewalt verbirgt.

Die gegenwärtige Verstärkung der nationalen Bewegungen erklärt sich aus zwei eindeutigen Gründen. An erster Stelle steht die atomare Revolution. Morvan Lebesque erzählt, wie ein Führer der Autonomiebewegung aus der Bretagne, als er von der Explosion in Hiroshima erfuhr, ausrief: «Endlich existiert die bretonische Frage!» Tatsächlich wurde der vereinheitlichende Zentralismus früher mit dem Hinweis auf die Gefahr, die der Nation durch feindliche Nachbarländer drohe, gerechtfertigt und verschärft. Mit der Atomwaffe ist diese Erpressung nicht mehr zeitgemäß: von Moskau und Washington wird der Zentralismus des Kalten Krieges Nationen gegenüber ausgeübt und nicht mehr Provinzen gegenüber. In dem Maße, wie diesen Nationen daran gelegen ist, dem einen oder dem anderen Block anzugehören, werden sich kleinere und angeblich integrierte Nationen ihrer Entität wieder bewußt. Der zweite Grund, der im übrigen mit dem ersten verbunden ist, hat mit dem Prozeß der Entkolonisierung zu tun, der nach dem letzten Weltkrieg auf drei Kontinenten in Gang gekommen ist. Man stelle sich einen jungen Mann vor, der um 1960 im Finistère geboren ist und seinen Wehrdienst im Maghreb leistet. Man hat ihm gesagt, es handle sich darum, ein rein polizeiliches Vorgehen zu unterstützen, um die wahnwitzige und schuldhafte Agitation in einigen französischen Übersee-Departements zu unterdrücken. Nun passiert es, daß die geschlagenen Franzosen die departementale Aufteilung wieder einpacken, sich zurückziehen und Algerien den Status einer souveränen Nation zuerkennen. Was bedeutet dann für den entlassenen Soldaten die Tatsache, ein Bewohner des Finistère zu sein? In Algier hat er gesehen, daß die Départements abstrakte Einteilungen sind, die dort die gewaltsame Eroberung und die Kolonisierung verdeckten. Warum sollte es sich auf der anderen Seite des Mittelmeers, die man «Metropole» nennt, anders verhalten? Das Finistère – das nur für die Verwaltung reale Existenz besitzt – verschwindet für den jungen Mann in die Abstraktion: er fühlt sich als Bretone, nicht mehr, nicht weniger, und als Franzose qua Eroberungsrecht. Wird er sich damit abfinden, kolonisiert zu sein? Bringt ihn das in Versuchung, gibt es das Beispiel der Algerier und das der Vietnamesen, um ihn zur Revolte zu führen. Vor allem die Siege in Vietnam lehren ihn, daß die Kolonialherren das Feld des Möglichen für ihn und seinesgleichen geschickt begrenzt hatten. Man hatte ihm Defätismus eingetrichtert: als Franzose, hatte man ihm gesagt, könne er alles, da er das Wahlrecht habe, genauso wie ein Einwohner der Beauce; als Bretone könne er nicht einmal den Finger heben und schon gar nicht sich gegen die Zentralmacht auflehnen, die ihn sofort zerschmettern würde. Doch in Indochina haben ein paar Millionen armer Bauern die Franzosen ins Meer geworfen, und heute kämpfen sie siegreich gegen die größte Militärmacht der kapitalistischen Welt: auch das war *unmöglich*. Eben nicht, plötzlich erweitert sich das Feld seiner Möglichkeiten: und wenn die Kolonialmächte nur Tiger mit Papierzähnen wären? Atomspaltung und Entkolonisierung, das ist es, was in den eroberten «Ethnien» einen neuartigen Patriotismus belebt. Im Grunde ist das jedem bekannt; doch in Frankreich, Spanien, Kanada denken viele, dieser Wunsch nach Unabhängigkeit sei nur eine aus falschen Analogien entstandene Anwandlung, und die separatistischen Bewegungen würden von selbst wieder verschwinden. Nun gibt es das Beispiel des Baskenlandes, und es lehrt uns, daß diese Wiedergeburt nicht konjunkturell, sondern notwendig ist und daß sie gar nicht erst stattgefunden hätte, wenn diese angeblichen Provinzen keine nationale Existenz besessen hätten, die man jahrhundertelang versucht hat, ihnen wegzunehmen, und die, von den Siegern versperrt und verschleiert, als historische und grundlegende Verbindung zwischen ihren Einwohnern überlebt hat, und wenn diese von der Zentralmacht stillschweigend anerkannte Verbindung nicht die unterlegene Situation der eroberten Ethnie innerhalb des erobernden Landes und folglich deren entschiedenen Kampf für die Selbstbestimmung widerspiegelte.

Die baskische Sache, die sich in Burgos in ihrer *Notwendigkeit* behauptete, wird für Katalanen, Bretonen, Galizianer, Okzitanier und deren Zukunft noch lange aufschlußreich sein. An dieser Stelle will ich der abstrakten Allgemeinheit des bürgerlichen Humanismus die einzelne Allgemeinheit des baskischen Volkes entgegenstellen und die historischen Umstände aufzeigen, die mit unausweichlicher Dialektik dazu geführt haben, eine revolutionäre Bewegung zu bilden sowie die theoretischen Schlußfolgerungen benennen, die man aus seiner gegenwärtigen Situation vernünftigerweise ziehen kann, das heißt, was für eine tiefe Wandlung die Dezentralisierung heute schon für den zentralisierenden Sozialismus bedeuten kann.

Beziehen wir uns ohne zentralistisches Vorurteil auf die Geschichte, wird deutlich, daß sich die baskische Ethnie von den benachbarten Ethnien in allem unterscheidet und daß sie das Bewußtsein ihrer Singularität nie verloren hat, die *in jedem Fall* biologische Kennzeichen, die bis heute intakt geblieben sind, und die Nichtrückführbarkeit ihrer Sprache, des *Euzkara*, auf die indoeuropäischen Sprachen auszeichnen. Vom 7. Jahrhundert an umfaßt das Herzogtum von Vasconia eine Bergbevölkerung, die den Armeen von Karl dem Großen die Niederlage von Roncevaux zufügt. Um das Jahr 1000 wird aus diesem Herzogtum ein Königreich von Navarra, das vom 12. Jahrhundert an im Niedergang begriffen ist und von Spanien 1515 annektiert wird. Trotz oder wahrscheinlich auch wegen der Eroberung verstärkt sich das baskische Bewußtsein – oder das Bewußtsein, Baske zu sein. Man muß ergänzen, daß man die Ära des Feudalismus gerade verlassen hat und daß die spanische Zentralisierung noch zögernd ist: sie räumt den Besiegten bestimmte Rechte ein, die sie im Mittelalter besaßen, die *fueros*, die lange die Bastion des baskischen Widerstandes bleiben werden und die das ganze Volk verteidigt. Daß es sich nicht mit dieser relativen Autonomie begnügte, daß es seinen Ärger hinunterschluckte und nicht die Hoffnung aufgab, zur Unabhängigkeit zurückzufinden, das beweist zu der Zeit, als Napoleon Europa neu gestaltete, der dem Kaiser von einem Abgeordneten der Biskaya vergeblich unterbreitete Vorschlag, er möge innerhalb des Imperiums einen unabhängigen baskischen Staat gründen. Das weitere ist auch bekannt, daß sich die nationalistische Bewegung im blinden Versuch, die Vergangenheit zu restaurieren, verirrte, nachdem die Verfassung von 1812 die *fueros* praktisch abgeschafft hatte. Gegen die liberalere, aber nach französischem Muster zentralisierende Isabella II. verteidigten die Massen den absolutistischen Thronprätendenten Don Carlos, der ebenfalls an der Vergangenheit festhielt, jedoch aus Liebe zur Vergangenheit Navarra seine feudale Autonomie zurückgeben wollte. Zwei Kriege, zwei Niederlagen: 1879 verliert Euzkadi seine letzten Privilegien und verstrickt sich in einem bigotten Traditionalismus, der der Geschichte den Rücken kehrt. Sechs Jahre später wacht es wieder auf, als Sabin Mana die PNB (nationalistische baskische Partei) gründet, die vor allem aus Bürgern und Intellektuellen besteht: nun geht es nicht mehr darum, sich für den Absolutismus einzusetzen in der Hoffnung, die *fueros* zurückzuerobern, trotzdem bleibt die PNB, politisch fortschrittlich, da sie die Unabhängigkeit fordert, und gesellschaftlich konservativ, teilweise vergangenheitsbezogen, wie eine ihrer Parolen beweist: «Alte Gesetze und Souveränität.» Der baskische Widerstand beeindruckte die Spanier derart, daß sich damals mehr als einer fand, um – wie der Anarchist Pi y Margall – eine föderalistische Lösung der Probleme der Halbinsel vorzuschlagen. Später wurde der Vorschlag unter der Republik wieder aufgegriffen, und die Zentralregierung erkannte das Prinzip der Autonomie der Regionen an, vorausgesetzt, 70 Prozent der betroffenen Bevölkerung stimmten in einem Referendum zu. Das vor allem ländliche und daher dem Carlismus verbundene (bald werden die Carlisten an der Seite Francos kämpfen) Hochnavarra stimmt gegen die Autonomie ab[1]; die drei übrigen Provinzen stimmen mit überwiegender Mehrheit dafür. Die republikanische Regierung, zentralistischer, als es schien, zeigt keinen guten Willen und schiebt die Sache auf die lange Bank, bis 1936. Daß sie zu diesem Zeitpunkt endlich die Autonomie anerkennt, liegt an dem Druck der Ereignisse und an vor allem praktischen und sogar militärischen Gründen: man wollte das Baskenland für sich einnehmen und sicherstellen, daß es dem Franco-Putsch den bewaffneten Kampf entgegensetzen würde. Die baskische Regierung wird sofort gegründet: drei Sozialisten, zwei Liberale, ein Kommunist, was sowohl zeigt, daß der Einfluß der PNB die unterschiedlichsten Gesellschaftsschichten umfaßt, als auch, daß sie ihren ursprünglichen Konservatismus etwas lockert. Bis April 1937 verteidigen die baskischen Truppen entschlossen das Guipuzkoa und die Biskaya. Der weitere Verlauf ist bekannt: Franco schickt Verstärkung, läßt den Terror herrschen, und Guernica wird bombardiert: 1500 Tote; die Republik von Euzkadi endet im August. Nach dem Krieg kommt die Repression: Inhaftierungen, Folter, Exekutionen. Präsident Aguirra, Führer der PNB, flüchtet nach Frankreich; während des Zweiten Weltkriegs setzt er auf die Demokratien, hofft, daß dem Sturz Hitlers und Mussolinis der von Franco folgen wird. Heute ermessen wir un-

---

1 Hochnavarra lehnte natürlich nicht die Autonomie, sondern die Republik ab.

sere Schande und seine Naivität: die PNB hatte ausgedient: seit '45 geht es mit ihr unaufhörlich bergab. Dennoch ruft sie '47 – vermutlich in der Absicht, die Alliierten vor vollendete Tatsachen zu stellen – zum Generalstreik auf. Die Alliierten rühren sich nicht und lassen Franco den Streik mit unerbittlicher Repression zerschlagen. Das ist das Ende: in Euzkadi behält die Partei ein sicheres Prestige, weil sie die «historische» Partei ist, die für den Ursprung der ersten baskischen Republik steht. Sie hat aber keine Handlungsmöglichkeiten mehr: ihre Aktionsmittel entsprechen nicht mehr der Situation. Die Exilierten werden älter. Aguirra stirbt. Gleichviel: wir werden nachher sehen, daß die ETA wie gerufen auftaucht, um die alte bürgerliche Partei zu ersetzen. Diese knappe Zusammenfassung genügt, um zu zeigen, daß Euzkadi, eine von Spanien *kürzlich* eroberte Ethnie, die Integration stets entschlossen abgelehnt hat. Ließe man die Basken heute wählen, kann man sich vorstellen, mit welcher erdrückenden Mehrheit sie sich für die Unabhängigkeit entscheiden würden.

Werden wir indessen wie die ETA bereit sein, zu sagen, Euzkadi sei eine Kolonie Spaniens? Die Frage ist von Bedeutung, denn in den Kolonien vermischen sich Klassenkampf und Kampf für die nationale Unabhängigkeit. Nun, im Kolonialsystem liefern die kolonisierten Länder einer industrialisierten Metropole Rohstoffe und Lebensmittel zu günstigen Bedingungen: denn dort wird die Arbeitskraft unterbezahlt. Da wird man den Einwand nicht versäumen, daß sich das Baskenland seit Beginn dieses Jahrhunderts, besonders in seinen Provinzen Guipuzkoa und Biskaya, in voller industrieller Entwicklung befindet. 1960 erreichte der jährliche Pro-Kopf-Verbrauch an Elektrizität in den beiden Provinzen 2088 kW gegenüber 650 kW in Spanien und Katalonien[1]. Die jährliche Pro-Kopf-Produktion an Stahl betrug 860 kg in der Biskaya, 450 in Euzkadi, 45 in Spanien/Katalonien. Die Verteilung der erwerbstätigen Bevölkerung in Guipuzkoa sieht wie folgt aus: primärer Sektor 9,45 Prozent, sekundärer Sektor 56,80 Prozent, tertiärer Sektor 33,75 Prozent; in der Biskaya: 8,60 Prozent, 57,50 Prozent, 33,90 Prozent, während in

1 Spanien und Katalonien unterscheiden sich in jeder Hinsicht so stark, daß es keine Veranlassung gäbe, gemeinsame Statistiken aufzustellen, wenn die offiziellen Vorgaben, die wir verwenden, sie nicht vorsätzlich vermengen würden. Würde man uns Zahlen nennen, die ausschließlich Spanien beträfen, würden sie mit Sicherheit weitaus niedriger ausfallen.

Spanien / Katalonien der primäre Sektor 43,50 Prozent der Werktätigen beschäftigt, der sekundäre Sektor 27,20 Prozent und der tertiäre 29,30 Prozent. Die beträchtliche Aufblähung der beiden letzten Sektoren, verbunden mit der Tatsache, daß in diesen Provinzen die ländliche Bevölkerung konstant abnimmt, veranschaulicht die gewaltige Anstrengung des Baskenlandes, sich eine Industrie zu geben. So gesehen sind Guipuzkoa und Biskaya die Musterregionen der Iberischen Halbinsel. Falls es sich um eine Kolonie handelt, stößt man also auf das Paradox, daß das kolonisierende Land arm und primär ländlich ist, während das kolonisierte Land reich ist und das demographische Profil der hochindustrialisierten Gesellschaften zeigt.

Bei näherem Hinsehen ist das Paradox nur vordergründig: Euzkadi ist zwar wohlhabend, zählt aber nur zwei Millionen Einwohner; 1515 waren es weitaus weniger, und die Bevölkerung war damals eine ländliche: die Eroberung hat stattgefunden, weil beide Länder eine homogene Struktur hatten und eines von ihnen viel dichter bevölkert war als das andere. Auf der anderen Seite der Bidassoa hat der französische Eroberer Navarra systematisch geplündert, ruiniert, entvölkert: die Kolonisierung war besser sichtbar. Es ist klar, daß die Lethargie Spaniens in den ersten dreißig Jahren dieses Jahrhunderts Süd-Euzkadi eine blühende *regionale* Wirtschaft um einen ökonomischen Pol, Bilbao, ermöglicht hat. Aber *wem* nützt diese Wirtschaft? Das ist die Frage. Man kann sie ansatzweise beantworten, indem man sagt, daß es kein Beispiel dafür gibt, wonach ein erobertes Land seinem Eroberer keinen Tribut zahlt. Es ist aber sicherer, die offiziellen Vorgaben zu konsultieren. Sie lehren uns, daß Spanien das Baskenland steuerlich richtiggehend ausplündert. Die Steuern erdrücken die Werktätigen: in Guipuzkoa sind es die höchsten auf der ganzen Halbinsel. Es geht noch weiter: in *allen* Provinzen, die sie für *spanisch* hält, gibt die Regierung mehr aus, als sie an Steuern einnimmt: 150 Prozent in Toledo, 151 Prozent in Burgos, 164 Prozent in Avila etc. Die beiden industrialisierten Provinzen des Baskenlandes[1] zahlen der *fremden* Regierung, die sie ausbeutet, 4 338 400 000 Pesetas, hingegen gibt der spanische Staat in Euzkadi 774 Millionen Pesetas[2] aus. Er stiehlt also etwa 3,5 Milliarden Pesetas, um die kastilische Wüste

1 In Navarra gibt die spanische Regierung 106 Prozent zurück.
2 Die Zahlen beziehen sich zwar auf ein Jahr aus der Dekade 60–70, sind allerdings von einem Jahr zum nächsten ziemlich konstant.

zu unterhalten. Hinzuzufügen ist allerdings noch, daß der größte Teil der «zurückgegeben» 774 Millionen den Repressionsorganen (der spanischen oder hispanisierten Verwaltung, Besetzungsarmee, Polizei, den Gerichten etc.) bzw. «Entbaskisierungs»organen zufließt (der Universität, an der allein spanische Sprache und Kultur gelehrt werden). Nun ist das Problem der baskischen Industrie vor allem das der Produktivität: um zu wettbewerbsfähigen Preisen auf dem Weltmarkt produzieren zu können, müßten moderne Maschinen importiert werden, wogegen sich der partiell autarke spanische Staat widersetzt; und was die madrilenischen Kredite betrifft, sind sie diskriminierend und begünstigen Kastilien auf Kosten der Biskaya. Damit sich Bilbao und Pasajes auf den Seeverkehr einstellen und große Schiffe aufnehmen können, müßten sie neu ausgestattet werden: die Bauarbeiten wären beträchtlich wie auch jene, die in den Fischereihäfen erforderlich wären. Nichts wird getan. Ebenso ist das Bahnstreckennetz, das die Spanier in früheren Zeiten anlegten, ein schweres Handicap: um mit dem Zug von Bilbao nach Vitoria zu reisen, müssen 137 Kilometer zurückgelegt werden; auf der Straße 66. Doch die Verwaltung und das INI (Nationales Industrieinstitut), ein Organ des Unterdrückungsstaates, beherbergen unwissende und kleinkrämerische Bürokraten, die die Bedürfnisse des Landes überhaupt nicht begreifen (teilweise deshalb, weil sie es, zumindest theoretisch, als spanische Provinz ansehen) und die unerläßlichen Umwandlungen verhindern. Spanien behält sich die nicht wettbewerbsfähigen Produkte vor. Es betreibt eine umgekehrte Politik der Preisbegünstigung: indem es die Senkung bestimmter Kosten verhindert, gestattet es sich das Privileg, die baskischen Produkte zu konsumieren, ohne daß dafür die Gewinne des Erzeugers steigen. Die Folge ist unvermeidlich: das Pro-Kopf-Einkommen ist eines der höchsten auf der Halbinsel, was nichts besagt; und das Einkommen der Lohnabhängigen (85 Prozent der erwerbstätigen Bevölkerung) liegt weiter unter dem der Madrilenen, der Einwohner von Burgos, von Valencia etc. Dazu muß bemerkt werden, daß die Lohnsteigerungsrate von 1955 bis 1967 in Spanien 6,3 Prozent und in Euzkadi 4,15 Prozent betrug. Wir finden also trotz der überdurchschnittlichen Industrialisierung des Landes zwei wesentliche Komponenten klassischer Kolonisierung wieder: die – steuerliche oder anderweitige – Plünderung des kolonisierten Landes und die Überausbeutung der Arbeitenden. Hinzu kommt eine dritte, die nur die Folge der ersten beiden ist: der Rhythmus von Emigration und

Immigration. Die spanische Regierung hat die Erfordernisse der Industrialisierung dazu benutzt, die Arbeitslosen seiner mittellosen Regionen nach Euzkadi zu schicken. Man hat ihnen Vorteile versprochen (beispielsweise werden sie bei der Wohnungsvergabe bevorzugt), doch wie die Basken überausgebeutet und ohne entwickeltes Klassenbewußtsein, bleiben sie für die Unternehmer eine Manövriermasse: bei einer Bevölkerung von 1 800 000 bis 2 Millionen Einwohnern zählt man 300 000 bis 351 000 Immigranten. Umgekehrt wandern die Basken aus den armen Regionen aus. Ganz besonders die Navarresen: in Madrid leben zwischen 150 000 und 200 000 Basken, davon etwa 100 000 Navarresen. Diese bedeutende Punktion und der Einzug der spanischen Arbeiter in die industriellen Regionen können als ein Beginn kolonialer Destrukturierung gewertet werden. Diese konstante Politik des Franquismus impliziert selbstverständlich die Komplizenschaft der Großunternehmer in der Biskaya und Guipuzkoa. In der Tat waren sie von den carlistischen Kriegen an, als in Bilbao das Großbürgertum entstand, liberal und Befürworter des Zentralismus. Seit einigen Jahren hat die Emigration der Verwaltungssitze der großen Unternehmen nach Madrid begonnen. Das Großbürgertum sieht im Bremsen der Modernisierung durch die spanische Inkompetenz und Autarkie nur Vorteile: der breite spanische Markt übernimmt die auf dem internationalen Markt nicht wettbewerbsfähigen Produkte; der Unternehmer ist sich eines hohen prozentualen Gewinns sicher, ohne zu großen Investitionen gezwungen zu sein. Den tatsächlichen Interessen der Nation fremd, schließen sich diese «Kollabos», deren Zentralismus die baskische Wirtschaft schließlich zugrunde richten würde, aus der Gemeinschaft selbst aus und spielen die – ebenfalls klassische – Rolle derjenigen, die man als *compradores* bezeichnet hat. In letzter Analyse nämlich und im Rahmen des zentralistischen Systems kommen sie mit einem gewissen Malthusianismus auf ihre Kosten. Der Schluß liegt nahe: dem Anschein zum Trotz ist die Situation eines baskischen Lohnabhängigen der eines kolonisierten Arbeiters vollkommen ähnlich: er wird nicht nur ausgebeutet – wie es beispielsweise ein Kastilianer wird, der am «chemisch reinen» Klassenkampf teilnimmt –, sondern bewußt überausgebeutet, denn bei gleicher Arbeit liegt sein Lohn unter dem eines spanischen Arbeiters. Es findet eine Überausbeutung *des Landes* durch die Zentralregierung mit der Komplizenschaft der *compradores* statt, die im Einverständnis mit dieser Überausbeutung die Werktätigen ausnehmen. Die Überausbeutung bringt den baskischen Kapitalisten keinen Gewinn, sie sind einfache, von Steuern überlastete Ausbeuter, allein Spanien profitiert davon, das heißt eine vom amerikanischen Imperialismus faschisierte Gesellschaft. Dennoch sind sich die arbeitenden Klassen nicht immer ihrer Überausbeutung bewußt, und zahlreiche Lohnabhängige zogen noch gestern in Erwägung, sich den Forderungen und Aktionen der Arbeiter aus Madrid oder Burgos anzuschließen, was sie zu einem negativem Zentralismus geführt hätte. Man mußte ihnen nahebringen, daß sich im Falle Euzkadis die wirtschaftliche und die soziale Frage in nationalen Begriffen stellt: wenn das Land dem Besatzer keinen steuerlichen Tribut mehr zahlt, wenn seine tatsächlichen Probleme in Bilbao und Pamplona statt in Madrid formuliert und gelöst werden, dann wird es auch seine ökonomischen Strukturen frei ändern können.

Denn, das muß wiederholt werden, die Spanier beuten die Basken deshalb im Übermaß aus, *weil sie Basken sind.* Ohne es je offiziell zuzugeben, sind sie überzeugt, daß die Basken ethnisch und kulturell *andere* sind. Glaubt man, sie hätten die Erinnerung an die carlistischen Kriege, an die Republik von 1936, an die Streiks von 1947 verloren? Würden sie derart beharrlich die baskische Sprache zerstören wollen, wenn sie sich daran nicht erinnerten? Es ist klar, daß es sich hier um eine Kolonialpraxis handelt: hundert Jahre lang haben sich die Franzosen bemüht, die arabische Sprache in Algerien zu zerstören; das ist ihnen zwar nicht gelungen, doch immerhin haben sie das literarische Arabisch in eine tote Sprache verwandelt, die nicht mehr gelehrt wurde; dasselbe haben sie mit unterschiedlichem Erfolg mit dem Euzkara in der Unternavarra und mit dem Bretonischen in der Bretagne getan. Auf beiden Seiten der Grenzen also versucht man eine ganze Ethnie davon zu überzeugen, ihre Sprache sei nur ein absterbender Dialekt. In Süd-Euzkadi wird ihr Gebrauch praktisch untersagt. Die Gründung von *iskatolas* wird verboten, die Veröffentlichungen auf Euzkara werden beseitigt, die Schulen und die Universität lehren die Sprache und die Kultur des Unterdrückers; der Rundfunk, die Filme, das Fernsehen, die Zeitungen erklären auf spanisch die Probleme Spaniens und betreiben die Propaganda der madrilenischen Regierung; das Personal in der Verwaltung ist spanisch oder hispanisiert: es wird in einem Auswahlverfahren rekrutiert, das madrilenische Funktionäre *auf spanisch* organisieren. Aus diesem Grund – genauer gesagt, weil der Fremde es so gewollt hat – sagt man in Bilbao verbittert: «Die baskische Sprache und Kultur haben keinen Nutzen.» Und die wohlmeinende Presse wiederholt gern eine unglückliche Äußerung Unamunos: «Die baskische Sprache wird bald sterben.» Nicht genug damit: in den Schulen werden die Jungen bestraft, die baskisch sprechen. In den Dörfern toleriert man, daß die Bauern sich auf Euzkara äußern. Aber wehe, sie kommen auf den Gedanken, dasselbe in der Stadt zu tun: einer der Angeklagten in Burgos hatte die Erlaubnis, von seinem Vater im Gefängnis besucht zu werden; diese Erlaubnis wurde zurückgezogen, als man feststellte, daß er nur Baskisch sprach – freilich nicht aus Provokation, sondern weil er keine andere Sprache kannte.

Die gewaltsame Abschaffung der baskischen Sprache ist ein wahres kulturelles Genozid: sie ist eine der ältesten Sprachen Europas. Sicher, sie entstand in einer Zeit, in der die Landwirtschaft die Ökonomie des ganzen Kontinents bestimmte, und wenn sie der Entwicklung der Gesellschaft später nicht einfach gefolgt ist, liegt es daran, daß der spanische Eroberer ihren Gebrauch verbot. Damit sie eine Sprache des 20. Jahrhunderts wird – was sie teilweise schon ist –, genügt, daß sie gesprochen wird. Das Hebräische in Israel, das Bretonische in Quimper sind auf dieselben Schwierigkeiten gestoßen und haben sie gelöst: dieselben Israelis, die untereinander über Informatik oder Atomspaltung diskutieren können, lesen die Manuskripte des Toten Meeres so, wie wir Racine oder Corneille lesen, und Morvan Lebesque stellt heraus, daß das Bretonische Wörter zur Bezeichnung der modernen Realitäten besitzt, die eher der Regel konform gebildet sind, als es in der französischen «Nationalsprache» der Fall ist. Die Ressourcen einer alten Sprache, die jung geblieben ist, weil man sie daran gehindert hat, sich zu entwickeln, sind beträchtlich. Würde das Baskische wieder die Nationalsprache Euzkadis werden, würde es aufgrund seiner eigenen Strukturen, aufgrund des ganzen Reichtums der Vergangenheit, eine spezifische Denk- und Fühlweise darstellen und sich Gegenwart und Zukunft erschließen. Was aber der Spanier mit ihm verschwinden lassen will, das ist die baskische Persönlichkeit. Denn sich *zum Basken machen*, das bedeutet für einen Einwohner der Biskaya Euzkara zu sprechen: nicht nur weil er sich eine Vergangenheit, die nur ihm gehört, zurückholt, sondern vor allem deshalb, weil er selbst in der Einsamkeit sich an die Gemeinschaft derjenigen wendet, die Baskisch sprechen. In Burgos sind die letzten Erklärungen der «Angeklagten» auf Euzkara gemacht worden; sie wiesen das spanische Tribunal zurück, das vorgab, über sie zu urteilen, und sie nicht einmal verstand, und luden ihr ganzes Volk vor. Sofort war es, unsichtbar, zur Stelle. Die offiziellen Prozeßakten halten hierzu fest, daß die Angeklagten unverständliche Reden gehalten hätten in einer Sprache, «die anscheinend Baskisch war». Ein wunderbarer Euphemismus: die Richter verstanden nicht das geringste, wußten aber genau, worum es ging; damit es nicht so aussieht, als hätten sie gemerkt, daß das Volk von Vasconia in den Gerichtssaal geströmt ist, haben sie das Baskische auf eine nur *wahrscheinliche* Sprache reduziert, die auf derart vollkommene Weise obskur ist, daß man nie weiß, ob der Gesprächspartner sie tatsächlich spricht oder ob er nicht Vokabeln ohne Sinn äußert. So sieht also der Kern der Kultur Euzkadis und die allergrößte Sorge der Unterdrücker aus: würde es ihnen gelingen, diese Sprache zu zerstören, wäre der Baske der abstrakte Mensch, den sie wünschen, und er würde spanisch sprechen, was *seine* Sprache nicht ist und nie gewesen ist; da er aber dafür nicht aufhören würde, überausgebeutet zu werden, genügte es, daß er sich der Kolonisierung bewußt wird, damit das Euzkara wieder auflebt. Natürlich trifft auch das Umgekehrte zu: Seine Sprache zu sprechen bedeutet für einen Kolonisierten bereits einen revolutionären Akt.

Die bewußten Basken von heute gehen noch weiter, wenn es darum geht, die Kultur, die man ihnen gibt, und diejenigen, die sie sich geben wollen, zu definieren. Die Kultur, sagen sie, ist die Schaffung des Menschen durch den Menschen. Sie fügen aber sofort hinzu, daß es keine allgemeine Kultur geben wird, solange die allgemeine Unterdrückung nicht abgeschafft ist. Die offizielle Kultur in Euzkadi ist heute in dem Maße universalistisch, in dem sie aus dem Basken einen allgemeinen Menschen ohne die geringste nationale Empfindsamkeit, einen abstrakten Menschen machen will, der einem Spanier vollkommen ähnlich ist, von dem einen abgesehen, daß er überausgebeutet wird und es nicht weiß. In diesem Sinn hat sie keine andere Universalität als die der Unterdrückung. Jedoch, so unterdrückt sie auch seien, werden die Menschen deswegen keine *Sachen*; im Gegenteil machen sie sich zur Negation der Widersprüche, die ihnen auferlegt werden. Nicht so sehr aus Absicht, sondern weil sie Überschreitung und Entwurf sind. So verhält es sich mit den Basken, die nicht umhinkommen, *zunächst* die Negation des spanischen Menschen zu sein, den man in jeden von ihnen gesetzt hat.

Das ist keine abstrakte Negation, vielmehr geht sie ins Detail im Namen all dessen, was sie in sich selbst und in ihrer Umgebung an Singulärem vorfinden. So gesehen muß die baskische Kultur heute vor allem eine *Gegen-Kultur* sein: entstehen wird sie über die Zerstörung der spanischen Kultur, über die Ablehnung des universalistischen Humanismus der Zentralmacht, über die gewaltige und konstante Anstrengung, sich die baskische Realität wieder anzueignen, die einerseits unübersehbar ist – das sind sowohl Landschaft, Ökologie, ethnische Züge wie auch die Literatur auf Euzkara – und andererseits vom Unterdrücker zur arglosen und überholten Folklore für ausländische Touristen entstellt wird. Deswegen fügen sie diese dritte Erklärung hinzu: die baskische Kultur ist die *Praxis*, die aus der Unterdrückung des Menschen durch den Menschen im Baskenland resultiert. Diese *Praxis* ist nicht unmittelbar ihrer selbst bewußt und beabsichtigt: es ist eine tägliche Anstrengung, die die Aufnahme der Ration an offizieller Kultur unmittelbar provoziert, zur Wiederfindung des Konkreten, das heißt nicht des Menschen im allgemeinen, sondern des baskischen Menschen. Und umgekehrt muß diese Anstrengung in eine politische *Praxis* münden, denn der baskische Mensch kann sich in seiner Vollendung allein in *seinem* wieder souveränen Land behaupten.

Somit haben die Eroberung, der Zentralismus und die Überausbeutung aufgrund einer zwangsläufigen Dialektik zum Ergebnis, die Forderung nach Unabhängigkeit in Euzkadi zu erhalten und aufs äußerste zu steigern gerade aufgrund der von Spanien unternommenen Anstrengungen, sie abzuschaffen. Wir können jetzt versuchen, die präzisen Erfordernisse dieser konkreten Situation zu bestimmen, das heißt den Charakter des Kampfes, den sie heute dem baskischen Volk abverlangt. In der Tat gibt es zwei Typen von Antworten auf die spanische Unterdrückung, beide gleichermaßen inadäquat. Um ihnen Anschrift und Gesicht zu geben, werden wir sagen, daß die eine die der KP Euzkadis und die andere die der PNB ist.

Die KP hält Euzkadi für eine simple geographische Bezeichnung. Ihre Anweisungen holt sie sich bei der KPS (PCE) in Madrid, die lokalen Realitäten stellt sie nicht in Rechnung, so daß sie zentralistisch bleibt – das heißt sozial fortschrittlich und politisch konservativ: sie versucht die baskischen Arbeiter für den «chemisch reinen» Klassenkampf zu gewinnen. Damit vergißt sie, daß es sich um ein kolonisiertes, also überausgebeutetes Land handelt. Die KP begreift nicht –

trotz einiger opportunistischer Erklärungen zugunsten der ETA anläßlich des Prozesses in Burgos –, daß die Aktionen, die sie vorschlägt, inadäquate und daher wirkungslose Zielsetzungen haben. Wenn die Basken damit anfangen, einfach die reine Ausbeutung zu bekämpfen, geben sie ihre eigenen Probleme auf, um den spanischen Arbeitern zu helfen, das franquistische Bürgertum zu stürzen. Damit «entbaskisiert» man sich selbst und beschränkt sich darauf, eine sozialistische Gesellschaft für den aus dem zentralisierenden Kapitalismus hervorgegangenen allgemeinen und abstrakten Menschen zu fordern. Und wenn dieser Mensch in Madrid an der Macht ist, wenn er über seine Arbeitsmittel verfügen wird, werden dann die Basken mit seiner Dankbarkeit rechnen können und erleben, wie ihnen die Autonomie *zugestanden* wird? Nichts ist weniger sicher: wie man sah, ließ sich die Republik lange bitten; und die sozialistischen Länder von heute kolonisieren gern. Gegen die Überausbeutung und die «Entbaskisierung», die daraus folgt, können die Basken nur *allein* kämpfen. Das bedeutet nicht, daß sie mit anderen revolutionären Bewegungen keine taktischen Bündnisse eingehen werden, wenn es darum geht, Francos Diktatur zu schwächen. Strategisch jedoch können sie unmöglich eine gemeinsame Führung akzeptieren: ihr Kampf wird in der Einsamkeit stattfinden, denn sie führen ihn deshalb gegen Spanien – und nicht gegen das spanische Volk –, weil eine kolonisierte Nation ihrer Ausbeutung nur ein Ende setzen kann, indem sie sich souverän gegen den Kolonisator erhebt.

Umgekehrt macht die PNB den Fehler, die Unabhängigkeit als Selbstzweck zu betrachten. Sie erklärt, laßt uns zuerst eine baskische Republik bilden; anschließend werden wir sehen, ob Umwandlungen unserer Gesellschaft angezeigt sind. Im unwahrscheinlichen Fall, es gelänge ihr, einen baskischen Staat bürgerlichen Typs zu konstituieren, stimmte es zwar, daß damit die spanische Überausbeutung beendet wäre, doch es würde nicht lange dauern, bis dieser Staat dem amerikanischen Kapitalismus erläge. Solange die Gesellschaft eine kapitalistische Struktur behält, kann man davon ausgehen, daß sich die *compradores* den Meistbietenden verkaufen werden: das ausländische Kapital würde das Land überrennen, die Vereinigten Staaten würden es über das lokale Bürgertum vermittelt regieren, der Neokolonialismus würde der Kolonisierung folgen, und die Überausbeutung würde, wenn auch verschleierter, so doch nicht minder fortbestehen. Allein eine sozialistische Gesellschaft kann, nicht ohne große

Risiken[1], Wirtschaftsbeziehungen zu den kapitalistischen und sozialistischen Nationen unterhalten, weil sie ihre Wirtschaft rigoros kontrolliert.

Die Unzulänglichkeit dieser beiden Antworten (KP – PNB) verdeutlicht, daß im Falle Euzkadis Unabhängigkeit und Sozialismus zwei Seiten einer einzigen Medaille sind. Daher müssen der Kampf für die Unabhängigkeit und der Kampf für den Sozialismus einer sein. Wenn es sich so verhält, versteht sich von selbst, daß es der Arbeiterklasse als der weitaus zahlreichsten zukommt, die Führung des Kampfes zu übernehmen. Indem er sich der Überausbeutung, also seiner Nationalität bewußt wird, begreift der Handarbeiter sogleich auch seine sozialistische Bestimmung. Werden wir behaupten, das sei ihm schon gelungen? Das ist eine ganz andere Angelegenheit, auf die wir später zurückkommen werden. Andererseits bewirkt die Situation eines kolonisierten Landes, daß viele innerhalb der Mittelklassen die kulturelle Entpersönlichung ablehnen, ohne sich immer der gesellschaftlichen Folgen gewahr zu sein, die diese Ablehnung bedeutet. Sie sind, im Prinzip, die Verbündeten des Proletariats; in einer Kolonie darf sich eine revolutionäre und ihrer Aufgabe bewußte Bewegung nicht vom Prinzip «Klasse gegen Klasse» leiten lassen, das nur in einer Metropole Sinn hat, sondern muß im Gegenteil das Prinzip des Kleinbürgertums und der Intellektuellen akzeptieren unter der Voraussetzung, daß sich die aus den Mittelklassen stammenden Revolutionäre der Autorität der Arbeiterklasse unterordnen. Man sieht, daß die zunächst zu leistende Arbeit eine allmähliche und doppelte Klärung ist: das Proletariat muß sich seiner Situation der Kolonisiertheit bewußt werden, und die anderen, eher nationalistischen Klassen müssen begreifen, daß für eine kolonisierte Situation der Sozialismus der einzig mögliche Zugang zur Souveränität ist.

Zu diesen Gründen, weshalb sich die Partei der Unabhängigkeit im Laufe von hundertfünfzig Jahren weiterentwickelt, ihren Rekrutierungstyp gewechselt, ihre rückwärtsgewandte Forderung nach Wiedererlangung der *fueros* innerhalb eines absolutistischen Staates in die vorwärtsgerichtete Forderung nach dem Aufbau einer souveränen und sozialistischen Gesellschaft verändert hat, muß ein weiterer, der Iberischen Halbinsel eigener hinzugesetzt werden, der dem Kampf

---

1 Um die Bedeutung dieser Schwierigkeiten abzuschätzen, nenne ich nur ein Beispiel: die Beziehungen zwischen Kuba und der UdSSR.

der Basken einen besonderen Charakter verleiht. Denn die zentralisierende Vereinheitlichung ist, wie in Italien und Deutschland, erst im 20. Jahrhundert abgeschlossen worden und hat aus diesem Grund die Form einer faschistischen Diktatur genommen, das heißt einer Antwort der nackten und wütenden Gewalt auf die «Separatisten». In zwei dieser drei Länder ist der Faschismus nicht mehr an der Macht; Franco aber ist Spaniens Caudillo geblieben. Das drückte ein Baske so aus, der in meiner Anwesenheit sagte: «Wir haben das entsetzliche Glück des Franquismus.» Entsetzlich, sicher, wird man sagen; aber weshalb «Glück»? Ja, denn wäre das spanische Regime eine bürgerliche Demokratie, wäre die Situation doppeldeutiger: der Staat würde versuchen Zeit zu gewinnen und über falsche Versprechen und Ausflüchte die «Reformen» auf den Sankt-Nimmerleins-Tag hinausschieben. Das würde zweifellos genügen, um unter den Basken einen bedeutenden reformistischen Flügel entstehen zu lassen, der ein Verbündeter der unterdrückerischen Regierung wäre und von ihr lediglich ein föderalistisches und *zugestandenes* Statut erwarten würde. Die blinde Brutalität des Franco-Regimes hat von 1937 an die Dummheit der reformistischen Illusion entlarvt. Heute gibt es nur eine Antwort auf jede vorgebrachte Forderung: die blutige Repression. Wie soll man sich darüber wundern, wo doch das Regime dazu da ist? Allerdings muß man hinzufügen, daß dieses Regime die *Wahrheit* des kolonisierenden Spaniens ist. Unabhängig von der Form der spanischen Regierung weiß man, daß das zentralisierte Spanien den baskischen «Separatismus» tief ablehnt und im Falle eines Falles bereit ist, jede Revolte Euzkadis in Blut zu ersticken. Insofern sie selber vom zentralisierenden Idealismus erzeugt sind, sind die Spanier abstrakte Menschen und glauben, daß es, von einer Handvoll Aufwiegler abgesehen, sich für alle Einwohner der Halbinsel ähnlich verhält. Glauben sie das *aufrichtig*? Gewiß nicht: sie wissen, daß Euzkadi existiert, wollen es sich aber verbergen; man kann sich also vorstellen, wie rasend sie das macht, wenn sich die Basken selbst behaupten, bis dahin, daß sie sie als Basken hassen, also als konkrete Menschen. Auf einer tieferen Ebene verkennen die Machthaber nicht, daß das Ende des Kolonialregimes in Euzkadi ein Anwachsen des Elends in Kastilien und Andalusien unmittelbar nach sich zöge. So daß selbst eine Republik in letzter Instanz darauf zurückgreifen würde, womit das Franco-Regime begonnen hat. Die «Chance», die die Franco-Regierung für die Basken darstellt, ist, daß sie ungeschminkt das wahre Wesen des

Kolonialismus zeigt: er verhandelt nicht; er unterdrückt oder er tötet. Da die repressive Gewalt unausweichlich ist, gibt es für die Kolonisierten keinen anderen Ausweg, als der Gewalt Gewalt entgegenzusetzen. Da die reformistische Versuchung entfällt, kann sich das baskische Volk nur radikalisieren: jetzt weiß es, daß die Unabhängigkeit allein durch den bewaffneten Kampf erreicht werden wird. Hierin ist der Burgos-Prozeß deutlich; als sie den Spaniern die Stirn boten, wußten die «Angeklagten», was sie riskierten: die Inhaftierung, die Folter, die Hinrichtung. Sie wußten es, und sie kämpften, nicht in der Hoffnung, die Unterdrücker unmittelbar vertreiben zu können, sondern um zur Bildung einer Untergrundarmee beizutragen. Wenn die PNB heute dahindämmert, liegt es daran, daß sie nicht begriffen hat, daß die Basken gegen die faschistischen Truppen keinen anderen Ausweg als den Volkskrieg haben. Unabhängigkeit oder Tod: diese Worte, die man gestern auf Kuba, in Algier sagte, spricht man heute in Euzkadi nach. Bewaffneter Kampf für ein unabhängiges und sozialistisches Euzkadi, das ist das ganze Erfordernis der gegenwärtigen Situation. Entweder das oder die Unterwerfung – die unmöglich ist.

Von 1947 bis 1959 blieb dieses Erfordernis nackt und hohl: dem Anschein nach wird ihm in nichts entsprochen, in Wirklichkeit treibt es die baskische Bevölkerung um, die Jugendlichen vor allem, und ab 1953 fängt alles an. Die in jenem Jahr gegründete EKIN ist eine Gruppe von Intellektuellen, die sich zwar des tatsächlichen baskischen Problems in seiner tragischen Schlichtheit noch nicht sehr bewußt sind, dafür aber die Notwendigkeit einsehen, auf ein neues und radikales Handeln zurückzugreifen. Die Gruppe sieht sich zwar bald genötigt, in die noch mächtige, aber gelähmte PNB einzutreten, hebt sich dort allerdings durch ihre extremistischen Positionen hervor, so daß sich, als einer der Ihrigen wegen «Kommunismus» ausgeschlossen wird, die ganze Gruppe mit ihm solidarisiert, die nationalistische Partei verläßt und nunmehr aus Erfahrung davon überzeugt ist, daß der 1936 lohnende, von der alten Partei geführte Kampf seit dem Ende des Krieges und dem Verrat der bürgerlichen Demokratien nunmehr zum reinen Verbalismus herabgesunken ist. '59 stellt sie den Kern einer neuen Partei, der heutigen ETA. Noch ehe sie überhaupt eine theoretische Position bezogen hat, nimmt die ETA zwei Tendenzen zur Kenntnis, die das Land zerreißen: die nationalistische Forderung und die Arbeiterrevolte; von 1960 an begreift sie über die tägliche Praxis, daß beide Kämpfe miteinander verbunden, voneinander erhellt und gemeinsam von denselben Organisationen geführt werden müssen. Damit werden die Anforderungen der gegenwärtigen Situation langsam, aber sicher und *praktisch* entziffert. Sie hat die Angelegenheit am richtigen Ende angepackt, wie die heftigen Krisen beweisen, die sie in den 60er Jahren erlebt: ihre «humanistische» Rechte verläßt sie; eine «universalistische» Linke wird ausgeschlossen, nachdem sie dazu aufgefordert hat, den antikolonialen Kampf aufzugeben, um zusammen mit den spanischen Arbeitern den «chemisch reinen» Klassenkampf zu führen. Diese Abgänge definieren ihre Linie besser, als es hundert theoretische Schriften getan hätten. Nach diesen Säuberungen beginnt die ETA trotz allem von 1968 an sich theoretisch zu definieren: ihre Prinzipien sind bereits vorgegeben, sie haben sich im internen Kampf der Gruppe gegen ihre Rechte und gegen eine bestimmte zentralistische Linke herausgebildet und sind im übrigen nichts anderes als die allmählich aufgedeckten objektiven Anforderungen der Situation. Die ETA organisiert dann vier Fronten des Kampfes: die Arbeiterfront, die Kulturfront, die politische Front und die militärische Front, die gleichzeitig und unter gemeinsamer Führung arbeiten, jedoch voneinander getrennt bleiben. Der Kampf an der Arbeiterfront besteht 1969 im Zugehen auf die häufig zögernden Handwerker und in der Organisierung eines Avantgarde-Kerns innerhalb der Arbeiterklasse. An der Kulturfront führt die ETA den Angriff gegen das «schwächste Kettenglied», nämlich den enthumanisierenden Universalismus der regierenden Unterdrückung: jetzt schon gründet sie *iskatolas*, Kindergärten und Grundschulen, an denen der Unterricht ausschließlich in baskischer Sprache stattfindet und die 1968/69 von 15 000 Kindern besucht werden; sie leitet eine Alphabetisierungskampagne für Erwachsene ein, gründet Studentenkomitees, die aktiv (Demonstrationen, Streiks, Besetzungen) die Schaffung einer baskischen Universität fordern, schickt baskische Künstler (Schriftsteller, Sänger, Maler und Bildhauer) quer durch das Land, die in die Dörfer gehen und dort Ausstellungen und Aufführungen abhalten (Lieder, Straßentheater, das uns unter dem Namen direktes Theater gut bekannt ist); von 1966 an organisiert sie Sozialschulen, in denen die Arbeiter im Marxismus-Leninismus unterrichtet werden. An der politischen Front, die mit der militärischen Front in enger Verbindung steht, politisiert die ETA das ganze baskische Volk, indem sie ihm den Skandal der Repression zeigt. Das erklärt die heutige Ausrichtung des bewaffneten Kampfes, dessen Ziel noch nicht die Vertreibung des Unterdrückers, sondern die Mobilisierung der Basken für die allmähliche Schaffung einer Untergrundarmee zur Befreiung[1] ist. Die gegenwärtige Taktik kann als eine Spirale charakterisiert werden, die aus verschiedenen Momenten von Aktion, Repression, Aktion besteht, da jede Aktion eine barbarischere Repression nach sich zieht, die den zentralisierenden Faschismus offen zeigt und, weil sie immer breiteren Bevölkerungsschichten die Augen öffnet, eine immer bedeutendere Aktion ermöglicht. Man kann für diese Form des Kampfes kein besseres Beispiel als die dialektische Verknüpfung der Ereignisse geben, die ihren vorläufigen Abschluß im Prozeß von Burgos findet. Den ganzen Vorgang hindurch hat die ETA das Spiel bestimmt und geht daraus siegreich hervor: das beweist die Tauglichkeit ihrer Taktik. Anfangs jedoch gab es sie nicht: nach den Massakern von '36 und der Repression von '37 fällt der schwere Franco-Frieden über das Baskenland und erdrückt es. Wir haben gesehen, daß die PNB gegen diese repressive Unterdrückung eine Aktion organisierte: den Streik von '47. Diese Aktion ohne reale Tragweite zieht eine furchtbare Repression nach sich, die im Ergebnis die PNB disqualifiziert. Doch genau ausgehend von dieser Niederlage, tritt die neue Generation die Nachfolge an und begreift die Notwendigkeit, zum bewaffneten Kampf überzugehen. Die ETA markiert ihre Existenz '61 gleich mit einer ersten Aktion militärischen Typs: rudimentäre Bomben explodieren allerorts, gegen einen Schienentransport wird ein Sabotageakt versucht. Diese letzte Unternehmung scheitert mangels Erfahrung, dafür folgt ihr eine brutale Repression: hundertdreißig Mitglieder werden verhaftet. Damit ist der infernale Kreis in Gang gesetzt: Aktion, Repression, Aktion. Doch über mehrere Jahre haben die «Ordnungskräfte» Schwierigkeiten: die ETA ist nicht greifbar, die Bombenanschläge gehen auf dem ganzen Territorium weiter. Erst im Frühling '68 kann der oberste Polizeichef in der Presse von Bilbao ein Kommuniqué veröffentlichen: «Der heiße Krieg gegen die ETA hat begonnen.» Tatsächlich beginnt die Menschenjagd, was

1 Allerdings soll seit August 1970 eine neue Tendenz für die partielle Entmilitarisierung der ETA zugunsten eines politischen Handelns der baskischen Werktätigen eintreten: den Angehörigen dieser Tendenz zufolge setzt die totale Militarisierung wegen der absoluten Illegalität, die sie verlangt, die Organisation der Gefahr aus, sich von den Arbeitermassen zu isolieren und damit dem erklärten Ziel zu schaden.

nicht verhindert, daß wenige Tage später eine Bombe auf einer Fern-
straße hochgeht, die den Radfahrern des *Giro de Espana* den Weg
versperrt («Sollen sie doch woanders fahren, bei uns haben sie nichts
zu suchen»). Im Juni wird auf offener Straße ein toter *Guardia civil*
gefunden. Wenige Stunden später schießen andere *Guardias civiles*
an einer Straßensperre ohne Anlaß auf einen «Verdächtigen» und
bringen ihn um. Es war Javier Echebarrieta, einer der ETA-Führer.
Sofort weitet sich die Repression von der Untergrundorganisation auf
die Bevölkerung aus: überall verbietet die Verwaltung, Messen zum
Gedenken Echebarrietas abzuhalten, und sie bekommt es sogar fertig,
die Dorfpriester zu entrüsten und die Landbevölkerung zu verstim-
men. Von nun an verlangt die erweiterte Repression eine Erwide-
rung, die das Volk tief begeistert: drei Monate später wird der Polizist
Manzanas, eine den Basken wohlbekannte schauerliche Figur, die drei
Jahrzehnte in Euzkadi folterte, vor seiner Wohnungstür hingerichtet.
Wie vorausgesehen, entfesselt diese Aktion eine widerliche und wilde
Repression; vor allem macht sie das ganze baskische Volk und die
Unterdrückungsregierung zu offenen Gegnern. Diese kann nicht hinnehmen, daß *ihre* Vertreter liquidiert werden: sie muß Schuldige finden, einen Prozeß machen und Todesurteile verlangen; da aber das
«Opfer» ein Henker gewesen ist, kann die Mehrheit des Landes diese
Hinrichtung, die nur eine Strafe ist, nicht mißbilligen. Die Staatsmacht gerät in einen Widerspruch, aus dem sie nicht herauskommt:
in ihrer Optik, die sie nicht ändern kann, ist Einschüchterung mit Hilfe
von Sanktionen gefordert. Die Publizität des Prozesses jedoch zeigt
allen, daß es sich nur um eine Parodie von Justiz handelt; die Angeklagten sind entweder aufs Geratewohl inhaftiert oder, um die ETA
zu enthaupten, unter denjenigen ausgesucht worden, die man für ihre
Führer hielt; unter diesen Bedingungen konnte die Untersuchung
nur eine närrische Posse sein: wie man noch sehen wird, lag gegen
Izco, der dennoch zum Tode verurteilt worden ist, keinerlei Beweis
vor. Das Gericht ist ein militärisches, obwohl die «Angeklagten» für
dieselben oder ähnliche Taten von einem Zivilgericht verurteilt worden waren. Die Richter sind Offiziere, die vom Gesetz keine Ahnung
haben, ausgenommen einen von ihnen, der juristische Kenntnisse besitzen muß, um diese Soldaten zu beraten; die vom Vorsitzenden unablässig mit Gefängnisstrafen bedrohten Anwälte haben Mühe, sich
Gehör zu verschaffen. Die ruhigen und gelassenen, aneinandergeket-
teten «Angeklagten» haben pausenlos gekämpft, nicht um sich gegen

die Anschuldigungen ihrer Unterdrücker zur Wehr zu setzen, sondern um vor den Journalisten die Folterungen bekanntzumachen, die sie erlitten hatten: worauf der Vorsitzende, wenn es ihm nicht gelungen war, sie zum Schweigen zu bringen, mit einem obligaten «No interesa» antwortete. Für die Pressevertreter wurde offensichtlich, daß diese Soldaten nicht zusammengekommen waren, um zu urteilen, sondern um zu töten – wobei sie allerdings eine absurde Zeremonie einhielten, die sie schlecht kannten. Schließlich legten die «Angeschuldigten» die repressive Gewalt Spaniens bloß, indem sie ihren Anwälten untersagten, sie zu verteidigen. Sie hatten gewonnen: endlich hatte ihr bewundernswerter Mut und die stumpfe Dummheit ihrer «Richter» ihren Prozeß zur nationalen Angelegenheit aller Basken gemacht. Als in Bilbao die Arbeiter von Großbetrieben in den Streik traten, begriff die ETA, daß sie breite Schichten der Arbeiterklasse erreicht hatte. Darüber hinaus war die Empörung auf der ganzen Welt derart groß, daß die baskische Frage zum ersten Mal vor der internationalen Öffentlichkeit stand: Euzkadi ist überall als Märtyrervolk bekannt geworden, das für seine nationale Unabhängigkeit kämpft. Diese letzte Aktion und die aus der Repression entstandene allgemeine Wut ließen die spanische Regierung zurückweichen; die Todesstrafen sind umgewandelt worden. Aufgrund des unverhofften, aber notwendigen Erfolgs ihrer Taktik hat sich die ETA als vorantreibender Flügel der Arbeiterklasse behauptet. Sie hat in der ganzen mobilisierten Nation ein beträchtliches Prestige errungen, wie es die PNB fünfundzwanzig Jahre früher besaß. Ihre Mitglieder wissen genau, daß der Kampf lang sein wird, daß es, wie sie sagen, «zwanzig, dreißig Jahre benötigen wird, um die Volksarmee aufzustellen»; gleichviel, in Burgos, im Dezember '70, Januar '71, ist der Startschuß abgegeben worden.

Hier stehen wir jetzt: uns Franzosen, die wir immer ein wenig – selbst wenn wir es nicht wollen – die Erben der Jakobiner sind, hat ein heldenhaftes, von einer revolutionären Partei geführtes Volk einen *anderen*, dezentralen und konkreten Sozialismus erahnen lassen: das ist die einzelne Allgemeinheit der Basken, die die ETA richtigerweise dem abstrakten Zentralismus der Unterdrücker entgegensetzt. Kann dieser Sozialismus für alle tauglich sein? Ist er nur eine provisorische Lösung für die kolonisierten Länder? Mit anderen Worten: kann man annehmen, daß es sich um den letzten Zweck oder um eine Etappe hin zu der Zeit handelt, in der, nachdem die allgemeine Unterdrückung beendet worden ist, alle Menschen gleichermaßen die wahre Universalität durch eine gemeinsame Überschreitung jeder Singularität genießen werden? Das ist das Problem der Kolonialherren. Man kann sicher sein, daß sich die um ihre Unabhängigkeit kämpfenden Kolonisierten darum überhaupt nicht sorgen. Was in den Augen der baskischen Genossen feststeht, ist, daß das in seinem radikalsten Verlangen behauptete Recht auf Selbstbestimmung praktisch überall die Revision der heutigen Grenzen, ein Überbleibsel der bürgerlichen Expansion, das nirgendwo den Bedürfnissen der Völker entspricht, nach sich zieht, was allein über eine Kulturrevolution geschehen kann, die den sozialistischen Menschen auf der Grundlage seines Bodens, seiner Sprache und sogar seiner erneuerten Sitten schafft. Erst dann wird der Mensch allmählich aufhören, das Produkt seines Produkts zu sein, um endlich der Sohn des Menschen zu werden. Werden wir diese Auffassungen marxistisch nennen? Hier stellt man bei den Führern der ETA ein gewisses Zögern fest, da sich einige «neomarxistisch» und andere – offenbar die Mehrheit – «marxistisch-leninistisch» nennen. Die tägliche Erfahrung des Kampfes wird darüber befinden. Guevara sagte mir einmal: «Wir, Marxisten? Ich habe keine Ahnung.» Und er ergänzte lächelnd: «Es ist nicht unsere Schuld, wenn die *Realität* marxistisch ist.» Was die ETA uns enthüllt, ist das Bedürfnis, das *alle*, selbst zentralisierende Menschen haben, ihre Besonderheiten gegenüber der abstrakten Allgemeinheit zu bekräftigen: den Stimmen der Basken, der Bretonen, der Okzitanier zuzuhören und an ihrer Seite zu kämpfen, damit sie ihre konkrete Singularität behaupten können, heißt als unmittelbare Konsequenz auch für uns Franzosen, für die tatsächliche Unabhängigkeit Frankreichs zu kämpfen, die das allererste Opfer seines Zentralismus ist. Denn es gibt ein baskisches Volk und ein bretonisches Volk, doch unser Volk haben Jakobinismus und Industrialisierung liquidiert: es gibt heute nur noch französische Massen.

Vorwort zu *Procès de Burgos* von Gisèle Halimi,
Gallimard 1971

Kein Erbarmen mit den Linken

Interview mit Pardon, *1970*

Frage: Seit Mai dieses Jahres sind Sie Chefredakteur des maoistischen Kampfblattes La cause du peuple *(Die Sache des Volkes). Ihre Vorgänger, die beiden ersten Chefredakteure, wurden für publizierte Artikel zwölf und acht Monate ins Gefängnis geschickt, die Organisation selbst als radikalste der linken Gruppen vom Innenministerium aufgelöst. Erstmals seit dem Zweiten Weltkrieg verurteilten damit französische Gerichte Journalisten wegen eines «Meinungsdeliktes». Die Anklage lautete: Anstiftung zu Mord und Aufruhr.*

Wie stehen Sie heute zu der den Maoisten besonders und den Linken generell immer wieder vorgeworfenen Gewalt?

Sartre: Mit den Praktiken der Maoisten bin ich voll und ganz einverstanden! Vor allem darf man nicht vergessen, daß ihnen oft Gewalttätigkeiten vorgeworfen werden, mit denen sie nicht das mindeste zu tun haben. Kürzlich zum Beispiel hat in Paris ein Elendsviertel gebrannt. Gleich hieß es, das waren die Linken, die Maoisten. Was natürlich Wahnsinn ist. Ganz im Gegenteil: Der abgebrannte Teil war eigenartigerweise gerade der Teil, aus dem die Gastarbeiter ausgewiesen werden sollten, weil ein Unternehmen auf diesem Terrain bauen wollte.

Frage: Wollen Sie damit sagen, daß der Brand eine Provokation war?

Sartre: Ich weiß es nicht. Sicher, es kann auch ein Unfall gewesen sein. Aber selbst wenn, dann war es ein krimineller Unfall. Denn die Lebensbedingungen in den Elendsvierteln sind so erbärmlich, daß ein solcher Unfall täglich möglich ist. Also ist es auf jeden Fall kriminell! Aber dann auch noch zu behaupten, das seien die Maoisten gewesen...

Andererseits gab es auch Bomben-Attentate. Ich weiß in den meisten Fällen nicht, wer es war, zu wessen Lasten sie gehen. Aber ich weiß, daß man vor einigen Monaten die Schuldigen eines Bomben-Attentates gegen den Grenobler Justizpalast fand. Da stellte sich heraus, daß es sich um zwei Leute von der Rechten handelte, darunter ein Mitglied der gaullistischen Partei.

Was hingegen die Gewalt im allgemeinen angeht, so ist die Gewalt der Maoisten eine ganz andere. Sie wird vor allem gegen die Polizei ausgeübt. Das ist eine Gewalt, die davon ausgeht, den Arbeitern bei Streiks beizustehen, sie zu radikalisieren. Eine Gewalt, die – soweit wie möglich – den in den Arbeitern schon sehr stark vorhandenen Kampfwillen steigern will – mit dieser Gewalt bin ich voll und ganz einverstanden.

Frage: Ist es das, was Sie «revolutionäre Gewalt» nennen?

Sartre: Ja.

Frage: Sie billigen – so erklärten Sie vor kurzem – nur die Gewalt, die von der Volksmasse geteilt oder zumindest verstanden wird ...

Sartre: Ja, genau. Die individuelle Gewalt, die überhaupt keine Resonanz hat, ist sinnlos. Einer, der einfach genug hat und darum einen Zug zum Entgleisen bringt oder eine Bank in die Luft sprengt, ohne Grund, so ganz allein, das will überhaupt nichts heißen. Da bin ich dagegen – obwohl ich ihn verstehe ...

Frage: ... aber ein individueller Gewaltakt mit revolutionärem Ziel, der nicht von der Masse gebilligt wird?

Sartre: Sicherlich, ob ein Gewaltakt von der Masse bejaht wird oder nicht, ist schwer zu bestimmen und sehr schwankend. Seine Berechtigung muß sich in der Tat selbst ausdrücken. Es muß aber auf jeden Fall eine erzieherische Gewalt sein. Für diese Gewalt gibt es ein gutes Beispiel, das zugleich schockierend und erzieherisch ist.

Geismar erzählt es in dem Interview, das ich mit ihm im *Nouvel Observateur* gemacht habe: Arbeiter sperrten ihren Chef ein und verboten ihm, pinkeln zu gehen. Der Chef war gezwungen, auf den Teppich zu machen. Ein Skandal in vielen Milieus. Wie berechtigt dieser Schock tatsächlich ist, erfährt man, wenn man die Arbeiter fragt, warum sie das gemacht haben. Wenn sie nämlich am Fließband arbeiten und austreten gehen wollen, dann demütigt sie der Vorarbeiter, indem er ihnen antwortet: Pinkel doch in deine Hose! Voilà, ein Beispiel, das die Augen öffnet. Warum ist man nur bei einem Chef darüber schockiert? Schließlich sind Arbeiter auch Menschen – und das selbst in den Augen der Bourgeoisie.

Frage: Aber sind die Arbeiter schon überall soweit, diese Gewalt zu begreifen?

Sartre: Ganz sicher nicht.

Frage: Ich möchte Ihnen ein anderes konkretes Beispiel nennen: Die beiden von lateinamerikanischen Revolutionären entführten deutschen Botschafter, die als Geiseln zur Gefangenenbefreiung benutzt wurden. Dabei wurde der erste getötet, der zweite nach erfüllter Forderung wieder freigelassen. Akzeptieren Sie diesen Gewaltakt?

Sartre: Ja, das akzeptiere ich voll und ganz! Zunächst darf nicht vergessen werden, in welcher Atmosphäre diese Taten geschehen. Sie wissen ja, wie das ist in Brasilien. Außerdem bin ich der Meinung, daß es sich um Botschafter aus kapitalistischen Ländern gehandelt hat, verbunden übrigens mit dem amerikanischen Imperialismus. Es gibt große deutsche Unternehmen in Brasilien, die mit Kapital arbeiten, das letzten Endes aus amerikanischen Quellen stammt. Sie repräsentieren also eine mit dem Imperialismus liierte Macht.

Glauben Sie nicht, daß ich den Gedanken, jemanden zu töten, mag. Egal wen. Aber die Befreiung der 40 Gefangenen beweist, daß diese Lösung sich auszahlt.

Damit wurde erstens bewiesen, daß die brasilianische Regierung nicht unabhängig ist – der amerikanische Botschafter wurde ja damals sofort freigekauft. Zweitens werden so aktive Revolutionäre befreit. Und drittens macht man damit eine starke Regierung lächerlich.

Das sind drei ausgezeichnete Dinge. Und außerdem beweist eine solche Tat auch noch die Stärke der Revolutionäre.

Frage: Kann es eine lokalisierte, begrenzte Gewalt geben?

Sartre: O ja. Das ist es ja, worüber *Die Sache des Volkes* zu informieren sucht.

Frage: Sind Sie heute mehr als nur ein Schutzschild für die Maoisten? Kämpfen Sie selbst mit?

Sartre: Ich denke, ja. Aber ich bin nicht bei den Linken Proletariern aktiv. Wir werden heute nachmittag eine neue «Rote Hilfe» gründen. Darin werde ich aktiv werden. Ich bin ein Freund der Linken Proletarier, das heißt, daß ich einen großen Teil ihrer politischen Standpunkte teile, sogar einen sehr großen Teil. Ich hätte nicht die Redaktion einer Zeitschrift akzeptiert, deren prinzipielle Ideen ich nicht teile. Die aufgelöste Proletarische Linke arbeitet jetzt an einer «Demokratischen Front». Eine Aktion, die die Vereinigung der manuellen Arbeiter und der intellektuellen Arbeiter erlauben wird. Von dieser «Demokratischen Front», zu der auch ich gehöre, erhofften wir politisch zweierlei: einmal die Einigung der ganzen Linken in der Aktion – wie auch immer ihre allgemeinen Ansichten sein mögen. Und zweitens die Einigung der Arbeiter und Intellektuellen, ebenfalls in der Aktion – die Einigung, die die Kommunistische Partei Frankreichs seit über 50 Jahren verhindert.

Frage: Ihre Entscheidung zugunsten der Maoisten bezeichnete das Parteiorgan der französischen Kommunistischen Partei, L'Humanité, als «unverantwortlich». Lange Jahre waren Sie der «Kampfgefährte» der KP. Wie stehen Sie heute zu ihr?

Sartre: Ich habe mich schon vor langer Zeit von der Kommunistischen Partei getrennt. Wie viele Intellektuelle kämpfte ich mit ihr während des Indochinakrieges und dann während des Algerienkrieges. Genähert habe ich mich übrigens der KP anläßlich des Indochinakrieges, als damals der Matrose Henri Martin ins Gefängnis kam, das war 1952. Seither ging eine immer klarer werdende Entwicklung vor sich, und Spaltungen. Zuerst war Budapest, dann folgte die Entwicklung von Stalin bis heute. Und dann kam Prag. Gleichzeitig im Innern der Partei das totale Nichtverstehen von Partei und CGT über das, was im Mai 1968 geschehen war.

Von da an trat etwas Neues ein: Es gab nun auch Kräfte links von der Partei. Lange Zeit nämlich war links von der Kommunistischen Partei eine große Leere gewesen. Die Partei war rechts und links in einem. Sich von ihr befreien bedeutete immer die Gefahr, nach rechts zu gehen – auch wenn man sie von links angriff. In dieser Stunde sieht das ganz anders aus. Es gibt wirkliche linke Kräfte in Frankreich. Das Unglück ist, daß sie sehr gespalten sind. Für mich ist die einzige Möglichkeit, eine wirkliche Linke wiederaufzubauen, der Kampf gegen die Spaltung der Linken.

Frage: Wo ist heute für Sie die «Linke»?

Sartre: Alles, was links von der KP ist. Aber da ist noch ein Unterschied zu machen zwischen der wirklichen revolutionären Linken – die sich durch Taten auszeichnet – und der legalistischen Linken, wie zum Beispiel die PSU (Parti Socialiste Unifié), die das Prinzip der Wahlen akzeptiert. Und das in einem Moment, wo das allgemeine Wahlrecht – in seiner augenblicklichen Form – nur noch Instrument der Repression ist!

Frage: Dann sind die Linken Proletarier die einzige in diesem Sinne revolutionäre Gruppe?

Sartre: Ja. Die Linken Proletarier und Vive la Révolution.

*Frage: Sie haben bei der Übernahme des Maoistenblattes aus-
drücklich betont, das würde nicht bedeuten, daß auch Sie ins maoistische Lager überwechseln würden. Können Sie die Differenzen zwischen Ihnen und den Maoisten präzisieren?*

Sartre: Es gibt mehrere. Ich zitiere immer einen Punkt, weil das der
wichtigste für mich ist. Es ist Israel. In bezug auf Israel habe ich nicht
die gleichen Analysen wie die Linken Proletarier. Das heißt, auch ich
bin voll und ganz für die Rechte der Palästinenser und erkenne ihr
Recht zur Selbstbestimmung ohne Einschränkung an. Aber ich
meine, daß Israel als Staat nicht nur ein vorgeschobener Brückenkopf
des amerikanischen Imperialismus ist und daß es eine Möglichkeit
gibt, das Problem zu lösen: Indem man den einen und den anderen das
volle Recht zur Nationalität und Selbstbestimmung gibt.

*Frage: Sie sind also nicht, wie viele revolutionäre Linke, für die
Zerschlagung Israels?*

Sartre: Nein, ich bin dagegen. Aber für eine Lösung, die den Palä-
stinensern ihr volles nationales Recht gibt.

*Frage: Abgesehen von Israel. Was unterscheidet Sie noch von den
Maoisten?*

Sartre: Die Linken Proletarier haben die Parole von einer «neuen
Besatzung» und einer «neuen Résistance» herausgegeben. Sie ziehen
eine Parallele zwischen der Zeit, in der Frankreich von Deutschland
besetzt war, und dem Kampf gegen die kapitalistische Ausbeutung
und Repression. Ich halte diese Analyse für falsch. Da ist nur eine
scheinbare Ähnlichkeit. Es stimmt nicht, und ich habe das auch meinen maoistischen Freunden gesagt. Der Irrtum ist, die herrschende
französische Klasse – die eine repressive und zu bekämpfende Klasse
ist – mit einem ausländischen Besatzer gleichzusetzen. Das schafft
Mißverständnisse.

Frage: Ein wichtiger Punkt ...

Sartre: ... ja, denn das ist eine Differenz auf dem Niveau der Analyse – nicht aber auf dem der praktischen Arbeit.

Frage: Und welche Funktion hat Die Sache des Volkes?

Sartre: *Die Sache des Volkes* war von Anfang an gedacht als Ver-
bindungsmittel zwischen den verschiedenen Formen und Ereignissen. Noch bevor es sie gab, hatte Geismar die Idee, ein Bulletin her-
auszugeben, das es den Massen erlauben sollte, zu wissen, was an den
einzelnen Orten geschieht. So sollte zum Beispiel die Fabrik in Nan-

terre wissen, was in der Fabrik in Lyon geschah, wissen und verstehen. Diese Funktion erfüllt heute *Die Sache des Volkes*. Ich glaube, zwei von drei Artikeln werden von den Arbeitern selbst geschrieben. Mit Hilfe der sogenannten Arbeiter-Intellektuellen, die sich aber hüten, etwas anderes ausdrücken zu wollen als die im Arbeiter existierende Gewalt. Diese Gewalt, die Sie in der *Sache des Volkes* finden, ist die von Leuten, die gerade gestreikt oder ihren Unternehmer eingesperrt haben – und das dann in dem ihnen eigenen Ton erläutern.

Was passiert dann? Die einzelnen Gruppen sind, je nach der Lage in ihren Fabriken, durchaus entschlossen, werden aber bestärkt und ermutigt durch das, was sie in der *Sache des Volkes* lesen – also das, was in den anderen Fabriken geschieht.

Wissen Sie, es ist wichtig, daß die Arbeiterklasse solche Dinge erfährt. Im Juni 1936 gab es schon einmal solch eine Streik-Strömung. Im Mai 1968 war es das gleiche. Man muß das Gefühl der Einigkeit stärken und aufdecken, was die anderen tun.

Frage: Dabei spielt die Presse eine bedeutende Rolle. Sie haben nach dem Scheitern des Mai-Aufstandes die Presse beschuldigt, der Hauptschuldige an dieser Niederlage der Revolution zu sein. Sie sagten wörtlich: «Die öffentliche Meinung hat versagt, weil die französische öffentliche Meinung – wie alle öffentlichen Meinungen – dumm ist. Dumm, weil schlecht informiert. Und schlecht informiert, weil die Presse nicht ihre Arbeit getan hat. Niemand hat den Versuch gemacht, der öffentlichen Meinung den Sinn der Studenten-Gewalt zu erklären, die in Wirklichkeit nichts anderes ist als eine Gegen-Gewalt. Eine Antwort auf die Gewalt der anderen Seite.» Glauben Sie, daß die Gegenpresse – zu der Die Sache des Volkes *ja gehört – eines Tages die augenblickliche Presse verdrängen könnte?*

Sartre: Genau. Davon bin ich überzeugt. Wie ich schon eben sagte, stand am Anfang des Maoistenblattes ein populäres Informationsblatt, das die Arbeiter auf dem laufenden hielt in bezug auf den Widerstand der Massen. Die Arbeiter selbst sollten der Redaktion die Informationen schicken.

In der augenblicklichen Presse gibt es viele, die kämpfen. Aber Sie sehen ja selbst das Resultat ... Tatsachen werden geschminkt oder heruntergespielt. Am Samstag zum Beispiel habe ich an einer Pressekonferenz schwarzer Gastarbeiter teilgenommen, die ein Buch vorstellten, das sehr objektiv die Lebensbedingungen der hiesigen afrikanischen Arbeiter beschrieb. Es entspannen sich leidenschaftliche

Diskussionen. – Am Montag fand ich kein Wort davon in der Presse, lediglich im *Combat* eine kurze Notiz.

Ich selbst werde heute nachmittag die «Rote Hilfe» gründen. Sie wird mit allen legalen Mitteln Gefangene unterstützen, fristlos Entlassenen und Arbeitsunfall-Opfern helfen. Sie wissen ja, die Zahl der Arbeitsunfälle ist sehr hoch. Der tödlichen Arbeitsunfälle, die, die nicht in den Statistiken stehen, die in den Nissenhütten sterbenden Gastarbeiter gar nicht dazugezählt. Bei dieser «Roten Hilfe» werde ich aktiv werden.

Frage: Wer macht mit? Nur Maoisten?

Sartre: O nein. Es machen sogar KP-Mitglieder mit. Vielleicht werden sie nicht in der Partei bleiben, aber das ist eine andere Sache. Die wichtigste Persönlichkeit wird Tillon sein, der KP-Mitglied ist. Er organisierte während der Besatzung die bewaffnete Résistance.

Zunächst wollen wir für Anwälte sorgen und für Familienhilfe. Auch Klagen gegen Arbeitgeber erheben, wo es nottut. Dann auch Aktionen – aber darüber möchte ich noch nicht sprechen. Wir wollen ein eingetragener Verein sein wie die alte «Rote Hilfe», gegründet 1924 von der Kommunistischen Partei in ihrer aktiven, stürmischen Epoche.

Frage: Wer ist wir?

Sartre: Wir sind etwa 20 Leute. Aber viele von uns repräsentieren mehr. Und alle revolutionären Bewegungen sind mit uns, weil es nur um Verteidigung geht. Wenn Maoisten zum Beispiel Aktionen machen, die die PSU verurteilt, und dann verhaftet werden, so protestiert die PSU trotzdem gegen die Verhaftung. Und umgekehrt. Die «Rote Hilfe» will alle Opfer der Repression verteidigen.

Frage: 1967 redigierten und unterzeichneten Sie ein Manifest, das zum Wahl-Boykott aufrief. Damals sagten Sie wörtlich: «Die Demokratie ist nur noch ein Mythos, denn alle Entscheidungen werden heute außerhalb der gewählten Versammlungen getroffen.» Die parlamentarische Demokratie ist für Sie längst tot. Sie plädieren für eine soziale Demokratie. Was verstehen Sie darunter?

Sartre: Eine Demokratie, die auf der Arbeit basiert, eigentlich also auf den Sowjets, den Räten. Die, die die UdSSR gewollt und die die Umstände sie haben verfehlen lassen.

Sehen Sie, da gibt es ein wunderbares Beispiel aus dem Mai 1968. Damals besetzten in Nantes Arbeiter die Fabriken, arbeiteten aber weiter. Alles lief reibungslos. Ihre Nahrung organisierten sie sich selbst in Verbindung mit den Bauern – alle Entscheidungen wurden in Basisversammlungen getroffen. Auch heute gibt es wieder viele Beispiele für solche Initiativen von der Basis her. Arbeiter, die selbst und direkt ihre Tarifverträge mit dem Chef aushandeln. Generell ist heute jedoch selbstverständlich immer noch die CGT das populäre Sprachrohr.

Frage: Kennen Sie ein wirklich sozialistisches Land?

Sartre: China. Ich habe zwar nicht genug Informationen, aber was dort geschieht, interessiert mich außerordentlich.

Frage: Sie haben sich bereits mehrere Male geweigert, das chinesische Experiment zu beurteilen. Immer mit dem Argument: «Ich bin nicht ausreichend informiert.»

Sartre: Ja, wir sind sehr schlecht informiert. Man kann erraten, in welche Richtung das geht. Und es gibt viele Dinge, die ich für sehr positiv halte. Aber von da zu einem Urteil über Rotchina zu kommen – wie man zum Beispiel zu einem Urteil sogar über die UdSSR kommen kann . . .

Die Gründe sind einfach. Was man hier über China liest, ist absurd. Als die Kulturrevolution noch in voller Blüte stand, konnte man lesen, Kantoner Chinesen hätten «Nasen und Ohren abgeschnitten». Was in Wahrheit eine chinesische Redensart ist!

Vielleicht ist Rotchina auf dem Weg zum Sozialismus. Aber davon abgesehen kenne ich kein wirklich sozialistisches Land. Kuba hat große Anstrengungen gemacht, aber es steckt zur Zeit in großen Schwierigkeiten. Was nicht heißt, daß Kuba den Sozialismus nicht fortsetzt.

Frage: Sie haben bei einer anderen Gelegenheit von einer im Mai 1968 bei den französischen Arbeitern aufgebrochenen, dann aber durch die Wahlen verratenen und verdrängten Gewalt gesprochen. Die aber immer noch da sei, und die es zu wecken gelte. Wie liegen die Dinge in den Ländern, die keinen Monat Mai hatten? In der Bundesrepublik zum Beispiel?

Sartre: In Deutschland liegen die Dinge ganz anders. Nehmen Sie zum Beispiel Italien, das keinen Mai hatte. Aber es hat eine konstante Gewalt, seit 1966 übrigens. Das macht, daß die italienischen Arbeiter eine sehr starke Kampfmoral haben. Der französische Mai wurde durch die Wahlen verraten. Aber selbstverständlich blieb der Kampfwille der Arbeiter erhalten. Vor allem bei den Jungen – viel stärker als zuvor. Mai 1968 ist nicht vergessen worden von den neun Millionen Arbeitern, die damals gestreikt haben.

Die revolutionäre Tradition der deutschen Arbeiterklasse war während langer Jahre zerschlagen. Man kann heute sagen: eine andere Arbeiterklasse ist in Deutschland geboren. Die französische Tradition besteht – wie die deutsche – seit Mitte des 19. Jahrhunderts. Sie setzte sich in blutigen Kämpfen fort. 1848, die Kommune, die Streiks von 1918 etc. In Deutschland verloren sich nach 1933 die Traditionen – man muß sie wiederfinden.

Gleichzeitig aber muß man bedenken, daß der deutsche Lebensstandard höher ist als der französische. Auch das macht es schwieriger. Bei uns kommen zwei Kampfelemente zusammen. Einmal das alte, der niedrige Lebensstandard. Ein französischer Arbeiter verdient durchschnittlich 660 DM im Monat. Mehrere Millionen verdienen 470 DM! Das heißt also das absolute Lebensminimum. Hinzu kommen die Alten, die zur Zeit nicht mehr als 160 DM im Monat bekommen. Mehrere Millionen Alte leben in einer unbeschreiblichen Misere. Dieses Argument aus dem 19. Jahrhundert ist also immer noch da, noch gültig. Aber da ist noch ein zweites, viel stärkeres, das die revolutionären Bewegungen stärken wollen: Das ist der Wille zu kämpfen, gegen die Unterdrückung: durch den Vorarbeiter, durch den Chef. Ihm aufzwingen, daß man im Kampf kein passives Objekt mehr ist. Im Kampf selbst Subjekt sein! Das ist es, was Vive la Révolution die «populäre Demokratie» nennt und die Linken Proletarier die «ideologische Revolution». In dieser Periode begreift das Volk allmählich seine eigene Macht.

Frage: Im Mai 1968 haben Sie eine faschistische Gefahr für Frankreich verneint. Sie sagten, einer Machtergreifung durch faschistische Kräfte müßte eine faschistische Tradition vorausgehen, die Arbeiter müßten isoliert und gespalten sein (wie zum Beispiel in Griechenland). Inzwischen werden in Frankreich neue Methoden praktiziert ...

Sartre: ... Methoden des Halb-Terrorismus ...

Frage: ... wie zum Beispiel die ungenierte Polizeigewalt – allein tausend Verhaftete bei den Unruhen im Quartier Latin, anläßlich des Prozesses gegen die Chefredakteure von der Sache des Volkes, am 27. und 28. Mai.

Sartre: Um ganz präzise zu sein: Wir haben keinen Faschismus im eigentlichen Sinne. Denn was den Faschismus charakterisiert, wie den Nationalsozialismus, das ist die Existenz einer aktiven Partei, die für die Kommunikation, die Vermittlung zwischen den Massen und der Spitze sorgt.

Im Nationalsozialismus gab es die faschistische Partei, die eine Art Druck ausübte und gleichzeitig manipulierte. Das ist hier nicht der Fall. Man kann die gaullistische Partei, die Nutznießer des Regimes ist, nicht für eine Organisation halten, die ihre Basis in den Massen selbst hat.

Doch im nationalsozialistischen Deutschland gab es eine Arbeiter-Basis. Damals war das Elend groß, bei den Hilfsorganisationen gab es viele Auseinandersetzungen, die einen waren Nazis, die anderen Kommunisten. Und zu guter Letzt wurden die Arbeiter ziemlich manipuliert.

Das ist heute in Frankreich nicht der Fall.

Aber es gibt andere Formen des repressiven Totalitarismus als den ausgesprochenen Faschismus.

Frage: Und in der Bundesrepublik?

Sartre: Ich kenne nur sehr schlecht die Art der Repression in der Bundesrepublik. Ich weiß nicht, ob sie der unseren entspricht. – Ja, sicher, wenn man die faschistische Tradition bedenkt, so ist die Gefahr eines neuen Faschismus für Deutschland größer.

Die Maoisten in Frankreich

(1972)

Ich bin kein Maoist. Aus diesem Grund, denke ich, hat man mich gebeten, diese Berichte vorzustellen. In der Mehrheit von ihnen machen Mitglieder Aussagen, die zwar objektiv sind, jedoch innerhalb ihrer Gruppe verbleiben. Da man sich an die breite Öffentlichkeit wendet, ist es vielleicht besser, die Maoisten zunächst von außen her vorzustellen, so wie sie sich ihren Freunden darstellen. Ich werde hier die drei Grundzüge nennen, die mich beeindruckt haben, als ich einige von ihnen kennenlernte, und die mich beim Lesen dieser Interviewsammlung nach wie vor beeindrucken.

Ein Sozialist kann nur für die Gewalt sein, da er sich einen Zweck setzt, den die herrschende Klasse absolut ablehnt: diese Idee schien 1950 gesichert zu sein. Chruschtschow kam und entwarf die Grundlagen der «friedlichen Koexistenz», was darauf hinauslief, den Revisionismus zu privilegieren. Bei uns ergriff de Gaulle die Macht, und die Linksparteien machten sich ganz klein. Von Gewalt redete niemand mehr. Die Linke hielt still und wartete ab, daß ihr ein Wahlsieg friedlich die Macht übergäbe. In den 60er Jahren konnte man das gesunde Prinzip der revolutionären Gewalt nicht in Erinnerung rufen, ohne als intellektueller Abenteurer beschimpft zu werden. Und dann demaskierte sich die Gewalt und wütete über das ganze Territorium. Offen gesagt haben weder die Studenten noch die Arbeiter angefangen: vage machten sie wesentliche Forderungen bekannt, von denen das Bürgertum nichts wissen wollte, und sofort wurden sie der polizeilichen Gewalt ausgesetzt. Damit machte man sie ihrer eigenen Gewalt bewußt: sie entdeckten, daß die alte bürgerliche Gesellschaft hin war und sich allein mit dem Knüppel ihrer Polizei vor dem Tod schützte. Die verratene Bewegung schien beendet zu sein. Nicht mit einer Niederlage: nie stand *dieses Mal* die Machtergreifung zur Debatte, von einigen Politikern abgesehen, die nicht gekämpft hatten.

Als die Gewalt scheinbar zu Ende ging, gab es Gruppen, die versucht haben, sie bei sich zu bewahren und bei den Massen wiederzubeleben. Die Maoisten sind darin die ersten gewesen: auf Anhieb übernahmen sie die Formel von Mao Tse-tung «Die politische Macht kommt aus den Gewehrläufen». Es gab keine Gewehre, was bedeutet, daß die Massen in Frankreich noch nicht das Stadium des bewaffneten Kampfes erreicht hatten. Gleichviel, die Maoisten, die sich des langen Marsches, der ihnen bevorstand, sehr bewußt waren, wollten zunächst durch punktuelle und wirksame, mehr oder weniger symbolische Aktionen die revolutionäre Gewalt wiederbeleben und sie nicht wieder, wie die Parteien und Gewerkschaften der Linken es taten, in Schlaf versetzen. Sie knüpften an eine alte Tradition wieder an, die ein Jahrzehnt lang scheinbar verblaßt war. Zunächst waren sie nur aktiv, ohne irgend etwas zu fordern und vor allem ohne eine Theorie ihrer Aktion aufzustellen; die notwendige Folge dieser Praxis kannten und akzeptierten sie: da sie gewaltsam die Bourgeoisie stürzen wollten, würde über kurz oder lang das Arsenal der bürgerlichen Gesetze auf sie angewandt werden. Das zunächst lehrten sie mich, oder genauer, das lehrten sie mich neu: es war nicht mehr die Zeit, Petitionen zu unterschreiben oder auf genehmigten Veranstaltungen (bei so vielen verbotenen ist es immer angebracht, sich zu fragen, warum diese, die stattfinden wird, von den Behörden genehmigt worden ist) vor der Menge zu schwadronieren; ein Revolutionär ist zur illegalen Aktion verdammt.

Sie gingen noch weiter: als sie mich baten, die Herausgeberschaft von *La cause du peuple* zu übernehmen, versuchten sie – man wird sehen, daß es ihnen gelang – nachzuweisen, daß die Regierung, obwohl sie ihre Illegalität verantworteten, nicht in der Lage wäre, die repressiven Gesetze der Bourgeoisie auf sie anzuwenden, ohne sich selbst außerhalb des Gesetzes, außerhalb *ihres* Gesetzes zu stellen. Am Tag des Prozesses gegen Le Bris und Le Dantec, die ehemaligen Herausgeber der Zeitung, glaubte Marcellin, einen entscheidenden Schlag zu führen, als er die *Gauche prolétarienne* auflöste, ein Bravourakt, den er mit unbeholfen zynischem Gerede begleitete: Ich löse die GP deshalb auf, weil ihre Mitglieder *notwendigerweise* versuchen werden, sie neu zu bilden, und ich sie dann ins Gefängnis bringen kann. Er täuschte sich: die Maoisten rechneten mit der Sache schon lange und beabsichtigten nicht, ihr Grüppchen neu zu bilden, sondern im Gegenteil sich auszudehnen, Zugang zu anderen Bereichen zu bekommen; ihrer Meinung nach hatten die mit der *GP* verbundenen Aktionsformen ihre Aufgabe erfüllt und ausgedient. Blieb *La cause du peuple*: Marcellin beschloß, das sei das Organ der *GP*. Sie herauszubringen bedeutet demnach, eine aufgelöste Vereinigung neu zu gründen. Während des Le-Dantec-Prozesses forderte der Oberstaatsanwalt – das heißt der Sprecher des Innenministers – vom Staatsanwalt, die Zeitung für ein Jahr zu suspendieren. Pech für ihn: vermutlich weil er meinte, schon genug überzogen zu haben, lehnte dieser ab. Da sie nicht verboten war, konnte *La cause du peuple* weiter erscheinen. Allerdings machte es sich die Regierung vom Juni '70 an zur Gewohnheit, die Ausgaben beim Drucker zu beschlagnahmen, ohne daß erst ein Richter ihren Inhalt zur Kenntnis genommen hätte, um die Beschlagnahmung legal zu begründen. Sie übertrat also wissentlich das Gesetz. Tatsächlich hatte Geismar im Herbst '68 die Absicht verfolgt, ein Bulletin zu veröffentlichen, in dem «die Massen die Massen informierten», über die Unterdrückung in diesem oder jenem Bereich wie auch über die Aktionen, die sie unternommen hatten, damit in den konkreten Kämpfen nicht mangels Information das Gefühl von Isolation entstünde. Das Projekt fruchtete nicht, wurde aber später unter dem Namen *La cause du peuple* wieder aufgegriffen. Diese Zeitung, die man abschaffen wollte, gehört also jedem und niemand besonderem. Die Artikel stammten überwiegend von Arbeitern und Bauern, die über ihre Streiks, Sabotageakte, Landbesetzungen berichteten, waren entweder in Form von Interviews abgefaßt oder auch selbst geschrieben. Ihre Sprache war nicht die einer Partei, sondern die des Volkes; sie kam aus dem Volk, die Gewalt, die sich dort zeigte. Da es gelang, Zehntausende von Exemplaren zu retten, die in ganz Frankreich vertrieben wurden, ließ Marcellin, der die Herausgabe der Zeitung nicht verhindern konnte und ihren dritten Herausgeber nicht – wie er es gesetzeskonform hätte tun müssen – verhaften wollte, in Paris und in der Provinz die Verkäufer und Verteiler festnehmen, die er, aus Mißtrauen gegenüber dem Strafgericht, vor ein Ausnahmegericht, den Staatssicherheitshof, stellte, der alles tat, was er wollte: bis dahin, daß die Verurteilungen meistens vom zeitlich unbegrenzten Entzug der Bürgerrechte begleitet wurden. Er belegte sogar Jugendliche, bei denen *zwei* Exemplare derselben Zeitung gefunden worden waren, mit Gefängnisstrafen ohne Bewährung. Ungestraft verteilten sie zur selben Zeit die «Freunde von *La cause du peuple*» auf den Straßen von Paris.

Nachdem sie lange gestritten und das Recht unzählige Male gebeugt hatte, merkte die Regierung, daß sie, da sie das bürgerliche Gesetz repräsentiert, ihre illegalen Praktiken nicht fortsetzen konnte. Eines Tages zog sie ihre Polizei ab, die die Druckereien seit Monaten belagert hatte, und plötzlich sah man *La cause du peuple* an den Zeitungskiosken. An der Seite von *France-Soir* oder *L'Humanité* wirkte sie genauso illegal wie in den vorherigen Monaten, als sie verboten war: ihre brutalen, ungeschliffenen, schlichten, aber wahren Artikel, das war die Stimme des Volkes und genau das, was die bürgerlichen Leser nicht ertragen konnten: sie erfuhren, daß die Massen das Sklaventum, das heißt die ganze Ausbeutungsgesellschaft, vehement ablehnten. Diese Stimme konnte die Bourgeoisie nicht hören: sie duldete, daß die Revis (die Revisionisten) *ihr* von den Massen erzählen, aber nicht, daß jene *zueinander* sprechen, ohne sich darum zu kümmern, ob sie zuhört. Schließlich war der Beweis erbracht: *La cause du peuple* stand *qua natura* der Legalität der kapitalistischen Welt entgegen, die Regierung konnte aber nicht das geringste unternehmen, um sie außerhalb des Gesetzes zu stellen, ohne sich selbst dahin zu begeben. Zwischen der herrschenden Klasse und den Massen, das hatten die Maoisten aufgezeigt, waren die einzigen Verhältnisse Kräfteverhältnisse.

Die Maoisten, werden die Revis sagen, glauben also an die Spontaneität der Massen, ein Märchen, mit dem Lenin schon längst aufgeräumt hat? Sie verdienen also tatsächlich ihren Spitznamen als «Mao-Spontis»? Die tatsächliche Tragweite dieser Anschuldigung macht das Gespräch mit Jean, das Sie hier lesen werden, deutlich. Jean war '68 bei Contrexéville «aktiv». Die Arbeitsbedingungen waren furchtbar: sie nannten den Betrieb «Buchenwald». Auf der anderen Seite hatte es in den zwölf Jahren seiner Existenz nie einen Streik gegeben: der Terror. Die atomisierenden Kräfte wirkten unablässig auf die Arbeiter ein und serialisierten sie. Ein Ensemble ist dann seriell, wenn jedes seiner Mitglieder, obwohl es allen anderen nahesteht, allein bleibt und sich durch das Denken des Nächsten definiert, insofern dieser *wie die anderen* denkt: das heißt, daß sich jeder anders als er selbst und wie ein anderer verhält, der selbst anders als er selbst ist. Die Arbeiter formulierten und behaupteten das serielle Denken, als wäre es ihr eigenes Denken, doch tatsächlich war es das Denken der herrschenden Klasse, das sich ihnen von außen aufzwang. Nicht deswegen, weil sie es richtig oder klar fanden. Sondern weil es durch allgemeine Betrachtungsweisen ihre Passivität rechtfertigte. Falls es der IFOP oder der SOFRES[1] eingefallen wäre, merkt Jean sehr richtig an, unter diesen Arbeitern eine Untersuchung durchzuführen, hätten sie bestimmt eine Menge Antworten erhalten, die von dieser Ideologie inspiriert sind: Rassismus (mit den immigrierten Arbeitern kann man nichts anfangen), Mißtrauen der Umgebung gegenüber (in den Vogesen wohnen Bauern, die können uns nicht verstehen), Frauenverachtung (die Frauen sind zu blöde) etc. Das liegt daran, daß diese Art Untersuchung schon von ihrem Prinzip her serialisiert und an bereits serialisierten Themen durchgeführt wird. In diesem Sinn hat Lenin recht: Der Fehler ist zu glauben, das lebendige Denken könne von der Handlung getrennt werden, das sei die Spezialität der «Intellektuellen», während die «Praxis» (ohne Denken?) die Spezialität der Handarbeiter sei. Tatsächlich gibt es ein anderes, tieferes Denken, das die herrschende Klasse durch die Atomisierung verdrängt und das ihr *eigenes* ist: die Ablehnung ihrer Situation. Grundsätzlich ausgebeutet und unterdrückt, können sie sich dieser Situation nur bewußt werden, wenn sie sich auf radikalste Weise gegen sie auflehnen; wenn aber die Massen atomisiert und serialisiert sind, wenn sich jeder allein und halb resigniert fühlt, zeigt sich ihnen dieses Denken nicht deutlich, es wird von dem seriellen Denken, das trennt und die Trennungen rechtfertigt, verdeckt. Sobald allerdings eine äußere Veränderung die Produktion verändert, an einem Punkt ihre gegenwärtigen Bedingungen enthüllt und bei den Arbeitern eine spezifische, konkrete und datierte Ablehnung hervorruft, macht die Serie der Gruppe Platz, deren Verhalten – wenn auch häufig, ohne es zu formulieren – die radikale Ablehnung der Ausbeutung zum Ausdruck bringt. Anfangs steht das serielle Denken der praktischen Einheit entgegen, genauso wie Atomisierung und Serialität der Bildung der Gruppe entgegenstehen: es mit Argumenten zu widerlegen wäre vergebens, denn es ist aus der seriellen Entwicklung entstanden und bringt sie vollkommen zum Ausdruck. Sobald aber die konkrete Aktion die – auch nur vorübergehende – Einigung verlangt, hat es keine Gelegenheit mehr, sich zu manifestieren, denn niemals kann die Gruppe seriell denken oder handeln. Jean zeigt gut, wie der Rassismus, die

1 IFOP: Institut français d'opinion publique, französisches Institut für Meinungsforschung; SOFRES: société française d'enquête par sondage, französische Gesellschaft zur Meinungsbefragung, Anm. d. Übers.

Frauenverachtung von Anbeginn der Aktion verschwinden, nicht weil sie mit Worten ausgemacht, benannt und verurteilt worden wären, sondern weil es Facetten des separatistischen Gedankens sind, den man nicht mehr braucht. Von da an schreiten die Massen, wie Jean sagt, in Sprüngen vorwärts: in Contrexéville wäre es anfangs, als die Arbeiter von der bürgerlichen Ideologie noch ganz befangen und gehemmt waren, sinnlos gewesen, ihnen mehr als einen symbolischen einstündigen Streik vorzuschlagen. Doch sobald die Vorbereitung dieses Streiks einen Ansatz von Einheit erfordert und verwirklicht hat, haben die Massen selbst die symbolische Arbeitsniederlegung in einen realen, wirksamen und unbegrenzten Streik verwandelt, der sich aus dem tatsächlichen Denken der Gruppe inspirierte, der bedingungslosen Ablehnung der Ausbeutung. Dieser Beschluß, der selbst für Jean überraschend gekommen ist, zeigt, daß die Massen, wenn sie zur Aktion überwechseln, stets weiter gehen, als die Agitatoren zu hoffen gewagt haben. Die erste Aufgabe der «Aktivisten» besteht also in der Zeit der Serialisierung darin, die linkeste Tendenz zu unterstützen, selbst und vor allem wenn sie zaghaft und verworren ist, und eine konkrete, ruhig bescheidene Aktion vorzuschlagen; wenn diese akzeptiert wird, heißt die zweite, die wichtigste Aufgabe, das Ohr an die Massen zu legen, sie zu begleiten und nicht zu versuchen, sie zu führen. Bleibt nun ihre Einheit: kein Zweifel, auch nach einem erfolgreichen Streik läuft die Gruppe Gefahr, in die Serialität zurückzufallen. Eine *Partei der Massen*, wie die Maoisten sie aufzubauen gedenken, müßte demnach stets auf die Gruppe hören, aus der Gruppe ihre Parolen ziehen, und sie müßte versuchen, die Abschnitte der Serialität an die Abschnitte der Aktion heranzurücken: sie wäre vor allem sozusagen das Gedächtnis der Massen. So sieht der «Spontaneismus» der Maoisten aus: er bedeutet lediglich, daß das revolutionäre Denken aus dem Volk entsteht und daß es allein das Volk durch die Aktion zu seiner Vollendung bringt. Und selbstverständlich ignorieren sie nicht, daß das Volk in Frankreich noch nicht existiert: denn was sollte es anderes sein als die Totalität der Massen, die sich durch den Kampf von der Serialität losreißen? Doch überall, wo die Massen zur *Praxis* übergehen, *sind* sie, lokal, *schon* das Volk in seiner beginnenden Verwirklichung.

Das ist der zweite Gedanke der Maoisten. Der dritte ist, wenn auch weniger explizit, nicht minder bedeutend. Er leitet sich aus den beiden anderen her, und man findet ihn auf allen Seiten dieses Buches: das ist, was man, meiner Ansicht nach ziemlich unpassend, den Anti-autoritarismus nennt. Es versteht sich von selbst, daß die Maoisten Marxisten sind, in dem Sinn, wie mir Guevara '60 sagte: «Es ist nicht unsere Schuld, wenn die Wahrheit marxistisch ist.» Man kann aber, wie Engels es häufig getan hat, insbesondere im *Anti-Dühring*, an die Stelle der Geschichte, die die Menschen machen, eine Ökonomie setzen, die zwar von ihnen handelt, aber gewissermaßen ohne sie statt-findet. Für die Maoisten hingegen ist sie, überall wo revolutionäre Gewalt unter den Massen entsteht, unmittelbar und zutiefst mora-lisch, denn die Arbeiter, die bis dahin Gegenstände des kapitalisti-schen Autoritarismus waren, werden, und sei es auch nur für einen Augenblick, zu Subjekten ihrer Geschichte. Die Bourgeoisie mit ih-rem «Wissen» sagt stets nur eins: «gehorcht»[1]. Angewidert, Plänen zu gehorchen, die eine herrschende Bürokratie festgelegt hat, haben sich viele Jugendliche dem Kampf der Massen wegen seiner Moralität angeschlossen. Ich weiß: die Revis erklären die Moral zur Überbau-struktur der kapitalistischen Gesellschaft; ihnen zufolge soll sie den Genossen nicht bekümmern, er soll sich praktische Regeln setzen und dabei allein die Wirksamkeit im Auge haben. Und es stimmt, daß die Moral eine Überbaustruktur der *herrschenden Klasse* ist, es stimmt aber auch, daß sie eine Mystifizierung ist, da sie notwendig auf der Ausbeutung beruht. Doch die gewaltsamen Ausbrüche der Massen können, auch wenn ihre ökonomischen und politischen Motive unter Umständen sehr deutlich sind, nur so verstanden werden, daß diese Gründe von den Massen *moralisch* bewertet worden sind, das heißt, wenn sie ihnen die allerhöchste Immoralität besser erfaßbar gemacht haben, die eben die Ausbeutung des Menschen durch den Menschen ist. Wenn der Bürger also vorgibt, sich gemäß einer «humanisti-schen» Moral zu verhalten – Arbeit, Familie, Vaterland –, macht er nichts anderes, als seine grundlegende Immoralität zu verbergen und zu versuchen, die Arbeiter zu entfremden: nie wird er moralisch sein. Während die Arbeiter und Bauern vollkommen moralisch sind, wenn sie revoltieren, denn sie beuten niemanden aus. Das ist der Grund, weshalb der Intellektuelle ihnen nichts beizubringen hat. Zweifellos hat er die Ausbeutung und die Unterdrückung entdeckt, jedoch ab-strakt und nur als Widerspruch der bürgerlichen Moral. Was verwei-gerter Gehorsam ist, kann er nur vom Volk erfahren, und nur indem

1 *Cahiers de la Gauche prolétarienne*, Mai 1970, Nr. 2, S. 69.

er sich den Aktionen der Massen anschließt. Was die Massen *zunächst* wollen, das ist, glaubt man den Maoisten, die Freiheit: sie lehnen nicht die Arbeit ab, sondern die vorgeschriebene Arbeit, den Arbeitstakt beispielsweise, der immer im Interesse des Profits, nie im Interesse des Arbeiters festgelegt wird. Diese elementare Forderung nach Freiheit hat '36 die Betriebsbesetzungen und '67–'71 die Einsperrungen von leitenden Angestellten in *Feste* verwandelt. Die Einsperrungen sind viel kommentiert worden, nach einigem Zögern haben die Organe der Linken zugestanden, sie seien eine von den Massen spontan erfundene Kampfform, also legitim. Allein die Maoisten haben hierin darüber hinaus eine konkrete Behauptung der Arbeitsfreiheit gesehen: das zeigt, daß dieses Streben nach Freiheit keineswegs idealistisch ist und stets in den konkreten materiellen Bedingungen der Produktion seine Quelle findet, was nichts daran ändert, daß es für die Arbeiter in jedem Fall eine Anstrengung darstellt, eine *moralische* Gesellschaft zu konstituieren, eine also, wo der entfremdete Mensch sich selbst innerhalb seiner wirklichen Beziehungen zur Gruppe finden kann.

Gewalt, Spontaneität, Moralität: das sind für die Maoisten die drei unmittelbaren Kennzeichen der revolutionären Aktion. Keineswegs sagen sie in überzogener Vereinfachung, «die Theorie ist die Praxis», sondern daß sie immer nur in der Praxis auftaucht. Von daher diese Gewandtheit, lokale Aktionen zu erfinden und zu verwirklichen, deren Ursprung stets bei den Massen ist: Kämpfe zur gewaltsamen Durchsetzung der revolutionären Presse, Volksgerichte, immer weniger symbolische und punktuelle, immer realistischere Kämpfe – wie ihr Kampf gegen den Rassismus –, die dazu tendieren, sich zu organisieren, um letztlich alle gemeinsam der Anfang einer *Politik* der Massen zu werden, die notwendig erreicht werden muß. Die klassischen Parteien der Linken sind im 19. Jahrhundert stehengeblieben, in der Zeit des konkurrierenden Kapitalismus. Die Maoisten jedoch, mit ihrer antiautoritären *Praxis*, scheinen die einzige revolutionäre Kraft zu sein, die – noch dabei, sich herauszubilden – fähig ist, sich den neuen Formen des Klassenkampfes in der Periode des organisierten Kapitalismus anzupassen.

Vorwort zu *Maos en France*
von Michèle Manceaux, Gallimard 1972

Justiz und Staat

(1972)

Ich bin in Belgien nicht angeklagt. Allerdings, eine solche Zusammenkunft von Richtern und Anwälten habe ich nie gesehen und werde ich vermutlich nie sehen. Da die Justiz unparteilich zu sein hat, sichert mir die Tatsache, daß die Vergehen, die mir angelastet werden und die ich auf mich nehme, in einem anderen Land geschehen sind, eine Unparteilichkeit zu, die ich in Frankreich nicht vorfinden würde. Ihnen also, meinen Herren, werde ich meine Verteidigung vorlegen. Nicht diejenige, die ich in Paris zu den Diffamierungen halten würde, deren ich angeschuldigt bin: ich werde versuchen, eine allgemeinere Sichtweise einzunehmen. Ich habe meine Konferenz Justiz und Staat genannt. Der Titel mag reichlich prätentiös wirken, wenn es sich um ein schlichtes Pressevergehen handelt. Nur verhält es sich heute in Frankreich so, daß bei jedem beliebigen Prozeß die Frage des grundsätzlichen Verhältnisses von Justiz und Staat aufgeworfen wird. Der General de Gaulle hat diese Verknüpfung stark geprägt. Als man ihn bat, das «Russell-Tribunal» in Frankreich tagen zu lassen, antwortete er mir in einem Brief, den er veröffentlicht hat: «Ihnen werde ich nicht beizubringen haben, daß jede Justiz, in ihrem Prinzip wie in ihrer Vollstreckung, ausschließlich Sache des Staates ist.»

Ich werde also versuchen zu begreifen, was die Justiz in einer bürgerlichen Demokratie, in Frankreich, ist, und ich werde mich bemühen, die Auffassungen, die ich mir gebildet habe, auf meinen Fall anzuwenden.

In einem Punkt gibt die Untersuchung der Geschichte de Gaulle recht: seit dem hohen Mittelalter ist das Gericht das Korrelat zur Bildung eines Staatsapparates. Die germanischen Völker kannten anfangs keine organisierten gerichtlichen Formen: war ein Schaden erlitten worden, galt ihnen der *Gegenschlag* als *regulärer* Rechtsakt. Im Feudalismus wurde die Justiz ein zunächst von den Lehnherren erbrachter obligatorischer Dienst, aus dem man Gewinne bezog. In der Tat stammte ein Drittel der Feudaleinnahmen aus Justizeinnahmen: die Justiz war also rentabel, und zwar deshalb, weil man die Kläger zahlen ließ. Zwischen zwei Menschen, die das Recht auf Gegenschlag geltend machen wollten, erschien ein Dritter und erklärte: «Ich bin die Unparteilichkeit, ich bin die Justiz. Hier ist mein Beschluß, dem ihr euch beugen werdet», was eine militärische Macht implizierte. Dann taucht der König auf, der das Steuersystem, die Armee und die Justiz, drei voneinander abhängige Machtbefugnisse, konzentriert. Das Parlament (Ende des 13. Jahrhunderts), die königliche Armee und das von Philipp dem Schönen eingeführte große Steuersystem kommen ungefähr zur gleichen Zeit. Als im Verlauf der revolutionären Unruhen von 1789–1794 das Bürgertum dem Volk seine Macht aufzwingen wollte, schuf es ein neues Rechtssystem und setzte an die Stelle der großen Bewegungen der Plebs besondere Körperschaften – darunter das Revolutionstribunal –, die angeblich aus dem Volk entstanden und tatsächlich von der Regierung geschaffen waren. Damals entstand und äußerte sich die Vorstellung, die Richter seien neutral gegenüber den streitenden Parteien, sie richteten gemäß Ideen und Werten, die als absolut vorgestellt wurden und in Wirklichkeit der bürgerlichen Ideologie entstammten. Die Körperschaft Recht war also, was sie bis heute geblieben ist, eine vom Staat ernannte Bürokratie, welcher der Staat seine «Ordnungskräfte» leiht, die Polizei und notfalls die Armee. So scheint die bürgerliche Justiz, wie de Gaulle sagt, in ihrem Grundsatz wie in ihrer Vollstreckung Sache des Staates zu sein.

Ich werde dennoch zwei Einwände gegen diese Theorie anführen. Der erste gründet auf der Unterscheidung zwischen dem Staat als abstrakter Realität und der Regierung als konkreter Realität. Montesquieu, an dem sich die revolutionären Abgeordneten von 1789 an orientierten, hat nachdrücklich betont, daß die Unparteilichkeit der Richter allein auf ihrer Unabhängigkeit von der Regierung gründet. «Es gibt keine Freiheit, wenn die richterliche Gewalt nicht von der legislativen und der exekutiven Gewalt getrennt ist. Wäre sie mit der legislativen Gewalt verbunden, wären die Gewalt über das Leben und die Freiheit der Bürger willkürlich, weil dann der Richter Gesetzgeber wäre. Wäre sie mit der exekutiven Gewalt verbunden, könnte der Richter die Macht eines Unterdrückers bekommen.» Dieser Grundsatz der Unabhängigkeit der drei Gewaltbefugnisse wird auch in unserer Demokratie verkündet. Wir müssen nachher versuchen zu verstehen, was er bedeutet und ob die postgaullistische Republik ihn noch anwendet.

Der zweite, unendlich bedeutsamere Einwand ist, daß die Vorstellung von Justiz ihrem Ursprung nach nicht vom Staat, sondern vom Volk kommt. Für das Volk, das heißt für die Mehrheit der Franzosen, gibt es ursprünglich gerechte und ungerechte Situationen. Es handelt sich hier nicht um Ideologie, sondern um ein viel tiefer gehendes Gefühl, das die fundamentale Realität des Bewußtseins der Massen ausdrückt. Keine gesellschaftliche oder politische Aktivität fände bei den Massen statt, wenn sie nicht zunächst für gerecht gehalten wird. Hingegen löst die Gerechtigkeit eines Anliegens Begeisterung und Hingabe aus und läßt Gruppen Aktionen unternehmen, die die konstituierten Gerichte aufgrund des Gesetzesbuches, das man ihnen gibt, und der Prinzipien, die man ihnen beigebracht hat, für strafbar erklären. Ich will hier nur – zur Erinnerung – die Einsperrungen von Unternehmern oder leitenden Angestellten anführen, die das Bürgertum als nicht zu duldende Verbrechen bewertet und die, von ihrer politischen und gesellschaftlichen Bedeutung einmal abgesehen, ein wesentliches Motiv haben: die moralische Empörung und das Bedürfnis nach Gerechtigkeit. Mit anderen Worten, die Grundlage der Justiz ist das Volk. Das soll sagen, daß die Gesamtheit der Unterdrückten und Ausgebeuteten unter bestimmten Umständen ihre *Befreiung* verlangen können, das heißt das Ende der Unterdrückung und der Ausbeutung. Foucault, der Mitglied der GIP[1] ist, sagt, daß die Justiz der Massen sich auf kein einziges absolutes Prinzip beruft: man fügt ihr einen *Schaden* zu, und sie *schlägt zurück*. In diesem Sinn ist das, was man heute die Ausbeutung des Menschen durch den Menschen nennt, der Schaden, und der Gegenschlag zu einem spezifischen Punkt wird die Gesamtheit der Aktivitäten sein, die an diesem Ort, zu diesem Zeitpunkt, innerhalb dieser Konjunktur den Praktiken der Ausbeutung ein Ende setzen wollen. Das kennt die Justiz, die «Sache des Staates» ist, nicht und will es nicht kennen, da sie genau dazu geschaffen ist, diese Ausbeutung zu erhalten. Wie Foucault weiter sagt, besteht ihre Rolle seit dem 18. Jahrhundert darin, zwei Kategorien der Massen

---

1 GIP: Groupe d'intervention prisons, eine Gruppe, die sich die Aufdeckung von Mißständen in französischen Gefängnissen zum Ziel gesetzt hatte, Anm. d. Übers.

gegeneinander zu stellen: die Menschen, die gezwungen sind, eine Arbeit zu sehr niedrigem Lohn anzunehmen, und die nicht zu verurteilen sind, insofern sie sie eben deshalb annehmen, weil sie nicht anders können, und die das Proletariat bilden werden, und diejenigen, die diese Lebensbedingungen ablehnen und daher wegen Vagabundierens strafbar sind. Es gehört jedoch herausgestellt, daß die ersteren sich damit *abfinden*, den sogenannten Arbeitsvertrag zu unterzeichnen, der ihnen ihre Arbeitskraft zum Niedrigpreis abkauft; und daß sie häufig, im Namen jener Freiheit – oder jenes Befreiungswillens –, die sie in der Tiefe ihrer selbst vorfinden, sich schließlich auflehnen und mit denselben Strafen belegt werden können, die gegen die Vagabunden verhängt werden. So daß es in Frankreich zwei Typen von Justiz gibt; die eine, bürokratische, dient dazu, den Proletarier an seine Situation zu binden, die andere, wilde, ist die tiefe Bewegung, mit der das Proletariat und das Volk gegen die Proletarisierung ihre Freiheit behaupten. Somit irrt oder demaskiert sich de Gaulle, wenn er erklärt, Justiz wäre ausschließlich Sache des Staates: die Quelle jeder Justiz ist das Volk. Die Regierung bemächtigt sich der Tendenz zur Justiz, die sie im Volk antrifft, und schafft Justizorgane, die den Volkswillen nach Justiz bürokratisieren; diese Gerichte fällen ihre Urteile, sie wenden dabei die Gesetze an und inspirieren sich aus den bürgerlichen Prinzipien: an ihrem Ursprung steht also ein Taschenspielertrick und die Verfälschung des Volkswillens. Zwischen diesen beiden Typen von Justiz, einer kodifizierten und permanenten und einer anderen zeitweiligen und wilden, muß man sich also entscheiden, wissend, daß sie einander widersprechen und daß man, wenn man die eine wählt, für die andere strafbar wird.

Ich habe die Justiz des Volkes als die tiefergehende und einzig wirkliche gewählt. Das bedeutete, mich den Schlägen der bürgerlichen Justiz auszusetzen. Diese Wahl habe ich nach dem Mai '68 getroffen, weil es die einzige war, die ich treffen konnte. Der Mai '68 ist zunächst die Revolte der Studenten gegen die bürgerliche Kultur und kurze Zeit später die größte Streikbewegung gewesen, die Frankreich erlebt hat.

Was bedeutete diese Revolte gegen die Kultur?

Die bürgerliche Kultur ist eine Totalität. Diejenigen, die man heute, den Soziologen Bourdieu und Passeron zufolge, die «Erben» nennt, das heißt die Bürger, die Bürgersöhne sind, schwimmen in ihr von der frühen Kindheit an und haben im Laufe ihres Studiums keine große Mühe, sie sich vollständig anzueignen. Sie gibt vor, humanistisch zu sein. Dennoch verwechselt sie bis heute, von dem Irrtum des Bürgertums profitierend, das sich unter der Revolution als «allgemeine Klasse» ausgab, die Menschheit mit dem Bürgertum und weigert sich, die Proletarier für vollständige Menschen zu halten, weil sie keine Bürger sind. Das hat ihr erlaubt, von der frühesten Kindheit an ein Bildungssystem zu schaffen, das man *elitistisch* nennt, weil es auf Auslese und Konkurrenz basierend schließlich immer eine Art finalistische Elite konstituiert, auf die sich die komplexen Hierarchien des bürgerlichen Systems stützen, unter Ausschluß einer wachsenden Zahl von Ausgebildeten. Dieser Elite wird ein Wissen vermittelt, das als allgemein ausgegeben wird, während es in Wirklichkeit nur das von den Betrieben verlangte anfängliche Minimum ist, um diese Jugendlichen zu beschäftigen. Nehmen sie an den Endkämpfen des Wettbewerbs teil, wird das Wissen abstrakt, es trennt sich von den Gegenständen, an denen es herausgebildet worden ist. Gleichzeitig wird es eine *Macht*, das heißt die Möglichkeit, weitere Menschen anzufordern und ihnen Aufgaben zuzuweisen. Ansonsten ist die Universität der Ort des Geplappers, dort lehrt man *wenige nichts*. Vor allem die Studenten aus dem Kleinbürgertum und die Arbeiterkinder haben, vor allem in den Humanwissenschaften, verstanden, daß viele berufen, aber wenige auserwählt werden, daß das bürgerliche Regime zwar eine sehr hohe Zahl von Individuen dazu anregt, sich mit Kultur zu tränken, es jedoch die große Mehrheit zurückweist und damit tendenziell ein Proletariat von Abiturienten bildet, während es für seine Auserwählten in den Betrieben Stellen als Kontrolleure, als Aufseher bereithält, die ihr erworbenes Wissen dazu verwenden sollen, die Angestellten oder Führungskräfte zu überprüfen oder auch die Grundlagen eines *human engineering* bereitzustellen, das die Arbeiter mystifizieren oder ruhigstellen soll. Entweder keine Arbeit oder die Arbeit von Handlangern, die die Hierarchie verstärken: die Studenten lehnten diese beiden Möglichkeiten ab. Das ist einer der Gründe für die Tage des Mai '68 gewesen.

Unterdessen traten die Arbeiter in den Streik. Die bürgerliche Kultur entsprach ihnen in nichts. Sie etablierte eine Hierarchie von Chefs, und selber befanden sie sich auf der letzten Stufe der Hierarchie, sie hatten zu gehorchen und nie zu befehlen. Von daher sahen sie die Eliten als das, was sie waren, das heißt von unten nach oben, wie Statuen, die auf Sockeln standen und nicht sehen konnten, denen man aber ansah, daß sie einen erdrückten. Sie erfaßten die Kultur als eine Überbaustruktur, die in den bürgerlichen Augen die Unterdrükkung und die Repression rechtfertigen soll. Dennoch verbündete sich die bürgerliche Kultur auf bestimmte Weise mit den Bemühungen um Vermassung, um sie zur Machtlosigkeit zu verurteilen. Sie wurde von den Arbeitern und gelegentlich von den Bauern absorbiert wie eine negative Kraft der Abstoßung. Tatsächlich, wäre es der IFOP eingefallen, in zahlreichen Betrieben, in denen in den letzten fünf oder zehn Jahren kein Streik stattgefunden hat, eine Untersuchung unter den Arbeitern durchzuführen, hätte sie sicher unzählige Antworten erhalten, die sich aus dieser separatistischen und Ohnmacht stiftenden Ideologie inspirieren. Allerdings war in ihnen ein tiefer sitzendes Denken, das die herrschende Klasse mit ihrer Ideologie verdrängt und das *ihr eigenes* ist: die Ablehnung ihrer Situation. Als Unterdrückte und Ausgebeutete, die wie in der Verbannung mit Aufsehern und kleinen Chefs im Rücken arbeiten, können sie sich dieser Situation nur mit einer radikalen Revolte bewußt werden. Solange die Massen aber atomisiert sind, solange sich jeder allein fühlt und aus Machtlosigkeit halb resigniert, erscheint ihnen dieses Denken nicht deutlich: es wird von der bürgerlichen Ideologie maskiert, die aufspaltet und Aufspaltungen rechtfertigt. Im Verlauf von '68 löste ein Konjunkturwechsel bei den Arbeitern eine konkrete, datierte Verweigerung aus, und die Einsamkeiten machten der Gruppe Platz, deren Verhalten die radikale Ablehnung der Ausbeutung zum Ausdruck bringt. Rassismus, Frauenfeindlichkeit, Mißtrauen gegenüber den Bauern verschwanden von Anbeginn der Aktion, nicht weil sie ausgemacht und entlarvt worden waren, sondern weil es Facetten des separatistischen Denkens sind, die nicht mehr gebraucht wurden. Kurz, man kann sagen, daß jede Bewegung der Massen den angeblichen *bürgerlichen Liberalismus* zurückweist und die praktische Behauptung der Freiheit ist. Es gibt also zwei Typen von Kultur und folglich zwei Typen von Justiz: die bürgerliche, komplexe und differenzierte Kultur gründet nichtsdestoweniger auf Unterdrückung, Repression, Ausbeutung, die sie rechtfertigt; die ungeschliffene, heftige und wenig differenzierte Kultur der Massen ist dennoch die einzig taugliche: sie gründet auf dem Verlangen der vollständigen Freiheit. Darunter soll nicht Zügellosigkeit verstanden werden. Sondern ganz im Gegenteil: die Souveränität für jeden Arbeiter und die Verantwortung.

Die Notwendigkeit der Wahl zwischen den beiden Kulturen und

den beiden Justiztypen zu behaupten heißt notwendig, die zweiten zu wählen. Was viele abhält, ist, daß man nichts zu tun hat, wenn man die ersten wählt, denn sie herrschen bereits – negativ – teilweise bis in die Massen hinein. Hingegen bedeutet die Kultur und die Justiz des Volkes zu wählen, sich jederzeit für die Aktion zu entscheiden. Deswegen, weil in Frankreich das Volk, atomisiert wie es ist, nicht mehr oder noch nicht existiert. An jedem Ort jedoch, an dem der Klassenkampf zunimmt, finden die Massen die Einheit des Volkes wieder und sind bereits das Volk in seiner beginnenden Rekonstruktion. Dann und erst dann finden sie im Tiefsten ihrer selbst das Verlangen nach Freiheit und Souveränität wieder, welches jedem Verlangen der Massen zugrunde liegt. Wer sich für das Volk entscheidet, muß überall, wo er kann, zur Wiederherstellung dieser konkreten Einheit beitragen. Er sieht sich einbezogen in alle Formen von Aktionen, in denen Forderungen geltend gemacht werden.

Aus diesem Grund muß der Intellektuelle, wenn er sich für das Volk entscheidet, wissen, daß die Zeit des Unterzeichnens von Manifesten, der bequemen Protestveranstaltungen oder der von «reformistischen» Zeitungen veröffentlichten Artikel vorüber ist. Er hat nicht so sehr zu reden als zu versuchen, mit den Mitteln, die ihm zur Verfügung stehen, dem Volk *das Wort zu geben.* Davon ausgehend muß man die Affäre von *La cause du peuple* begreifen.

Ende '68 oder Anfang '69 hatte mir Geismar ein Projekt vorgestellt: ein Bulletin zu schaffen, in dem die Massen zu den Massen sprechen würden oder, genauer, in dem das Volk dort, wo seine Kämpfe es partiell rekonstituiert hätten, zu den Massen sprechen würde, um sie an diesem Prozeß der Wiederherstellung teilnehmen zu lassen. Das bedeutete, daß dieses Bulletin versuchen würde, über sämtliche Aktionen der Arbeiter und Bauern in Frankreich zu berichten, damit die Arbeiter, die es läsen, falls auch sie vor einem aktiven Kampf gestanden hätten, sich nicht länger isoliert fühlten und sich von dieser oder jener Aktionsform, von der sie im Bulletin erfahren würden, inspirieren ließen – von den Einsperrungen beispielsweise, die an dem einen Ort möglich, am anderen unmöglich sind. Das Projekt wurde in Angriff genommen, und ich sollte gemeinsam mit Geismar daran arbeiten. Aus praktischen Gründen wurde nichts daraus. Geismar war damals noch nicht bei der *Gauche prolétarienne.* Er trat dort bald ein, und die Maoisten gründeten eine Zeitung, *La cause du peuple,* die eigentlich nur die Verwirklichung unseres ursprünglichen

Projektes war. Faktisch hatte die Zeitung keinen Eigentümer, sie gehörte dem Volk. Vertrieben wurde sie über Verkaufseinsätze, und sie enthielt Artikel, die direkt oder indirekt (in Form von Interviews) von Arbeitern geschrieben waren, die den anderen entweder über eine Aktion, die sie soeben durchgeführt hatten, oder über die Situation in dem einen oder anderen Betrieb berichteten, das heißt über die von den Unternehmern getroffenen Maßnahmen, die diese oder jene kollektive Spannung hervorriefen (Entlassungen, Aussperrungen, Anheben der Leistungsnormen etc.). Die Zeitung beabsichtigte, den Arbeitern einen eigenen Überblick über alle Kämpfe zu verschaffen, die in Frankreich von 1970 an stattfanden. Sie rief einen Skandal hervor.

Weshalb? Weil die Bourgeoisie elitistisch ist: sie hat Verständnis dafür, daß die Massen Vollmachten an eine Elite delegieren. An eine politische Elite, eine journalistische Elite. Sie nimmt also hin, daß qualifizierte Redakteure *über* die Massen oder notfalls *für* die Massen sprechen. Sie müssen aber in einer *bürgerlichen Sprache* sprechen und nach Denkweisen, die innerhalb des Bürgertums zulässig sind: *L'Humanité* bildet da keine Ausnahme. In einigen Zeitungen der Linken sind die Redakteure vom Volk *ausgegangen*. Aber eben, sie sind ausgegangen. Infragestellungen sind möglich, aber der Ton bleibt gemäßigt, und daher werden die Fragesteller innerhalb der Presse wieder eingespannt: sie sind Revisionisten, selbst wenn sie es nicht wollen, denn wenn sie sich zu Fürsprechern der Massen machen, empfinden sie nicht oder nicht mehr den Verdruß, die Wut und die Nöte der Menschen, von denen sie sprechen. Sie können *über* diese Nöte sprechen, doch sie machen sie zu statistischen Größen, zu Quantitäten, deren Verminderung in einem vernünftigen Maß, das heißt in einem mit dem Profit zu vereinbarenden Maß, erwogen werden kann.

Ganz im Gegensatz dazu sind die Bedürfnisse, die sich in *La cause du peuple* äußern, solche, wie die Arbeiter sie empfinden; sie geben ihre Empörung oder sogar ihren Haß als Unterdrückte wieder, häufig erregt von der Niederlage oder dem Erfolg. Diese ungeschliffene, wilde, heftige Sprache schockiert die Bürger tief. Zunächst finden sie dort ihre Zeremonien nicht wieder. Vergleichen Sie einen Artikel aus *Le Monde*, wo die Fakten in den Konjunktiv gesetzt werden, um ihnen das Peinliche zu nehmen, das sie haben könnten, und wo der Schluß eine Frage ist, mit einem Interview, das ein Arbeiter während seines Kampfes gegen die Unternehmer gibt, ein Kriegsartikel. Lesen Sie die Parolen, die *La cause du peuple* nicht erfindet, sondern aufsammelt:

«*Bercot, salaud, le peuple aura ta peau*» (Bercot, du Hund, das Volk wird dich erledigen), und Sie werden den Unterschied begreifen. Diesmal spricht das Volk zum Volk. Es läßt die noch atomisierten Arbeiter an seiner Erfahrung teilhaben. Es erklärt, an einem spezifischen Fall, in dem es sich auskennt, daß die überwältigende Mehrheit der Arbeitsunfälle weder einer Nachlässigkeit der Arbeiter noch einer höheren, dem Unternehmen eigenen Fügung geschuldet, sondern wirklich und richtig Morde sind. In einem Wort, diese Sprache richtet sich nicht an den bürgerlichen Leser, von dem man nichts erwartet und der sich darin nicht zurechtfindet. Es ist die Sprache des Volkes zu einem bestimmten Moment seines Kampfes, eben jene, die das Bürgertum nicht anerkennen will, weil sie dessen Subtilitäten ignoriert und unentwegt die Moral des Volkes und seine Auffassung von Justiz behauptet. Jener Justiz, deren man es beraubt hat und die man entstellt hat.

Das ist, wenn man so will, der Unterschied zwischen dem von Geismar geplanten Bulletin und *La cause du peuple*: er war unvermeidbar. Es war vorauszusehen, daß, wenn die Arbeiter das Wort ergreifen, sie bis in ihre Sprache hinein die tiefe Revolte der Unterdrückten und Ausgebeuteten, jene Revolte, die das Bürgertum ignorieren will, bekannt machen würden.

Um so mehr, als die '68 gewählte Nationalversammlung eine «unauffindbare» Versammlung ist, wie man unter der Restauration sagte, an die Macht gebracht von der großen Angst der Versorgten. Kaum zusammengetreten, erklärte sie, der Mai '68 sei nun beendet, er sei verschwunden, ohne Spuren zu hinterlassen. Und tatsächlich hatte eine erste blinde und harte Repression die Bewegung der Studenten geschwächt. Doch bei den Arbeitern blieb die Kampfbereitschaft intakt: nach '68 wächst die Zahl der Einsperrungen beträchtlich. Was die Nationalversammlung verbergen wollte, rief *La cause du peuple* auf die Dächer hinaus. Gelegentlich mit etwas Triumphalismus, doch dieser Mangel nahm später ab. Folglich heckte die Regierung den «Coup» gegen *La cause du peuple* aus: Le Dantec, ihren ersten Herausgeber, nahm man fest; Le Bris, den man auch festnahm, nannte sie als zweiten, dann, am Tag der Urteilsverkündung, teilte die Regierung, um die Richter zu beeinflussen, mit, die *Gauche prolétarienne* sei Gegenstand einer Verbotsmaßnahme. Und in seinem Plädoyer forderte der Staatsanwalt – der seinerseits von der Exekutive vollkommen abhängig ist – vom Richter, die Angeklagten hart zu bestrafen und *La cause du peuple* für ein Jahr zu suspendieren. Das Ergebnis erfüllte die Erwartungen nur zur Hälfte: vielleicht muß man darin das Minimum an Unabhängigkeit der damaligen Richter sehen. Die Angeklagten erhielten harte Verurteilungen, der Richter lehnte es aber ab, *La cause du peuple* zu verbieten. Der Grund, den er angab, war, daß sie keinen Eigentümer habe. Doch der tiefe Grund für das Verhalten des Vorsitzenden scheint eher zu sein, daß er zwar gewillt war, zwei Menschen für das zu bestrafen, was er für sprachliche Exzesse hielt, ihm aber eine auch nur vorübergehende Suspendierung des Organs, in dem diese Exzesse stattgefunden hatten, als Angriff auf die Pressefreiheit erschien.

Kurz zuvor hatten Geismar und seine Genossen mich besucht. Le Dantec und Le Bris sollten verurteilt werden, man mußte einen anderen Herausgeber finden. Sie schlugen mir vor, es zu werden, und ich akzeptierte. Hier muß ich sagen, weshalb.

Man muß zunächst festhalten, daß dieser Vorschlag im Fall seiner Annahme eine Veränderung ihrer Politik einleiten sollte. Bis dahin hatte sich *La cause du peuple* gegenüber den Intellektuellen, gegenüber dem, was man damals das «Starsystem» nannte, und in einigen Artikeln (beispielsweise anläßlich des Prozesses gegen Roland Castro) auch mir gegenüber feindselig gezeigt. Sie befanden sich aber in einer Sackgasse: jedem neuen Herausgeber, der nicht bekannt (also ein Star) wäre, drohte mit Antritt seiner Funktion die Inhaftierung. Nun wünschten sie, *La cause du peuple* so lange wie möglich offen zu publizieren. Wenngleich der Vertrieb häufig über Verkaufseinsätze lief, stand eine konspirative Verbreitung noch nicht auf der Tagesordnung. Blieb eine Möglichkeit: sich an einen bekannten Intellektuellen zu wenden. Diese Lösung mußte die Maoisten aber langfristig dazu führen, über den Status der Intellektuellen und über die Möglichkeit, mit ihnen gemeinsame Aktionen durchzuführen, nachzudenken. Den Begriff von Volk zu erweitern, Intellektuelle in den Kampf eintreten zu lassen, das schien mir besonders vorteilhaft zu sein. Zunächst deshalb, weil ich ein Intellektueller bin und ihren Kampf schätze. Dann, weil ich für die Einheit der Kräfte der tatsächlichen Linken war – worunter ich etwas ganz anderes verstehe als die Einheit von sozialistischer Partei und kommunistischer Partei. Nun, falls es möglich war, die Arbeiter und die Intellektuellen wenigstens an einem Punkt näher zusammenzubringen, dann konnte man langfristig hoffen, zum Bündnis von Intelligenz und Proletariat zurückzufinden, das im 19. Jahrhundert üblich war und von der kommunistischen Partei zerschlagen worden ist. Ich sage gleich, daß ich mich nicht irrte und daß man Ende des vergangenen Jahres erleben konnte, wie sich Arbeiter und bestimmte Intellektuelle in Dünkirchen anläßlich der Liscia-Affäre angenähert haben. Man könnte auch andere Fälle nennen. Das setzte eine doppelte Veränderung voraus: einerseits mußten bestimmte Vorurteile der ehemaligen *Gauche prolétarienne* verschwinden; andererseits mußten diejenigen, die man gestern noch die «klassischen» Intellektuellen nannte, sich als Intellektuelle in Frage stellen und ihr Verhältnis zur Gesellschaft ändern.

Man mußte aber vor allem *La cause du peuple* retten, das heißt die einzige Zeitung, die die Stimme des Volkes zu Gehör brachte. Ich muß gestehen, ich habe akzeptiert, weil ich bekannt war. Ich habe meine Bekanntheit zynisch in die Waagschale geworfen. Mit anderen Worten, ich habe mich zum ersten Mal in meinem Leben als Star verhalten. Warum? Um innerhalb des repressiven Bürgertums eine Krise auszulösen.

Das Bürgertum hat den Intellektuellen – zu Recht – stets mißtraut. Jedoch mißtraut es ihnen wie seltsamen Wesen, die eigentlich von ihm stammen. In der Tat sind die meisten Intellektuellen von Bürgern geboren, die ihnen die bürgerliche Kultur beigebracht haben. Sie erscheinen als Bewahrer und Vermittler dieser Kultur. Und eine bestimmte Zahl von Technikern des praktischen Wissens wird früher oder später zu ihren Wachhunden, wie Nizan gesagt hat. Die anderen bleiben, da sie ausgelesen worden sind, elitistisch, selbst wenn sie revolutionäre Ideen verkünden. Sie läßt man in Frage stellen: sie sprechen die bürgerliche Sprache. Langsam aber wendet man sie, und zu gegebener Zeit wird ein Sitz in der *Académie française* oder ein Nobelpreis oder irgendein anderes Manöver genügen, sie zurückzugewinnen. So kann ein kommunistischer Schriftsteller heute in der *Bibliothèque nationale* die Erinnerungen seiner Frau ausstellen, und die Ausstellung wird vom Bildungsminister eröffnet.

Seit '68 gibt es allerdings Intellektuelle – ich bin einer von ihnen –, die mit dem Bürgertum keinen Dialog mehr führen wollen. Offen gesagt ist die Sache nicht so einfach: jeder Intellektuelle hat das, was man ideologische Interessen nennt. Falls er schreibt, versteht man darunter sein gesamtes bisheriges Werk. Obwohl ich das Bürgertum immer in Frage gestellt habe, wenden sich meine Werke von der Sprache her an dasselbe, und zumindest in den frühesten wird man auf elitistische Elemente stoßen. Seit siebzehn Jahren widme ich mich einer Arbeit über Flaubert, die die Arbeiter kaum interessieren kann, denn sie ist in einem komplizierten und sicher bürgerlichen Stil geschrieben. So sind die ersten beiden Bände dieser Arbeit von reformistischen Bürgern, Lehrern, Studenten etc. gekauft und gelesen worden. Dieses Buch, das weder vom Volk noch für das Volk geschrieben ist, ergibt sich aus den Überlegungen, die ein bürgerlicher Philosoph während eines langen Abschnitts seines Lebens angestellt hat. Ich hänge daran. Zwei Bände sind erschienen, der dritte ist in Druck, den vierten bereite ich vor. Ich hänge daran, das heißt: ich bin siebenundsechzig, ich arbeite daran, seit ich fünfzig bin, und vorher träumte ich davon. Nun stellt diese Arbeit von ihrem Wesen her (nimmt man an, sie bringe etwas) tatsächlich eine Frustration des Volkes dar. Sie verbindet mich mit den bürgerlichen Lesern. Durch sie bin ich weiterhin bürgerlich und werde es bleiben, solange ich sie nicht beendet habe. Aufgrund einer ganz anderen Seite von mir, die meine ideologischen Interessen ablehnt, stelle ich mich allerdings selbst als klassischen Intellektuellen in Frage, und ich verstehe, daß es, wenn ich nicht zurückgewonnen worden bin, nur knapp verfehlt worden ist. Und in dem Maße, in dem ich mich selbst in Frage stelle, in dem ich ablehne, ein elitistischer Schriftsteller zu sein, geschieht es, daß ich mich unter Menschen finde, die gegen die bürgerliche Diktatur kämpfen. Zunächst weil ich meine bürgerliche Situation zurückweisen will. In mir ist also ein sehr spezifischer Widerspruch vorhanden: ich schreibe noch Bücher für das Bürgertum, und ich fühle mich mit den Arbeitern solidarisch, die es stürzen wollen. Diese Arbeiter haben ihm 1968 Angst eingejagt, sie sind es, die heute Opfer einer verstärkten Repression werden. Insofern ich einer von ihnen bin, muß ich bestraft werden. Insofern ich *Flaubert* schreibe, bin ich ein *enfant terrible* des Bürgertums, das zurückgewonnen werden muß. Es handelt sich also darum, den tiefen Widerspruch, der in mir vorhanden ist, auf die regierenden Kreise zu übertragen: ich schreibe eine literaturgeschichtliche Arbeit, und ich habe die Herausgeberschaft von *La cause du peuple* und drei weiterer «linksradikalen» Zeitungen übernommen, von denen zwei (*Tout* und *La parole au peuple*) aus materiellen oder politischen Gründen verschwunden und von einer neuen zweiwöchentlich erscheinenden Zeitung, *Révolution*, ersetzt worden sind, die ich ebenfalls herausgebe. Was heißt «herausgeben»? Zugegebenermaßen ist es zunächst eine Herausforderung der Regierung: Ihr habt Le Dantec zu einem Jahr und Le Bris zu acht Monaten Gefängnis verurteilt. Ich bin der dritte Herausgeber, also verhaftet mich. Falls ihr mich verhaftet, werdet ihr einen politischen Prozeß am Hals haben; falls ihr mich nicht verhaftet, werdet ihr zeigen, daß die Justiz mit zweierlei Maß mißt. Beim Prozeß gegen Le Dantec bin ich vor Gericht erschienen, um dem Vorsitzenden meine Verwunderung darüber, frei zu sein, mitzuteilen, wo doch meine beiden Kollegen hinter Gittern seien. Er antwortete mir, er könne nichts dafür, und das stimmte: er richtete über die Angeklagten, die ihm überantwortet wurden, und ausschließlich über diese. Ihre Unbestimmtheit jedoch machte die Regierung lächerlich. Sie wurde von meinem Widerspruch erfaßt. Einige Regierungsmitglieder wollten mich anklagen, andere, die sich darauf bezogen, was de Gaulle anläßlich des Prozesses gegen die 121 erklärt hatte, meinten, ein politischer Prozeß könne ihnen nur schaden, und zogen es vor, die Sache durchgehen zu lassen, wie es ihnen im übrigen, in einer ersten Zeit, die bürgerlichen Zeitungen empfahlen.

Anfangs war die Regierung derart verlegen, daß sie die erste von mir herausgegebene Ausgabe von *La cause du peuple* am 1. Mai 1970 erscheinen ließ. Anschließend wandte das Innenministerium viele Monate lang eine neue Taktik an: man erwähnte zwar nicht mehr den verantwortlichen Herausgeber von *La cause du peuple*, ließ dafür aber jede Ausgabe der Zeitung gleich am Entstehungsort beschlagnahmen. Eine vollkommen illegale Taktik, da der Richter eine Suspendierung abgelehnt hatte. Sicher, möglicherweise gab es Artikel, die beanstandet werden konnten. Doch das konnte niemand wissen, da niemand die Zeitung vor der Beschlagnahme zu lesen bekam. Die Beschlagnahme erfolgte also weder kraft des Gesetzes von 1881 noch kraft der Modifizierungen von 1892, die den Namen *«lois scélérates»* (schändliche Gesetze) tragen. Es ging schlicht und ergreifend darum, ein revolutionäres Presseorgan gewaltsam zu ersticken. Diesmal war das Verbrechen gegen die Pressefreiheit offenkundig. Im übrigen lohnte sich die Taktik kaum: es gelang uns, den größten Teil der Auflage zu vertreiben, die Polizei bekam nur die Reste. Da versuchte das Innenministerium gegen die Verkäufer vorzugehen. Man ließ sie überall, wo man konnte, verhaften und überantwortete sie einem Ausnahmegericht wegen Neubildung einer aufgelösten Vereinigung. Wir bewiesen erneut, daß mit zweierlei Maß gemessen wurde: bekannte Intellektuelle, Werktätige und ich selbst verkauften inmitten von Paris offen *La cause du peuple*. Wir wurden nicht behelligt. Ich erinnere mich noch an die Bestürzung des Polizisten, der mich, beim ersten Verkauf, am Arm gepackt und gebeten hatte, ihm ins Kommissariat zu folgen, als ihm jemand aus der Menge zurief: «Sie verhaften einen Nobelpreis!» Er ließ mich sofort los und machte sich in großen Schritten davon. Andererseits hatte sich ein Verein namens «*Les amis de la Cause du peuple*» gegründet, der uns unterstützte. Kurz, die Regierungstaktik war gescheitert. Das gab sie nach einigen Versuchen der Beschlagnahme zu, so daß die Polizisten eines Tages damit aufhörten, den Drucker zu belagern, und *La cause du peuple* an den Zeitungskiosken frei verkauft werden konnte, immer noch genauso aufrührerisch, wenn man sie nach *France-Soir* oder *L'Humanité* liest.

Eine Lösung war aber noch nicht gefunden: den rechten Flügel der Mehrheit störte zu Recht, daß ich der Justiz entkam, die Le Dantec und Le Bris verurteilt hatte. Darüber hinaus forderte eine rechte Oppositionszeitung namens *Minute* lauthals meine Inhaftierung. Wieder blieb die Regierung auf halbem Weg. Sie klagte mich wegen Diffamierung an. Die Kläger waren der Siegelbewahrer, also der Justizminister, und der Innenminister. Die beanstandeten Artikel, die man ausgewählt hat, stammen alle aus dem Jahrgang 1970 von *La cause du peuple* und *Tout*, so daß nach französischem Gesetz eine Verjährung vorlag. Der Staatsanwalt mußte offizielle Schritte unternehmen, um die Verjährung aufzuheben. Im Juni 1971 wurde ich angeklagt. Als freier Beschuldigter verbrachte ich wie jedes Jahr meinen Urlaub in Italien und kehrte im Oktober zur Ermittlung zurück, die schnell erledigt wurde. Ich habe fünf Anklagen geerntet. *Wann* wird über mich gerichtet werden und *wie*?

Wann, das weiß ich nicht. Aber um zu wissen, *wie*, ist es angebracht, die Geschichte des Richterstandes in den postgaullistischen Jahren zu untersuchen.

Außer Zweifel steht, daß die Unabhängigkeit der Justiz, wie sie Montesquieu hervorgehoben hat, in Frankreich bis zur Fünften Republik das Zeichen gewesen ist, auf das die Richter am meisten stolz waren. Sie lehnten es ab, einer Regierung zu dienen, welcher Tendenz sie auch sei, und diese Autonomie haben sie in der Geschichte der Dritten und der Vierten Republik häufig manifestiert. In den fünfziger Jahren setzte der Vorsitzende des Anklagesenats den Abgeordneten Jacques Duclos wieder auf freien Fuß, den die Regierung bei einer Demonstration gegen General Ridgway auf frischer Tat ertappt zu haben behauptete.

Indessen, das ist ein allgemeiner Zug, der nicht nur in unserer Epoche gilt – ich halte ihn fest, um die Grenzen dieser Unabhängigkeit zu zeigen –, ist der Richter meistens ein Bürger, Sohn eines Bürgers, der von frühestem Alter an eine elitistische Erziehung erhalten hat. Er ist einer selektiven Ausbildung unterzogen worden, er hat einige Wettbewerbe erfolgreich überstanden, er ist also ein Produkt der Selektion und zugleich ein in seiner Ideologie, seinem Charakter und seinem Beruf selektierter Mensch. Montesquieu wollte, daß die Angeklagten von ihresgleichen im vollen Sinn des Wortes gerichtet werden. Es ist klar, daß das unmöglich ist: als Produkt einer Selektion, deren Ursprung die Knappheit ist und die die bürgerliche Idee verbreitet, die schönen Dinge seien knapp, meint der Richter seine Macht gerade aufgrund seiner Knappheit zu verdienen. Er ist ein wichtiges Mitglied der bürgerlichen Hierarchie, und die Angeklagten, über die er richtet, sieht er als seine Untergebenen an. Foucault wies darauf hin, daß die topographische Analyse eines Gerichtes, die Kanzel, die den Vorsitzenden von den Angeklagten und Zeugen trennt, der Höhenunterschied, der zwischen dem einen und den anderen vorhanden ist, genügt, um deutlich zu machen, daß der Richter von anderem Wesen ist. Wie unparteilich er auch sein mag, die der Gerichtsbarkeit Unterliegenden wird er als Objekte behandeln und nicht versuchen, die subjektiven Beweggründe ihrer Taten zu erfahren, so wie sie jedem von ihnen erscheinen mögen. Ohnehin steht er der Justiz des Volkes sehr fern, die sich kaum in Gerichtssälen manifestiert und sowieso eine ganz andere Topographie besitzt, da Zeugen und Gutachter auf der Bühne vorbeiziehen, während sich die Richter im Saal befinden, denn die Geschworenen, das ist die Öffentlichkeit. Diese Anmerkungen treffen aber nicht die heutige Zeit. Sie sollen aufzeigen, welche Unparteilichkeit ich vom Richter erwarte. Sagen wir, es handelt sich um eine klassenmäßige Unparteilichkeit, was verständlich ist, da ich vor der bürgerlichen Justiz erscheinen werde.

Was hingegen für unsere Epoche zutrifft, ist die Tendenz des gaullistischen Bürgertums, die Unabhängigkeit der bürgerlichen Justiz einzuschränken. Es wünscht sich nicht nur eine Klassenjustiz, sondern eine Parteienjustiz. Den Satz von de Gaulle zur Justiz, den ich vorhin anführte, interpretiert die heutige Regierung so, daß die Richtergewalt ihrer Ansicht nach der Exekutive zu Diensten sein muß.

Heute meint die Regierung letztlich einen doppelten Auftrag zu haben: einerseits Frankreich den Privatunternehmen auszuliefern, andererseits die Arbeiterklasse in die bürgerliche Gesellschaft zu integrieren, keineswegs über die Verbesserung der Situation des Proletariats, sondern über die konstante Anwendung der Repression. Die bürgerliche Ideologie und das Gesetzbuch aus dem 19. Jahrhundert behält sie als Tarndecke, wohl wissend, daß beide überholt sind. Repression übt sie aus, indem sie die vorhandenen Gesetze beugt oder neue erläßt. So daß der Richter, der die Gesetze anwenden soll, sich nicht mehr zurechtfinden kann.

Die gebeugten Gesetze: dafür werde ich nur ein Beispiel angeben, die Geismar-Affäre. Eine Veranstaltung fand statt, aus Protest gegen die Verhaftung von Le Bris und Le Dantec. Die etwa fünftausend Teilnehmer riefen: «Am 27. auf die Straße!» Mehrere Redner haben vor dieser überaus erhitzten Menge gesprochen, deren Ansicht sie teilten. Ein einziger ist verhaftet worden, Geismar, der acht Minuten geredet und nicht mehr als die anderen gesagt hat. Was am 27. geschehen ist, verantwortet er *allein*. Was ist faktisch geschehen? Das sagt man nicht: kein ärztliches Attest, keine Zeugenaussage der Anklage. Der Staatsanwalt gibt im übrigen zu, daß es sich um «Prellungen und nicht um Verletzungen» handelt. Hingegen ist nachgewiesen, daß die Polizisten in Censier als erste damit begonnen haben, Tränengasgranaten zu werfen. Und die Demonstranten haben mit dem Werfen von Schraubenbolzen zurückgeschlagen. Auf der anderen Seite, am Kai, hat die Polizei nicht geschossen, und die Demonstranten haben, da sie nicht provoziert wurden, keinen Gegenangriff geführt. Es ist klar, daß sich der Beschluß zu demonstrieren auf der Veranstaltung herauskristallisiert hat und daß die Ordnungskräfte einen möglichst blutigen Zusammenstoß gesucht haben. Pech, daß es unter den Polizisten keine Verletzte gegeben hat. Gleichviel, Geismar ist von vornherein schuldig: achtzehn Monate ohne Bewährung. Schließlich war er einer der Verantwortlichen der *Gauche prolétarienne*, von der Marcellin im Rundfunk erklärt hat: «Ich löse sie auf, weil ihre Mitglieder sie neu bilden werden und wir sie dann ins Gefängnis stecken können.» Wie man sieht, ist ein ehemaliger *GPler* in jedem Fall schuldig. Das ist es, was Geismar widerfahren ist: die bürgerlichen Garantien sind ihm verweigert worden; seine Schuld brauchte nicht bewiesen zu werden, sie stand *a priori* fest. Zwar wurde er kraft der geltenden, doch grob entstellten Gesetze verurteilt.

Die Affäre der «*Amis de la Cause du peuple*» zeigt, wie man zuerst das Gesetz entstellt und dann ein neues verfassungsfeindliches Gesetz erläßt, weil das vorherige unzulänglich war.

Die Freunde von *La Cause du Peuple* haben sich bei der Polizeipräfektur, die ihnen eine Bestätigung ausstellen sollte, als Verein angemeldet. So sieht es das Gesetz vor: jeder Verein, der gebildet wird, meldet sich an; er wird *bestätigt* auf die Gefahr hin, anschließend verfolgt und aufgelöst zu werden. Auf Anweisung von Marcellin verweigerte uns der Polizeipräfekt zum ersten Mal, seit dieses Gesetz in Frankreich existiert, die Bestätigung. Der Regierung, die unseren Verein weder verfolgen noch akzeptieren wollte, ging es also darum, ihn *entgegen dem Gesetz* abzulehnen. Also erstatteten wir eine Strafanzeige, und das Verwaltungsgericht gab uns recht. Wir erhielten die Bestätigung. Die Regierung jedoch, ziemlich verärgert, ließ von der ihr völlig gefügigen Mehrheit heimlich ein neues Gesetz verabschieden: falls man es für notwendig halte, könne die Bestätigung verweigert werden, wobei es einem Gericht überlassen bleibe, sie definitiv abzulehnen oder auszuteilen. Man sieht, daß dieses Gesetz nicht nur die Versammlungsfreiheit schwer kompromittierte, sondern darüber hinaus versuchte, den Richter zum Komplizen einer bestimmten Politik zu machen. Denn allein die Politik kann Begründungen zur Ablehnung oder Bestätigung von Vereinigungen liefern, da kriminelle Vereinigungen, wenn es sie gibt, konspirativ sind. Zum Glück hat der Verfassungsrat klugerweise das Gesetz als verfassungswidrig zurückgewiesen. Worauf es in dieser Geschichte ankommt, ist das Vorgehen: von einem verfälschten Gesetz geht man zur Verabschiedung eines verfassungswidrigen, das heißt illegalen Gesetzes über. In diesem präzisen Fall hat sich die Justiz gut zur Wehr gesetzt. Kann man dasselbe sagen, wenn sie regulär verabschiedete, aber verfassungswidrige Gesetze wie das Gesetz gegen Demonstrationsstraftäter oder das Antidrogengesetz anzuwenden hat? Der Richter muß sie ja anwenden, da sie verabschiedet worden sind. Was er aber nach bestem Wissen und Gewissen denkt, das weiß niemand: in zahlreichen Fällen mag er gegen das Gesetz sein, auf das er sich stützt. Doch was wird aus seiner Unabhängigkeit, wenn das Urteil, das er verkündet, seiner Ideologie oder dem allgemeinen Willen, der sich im Gesetzesbuch äußert, widerspricht?

Im übrigen dürfen wir es nicht hierbei belassen. Denn sie sollen über Fälle befinden, deren tatsächliche Kenntnis ihnen verweigert wird. Mein Fall, wie der so vieler Franzosen seit '68 – vor allem Jugendlicher –, fällt in die Zuständigkeit der Politik. Nun gibt es in Frankreich kein politisches Verbrechen. Denn das bedeutete einzugestehen, daß eine *andere* Politik existiert, auf die man sich nicht beziehen darf, und daß allein die Tatsache, sie zu praktizieren, einen vor Gericht bringt. Tatsächlich ist diese Politik vorhanden: es ist der *revolutionäre* Sozialismus. Früher war es der Kommunismus, doch seit sich diese große Partei in die ehrbare Opposition eingereiht hat, gibt es nur noch eine verbotene Politik: diejenige, die gewaltsam die Bourgeoisie stürzen will. Dies zu behaupten hieße Propaganda zugunsten dieser Politik zu betreiben. Daher erlebt man, wie kaum unabhängig zu nennende Richter – leider gibt es solche in Frankreich – sich im Gerichtssaal bemühen, die Politik von der Gewalt zu trennen und sie, von ihren Zwecken und Gründen abgespalten, zum Vergehen des gemeinen Rechts machen. Ich erinnere mich – neben anderen Beispielen – an den Prozeß gegen den Genossen Roland Castro, in dem ich Zeuge war und dem ich von Anfang bis Ende beigewohnt habe. Castro, Mitglied der Gruppe *Vive la révolution*, die sich heute selbst aufgelöst hat, hatte zusammen mit Genossen und Intellektuellen die Räume des CNPF[1] besetzt, um gegen den Tod von fünf ausländischen Arbeitern zu protestieren, die an Gas erstickt waren, als sie sich wärmen wollten. Diese symbolische und friedliche Besetzung, an der Maurice Clavel, Michel Leiris und Jean Genet teilnahmen, hatte zum Ziel, die Öffentlichkeit auf die wahren Schuldigen für diese Toten hinzuweisen, nämlich die französischen Unternehmer. Die herbeigerufenen CRS[2] drangen ebenfalls in die Büros des CNPF ein und trugen die Demonstranten, die keinen Widerstand leisteten, unsanft weg, schlugen auf jeden ein und warfen Maurice Clavel und Jean Genet eine Treppe hinunter. Danach pferchten sie diejenigen, deren sie habhaft werden konnten, brutal in die Polizeibusse und nahmen sie zum Kommissariat mit, wo sie kurz danach wieder auf freien Fuß gesetzt wurden, mit einer Ausnahme, Roland Castro, der an einer roten Ampel aus dem Bus gestiegen war und zu fliehen versucht hatte. Er war eingeholt, umklammert, geschlagen und zurück in den Bus gebracht

1 Comité national du patronat français, französischer Unternehmerverband, Anm. d. Übers.
2 Compagnies républicaines de sécurité, kasernierte Bereitschaftspolizei, Anm. d. Übers.

worden. Angeklagt wurde er wegen Widerstands gegen die Staatsgewalt. Was allerdings zu beweisen blieb. Als ihn die beiden Polizisten einholten, hatten sie ihn hart angepackt, ihm den Arm verdreht etc. Man konnte kaum annehmen, seine Reaktionen seien Widerstand gegen die Staatsgewalt gewesen. Man mußte also, trotz siebzehn entgegengesetzter Zeugenaussagen, annehmen, daß sich die beiden Polizisten in dem Moment, als Castro aus dem Bus stieg, vor der Tür befanden, sie ihn ein erstes Mal eingefangen hatten, er sich entschlossen befreit hatte und geflohen war. Dann erst wären sie ihm hinterhergerannt und hätten ihn eingeholt. Was aber hier zählt, das ist das Vergehen. Aus Empörung über die Weise, wie die französischen Unternehmer die immigrierten Arbeiter behandeln, besetzt Castro unbefugt einen Raum, der nicht sein Eigentum ist: das ist der Vorgang, den ihm ein elitistischer Richter, der das Eigentum respektiert, vorhalten könnte. Dann wäre Castros Verteidigung politisch gewesen: er hätte die Politik der Unternehmer den Immigrierten gegenüber darlegen und bewerten können. Keinen Augenblick ist davon die Rede gewesen, obwohl die Mehrheit der Zeugen und die Anwälte darauf brannten, die Verteidigung auf diese Ebene zu bringen. Das Problem wurde ziemlich einfach: waren Polizisten vor der Tür des Busses, ja oder nein, und hat Castro sie, als er ausstieg, angerempelt? Dieser Genosse konnte genausogut ein Einbrecher oder ein Betrunkener sein, der wegen nächtlicher Ruhestörung festgenommen wurde. Von der Polizeigewalt beim CNPF, die diesen Fluchtversuch durchaus rechtfertigen konnte, kein Wort. Gleichwohl verlangte man von uns, die *ganze* Wahrheit zu sagen. Die *ganze* Wahrheit wollte der Richter allerdings nur zu einem winzig kleinen Zwischenfall: befanden sich jene beiden Männer an jenem Ort? Und wir alle konnten nicht begreifen, daß das Ereignis nicht in seiner Totalität betrachtet wurde, das heißt ausgehend von der Politik der Regierung und der Unternehmer. Die *ganze* Wahrheit zu einem winzig kleinen Augenblick zu sagen war ein reiner Widerspruch. Die Wahrheit entwickelt sich in der Zeit. In einem eingeschränkten, auf sich selbst begrenzten Augenblick gibt es keine Wahrheit. Wäre aber die Wahrheit wiederhergestellt worden, hätte man vom Tod der schwarzen Arbeiter und von der Besetzung des CNPF gesprochen, dann wäre der Prozeß politisch gewesen, was weder die Regierung noch ihr Vertreter, der Staatsanwalt, noch der Richter wollte. Die Folge liegt auf der Hand: Castro ist verurteilt worden. Dieser Skandal wurde beendet, als die Genossen in den Gefängnissen in den Hungerstreik traten und den politischen Status forderten: unter falschem Namen wurde er ihnen bewilligt.

Es gibt noch Schwerwiegenderes: die Ereignisse haben die Richter abstrakt gemacht. Sie fällen ihre Urteile, verurteilen den Angeklagten zu einer Strafe. Und ohne es zu merken, haben sie ihn eigentlich zu einer anderen, weit schlimmeren verurteilt. Letztlich war ihr Urteilsspruch, in ihren Augen und den Gesetzen zufolge, ein Freiheitsentzug. Seit zehn Jahren aber verkommen die französischen Gefängnisse zusehends: die Wärter schlagen die Gefangenen, ein internes Gericht, häufig allein auf den Leiter reduziert, bringt sie für ein falsches Wort in den «Bunker», einen unbeheizten Kerker, in dem sie ein, zwei Wochen halb nackt zubringen. Versucht ein Gefangener sich umzubringen, was häufig vorkommt, legt man ihm die Zwangsjacke an und läßt ihn mehrere Tage in dieser Lage, so daß er seine Notdurft unter sich verrichtet und lange darin vor sich hin vegetiert. Die Wärter beaufsichtigen die Gefangenen, die Wärter beaufsichtigen die Wärter, und manche Gefangenen beaufsichtigen gar die Wärter. Denn in den Gefängnissen herrscht die Strafvollzugsbehörde. Das bedeutet, daß die Strafen von einem kopflosen Körper verhängt werden, von diesem Ensemble schlecht bezahlter Beamter, die vor den Häftlingen Angst haben und allmählich sadistisch werden. Wenn der Richter den Angeklagten zu einem einjährigen Freiheitsentzug verurteilt hat, hat er ihn in Wirklichkeit zu weit Schlimmerem verurteilt: er hat ihn der Vollzugsbehörde übergeben, die alle Rechte über ihn besitzt. Diese Verschlimmerung ist zum Teil vorsätzlich: der Justizminister betreibt die Politik der Regierung, schlägt unermüdlich auf die Außenseiter und die Jugendlichen ein. Eine Frage interessiert mich persönlich: woran denkt der Richter, wenn er verurteilt? Ist er tatsächlich abstrakt, wie ich gesagt habe, und ignoriert er die Wahrheit, oder hat er sich von der Politik des Regimes überzeugen lassen?

In der Tat sind die Richter – und das ist der letzte Punkt, den ich erwähnen will – beträchtlichem Druck ausgesetzt. Es gibt Pressionen, die ich äußere nenne – womit ich nicht einmal die Sorge der Richter um ihre Beförderung meine. Der Richterstand in seiner Gesamtheit ist von einem wichtigen Abgeordneten der Mehrheit beleidigt worden, von Tomasini, der ihm Feigheit vorhielt, weil seiner Meinung nach zu wenig Strafen verhängt würden. Sodann ist es wenig bekömmlich, die Wahrheit zu sagen. Der Strafvollzugsrichter in Toul war stocktaub, was Symbolwert hat. Der in Clairveaux hingegen hatte Augen, mit denen er sehen, und Ohren, mit denen er hören konnte. Er übergab dem Justizminister einen wichtigen Bericht über das Gefängnis von Clairveaux und wurde sofort versetzt, was anschaulich beweist, daß Monsieur Pleven, wenn er zwischen einem Richter und der Strafvollzugsbehörde zu entscheiden hat, automatisch der Behörde recht gibt. Man kann ihn verstehen, wenn man weiß, daß der Gefängnisdirektor von Toul, vor der Revolte, als bester Vollzugsverwalter seiner Zeit angesehen war. Man kann sich die Pressionen in meinem Fall vorstellen, wenn man sich in Erinnerung ruft, daß einer der beiden Kläger der Justizminister ist.

Es gibt auch Pressionen, die ich *interne* nenne, die also dem Rechtssystem inhärent sind. Der Richter braucht die Polizei, die dem Innenminister untersteht. Er hat sie zu schonen, und es geschieht selten, daß er Polizisten verurteilt, da man von deren Aussagen bedingungslos annimmt, daß sie der Wahrheit entsprechen. Im Fall Castro hat man es erlebt: zwei Polizisten behaupteten, vor einer Bustür gestanden zu haben, während siebzehn Zeugenaussagen diese Erklärung entkräfteten. Sie ist es gewesen, die man für richtig gehalten hat. Das wiegt heute besonders schwer, denn die französische Polizei hat sich seit dem Algerienkrieg sehr verändert: sie schlägt häufig brutal und grundlos, man findet dort Faschisten, Rassisten, ehemalige OAS-Leute[1]. Diese Polizisten behaupten aber, sobald sie einen Menschen zu heftig geschlagen haben, dieser Mensch habe sie – unabhängig von seiner Größe und Stärke – angegriffen. Der Richter glaubt ihnen regelmäßig, weil er nicht anders kann: vom Inneren des Systems her ist er also gezwungen, Menschen zu schützen, die häufig nichts anderes als Gewalttäter, Sadisten, wenn nicht sogar Mörder sind.

Die Justiz ist demnach genötigt, entstellte Gesetze oder neue verfassungswidrige Gesetze anzuwenden; sie verfügt nicht über die Mittel, über ein politisches Vergehen zu richten, und muß das Vergehen zwangsläufig auf ein Vergehen des gemeinen Rechts reduzieren. Das hat man kürzlich im Prozeß gegen die Zeitung *Coupure* erlebt, die die Texte von *La Cause du peuple* neu verlegt hatte, auf die sich der Staatsanwalt im Prozeß gegen Le Dantec gestützt hatte. Der vorsitzende Richter sagte zu einem Zeugen: «Wir machen keine Politik.»

1 Organisation de l'armée secrète, französische paramilitärische, terroristische Organisation in Algerien, später auch in Frankreich aktiv, Anm. d. Übers.

Worüber zum Teufel redete man dann, wenn nicht über Politik? Die Justiz ist heftigem Druck von seiten einer Regierung ausgesetzt, die der Meinung ist, sie unterliege ihrem Befehl. Sie hat die Polizei zu schonen und die Aussagen der Polizisten zu glauben. Die Strafen, die sie verhängt, sind nicht die, die der Verurteilte verbüßt. Werde ich behaupten, der Regierung sei es gelungen, sie ihrer bürgerlichen Unabhängigkeit zu berauben? Noch nicht, doch die Situation hat sich verschärft, und die Richter, die Widerstand leisten und noch unabhängig sind, verdienen Bewunderung. Um so mehr, als ihre Ausbildung und ihre Kultur meistens bürgerlich sind und man sie kaum verdächtigen kann, die Ansichten der Revolutionäre, die man ihnen übergibt, zu teilen. Zu ihrer Unterstützung haben sie nichts als das abstrakte Schema der Unabhängigkeit.

So sieht die Lage meiner Richter aus, soweit es politische Vergehen und in der Folge auch das, was mir vorgehalten wird, betrifft. Ich weiß nicht, wer sie sein werden. Bislang hatte ich nur mit drei Ermittlungsrichtern zu tun. Alle sind korrekt, doch die Hand hat mir nur einer gereicht, als ich sein Amtszimmer betrat. Ein Anflug von Gewissensbissen? In einem Salon hätten mir die anderen sicher die Hand gedrückt. Von den Richtern, die über mich zu urteilen haben, kann ich bestenfalls erwarten, daß sie ihren Beruf, der darin besteht, die Gesetze der Klassenjustiz anzuwenden, nach bestem Gewissen ausüben. Das Schlimmste wäre, wenn ich auf einen von denen stieße, die ihre Unabhängigkeit schließlich preisgegeben haben: in dem Fall würde ich indirekt von Pleven und Marcellin abgeurteilt werden, jenen gewichtigen Klägern, die mich wenig schätzen.

Es steht außer Zweifel, daß ich zur Befreiung der Ethik und der Justiz der Massen habe beitragen wollen: das ist mein Verbrechen. Ein Volkstribunal würde mich freisprechen. Wie soll ich aber vernünftigerweise annehmen, ein Produkt der Selektion stiege auf die Ebene des unterdrückten und ausgebeuteten Volkes hinab – wenn man das ein Hinabsteigen nennen kann – und könnte die erdrückenden Sockel, auf denen die bürgerliche Hierarchie ruht, mit den Augen des Volkes betrachten? Nichts erlaubt mir diese Hoffnung. Ich glaube nicht, daß ich eine Gefängnisstrafe bekommen werde. Oder wenn, dann mit Bewährung. Ich denke aber, man wird mich – wie es sich die Regierung angewöhnt hat – mit einem hohen Bußgeld belegen, damit mir die Lust vergeht, meine Klasse zu verlassen. Das ist der Preis, den ich zahlen werde, weil ich das Gericht in meinem Prozeß als Tribüne benutzt und eine politische Verteidigung zu einem Verbrechen vorgebracht habe, das nicht politisch ist, weil die Regierung meint, daß es so etwas nicht gibt.

Dieser Vortrag wurde am 25. Februar 1972 auf Einladung der Anwaltskammer in Brüssel gehalten.

Wahlen, Idiotenfallen

(1973)

1789 ist das Zensuswahlrecht eingeführt worden: damit ließ man nicht die Menschen, sondern die *realen*, bürgerlichen Eigentümer wählen, die ihre Stimme nur sich selbst geben konnten. Dieses System war zwar zutiefst ungerecht, da die Mehrheit der französischen Bevölkerung aus der Wählerschaft ausgeschlossen wurde, es war aber nicht absurd. Sicher, die Wähler stimmten einzeln und geheim ab: damit trennte man sie voneinander und ließ nur Beziehungen der Exteriorität zwischen ihren Stimmabgaben zu. Diese Wähler waren jedoch alle Besitzende, also bereits durch ihr Eigentum vereinzelt, das sich über ihnen wieder schloß und die Dinge und die Menschen mit ihrer ganzen materiellen Undurchdringlichkeit zurückstieß. Die Stimmzettel, diskrete Quantitäten, waren lediglich Ausdruck der Trennung der Wählenden, und man hoffte, über die Addition der Stimmen das gemeinsame Interesse der Mehrheit, das heißt ihr Klasseninteresse, zur Geltung zu bringen. Zur selben Zeit nahm die Konstituante das Le-Chapelier-Gesetz an, dessen erklärtes Ziel die Abschaffung der Korporationen war, das aber darüber hinaus darauf abzielte, jede Vereinigung von Arbeitern untereinander und gegen ihre Arbeitgeber zu verbieten. Somit sahen sich die Nichtbesitzenden, die passiven Bürger, die keinerlei Zugang zur indirekten Demokratie, also zum Wahlrecht hatten, dessen sich die Reichen bedienten, um *ihre* Regierung zu wählen, zu allem Überfluß auch noch daran gehindert, sich zusammenzutun und die Demokratie des Volkes oder die direkte Demokratie auszuüben, die einzige, die ihnen angemessen war, da sie schlecht durch ihre Güter getrennt sein konnten.

Als der Konvent vier Jahre später das Zensuswahlrecht durch das allgemeine Wahlrecht ersetzte, hielt er es dennoch nicht für angebracht, das Le-Chapelier-Gesetz außer Kraft zu setzen, so daß die endgültig um die direkte Demokratie gebrachten Arbeiter als Eigentümer zu wählen hatten, obwohl sie nichts besaßen. Die zwar verbotenen, doch häufigen Zusammenschlüsse von Arbeitern wurden illegal und blieben legitim. Den durch das allgemeine Wahlrecht zustande gekommenen Nationalversammlungen haben sich also 1794, dann 1848 unter der Zweiten Republik, schließlich 1870 zu Beginn der Dritten Republik spontane, aber zuweilen ziemlich umfangreiche Zusammenschlüsse entgegengestellt, die man eben die unteren Volksschichten oder das Volk nannte. Besonders 1848 schien sich der Abgeordnetenkammer, nach der Zurückeroberung des allgemeinen Wahlrechts gewählt, eine Arbeitermacht entgegenzustellen, die sich auf der Straße und in den Nationalwerkstätten herausgebildet hatte. Der Ausgang ist bekannt: im Mai / Juni 1848 massakriert die Legalität die Legitimität. Gegenüber der legitimen Pariser Kommune brauchte die sehr legale, nach Versailles transferierte Abgeordnetenversammlung von Bordeaux nur das Beispiel nachzuahmen. Ende des vergangenen Jahrhunderts und Anfang des unsrigen schienen sich die Sachen zu ändern: den Arbeitern wurde das Streikrecht zugestanden, die gewerkschaftlichen Organisationen wurden geduldet. Jedoch ertrugen die Vorsitzenden des Staatsrats, Chefs der Legalität, die periodischen Ausbrüche der Volksmacht nicht. Clémenceau ganz besonders zeichnete sich als Streikbrecher aus. Alle lehnten, von der Angst vor den beiden Mächten besessen, die Koexistenz der hier und da aus der realen Einheit der Kräfte des Volkes entstandenen legitimen Macht und der angeblich einen und alleinigen Macht ab, die sie ausübten und die letztlich auf der unendlichen Zersplitterung der Wählenden beruhte. Im Grunde hätten sie in einen Widerspruch geraten müssen, der allein durch den Bürgerkrieg hätte gelöst werden können, da die eine zur Funktion hatte, die andere zu entwaffnen.

Wenn wir morgen wählen gehen, werden wir ein weiteres Mal die legale Macht an die Stelle der legitimen Macht setzen. Die erste, präzise, von scheinbar vollkommener Klarheit, atomisiert die Wählenden im Namen des allgemeinen Wahlrechts. Die andere ist erst im Ansatz vorhanden, diffus, sich selbst noch unklar: zur Zeit bildet sie mit der breiten antihierarchischen und libertären Bewegung, die man überall antrifft, die aber noch nicht organisiert ist, ein Ganzes. Alle Wähler gehören den unterschiedlichsten Gruppierungen an. Die Urne erwartet sie aber nicht als Mitglied einer Gruppe, sondern als *Bürger*. Die in einem Schul- oder Rathausraum aufgestellte Wahlkabine symbolisiert jeden Verrat, den das Individuum gegenüber den Gruppen, deren Mitglied er ist, begehen kann. Sie sagt jedem: «Niemand sieht dich, du bist allein dir selbst verantwortlich; du wirst in der Isoliertheit entscheiden, und anschließend kannst du deine Entscheidung verheimlichen oder lügen.» Mehr ist nicht nötig, um alle Wähler, die den Raum betreten, in potentielle gegenseitige Verräter zu verwandeln. Das Mißtrauen vergrößert die Entfernung, die sie trennt. Wollen wir gegen die Atomisierung kämpfen, müssen wir sie zunächst begreifen.

Die Menschen werden nicht in der Getrenntheit geboren: sie wachsen innerhalb einer Familie auf, die sie in ihren ersten Jahren *macht*. In der Folge werden sie unterschiedlichen sozialen und beruflichen Gemeinschaften angehören und selbst eine Familie gründen. Sie werden atomisiert, sobald bedeutende gesellschaftliche Kräfte – die Arbeitsbedingungen im kapitalistischen Regime, das Privateigentum, die Institutionen etc. – auf die Gruppen einwirken, denen sie angehören, um sie zu zerstückeln und auf die Einheiten zu reduzieren, aus denen sie bestehen sollen. Die Armee, um nur ein Beispiel einer Institution anzugeben, berücksichtigt nie die konkrete Person des Einberufenen, die nur auf der Grundlage seiner Zugehörigkeit zu vorhandenen Gruppen erfaßbar ist. Sie zieht bei ihm nur den *Menschen* in Betracht, das heißt den Soldaten, eine abstrakte Wesenheit, die sich durch die Pflichten und die wenigen Rechte definiert, die ihr Verhältnis zur Militärmacht darstellen. Dieser «Soldat», der der Einberufene gerade nicht ist, auf den ihn aber der Militärdienst zu reduzieren sucht, ist in sich *anders* als er selbst und bei allen Eingezogenen desselben Jahrgangs *identisch* anders. Genau diese Identität trennt sie, da sie für jeden nur das vorgegebene Ensemble seiner Beziehungen zur Armee darstellt. In den Dienststunden ist somit jeder ein anderer als er selbst und darin allen anderen gleich, die andere sind als sie selbst. Reale Beziehungen zu seinen Kameraden kann er nur dann haben, wenn sie während der Mahlzeiten oder abends in der Stube alle zusammen ihr Soldaten-Sein ablegen. Indessen gibt der so häufig verwendete Begriff der Atomisierung die tatsächliche Situation der durch die Institutionen vereinzelten und entfremdeten Menschen nicht wieder. Man kann sie nicht auf die absolute Einsamkeit des Atoms reduzieren, auch wenn man versucht, ihre konkreten Beziehungen zu Personen durch schlichte Bindungen der Exteriorität zu ersetzen. Sie können nicht aus jeglichem gesellschaftlichen Leben ausgeschlossen werden: der Soldat nimmt den Bus, kauft die Zeitung, er geht wählen. Das bedeutet, daß er mit den anderen von «Kollektiven» Gebrauch macht. Nur wenden sich die Kollektive an ihn als ein Mitglied einer Serie (die der Zeitungskäufer, der Fernsehzuschauer etc.). Im Wesen wird er allen anderen Mitgliedern identisch und unterscheidet sich von ihnen nur durch seine laufende Nummer. Wir sagen, er ist serialisiert. Die Serialisierung der Aktion findet man im praktisch-inerten Feld wieder, wo die Materie in dem Maße zur Vermittlung zwischen den Menschen wird, in dem die Menschen sich zur Vermittlung zwischen den materiellen Gegenständen machen (sobald ein Mensch sich ans Lenkrad seines Wagens setzt, ist er nur noch ein Fahrer unter anderen Fahrern, wodurch er dazu beiträgt, die Geschwindigkeit aller und seine eigene herabzusetzen, was das Gegenteil dessen ist, was er wünschte, als er *selbst* einen Wagen besitzen wollte).

Davon ausgehend entsteht in mir das serielle Denken, das nicht mein eigenes Denken ist, sondern das des anderen, der ich bin, und das aller anderen; man muß es das Denken der Ohnmacht nennen, denn ich erzeuge es, insofern ich der andere bin, Feind meiner selbst und der anderen, und ich diesen anderen überall mit mir nehme. Stellen wir uns einen Betrieb vor, in dem seit zwanzig oder dreißig Jahren nicht ein einziger Streik ausgerufen worden ist, in dem aber die Kaufkraft des Arbeiters aufgrund des «teuren Lebens» konstant sinkt. Jeder Arbeiter zieht zunächst Forderungen in Betracht. Die zwanzig Jahre «sozialen Friedens» jedoch haben zwischen den Arbeitern allmählich Beziehungen der Serialität eingeführt. Jeder Streik – selbst ein eintägiger – würde einen Zusammenschluß der Arbeiter erfordern. An diesem Punkt sträubt sich das serielle Denken – das trennt – heftig gegen die ersten Äußerungen des Denkens als Gruppe. Es wird rassistisch (die Immigrierten würden uns nicht folgen), frauenfeindlich (die Frauen würden uns nicht verstehen), feindselig gegenüber anderen gesellschaftlichen Kategorien (die Kleinhändler werden uns ebensowenig unterstützen wie die Bauern im Umland), mißtrauisch (mein Nachbar ist ein *anderer*, daher kann ich nicht wissen, wie er reagieren würde) etc. All diese separatistischen Urteile stellen nicht das Denken der Arbeiter selber dar, sondern das der *anderen*, die sie sind und die ihren Status von Identität und Getrenntheit erhalten wollen. Kommt der Zusammenschluß zustande, verschwindet jede Spur dieser pessimistischen Ideologie. Sie hatte keine andere

Funktion als zu rechtfertigen, daß die serielle Ordnung und die teils zugefügte, teils hingenommene Ohnmacht aufrechterhalten werden.

Das allgemeine Wahlrecht ist eine Institution, also ein Kollektiv, das die konkreten Menschen atomisiert oder serialisiert und sich an abstrakte Wesenheiten in ihnen wendet, die Bürger, die durch ein Ensemble von Rechten und politischen Pflichten, also durch ihr Verhältnis zum Staat und seine Institutionen definiert sind. Der Staat macht sie zu Bürgern, indem er ihnen beispielsweise das Recht gibt, alle vier Jahre einmal zu wählen, vorausgesetzt, sie erfüllen sehr allgemeine Bedingungen – Franzose zu sein, einundzwanzig Jahre zu sein –, die niemanden von ihnen wirklich charakterisieren. So gesehen sind alle Bürger, ob sie in Perpignan oder in Lille geboren sind, vollkommen identisch, wie wir es bei den Soldaten in der Armee gesehen haben: man interessiert sich nicht für ihre konkreten Probleme, die in ihren Familien oder ihren sozialen und beruflichen Zusammenhängen entstehen. Vor ihren abstrakten Einsamkeiten und Getrenntheiten stellen sich Gruppen oder Parteien auf, die ihre Stimmen begehren. Man erklärt ihnen, sie delegierten ihre Macht an eine oder mehrere dieser politischen Gruppierungen. Doch um «ihre Autorität delegieren» zu können, müßte die durch die Institution der Wahl konstituierte Serie wenigstens ein Quentchen davon besitzen. Hilflos, vom Mißtrauen eines jeden gegen einen jeden getrennt, getäuscht, aber ihrer Ohnmacht bewußt, können diese identischen, vom Gesetz erschaffenen Bürger aber, solange sie den Status einer Serie haben, keinesfalls jene souveräne Gruppe bilden, von der, wie man uns sagt, alle Macht ausgeht: das Volk. Im Bewußtsein der Tatsache, daß man ihnen das allgemeine Wahlrecht aufgenötigt hat, um sie, wie wir gesehen haben, zu atomisieren und daran zu hindern, sich zusammenzuschließen. Allein die Parteien können behaupten, einen Ansatz von Macht zu besitzen, da sie ursprünglich – im übrigen unterschiedlich serialisierte und bürokratisierte – Gruppen sind. In diesem Sinn müßte man die klassische Formel umkehren und, wenn eine Partei «Wählt mich!» sagt, nicht darunter verstehen, daß die Wähler ihre Souveränität an sie delegieren, sondern daß die Abstimmenden, weil sie es ablehnen, sich zu einer Gruppe zu verbinden, um zur Souveränität zu gelangen, eine oder mehrere der bereits konstituierten politischen Gemeinschaften damit beauftragen, die Macht, die sie bereits besitzen, national auszuweiten. Keine Partei kann die Serie der Bürger vertreten, denn ihre Macht bezieht sie aus sich selbst, das heißt aus ihrer gemeinschaftlichen Struktur; die Serie der Machtlosigkeit kann ihr in keinem Fall ein Quentchen Autorität delegieren. Umgekehrt bedient sich allerdings die Partei, welche es auch sei, ihrer Autorität, um auf die Serie einzuwirken, wenn sie von ihr verlangt, für sie abzustimmen; und ihre Autorität über die serialisierten Bürger wird allein durch jene begrenzt, die alle anderen Parteien zusammen haben. Kurz, wenn ich wähle, gebe ich meine Macht preis – das heißt die Möglichkeit, die jeder hat, mit allen anderen eine souveräne Gruppe zu bilden, die keinerlei Vertreter braucht – und behaupte, daß wir, die Wählenden, immer andere als wir selber sind und daß keiner von uns jemals die Serialität zugunsten der Gruppe verlassen kann, es sei denn durch Mittelspersonen. Wählen heißt für den serialisierten Bürger zweifellos, einer Partei seine Stimme zu geben, vor allem aber ist es ein Wählen der Wahl wegen, wie Kravetz in diesem Heft schreibt, das heißt der politischen Institution wegen, die uns im Zustand der seriellen Ohnmacht hält. Das hat man im Juni 1968 erlebt, als de Gaulle das aufrecht stehende, zusammengeschlossene Frankreich aufgefordert hat, zu wählen, das heißt, sich hinzulegen und sich in der Serialität zu wälzen. Die nicht institutionellen Gruppen hegten Argwohn, die identischen, vereinzelten Wähler stimmten für die UDR, die sie gegen die Aktion derselben Gruppen zu verteidigen versprach, die sie noch wenige Tage zuvor konstituierten. Das erlebt man auch heute, wenn Séguy drei Monate sozialen Frieden verlangt, um die Wähler nicht zu beunruhigen, in Wahrheit aber, damit die Wahlen *möglich* sind, was sie nicht mehr wären, wenn fünfzehn Millionen entschlossen Streikende, die aus der Erfahrung von 1968 gelernt haben, die Wahl ablehnen und zur direkten Aktion übergehen würden. Der Wähler soll weiter liegen bleiben und sich von seiner Ohnmacht durchdringen lassen; dann wählt er auch Parteien, damit sie *ihre* Autorität und nicht seine ausüben. So schließt sich jeder über seinem Wahlrecht ein wie ein Eigentümer über seinem Besitz, um für vier Jahre seine Herren zu wählen, ohne zu sehen, daß dieses angebliche Wahlrecht nur das Verbot ist, sich mit den anderen zu verbinden, um durch die *Praxis* die tatsächlichen Probleme zu lösen.

Der Wahlmodus, über den stets die Gruppen der Nationalversammlung, nie die Wähler entscheiden, verschlimmert den Sachverhalt. Das Verhältniswahlrecht würde die Wählenden nicht der Serialität entreißen; immerhin würde es von *allen* Stimmen Gebrauch machen. Die Nationalversammlung ergäbe ein korrektes Bild des politischen, das heißt des serialisierten Frankreich, da die Parteien entsprechend ihrem jeweils erreichten Stimmenanteil vertreten wären. Unser Listenwahlrecht hingegen stützt sich auf das entgegengesetzte Prinzip, das, wie ein Journalist sehr richtig sagte, so lautet: 49 % = 0. Erhalten die Kandidaten der UDR in einem Wahlkreis beim zweiten Wahlgang 50 Prozent der Stimmen, sind sie gewählt. Die 49 Prozent der Opposition verschwinden im Nichts: grob gerechnet entsprechen sie der Hälfte der Bevölkerung, die nicht das Recht hat, vertreten zu werden.

Stellen wir uns bei diesem System einen Wähler vor, der 1968 für die Kommunisten gestimmt hat und dessen Kandidaten nicht gewählt worden sind. Nehmen wir an, er wird 1973 dieselbe KP wählen. Sollten sich die Ergebnisse von denen 1968 unterscheiden, wird es nicht von ihm abhängen, da er in beiden Fällen denselben Kandidaten seine Stimme gegeben hat. Damit seine Stimmabgabe von Nutzen ist, muß sich eine bestimmte Zahl von Wählern, die 1968 für die heutige Mehrheit stimmten, aus Verdruß von ihr abwenden und ein linkeres Votum beabsichtigen. Aber zunächst ist es nicht Sache unseres Wählers, sie zu einer Entscheidung zu bewegen; außerdem sind sie vermutlich aus einem anderen Milieu, und er kennt sie nicht einmal. Alles wird anderswo und anders entschieden: von der Propaganda der Parteien, von bestimmten Presseorganen. Der Wähler der KP hat seinerseits nur zu wählen, das ist das einzige, was man von ihm verlangt: er wird wählen, sich aber nicht an den Aktionen beteiligen, die danach trachten, den Sinn seiner Stimmabgabe zu modifizieren. Im übrigen stehen viele, deren Meinung man vielleicht wird ändern können, der UDR zwar feindselig gegenüber, sind aber abgründige Antikommunisten: sie werden es vorziehen, «Reformer» zu wählen, die damit zu Schiedsrichtern der Situation werden. Es ist nicht unwahrscheinlich, daß sie sich dann dem Block PS-KP anschließen; also werden sie für die UDR, die wie sie das kapitalistische Regime erhalten will, eine zusätzliche Stütze sein. Das Bündnis von UDR und Reformern: das ist der objektive Sinn der Stimmabgabe des kommunistischen Wählers: sie ist in der Tat notwendig, damit die KP ihren Anteil an Stimmen behält und sogar zusätzliche gewinnt, und dieser Stimmenzuwachs wird die Zahl der Abgeordneten der Mehrheit senken und sie dazu bewegen, sich den Reformern in die Arme zu werfen. Dazu ist nichts zu sagen, wenn man die Regeln dieses Idiotenspiels akzeptiert. Doch insofern unser Wähler er selbst ist, das heißt ein konkreter Mensch, wird ihn das Ergebnis, das er als identischer anderer erreicht, keineswegs zufriedenstellen. Seine Klasseninteressen und seine individuellen Entscheidungen stimmten überein, um ihn eine linke Mehrheit wählen zu lassen. Er wird dazu beigetragen haben, eine Mehrheit der Rechten und des Zentrums in die Nationalversammlung geschickt zu haben, in der die UDR weiterhin die bedeutendste Partei sein wird. Der Wahlschein, den dieser Mann also in die Urne stecken wird, wird von den anderen eine andere Bedeutung erhalten als jene, die er ihm geben wollte: hier treffen wir wieder auf die serielle Aktion, die wir im praktisch-inerten Feld vorgefunden hatten.

Man geht noch weiter: da ich beim Wählen meine institutionalisierte Ohnmacht behaupte, scheut sich die amtierende Mehrheit nicht, die Wählerschaft zurechtzuschneidern, zu stutzen und zu manipulieren, bevorzugt werden die Landstriche und Städte, die «gut abstimmen», zum Nachsehen der Vororte und Vorstädte, die «schlecht abstimmen». So daß selbst die Serialität der Wählerschaft verändert wird. Wäre sie vollkommen, würde eine Stimme die andere wert sein. Davon sind wir weit entfernt: um einen kommunistischen Abgeordneten zu wählen, werden hundertzwanzigtausend Stimmen benötigt, dafür dreißigtausend, um einen UDRler ins Parlament zu bringen. Ein Wähler der Mehrheit ist vier KP-Wähler wert. Schließlich stimmt er gegen das, was man eine Supermehrheit nennen muß, das heißt gegen eine Mehrheit, die sich durch andere Mittel als die reine Serialität von Stimmen erhalten will.

Weshalb soll ich wählen? Weil man mich davon überzeugt hat, daß die einzige politische Handlung meines Lebens darin besteht, einmal alle vier Jahre meine Stimme zur Urne zu bringen? Das ist aber das Gegenteil einer Handlung. Ich tue nichts, als meine Ohnmacht zu offenbaren und der Macht einer Partei zu gehorchen. Darüber hinaus verfüge ich über eine Stimme von variablem Wert, je nachdem, welcher ich gehorche. Aus diesem Grund wird die Mehrheit der künftigen Nationalversammlung allein auf einer Koalition beruhen, und die Entscheidungen, die sie treffen wird, werden Kompromisse sein, die die Wünsche, die meine Stimmabgabe äußerte, keineswegs widerspiegeln werden. 1959 hat die Mehrheit für Guy Mollet gestimmt, weil er behauptete, schnellstmöglich den Frieden in Algerien herbeizuführen. Die sozialistische Regierung, die an die Macht kam, beschloß, den Krieg zu verstärken: was zahlreiche Wähler dazu führte, von der Serie, die nie weiß, wofür und für wen sie wählt, zur Untergrundgruppe überzugehen. Das hätten sie zwar viel eher tun müssen, doch eigentlich war es das unwahrscheinliche Ergebnis ihrer Stimmabgaben, das die Ohnmacht des allgemeinen Wahlrechts offenlegte.

In Wirklichkeit ist bei näherer Überlegung alles klar, und man kommt zur Schlußfolgerung, daß die indirekte Demokratie eine Mystifizierung ist. Es wird behauptet, das gewählte Parlament spiegele die öffentliche Meinung am besten wider. Eine öffentliche Meinung ist jedoch immer nur seriell. Die Blödsinnigkeit der Massenmedien, die Regierungserklärungen, die parteiische oder verstümmelte Weise, in der die Zeitungen die Ereignisse berichten, das alles sucht uns in unserer seriellen Einsamkeit auf und belädt uns mit Ideen aus Stein, die sich daraus zusammensetzen, was wir denken, daß die anderen es denken werden. Zweifellos gibt es im Grunde unser selbst Ansprüche und Proteste, doch mangels einer Bestätigung durch die anderen zerschellen sie und hinterlassen uns «blaue Flecken an der Seele» und ein Gefühl der Frustration. So habe ich, ich anderer, wenn man uns zur Wahl ruft, den Kopf vollgepropft mit versteinerten Ideen, die die Presse oder das Fernsehen darin aufgetürmt haben, und es sind diese seriellen Ideen, die sich in meiner Stimmabgabe äußern, aber es sind nicht *meine* Ideen. Der gesamte Komplex der Institutionen der bürgerlichen Demokratie spaltet mich: es gibt mich und all die anderen, die ich sein soll (Franzose, Soldat, Arbeiter, Steuerzahler, Bürger etc.). Diese Spaltung läßt uns das leben, was die Psychiater eine permanente Identitätskrise nennen. Wer bin ich eigentlich? Ein anderer, der allen anderen identisch ist und von jenen Gedanken der Ohnmacht bewohnt wird, die überall entstehen und nirgendwo *gedacht* werden, oder ich selbst? Und wer wählt? Ich finde mich da nicht mehr zurecht.

Dennoch gibt es Leute, die sagen, daß sie wählen werden, «um die Lumpen zu wechseln», was bedeutet, daß in ihren Augen der Sturz der UDR-Mehrheit absolute Priorität hat. Und ich gebe zu, daß es schön wäre, diese anrüchigen Politiker hinauszuwerfen. Hat man aber darüber nachgedacht, daß man, um sie zu stürzen, eine andere Mehrheit an ihre Stelle setzen muß, die an denselben Wahlprinzipien festhält?

UDR, Reformer und KP-PS konkurrieren miteinander: diese Parteien nehmen auf einer gemeinsamen Ebene Platz, die die indirekte Vertretung, ihre hierarchische Macht und die Ohnmacht der Bürger, kurz das «bürgerliche System» ist. Daß die KP, die vorgibt, revolutionär zu sein, seit der friedlichen Koexistenz so weit heruntergekommen ist, daß sie bürgerlich um die Macht bittet und die Institution des allgemeinen Wahlrechts akzeptiert, müßte doch zu denken geben. Sie wetteifern, wer die Bürger am besten einlullen kann: die UDR redet von Ordnung, von sozialem Frieden, die KP versucht ihr revolutionäres Markenzeichen in Vergessenheit geraten zu lassen. Mit beflissener Hilfe der Sozialisten gelingt ihr das in letzter Zeit so gut, daß sie, könnte sie dank unserer Stimmen die Macht ergreifen, *sine die* die Revolution verschieben und die stabilste aller Wahlparteien werden würde. Ist ein Wechsel wirklich so vorteilhaft? So oder so wird man die Revolution in den Urnen ertränken, was nicht verwunderlich ist, da sie so oder so nicht dazu gedacht sind.

Einige wiederum möchten machiavellistisch sein, das heißt sich ihrer Wahlstimme bedienen, um ein nicht serielles Ergebnis zu erzielen. Indem sie, falls sie können, eine Mehrheit von KP und PS in die neue Nationalversammlung schicken, hoffen sie, Pompidou dazu zu zwingen, die Maske abzulegen, also die Abgeordnetenkammer aufzulösen, mit anderen Worten uns zum aktiven Kampf, Klasse gegen Klasse oder Gruppe gegen Gruppe, vielleicht zum Bürgerkrieg zu nötigen. Welch seltsamer Gedanke, uns entsprechend den Wünschen des Feindes zu serialisieren, damit er gewaltsam reagiert und uns zum Zusammenschluß zwingt. Das ist ein Irrtum. Um machiavellistisch sein zu können, muß man von sicheren Vorgaben ausgehen, deren Auswirkungen man voraussehen kann. Das ist nicht der Fall: man kann die Ergebnisse einer serialisierten Wahl nicht sicher voraussagen; voraussehbar ist, daß die UDR Sitze verlieren und KP-PS und Reformatoren welche gewinnen werden; der Rest ist nicht wahrscheinlich genug, um davon ausgehend eine Taktik zu definieren. Nur ein Hinweis: *France-Soir* veröffentlichte am 4. Dezember eine Umfrage der IFOP mit 45 Prozent für KP-PS, 40 Prozent für die UDR, 15 Prozent für die Reformer. Und diese seltsame Feststellung: es gibt weit mehr Stimmen für KP-PS als Menschen, die überzeugt sind, daß diese Koalition gewinnen wird. Also werden – die ganzen Unwägbarkeiten einer Umfrage in Rechnung gestellt – viele ihre Stimme der Linken geben in der Gewißheit, daß sie nicht die Mehrheit erhalten wird: wieder diese Menschen, für die die Beseitigung der UDR prioritär ist, die aber keine große Lust haben, sie durch die Linke zu ersetzen. Aus diesen Bemerkungen heraus halte ich heute, am 5. Januar 1973, eine Mehrheit von UDR und Reformern für wahrscheinlich. In diesem Fall wird Pompidou die Nationalversammlung nicht auflösen: die

Mehrheit wird sich etwas lockern, es wird weniger Skandale geben, das heißt, man wird sich darum bemühen, daß sie weniger leicht enthüllt werden können, J.-J. S.-S.[1] und Lecanuet werden in die Regierung eintreten. Das ist alles. Der Machiavellismus wird sich gegen die kleinen Machiavellis wenden.

Wenn sie zur direkten Demokratie zurückwollen, derjenigen des Volkes im Kampf gegen das System, derjenigen der konkreten Menschen gegen die Serialisierung, die sie in Sachen verwandelt, warum dann nicht damit anfangen? Wählen, nicht wählen, das ist einerlei. Sich zu enthalten bedeutet in der Tat, die neue Mehrheit, welche sie auch sei, zu bestätigen. Was man auch hierzu tut, nichts wird man getan haben, wenn man nicht gleichzeitig, also von heute an, das System der indirekten Demokratie bekämpft, das uns vorsätzlich zur Ohnmacht verdammt, und jeder nach seinen Möglichkeiten die breite antihierarchische Bewegung zu organisieren versucht, die die Institutionen überall in Frage stellt.

Les temps modernes, Nr. 318, Januar 1973

1 Jean-Jacques Servan-Schreiber, Anm. d. Übers.

Quellennachweise

Portrait de l'aventurier (Porträt des Abenteurers, Einführung in das gleichnamige Buch von Roger Stéphane), Sagittaire, Paris 1950; wiederabgedruckt in: *Situations VI*, Gallimard, Paris 1964, 7–22 (Übersetzt von Eva Groepler).

Après Budapest – Sartre parle (Nach Budapest – Sartre spricht), *L'Express*, supplément au numéro 281, 9. 11. 56, S. 13–16); deutsch in: *Der Mittag*, 8./9. 12. 56, ferner in: *Die Kultur* vom 1. 12. 56, S. 6/7 unter dem Titel «Der Sozialismus als russische Importware hat Bankrott gemacht» sowie unter dem Titel «Sartre widersagt den Verbrechern» und «Sartre über Frankreichs Linke» in: *Ost-Probleme*, Heft 48, 1956, S. 1684 ff und Nr. 1, 4. 1. 1957, S. 20 ff. Überarbeitete Fassung.

Palmiro Togliatti (Palmiro Togliatti). Veröffentlicht ein Tag nach Togliattis Tod, am 30. August 1964, in *L'Unità*, französisch in: *Les temps modernes*, Nr. 221, Oktober 1964; wiederabgedruckt in: *Situations IX*, Gallimard, Paris 1972, 137–151. Zuerst erschienen in: Jean-Paul Sartre, *Mai '68 und die Folgen 2*, Rowohlt Taschenbuch Verlag, Reinbek 1975, 112–122 (Übersetzt von Eva Groepler).

L'alibi (Das Alibi) in: *Le Nouvel Observateur*, 19. November 1964; wiederabgedruckt in: Jean-Paul Sartre, *Situations VIII*, Gallimard, Paris 1972, 127–145. Zuerst erschienen in: Jean-Paul Sartre, *Mai '68 und die Folgen 1*, Rowohlt Taschenbuch Verlag, Reinbek 1974, 7–18 (Übersetzt von Eva Groepler).

Refusons le chantage (Weisen wir die Erpressung zurück) in: *Le Nouvel Observateur*, 17. Juni 1965; wiederabgedruckt in: Jean-Paul Sartre, *Situations VIII*, Gallimard, Paris 1972, 146–158. Deutsch zuerst erschienen unter dem Titel «Die französische Alternative», in: *Sonntag* Nr. 28, Berlin (Ost) 11. 7. 1965, übersetzt von Waltraut Schulze und Vincent von Wroblewsky, dann in: Jean-Paul Sartre, *Mai '68 und die Folgen 1*, Rowohlt Taschenbuch Verlag, Reinbek 1974, 19–26 (Übersetzt von Eva Groepler).

Achever la gauche ou la guérir? (Der Linken den Garaus machen oder sie kurieren?) in: *Le Nouvel Observateur*, 24. Juni 1965; wiederabgedruckt in: Jean-Paul Sartre, *Situations VIII*, Gallimard, Paris 1972, 159–168. Zuerst erschienen in: Jean-Paul Sartre, *Mai '68 und die Folgen* 1, Rowohlt Taschenbuch Verlag, Reinbek 1974, 27–32 (Übersetzt von Eva Groepler).

Was sich für uns in Vietnam entscheidet – Rede J. P. Sartres vor dem Weltfriedenkongreß in Helsinki am 16. Juli 1965, in: *Sonntag* Nr. 36, Berlin (Ost) 5. 9. 1965. Von Vincent von Wroblewsky aufgezeichneter, übersetzter und hier erstmals vollständig veröffentlichter Text.

Plaidoyer pour les intellectuels (Plädoyer für die Intellektuellen), drei Vorträge, gehalten in Tokio und Kioto im September und Oktober 1965, in: *Situations VIII*, Gallimard, Paris 1972, 375–455. Zuerst erschienen in: Jean-Paul Sartre, *Mai '68 und die Folgen* 2, Rowohlt Taschenbuch Verlag, Reinbek 1975, 9–64 (Übersetzt von Eva Groepler).

Le choc en retour (Der Gegenschock), in: *Le Nouvel Observateur*, 8. Dezember 1965; wiederabgedruckt in: *Situations VIII*, Gallimard, Paris 1972, 169–174. Zuerst erschienen in: Jean-Paul Sartre, *Mai '68 und die Folgen* 1, Rowohlt Taschenbuch Verlag, Reinbek 1974, 33–36 (Übersetzt von Eva Groepler).

«L'Agression» de Georges Michel, interview par Nicole Zand, in: *Bref*, Périodique du Théâtre national populaire. Deutsch «Die Frustration der Jugend. Ein Gespräch mit J. P. Sartre über George Michels *L'Agression*», in: *Theater heute*, Nr. 6/1967, 14.

L'intellectuel face à la révolution (Der Intellektuelle und die Revolution), Interview mit Jean-Claude Garot in: *Le Point*, Brüssel, Januar 1968, 18–23. © 1968 by Le Point, Brüssel. Deutsch von Irma Reblitz. Zuerst erschienen in: J.-P. Sartre, *Der Intellektuelle und die Revolution*, Sammlung Luchterhand Nr. 30, 1971, 11–30. © by Hermann Luchterhand Verlag GmbH & Co. KG, Darmstadt und Neuwied.

Message [au Congrès culturel de la Havane], (Grußbotschaft an den Kulturkongreß in Havanna) in: *Granma* (Wochenzusammenfassung), 21. 1. 1968, S. 6. Deutsche Erstveröffentlichung von Vincent von Wroblewsky.

Ich bin nicht gegen die Amerikaner, ich bin für Vietnam. Interview mit Dagobert Lindlau, in: *Konkret*, Januar 1968, 31–33.

L'imagination au pouvoir (Die Phantasie an die Macht). Ein Gespräch zwischen J.-P. Sartre und Daniel Cohn-Bendit, in *Le Nouvel Observateur*, Sonderbeilage, 20. 5. 1968, Auszüge in *Le Monde*, 22. 5. 1968; wiederabgedruckt in: J. Sauvageot, A. Geismar, D. Cohn-Bendit, J.-P. Duteuil, *La Révolte étudiante: Les animateurs parlent*. Ed. du Seuil, Paris 1968, 86–97. Deutsch in *Die Zeit* Nr. 22, 31. 5. 1968, 3–4.

Les bastilles de Raymond Aron (Die Schützengräben von Raymond Aron) in: *Le Nouvel Observateur*, 19. Juni 1968; wiederabgedruckt in: *Situations VIII*, Gallimard, Paris 1972, 175–192. Zuerst erschienen in: Jean-Paul Sartre, *Mai '68 und die Folgen* 1, Rowohlt Taschenbuch Verlag, Reinbek 1974, 37–47 (Übersetzt von Eva Groepler).

L'idée neuve de Mai 1968 (Der neue Gedanke des Mai '68) in: *Le Nouvel Observateur*, 26. Juni 1968; wiederabgedruckt in: *Situations VIII*, Gallimard, Paris 1972, 193–207. Zuerst erschienen in: Jean-Paul Sartre, *Mai '68 und die Folgen* 1, Rowohlt Taschenbuch Verlag, Reinbek 1974, 48–56 (Übersetzt von Eva Groepler).

Les communistes ont peur de la révolution (Die Kommunisten haben Angst vor der Revolution), Editions John Didier, Paris 1968; wiederabgedruckt in: *Situations VIII*, Gallimard, Paris 1972, 208–225. Zuerst erschienen in: Jean-Paul Sartre, *Mai '68 und die Folgen* 1, Rowohlt Taschenbuch Verlag, Reinbek 1974, 57–67. (Übersetzt von Eva Groepler).

Jean-Paul Sartre sui fatti di Praga (Ich neige zum Pessimismus. Interview mit Oretta Bongarzoni) in: *Paese Sera*, Rom, 25. 8. 1968, Auszüge in *Le Monde*, 27. 8. 1968 und unter dem Titel «Crisis and Hope» in *The Nation*, New York, 30. 9. 1968, deutsch in: *Konkret* Nr. 10, Sept. 1968.

Il n'y a pas de bon gaullisme (Es gibt keinen guten Gaullismus) in: *Le Nouvel Observateur*, 4. November 1968; wiederabgedruckt in: *Situations VIII*, Gallimard, Paris 1972, 226–232. Zuerst erschienen in: Jean-Paul Sartre, *Mai '68 und die Folgen* 1, Rowohlt Taschenbuch Verlag, Reinbek 1974, 68–71 (Übersetzt von Eva Groepler).

Le Mur au lycée («Die Mauer» am Gymnasium) in: *Le Monde*, 18. Januar 1969; wiederabgedruckt in: *Situations VIII*, Gallimard, Paris 1972, 233–238. Zuerst erschienen in: Jean-Paul Sartre, *Mai '68 und die Folgen* 1, Rowohlt Taschenbuch Verlag, Reinbek 1974, 72–75 (Übersetzt von Eva Groepler).

La jeunesse piégée (Die hereingelegte Jugend) in: *Le Nouvel Observateur*, 17. März 1969; wiederabgedruckt in: *Situations VIII*, Gallimard, Paris 1972, 239–261. Zuerst erschienen in: Jean-Paul Sartre, *Mai '68 und die Folgen* 1, Rowohlt Taschenbuch Verlag, Reinbek 1974, 76–90 (Übersetzt von Eva Groepler).

L'homme au magnétophone (Der Narr mit dem Tonband oder Die psychoanalysierte Psychoanalyse) in: *Les temps modernes*, Nr. 274, April 1969; deutsch in *Neues Forum*, XVI. Jahr, Heft 192, Wien, Dez. 1969, 705–710; später noch einmal in *Kursbuch* Nr. 29. Auszüge unter dem Titel «Jetzt analysiere ich Sie, Dr. X» in: *Der Spiegel*, Nr. 50/1969, 8. 12. 1969, 202–204.

Masses, spontaneité, parti (Massen, Spontaneität, Partei) in: *Il Manifesto*, 4. September 1969; wiederabgedruckt in: *Situations VIII*, Gallimard, Paris 1972, 262–290. Zuerst erschienen in: Jean-Paul Sartre, *Mai '68 und die Folgen* 1, Rowohlt Taschenbuch Verlag, Reinbek 1974, 91–109 (Übersetzt von Eva Groepler).

Le peuple brésilien sous le feu croisé des bourgeois (Das brasilianische Volk im Kreuzfeuer der Bürger) in: *Témoignage chrétien*, 29. Januar 1970; wiederabgedruckt in: *Situations VIII*, Gallimard, Paris 1972, 291–297. Zuerst erschienen in: Jean-Paul Sartre, *Mai '68 und die Folgen* 1, Rowohlt Taschenbuch Verlag, Reinbek 1974, 110–113 (Übersetzt von Eva Groepler).

L'affaire Geismar (Die Affäre Geismar), Vorwort zu *Minutes du procès d'Alain Geismar*, Editions Hallier, Paris 1970; wiederabgedruckt in: *Situations VIII*, Gallimard, Paris 1972, 298–301. Zuerst erschienen in: Jean-Paul Sartre, *Mai '68 und die Folgen* 1, Rowohlt Taschenbuch Verlag, Reinbek 1974, 114–116 (Übersetzt von Eva Groepler).

Le tiers monde commence en banlieue (Die dritte Welt beginnt in den Vororten), Diskussionsbeitrag auf einer von der UGTS organisierten Veranstaltung anläßlich der Veröffentlichung des *Livre des travailleurs africains en France*, Maspéro, Paris 1970; wiederabgedruckt in: *Situations VIII*, Gallimard, Paris 1972, 302–307. Zuerst erschienen in: Jean-Paul Sartre, *Mai '68 und die Folgen* 1, Rowohlt Taschenbuch Verlag, Reinbek 1974, 117–120 (Übersetzt von Eva Groepler).

Intervention à la conférence de presse du Comité, le 27 janvier 1970 (Erklärung auf der Pressekonferenz des «Komitees zur Befreiung der inhaftierten Soldaten» am 27. Januar 1970; wiederabgedruckt in: *Situations VIII*, Gallimard, Paris 1972, 314–318. Zuerst erschienen in: Jean-Paul Sartre, *Mai '68 und die Folgen* 1, Rowohlt Taschenbuch Verlag, Reinbek 1974, 125–127 (Übersetzt von Eva Groepler).

Toute la vérité (Die ganze Wahrheit) in: *Le Monde*, 27. Mai 1970; wiederabgedruckt in: *Situations VIII*, Gallimard, Paris 1972, 308–313. Zuerst erschienen in: Jean-Paul Sartre, *Mai '68 und die Folgen* 1, Rowohlt Taschenbuch Verlag, Reinbek 1974, 121–124 (Übersetzt von Eva Groepler).

Bürgerkrieg in Frankreich. Interview mit Jean-Paul Sartre und André Glucksmann, scope film kollektiv, Frankfurt, Hessischer Rundfunk, 12. 7. 1970, veröffentl. in: J.-P. Sartre, *Der Intellektuelle und die Revolution*, Sammlung Luchterhand 30, S. 36–57.

L'ami du peuple (L'ami du peuple) , Interview mit *L'Idiot international*, Oktober 1970; wiederabgedruckt in: *Situations VIII*, Gallimard, Paris 1972, 456–476. Deutsch von Traugott König. Zuerst erschienen in: Jean-Paul Sartre, *Mai '68 und die Folgen* 2, Rowohlt Taschenbuch Verlag, Reinbek 1975, 65–77.

Le Socialisme qui venait du froid (Der Sozialismus, der aus der Kälte kam). Vorwort zu *Trois générations* von Antonin Liehm, Gallimard, Paris 1970; wiederabgedruckt in: *Situations IX*, Gallimard, Paris 1972, 227–276. Deutsch von Hilda von Born-Pilsach. Zuerst erschienen in: Jean-Paul Sartre, *Mai '68 und die Folgen* 2, Rowohlt Taschenbuch Verlag, Reinbek 1975, 151–184.

A Renault-Billancourt, Jean-Paul Sartre. Le Peuple était là (Rede vor Renault-Arbeitern) am 20. Oktober 1970 *in: L'Idiot international* Nr. 11, Paris, London Nov. 1970). Veröffentlicht in: J.-P. Sartre, *Der Intellektuelle und die Revolution*, Sammlung Luchterhand 30, 149–150.

Premier procès populaire à Lens (Erstes Volkstribunal in Lens) in: *Situations VIII*, Gallimard, Paris 1972, 319–331. Zuerst erschienen in: Jean-Paul Sartre, *Mai '68 und die Folgen 1*, Rowohlt Taschenbuch Verlag, Reinbek 1974, 128–135 (Übersetzt von Eva Groepler).

Ein Betriebstribunal. Interview mit Claude Kiejman, Januar 1971, veröffentl. in: J.-P. Sartre, *Der Intellektuelle und die Revolution*, Sammlung Luchterhand 30, S. 58–80.

Préface au Procès de Burgos, de Gisèle Halimi (Der Burgos-Prozeß), Gallimard, Paris 1971 (Übersetzt von Eva Groepler).

Kein Erbarmen mit den Linken. Interview mit Alice Schwarzer, in *Pardon*, Nr. 11/1970, 57–64; leicht überarbeitet und gekürzt wiederabgedruckt unter dem Titel «Aktion statt Druckerschwärze», in: *Neues Forum*, Mitte November 1970, 1023–1025.

Les Maos en France (Die Maoisten in Frankreich), Vorwort zu *Maos en France* von Michèle Manceaux, Gallimard, Paris 1972; wiederabgedruckt in: *Situations IX*, Gallimard, Paris 1976, 38–47 (Übersetzt von Eva Groepler).

Justice et Etat (Justiz und Staat), Vortrag, gehalten am 25. Februar 1972 auf Einladung der Anwaltskammer in Brüssel; in: *Situations IX*, Gallimard, Paris 1976, 48–74 (Übersetzt von Eva Groepler).

Elections, piège à cons (Wahlen, Idiotenfallen) in: *Les temps modernes*, Nr. 318, Januar 1973; wiederabgedruckt in: *Situations IX*, Gallimard, Paris 1976, 75–87 (Übersetzt von Eva Groepler).

Bibliographie

1. Zu den Bänden VIII und IX von «Situations»

Anonymus, *Choose, and Accept the Consequences* in: *The Times Literary Supplement* Nr. 3656 vom 24. März 1972.

Braun, Christina von , *Band VIII und IX von Sartres «Situations»* in: *Die Tat* (Zürich) vom 17. Juni 1972.

C.,J. (wahrscheinlich Jeannette Colombel), *Situations VIII et IX par Jean-Paul Sartre* in: *Magazine Littéraire* Nr. 67–68 vom September 1972.

Calvet, Jean-Louis, *Sartre politique* in: *Politique-Hebdo* vom 2. März 1972.

Georges, François, *Sartre après mai* in: *Le Nouvel Observateur* vom 20. März 1972.

Guissard, Lucien, *Jean-Paul Sartre: L'Ecrivain saisi par la politique* in: *La Croix* vom 5.-6. März 1972.

Hector, Josette, *La présence de Sartre* in: *Techniques Nouvelles* (Brüssel), März 1972.

Lapouge, Gilles, *Les superbes colères de Jean-Paul Sartre* in: *France-soir* vom 10. Februar 1972.

Mauriac, Claude, *L'Itinéraire mouvementé de Sartre* in: *Le Figaro Littéraire* Nr. 1348 vom 18. März 1972.

Mertens, Pierre, *L'imagination contre le pouvoir* in: *Le soir* (Brüssel) vom 16. Februar 1972.

Mayer, Hans, *Sartre über Sartre: Situations VIII und IX* in: *Anmerkungen zu Sartre*, Pfüllingen 1972, 72–80.

Ormesson, Jean d', *Portrait de l'intellectuel en militant de base* in: *Les Nouvelles Littéraires* Nr. 2316 vom 14. Februar 1972.

Raillard, Georges, *Sartre et l'écrivain* in: *Le Français dans le monde* vom Oktober/November 1972.

Souchet, Claude-Roland, *Deux intellectuels: Mounier et Sartre* in: *Jeune République*, 2. Trimester 1972.

Tauxe, Henri-Charles, *Jean-Paul Sartre et la politique* in: *24 Heures* (Lausanne) vom 17. April 1972.

Ullán, José-Miguel, *Situación de Sartre* in: *Camp de l'Arpa* Nr. 2, Juli 1972.

Werner, Eric, *Pour Sartre, la révolution est plus que jamais à l'ordre du jour* in: *Journal de Genève* vom 1. April 1972.

2. Zu Band IX von «Situations»

(nach der amerikanischen Ausgabe *Between Existentialism and Marxism*, übersetzt von John Mathews bei Pantheon Books, New York 1974/London, New Left Books 1974)

Anonymus, *Marxist Revival* in: *The Economist* Bd. 259, Nr. 6924 vom 8. Mai 1976.

Cranston, Maurice, *Cogito ergo boom* in: *Washington Post book World* vom 9. März 1975.

Di Piero, W. S., *After Innocence* in: *Chicago Review* XXVIII, Nr. 1, Sommer 1976.

Hux, Samuel, *Of Our Time* in: *New Republic*, Bd. 172, Nr. 12 vom 22. März 1975.

Koch, Stephen, *The Roots of Reality* in: *Saturday Review*, Bd. 2, Nr. 13, 22. März 1975.

Levine, George, *Discomforting Fragments of an Uncomfortable Mind* in: *New York Time Book Review* vom 23. März 1975.

Grolnick, Simon A., *Sartre and Psychoanalysis. A Current View of «Between Existentialism and Marxism»* in: *Literature and Psychology* XXVII, 1977.

Manser, Anthony, *Reappraising Sartre* in: *Times Higher Education Supplement* Nr. 266 vom 26. November 1976.

Weightman, John, *The Great Verbaliser* in: *The Observer* vom 31. März 1974.

3. Zum Band X von «Situations»

Allen, James Sloan, *Books in Brief* in: *Saturday Review* vom 2. April 1977.

Cranston, Maurice, *The Sounds of Sartre* in: *Washington Post book World* vom 8. Mai 1977.

Johnson, R. W., *Afterwords* in: *New Society*, XLIV, Nr. 820 vom 22. Juni 1978.

Le Clec'h, Guy, «*Il n'y a rien a regretté ...*» in: *L'Arche* Nr. 227 vom Februar 1976.

Mauriac, Claude, *Sartre saisi par la politique* in: *Le Figaro Littéraire* Nr. 1551 vom 7. Februar 1976.

Molnar, Thomas, *L'Arsenal de Sartre* in: *Ecrits de Paris* vom Mai 1976.

Oster, Daniel, *Mémoire d'un X.* in: *Les Nouvelles Littéraires* Nr. 2517 vom 29. Januar 1976.

Petruzellis, Nicola, *L'ultimo libro du Jean-Paul Sartre* in: *Francia* XVIII, April-Juni 1976.

Petruzellis, Nicola, *Situations X* in: *Rassegna di Scienze Filosofiche*, XXIX, 1976.

Poirot-Delpech, Bernard, *Des Mots aux Paroles: Situations X, de Jean-Paul Sartre* in: *Le Monde* (Wochenausgabe) Nr. 1422 vom 22.–28. Januar 1976.

Poulet, Robert, *Sartre, un écrivain victime des mots* in: *Spectacle du Monde* Nr. 171, Juni 1976.

Sturrock, John, *Sartre Thinking and Talking* in: *New York Book Review* vom 3. April 1977.

Roy, Claude, *Sartre, voyage au bout de la raison* in: *Le Nouvel Observateur* Nr. 618, 13. September 1976.

Turnell, Martin, *A remarkable Varied Achievement* in: *Tablet*, Bd. 232, Nr. 7203 vom 29. Juli 1978.

Weightman, John, *Sartre at Seventy* in: *The Times Literary Supplement* Nr. 3876 vom 25. Juni 1976.

4. Zum «Plädoyer für die Intellektuellen»

Chavardès, Maurice, *Sartre en «Situations»* in: *Témoignage Chrétien* vom 25. Januar 1972.

Nadeau, Maurice, *Qu'est-ce qu'un intellectuel?* in: *La Quinzaine Littéraire* vom 1.–15. Februar 1973.

5. Zu «Der Sozialismus, der aus der Kälte kam»

Le Clec'h, Guy, *Le Regel a Refroidi Jean-Paul Sartre* in: *Le Figaro Littéraire* vom 26. Januar–1. Februar 1970.

Roy, Claude, *La nouvelle sainte alliance* in: *Le Nouvel Observateur* Nr. 273 vom 2.–8. Februar 1970.

Slonim, Marc, *European Notebook* in: *The New York Time Book Review* vom 28. Juni 1970.

Personenregister

Jean-Paul Sartre:
Gesammelte Werke in Einzelausgaben

In Zusammenarbeit mit dem Autor und Arlette Elkaïm-Sartre
begründet von Traugott König,
herausgegeben von Vincent von Wroblewsky

Romane und Erzählungen

Band 1: Der Ekel. Roman (Gebunden und als rororo 581)
Band 2: Die Kindheit eines Chefs. Gesammelte Erzählungen
(Gebunden und als rororo 5517)
Band 3: Zeit der Reife. Die Wege der Freiheit 1. Roman (rororo 5813)
Band 4: Der Aufschub. Die Wege der Freiheit 2. Roman (rororo 5935)
Band 5: Der Pfahl im Fleische. Die Wege der Freiheit 3. Roman
(rororo 12270)
Band 6: Die letzte Chance. Die Wege der Freiheit 4. Romanfragment
(rororo 5692)

Theaterstücke

Band 1/2: Bariona oder Der Sohn des Donners. Ein Weihnachtsspiel
– Die Fliegen (rororo 12942)
Band 3: Geschlossene Gesellschaft (rororo 5769)
Band 4: Tote ohne Begräbnis (rororo 12487)
Band 5: Die respektvolle Dirne (rororo 5838)
Band 6: Die schmutzigen Hände (rororo 12485)
Band 7: Der Teufel und der liebe Gott (rororo 12951)
Band 8: Kean
Band 9: Nekrassow
Band 10: Die Eingeschlossenen von Altona (rororo 12525)
Band 11: Die Troerinnen des Euripides

Drehbücher

Band 1: Das Spiel ist aus (rororo 59)
Band 2: Im Räderwerk (rororo 12207)
Band 3: Freud. Das Drehbuch (Gebunden und als rororo 13607)

Philosophische Schriften

Band 1: Die Transzendenz des Ego. Philosophische Essays 1931–1939 (Gebunden)

Band 2: Das Imaginäre. Phänomenologische Psychologie der Einbildungskraft (Gebunden)

Band 3: Das Sein und das Nichts. Versuch einer phänomenologischen Ontologie (Gebunden und als rororo 13316)

Band 4: Bewußtsein und Erkenntnis. Philosophische Essays 1943–1950 (in Vorbereitung). Daraus zur Zeit lieferbar: Bewußtsein und Selbsterkenntnis, rororo 1649)

Band 5: Marxismus und Existentialismus. Versuch einer Methodik (rde 196)

Band 6: Kritik der dialektischen Vernunft 1. Theorie der gesellschaftlichen Praxis (Gebunden)

Band 7: Determination und Freiheit. Philosophische Essays 1961–1969 (in Vorbereitung)

Band 8: Aufzeichnungen zu einer Moral. Aus dem Nachlaß (in Vorbereitung)

Band 9: Kritik der dialektischen Vernunft 2. Die Intelligibilität der Geschichte. Aus dem Nachlaß (in Vorbereitung)

Schriften zur Literatur

Band 1: Der Mensch und die Dinge. Aufsätze zur Literatur 1938–1946 (rororo 4260)

Band 2: Baudelaire. Ein Essay (rororo 4225)

Band 3: Was ist Literatur? (rororo 4779)

Band 4: Saint Genet, Komödiant und Märtyrer (Gebunden)

Band 5: Schwarze und weiße Literatur. Aufsätze zur Literatur 1946–1960 (rororo 5199)

Band 6: Was kann Literatur? Interviews, Reden, Texte 1960–1976 (rororo 4381)

Band 7: Der Idiot der Familie 1. Gustave Flaubert 1821–1857. I. Die Konstitution (dnb 78)

Band 8: Der Idiot der Familie 2. Gustave Flaubert 1821–1857. II. Die Personalisation 1 (dnb 89)

Band 9: Der Idiot der Familie 3. Gustave Flaubert 1821–1857. II. Die Personalisation 2 (dnb 90)

Tagebücher
Tagebücher November 1939–März 1940 (Gebunden)

Briefe
Briefe an Simone de Beauvoir 1. 1926–1939 (rororo 5424)
Briefe an Simone de Beauvoir 2. 1940–1963 (rororo 5570)

Reisen
Band 1: Königin Albemarle oder Der letzte Tourist (Gebunden)

Zu Sartres Leben und Werk sind erschienen:
Walter Biemel: Jean-Paul Sartre mit Selbstzeugnissen und Bilddokumenten (rowohlts monographien 87)

Annie Cohen-Solal: Sartre. 1905–1980 (Gebunden und als rororo 12950)

Traugott König (Hg.): Sartres Flaubert lesen. Essays zu «Der Idiot der Familie» (dnb 116)

Traugott König (Hg.): Den Menschen erfinden. Sartre-Lesebuch (Gebunden und als rororo 13004)

Traugott König (Hg.): Sartre. Ein Kongreß (re 475)

Axel Madsen: Jean-Paul Sartre und Simone de Beauvoir. Die Geschichte einer ungewöhnlichen Liebe (rororo 4921)

Marius Perrin: Mit Sartre im deutschen Kriegsgefangenenlager / Jean-Paul Sartre: Mathieus Tagebuch. Ein Fragment / Bariona oder Der Sohn des Donners. Ein Weihnachtsspiel (rororo 5267)

Gesammelte Werke Jean-Paul Sartres
in acht preiswerten Taschenbuchkassetten

Kassette 1 Schriften zur Literatur (8 Bände, bereits erschienen)
Kassette 2 Romane und Erzählungen (4 Bände, bereits erschienen)
Kassette 3 Theaterstücke (9 Bände, bereits erschienen)
Kassette 4 Drehbücher
Kassette 5 Politische Schriften
Kassette 6 Autobiographische Schriften, Briefe, Tagebücher
(6 Bände, bereits erschienen)
Kassette 7 Philosophische Schriften
Kassette 8 Schriften zur bildenden Kunst und Musik. Reisen

Literatur für Kopf Hörer
Christian Brückner liest *Die Kindheit eines Chefs*
3 Toncassetten im Schuber, 223 Minuten Spieldauer (rororo 66014)

«Ich bin am 9. Januar 1908 um vier Uhr morgens geboren, und zwar in einem Zimmer mit weißlackierten Möbeln, das nach dem Boulevard Raspail zu lag....»

Simone de Beauvoir
Memoiren einer Tochter aus gutem Hause
(rororo 1066)

In den besten Jahren
(rororo 1112)
Simone de Beauvoirs Erinnerungen an jenes glückliche Dezennium, in dem sich die junge Lyzeal-Lehrerin mit Sartre befreundet und zur Schriftstellerin entfaltet.

Der Lauf der Dinge
(rororo 1250)
Die Beziehung und die Reisen mit Sartre, ihre Liebesaffäre mit dem amerikanischen Romancier Nelson Algren, ihre Freundschaften und Zerwürfnisse mit Camus, Koestler, Giacometti, Merleu-Ponty, Aaron - ein faszinierendes Zeitdokument über das Leben europäischer Intellektueller des 20. Jahrhunderts.

Alles in allem
(rororo 1976)
Freimütig und unerschrocken hält Simone de Beauvoir Rückschau auf ein Stück Lebens- und Zeitgeschichte: die sechziger Jahre.

Die Zeremonie des Abschieds
(rororo 5747)
Simone de Beauvoirs ergreifender Bericht über die letzten Lebensjahre Jean-Paul Sartres.

Axel Madsen
Jean-Paul Sarte und Simone de Bauvoir *Die Geschichte einer ungewöhnlichen Liebe*
(rororo 4921)
«Ein vielschichtiges, ungeheuer farbiges Bild dieser beispiellosen Beziehung, das sich liest wie ein fesselnder Roman.» *Darmstädter Echo*

Claude Francis / Fernande Gontier
Simone de Beauvoir *Eine Biographie*
(rororo 12442)
«Wer mit wem und wie und wann – Claude Francis und Fernande Gontier haben sich viel Mühe gemacht, das genau herauszufinden.» Frankfurter *Allgemeine Zeitung*

«Ich bin keine virtuose Schriftstellerin gewesen. Ich wollte mich existent machen für die anderen, indem ich ihnen auf unmittelbarste Weise mitteilte, wie ich mein eigenes Leben empfand: Das ist mir in etwa geglückt.» *Simone de Beauvoir*

Simone de Beauvor
Die Mandarins von Paris *Roman*
(rororo 761)
Ein Schlüsselroman des
intellektuellen Lebens in Paris
der dreißiger und vierziger
Jahre, in dessen Figuren wir
Arthur Koestler, Jean-Paul
Sarte, Albert Camus und
Simone de Beauvoir selbst zu
erkennen glauben – ein
europäisches Zeitdokument
voll immenser erzählerischer
Kraft und schockierender
Wahrheiten. Ausgezeichnet
mit dem Prix Goncourt, der
höchsten literarischen Ehrung
Frankreichs.

Sie kam und blieb *Roman*
(rororo 1310)
Ein Roman aus dem erregen-
den Milieu der Pariser
Bohème. Die Schriftstellerin
Francoise und der Schauspieler Pierre billigen sich mutig
die äußerste Freiheit des
Individuums zu, bis ein
reizvolles Mädchen aus der
Provinz ihnen zur unheil-
vollen Schicksalträgerin wird.

Das Blut der anderen *Roman*
(rororo 545)
Simone de Beauvoir erzählt
mit dramatischer Spannung
über die Zeit der Résistance,
in der die junge Intelligenz
Frankreichs das Bewußtsein
der Verantwortung für die
anderen gewann.

Eine gebrochene Frau
(rororo 1489)
«Ich habe in diesem Buch drei
Frauen sprechen lassen, die
sich aus ausweglosen Situationen mit Worten zu befreien
versuchten: Diese Geschichten
haben keine Moral; Lektionen
werden nicht erteilt.»
Simone de Beauvoir

Marcelle, Chantal, Lisa...
(rororo neue frau 4755)
Ihr «Gesellenstück» nannte
Simone de Beauvoir den
Roman über fünf Töchter aus
gutem Hause – ihr erstes
erzählerisches Werk, das sie
jahrzehntelang unveröffent-
licht aufbewahrte.

Die Welt der schönen Bilder
Roman
(rororo 1433)
Mit Schärfe und Ironie erzählt
Simone de Beauvoir von der
Gesellschaft der Neureichen,
in der Gefühle zu Werbespots
werden.

Ein sanfter Tod
(rororo 1016)
Mit äußerster Genauigkeit
schildert Simone de Beauvoir
das Sterben ihrer Mutter –
und legt sich selbst Rechenschaft ab über ihr Verhältnis
zu Leben und Tod.

Die Verleihung des Nobelpreises für Literatur 1957 war eine Sensation: Mit 44 Jahren erhielt **Albert Camus** diese höchste literarische Auszeichnung. Als Franzose in Algerien geboren, engagierte er sich für die Rechte der Algerier, als Chefredakteur des «Combat» gehörte Camus zur Résistance gegen die Nazis. Seine Romane, Theaterstücke, Essays waren von einer Hoffnung bestimmt, die sich der Maßlosigkeit der Macht ebenso entgegenstellte wie der Zerstörung der Welt. Am 4.Januar 1960 kam Albert Camus bei einem Autounfall ums Leben.

Der Fall *Roman*
(rororo 1044 und als gebundene Ausgabe)

Kleine Prosa
(rororo 441)

Die Pest *Roman*
(rororo 15)

Der Fremde *Erzählung*
(rororo 432)

Der glückliche Tod *Roman*
(rororo 5152)

Der Mensch in der Revolte *Essay*
(rororo 1216)

Der Mythos von Sisyphos *Ein Versuch über das Absurde*
(rororo 12375)

Verteidigung der Freiheit
Politische Essays
(rororo 1096)

Tagebücher 1935 – 1951
(rororo 1474)

Fragen der Zeit *Essays, Briefe, Reden*
(rororo 4111)

Reisetagebücher
(rororo 5842)

Bruno Ganz liest
Der Fall *3 Toncassetten*
(Literatur für KopfHörer 66000)
Der Fremde *3 Toncassetten*
(Literatur für Kopf Hörer 66024)

Im Rowohlt Buchverlag sind außerdem lieferbar:

Unter dem Zeichen der Freiheit
Camus-Lesebuch
256 Seiten. Gebunden

Jonas oder Der Künstler bei der Arbeit *Gesammelte Erzählungen*
Deutsch von Guido G.Meister
256 Seiten. Gebunden.

Tagebuch 1951 – 1959
Deutsch von Guido G. Meister
384 Seiten. Gebunden.